21世纪传播学系列教材

大众传播理论：范式与流派

刘海龙　著

中国人民大学出版社

总序

PREFACE

如果把1982年北京第一次传播学研讨会看成是传播学正式引进中国的话，到今年正好25年。如果把1997年传播学和新闻学一起被国家教育部列为国家一级学科看成是传播学的重要性被正式承认的标志的话，到今年正好是10年。在很短的时间里，传播学在中国从无到有，由弱到强，成为国内近年来发展相当快的学科。在这样一个历史时刻，正是我们盘点和思考中国传播学发展的良机。

从教材建设方面看，传播学的引进，有赖国外（主要是美国）教材的移译。大量具有一定学术品牌的外国传播学教材的译介对促进中国传播学教学和研究功不可没，可是另一方面，中国传播学研究和教学面临的问题和环境有一定特殊性，国外成果的引进不能代替我们自己的课程和教学体系的建设。20世纪80年代初传播学重新引进至今的这20多年中，国内的传播学教材出版从无到有，从1983年一本薄薄的《传播学（简介）》到现在书店里满满几书架的传播学教材，在教材建设上取得了巨大的进步。但是我们也要清醒地看到，在传播学教材建设的表面繁荣之下，也存在着一些泡沫的成分。国内不少传播学教材存在内容重复，观点陈旧，结构体例单一，缺乏系统性等问题。因此在经过了自发的、初级的引介和吸收阶段之后，我们有理由期待中国的传播学更上层楼，进入一个系统深化的研究与创新阶段。

中国人民大学出版社现在出版的这一套“21世纪传播学教材”，就是力图在有中国特色的传播课程和教材体系建设上做一些尝试。这套教材第一批书目包括《传播学纲要》、《传播研究方法》、《大众传播理论》、《公共关系学》、《人际传播》、《跨文化传播》、《网络传播》、《视觉传播》等。今后本教材系列还将继续加入其他具有前沿性的、具有现实意义的传播学课程的教材，将涉及政治传播、宣传传播、广告传播、公关传播、影像传播、全球传播、文化研究、修辞与演讲、女性与传播等更具有专业性、前沿性的题目。

担任本系列教材第一批教材写作的，主要是中国人民大学新闻学院长期从事以上课程教学和科研的中青年教师，同时我们也期待着其他新闻传播院系和研究机构的学者加入到本系列教材的编撰工作之中。

这套教材的编撰，主要有以下几个目标：一是扩大目前传播学教学的视野，除了传统的大众传播理论外，增加研究方法、人际传播、组织传播、跨文化传播、网络传播、视觉传播等分册，力求使传播专业的学生能够适应多样的社会需求。

二是拉开本科和研究生教学的层次。本套教材中既有针对大一新生的《传播学纲要》，也有针对本科高年级或研究生阶段的研究方法和各个不同领域的传播理论。每个领域独立成书后，使得教学的内容更加充实，同时深度上也有明显增加，力求培养学生的独立思考与科研能力，适应目前不断发展的传播学硕士培养阶段的教学要求。

三是更强调系统性。目前的本科阶段，许多学校仅开设传播理论概论一门传播学课程，研究生阶段的课程也不系统。本系列教材既可作为本科高年级的课外阅读或选修课教材，也可作为研究生低年级的必修教材，帮助学生系统地掌握传播学各领域的主要内容。

四是突出研究能力的培养。目前的传播学教材比较简略，多停留在知识传授上。本系列教材力求在介绍理论的同时，突出研究方法的讨论，同时对许多前沿问题和有争议的问题也力求能够做全面客观的介绍，让学生及时抓住学科发展的脉络，引导他们对前沿问题展开自己的思考。

本系列丛书虽然以教材的形式出现，但是由于国内可以参照的现成教材不多，写作者基本都是把它当成专著来创作的。他们不仅对国内外有关领域的文献进行了整理，而且结合教学和实际中的问题，有针对性地对那些与我国当前实际最贴近的理论问题进行介绍和讨论，在表述上也更贴近中国使用者的习惯，这一优势是国外翻译的教材所不具有的。

我们是第一次编撰这样大型的传播学系列教材，在选题和具体内容上肯定还存在着不足，希望社会各界在使用过程中，及时地提出批评意见，有利于我们将来的修订。本系列教材在撰写过程中，得到了中国人民大学新闻学院 985 项目的资助和中国人民大学出版社的支持，特此表示感谢！

希望这套“21 世纪传播学系列教材”的出版，能够为我国 21 世纪传播学的学科建设添砖加瓦！

郭庆光

2007 年 6 月

作者前言

P R E F A C E

时光飞逝，转眼间在中国人民大学担任大众传播理论课的教学工作已经五年。时间越长，越感到讲授之难。我和同事经常谈起这样一个话题：传播研究究竟有没有理论？讨论的结果虽不至于绝望，但总是比较沮丧——当然，“底气不足”恰恰应该成为我辈学人进一步深入研究与创造的动力。或许这是新兴学科，特别是一个才正式引进中国二十几年的学科在成长期的焦虑症吧。正是这一焦虑，导致每学期我的授课内容都会有变化。翻看第一年的讲义，和现在的相比已经全然不同。这些变化来自于曾经听过我大众传播理论课学生的意见，他们对讲课内容的肯定和质疑，以及对抄课堂笔记的抱怨，是这本教材写作的源动力。

在中国人民大学，本科的大众传播理论课开设在大三的下半学期，即学生们在大学校园里上课的最后一个学期（大四开始实习、考研、找工作）。这些听课者的心态分布在两个极端。一个极端是“老油条”，看出理论没有“实际”用处（确实，他们在15年漫长的求学生涯中已经学了太多无用的“理论”），他们要么在宿舍睡懒觉消极怠学，要么学更“实际”的东西去了。另一个极端是已经学习阅读过不少社会科学理论，眼睛里充满质疑和锐气的学生（托今日互联网和出版业发达之福，这样的学生越来越多），他们渴望具有挑战性的话题而不是令人乏味的老调重弹。后一部分及居于二者之间的同学是我这门课的主要听众。

我讲授的另一门课是研究生的大众传播理论研究，安排在研一的第一个学期。经过残酷考研淘汰的幸存者们自以为进入安全地带，可以暂时松口气。然而他们中多数人的知识储备并不比本科高年级丰富多少，有些人只是不求甚解地背过一本《传播学教程》，本科最后一年辛苦填进大脑的知识已经在半年的狂欢中遗忘殆尽。他们亟须在重新整理、深化基础知识的前提下，迅速进入这个领域的前沿。

我的第三类听众是在职学位班的同学。他们在工作中已经积累了比较丰富的经验，习惯于从经验的而不是理论的角度做出判断。一方面他们希望获得立刻能用得上的技能，另一方面也希望能够从更宏观的角度，深入思考工作中遇到的问题，对一些基本问题形成自己的看法。

这本教材，就是为这三类学习者准备的。

根据这三类学生共同的特点，本教材主要在以下三个方面进行了尝试：第一，鼓励学习者主动、独立地思考大众传播的问题。在理论观点的介绍上，本书力求反映本领域最新的成果，不注重问题的回答，而是注重问题的提出。使用者最好把本书看成是一个大众传播理论之旅的自助游手册，我负责提供路线信息和攻略，你们来做决定。这里不想貌似公允地提供答案，而且本书讨论的许多问题也没有标准答案，甚至在一些基本问题上学者之间也争论不休（第一章关于“传播是什么”的讨论就是一个绝好的例子）。本书想做的，是把前人的思索过程展现给学习者。因此，本书除了向读者提供前人提出的结论外，还花了不少篇幅解释他们得出结论的方法和过程。尽管这似乎增加了理解的难度，但不长的教学经验一再告诫我：永远不要低估学生的理解能力，他们中的不少人几年后可能就会决定我们在大众媒体上看到什么。

第二，在理论的介绍中，本书注重从研究范式和流派的角度，介绍不同理论背后思维方式的差异。大众传播研究的理论资源众多，研究路径也比较多样，众多理论之间存在着矛盾甚至冲突，用一个标准难以概括和评价所有理论。一些教科书要么索性只介绍以美国为主的经验学派，以偏赅全；要么在矛盾之处含糊其辞，让学习者不知所以。

为了避免上述问题，本书按照普遍接受的社会科学的范式分类标准，将大众传播理论分成客观经验主义、诠释经验主义及批判理论三个范式，然后按照自然形成的不同流派，分别加以介绍。这样，既能够做到兼容并蓄，让学习者全面了解不同理论对大众传播的观点，同时也能说明表面上互相矛盾的理论为什么能够同时并存。当然，需要说明的是，范式只是我们为了认识理论的需要而建构的一种差异，实际上不同范式之间的分野并非泾渭分明。不论如何，至少有一点是肯定的：只有认识和尊重彼此之间的差异，才能谈得上真正的沟通与交流。

之所以强调范式与流派的区分，还因为跨越研究范式的简单化的批评，不仅常常造成交流效率低下，而且阻碍了真正的思考。这些批评虽然谈及某个理论，但是实际上真正指向的是该理论背后的范式，于是批评只能停留在抽象的本体论、认识论或方法论层面，无法具体针对该理论本身，导致千人一面的简单评价。强调范式的差异并不是要取消范式之间的争论，这种争论是非常必要的，问题在于，如果一个具体的问题的讨论永远只停留在范式层面，停留在抽象的世界观之争上，我们永远只能在空中指指点点。更有甚者，这种跨范式的批评会变成狗皮膏药似的简单粗暴的套路（比如每个理论都可以千篇一律地拿唯心唯物、是否肯定了经济基础的决定作用来判断），无法促成真正的理论进步。因此，本书把范式之争放在哲学层面和方法论层面讨论，而具体理论的讨论则在同一范式内部或在一定的前提条件下进行。这样不仅避免了无效的争论，也能促进真正有价值的批评。这就像辩论，首先我们对论证的前提进行讨论，如果达不成一致，就需要在这个问题上继续讨论，没有必要进入下一阶段；如果达成一致，就必须在共同前提下，对具体论证过程有的放矢地讨论，这样的交流才有效率有价值。如果不区分前提和论证过程，随意越位进行批评，那么只能像辩论赛一样，鸡同鸭讲，越说越乱。

第三，在理论的介绍上，本书不追求面面俱到的传统教科书的叙述方式，而是注重梳理理论内在概念和思路的演变。不止一个同行和我谈起，学生写的所谓“毕业论文”越来越像教科书（或者说“教科书的第一章”）：洋洋洒洒万言，但又蜻蜓点水，浅尝辄止，表面上什么都谈到了，但实际上又什么也没说。学生们不是在用批判性思维分析一个有待研究的问题，而是围绕某个表面现象展开概念间的简单联想（就像大部分中学生回答政治和历史论述题一样）。出现这种现象，我们的教科书编写是要负一定责任的。不少传播理论教科书缺乏理论化思维，没有把一个理论的发展脉络交代清楚，只罗列几个缺乏语境的研究碎片就匆匆结案。客观上造成学习者也养成了这种不求甚解的“浅思维”习惯。这本教材在培养学生的分析批判能力上做了一些尝试，试图把一些论题稍作引申，让学习者真正领略一个研究或概念精彩的演进过程，体会和欣赏传播研究的思想之美。

具体到本书内容，主要分四个板块。对于研究生层面的阅读者来说，要求全面掌握，而对本科生，则可以有一些侧重。第一部分从第一章到第三章，介绍了传播的观念、大众传播研究的历史、大众传播理论的范式与研究方法。这一部分主要是为后面的具体理论介绍打下基础，其中最重要的是第三章，本科的同学可以略读或跳过第一章和第二章。

第二部分从第四章到第八章，除了第四章中的宣传研究外，主要是客观经验主义的研究范式。这部分介绍了宣传研究、说服研究（第四章）；大众传播功能研究、知沟理论、传播流研究（第五章）；基模理论、沉默螺旋理论、多数无知、第三人效果（第六章）；议程设置、培养分析（第七章）；使用与满足理论、媒介依赖理论（第八章）。本科的同学可以略读第四章的新宣传部分，以及第八章关于受众主动性和使用动机心理解释的内容。

第三部分从第九章到第十一章，主要是介绍批判理论。其中第九章介绍了法兰克福学派、政治经济学派，同时讨论了批判理论的基本精神。第十章是文化研究，本书用了较大的篇幅介绍文化研究的历史和核心精神，由于篇幅关系，不得不以点代面地重点讨论表征理论和以费斯克为主的通俗文化理论。第十一章主要讨论的是媒体生产理论。第一节介绍了经验学派的媒体生产理论，其中有相当一些理论并不完全是批判的，而是实证的；第二节尝试性地介绍了布迪厄的媒介场理论。本科的同学主要阅读的是第九章的政治经济学研究、第十章的表征研究以及第十一章第一节媒体生产理论，其余可略读或作为参考内容。

第四部分是第十二章，主要是麦克卢汉的媒介理论，从研究范式上来看，它属于经验诠释主义范式，更接近于历史文化研究。第十二章中关于麦克卢汉修辞与认识论的部分内容本科生可以略读。

为了贴近中国的学习者，本教材专门设置了“传播研究在中国”的小栏目，介绍相关理论在中国的发展。案例的选择主要有两个标准：是否以中国现实为研究对象，是否提出了中国特有的问题。需要提醒读者的是，这些案例并不都是样板，相反，有些案例在研究逻辑或研究方法上还存在争议。这些研究旨在提供一个以中国现实为语境的讨论起点，便于学习者联系实际，思考所学理论。在正文中，本教材也尽量结合中国的研究进行讨论。因为大众传播研究的源头在欧美，成果最丰富，而中国的研究无论在数量上还是在质量上都有较大差异，所以本书介绍的理论仍以欧美为主。希望有机会再版的时候，有关中国的材料能够更加充实。

为了便于自学与复习，本教材还在每章开头列出了本章的知识结构及要点，在文末除了对本章的主要理论进行总结概括外，还附上了本章的关键概念、深入阅读书目和思考讨论题。

在教学的过程中，曾经有同学怯怯地问我："对于新闻传播行业而言，我们只要掌握一些解决问题的技能就可以胜任大部分工作，这些理论和我们的实际工作没有直接的关系，为什么要做无用功?"对于新闻传播行业的专业化尚处于初级阶段的当代中国而言，这确实是实情。这个问题说来话长，若用一句话作答，不妨把经济学家凯恩斯的名言稍作修改：那些相信自己能够免受理论影响，讲求实际的人，通常是一些过时理论的奴隶。

还有同学向我抱怨："听大众传播理论课之前还很清醒，对事情有明确的是非判断标准，可是越听越晕，没有一个坚定的信念了。"我安慰说："祝贺你，这是一个进步，证明你已经摆脱了认为世界只有一个标准和一种真理的僵化思维，能够站在他人的立场上，从多个不同的角度看问题了。你的思想变得更灵活、更宽容，这才是真正独立的判断，你所欠缺的只是一些经验和决断的勇气。"

带上这两段话，现在就开始我们的传播理论之旅吧！

刘海龙

2007 年 6 月

目录

CONTENTS

1 第一章 传播的六种话语
4 第一节 什么是话语研究
6 第二节 传播是传递
10 第三节 传播是控制
14 第四节 传播是游戏
19 第五节 传播是权力
23 第六节 传播是撒播
25 第七节 传播是共享和互动
29 总结

33 第二章 大众传播研究史：诠释与建构
34 第一节 在争论中被建构起来的传播研究史
37 第二节 “传播学”在中国的建构
42 第三节 修辞学和文学批评传统
49 第四节 19 世纪至 20 世纪初欧洲的大众传播研究

53 第五节 芝加哥学派与美国早期大众传播研究
58 第六节 李普曼和《民意》
63 第七节 大众传播研究
67 总结

71 第三章 理论和研究范式
72 第一节 理论与范式
80 第二节 大众传播理论的三种范式
91 第三节 理论研究的程序与工具
100 第四节 如何评估理论
102 总结

105 第四章 大众传播中的宣传与说服
106 第一节 争论中的宣传概念
115 第二节 从“旧宣传”到“新宣传”
126 第三节 传播与说服
142 总结

147 第五章 从功能到效果
148 第一节 早期的功能研究
156 第二节 社会结构与大众传播的功能：知沟假说
167 第三节 效果研究与传播流
174 第四节 创新及信息的扩散
183 总结

189 第六章 大众传播的影响：社会心理取向
190 第一节 大众传播与认知基模
198 第二节 沉默的螺旋
212 第三节 第三人效果
217 总结

221 第七章　大众传播的影响：信息环境取向
222 第一节　议程设置
241 第二节　培养理论
260 总结

265 第八章　大众传播的影响：受众使用与依赖取向
266 第一节　关于受众的话语
271 第二节　使用与满足理论
281 第三节　使用、依赖与效果
284 第四节　使用与满足理论的发展与应用
293 总结

297 第九章　批判理论的兴起和传播政治经济学派
298 第一节　法兰克福学派和批判理论的兴起
311 第二节　传播的政治经济学派
330 总结

333 第十章　文化研究：表征与霸权
334 第一节　文化研究：流动语境中的接合知识
357 第二节　表征与差异
365 第三节　通俗文化研究
376 总结

379 第十一章　媒体生产与媒介场
380 第一节　媒体组织与媒体生产
403 第二节　媒介场域理论与中国的媒体生产研究
410 总结

415 第十二章　多伦多学派及媒介研究
416 第一节　作为技术的媒介
421 第二节　麦克卢汉的修辞和认识论

429 第三节 作为讯息格式的媒介：麦克卢汉的媒介理论
440 第四节 麦克卢汉论媒介与文化
444 第五节 麦克卢汉之后的媒介研究
451 总结

455 后记

传播的六种话语

第一章

CHAPTER 1

本章知识结构及要点

☆ 什么是话语研究

☆ 传播的六种话语

→ 传播是传递

→ 传播是控制

→ 传播是游戏

→ 传播是权力

→ 传播是撒播

→ 传播是共享和互动

传播研究在中国

2005年12月18日，在上海从事录音作曲及音像器材销售工作的胡戈和朋友一起到徐家汇玩，在美罗城的柯达超级电影世界看到《无极》很大的广告牌，就决定一起看电影。整个电影院里的人都在笑，胡戈也和周围的观众一起笑。但他说走出电影院以后，他笑不起来了，突然有受骗上当的感受，觉得不值80元钱的票价。

那天回到家里，胡戈上网把自己看电影的感想贴在他自己的音频应用论坛上。这里是他的一个私人空间，有一个专门谈电影的页面。在那篇文章里，他认为在《无极》这个电影里，作为导演的陈凯歌，导得还可以，没什么问题。但作为编剧的陈凯歌，那就不行了，这个剧本不合格，有问题。“写完文章，我就想，既然这个电影不好玩，我还不如按自己对这个电影的想法，自己搞个片子玩玩。说实话，我就想搞个好玩点的片子，最好里面到处都是笑料，让大家哈哈乐一把。”

胡戈此前看张艺谋《英雄》的时候，因为对这个电影不满意，就有类似的改编想法。但那时候条件不具备，没有设备，也不懂视频技术，就写了篇小影评，发在网络上。现在他除了从事音像技术销售以外，还帮别人写电子琴音乐，再做些音乐混录的工作。对他来说，现在做个片子玩玩，设备也不缺，容易得很。于是他使用这个影片的镜头，自己配音，把它变成了中央电视台《法治进行时》的一个新闻报道，内容是：圆环套圆环娱乐城里，在模特兼妻子张倾城面前，王总经理被杀，城管小队长真田成为嫌疑人。谈判专家陈满神找到了真正的嫌疑人张昆仑，但前来抓捕他的郎警官却和他产生了惺惺相惜的感情。随着目击证人谢无欢的登场，在一场充满了 RAP 情绪的法庭审判之后，坏人死了，好人们幸福地生活在一起。

“做完这个节目，我自己都笑死了。看过它的朋友反应都很好，说做得太有意思了。……12 月 31 日做完《一个馒头引发的血案》，因为马上要过年了嘛，我想不如就把这个片子当新年礼物发给朋友们。后来我通过网络传给了几个要好的朋友，并贴在自己的论坛里，想让大家高兴高兴。贴上去我就睡觉了。1 月 1 日我上网的时候，发现已经有 20 多个回帖了，都在夸奖它好玩、搞笑，也有朋友对我花时间做这个东西不以为然。又过了两天，我发现在一些网络论坛上也有这个作品，那些跟我完全没关系的人都在谈论我。过了两天，我发现网络上到处都是这个短片，很多网友还找到了我的论坛。这本来是一个视频技术网站，突然成了馒头迷的网站。”（《南方周末·胡戈：玩笑开大了》，2006 年 2 月 23 日）

2006 年初，《一个馒头引发的血案》在网络迅速窜红，人们争相下载观看，其知名度和网络搜索排名甚至超过原片《无极》。胡戈也一夜之间成名。可是不久以后，拥有《无极》音像版权的中影集团和盛凯影视文化公司委托律师事务所处理胡戈侵权一案，认为胡戈的行为侵犯了《无极》著作权人的“保持作品完整权”和“署名权”。导演陈凯歌也在公开场合表示，胡戈的短片丑化了他的影片，怒斥其无耻，提出要起诉胡戈侵权。

法律专家们就胡戈的改编是否侵权问题争论不休，但是在互联网上，网民们掀起了支持胡戈的运动。他们认为胡戈的改编是一种发表意见的方式，一种电影并不只有一种解释；胡戈的改编不是抄袭侵权，而是一种再创造；同时还对陈凯歌霸道的态度提出批评。还有些影评人援引美国电影恶搞的例子，认为胡戈的行为并没有违法。天涯虚拟社区的网友甚至发起了“万人签名，支持胡戈”的活动，很快这个帖子就达到了相当高的点击量。从网民的言论和观点来看，基本是呈现一边倒的局势——倒陈拥胡。这一事件突然演变成为网民和陈凯歌的矛盾。不少大众媒体也加入到支持胡戈的阵营中。其后，电影公司和陈凯歌的起诉也不了了之。

讨论：

上述事件中包含哪些传播现象？它们可以分成几大类？在学完本章后，你再阅读一遍，看看有什么新发现？

先从“传播”（communication）这个使用频率相当高的词语谈起。中文里有和传播类似的概念，但是我们现在使用的这个词，却不是由古汉语演变而来，它来自西方，以至于20世纪50年代我国学者在翻译这个词时颇费周折。按照英国学者雷蒙德·威廉斯（Raymond Williams，1921—1988）的解释，communication的词源是拉丁文communis，意指“普遍”。因此communicate是指“普及于大众”、“传授”的动作。① 早期这个词也指道路交通，而且这个观念显得更加具体。

有的学者认为中文的“传”和“播”都是单向的。从词源上看，对传播有两种不同的理解，它既可以是“操纵式的传播”，也可以是“分享式的传播”。西方“communication”所指的“普及”、“传递”既可以是单向的，也可以是双向的（也有“共同”、“共享”之意，对比community和communism）。②

除了这两种基本含义外，在长期的使用中，人们围绕着“传播”形成了不同的观念，正像信息、时间、空间、爱情这类常用的概念一样，尽管人人会用，但要对它做出清晰的说明反而是件困难的事。“工欲善其事，必先利其器”，我们首

---

① 参见［英］雷蒙德·威廉斯：《关键词：文化与社会的词汇》，73页，北京，三联书店，2005。
② 参见上书，74页。

先转换一下思维方法，探讨一下如何研究概念的意义，然后再探索传播的含义。

第一节　什么是话语研究

一、本质主义的定义方式

什么是传播？这是每一个学习和研究传播理论的人首先要解决的问题。

翻阅各种讨论传播的书籍，我们发现，对于这个最基本的问题，人们并没有取得一致的看法，当然，循着不同的界定，对于传播现象的考察也在不同的方向上展开。这本书要讨论的一个核心问题就是：为什么会出现这么多关于传播的理论——甚至有许多理论相互矛盾？比如有的学者认为大众传播有助于公共管理，而有的学者则认为大众传播是一种意识形态的控制。尽管造成上述分歧的原因很多，但其中关键的一点是他们对“传播”的界定存在差异。

是什么产生了上述分歧呢？可能是认识角度、利益、价值观、世界观不同，但是最根本的一点是他们采用的定义方式造成了众说纷纭的局面。如果仔细观察，我们会发现，大多数学者的定义都采用了“传播是……”这样的判断句，他们试图透过传播现象的迷雾，揭示出传播的本质。

学者们为什么采取某一个特殊的本质主义（essentialism）的定义呢？有两个原因。第一个原因是一些学者认为，他采取的某种定义要比其他定义更“正确”。这种思维方式来自然科学。在自然科学中，因为多数情况下存在着大家认可的统一的数据获取方式和判断结果的标准，所以我们可以通过比较，找出一个最符合这个标准的解释，它当然比其他解释更“正确”（实际上，这种“常识”式的看法，也在不断地受到质疑①）。然而在社会研究中，不论是在数据的观察与获取上，还是结果的判断上，都存在人言人殊的局面，如何能保证这种自封的“标准”得到其他人的认可呢？这让本质主义的定义陷入困境。

为了避免上述困境，我们可以采取另一种更为宽容的态度：既然客观上存在分歧，那么就承认它们。之所以要采取某一种本质的定义，无非是为了使用的方便，是一种个人化的研究策略。这是采用本质主义定义方式的第二个原因。但是这一策略却导致了一个自相矛盾的局面，既然各定义之间没有本质上的真伪，为

---

① 参见［美］托马斯·库恩：《科学革命的结构》，北京，北京大学出版社，2003；［美］费耶阿本德：《反对方法——无政府主义知识论纲要》，上海，上海译文出版社，1992。

什么又要采取其中一个定义，而排除另外一个定义呢？如果只是为了使用上的方便，那么这种沙滩上建高楼的策略必然给接下来的讨论埋下隐患。

二、什么是话语研究

鉴于从本质做出定义的缺陷，本书打算采取另一种定义策略——话语研究。颇具讽刺意味的是，在什么是话语的问题上，不同的研究取向差异较大，然而为了讨论，我们还是必须暂时给出一个关于话语（discourse）的说明，然而这个说明只是为了方便，它是开放的。简单地说，话语就是围绕着特定语境（context）中的特定文本（text）所形成的传播实践和社会实践。① 比如曾经有一段时间，我们认为传播主要是上情下达、宣传，我们把“大众媒体”翻译成“宣传工具”，这些观念形成于特殊的社会环境和政治制度的影响。围绕着这种传播观念，人们的实践被组织起来，从教育、新闻报道一直到政府信息发布，都表现出单向传递为主的特征。反过来，这些实践又强化了单向传播的观念。

话语研究不再关注事物的本质，而是把关注点放在了对事物本质所做出的种种话语的可能性上。换句话说，话语研究不是研究一个事物是什么，而是研究为什么人们用某种方式对该事物进行表述，是什么社会条件导致了这种话语，这种表述是否能够自我证明，它导致了什么后果。

在人类的思想史上，话语研究思路并不是一个全新的研究取向，它源自于德国哲学家康德。康德的批判哲学研究，不像传统形而上学的哲学研究者那样莽撞地越过经验的界限，武断地判定世界是什么，而是对之前形而上学的种种结论是否可能——人的认识能力——进行了批判。这种批判的重点不是处理各种事实，而是处理它们的各种可能性的条件或状况（conditions of possibility）。② 换句话说，它不关注我们获得了什么知识，而是关注我们的知识是在什么前提下获得的，它是否可靠。

话语分析沿袭了类似的思路，它的目标不是去争论传播到底是什么，而是去研究人们对传播持有哪些不同的看法，它产生的社会语境和知识风尚是什么，为什么人们会接受这种关于传播的看法，其认识论基础（或者福柯所说的知识型）是什么，围绕着某个关于传播的看法，人们形成了什么样的社会实践，这些社会实践反过来又如何影响人们对传播的认识。

---

① 参见［英］诺曼·费尔克拉夫：《话语与社会变迁》，4页，北京，华夏出版社，2003。

② 参见［阿根廷］恩内斯特·拉克劳：《话语》，载《文化研究》，2005（5）。

之所以要采取这样一种认识传播的方式，原因之一是：传播是一个社会现象，人们对它的定义与理解在不断地变化。问题的关键不在于确定传播客观上是什么，而是人们如何对它做出界定，规定它的功能（比如人们对游戏的态度的变化）。因为这些实践观念才是真正影响我们社会的东西。

第二，传播是一个历史现象，在人类社会实践发展的不同阶段，我们会赋予传播不同的功能。在某个时代，人们会对传播做出新的理解，并不是传播本身发生了变化，而是我们的生活环境、人们的社会实践发生了改变，因此某种对传播的理解的备选项会被大家选中，重新提出。

第三，传播现象的复杂性决定了在某个时期，任何一种对传播的界定都无法概括所有的传播实践。采取某个本质主义的定义，只是为了简化研究对象的权宜之计。虽然我们永远无法摆脱自身的偏见或者理解的前结构，但是我们不应傲慢地否定其他的理解，唯我独尊，而应该保持一种宽容的心态，尽可能地超越自己的视阈（horizon），理性地分析各种不同看法在具体语境中的优势与不足，以一种建设性的态度对社会现象做出较为全面的解释。

按照以上这种思路，本书根据大众传播研究的历史，把大众传播问题上关于“传播是什么”的话语分成六类，它们分别是：(1) 传播是传递；(2) 传播是控制；(3) 传播是游戏；(4) 传播是权力；(5) 传播是撒播；(6) 传播是共享和互动。

第二节　传播是传递

一、信息与交通运输的隐喻

每当我在课堂上问起什么是传播时，同学们第一个反应大多是：“传播是信息的传递”。这种看法也得到许多学者的认可。1948 年，哈罗德·拉斯韦尔（Harold Lasswell，1902—1978）提出，传播就是谁通过什么渠道向谁传递了什么内容，取得了什么效果，即传播的 5W 模式（见图 1—1），这就是一个典型的传播是传递的定义。[①] 在该定义中，传播就是讯息（message）从传者向受者的位移。此外，该定义还把讯息看做是一个包含了某种意向的胶囊，受者不只获得了讯息，同时还获得了某种行动意向，产生了某个效果。

---

① See Harold Lasswell: “The Structure and Function of Communication in Society”, in *The Communication of Ideas*, edited by Lyman Bryson, NY: Harper and Row, 1948.

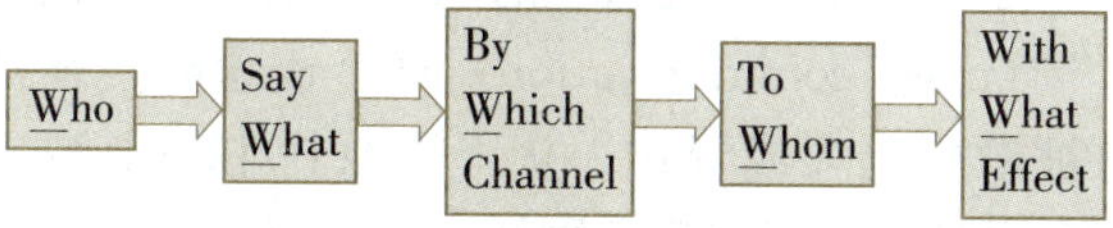

图 1—1　拉斯韦尔的传播 5W 模式

但是，这种常识性的定义却有许多值得我们探讨之处。首先，“传播是传递”的话语使用了一个隐喻，那就是传播就像物质（原子）的位移，有一个东西从传者那里转移到了受者那里。

那么，在这个过程中，什么东西发生了位移呢？许多人认为，在传播过程中传递的是信息（information）。信息论的提出者申农（Claude Elwood Shannon，1916—2001）提出：“信息就是不确定性的消除。”通过传播和信息的传递，人们获得了更多的确定性。这种思考传播的方法在 20 世纪中期一度非常流行，这一时期也正是信息论、控制论、系统论这三种理论盛行之时。这三种理论来源于自然科学领域，作为一种跨学科的思维方式和元理论，被引入社会科学界。

社会科学的兴起与自然科学研究方法引入社会研究是一个硬币的两面。近代以来，自然科学在经验主义和实证主义的指导下，取得了巨大的成就，这些骄人的成果让从事社会研究的学者们羡慕不已。虽然社会研究者们不断提出崭新的理论，但是使用的方法却和两千多年前苏格拉底、亚里士多德的方法没有本质的区别，仍然以内省、思辨为主。和自然科学相比，这些知识的确定性很低。对于同一个社会现象，学者们可以有不同的看法，它们看上去似乎都有道理，缺乏自然科学那样普遍的评价标准，这种现象被看做是社会研究的一个缺点。因此，自然科学研究的确定性，成为实证主义追求的目标。信息论、控制论、系统论这三种理论正是在这个背景下被引入了社会科学研究。自然科学可以把传播研究从不确定性中拯救出来的乐观情绪，也影响着早期的传播研究者们。施拉姆曾经满怀信心地指出，传播研究的未来发展方向主要在于进一步从信息论的角度进行开拓——但是后来证明施拉姆这种看法过于简单了。

既然人们发现了传播过程中所传递的神秘客体（信息），那么人们很自然地把熟悉的交通运输图式直接用于思考传播的过程。从 18 世纪末 19 世纪初开始，人类的交通运输方式不断革新，蒸汽火车、蒸汽轮船相继被发明，旅行变得越来越方便和普及。[①] 交通成为人们头脑中解释信息传递的最直观的模型。

① 参见［英］艾瑞克·霍布斯鲍姆：《革命的年代：1789～1848》，6～8 页，南京，江苏人民出版社，1999。

Communication 这个词最初就有“交通”的意思，难怪中国内地在20世纪50年代引进“大众传播”（mass communication）这个概念时，曾把它翻译成“群众思想交通”[①]。信息被看成是人或货物，从甲地原封不动地被运输到乙地，在这个过程中，只有空间位置发生了变化。同样，传播过程也是信息从传者到受者的位移。

但是，正如申农强调的，“信息就是信息，既不是物质，也不是能量”，信息是与物质、能量截然不同的事物。物质和能量的传递会带来传受双方物质和能量拥有量的变化，但是信息的传递，正如美国总统杰斐逊所说，知识就像蜡烛，以一根蜡烛点亮另一根蜡烛时，本身的光却不会减损。“传播是信息的传递”，这是一个隐喻，把信息理解为物质。隐喻使我们对事物做出形象的理解，同时也限制了我们对被比喻物的想象。[②] 上述定义虽然强调了信息客观性的一面，却忽视了信息的编码与解码的复杂性，忽视了传播的社会意义。比如，对方向我眨了一下眼，我看到了，但是对方是否想传递信息？为什么会传递信息？信息的意义是什么？信息中蕴含了什么意图？传者的意图与受者的理解是否一致？如果仅把传播看做是信息在透明管子中的传输，这些问题显然不能得到令人满意的解答。

二、意义和语言的困境

那么，能否用社会性的意指内涵——意义（meaning）来代替信息？或者说，传播是意义的传递吗？这里就涉及意义的编码与解码的语义难题。1948年，两位美国贝尔实验室的工程师申农和韦弗（Claude Elwood Shannon，Warren Weaver）针对通信工程中信息（电流）传递的失真问题，提出了另一个传播模式——数学模式（见图1—2）。虽然这个模式最初并不是用来解释社会传播现象，但是却可以从另一个角度帮助我们透视传播过程中意义的传达过程。

该模式认为，意义的传递，必须要经过一个编码与解码的过程。在传递过程中，我们首先将意义编码成语言符号或者非语言符号，然后传递给受者，后者再将这些符号按照自己理解的规则解释成意义。在这个过程中，这些符号的意义既可能有较高的确定性（比如特定的语法），也可能有较低的确定性（比如对方眨了一下眼），甚至有的时候，我们认为较为确定的符号，其实蕴含着不确定的符号（比如表面上微笑表示赞扬，其实可能是嘲讽）。

---

① 参见郑北渭摘译：《美国报纸的职能》，载《新闻学译丛》，1957（2）。

② 参见［英］L. S. 斯泰宾：《有效思维》，93～111页，北京，商务印书馆，1997。

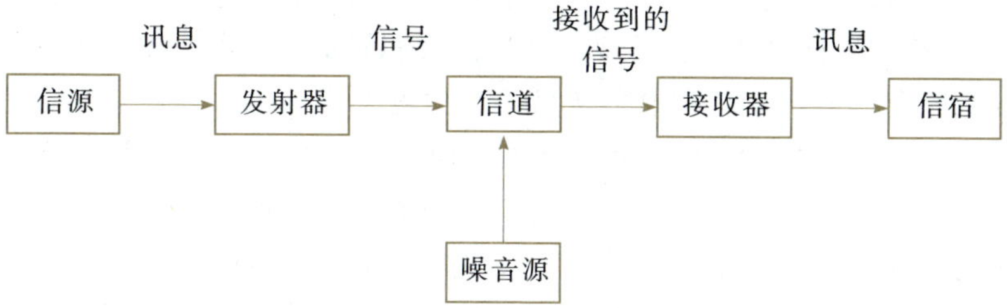

图 1—2　传播的数学模式

人们能否准确地把自己的意图通过传播传递给受者，受者又能否确定自己准确地获得了传者心目中的意义呢？《圣经》中有这样一个故事，亚伯拉罕突然听到上帝命令他以自己的儿子献祭。他面临着一个困境，如何能确定自己曾经和上帝对话还是自己的幻觉，如何能确定上帝的真正意图是让自己杀死亲生儿子而不是一只替罪的羔羊？因为对问题的确认和反馈，又需要新的传播，又将涉及意义的解读，如此循环，从理论上讲，便会陷入永远无法交流的僵局。

20 世纪初，一些哲学家开始认识到，传播活动必须使用语言，但语言并不是一条透明的通道，而是一个晦暗不明的迷宫。以维特根斯坦为代表的分析哲学家试图要改造过去模糊的传播工具，让传者与受者之间的意义传递变得更加确定。于是真值语义学、意向语义学等应运而生。尽管这样做取得了不少成果，但是到目前为止，仍有一些自然语句（如涉及价值判断的语句）没有办法通过这种方式确定下来，这条管道充其量只是半透明而已；另一方面，这种逻辑上的论证，只是在理想条件之下，并没有考虑语境和文化的影响，而且语言也仅仅是人类传播的一种方式而已，如何保证其他非语言传播方式（表情、手势、音乐、绘画等）传递意义的确定性？这些问题还远没有解决。

三、传播的理想与唯我论

最后，“传播是传递”的话语中还有一些问题需要解决：通过传播进行的传递活动，要达到什么目的？如何判断其效率？或者说其理想状态是什么？

人类很早就对此进行过思考。苏格拉底认为，传播的理想境界是心灵之间的交流。在柏拉图《对话录·斐德罗篇》里，苏格拉底把演讲、书写两种不同的传播方式与爱欲作了类比。他认为，演讲是心灵之间直接的交流，传受双方能够达到高度一致，就像是真正的两情相悦；而书面传播则像是毫无目的的撒播，受者会脱离传者的约束，自由地理解文本的意义，就像是浪费种子的乱交。①

“传播是传递”的话语，所要表达的传播的目的，正是苏格拉底所说的这种传受双方的完全一致，琴瑟和谐。从另一个角度来讲，这一理想其实含有唯我论的意味。② 这种一致性，是传者希望受者能与自己取得相同的认识。在传播过程中，“我”成为中心，“我”是否能被真正地理解，是传播成功与否的标志。这种关于传播的话语是启蒙时代以来，个人主义与理性至上的产物。“我”作为一个理性的个体，孤独地面对世界。“我思故我在”把世界分成主客两个部分，只有主体的“我”才是可以确定的，其他人则无法直接进入“我”的小宇宙。

如果人人都以“我”为中心，势必产生交流的障碍与隔阂。于是我们可以看到，在 19 世纪末 20 世纪初的现代主义文学中，一个突出的主题是主体间不可交流后产生的失望与孤独感，这是传播中唯我论走向极端之后的必然结果。《等待戈多》中，等待者与戈多之间缺乏信息沟通，只能去猜测，等待者宁可以自我为中心地臆想，也不愿（或无法）主动与戈多进行讯息沟通。这个故事可以视为一个隐喻，表明“传播是传递”这个话语终将导致交流陷入困境。

第三节　传播是控制

一、控制论视角下的传播

追求人与人之间的心灵共鸣，恪守“传播就是传递”观念可能导向唯我论的僵局，但是对于利益集团与商业机构来说，它们并不在意过程而在意结果，而且这样一种沟通不畅的状态正好给它们提供了机会。

在对拉斯韦尔 5W 模式的讨论中，我们曾提到，这个模式中最后一个要素是“效果”，也就是说，在传递的讯息胶囊中，容纳着某种可以控制心灵的东西，在受者获得讯息的同时被释放出来，产生某种效果。拉斯韦尔的研究兴趣主要集中在政治传播领域，特别是宣传问题，因此这个模式也因为过于强调以传者为中心的控制，受到一些学者的批评。

科学主义助长了这一话语的发展。近代以来，人们在改造自然的过程中，力量越来越强大，这种自信导致了主体与客体间的鸿沟越来越大。主体可以把身外

---

① 参见《柏拉图全集》，第 2 卷，134～204 页，北京，人民出版社，2003。

② 参见［美］彼德斯：《交流的无奈——传播思想史》，4 页，北京，华夏出版社，2003。

的一切看做是可以控制的客体或他者（others）。如果说“传播是传递”还只是唯我主义的自怜自艾的话，那么“传播是控制”则是以自我为中心的肆意妄为。在科学的名义下，学者们提出了控制论模式（见图1—3）。

数学家维纳在批判牛顿机械决定论的基础上，提出了控制论，并且把它从机器和通讯领域，推广到整个生物界。维纳认为，社会过程充满着偶然性，并不像牛顿描述的那样井井有条，它随时会偏离我们最初的设定。因此，传播与控制是一个过程，要使这个社会更加有序，必须随时获得信息反馈，即时做出调整，适应新的变化（即自我学习），更好地执行控制者的命令。对他而言，反馈的受者是一部机器还是一个人，无关紧要，其原理是完全一样的。社会范围内的信息传播由于具有如此重要的控制作用，所以它成为社会这个建筑物得以黏合在一起的混凝土。①

尽管维纳更多是在机器自动化的意义上讨论控制，并不完全等同于操纵，但是这一观念一旦从高射炮瞄准器、导弹导航和计算机领域推广到人的神经系统和整个社会，问题就变得复杂起来。谁来控制、通过什么途径控制、控制会对被控制者产生什么后果等这些在自动化领域根本不成其为问题的疑问接踵而来。

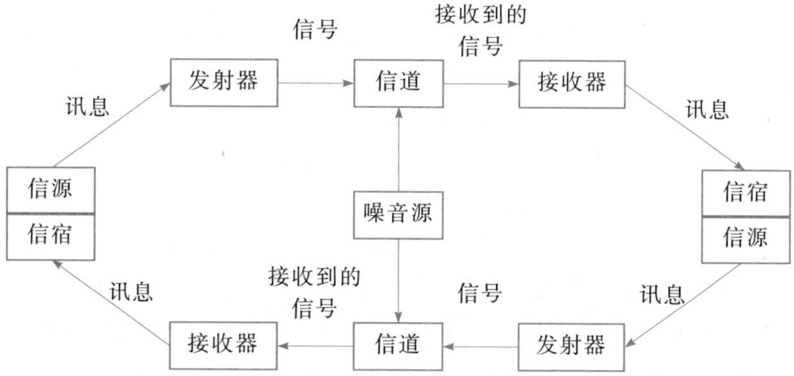

图1—3　传播的控制论模式

二、控制大众心灵

传播学的诞生，也是“有意图地施加影响”这一话语兴起的产物。

① 参见［美］维纳：《人有人的用处——控制论和社会》，16～17页，北京，商务印书馆，1989。

进入20世纪，大众逐渐从历史的背景走向舞台的中央。对于赞成精英政治的人来说，这样一种状态无疑意味着“大众的反叛”[①]。在政治上，大众拥有绝大多数的选票，在经济上，他们是消费市场中的大多数。控制大众的心灵，就意味着掌握了权力与财富。

但是，正如大众（mass）这个词的原始含义所表达的那样，他们是一盘散沙，一群无法控制的乌合之众。大众社会理论（mass society theory）的支持者们认为，随着“无根的个体”纷纷涌入城市，传统的社会控制手段式微，人类的组织形态由共同体向社会过渡，再也无法像过去那样轻易地对大众进行控制。[②]因此，20世纪初，也是宣传、广告、公关等各种控制大众的“科学”技术兴起的时期。虽然人类历史上很早就有了战争宣传，但在第一次世界大战中，交战国双方首次大规模地使用了宣传战略。[③] 至少从表面上看，这些说服性信息，在公众和军队中产生了明显的反应。德国把战争的失败归结为共产主义者和犹太人给他们的背后一刀，他们指责这些缺乏爱国主义精神的群体既受到了国外宣传的影响，而且也利用了宣传去蛊惑德国的普通民众。

同时，英美等国的政府宣传机构为了获得大众的支持，也违反了传统道德，采取了发布假消息和控制媒体的做法。这些行为在战后引起了很大的争议，一些坚守人文主义的学者坚决反对这一做法，同时对日益侵入公共生活的宣传、公关、广告活动表示担忧。美国著名报人沃尔特·李普曼（Walter Lippmann，1889—1974）在1922年出版的《民意》（*Public Opinion*）[④] 中，对外部的世界、媒体营造的虚假世界和人们头脑中关于世界的图像作了区分。因为我们对现实的认识越来越间接，我们自以为是真实的东西，只不过是利益群体利用大众媒体制造出来的虚假环境。此外，由于普通人的注意力、时间、社交圈子有限，他们很难有充足的时间和资源越过媒介直接认识世界。即使具备上述条件，也会因为人们用自己头脑中先入为主的刻板印象去定义外界事物，从而无法获得正确的印象。另外，他还提到了语言的影响，由于缺乏有效传通的保证，语言经常导致传受双方理解的差异。概言之，他对人们能否通过准确的信息沟通实现民主表示怀

① 参见［西］奥尔特加·加塞特：《大众的反叛》，3～10页、125～183页，长春，吉林人民出版社，2004。

② 参见［美］洛厄里、德弗勒：《大众传播效果研究的里程碑》，5～11页，北京，中国人民大学出版社，2004。

③ See Philip Taylor：*Munitions of the Mind*：*A History of Propaganda from Ancient World to the Present era*. Manchester. UK：Manchester University Press，2003，pp. 177 - 197.

④ 在我国已出版的论著中，*Public Opinion* 又被译为《舆论学》、《公众舆论》。

疑，而对宣传与公关（新闻掮客）的乘虚而入表示了忧虑。[①]

李普曼的这种担心不无道理，因为在“科学”的话语下，控制大众心灵的活动越来越专业。被誉为“公关之父”的伯奈斯（Edward L. Bernays，1891—1995）从 20 世纪 20 年代以来，相继写了《透视民意》（*Crystallizing Public Opinion*）、《设计同意》（*Engineering Consent*）和《宣传》（*Propaganda*）三本书，从学理上讨论了“如何利用巧妙的公关活动控制公众”的判断。伯奈斯是著名的心理分析学家弗洛伊德的外甥，他把弗洛伊德的理论应用到对心灵的控制上。比如他曾受烟草公司的委托，打着妇女自由的旗号，让妇女摆出自由女神像的姿势持烟游行；受商业组织的委托，他让美国人相信社会运动和工人权利是对美国商业的威胁；他甚至还在美国水果公司与南美的商业冲突中，幕后进行操作，让政府介入最后开战。[②]

而另一些社会科学研究者，则将这一新的社会趋势作为客观的现象进行研究。第一本传播学的著作《世界大战中的宣传技巧》[③] 就是以此为题。

三、传播研究的产生与社会控制

对传播现象首次开展的系统研究，就产生于这样的社会背景。传播研究奠基人之一的拉斯韦尔在传播的 5W 模式里，加入了“取得了什么效果”这个要素。这里的效果，是以传播者的意图实现与否作为标准。也就是说，传播活动以实现传播者有意图的控制为目标。

这样一种对传播的定义，再加上自然科学研究方法的逐渐盛行，导致 20 世纪 40 年代以来，不少具有科学精神的社会研究者们试图通过实验、调查等方法，找到开启人类心灵的万能钥匙。以卡尔·霍夫兰（Carl Hovland，1912—1961）为代表的耶鲁大学心理学研究者们，进行了大量实验，想解开人类态度变化的秘密。[④]这样一种思维方式今天仍被许多广告商、公关人员、政府官员们固守。

虽然我们可以从历史上找到很多例子支持这一结论，比如纳粹德国宣传机器

---

① 参见［美］沃尔特·李普曼：《公众舆论》，3～64 页，上海，上海人民出版社，2006。

② 参见［美］赖瑞·泰伊：《公关之父伯奈斯：影响民意的人》，海口，海南出版社，2003。

③ 参见［美］哈罗德·拉斯韦尔：《世界大战中的宣传技巧》，北京，中国人民大学出版社，2003。

④ See Carl I. Hovland，Arthur A. Lumsdaine，Fred D. Sheffield：*Experiments on Mass Communication*，John Wiley & Sons，Princeton University Press，1949；Carl I. Hovland，Irving L. Janis，Harold H. Kelley：*Communication and Persuasion*：*Psychological Study of Opinion Change*，Yale University Press，1953.

使德国成为战争的发源地，美苏冷战期间的强大宣传攻势能够让谎言成为真理，中国“文化大革命”时期的宣传让大众失去理性判断，但另一方面，我们也可以在当前的现实生活中找出无数的反例，证明要说服大众并不是一件容易的事，比如广告制作者为了吸引大众分散的注意力挖空心思，但是结果却不甚理想；投入巨资宣传的商业大片，也经常遭遇血本无归的惨败。传播作为一个复杂的现象，会受到社会文化、社会环境诸因素的影响，受众也并不是被动的靶子。在多种条件的作用下，传播活动常常产生潜在的、长期的、控制者预料不到的结果。所以，仅从传者一方出发，很难取得理想的效果，如果想传通，必须尊重受者的主动选择，要把传受双方放到平等的位置上加以考虑。

此外，生活中的大量传播行为，并不一定要操纵他人。比如在以发展关系为目标的人际传播中，首先要尊重对方的独特性，而不是把对方看做是一个客体或他者，如果抱着功利的目的玩弄权术，那么很难建立真正的良性关系。

从哲学层面来看，“传播是控制”也反映了人们对科学的盲目信仰，把自然界与社会简单地等同起来，用征服自然的方法去“征服”社会、“征服”他人。这种工具理性必然会给每个社会成员和整个文化带来不良影响。法兰克福学派对这一话语及其背后意识形态的批判是发人深省的（见第九章）。

第四节　传播是游戏

一、游戏研究的两个传统

无论是“传播是传递”还是“传播是控制”，都把功利性放在了第一位，把传播看做是实现其他目的的工具。这些话语都强调外在的目标，而人在传播过程中的内在体验和自我（self）却受到忽略。仅用“外在的”、“理性的”方式来看待传播，我们很难解释身边许多传播现象。比如为什么我们会在和知心朋友交谈过程中获得快乐，为什么我们会全身心地投入到音乐、影视剧和娱乐节目中，为什么我们会彻夜不眠地玩网络游戏，为什么我们会在自己的博客里与他人分享我们的所见所感……这一切都是因为我们喜欢传播，我们从传播行为中获得了快乐，传播是主观的游戏（subjective play）。

自从人类进入文明社会后，由于生产能力的低下和道德风尚方面的原因，在大多数文化中，不直接创造价值的游戏一直被作为人心智不成熟的表现，甚至与懒惰成为同义语，受到压抑与排斥，只有在实现其他目标（比如寓教于乐、恢复劳动能力）时才得到肯定。

柏拉图、康德、斯宾塞、席勒等著名学者都对游戏发表过零星的见解，然而荷兰学者赫伊津哈（Johan Huizinga，1872—1945）是第一个把游戏作为人类文化的一个重要内核、用专著的形式加以研究的学者，他的研究开创了两个游戏研究的学术传统。他晚年创作了《人：游戏者》（*Homo Ludens*，1938）。正如该书的名称所示，继把人类称为“理性者”（Homo Sapiens）、“制作者”（Homo Faber）之后，作者想要恢复人的另一个先验的本质——人是游戏者。与康德、席勒等研究者不同，赫伊津哈不是把游戏作为人类文化的一个组成部分，而是从本体论的角度来理解游戏。这是一种很容易被误解的观点，演讲主办者屡次错误地把他的题目“the play element of culture”改成“the play element in culture”，他坚持认为，“我的目的不是要确定游戏在所有其他文化表现中的地位，而是要查明文化本身究竟在多大程度上具有游戏的特征”①。

赫伊津哈认为，游戏先于人类和人类文化存在，文化和文明产生于游戏，并且就是游戏。他旁征博引地从语言、竞赛、法律、战争、知识、诗歌、神话、哲学、艺术、日常生活等角度，说明人类的文化无处不显示着游戏的特征。他给游戏下了一个定义：游戏是一种自愿的活动或消遣，这种活动或消遣是在某一固定的时空范围内进行的；其规则是游戏者自由接受的，但又有绝对的约束力；它以自身为目的并伴有一种紧张、愉快的情感以及对它不同于“日常生活”的意识。② 这一定义指出了游戏的两个重要特征：（1）具有一定的形式与规则；（2）是人自愿地主观参与，具有非现实性的愉悦和主观体验。而后来的研究者正是沿着这两条不同的路径展开游戏研究的。

注重游戏的形式与规则的学者包括晚期维特根斯坦（语言游戏）、戈夫曼（活动的框架）、布迪厄（场域理论），虽然各个学者的研究领域与理论差异巨大，但是他们都重视分析规则或资源的分配与使用。特别是戈夫曼（Erving Goffman，1922—1982），他把人们的日常交往（传播）看做是游戏互动，认为互动膜把不同的情境分隔开，人们在不同的情境中使用完全不同的游戏规则③，这一思路与布迪厄对于场域的划分异曲同工。④

注重游戏的主观体验的学者包括对赫伊津哈颇为推崇的哲学家伽达默尔

① ［荷］赫伊津哈：《人：游戏者》，2页，贵阳，贵州人民出版社，1998。

② 参见上书，34页。

③ 参见［美］戈夫曼：《游戏中的乐趣》，见《日常接触》，北京，华夏出版社，1990。

④ 参见刘海龙：《当代中国媒介场导论》，载《国际新闻界》，2005（2）。

(Hans-Georg Gadamer，1900—2002)，他利用游戏概念说明了人的诠释过程，人们沉浸在艺术作品中，既是对作品的体验，也是个人的表现，以游戏为中介，传统的主客体划分消失了。[①] 德国社会学家西美尔（Georg Simmel，1858—1918）在他的形式社会学中也把游戏（和与游戏类似的艺术）作为一个核心概念。在讨论“社交性”时，他提出了“作为游戏之社会形式的社交性”。这是一种排除个性中的所有客观性质，超越功利的交往。他以对话为例，在社交性中，交谈本身就是目的，与内容无关。在社交形式中，我们既摆脱了生活，又同时将生活握在手中，“那些顾虑重重的人在社交性中找到了自由与轻松的感觉：他们觉得相互联系，互相交换那些将生活的全部职责与重担都体现出来的激发物，是在玩一种艺术性深厚的游戏。在这场游戏同步进行的升华与稀释中，现实的沉重负担由于只能被远远地感知到，而成为迷人的幻景”[②]。

罗兰·巴尔特（Roland Barthes，1915—1980）和约翰·费斯克（John Fisk）则是从受众文本解读过程中的自由与创造的角度来解说文本游戏带给交流者的快感，费斯克还从这种快乐中看到了受众抵制、颠覆主流意识形态的希望。[③] 关于这两位学者的观点，我们将在“传播是撒播”中再作讨论。

二、传播：主观的游戏

把游戏与传播明确地联系在一起的，是英国学者史蒂芬森（William Stephenson，1902—1989）。他的传播游戏理论虽然受到赫伊津哈文化人类学和历史研究的影响，但是他更多地是从心理学的角度讨论游戏与传播的关系。他在《大众传播的游戏理论》（*The Play Theory of Mass Communication*，1967）的开篇即提出：“本书的主旨是说明：大众传播的最好的一点是允许人们沉浸于主动地游戏之中，也就是说它让人快乐。”[④] 史蒂芬森认为，虽然大多数传播活动具有工具性，主要功能是传递信息，但是有一部分传播本身没有信息传播的特征，传播活动本身就是目的，因为它能够带给人快乐，甚至有时我们忘我地投入其中，根本连快乐都感觉不到（因为快乐只是事后的追溯）。比如当我们和一个知己交

---

① 参见［德］伽达默尔：《真理与方法》（上卷），130～166 页，上海，上海译文出版社，2004。

② ［德］齐奥尔格·西美尔：《时尚的哲学》，18 页，北京，文化艺术出版社，2001。

③ 参见［法］罗兰·巴尔特：《文之悦》，上海，上海人民出版社，2002；［美］约翰·费斯克：《电视文化》，北京，商务印书馆，2005。

④ William Stephenson：*The Play Theory of Mass Communication*，New Jersey：Transaction Books，1988，p. 1. 下面所引史蒂芬森的理论皆出自本书。

流时，谈话本身就带给我们快乐，再比如观看影视节目、玩电子游戏。史蒂芬森甚至认为我们在接受严肃的信息时也带有游戏的成分。他在研究人们阅读新闻后发现，人们的阅读心理更接近游戏，正如人们喜欢重复地玩同一个游戏一样，人们也希望从报纸上重复阅读相同的内容。反过来，报纸的报道成为读者和新闻工作者建构起来的一个游戏。

当然，这些观点看上去似乎漏洞不少，例如既然人们可以自由地参与游戏，那么如何解释社会控制（包括作为社会控制的民意）的存在；如果是游戏，是否意味着人们要遵守规则；如何区分游戏与工作，等等。为了更进一步澄清这些疑问，史蒂芬森区分了三组概念。

首先，社会控制与趋同的选择不同。在前一种情况下，参与者没有自由，而在后一种情况下，参与者享有自由。史蒂芬森认为，典型的社会控制是民意，人们会感到压力而被迫去做某事（这很像沉默螺旋理论的观点）。而最典型的趋同性选择是讨价还价，甚至包括美国西部淘金热和广告，虽然看上去人们出现了一致的行为，但是这是在自由选择的前提下出现的趋同行为。大多数工作与游戏都是社会控制的产物，但其中有少部分是趋同的选择。前者不自由，是责任、服从；后者是自由的，具有个性化的特征。作为社会控制的工作与游戏受到内部信仰系统的支持；而趋同性选择则比较表面，只涉及可以被社会接受的不同的趣味或小节，不涉及深层的道德争议。

其次，虽然都翻译成游戏，但 play 和 game 是不同的，前者在中文中最准确的表达是“玩”，而后者则接近中文的“赛”。[①] “玩”意味着主观上自由地投入，不会受规则束缚；“赛”则要求在固定的时空、道具、形式和规则下竞争，双方均关心争夺的目标。这两种对游戏的侧重正是前文在讨论游戏研究的方向时提到过的。史蒂芬森强调的是前者，关注的是游戏中主体的自由、投入与愉悦，所以传播游戏并不强调规则，而强调人们在传播中的主观经验，即传播快乐（communication—pleasure），这是传播游戏理论的一个核心概念。

史蒂芬森接下来区别了作为游戏的传播与作为工作（work）的传播，提出了与传播快乐相对的传播痛苦。游戏是愉快的，而工作是痛苦的；游戏是自由的，而工作是被强迫的、受控制的；主观的游戏是非现实的、幻想的，而工作则是现实的、工具性的；游戏只是为了促进自我的存在，而工作是为了现实的报酬。当然，传播的苦与乐只是观念上的，不一定是现实的，比如有的人投入游戏之中，承受了许多

① 从这个意义上来讲，把 play 翻译成“游戏”不太贴切，“玩”包含的意思最接近，当然，中文中的玩还另有把玩、欣赏的意思。

旁人看来的痛苦，但是在他看来却是快乐。二者的区分主要表现在：前者否定自我存在，把人作为工具，而后者促进自我的存在，突出人的选择与自由。

当然，下文中另一种把传播看成权力的学者们对传播游戏理论的批评也切中要害。在传播游戏中受众固然能够自由幻想，但是大众传播的娱乐中也具有操纵与控制。从行为层面来看，传播游戏的上瘾也容易被人利用来实现政治、经济等目的；从意识形态的层面来看，传播游戏中也渗透着隐蔽的霸权与控制。

史蒂芬森从心理学的视角来肯定传播游戏的积极作用，讨论了游戏与自我的发展之间的关系。在研究中，他并没有把传播游戏置于传播内容的生产、流通、消费的大环境中加以考察，而只是抽象地讨论了消费过程中受众的快乐心理。虽然个人可以逃避到游戏中获得自由，但是却不能保证现实世界的权力不会侵入到游戏中。

三、传播游戏理论的启示

史蒂芬森的传播游戏理论并不是一个很新的理论，而且也曾受到不少学者的误解。[①] 我们今天重提这个理论，并不是出于学究式的兴趣，而是中国当前的文化环境使然。进入 21 世纪，文化中游戏的因素越来越明显，对此现象人们各持一端。简单地否定其中的积极因素是不可取的，最重要的是这些现象使得我们重新反思过去对于传播本体的理解是否存在偏见。那么，我们能从“传播是游戏”这一话语中获得什么启示呢？

首先，传播游戏理论与其说是对传播信息理论的否定，不如说是对它的发展与补充。它的目的并不是要取代信息理论的位置，而是提醒我们，传播不仅仅是外在的、工具性的，不能仅从信息的、实用的、效果的角度来思考传播，还要关注个人在传播过程中的主观感受、自我的存在与发展。并且随着社会的发展，传播游戏在社会生活中的重要性会越来越大，人们对游戏的态度正在发生变化，第一代电子游戏玩家正在掌握社会的权力，在后现代思潮的影响下，人们越来越需要游戏，越来越习惯游戏。[②] 另一方面，生产力的提高使游戏的社会条件逐步成熟，社会为人们创造出更多的游戏机会。中国今天蓬勃发展的网络游戏、Web 2.0 时代的交往方式、《超级女声》这样的大众游戏、在国民生产总值中比重越

---

① 参见［美］施拉姆、波特：《传播学概论》，27～30 页，北京，新华出版社，1984。

② 世界上第一款电子游戏产生于 1971 年，20 世纪 80 年代以任天堂和世嘉为代表的红白机真正掀起了电子游戏的热潮，而与此同时，个人电脑和互联网的普及则使电子游戏的影响更加巨大。

来越大的娱乐经济，都在说明我们不能再对传播游戏继续视而不见，不能再把它看做是一种功能性的活动（比如“寓教于乐”、“为了工作而放松”），而要从本体论的意义上重新加以审视。① 甚至有学者预言，未来的社会将以游戏为中心，游戏权（right to play）会和其他权利一样被写进法律。②

另一方面，我们也要看到传播游戏容易受到各种权力的入侵而被异化。从参与者的角度来看，大部分的传播游戏因为不承担现实的责任，容易导致非理性的暴民心理，比如近年来互联网上频频出现的“追杀令”、对个人和群体无理性的口诛笔伐、对个人隐私的侵犯等，传播的黑暗面（the dark side of communication）③也不容忽视。

正如乔治·H·米德（George Herbert Mead，1863—1931）所言，游戏是社会生活的模拟演练场，在其中我们学会角色与互动规则。④ 传播游戏也具有类似的特点，无论是胡戈的系列搞笑短片还是《超级女声》，作为传播游戏，它们肯定心理愉悦、自我存在、个人自由，通过游戏，发展自我意识，从这个意义上来讲，传播游戏的演练对中国的民主政治的发展具有积极意义，我们应该持宽容的态度。然而，如果把缺乏现实责任和义务的传播游戏当成是实现民主自由本身，那么无异于把过家家和现实中的油盐酱醋混为一谈。

第五节　传播是权力

一、隐形的权力

在《权力论》中，丹尼斯·朗（Dennis H. Wrong）把权力的定义扩大为三种：武力、操纵与说服。大众传播成为第三种权力中非常重要的组成部分。⑤ 这里所说的“说服”，是思想控制的同义语。但是除了我们前面讨论过的思想控制

① 以电子游戏为例，早在2001年，全球游戏产业产值就有94亿美元，已经超越了电影工业89亿美元的产值。2005年全球互动娱乐业产值约达800亿美元。据统计，2001年中国网络游戏产值仅3.1亿元，2002年仅一年就增长至9.1亿元，对电信等相关产业的带动超过百亿元。2003年市场产值已经直逼20亿元，相当于电影业的产值。2006年中国网络游戏市场总额突破80亿。

② See James E. Combs：*Play World：The Emergence of the New Ludenic Age*，Westport，Conn.：Praeger，2000.

③ See Cupach，William R.：*The Dark Side of Interpersonal Communication*，Hillsdale，NJ：Lawrence Erlbaum Associates，1994.

④ 参见［美］乔治·H·米德：《心灵、自我与社会》，上海，上海译文出版社，1992。

⑤ 参见［美］丹尼斯·朗：《权力论》，北京，中国社会科学出版社，2001。

外，人们还认为，统治阶级对经济资源和政治（国家合法性）资源的控制，也会导致在大众传播中隐藏着看不见的权力控制。

第二次世界大战后第三世界国家获得政治独立，开始追求经济独立和文化独立，但在国际信息传播方面，却出现了新的矛盾。发达资本主义国家以信息自由传播为由，依靠强大的信息资源与媒体实力，大量向发展中国家输出文化产品和新闻，而发展中国家由于经济实力不强，在国际传播方面处于失语状态。这不仅造成了发展中国家经济上的损失，也造成了发展中国家本土传统文化的式微、身份认同的危机和资本主义国家的文化殖民。

“文化帝国主义”（cultural imperialism）这样的概念被提出，是在修辞上将资本主义的文化影响与它们的经济殖民联系在一起。在 20 世纪 70 年代联合国的斗争中，建立世界文化新秩序成为发展中国家的主要诉求。而发达资本主义国家也认为这种民族保护主义的做法，妨碍了全球的自由信息流动。这场斗争以美英愤而退出联合国教科文组织作为结束。由于缺乏美英的参与，新秩序的建设进入僵局，不了了之。① 过去我们的传播研究中只提到第三世界高歌猛进的华彩乐章，却回避了这个结局，现实并不像肥皂剧那样总会以圆满收场。全球化（甚至有人认为就等于美国化）与后发展国家（甚至也包括法国这样的发达国家）在文化传播方面的斗争还在继续。

在资本主义国家内部，第二次世界大战后劳资之间的矛盾虽然有所缓和，但是马克思主义和共产主义运动的余波仍在。许多西方马克思主义者一方面看不到革命成功的希望，另一方面又对苏联的制度比较失望，于是将注意力从阶级斗争，转向对文化控制权的批判。大众传播因而成为他们关注的主要对象，法兰克福学派、文化研究学派、政治经济学派等逐渐成为学院中较有影响力的学术群体，它们对传播中的权力进行深入的研究。

二、符号与权力

权力的不平等由经济基础决定，但是却常常表现在语言和象征符号上。一些学者把注意力集中在传播的语言交换上，把它看做是社会权力实施中介。英国的语言学家奥斯汀（John Langshaw Austin，1911—1960）提出，我们除了可以用语言来表达沟通外，还可以用语言来做事。比如婚礼上“我愿意”这句话就意味

---

① 参见［加］文森特·莫斯可：《传播政治经济学》，115～127 页，北京，华夏出版社，2000。

着礼成，这个承诺就完成了“结婚”这一行为，他把这种用言语来完成的行为称为“言语行为”（speech act），类似的行为还包括通知、命令、警告、阻止、答应、承诺、担保、道歉、祝贺等。看似工具性的语言背后，其实蕴含着支配关系，比如会议的主持人可以宣布“现在散会”，而会场上的服务人员却没有宣布的权力。因此，法国社会学家布迪厄（Pierre Bourdieu，1930—2002）提出："任何人都不应该忘记，最好的沟通关系，也就是语言交换活动，其本身同样也是象征性权力的关系；说话者之间的权力关系或者跟他们相关的群体之间的权力关系，就是在这种语言交换活动中实现的。”①

欧洲的马克思主义者认为，现代资本主义制度不再单纯地利用强制性的权力来管理社会，而是转向通过传播活动建构起符合资产阶级的意识形态，来维护其统治。法国结构马克思主义者阿尔都塞发展了马克思的“意识形态”概念，认为它是“个人对于他所存在的现实环境的想象性关系的再现”，是一种人们无法摆脱的认识世界的框架。意识形态国家机器通过召唤，作用于人的潜意识，塑造了人的主体，同时令其成为意识形态的臣服者。在他看来，意识形态是一种从上至下的控制，由于社会结构的制约，个人很难摆脱意识形态的控制。②

第一代法兰克福学派的霍克海默（Max Horkheimer，1895—1973）和阿多诺（Theoder Wiesengrund Adorno，1903—1969）也认为，以大众传播为载体的文化工业充当了资产阶级意识形态的统治工具，把标准化的、伪个性化的和陈腐的观念推广到劳动大众那里，使他们在压抑的升华中成为资本主义工业流水线上的顺民，不仅在八小时以内，而且在八小时以外的文化消费领域也接受资本主义意识形态的控制。所谓的大众文化根本不是自下而上的自发文化，完全是资产阶级控制大众的文化工业。③

虽然这样一种看法所展现出来的批判精神非常具有启发性，但是也存在忽视人的主观能动性的不足。相反，意大利马克思主义者葛兰西（Antonio Gramsci，1891—1937）的观点由于兼顾结构与能动性，得到了学者们的重新关注。葛兰西认为，现代资本主义的统治一方面依赖强制性的暴力和国家机器，另一方面在合理性上依赖于意识形态的霸权（hegemony 又译为“文化领导权”）。与暴力不同，霸权重视的是文化方面的控制。霸权的推广不是建立在强制的基础之上，而是建

---

① 转引自高宣扬：《布迪厄的社会理论》，166 页，上海，同济大学出版社，2004。

② 参见［法］路易·阿尔都塞：《意识形态与意识形态国家机器》，见陈越编：《哲学与政治：阿尔都塞读本》，长春，吉林人民出版社，2003。

③ 参见［德］马克斯·霍克海默、西奥多·阿多诺：《启蒙辩证法》，134～187 页，上海，上海人民出版社，2003。

立在同意的基础之上，它是控制者与被控制者之间妥协与合作的结果。①

按照这样一种思路，英国文化研究学派的代表人物斯图亚特·霍尔（Stuart Hall，1932—　）在他的编码与解码理论中，既强调了统治阶级意识形态在受者那里享有优先解读的特权，同时也认为受者可以用不同于编码的方式解码，即解读过程具有“结构性的多义”。霍尔认为，大众传播的编码与解码，其实就是语义空间中的阶级斗争，在话语里面蕴含着权力的对抗。②

霍尔关于文化表征中的差异与权力的论述，也受到法国学者福柯（Michel Foucault，1926—1984）等后现代主义者的影响。后现代主义关于“传播是权力”的话语，对权力的定义与以往有很大不同。在古典社会学家马克斯·韦伯等学者那里，权力被定义为对他人的强制，主要表现在外显的物质权力，而随着福柯等学者的影响力逐渐增大，权力逐渐被泛化为一切对他人具有影响力和操纵能力的力量。在《规训与惩罚》一书里，福柯把权力描绘成无影无踪，但却弥漫于日常生活领域的每一个层面，是无处不在的全景敞视式的监视。权力的成功之处就在于其使自己不被人们注意，让人们忽略了它的本质。这种无形的权力不但有消极的一面，还有创造性的一面，现代的权力不是由统治阶级从上至下地强加于人，而是从下至上地重新组织社会。权力通过不断生产出“客观的”知识，使自己无影无踪地被合法化，知识与权力已经很难被截然分开。通过“规训”、“检查”、“忏悔”这些技术，权力不仅成功地驯服了身体，而且深入到人的内部，成为主体的一部分。③

关于文化研究，我们还将在第十章做进一步介绍。

三、常识中的权力

女性主义的兴起让人们认识到，传播文本在对现实的表征（再现）中，还包含着对女性的压迫。我们的文化一直是在用男性的话语和男性的视角定义和解释所有的经验，而女性必须被迫使用男性的话语表达一切，男性的权力在这一过程中被合理化、自然化，女性则受到了排斥和贬低。因此，传播过程隐含着男性对女性的权力。

---

① 参见［意］葛兰西：《狱中札记》，北京，中国社会科学出版社，2000。

② 参见［英］斯图亚特·霍尔：《编码，解码》，载罗钢、刘象愚编：《文化研究读本》，345～358页，北京，中国社会科学出版社，2000。

③ 参见［法］米歇尔·福柯：《规训与惩罚》，北京，三联书店，1999。

同样，这一话语也启发了少数民族和其他弱势群体，他们也循着同样的思路，要求改变传播中的无形权力对他们的压迫。[①]

与前面所说的传播即有意图的控制不同，“传播是权力”话语强调的不是简单的直接操纵，而是针对那些隐藏在我们文化和语言中的不平等关系。这些关系往往以“常识”、“同意”、“习惯”、“文化”甚至客观中立的“知识”、“真理”的形式出现。这种传播中的权力很难找到明确的权力执行者或代理人，也可以说每个人都要依靠这种权力形成的“意识形态”才能认识世界或形成自己对世界的解释，每个人都是权力体系中的一部分。大众传播在这种无形权力网的建立中，起到了重要作用。

第六节　传播是撒播

一、基督教的撒播观念

在“传播是传递”中，我们曾提到以“我”为中心的传播僵局。但是如果我们换一个角度来看问题，如果我们不再以别人的理解一定要符合“我”的看法作为传通的标准，如果我们看到多样的理解所蕴含的积极因素，其中包含的平等与自由，我们对传播的理解就会进入一个新天地。

和“传播是传递”中柏拉图的心心相印的传播理想不同，美国学者彼德斯认为，传播不是心连心，而是手拉手。不要使传受双方处于一方说、另一方听的不平等状态，而应该平等地进行撒播（dissemination），让受者拥有自由解读的权利。人们对于话语权的极度敏感，导致了这样一种争取消极自由的传播观念的诞生。[②]

虽然在最近的讨论中，“传播是撒播”的话语主要来自于后现代主义中比较激进的某些学者，但它并不是一个全新的观念。在人类的历史上，人们很早就注意到传播解读过程的多义性。

在《新约·马太福音》里，耶稣曾经对他的弟子们讲过这样一个寓言：

有一个撒种的出去撒种。撒的时候，有落在路旁的，飞鸟来吃尽了。有落在土浅石头地上的。土既不深，发苗最快。日头出来一晒，因为没有根，就枯干

① 参见［法］弗朗兹·法农：《黑皮肤，白面具》，南京，译林出版社，2005。
② 参见［美］彼德斯：《交流的无奈——传播思想史》，248～255 页。

了。有落在荆棘里的，荆棘长起来，把它挤住了。又有落在好土里的，就结实，有一百倍的，有六十倍的，有三十倍的。有耳可听的，就应当听。

耶稣向他的弟子们解释说，这个比喻是为了说明不同的人听到耶稣传道的反应会不一样。耶稣接下来提出了自己一直恪守的撒播的信条——“有耳可听的，就应当听”，不要因为听者的反应可能与我们预期的不同而把他们排除在传播之外。对于宗教宣传来说，这是一个在实际操作中非常有效的做法，广种薄收，向一切潜在的信徒传播天国的声音，而不必在意他们过去的立场和未来的结果，求同存异，有利于扩大其影响。

但是这种自由的解读总是让传者觉得难以接受，难道就没有标准了吗？作者和读者究竟谁更有权利判断文本的真正意义？传播的撒播观念认为作者与读者是完全平等的，作者并不享有独特的解释权。

比如法国文学批评家和符号学家罗兰·巴尔特把文本分成两种：可读的文本和可写的文本。在他看来，前者是一个以作者为中心的僵化的文本，而后者则是可以让读者最大限度参与的文本盛宴。在完成自己的作品后，作者不再有权力去控制意义的自由发展，解读的权力应该交给读者，文本的意义是由作者与读者共同创造的。他甚至极端地提出，作家本身只是他的文本的代言人，作品先于作家存在，并提出了“作者已死”的惊人之论。

巴尔特推崇可写的文本。他认为在可读的文本中，我们只能获得一种温馨如归的布尔乔亚的感受，一种可以用语言表达的轻度的快乐（plaisir）；而在可写的文本中，我们获得的是一种无法言状的极乐（jouissance）的感觉。①

二、后现代主义的撒播观念

这种崇尚绝对自由，反对逻各斯中心主义和西方中心主义的态度在后现代主义理论大师德里达（J. Jacques Derrida，1930—2004）那里有淋漓尽致的表达。德里达认为：所谓撒播，就是在摆脱概念的控制和决定作用的同时，形成一种蕴含比较丰富的语言或文本。相比之下，含糊或朦胧（ambiguity）的概念是指枚举和控制意义的可能性，而撒播却是由从未受到完全控制的秩序或类似中产生出来的，成为一种语言上的散布状态。德里达主张使用文本的素材，在文本内部对文本意义进行颠覆性的解构，让作者的权力化为乌有，让那些在二元对立中被迫

① 参见［法］罗兰·巴尔特：《文之悦》，37、85～105页。

缺席或被压抑的一方得到释放。①

这样一种反理性主义的话语，在全球化过程中也有进一步的发展。全球化带来了更为频繁的文化交往，在这一过程中，西方的知识分子逐渐认识到一直以来被忽视的狭隘的西方中心主义，开始从他者的角度来审视过去一些“常识性”的观念。萨伊德（Edward Wadie Said，1935—2003）的《东方学》（*Orientalism*，又译为“东方主义”）让人们意识到了长期以来西方对东方（他所说的东方指中东地区）单向的想象与误读。这种想象其实也是前面所说的传播中话语权力的一种表现。

为了反对压迫，促进人的最终解放，后现代主义者们矫枉过正地提出了无政府主义的意义传播观念。当然，从批判过去的“传者中心主义”来说，这种思想具有启发性，但另一方面，有一点值得我们关注，那就是提出“传播是撒播”的主要理论家，都来自于文学批评传统，在文学欣赏中，主体的自觉很容易带来解放，意义的无政府主义带来的是“百花齐放，百家争鸣”，但是如果把这些观念贯彻到实际的社会生活中又会产生什么后果呢？这个问题还值得我们进一步思考。

曾经提倡多元解读的意大利符号学家安贝托·艾柯（Umberto Eco，1932—　）20 世纪 90 年代后也提出，虽然可以对文本做出自由的诠释，但是这种诠释的可能不是无限的，也要受到一定规则的限制，否则就会成为“过度的诠释”，即把不合理的诠释与文本牵强附会地结合在一起。② 诠释哲学家伽达默尔一方面肯定诠释者“偏见”的合理性，但另一方面也主张在复活文本的过程中，在诠释循环之中，读者和作者的视阈会逐渐融合。③

第七节　传播是共享和互动

一、我与你

“传播是共享和互动”的话语有三个源头，第一是犹太宗教哲学家马丁·布伯（Martin Buber，1878—1965）的“我—你”理论，第二是文学批评家米哈依·巴赫金（Mikhail Bakhtin，1895—1975）的对话理论，第三是产生于美国的

---

① 参见［英］约翰·斯特罗克编：《结构主义以来——从列维-斯特劳斯到德里达》，188 页，沈阳，辽宁教育出版社，1998。

② 参见［意］艾柯等：《诠释与过度诠释》，北京，三联书店，2005。

③ 参见［德］伽达默尔：《哲学解释学》，上海，上海译文出版社，2004。

实用主义哲学。对大众传播观念影响最大的是后者。在近期最重要的发展主要是哈贝马斯的交往理性与语用学理论。

马丁·布伯提出，人与世界的关系可以分为两种，一种是“我—它”关系，另一种是“我—你”关系。在“我—它”关系中，人把周围的人和事物都当成是与“我”相分离的对象，相对立的客体，我们用理性和因果性把它们放到时空网络中把握，以“我”为中心，利用它们，满足“我”的需求。而“我—你”关系中，“我”与“你”不是分离的，而是结为一体，“我”便不是为了功利的目的来建立“关系”，也不会用理性来分析“你”，而是以“我”整个的存在、全部的生命来与“你”相遇。在这个过程中，“你”超越了时空网络，不再是一个有限的存在，而具有永恒性。“我—你”关系摆脱了相互利用的关系，实现了人的存在价值。虽然这一理论带有深厚的宗教哲学色彩，但是却给世俗世界提出了一个重要的命题：我们应该如何真诚地面对他人、面对自然？布伯认为，我们不应过于功利，而应从“我”与“你”相遇的偶然性中，生活在“你”的世界中，在共享中理解对方。这为“共享和互动”式的传播奠定了一个充满宗教意味的基础。①

巴赫金的对话理论是从解读俄国作家陀斯妥耶夫斯基的小说中发展起来的。他认为，人是社会性的动物，必须依赖他人和其他客体才能完成自我的定位。所以自我中包含他人，自我封闭的个体无法存在。“两个声音才是生命的最低条件，生存的最低条件”，每个人的个性话语也是他人话语的混合体。所以，对话无处不在。对话（dialogue），“是同意或反对关系，肯定和否定关系，问和答的关系”。“对话性是具有同等价值的不同意识之间相互作用的特殊形式”。我们总可以在自我的话语中听见他人的声音。在对话中，我们要积极地揣摩听者的接收与背景，积极地理解与反馈。同时，在对话中，说者进入听者的视阈中，成为听者所接收的众多声音之一，成为听者整个感觉背景中的一部分。最终在平等、双向的基础上，达成听者与说者的相互理解。②

上述两种话语，都强调了真诚、平等对话的必要性，但是宗教哲学与文学批评毕竟仅仅是精神世界的思辨，实用主义则为现实中实现上述理想提出了操作理念。

---

① 参见［德］马丁·布伯：《我与你》，北京，三联书店，2002。

② 参见董小英：《再登巴比伦塔——巴赫金与对话理论》，3～7 页、24、43 页，北京，三联书店，1994。

二、作为仪式的传播

美国实用主义代表人物杜威（John Dewey，1859—1952）在 20 世纪初就曾提出传播是共享的概念。他这一观点的提出，是在对李普曼观点的反思中逐渐形成的。李普曼在《民意》中提出，民主制的实行，前提条件是公民对于外部世界的准确判断，而在现代社会，这取决于准确客观的新闻报道。前文已经提到，李普曼在主客观方面找出众多致命的因素，它们都会造成公民对社会现实的无知，因此即使媒体不受任何外在力量的强制，民主制度仍然无法真正实现（见第二章）。

在李普曼的《民意》出版后，杜威给予了很高的评价，他认为这是用文字写成的对民主制最有力的控诉。但另一方面，他一直对李普曼的结论不甚满意。在 6 年后的一次演讲中，他提出了自己的看法。[①]

杜威认为，外部世界并不是一个可供我们准确复制的图像，并没有一个客观的“真理”或者“事实”。要获得对于外部世界的看法，除了用“眼睛”以外，更重要的是用“耳朵”。民主（或社会）只存在于传播与交流中，我们可以依靠的是大家的协商与同意。因此，他认为，传播就是参与一个共同的世界，而不是共享内在的意识的秘密。要接受者与自己一致，以自己为标准，这根本就没有意义，有意义的是大家正在共享着一些东西，正在认同着一些东西。因此，传播在他的民主理论中，不是手段，而是目的。民主就是共享和传播。[②]

美国学者詹姆斯·卡里（James W. Carey，1934—2006）从杜威关于传播的定义中，也发展出了相似的观点。他给传播下的定义是：传播是一个制造、保持、修补和转换现实的象征性过程。通过传播，一定群体的人们共享民族、阶级、性别身份、信仰等，换句话说，他们共享着相同的文化。传播塑造和定义着“我们”，把“我们”与“他们”区别开。由于我们天天依赖于传播的这一功能，就像鱼相忘于江湖，反而不易察觉。他提出，传播就是仪式。传播仪式是一种对主体的召唤，邀请读者参与到传播中，获得他们在日常生活中所扮演的角色。这种传播仪式是对现实的再现与建构。所以，传播的仪式观并不把新闻看做是简单的信息，而是把它看做戏剧（drama）。传播不是描述世界，而是描述权力、行动

---

① 参见［美］罗纳德·斯蒂尔：《李普曼传》，281 页，北京，新华出版社，1982。

② See John Dewey：*The Public and its Problems*，New York：H. Holt and Company，1927. 另见［美］彼德斯：《交流的无奈——传播思想史》，15～16 页。

的舞台，我们被邀请参与其中。因此，重要的不是我们通过传播获得了什么信息，而是通过传播我们与其他人获得了内在的联系，获得了对现实共同的理解。①

大众传播可以形成社群、共同身份、文化，这种观念在中国儒家的文化中也受到重视。比如孔子谈到诗（春秋时的流行音乐）时曾说它可以兴、观、群、怨。② 其中的"群"就是结成社会。一直受到强调的礼乐文化，也是一种典型的传播仪式，人们通过它们来维护身份秩序。

德国学者哈贝马斯（Jüergen Habermas，1929— ）在批判真值语义学和意向语义学的基础上，重申了他的普遍语用学观点：人们可以通过传播获得共识，只要保证参与者具有理性，开放、真诚地进行交流，就可以最终达成传通的理想境界。通过传播，我们可以借助主体间性（intersubjectivity），达成共识，交往本身能够最终实现理性对话。对于他来说，同样不存在绝对客观的真理，通过理性交往后被人们认可的，就是最后的真理。在这里，他抛弃了形而上学理论中孤独的主体，从主体间找到了交往的可能性。③ 我们也可以看出，哈贝马斯关于"传播是共享"的话语对后现代主义的撒播观念，提出了不同意见。

三、传播、社群和文化

"传播是共享和互动"是对"科学化"的传播理念的反拨。在"传播是传递"、"传播是控制"中，个人和社群的价值被忽略，人被量化为一些外在的人口统计学指标或者是抽象的概念。通过计算这些指标间统计关系或概念推导，得出社会的"规律"。20世纪后期，这一做法遭受了两股学术思潮的批判。

第一是文化人类学。通过对不同文化群体的深入研究，文化人类学者认为，文化就是从历史体系表达的传承下来的体现于象征符号中的意义模式，是由象征符号体系表达的传承概念体系，人们通过它们达到沟通、学习，形成他们对生活的知识和态度。简言之，如果人是悬挂在由他们自己编织的意义之网上的动物，文化就是这些网，因而文化的分析不是一种探索规律的实验科学，而是一种探索

---

① See James W. Carey: *Communication as Culture: Essays on Media and Society*, Unwin Hyman, Boston, 1989, p. 23.

② 参见《论语·阳货第十七》。

③ 参见［德］于尔根·哈贝马斯：《后形而上学思想》，南京，译林出版社，2001；又见［德］哈贝马斯：《交往行为理论》，上海，上海人民出版社，2004。

意义的阐释性科学。[①] 我们必须借助深入地理解与体察文化中的微妙因素，做出“深描”（thick description）才能把握群体的特征，理解他们的生活方式。仅仅做简单的定量描述是肤浅的。文化人类学的研究让人们把眼光关注在了难以用外在数量表达的“文化”上，而一个群体成员文化的获得与维持和传播有着密切的关系。

第二是社群主义。自20世纪80年代以来，一些西方政治学者对以个体主义为前提的自由主义展开了批评，认为它们从方法上把社会看做是由原子化的个体组成的简单集合，忽视了家庭、社区、阶级、国家、民族、团体等社群。正是后面这些集体才是历史事件和政治经济制度的原始动因。人总是生活在一定的环境之中，他所在群体的文化传统会影响人们对于正义、自由等基本问题的看法，并不存在像自由主义者所说的超越文化的绝对的正义、自由等概念。[②]

这两种话语从不同的角度批评了社会科学中的科学主义和政治哲学中的个人主义，让我们重新把目光投向过去为了分析的方便而摒弃了的文化和传统，同时也再次关注传播在文化和传统的形成中所具有的中心地位。共享与交流的理念，从后现代的相对主义中打捞出理性，给重建以交往理性为基础的民主提供了新的基础。但是，共享与交流的话语也具有乌托邦色彩，例如哈贝马斯所说的交往行为就必须满足合作与理解的条件，参与者必须具有理性，随时反思自己言语的有效性，同时真诚地谋求合作，并且愿意站到对方的角度做出理解等；语言在真正的交往行为中并不具有强制力，只是一种寻求共识的中介；我们不能像“传播是传递”或“传播是控制”那样利用隐性的操纵手法，用表面的平等理性来达成自己的策略性目的。[③] 显然，这样一种交往行为虽然很吸引人，但是它提出的条件却很难在现实中得到充分满足。

总　结

大众传播理论之旅的第一站就如此艰辛。在这个过程中，我们接受了让人眼花瞭乱、头晕目眩的理论轰炸，现在可以定一定神，稍事休息，整理一下凌乱的思路。

---

① 参见［美］克利福德·格尔兹：《文化的解释》，5、103页，上海，上海人民出版社，1999。本书正文中将该人名译作吉尔兹。

② 参见俞可平：《社群主义》（修订版），北京，中国社会科学出版社，2005。

③ 参见［德］于尔根·哈贝马斯：《后形而上学思想》。

本章的目的是要回答这样一个问题：传播究竟是什么？

在回答这个问题之前，我们首先更新了我们的研究工具。我们没有采用传统的本质定义的方法，而是换了一种话语分析的方法。这种方法不是去争论是非对错，得出一个“传播是什么”的终极答案，而是以旁观者的眼光，看待古往今来的智者们对这一问题的看法。我们要关注的是他们为什么要提出这个观点，是在什么情况下提出这个观点的，这个观点和其他观点相比，有哪些相同点和不同点，它的内部逻辑是否合理。

接下来，我们用这样一种中立的方法，考察了 6 种和大众传播相关的传播话语：

● 传播是传递。传播是信息的传递。

● 传播是控制。传播是传者控制受者的过程。

● 传播是游戏。传播是传者进行的主观游戏。

● 传播是权力。传播中渗透着无形的权力，语言中蕴含着让我们觉察不到的强迫。

● 传播是撒播。传播应该是一种绝对自由的没有控制的过程。

● 传播是共享和互动。传播是彼此平等的交流和对话，在其中传受双方获得相互理解和共识。

需要提出注意的是，本章只是从关于大众传播的话语中整理出这些对传播的不同论述。除此之外，在其他传播研究领域，还有一些不同的关于传播的话语，比如“传播是关系”（人际传播）、“传播是叙事”（修辞学，同时见第七章的“培养分析理论”）等，大家可以在本系列教材的其他分册中找到这些论述。

一定有人会问，为什么要把一个简单的问题复杂化呢？其实，这只是说明传播现象与我们的生活太密切了，不论考察什么问题，都可以发现传播的影子。正因为如此，传播研究的课题非常丰富，这里的 6 种话语，只是走马观花，我们可以初步感受一下传播研究的多样性，你也可以任意挑选你所喜爱的角度进行研究。

但另一方面，我们要对其他的观点表示宽容。没有任何一种关于传播的话语可以解释所有的传播现象，我们需要多角度地观察一个现象，这样才能尽可能地摸出一头完整的大象来——当然，很可能这头大象根本没有固定的形状。

可能你会觉得太复杂，这么多理论，无法一下子全理解和记住。不必担心，我们现在只是推开传播理论的大门远远地望了一眼，我们还会更为详细深入地介绍许多内容，下面我将带领你进入一间一间各式各样的传播理论武器库，仔细欣赏和学习使用不同的理论武器。

此外，通过介绍这些关于传播的不同话语，你或许已经发现，许多话语之间存在矛盾与冲突，它们之间甚至无法兼容。我们怎么可能同时接受所有关于传播的看法呢？在第三章，我们将讨论与这个问题相关的话题：什么是理论，如何看待关于传播的不同理论。

关键概念

话语
话语研究
传播的 5W 模式
信息
意义
传播的数学模式
控制论
传播的控制论模式
传播游戏
言语行为
权力
文化帝国主义
意识形态
霸权
撒播
“我—你”关系
巴赫金的对话理论
传播仪式
交往行为
文化

深入阅读

● [美] 彼德斯：《交流的无奈——传播思想史》，北京，华夏出版社，2003。

● [美] 约翰·杜翰姆·彼得斯：《对空言说——传播的观念史》，上海，上海译文出版社，2017。

● [英] 丹尼斯·麦奎尔、斯文·温德尔：《大众传播模式论》，上海，上海译文出版社，1997。

● [美] 维纳：《人有人的用处——控制论和社会》，北京，商务印书馆，1989。

● [美] 詹姆斯·W·凯瑞：《作为文化的传播：“媒介与社会”论文集》，北京，华夏出版社，2005。

● [美] 詹姆斯·W·凯瑞：《作为文化的传播：“媒介与社会”论文集》（修订版），北京，中国人民大学出版社，2019。

思考与讨论

1. 什么是话语分析？除了用它来分析“传播”的话语外，你能否试着用它来分析“信息”、“文化帝国主义”等话语？

2. 你能否在本书的其他传播理论中发现隐喻？它们的前提条件是什么？

3. 除了信息、意义、意向外，传播过程还传递了什么其他客体？

4. “传播是控制”与“传播是权力”两种话语有何异同？

5. 你认为“传播是控制”话语在现在有存在的合理性吗？为什么？

6. 请用现实中的例子来支持或反对“传播是游戏”这个话语。

7. 请你以中国2008年奥运会（或春节联欢晚会）为例，分析大众传播是如何建构共享的意义和文化的。

8. 人们能否通过大众传播实现不同群体之间的共享和互动？如果能，怎样实现？如果不能，为什么？

9. 本章的关于传播的6种话语，哪些相互兼容，哪些相互矛盾？为什么？

10. 除了本章提到的关于大众传播的6种话语以外，你还能从生活中找出其他的传播话语吗？

第二章 大众传播研究史：诠释与建构

CHAPTER 2

本章知识结构及要点

☆ 传播研究在中西方的建构

→ 美国传播研究"四大奠基人"的提出

→ "传播学"在中国的想象与重构

☆ 传播研究的早期学术源流

→ 修辞学传统和文学批评传统

→ 19 世纪到 20 世纪初欧洲的大众传播研究

→ 芝加哥学派与美国早期大众传播研究

→ 李普曼提出的 7 个重要话题

☆ 大众传播研究

→ 传播研究领域的形成

→ 大众传播的概念

→ 大众传播研究的中心问题

→ 大众传播研究的主要发展阶段

"一切历史都是当代史"，意大利历史学家克罗奇认为，历史不是纯粹的科学，它是活着的心灵的自我认识。即使我们所研究的事情发生在过去，但是它必须在当前的认识者能够理解的范围内才能复活。编年史不是历史本身，它只是已经消逝了的历史的残骸。①

诠释哲学家伽达默尔也表达过相似的观点。他认为，历史不是主体对客体的简单再现，我们必须把过去纳入到我们的世界中来，历史精神的本质不在于对过去的恢复，而在于与当代生活在思想上的沟通。②

传播研究的历史也是不同的解释者在不同的主客观条件下建构起来的。接下来我们就结合目前我国传播研究的现状，把目光投向那些与我们今天面临的问题息息相关的历史片段。

第一节　在争论中被建构起来的传播研究史

作为一个诞生时间不长的研究领域，大众传播的研究者们总是对自己的工作抱有一种焦虑。尤其在刚刚涉足这个领域的中国研究者中，表现得尤其明显。每年都有大量关于什么是传播学、传播学应该如何发展的讨论。③ 其实在美国传播研究开展到一定阶段的时候，也发生过这样一场著名的讨论。

一、一场关于传播研究现状的争论

1959 年，传播学者伯纳德·贝雷尔森（Bernard Berelson）在《舆论季刊》发表了一篇题为《传播研究现状》（The State of Communication Research）的文章，在开篇，他回顾了传播研究的历史。他把传播研究分为 4 个主要研究方向（approaches）和 6 个次要方向，它们分别是：（1）以拉斯韦尔为代表的政治学方向；（2）以拉扎斯菲尔德为代表的抽样调查的研究方向；（3）以勒温为代表的小群体研究方向；（4）以霍夫兰为代表的实验研究方向；（5）以新闻自由委员会为代表的进步主义方向；（6）以里斯曼、伊尼斯为代表的历史学方向；（7）以施拉姆为代表的新闻工作方向；（8）以香农和韦弗为代表的数学方向；（9）以奥斯古德为代表的心理—语言学方向；（10）以鲁奇和贝特森为代表的精神治疗方向。

他发现，传播研究在 20 世纪三四十年代取得了迅速的发展之后，进入一个停滞不前的时期。随着拉斯韦尔、拉扎斯菲尔德、勒温、霍夫兰等人相继离开这个领域（勒温去世，其他三人的研究兴趣回到最初的领域），他们提出的“伟大

---

① 参见［英］柯林武德：《历史的观念》，286～289 页，北京，商务印书馆，1997。

② 参见［美］帕特里夏·奥坦伯德·约翰逊：《伽达默尔》，32～48 页，北京，中华书局，2003。

③ 参见郭庆光、刘海龙：《新闻传播研究综述》，载《北京市社会科学年鉴》（2000—2006 年）。

思想”实际上已经消磨殆尽，没有可与其相匹敌的新思想脱颖而出、取而代之，传播研究长期处于发展的高原地带。因此，他提出结论，传播研究正在“逐渐凋零”（as for communication research，the state is withering away）。①

另一位传播研究者威尔伯·施拉姆不同意贝雷尔森的判断。他认为，在拉斯韦尔、拉扎斯菲尔德、勒温和霍夫兰这“四大奠基人”的离去之后，传播研究不仅没有停滞不前，而且在理论和方法上都有长足进步。施拉姆对这种“真空状态”的判断并没有贝雷尔森悲观，他写道：“我们有时忘记了传播研究（communication research）是一个领域（field）而不是一个学科（discipline）。在关于人（类）的研究中，它是最繁忙的十字路口之一，许多人经过，但很少有人逗留。学者们来自不同的学科，带来各种工具和真知灼见，然后再回到自己学科中更为关心的问题上去，就像拉斯韦尔一样。”②

虽然两位著名的学者在传播研究的现状问题上表达了不同的看法，但是在传播研究历史的诠释上却惊人地一致。他们都把拉斯韦尔、拉扎斯菲尔德、勒温、霍夫兰看做是传播研究的奠基人。

二、谁是真正的奠基人

1987 年 12 月，施拉姆在家中去世。数周后，当他的朋友整理遗物时，发现了一本论述传播学起源的书的手稿。这本书的内容围绕着拉斯韦尔、拉扎斯菲尔德、勒温、霍夫兰这“四大奠基人”展开。《传播学史——一种传记式的方法》的作者罗杰斯猜测，正是贝雷尔森和施拉姆的争论，启发了施拉姆，把这四位学者的研究看做是传播研究的开端，形成了所谓传播研究的“四大奠基人”的神话。施拉姆的这一归纳固然有一定的合理性，但是如果把传播研究的历史就简单总结为四大教父的开拓历程，也会造成人们不少误解。因此，罗杰斯认为：“所谓传播学四位奠基人的说法将传播学的侧重点压缩成一种个人主义的、短期的效果样式。因此，他们关闭了许多最近刚刚被学者们重新打开的研究领域。”③

罗杰斯认为，施拉姆才是传播研究真正的奠基人（founder），只有他才是第

---

① 这篇文章是根据 1958 年他在美国舆论协会的会议上提交的论文修改而成的。参见 Bernard Berelson：“The State of Communication Research”，in *The Public Opinion Quarterly*，Vol. 23，No. 1（1959），pp. 1－6。

② Wilbur Schramm：“The State of Communication Research：Comment”，in *The Public Opinion Quarterly*，Vol. 23，No. 1（1959），pp. 6－9.

③［美］埃弗里特·罗杰斯：《传播学史——一种传记式的方法》，204 页，上海，上海译文出版社，2002。

一个自觉地专一地终身从事传播研究的人，而四大奠基人及之前的研究者，应该被称为传播研究的先驱（forerunner）。[①]

事实上，这四位先驱来自不同的领域，除了拉扎斯菲尔德以外，都是因为自己的研究与传播研究交叉而闯入这一领域的：拉斯韦尔关注的是政治学，勒温关注的是心理学中的群体态度和小群体动力学，而霍夫兰关心的是心理学。他们后来又都重新回到了自己熟悉的课题，拉扎斯菲尔德也转向一般的社会学研究。只有施拉姆在20世纪40年代坚持不懈地在大学里创办了博士培养计划，建立传播研究所，进而建立传播学院，使传播研究成为一个在大学里独立存在并且可以授予博士学位的"学科"。

当我们再次回顾这场争论时，还有两个细节值得我们关注：

第一，两位学者所建构的，只是传播研究（communication research）的历史。在英文中，research这个概念主要是指用现代社会科学的方法所进行的实证研究，在他们开展讨论的那个时代，research尤其是指用抽样调查、实验或内容分析所进行的定量研究。随着诠释性（定性）研究逐渐规范化、程序化，其中被体制化的部分也被纳入到传播研究中。但是，绝大部分批判的、历史的研究以及部分诠释研究并不属于这两个学者讨论的范围。所以，后来也有学者把施拉姆等人所说的传播研究称为传播研究的经验学派或管理学派。不同的学派存在着不同版本的传播研究史，原因在于大家对什么是"传播研究"存在不同的理解。

第二，两位讨论者均不认为传播研究是一个"学科"，只承认它是一个领域（field）。其中一个很重要的原因是这个领域并没有独特的理论，四大奠基人带来了不同学科的理论，他们并没有发展出可以称为学科的独立的传播理论。施拉姆认为，只有少数人（大多是在20世纪50年代）专门投身于传播研究，其他研究者研究传播，是为了本学科的需要，所以传播领域没有像其他学科一样存在独特的理论。当然，现在的情况和50年前已经发生了很大变化，有大量的专业研究者从事传播研究，但是有一个现象仍然没有改变：传播研究领域内的大部分理论仍然来自政治学、社会心理学、社会学等领域。同时大量其他领域的学者在自己的讨论中把传播现象作为研究课题，当今一些著名学者如哈贝马斯、吉登斯、鲍德里亚、杰姆逊、布迪厄等都曾涉足这个领域，但是他们既不会认为自己是在从事传播学研究，也没有人把他们称为传播学家。和施拉姆描述的一样，传播研究还是更像一个"十字路口"，只不过随着传播在社会中扮演的角色越来越重要，

---

① 参见［美］埃弗里特·罗杰斯：《传播学史——一种传记式的方法》，204页。

这个“十字路口”比 50 年前更加热闹。但是这个十字路口的范围和边界到底应该画在哪里，到了哪个地段就算进入其他学科，这些问题仍然充满争议。

第二节 “传播学”在中国的建构

一、传播研究在中国的两次引进

1997 年，传播学和新闻学（“新闻传播学”）一起被国家教育部列为国家一级学科，这标志着在中国，传播学正式作为一个重要的学科被承认。与此同时，许多新闻院系也纷纷更名为“新闻与传播学院”。

按照吉登斯的说法，社会理论与社会之间存在着一种独特的“双重诠释”(double-hermeneutic)①，我们所研究的个体具有能动性，他们会根据理论做出改变，也就是说社会理论会被行动者用来反作用于社会（比如“主权”概念的效应），从而造成理论的改变。从美国引进的传播学也对当今中国社会的方方面面产生了冲击，不论是政府还是个人，都开始运用这种被中介的传播学考虑和处理问题（比如中国近年实行的政府发言人制度和应急预案），“大众传播”、“媒体”等成为流行词汇。被中介的传播学与社会实际相结合，变成了实实在在的管理社会信息的行动，经过不断中介，此“传播学”和彼“传播学”已经判然有别。

西方传播学在中国学界的诠释是第一层中介，中国的社会行动者从学界那里获得的对传播学的理解是第二层中介，行动者在中国具体国情下的操作是第三层中介，最后，对使用经验的归纳和总结才能成为“传播学”在中国应用的社会实践。因此考察中国传播学的建立过程，要从上述几个方面入手。

传播研究在中国的引入经历了一个曲折的过程。早在 20 世纪 50 年代，中国人民大学、复旦大学的一些新闻学者们就注意到这个在西方刚刚出现的新兴领域，并且零星地开展过一些概念的译介。复旦大学新闻系 1957 年 6 月出版的《新闻学译丛》（1957 年第 2 期）在一篇名为《美国报纸的职能》的译文中，首次出现了 Mass Communication 的英文，译者郑北渭将其翻译为“群众思想交通”。

除了出现“群众思想交通”的译名外，20 世纪 50 年代的文献中并没有对传播研究的介绍，一些译文虽然涉及“媒体垄断”，但是却是作为揭露资本主义腐朽现状的材料，研究者和接受者都没有大惊小怪，因此这个时期还谈不上介绍传

① 参见［英］安东尼·吉登斯：《社会的构成》，54 页，北京，三联书店，1998。

播学。因为传播学被视为新闻学的最新发展，所以接触的动机，仅仅出于了解国外新闻事业和研究的最新动向，仍然以当时新闻学研究的思维框架去解读这一尚处在发展中的学科。①

“文化大革命”期间，新闻学的教学研究遭到破坏，许多知名的新闻系甚至停办，传播学的引介也被迫处于停滞状态。然而20世纪60年代到70年代，恰好是西方传播研究的一个重要的转折时期。首先，美国传播研究教育从20世纪40年代开始，经过20多年积累，第一批传播专业毕业的研究者纷纷进入旺盛的创造期，新成果层出不穷。第二，20世纪30年代以来通过定量研究得出的有限效果理论受到怀疑并获得修正，研究者由仅仅关注短期的、微观、外在的传播效果开始转向关注长期的、宏观的、潜移默化的效果，研究题目也不再限于和宣传控制有关的效果研究，而是扩展到传播控制、信息、媒介、传媒文化等广泛领域，与其他学科的合作与融合日益加强。第三，除了产生于美国的实证主义的传播研究外，欧洲以马克思主义为主流的批判学派、结构主义和符号学、后现代主义纷纷把目光投向传播领域，出现了法兰克福学派、文化研究、传播政治经济学派、后现代主义传播研究等丰富多彩的不同研究范式，不同的研究方法和理论得到人们的承认。

我们错过了西方传播研究的这一重要的转折与多元发展时期。直到20世纪80年代初期，随着思想的解放，新闻研究中的泛意识形态色彩逐渐减弱，传播学才在中国“第二次”被引入。

二、传播研究引进中的断裂

回顾传播学在中国的引进，不能不提到威尔伯·施拉姆。施拉姆虽然不是中国传播学薪火相继的“点火者”，却是至关重要的“助燃剂”。在施拉姆访华之前，处于研究范式转换之中的中国学者朦胧地感觉到这个新学科的轮廓，但还需要一个权威加以印证。施拉姆的到来，无疑是一场及时雨。1982年5月初，施拉姆访问了北京、上海、广州三地的大学和新闻机构。这次访问对中国内地的传播学研究影响深远。施拉姆访华的演讲以及由他撰写②、余也鲁译述的《传学概论：传媒、信息与人》（1978）成为中国早期研究者想象“传播学”的主要参照。余也鲁是施拉姆的学生，他对许多概念的翻译对后来者的解释影响深远。比如此

① 参见刘海龙：《“传播学”引进中的“失踪者”：从1978—1989年批判学派的引介看中国早期的传播学观念》，2007中国传播学界高端学术研讨会论文。

② 《传学概论：传媒、信息与人》1978年中国展望出版社出版时作者译名是宣伟伯。

书的英文名为“*Men, Message and Media: A Look at Human Communication*”（1973），余先生将其译成“传学概论”，“传播”成为“学”。从前面贝雷尔森和施拉姆的争论中可以看出，在美国的教学与研究中，只有传播研究、传媒研究领域，而没有传播“学”这个概念。所谓的传播科学（science of communication）只是20世纪中期经验学派提出的一个概念，但是在20世纪60年代之后，随着定性的、批判的研究影响越来越大，这个概念只是在说到经验学派时使用，而且使用频率很低。

在中国内地，虽然早在20世纪50年代就出现了关于“大众传播”概念的零星介绍，但是直到1978年和1979年，复旦大学的郑北渭、陈韶昭，中国人民大学的张隆栋、林珊等人才着手正式地翻译和介绍传播学。1982年中国社会科学院新闻研究所在北京倡议召开了第一次传播学研讨会后，“传播学”这一命名才算正式合法地进入内地的语言系统。[①] 1983年由原中国社会科学院新闻研究所世界新闻研究室组织编写《传播学（简介）》（人民日报出版社）小册子中明确使用了“传播学”这个概念。1985年陈韵昭在翻译赛佛林和坦卡德（Werner J. Severn 和 James W. Tankard, Jr.）所著的“*Communication Theories: Origins, Methods and Uses in the Mass Media*”时，将其名译为《传播学的起源、研究与应用》（福建人民出版社）。1984年施拉姆《传学概论》的新版“*Men, Women, Messages and Media: Understanding Human Communication*”［1982，加上了另一作者威廉·E·波特（William E. Porter）］再次被译为中文，这次英文名称有所变化，女性主义的影响微妙地显示在标题中，但是中文却是波澜不惊的《传播学概论》。

在看似一致的译名背后，是中介与诠释的变异和断裂。首先，“传播理论”和“传播学”被画上等号。上面提及的施拉姆的书是一本普及介绍传播研究的入门书，以理论为主，几乎没有涉及应用层面，甚至未提及研究方法。而赛佛林和坦卡德的书名则明确说明了该书的主要内容为理论。

其次，大众传播理论与传播理论被画上等号。虽然施拉姆在论述传播符号时涉及人际传播的内容，但是该书大部分谈的是大众传播。由郭镇之主译的赛佛林和坦卡德的《传播理论》第4版由华夏出版社于2000年出版，虽然书名改回了《传播理论：起源、方法与应用》，但是原文中“在大众传播中的应用”仍被省略

---

① 当时在会上就有研究者提出，英语的 communication 和 mass communication 没有表示学科的词尾，他们对传播学是否成为一门学科提出了疑问，但是与会的学者经过讨论一致认为西方的传播学是一门独立的学科。参见徐耀魁、黄林：《西方传播学研究座谈会综述》，载《国际新闻界》，1982（4）。

为“应用”。

最后，（以美国为主的）传播实证研究和传播研究被画上等号。在传播学被引进的初期，即1978年到1989年之间，介绍传播学最积极的学术期刊《国际新闻界》（中国人民大学新闻系主办）翻译了大量批判学者的研究文献，包括赫伯特·席勒的《思想管理者》（全书连载）、《大众传播与美利坚帝国》（部分章节）、巴格迪坎的《媒介的垄断》（多章摘译）、赫伯特·甘斯的《决定什么是新闻》（部分章节）等，其数量甚至超过了介绍管理学派的文章，但是当时研究者想象的“传播学”地图里，并没有明确地把这些思想资源也画在传播学的畛域之内。近年来虽然传播批判学派的译介逐渐增加，但从教材上来看，仍然是实证研究一统天下的局面——当然，这也和其他研究范式缺乏内部规范，无法形成自己的标准教材有关，比如洛厄里和德弗勒就曾用讽刺的语气说：“选择文化批判观点的研究者所取得的成绩还远远谈不上明晰。要文化批判学者们以本书《大众传播效果研究的里程碑》这种叙述方式来总结其观点或许还为时尚早。”① 当然，标准化也许并不是我们对“文化批判”理论的期待，我们更期待的是富有启发性的、深刻的见解和在思想上拥有新的选择。

任何学习都是一个循序渐进的过程，没有理由去苛求这些引进传播研究的学者。但是作为站在巨人肩上的后来者，我们要看到，从大众传播理论到“传播学”的转换，客观上使在国外原本松散模糊的传播研究被限制和规定（discipline）在一个较狭窄的区域内，在中国被建构成为一个具有明确研究对象与统一性的学科（discipline）。②

三、“传播学”的想象与重构

语言的背后是世界观，就像梁漱溟提到中国人对西方“自由”、“民主”概念的翻译一样，用旧的语言去想象一个汉语中本不具有的观念，往往意味着长期的误读。③ 语言学中的萨丕尔-沃尔夫假设提出，我们对某个事物的思考，必须借助于描述这个事物的词语，因此，在某种程度上，我们对事物的感知受到语言的限制。人们在不同社会中的研究发现，由于人们使用的语言结构大不相同，造成说

① ［美］洛厄里、德弗勒：《大众传播效果研究的里程碑》，266页。

② 参见黄旦、丁未：《传播学科“知识地图”的绘制和建构——20世纪80年代以来中国大陆传播学译著的回顾》，载《现代传播》，2005（2）。

③ 参见梁漱溟：《中国文化要义》，上海，上海世纪出版社，2005年。

不同语言的人以不同的方式观察、解释、理解这个世界。

用“传播学”这个概念来指代关于大众传播的客观经验主义的理论，就像用“传播”来翻译“communication”[①]、用“群众思想交通”来理解“大众传播”[②]、用“公众通讯工具”“宣传工具”来理解“传播媒体”[③]、用“舆论”来代替“民意”[④]一样，令我们的思维过程出现一些觉察不到的偏执和盲点。例如，由于成为了和新闻学（理论）一样的“学”[⑤]，所以传播学在中国变成了纯理论，虽然我们撷取了客观经验主义范式，但是却弱化了其实证主义的特征，忽视了研究方法，只留下一些脱离具体环境的理论空壳，成为摆设，或被削足适履地论证一些与之缺乏必然联系的结论[⑥]；另一方面，传播学作为既有的新闻学的补充甚至是对立面，形成了一系列二元对立，比如本土的—西方的对立，马克思主义的—非马克思主义的对立，实用的—虚文的对立，有明确就业方向的—没有明确就业方向的对立……这些刻板印象把传播学放在一个非常不恰当的位置，也赋予了新闻学某些可疑的特征，这既不利于传播学的发展，同时也不利于新闻学的发展。

从美国的传播研究在中国的转译过程可以看出，我们用自己的思维方式，想象和重构了“传播学”的概念和学科。这也和 20 世纪 80 年代以来的中国社会发展有着深层的联系。在“文化大革命”后的思想解放运动中，西方 20 世纪以来，曾经引进过但更早被否定的一些学术思潮井喷一般被引入中国。尼采热、弗洛伊德精神分析热、存在主义热、后现代主义热、美术新潮等像一阵阵的穿堂风，让人目不暇接。传播研究也在这样一个以谈论西学为荣的潮流中被重新引入中国。新颖的学术概念和表达话语，让“文化大革命”后进入学术界的中青年学者拥有了新的思想资源来确立自己在学术场的位置，这既涉及不同学术理念之间的交流，也涉及价值观和学术资源的转型。这些冲突正是前文提到过的中国传播学与

---

① 中文的“传”与“播”都是单向的，而英文中则有双向沟通的意思。虽然这一概念的翻译已经约定俗成，但是质疑者一直不乏其人。

② 参见郑北渭摘译：《美国报纸的职能》，载《新闻学译丛》，1957（2）。

③ Mass media 在 1980 年中国人民大学新闻系译的《报刊的四种理论》中被翻译为“公众通讯工具”。另一本 20 世纪 80 年代影响较大的商务印书馆翻译的《光荣与梦想》中，Mass media 被翻译为“宣传工具”。“工具说”与现在比较流行的“论坛说”背后是两种不同的政治观与意识形态。

④ 虽然二者的英文一样，但是“现代”汉语常说“引导舆论”，却不说“引导民意”。“舆论”这一暧昧的词语逐渐被等同于大众媒体的意见。

⑤ 有的学者认为，把西方的 journalism 翻译成“新闻学”也有失准确，应该是“新闻形态的社会实践”。

⑥ 一些借用传播理论概念论述新闻学理论的研究中，对传播理论本身的研究范式缺乏分析，即缺乏布迪厄所说的“客体化”过程。例如用法兰克福学派的“文化工业”概念来指导媒介产业化，把议程设置理论等同于舆论引导，从批判美国新闻界的书中学习美国政府控制新闻的手法等。

新闻学二元对立的深层原因之一。在美国，也存在传播学与新闻学的冲突，但它的根源却在于商业化对新闻的民主理想的侵蚀，与中国相比存在截然不同的语境。[①] 20 世纪 90 年代中期以来，传播学成为容纳市场话语、自由主义话语和批判性话语的新兴学术舞台。此外，对于传播研究的“误读”除了跨文化、跨学科的原因以外，有时也是争取学科合法化的一种策略——新来者常常通过模仿的策略来争取地位。

当然，正像本章开篇所提到的那样，对历史的诠释本来就不是一个纯粹客观的复制过程，有的时候“误读”本身恰恰可能成为创新的契机（比如西方启蒙时期伏尔泰等人对中国政治制度的误读恰好成为资产阶级革命的重要理论来源）。在这里，本书无意对此现象做出价值判断，只是想提出：如果我们能够从不同的角度，多方位地考察西方传播研究的历史，将会给未来的发展带来更多的选择。接下来，我们将考察几个对大众传播研究产生过重要影响的学术传统。

第三节　修辞学和文学批评传统

詹姆斯·卡里认为，严格地说，大众传播研究的历史根本就不存在，它只是近年来才产生的一个叙事。这个叙事的目的一方面使 20 世纪新出现的大众媒体具有合理性，另一方面也使研究大众媒体的专业教学研究人员的活动具有合理性。因此，没有完全中立纯洁的历史，这一叙事是为了政治原因而被发明出来的，它被用来制造忠诚、平息争论、指导公共政策，使既有体制具有合法性，总之，它是意识形态的产物。通过各种不同的教材和论文，这一历史叙事被不断地重复，变成了一个自我实现的预言。[②]

虽然卡里的看法比较极端，但是它给我们两个启示：第一，现代大众传播研究的时间还不长，对它的历史的建构只是一个晚近的事情；第二，大众传播研究历史的叙述包含着权力关系，除了在场的理论以外，我们还要注意那些缺席的理论，比如修辞学与文学的传统、欧洲早期的传播研究传统、批判学派的传统等。

---

① 参见［美］詹姆斯·卡里：《新闻教育错在哪里》，载《国际新闻界》，2002（3）。

② See James W. Carey：“The Chicago School and Mass Communication Research”，in *American Communication Research—the Remembered History*，edited by Everette E. Dennis and Ellen Wartella，Mahwah，N J：Lawrence Erlbaum，1996.

一、修辞学的产生

由于“大众媒介”产生的时间并不长，所以大众传播研究的许多传统要追溯到更一般的传播研究领域。真正面对大众（mass）的媒介是19世纪英美等国家兴起的廉价报纸，在这个时期，工业革命制造出了第一批本地的（local）“大众”，此后的电影、广播和杂志把“大众”的范围从一个城市或地区，扩大到整个国家。关于大众传播的研究，19世纪末才产生。“大众传播”概念产生于20世纪30年代，但是从传播模式上看，只要是从一个中心向多点开展单向的信息交流，那么就具有了大众传播的基本特征。因此，不论是原始部落的巫术表演，还是下面要谈到的公众演讲，都和现代的“大众”传播有着相同的特征，因为在那些时代，传播者所面对的，就是当时的技术条件下最大规模的受众。

印刷术发明之前，口头传播占统治地位，修辞术在不同的文化中都得到人们的重视。春秋战国时期处士横议，要在议论国是中说服君主，在会盟出使中折冲樽俎，必须具有高超的修辞技术，这一时期人们积累了大量的实践经验。《韩非子·说难》专门讨论如何针对说服对象的特点来传播，另外也对“顽固的受众”（君主喜好是第一位的）现象作了一些讨论。但是总的来说，中国古代对演讲修辞的研究不像古希腊那样自觉。

古希腊许多城邦实行民主制（仅限于自由的男性公民，不包括妇女、奴隶和没有公民权的人），政治、外交、军事和司法事务要由公众投票决定，统治者需要对公众发表演讲，阐述自己的主张，在祭祀、节庆和各种仪式上也要进行表演性质的演讲，所以修辞成为那些有志于出人头地的公民必须掌握的基本技能。有一些人以教授演讲修辞为业，并且还有许多论述修辞术的书在市面流行。

亚里士多德的《修辞术·亚历山大修辞学·论诗》正是在这种背景下产生的。[①] 亚里士多德把修辞术视为和辩证法相似的学问——它们都是人人皆知，且不属于任何一门科学。不同的是辩证法用于发现真理，而修辞术则在于向人们揭示真理。

---

① 参见［古希腊］亚里士多德：《修辞术·亚历山大修辞学·论诗》，北京，中国人民大学出版社，2003年。

这里需要先解释一下“修辞”（rhetoric）这个容易引起人们误会的概念。[①] 亚里士多德认为，修辞术就是在每一个事例上发现可行的说服方式的能力，在他所在的年代，就是如何进行有效的演讲的艺术。他认为市面上的修辞术书籍只把修辞当做一门技术，这是误解。修辞术的真正功能不在于说服，而是在于发现存在于每一件事例中的说服方式，真实而正义的事物本身才是胜过对手的根本原因，但是同一事物可以有多种表达方式，有的能说服人，有的则不能说服人，所以我们必须找出那些使该事物最有说服力的方式。这样，他把自己同那些颠倒黑白的诡辩家（Sophists）区分开，因为在同样的修辞条件下，虚假和非正义的事物是无法战胜真实而正义的事物的。如果因为不善言辞而导致真实正义的事情不能为听众接受，演讲者应该受到责备。

亚里士多德认为，一个成功的演讲，取决于三个因素：演讲者的品格（ethos）、演讲内容的逻辑（logos）和对受众的感情诉求（pathos）。传播者的性格、智慧、信誉、可信度、亲切程度以及是否在该题目上具有发言权都会影响演讲的效果。

亚里士多德的修辞术与诡辩家的修辞术的另一个不同点在于他强调演讲中的逻辑，亚里士多德认为，说服论证的躯干是推理论证（enthymemes）。关于什么是推理论证，亚里士多德表述得比较模糊，学界一直存在争论，但总的来说，它是与推理的三段论类似的一种推理方式，只不过为了使传播内容更加通俗，有时并不严格遵守三段论的逻辑。

成功的感情诉求会使听者处于某种感情状态，从而达到说服的目的。这其实与现代修辞学所说的认同说相似，逻辑只是增加说服的一个方面，人们所接受的“好理由”不一定是理性的，还要来自感情上的认同。这一因素提醒演讲者要注意研究受众的心理，亚里士多德在《修辞术·亚历山大修辞学·论诗》里也用了大量篇幅来描述受众的不同感情特征。

按照听众的不同，亚里士多德把演讲分成三大类：法庭演讲、展示性演讲和议事演讲（forensic，epideictic，and deliberative）。法庭演讲是申明被告人有罪

---

① Rhetoric很难找到确切的中文，亚里士多德的这本书曾经翻译为“修辞学”，译者罗念生认为可以直译为“演讲的技巧”，在正文中也使用了“修辞术”这个译法（从文学研究的角度出发，罗念生的译本只全译了第三卷，而恰好对与传播学关系最大的第一卷、第二卷只做了节译）。中国人民大学出版社的译本翻译成“修辞术”。龚文庠根据英译本的翻译 *Aristotle's 'Art' of Rhetoric*，认为应该译成《亚里士多德的演讲“读本”》。需要说明的是，西方概念中的修辞比我们通常使用的修辞概念要广，在用于口头表达时，修辞是指“辩论术”或“说话技巧”，在用于文字写作时，修辞则是指“修辞学”或“写作技巧”。后来这个概念的外延也更加广泛，比如 rhetoric of vision and sound，则扩展到所有的传播技巧。在新修辞学和后现代主义修辞学的影响下，修辞学的研究范围也大为扩展，包括人类所有象征符号的运用。

还是无罪；展示性演讲主要是在祭祀、庆典或仪式上用来赞颂或谴责；议事演讲主要是针对政策和政事，三者分别对应过去、时下和未来三个时段。

古罗马时期，演讲依然重要，口头传播的作用仍然高于文字传播（德里达认为这是西方文化的一个痼疾），修辞学得到了进一步发展，西塞罗、昆体良深化了亚里士多德的修辞术。西塞罗提出有效的口头演讲的五项原则是：构思、布局、风格、传达和记忆（invention，arrangement，style，deliver，memory）。虽然上述原则于2000年前提出，但是直到今天，人们在演讲和修辞的准备中仍然在沿用同样的步骤。

二、修辞学与传播研究

随着政治制度的变化、印刷术的普及，口头演讲逐渐衰落。然而到了20世纪之后，修辞学迎来了复兴。今天的传播学课程在20世纪的最初10年只在美国的英语系开设，那时课程的主要内容是公众演讲。1913年，公众演讲教师们宣布成立美国演讲教师学会（National Association of Academic Teachers of Public Speaking，NAATPS）。

修辞与演讲的迅速发展，使得它所涉及的领域扩大到整个传播领域，1945年，全国公众演讲教师学会的名称改为美国演讲协会（Speech Association of American，SAA）。1970年，该协会的名称又改为演讲传播协会（Speech Communication Association，SCA）。1997年SCA的会员们经过投票，又将其名称改为全国传播协会（National Communication Association，NCA），它是美国目前最大的传播学术组织，有超过40个学术兴趣小组，15个代表委员会，超过8 000名会员（见表2—1）。①

表2—1　美国全国传播协会的分支机构

African American Communication and Culture	International and Intercultural Communication
Applied Communication	Interpersonal Communication
Argumentation and Forensics	Language and Social Interaction
Asian Pacific American Communication Studies	Latina/Latino Communication Studies
Basic Course	Mass Communication
Critical and Cultural Studies	Organizational Communication

① 参见［美］理查德·韦斯特、林恩·H·特纳：《传播理论导引：分析与应用》，2版，29～30页，北京，中国人民大学出版社，2007。

续前表

Ethnography	Performance Studies
Family Communication	Political Communication
Feminist and Women Studies	Public Address
Freedom of Expression	Public Relations
Gay，Lesbian，Bisexual，Transgender Studies	Rhetorical and Communication Theory
Group Communication	Small Group Communication
Health Communication	Theatre
Instructional Development	Training and Development

资料来源：www. natcom. org。

三、伯克与新修辞学

与此同时，修辞学也经历了新亚里士多德学派到新修辞学的理论发展。美国学者肯尼斯·伯克（Kenneth Burke）在这一转向过程中起到了关键性作用，他也是新修辞学中戏剧理论（dramatism）的代表人物。肯尼斯·伯克提出，人的本质是使用象征符号（symbol），人通过符号对环境做出反应，符号建构着我们的现实。

伯克曾经对人下了一个非常著名的定义："人（man）是使用象征的动物，否定的发明者，用自己制造的工具将自己与自然分离，受等级精神的驱使因完美而堕落。"① 我们可以把这一定义分解成下面五个部分：

（1）我们是通过象征符号来认识现实的，我们的学习就是在不同的象征符号之间建立联系。因此，我们对现实的反应都是以象征符号为中介的。人们常说"君子远庖厨"，意思是说如果我们真的参观了厨房之后，看到制作过程，就会食不甘味。显然，这个反应不是对食物本身的反应（我们或许一开始觉得很美味），而是对代表这种食物的符号的反应。

（2）人发明了否定的观念。在自然界，只有肯定，没有否定。在动物的世界里，只有"有"和"无"（idea of nothing）的概念，没有"要"和"不要"（idea of no，idea of don't）的概念。动物只会把 A 与 B（不好的事物）联系起来，只有人才有期望没有实现而产生的那种失望的感觉，所以人是否定的发明者。

（3）人发明了技术，创造了"第二自然"，并且我们无法离开这些技术，比

① ［美］肯尼斯·伯克等：《当代西方修辞学：演讲与话语批评》，16 页，北京，中国社会科学出版社，1998。

如我们很难想象没有电、没有汽车、没有自来水和煤气会怎样。

（4）通过语言，我们创造了不同的等级，而等级制度正是我们罪恶感的来源。如果我们高高在上，我们会感到我们的权力来自于那些无权者的牺牲。这种感觉导致罪恶感。正因为有了“应该”和“不应该”的概念，所以我们的道德观念得到强化。

（5）语言让我们抽象地思考“善”与“恶”、“对”与“错”，幻想达到完美，但是现实却常常不会像语言所描述得那样完美，于是我们产生罪恶感，要么归罪于自己，憎恶自我，要么归罪于他人，让他人成为替罪羊，通过这些方式，人们达到净化自己、消除罪恶感的目的。

显然，语言和修辞成为伯克理论的核心。他在《动机的修辞》中进一步提出，人是通过语言来改变态度并诱发行为的。因此，社会环境中修辞无处不在。人只要使用语言，就会引起他人或自己的态度和行为的变化。这就突破了亚里士多德修辞学中修辞仅限于演讲等有限话语环境的界定，修辞被扩大到人类的所有活动，甚至人成为使用修辞的动物，这就从本体论上强调了修辞在人类社会中所起到的重要作用。这是新、旧修辞学的一个重要区别。

此外，传统修辞学和新修辞学的不同还表现在：传统修辞学的关键概念是说服，它强调的是故意的设计，而新修辞学的关键概念是身份认同，它可能包括部分“潜意识”的因素。当然，认同说不是对传统修辞学的否定，毋宁说它是一种深入，因为只有受传者与传播者之间存在认同感，说服才能更加有效。由于人们的社会背景和社会角色不同，对同样的问题就会存在不同的看法，一旦通过修辞活动，使受传者愿意站在传播者的立场上理解问题，那么说服的成功率就会大大提高。

在研究方法上，伯克提出了一个戏剧五因素分析模型，我们可以用它来分析为什么一个演讲者会对特定的受众使用某种修辞策略，也可以用它来对修辞的可能效果做出评估。这五个要素分别是行动（act）、场景（scene）、行动者（agent）、手段（agency）和目的（purpose）。后来，伯克又加入了第六个因素——态度（attitude）。①

与前面亚里士多德所说的“修辞是使真理更有效的手法”的看法不同，新修辞认为，修辞具有认知性，即客观的真理是不存在的，我们是通过与他人的修辞和交流来获得共识，共享不同的主观经验。我们通过理性的交流创造真理，在新

① 参见［美］大卫·宁等：《当代西方修辞学：批评模式与方法》，39～41页，北京，中国社会科学出版社，1998。

实用主义者那里，修辞与发现真理成为同一个过程。

四、叙事范式理论和后现代修辞理论

除了伯克的戏剧理论以外，比较有影响的新修辞学的代表理论还有费希尔的叙事范式理论。该理论认为，有相当多的传播都是叙事和讲故事，人们接受一种说法和拒绝一种说法，并没有绝对的标准，人们会根据故事是否合情合理，或者理由是否充分（good）而决定接受哪些故事，拒绝哪些故事。所谓“好理由”，就是看上去前后一致和非常逼真的理由，只要对方所说的不存在矛盾并且具有很高的清晰度，我们就会接受对方的说法。人不是一个绝对理性的辩论者，而是一个用故事的逻辑来做出选择的听故事者。世界就是由一系列故事组成的，我们在其中进行选择，体会到不同的生活经验，从而重新创造自己的生活。

费希尔把自己的叙事范式理论作为一种元理论来看待，叙事范式理论从接受者的角度说明了人的非理性的判断标准，试图恢复被理性的、科学的研究忽略了的个体经验。他提出，任何一个文本都是理性［逻各斯（logos）］和神话（mythos）的组合，我们不能以简单的、科学的、确定的方式看待人们对修辞的接受。当然，他并不像后现代主义者那样，认为怎么样都行，没有标准，只是强调人们接受某个修辞的标准并不具有唯一性。

后现代主义对修辞研究的影响非常深远，它更加强调现实世界的符号化，甚至把这种看法推到极端，比如鲍德里亚提出真实已经不存在，只有拟像对现实的拟仿，而这种拟仿甚至变得比真实更真，这个世界只剩下符号的碎片。而且后现代主义者在考察了话语和权力后提出，包括现代科学在内的一切理性都是权力的产物，不存在客观的立场……对后现代主义的这些观点，我们还将在后面专门介绍，不过从这里列举的这些观点，我们可以看出，后现代主义更加注重话语和修辞，因为所有的权力、客观标准都是通过修辞完成的，或者说除了修辞和话语以外，一切都不存在。当然，修辞学从亚里士多德时代以来，确立了牢固的“实践智慧”的传统，许多修辞学家对这种极端的倾向持谨慎态度。

修辞学从关注具体的演讲活动中的语言组织，发展到关注整个生活世界的象征性符号的建构和叙事，从研究说服行为，发展到研究认同行为、叙事理性，虽然经历了沧海桑田的巨变，但是传播内容与传播效果一直是修辞研究的中心问题。正如前文提到的，这个领域毕竟起源于实用的目的，有效地传达仍然是传播学区别于其他人文学科的最明显的特征。

五、文学批评与传播研究

前面提到，修辞和演讲在 20 世纪初隶属于英语与文学，文学批评的发展，也为大众传播研究带来了很多新鲜的理论资源。其中对大众传播研究产生直接影响的有两个领域：一是符号学，二是文化研究。

符号学起源于语言学、人类学研究，但是却在文学批评领域找到了最佳的用武之地，许多符号学领域的著名学者均来自于文学批评界，比如法国的罗兰·巴尔特、意大利的安贝托·艾柯、美国的苏珊·桑塔格，他们的观点和研究方法虽然不尽相同，但基本上都以文本为主要切入点，从意识形态和文化环境的角度，对符号的生产和符号的阐释进行分析与批评。其中既涉及大众传播内容、大众传播控制研究，又涉及大众传播的影响。

文化研究起源于英国的文学批评，文化研究创立者中的理查德·霍格特、雷蒙德·威廉斯都是著名的文学批评家，他们批评的对象从单纯的经典文本转向我们身边的文化现象，于是文学研究与大众传播研究的界线被打破。

以上两个领域在本书后面的章节还会专门涉及，在这里，本书只想展示大众传播研究非常重要的人文科学传统。在被美国经验学派逐渐体制化的过程中，大众传播研究的界线把人文科学排除在外，把自己定位在社会科学领域内。作为在高校体制内生存的必要策略，传播研究者需要把自己和文学研究等人文学科区别开，才能获得独特的存在价值。另一方面，市场需求使得经验学派的传播研究转向以解决实际问题为主，把从人文主义立场出发进行的批判排除在研究视野之外。这种社会科学的话语策略背后，隐藏着复杂的意识形态背景。

当然，随着学术分工进一步细化，大众传播研究所关注的问题、使用的方法与修辞学、文学批评已经有了很大差异，但是它们之间存在着千丝万缕的联系，在独立分工的前提下，我们还是应该保持学科之间的交流与协作，以便大众传播研究能够保持其作为“十字路口”的开放性。

第四节　19 世纪至 20 世纪初欧洲的大众传播研究

现代大众传播研究之所以诞生于美国，是因为美国具备了大众传播研究的众多必要条件（比如相对和平的条件、经济高度发达），但是它却深深扎根于 19 世纪欧洲的学术传统。我们可以列举出许多曾经对传播问题做出专门论述的著名学者。

马克思 马克思从人类交往的高度，提出了精神交往的思想，提出近代新闻业是商品经济、社会化大生产的必然产物，信息传递是人类精神交往的重要形式，从而把大众传播活动纳入到整个人类的物质与精神活动中理解。马克思还提出新闻传播中时效的重要性，提出用时间消灭空间的限制是新闻传播发展的必然。[①] 此外，他提出的异化、意识形态、阶级斗争、商品理论等概念成为法兰福学派、文化研究学派和政治经济学派等“西方马克思主义”传播研究的核心概念。[②] 这些内容我们还将在批判学派部分做进一步的介绍。

托克维尔 法国学者托克维尔（Alexis de Tocqueville，1805—1859）在对美国进行了9个月的考察后，写出了著名的《论美国的民主》（上卷出版于1835年，下卷出版于1840年），其中专门提到了美国的报纸对美国民意的影响。[③] 托克维尔提到，当人们无法通过牢固和永恒的联系团结在一起的时候，报纸起到了让所有人产生相同感受的作用，个体通过报纸被联系在一起——“报纸产生联系（associations），联系产生报纸”。托克维尔对民主制度的讨论，也对今天我们思考媒体与民主的关系颇有启发。

达尔文 英国生物学家查尔斯·达尔文（Charles Robert Darwin，1809—1882）对传播研究的直接影响是继《人类的起源》后在1872年出版的《人与动物的情感》（*The Expression of the Emotions in Man and Animals*），在该书中，他从非语言传播与心理学的角度，探讨了人类与动物的情感表达方式。[④] 和马克思一样，达尔文对传播研究的影响并不表现在某几本具体的作品上，而是表现在对整个社会的理解和研究范式上，他的思想还启发了后来许多研究者从生态学的角度考察大众媒体对社会的影响。

塔尔德 法国社会学家加布里埃尔·塔尔德（Jean Gabriel Tarde，1843—1904）在20世纪初也对现代社会中报纸的作用有专门的研究，他研究传播的著作是1901年出版的《民意与集群》（*Opinion and Crowd*）。首先，他区别了集群和公众的概念。集群（crowd）是法国心理学家古斯塔夫·勒庞（Gustave Le

---

① 参见陈力丹：《精神交往论——马克思恩格斯的传播观》，北京，开明出版社，1993。

② 参见［英］戴维·麦克莱伦：《马克思以后的马克思主义》，3版，北京，中国人民大学出版社，2004。

③ 参见［美］托克维尔：《论美国的民主》，北京，商务印书馆，1988。

④ 参见［英］查尔斯·达尔文：《人与动物的情感》（中译本书名省略了“表达”二字），成都，四川人民出版社，1999。在罗杰斯的《传播学史——一种传记式的方法》的中文版中，有几处（如140页）将此书误译为杜威所作。

Bon，1841—1931）提出的概念。他在总结法国大革命时期的集群心理后，提出集群（又译为“乌合之众”）是一群临时聚集起来的人，他们是物理空间相近的群体，具有相同的心理特征，容易受到外界的心理暗示，表现出非理性的特征（“广场效应”）。[①] 但是公众（public）是“纯粹精神上的集体，由分散的个体组成，他们没有身体上的接触，他们的组合完全是精神关系上的组合”[②]。这些分离而分散的个体由现代化的传播技术——报纸结合在一起。集群古已有之，但是由于有了报纸，在19世纪才诞生了理性的公众。公众最重要的特征就在于它形成了民意。在他看来，“民意是一种评论，是短暂的、或多或少合乎逻辑的成串判断……是在同一时期里被同一个国家、同一个社会里的人多次重复的判断”[③]。民意是被大多数社会成员认可的评论，这种意见的扩散也要依靠报纸。与当时的许多学者不同，塔尔德对报纸的作用持乐观态度，他认为报纸把分散的意见和分散的人群联系在一起。尽管报纸也会增加冲突，但是从长远来看，报纸最突出的贡献就是它对文明和理性的影响。[④]

除了研究过报纸与舆论外，塔尔德还提出了模仿的法则。他认为发明和模仿是人类最基本的行为。他所谓的模仿的法则是：一项创新和已被接受的观点越接近，这种创新可能被模仿的可能性就越高。而且他还观察到，一个新思想被采用的过程通常遵循以时间为横轴的S形曲线。他还注意到创新扩散中不同群体的创新精神所造成的影响，模仿总是从上层向下层扩散。这些成果都成为现代创新的扩散研究中非常重要的原理。[⑤]

在强调报纸的影响时，塔尔德还注意到人际传播的中介作用，报纸的影响只有经过人际交谈的协调，才能真正发挥作用。虽然没有明确地使用人际网络、两级传播这样的概念，但塔尔德的理论实际上已经暗示了这些观点。

西美尔 另一位对大众传播研究产生过影响的欧洲学者，是德国社会学家西美尔。西美尔的学术地位在生前一直未得到学界承认，但是近几十年来，他的影响却越来越大，人们似乎重新“发现”了西美尔。他的研究带有很深厚的都市气息，很多内容可以归入到关于现代性（modernity）的研究中，比如都市的陌生人、货币哲学、时尚的心理、交往的社会形式、女性文化等。

西美尔对于大众传播研究的影响主要表现在三个方面。第一是他关于通俗文

---

① 参见［法］古斯塔夫·勒庞：《乌合之众——大众心理研究》，北京，中央编译出版社，2000。
② ［法］加布里埃尔·塔尔德：《传播与社会影响》，214页，北京，中国人民大学出版社，2005。
③ 同上书，232页。
④ 参见上书。
⑤ 参见［美］埃弗雷特·罗杰斯：《创新的扩散》，4版，北京，中央编译出版社，2002。

化和现代性的研究。在货币哲学中，他把货币的使用作为现代社会中人与人之间联系的文化现象进行研究。他认为，现代性一方面使个性本身独立，另一方面又使这种个性湮没于体制化的社会中，从而丧失个性。货币正是这一矛盾的集中体现。货币具有普遍流通的特征，创造了一种人与人之间联系的特殊形式，一方面人们更加自由，摆脱人身的束缚和对特定个体的依赖，另一方面货币又把过去无法联系在一起的事物和个体捆绑在一起，把一切东西都换算成金钱，事物之间本身的差异被夷平，个性消失。人们迷失于追逐手段，而忘记了货币并不是人生最终的目的。在对时尚的研究中，他揭示出时尚的根本作用在于通过某种生活方式，在社会平等化与个性差异魅力之间达成妥协。通过追逐时尚，人们一方面既可以保持与众不同，又可以和他人保持一致。时尚本身并没有客观的高下之别，只不过是为了区隔不同阶层的标志。此外他对性别、女性的研究也对现代女性研究具有很深远的影响。[①]

第二，西美尔在对人际交往的研究中，提出了社交性概念。所谓社交性是一种西美尔所说的纯粹的社会形式，是对现实社会交往形式的抽象。它排除个性中的所有客观品质（比如外在地位、财富、身体等），仅带着纯人性的能力、魅力与利益加入社交性结构，个人为了类似游戏和审美一样纯粹的目的参加社会交往。社交性具有平等、民主结构，它创造出一个理想社会。在社交性中，我们是以“人类”，以我们本来的面目进入，摆脱生活负担，找回最本真的自我。社交性是具有社会伦理力量的游戏形式，虽然我们要像现实一样适应整体利益，但是这却让人觉得快乐，因为社交性中不存在根本的利益冲突。社交性本质是从人们的互动中排除了现实性。但微妙的是，建造这个空中王国的能量来源却不在这些自律的形式中，而是来源于真实的生活。所有社交性不过是生活的一个象征。正因为这种艺术似的象征，社交性既象征真实，又排除功利，使得其深层本质更加完满，更有整体性，更有意味。我们摆脱了生活，又同时将生活握在手中。社交性与真实的关系就像艺术一样，既是生活的纯粹化，又离不开生活，不会失去现实本身。“那些顾虑重重的人在社交性中找到了自由与轻松的感觉：他们觉得相互联系、互相交换那些将生活的全部职责与重担都体现出来的激发物，是在玩一种艺术性深厚的游戏。在与这场游戏同步进行的升华与稀释中，现实的沉重负担由于只能被远远地感知到，而成为迷人的幻景。”[②] 社交性概念突出了人们交往

---

① 参见［德］齐奥尔格·西美尔：《金钱、性别、现代生活风格》，1～101页，上海，学林出版社，2000。

② ［德］齐奥尔格·西美尔：《时尚的哲学》，28页。

的本质特征，对交往中传播游戏的论述，尤其具有启发性。

第三，西美尔还对芝加哥学派产生了重要的影响。芝加哥大学社会学系的第一任院长斯莫尔（Albion W. Small）是西美尔的追随者，芝加哥学派的创立者之一罗伯特·帕克（Robert E. Park）也曾在西美尔的影响下进行了报纸和舆论的研究。西美尔对“陌生人”的研究启发了帕克的传播网络分析。

除了以上几个学者外，对传播研究产生过影响的还有德国学者滕尼斯（Ferdinand Toennies，1855—1936），他在1922年出版的《民意批判》（*Critique of Public Opinion*）中把报纸的影响等同于民意的影响。英国政治学者格雷厄姆·沃拉斯（Graham Wallas，1858—1932）在《政治中的人性》中提醒人们关注政治中的非理性特征，舆论并不像之前的自由主义者所说的那样是人民真正的呼声。那些可见的群体，只是国家中的一部分，人们无法看到真相和人们真正的呼声。[①] 沃拉斯的这些观点对沃尔特·李普曼的影响非常大。[②]

欧洲的这些对大众传播的早期研究，构成了现代大众传播研究的重要基础，正是这些不同学者的论述，使得这个领域从一开始就具有了多样化的特征。当然，随着时间的推移，其中一些理论源头被日渐制度化的学院研究排除在外，但是当我们溯流而上的时候，我们会看到大众传播研究在萌芽期所蕴含的尚未实现的丰富的可能性，这些创见不断给我们新的启发。

第五节 芝加哥学派与美国早期大众传播研究

一、芝加哥学派

美国的大众传播研究与欧洲的学术传统有着千丝万缕的联系，除了前面介绍的一些理论的直接影响外，还因为许多对大众传播产生过重要影响的学者直接来自欧洲，比如四大奠基人中的拉扎斯菲尔德和勒温。此外，美国大众传播研究的实证研究方法论和技术也起源于欧洲。19世纪末，法国社会学家涂尔干（Emile Durkheim，又译为“杜尔凯姆”，1858—1917）分析了欧洲各国自杀的数据，提出了关于自杀行为的理论。[③] 查尔斯·布斯（Charles Booth）通过细致的计算和

---

① 参见［英］格雷厄姆·沃拉斯：《政治中的人性》，北京，商务印书馆，1995。
② 参见［美］罗纳德·斯蒂尔：《李普曼和他的世纪》，48～50页，北京，新华出版社，1982。
③ 参见［法］埃米尔·杜尔凯姆：《自杀论》，北京，商务印书馆，1996。

分类、描述了伦敦贫民的生活。[①] 心理学家威尔海姆·冯特（Wilhelm Wundt）1879年在莱比锡建立了一个精确测量人类行为的实验室。在去美国之前，拉扎斯菲尔德就已经开始开展受众调查。[②] 拉扎斯菲尔德曾说："许多现在被认为是美国的（定量研究）技术都起源于50年或100年前的欧洲，在它们被加以改进并且可以在大规模人群的层面上应用后又被美国输出回欧洲。"[③]

除了欧洲思想的间接影响外，美国特殊的社会背景与历史机遇是传播研究成为大学学科的直接原因。第一，美国在19世纪末国力迅速上升，大众媒体迅速发展，黄色新闻、电影和接下来出现的广播带来了许多社会问题，引起了全社会的广泛关注。此外，大众传媒的发展也使得美国的新闻教育和传媒研究比较发达。第二，美国工商业发达，在19世纪末20世纪初美国的广告业迅速崛起，紧接着公共关系也逐渐出现并成为一个行业。同时，媒体公司本身经营也需要来自社会科学界的研究成果。第三，美国比较早地建立了现代民主政治制度，许多政策的制定必须依赖民意，此外，定期的公职人员竞选必须依靠媒体，如何宣传成为政治家关注的课题。在两次世界大战中的宣传也吸引了大批研究者，美国政府也投入大量资金研究传播。第四，第二次世界大战前后，大批欧洲的优秀学者被迫迁居到美国，给美国的传播研究注入了活力。第五，美国20世纪初期形成的实用主义哲学传统使美国的传播研究者比较关注现实问题的研究和研究的实用性。这些条件都使传播研究在美国首先成为一个独立的研究领域，进而发展成为高等院校的一个专业。

美国最早的大众传播研究主要是由芝加哥学派的社会学家们进行的。芝加哥大学是在石油大亨洛克菲勒资助下于1892年创建的。[④] 芝加哥大学的杜威、米德、帕克等学者从不同的角度，把传播放在一个重要的位置上加以研究。社会学中的芝加哥学派是一个约定俗成的称呼，传播研究是这个团体所关注的问题之一。这个团体中的大众传播研究以帕克为中心，哲学系的杜威、米德等人也对这

---

① 通常认为，现代意义上的社会调查起源于弗雷德里克·普莱（Frederic Le Play）的 *ouvriers Européens*（1855），或者是查尔斯·布斯的17卷本 *Life and Labour of the People of London*（写于1891至1897年间）。

② 参见［美］莫里森：《寻找方法：焦点小组和大众传播的研究》，北京，华夏出版社，2004。

③ Paul F. Lazarsfeld: "Preface". in A. Oberschall (Ed.), Empirical Social Research in Germany 1848—1914. Paris: Mouton, 1965. See Kurt Lang: "The European Roots", in *American Communication Research-the Remembered History*, edited by Everette E. Dennis and Ellen Wartella, Mahwah, NJ: Lawrence Erlbaum, 1996.

④ 洛克菲勒基金会还资助了早期传播研究中的许多重要项目，如果没有该基金的支持，传播学早期的繁荣是不可能的。详见罗杰斯的《传播学史——一种传记式的方法》，147～150页。

个学派的传播研究产生了深远的影响。

二、杜威与传播研究

杜威（John Dewey，1859—1952）是美国著名的哲学家，以倡导实用主义哲学而著称，此外他的研究还涉及心理学、教育学和政治学，是一位对美国学术风格产生过深远影响的学者。他于1894年至1904年间在芝加哥大学任教。杜威对美国传播研究的影响主要表现在以下几个方面。第一，他提倡的实用主义精神对后来的大众传播影响深远。实用主义（pragmatism）是美国19世纪末以来兴起的哲学运动，由威廉·詹姆士（William James）、皮尔士（Charles Sanders Peirce）和杜威等人倡导。他们主张把所有的思想和判断都作为待定的结论，然后用经验的方法在实践中加以检验，根据结果是否符合我们的预测来判断其合理性。通过不断地实验和试错，人们总会找到关于一个问题的正确答案。这一思想主要是针对当时欧洲的形而上学、极端怀疑论、非理性主义三种哲学传统争论所提出的一种解决方案。[①] 这种带有深厚经验主义色彩的理论，摆脱了欧洲学者以内省思考为主的坐而论道似的研究风格，转而用实际调查说话，用经验结果检验理论假设，奠定了美国大众传播的主要风格。

第二，杜威对本能心理学的刺激—反应模式表示质疑。他认为，大部分情况下，个体对于刺激的解释也会影响其反应，因此在刺激和反应之间还应该加入个体的解释。即人的反应过程应该是刺激—解释—反应。这一看法与米德完全相同，他们都强调了人对意义的解释的重要性。强调象征符号是芝加哥学派的明显特征之一。

第三，杜威在关于民主的讨论中，始终强调传播活动对于民主的重要意义。他认为，社会和民主不仅是由于传播而存在，而且它们就存在于传播中。传播使我们产生联系和共识，它就是民主本身。关于对这一理念的讨论，还可以参见本书第一章的“传播是共享和互动”中的内容。

第四，杜威及深受其影响的霍顿·库利以及罗伯特·E·帕克，都对媒介技术发展对社会的促进作用表示乐观。尤其是杜威和库利坚信现代媒介技术使我们有机会增进社会成员的相互理解，提高了个人素质和政治参与意识，杜威甚至还一度跃跃欲试地想创办一份名为《思想新闻——问询与纪实》的报纸来实现自己

---

① 参见［美］威廉·詹姆士：《实用主义》，北京，商务印书馆，1983；又见［美］杜威：《哲学的改造》，北京，商务印书馆，1989。

借助报纸改变社会的政治理想。当然，他们二人也同时看到了19世纪末以来大众报纸带来的低俗之风，但是他们却没有勇气把这一现实与自己对现代媒体理想化的构想放在一起加以考察。①

杜威关于社会有机体与环境相互作用的观点，影响了社会学家查尔斯·霍顿·库利（Charles Horton Cooley，1864—1929）。他也认为传播——不论是物质的还是思想的传递——在人类社会有机体的组织中，起着至关重要的作用。为了组成社会，人们不仅需要身体的聚集，更重要的是相互之间的想象，这些想象是社会结成整体的关键。他在此基础上提出了“镜中我”（looking-glass self）的概念。这个概念提出：自我的形成也是一个从婴儿时期开始在与他人的交往中，不断地从他人对我们的想象的认识中逐渐形成的过程。换句话说，我们是在传播中通过别人的反馈，认识和形成自我，他人对我们的感知与评价就成为我们建构自我的一面镜子。人们之间通过传播，相互反馈，相互想象，也相互建构着自我。我们可以在下文将要提到的米德的主我客我理论那里，看到库利的影响。

库利赋予了传播重要的地位。他给传播下了一个宽泛的定义：“传播是人类关系赖以存在和发展的机制（mechanism）——即心灵的所有象征符号（symbols），以及穿越空间传送它们和在时间中保存它们的手段。”库利认为传播与外部世界之间不存在截然的界线，在某个意义上，几乎所有的客体和行动都是象征符号。② 库利的进步主义信仰使他坚信现代传播媒介对社会的促进作用，但另一方面他又将社会风气的“败坏”，归咎于当时的大众报纸。虽然斯宾塞“社会有机体”的观念限制了库利对传播的思考，导致他并没有从经济生产、权力分配的角度深入地探讨现代大众传播媒介的社会影响，但是他在美国第一个开创了把传播作为一个独立而重要的议题加以研究的先河。

三、米德与传播研究

米德在20世纪初任芝加哥大学的哲学教授，他的主要作品是去世后根据其讲课记录整理的《心灵、自我与社会》。他与杜威一样，也反对华生等提出的本

---

① 参见［美］丹尼尔·杰·切特罗姆：《传播媒介与美国人的思想——从莫尔斯到麦克卢汉》，112～115页，北京，中国广播电视出版社，1991。

② See Charles Horton Cooley：*Social Organization*. New York：Charles Scribner's Sons，1909，p. 61.

能心理学，认为人的行为不是对外界刺激的简单反应。米德还开创了符号互动论（symbolic interactionism）的学术传统。他本人并没有使用“符号互动”这一概念，他的学生布鲁默在他的思想的基础上，对这一理论做了进一步探索。

符号互动理论的主要假设有以下几点：（1）社会现实和物质现实都是有意义的，我们通过对象征符号的意义做出解释而获得对世界的经验；（2）符号的意义是人们通过和其他人之间的社会互动获得的；（3）人的决策和行为不是建立在外界的刺激上，而是建立在他对环境的主观理解和社会期待上；（4）自我和其他社会客体一样，也是在与他人的社会互动中形成的。

针对近代笛卡儿以来形成的身心二元论，米德用实用主义的思路，对自我的构成做了独特的解释。在与他人互动的过程中，我们学会站在他人的角度看待自我的行为与角色，这种自我的概念，米德称其为“概化的他人”（generalized other）。在此基础上，米德把自我分成两个部分，一个是冲动的、充满欲望的、无约束的主我（I），另一部分则是客我（me），他是具有约束性的、与他人的期待相一致的概化的他人。自我则是这两部分的互动所形成的动态过程。在做出一个决策的时候，我们既要考虑自我的冲动，又要考虑这么做时，别人会如何评价我。通过这种解释，人们把外在的社会、他人和自我联系在了一起。儿童正是通过游戏，学会站在他人的角度来理解自己的行为，从而学会扮演某种社会角色，形成由主我与客我构成的自我。①

四、帕克与传播研究

如果说杜威和米德奠定了芝加哥学派的精神气质，那么罗伯特·帕克（Robert E. Park，1864—1944）则是真正把这种精神变成现实的人。帕克曾经做过记者，和杜威一起办过杂志，也曾在德国选修过西美尔的课。虽然他不主张用统计的方式研究社会现象，但他认为必须对社会进行经验性研究，研究者要像记者一样，深入现实，获得第一手资料。② 他还主张把新闻传播活动放到整个大的社会背景下加以考察，研究它们在整个社会和制度中所起的作用。

帕克对于大众传播的关注由来已久，在德国学习期间他的博士论文的题目就是《群体与公众》。他还撰写了第一篇讨论美国大众报纸发展历史的文章。③ 帕

① 参见［美］乔治·H·米德：《心灵、自我与社会》。

② 参见［美］莫里森：《寻找方法：焦点小组和大众传播的研究》，北京，华夏出版社，2004。

③ 参见［美］R. E. 帕克等：《城市社会学》，北京，华夏出版社，1987。

克唯一的著作是《侨民报刊及其管理》（1922）。他将传播定义为：一个社会心理的过程，凭借这个过程，在某种意义和某种程度上，个人能够假设其他人的态度和观点；凭借这个过程，人们之间合理的和道德的秩序能够代替单纯心理的和本能的秩序。① 这一看法与杜威对于传播在形成社群中所起的作用的论述基本相同。

"芝加哥学派"只是一个约定俗成的称呼，其主要成员之间的观点也不尽相同，但是他们还是呈现出一些相似的整体特征。首先，他们关注象征符号对于个人与社会的影响，认为自我和社会共识都形成于符号互动之中，这是一种从文化的角度理解社会的研究取向。这一立场也成为后来美国本土学者批判管理学派的重要理论资源。其次，芝加哥学派的研究者关注具体的社会现象，从经验的角度对其加以解释，这与之后大众传播研究中经验主义成为主流有着内在的联系。最后，芝加哥学派非常关注大众传播在民主制度中所起的作用，这种精神也影响了沃尔特·李普曼。

第六节　李普曼和《民意》

沃尔特·李普曼，美国著名报人，从 1921 年开始，一直为美国的主流大报撰写社论和专栏，曾经为《纽约先驱论坛报》写了 36 年的《今日与明日》专栏，对美国的民意和政治产生过举足轻重的影响。此外，他在青年时代曾经对报纸和民意做过研究，其著作有《民意》、《幻影的公众》等，他所讨论的许多话题成为今天新闻学研究和传播研究的重要领域，是现代新闻学和传播研究的奠基人之一。

李普曼出生于富有的犹太家庭，一直接受良好的教育。在哈佛大学学习期间，李普曼深受实用主义者威廉·詹姆士，美国新柏拉图主义哲学家乔治·桑塔亚纳，英国左翼政治学家、费边主义者格拉汉姆·沃拉斯等人的影响，在学生时代李普曼还信奉过社会主义。走出校园后，他曾为著名的揭黑记者林肯·史蒂芬斯（Lincoln Steffens）做过助手。他还参与过 20 世纪初在政治和学术界影响很大的杂志《新共和》的创办和编辑工作，在此期间李普曼与美国政府和法院的上层人士交往密切。第一次世界大战期间，李普曼主动要求参战，在美国海外宣传机构负责战争宣传。他还参与威尔逊总统关于欧洲和平计划的起草工作，并且此

① 参见［美］E. M. 罗杰斯：《传播学史：一种传记式的方法》，197 页。

后担任过美国总统的顾问。回国后，李普曼先后在《纽约世界报》、《纽约先驱论坛报》、《华盛顿邮报》任主笔和专栏作家，直到 1967 年退休。李普曼的传记作家罗纳德·斯蒂尔（Ronald Steel）评价他：他并不指挥千军万马，然而他确实有左右舆论的巨大力量。①

李普曼一生写了 20 多本书和数不清的专栏文章，但是其中对新闻传播研究影响最大的是他 1922 年出版的《民意》，在这本讨论民意与民主政治的著作中，李普曼提出的许多问题，至今还是传播领域讨论的基本话题。②

一、民意是否理性

李普曼提出，由于现代社会越来越复杂，人们需要了解的事情越来越多，所以我们无法在头脑中直接形成关于外部世界的图像，必须通过大众媒体这样的间接方式才能获得。然而大众媒体并不是一面镜子，它只能有选择性地对外部世界做出报道，这就造成了我们对世界的看法与世界本身脱节。换句话说，我们头脑中关于世界的图像不是对外部世界的反映，只是对大众媒体营造的“拟态环境”（pseudo-environment，即“虚假环境”）的反映。

造成这一现象的原因有很多。从外部世界的原因来看，有关部门的审查与保密，使我们无法获得真实的信息。普通人士关注外部世界的时间有限，他的注意力会受到各种因素的干扰，而且他缺乏与内部人士和专家交往的机会，无法获得真实的信息。

从我们内部的原因来看，我们对外部世界的人和物存在刻板印象（stereotype），我们按照自己的兴趣与利益，先入为主地理解这个世界。此外，对语言的不同理解，也会导致公众无法对现实做出准确的把握。因此，在李普曼看来，建立在真实信息基础上的理性的民意是海市蜃楼，所谓的民意最后就会沦为用象征符号制造的同意。

李普曼的这一观点十分深刻，他提醒我们重新审视大众媒体对民意的影响。当然，他的看法也引来不少批评。首先李普曼理论中的认知主体是古典的，只是一个抽象的人，他关于外部的世界和头脑中的图像理论沿袭了近代以来的身心二元论划分，忽略了社群和交往的可能，忽略了人们对共识的建构。更关键的是，李普曼运用了一个“世界图像”的暗喻，预设了客观存在着一幅关于世界的完整

① 参见［美］罗纳德·斯蒂尔：《李普曼传》，4 页，北京，新华出版社，1982。
② 参见［美］沃尔特·李普曼：《公众舆论》。

图像，我们只需要借助一个最佳的方式，就可以对此图像做出精确的复制。但是实际上这个图像是不存在的，客观的真实只是一个幻象而已。

二、大众媒体与民主的关系

李普曼认为，现代民主制度的良性运转，依赖于理性的民意，而理性的民意来源于精确的新闻报道。由于大众媒体无法执行这一职能，民意与现实世界存在差距，民主制度只是一幢建筑在沙滩上的房子。在他接下来的一本著作《幻影的公众》中写道：

现在，个体的公民越来越像一个坐在后排的看客，他必须关注面前发生的神秘事件，但又不可能保持绝对清醒。他知道他正在被发生的事件所影响。他得时时遵守法规条例，每年照章纳税，周围还时不时会发生战争，这一切提醒他，他正在社会环境中随波逐流。

但是这些公共事件肯定和他毫不相干。它们只属于隐形的大多数。它们发生在一个遥远的地方，被幕后一个不知名的权力操纵着——如果它们是可以被操纵的话。作为一个私人性的人（a private person），他根本不能确定发生了什么，谁在操纵，以及他将被引向何方。[①]

李普曼另辟蹊径，把传统的民主问题，转换成为一个认识论的问题。之前的自由主义者一直坚持认为，只要给媒体和公众自由，在观点的自由市场中，人们就会得到不断修正的真理。但是李普曼指出，即使这些强制性权力完全消失，由于我们无法精确地复制外部世界的图像，人们仍然无法形成理性的民意。杜威钦佩地指出，这是有史以来对民主制度最有力的控诉。但是从实用主义的角度来看，这幅关于客观世界的图像根本就不存在，真理和民主只存在于交流中。重要的不是我们能否精确地反映世界，而是我们是否通过交流达成关于外部世界的共识。李普曼重视“眼”，而杜威等实用主义者更重视“耳”。媒体的主要功能是客观精确地报道现实，还是促进民众交流、参与政治，这成为学者们争论的中心，围绕着 20 世纪 90 年代以来的美国公民新闻运动，李普曼和杜威的这一争论又被人们重新提起。[②]

---

① Walter Lippmann：*The Phantom Public*. New York：Har-court，Brace & Co.，1925，p. 13.

② See Theodore L. Glasser（ed.）：*The Idea of Public Journalism*. New York：Guilford，1999.

三、关于客观新闻报道

正因为精确的新闻报道在李普曼的理论中居于重要位置，所以他提出要设立专门的新闻院系，对新闻从业人员进行职业训练。李普曼从事宣传工作、新闻工作的经历，让他认识到新闻报道容易受到外界的左右。他和梅茨（Charles Merz）对《纽约时报》1917 年报道的俄国革命进行过内容分析，他们发现记者写的只是他们想要看见的或希望看见的事情，而不是事实本身。李普曼说："当我们越深刻察觉自己的主观，我们便产生了追求客观方法的狂热。"① 当然，随着客观性原则的确立，研究者们又发现，由于这个概念的模糊性，客观性本身又成为一种仪式或者意识形态，影响着记者对新闻的报道。②

四、宣传对现代社会的影响

20 世纪初期，正是现代宣传刚刚兴起之时，在第一次世界大战中国家的宣传成为战后讨论的焦点。李普曼亲自参加过宣传活动，对此有着深刻的理解，他也是最早对宣传进行研究的学者之一。从《民意》中的观点出发，李普曼认为宣传弊大于利，它使公众无法获得必要的准确信息。从人文主义的角度出发，李普曼主张大众媒体坚持客观的报道原则，尽量避免受到宣传的影响。同时，他主张对公众进行教育（详见第四章）。

五、新闻报道中的控制

按照传统的说法，勒温是传播控制研究的开创者，实际上这是一个极大的误解。李普曼早在《民意》中就探讨了传播中的控制，而且由于他既参与过政府宣传和决策，又一直从事新闻工作，所以他的讨论比勒温更加深入。李普曼指出："到达读者手中时，每份报纸已经是一系列选择的产物。"③

---

① ［美］舒德森：《探索新闻：美国报业社会史》，153 页，台北，远流出版事业股份有限公司，1993。

② 参见 Gaye Tuchman. *Making News*：*A Study in the Construction of Reality*. New York：Free Press，1978；又见［加］罗伯特·哈克特、赵月枝：《维系民主·西方政治与新闻客观性》，北京，清华大学出版社，2005。

③ ［美］沃尔特·李普曼：《公众舆论》，280 页。

李普曼发现，在新闻报道过程中，有4个因素会对内容的选择产生影响。第一是新闻工作者自己存在先入为主的刻板印象，这造成他只会选择自己愿意报道的事物进行报道。第二，新闻工作中约定俗成的制度会影响新闻选择。李普曼指出，新闻工作的日常习惯中存在许多套路。新闻描述的是那些能够引起读者兴趣的公开化阶段，而且诸多压力也迫使报纸固守这一常规。编辑中的压力与套路，导致报纸间相互影响。第三，报纸经营方面的压力以及公共关系的影响，会导致报纸刊登那些为了被报道而制造出来的事件。[①] 最后是政策的控制。如果没有某种形式的审查制度，这个世界就不可能存在严格意义上的宣传。为了某种宣传，就必须在公众与事件之间设置某些屏障，这会导致公众无法准确地对现实做出判断。

六、报纸的经营与读者

有人认为最早提出报纸二次售卖的是麦克卢汉，其实李普曼在1922年的《民意》中就已经明确地指出了这一点，他说："公众会为新闻报道付钱，但支出必须是隐性的。"出版商通过广告商获利，广告商从读者身上获利，所以最终是由读者支付报纸的间接税。他还指出，人们不习惯为采集新闻付钱。因此，有钱的受众成为报纸的目标。

从事过实际新闻工作的李普曼提出了新闻的生产成本问题，他说："关于遥远或复杂事态的真相并非不言而喻，收集信息的方法是一种专业，而且代价高昂。"新闻的高成本会导致新闻的边缘化，今天这一情况已经引起了人们的重视。李普曼还根据自己的实际经验提出，读者对报纸的忠诚度具有随意性，它取决于读者碰巧感觉如何，有何偏好，不完全取决于新闻质量，还有许多模糊不清的因素会影响忠诚度。最后，他认为报纸经营虽然会影响报纸内容，但是报纸无法准确反映现实的根源在于，新闻本身无法承担这一重要任务。

七、新闻的性质与作用

李普曼认为，新闻不是镜子，它和真相不是一回事，是对一个事件已经显露出来的那部分的报道。他提出了一个著名的比喻：新闻就像黑夜里的探照灯，它只能把一个区域照亮，让我们注意到这个有限的区域内发生了什么，但是其他的

---

① 后来布尔斯廷把它命名为"伪事件"，详见第十一章。

部分却处于黑暗之中。[①] 他的这一比喻和“外部的世界与我们头脑中的图像”的论述直接启发了议程设置理论的提出。[②] 由于新闻媒体自身也受到种种条件的限制，所以它不可能成为民主的拯救者。李普曼提出：“新闻机构最上乘的表现是成为制度的仆人和卫士，最差则会沦为少数人利用社会混乱达到自身目的的手段。”[③] 我们责备新闻媒体表现不佳，其实很多时候错误不在于新闻界，而在于我们赋予了它错误的责任。因此他提出，我们不必过分依赖报纸，只需在社会各个机构建立专门提供准确的有机情报的部门，并且把决策权交给专家，我们就既可以获得关于这个世界准确的图像，又可以做出理性的决定。一方面，李普曼反对民粹主义式的直接民主，提倡代议制度民主（间接民主）具有一定合理性，另一方面，这种专家治国的权力结构将普通公众完全排除在外，又违反了民主的核心理念。

李普曼的最大贡献与其说是对一些问题做出了解答，不如说他提出了一些有争议的话题，以上 7 个话题直到今天仍然经常被大众传播研究者们提起，从这一点上也可以看出他对传播研究的深远影响。

第七节 大众传播研究

一、传播研究领域的形成

1943 年，担任艾奥瓦大学新闻学院院长的威尔伯·施拉姆（Wilbur Lang Schramm，1907—1987）创建了世界上第一个大众传播的博士培养计划，随后美国的不少学校也陆续设立了传播专业，授予博士学位。这标志着大众传播作为一个研究领域被学术界正式承认。

正是 20 世纪 20 年代以来学术界对传播领域的关注与研究，促使了该学科迅速成长。虽然修辞学传统、欧洲的传统以及 20 世纪早期的芝加哥学派对传播研究做出了巨大贡献，但是直到实证研究的范式在这个领域广泛应用之后，该领域才被承认。所以从某个意义上说，大众传播学科的建立，就是实证研究在传播研究领域扩散的过程。

---

① 参见［美］沃尔特·李普曼：《公众舆论》，287 页。

② McCombs，M. E. & Shaw，D. L. The Agenda-setting Function of Mass Media. *Public Opinion Quarterly*，36（1972）：pp. 176 - 187.

③ ［美］沃尔特·李普曼：《公众舆论》，286 页。

洛厄里和德弗勒在《大众传播效果研究的里程碑》一书中，列举了 14 个实证研究的里程碑，它们分别是：佩恩基金研究（电影对儿童的影响）、对《世界之战》广播剧造成的恐慌研究、人民的选择研究（选举中的传播效果研究）、日间广播剧研究（大众传播的使用与满足研究）、杂交玉米扩散研究（创新与扩散研究）、电影说服效果的实验研究、传播与说服、人际影响（两级传播研究）、里维尔项目（传单效果研究）、儿童与电视研究、议程设置研究、电视与暴力研究、卫生局长报告（电视与社会行为研究）、20 世纪 80 年代的电视与社会行为研究。① 这些具有代表性的经验性研究项目，构成了美国 20 世纪 90 年代之前大众传播实证研究的主要脉络。

从这些研究中我们可以发现，在学科化的过程中，美国传播研究逐渐呈现以下特征：

第一，实证研究成为占主导地位的研究范式。从 19 世纪开始，欧洲的心理学家和社会学家就开始试图像自然科学那样使用定量的方法对人和社会进行研究。在社会学领域，最具有代表性的是法国社会学家涂尔干所进行的自杀研究和查尔斯·布斯（Charles Booth）对伦敦贫民生活的调查。这些研究不再使用传统的内省思辨的方式，而是用定量统计的方法，用客观的数据对现实做出描述，寻找规律。统计学的发展与成熟为实证研究提供了重要的工具。这些研究方法在 20 世纪 20 年代开展的佩恩基金研究（探讨电影对儿童的影响）中，首次在传播领域得到大规模应用。

保罗·拉扎斯菲尔德（Paul F. Lazarsfeld，1901—1976）1935 年流亡到美国之后，为美国传播领域的实证研究做出了重要贡献，被称为传播研究的“工具制造者”。早在去美国之前，取得数学博士学位的拉扎斯菲尔德就在奥地利运用多种方法进行了失业研究。来到美国以后，他与当时处于鼎盛时期的广播业合作，进行了许多关于广播节目和受众的研究。1940 年拉扎斯菲尔德与贝雷尔森和哥迪特在俄亥俄州伊里县进行了总统选举中的投票行为研究，其中大众传播的效果是该项研究的重点，因为方法严谨，该项研究成为传播学、政治学和社会学实证研究的经典之作（见第五章）。拉扎斯菲尔德不仅注重开发定量研究方法，他还试图把定量方法和参与性观察、深度访谈、焦点小组、内容分析、个人传记、专题小组等定性方法结合起来。此外，拉扎斯菲尔德还试图将批判学派的研究也吸收进来，但遗憾的是，他与法兰克福学派成员阿多诺的合作以

① 参见［美］洛厄里、德弗勒：《大众传播效果研究的里程碑》。

失败告终。[①]

除了社会学以外，实验心理学对大众传播研究向实证方向的转变也影响巨大。许多传播效果就是用心理学的概念界定的，比如态度、认知、情感、攻击性、唤起等心理指标的变化。20世纪20年代的佩恩基金研究，就曾使用了实验的方法。把实验引入传播研究的关键人物是耶鲁大学的心理学家卡尔·霍夫兰。在第二次世界大战期间，应美国军方邀请，霍夫兰与耶鲁大学的一组研究者对电影在新兵中的说服效果进行了实验。第二次世界大战结束后，他又在耶鲁大学负责"传播与态度变化的耶鲁项目"，继续研究说服对态度的影响。这些研究从微观的角度（人际传播），探索了大众传播的说服效果，积累了大量的数据与分析，也展现出传播效果的复杂性和短期说服的困难（见第四章）。有批评者提出，实验并不能代表真实的说服过程，因为这些受众比现实条件下更投入，还有批评提出，态度与人的外在行为之间并不具有必然的联系，但是这种方法在建立变量间因果关系方面具有特殊优势，经过后来者的不断完善，已经成为大众传播研究的重要工具。实验研究法的精确性和易操作性，也进一步巩固了实证研究范式在大众传播研究中的地位。

第二，传播效果成为最受关注的领域。早期的芝加哥学派比较关注大众传播与整个社会的关系，及其在民主政治中的作用。拉斯韦尔也从功能主义的角度出发，从宏观的角度，探讨过大众传播的社会功能。然而随着实证范式的确立，这些问题逐渐被效果所代替。麦克劳德等人认为，所谓媒介研究的效果取向存在以下几个特征：(1) 把受众放在首位；(2) 对影响做出具体说明，使用抽象的概念（如认知、态度、行为等），说明受众如何变化，或者如何防止其变化；(3) 把影响的原因归结为媒体讯息系统、媒介本身、某种内容或单个讯息的某个方面、形式或内容。此外，效果研究一般和定量研究相联系，在研究中要确定不同变量之间的因果关系，对研究的假设（首先要能够被证伪）做出经验性的证明。[②]

第三，逐渐形成管理研究（administrative research）的传统。由于许多经验性研究的项目需要大量资金，所以早期的研究大多是在政府、企业或由企业资助的基金会的资助下进行，这些项目主要是为决策者服务，解决现实中存在的问题，比如如何提高新兵的士气、如何促进广告的效果、确定电视是否会对儿童产

---

① 参见［美］马丁·杰伊：《法兰克福学派史》，217～222页，广州，广东人民出版社，1996。

② See Jack. M. McLeod, Gerald M. Kosicki and Zhongdang Pan: "On Understanding and Misunderstanding Media Effects", in *Mass Media and Society*, edited by James Curran and Michael Gurevitch, New York: Routledge, 1991.

生不良影响等。这一传统本着科学研究价值中立的立场，把价值判断与事实判断严格区分开，基本不理会研究结论应用所产生的后果。结果造成研究的问题越来越细致，主要关注信息的效果，对信息本身不做价值评价。这种微观的、科学的倾向与整体的、人文的批判学派形成了鲜明对比。这两种研究立场的差异很早就有研究者觉察到，不论是批判学派阵营中的霍克海默，还是管理学派的拉扎斯菲尔德都对这两种取向做过区分。

第四，形成了不同的研究语境。前文提到过，早期的传播研究大多关注大众传播，但是随着这个领域逐渐发展壮大，施拉姆所说的“十字路口”过客的身份也越来越多。慢慢地，研究者们开始在不同的语境中讨论传播现象，出现了自我传播、人际传播、群体传播、组织传播、大众传播、跨文化传播、国际传播、修辞学等语境，各个语境既存在相对独立的研究对象和理论，同时也相互影响、相互渗透。

二、大众传播及大众传播研究

在传播研究的各种语境中，大众传播最引人注目。从传播学研究的起源来看，有两个传统起到重要作用，一是前面提到的修辞与演讲，另一个就是大众传播研究。大众传播是指报纸、杂志、广播、电视、电影、书籍、部分互动媒体（如互联网、手机中的部分传播）等由固定的中心向不确定的大众的信息发布。

在信息技术高速发展的今天，大众传播这一产生于 20 世纪 30 年代的概念也面临着许多挑战。首先人际传播及其他传播形态与大众传播的界线越来越模糊，互联网使非专业的传播者也可以拥有大量的受众。其次，控制传播过程越来越困难，单向的线性传播方式正在向双向非线性的方式转变，传播者对信息传播过程的控制能力在减弱，政府对传播内容的控制也在减弱，卫星电视和互联网等媒介使国境线不再成为信息传播的阻碍。最后，大众传播的受众规模越来越小，目标受众细分化使“大众”的概念正在发生变化。

当然，技术并不能改变整个社会结构，它本身也要受到社会的制约。从根本上看，不论媒介技术如何发展，专业化的大众传播者并不会消失，大众传播背后的生产、分配和消费体制并没有本质的变化，国家仍然能够在法律允许的范围内对大众传播实施管理，文化的差异和语言的差异仍然制约着大众传播的信息扩散范围。

虽然面临冲击，大众传播仍然在当今社会扮演着重要的角色，它的影响表现在两个方面：政治的和文化的。在政治方面，大众传播（1）可以为民主政治过程提供公开讨论的场所，使政治候选人为公众所知并传递不同的信息及意见；（2）从政者及政府机构可以通过合法手段，利用接近媒介的优势实施其权力。在文化方面，大众传播（1）是建构社会现实的一个首要的信息来源，并且能够使大众分享共同的文化身份；（2）占用民众大量的闲暇时间，比其他任何机构对文化环境的影响都更大。[①]

在大众传播研究学科化的过程中，施拉姆功不可没。他编辑的《大众传播》（*Mass Communication*，1949）和《大众传播的过程与效果》（*Process and Effects of Mass Communication*，1954），把大众传播的研究领域划分成控制研究、媒介研究、内容研究、受众研究和效果研究5个部分。这一划分与拉斯韦尔提出的传播5W模式（谁，通过什么渠道，对谁，说了什么，取得了什么效果）中的五要素一一对应。当然，随着学科的发展，这五个领域已经不能概括所有的课题，但是因为它的简洁方便，研究者们仍然经常使用。

德弗勒和洛基奇认为，大众传播研究要回答下面三个问题：

（1）一个社会是怎样影响大众媒介的？是什么政治、经济和文化条件导致大众媒介以目前的形式运作？

（2）大众传播是如何发生的？它是在原理上还是仅仅在细节上不同于直接的人际传播？

（3）接触大众媒介对人们有何作用？这种接触是怎样在心理上、社会上和文化上影响人们的？[②]

和其他传播形式不同，现代大众传播是建立在一定的政治和经济体制上的，有着特殊的生产、分配和消费的信息运行系统。大众传播研究，就是以信息产品作为起点，向前研究信息产品的生产过程，向后研究信息产品的消费过程及其影响，同时考察技术、个人、社会、文化在大众传播过程中的相互作用。

总　结

本章我们回顾了大众传播这个领域从一些模糊的论题到一个学科的发展过程，重点讨论了这个学科是如何在历史诠释中被建构起来的。针对“四大奠基

---

① See Denis McQuail，*McQuail's Mass Communication Theory*，4th ed.，Thousand Oaks，London：Sage Publications，2000，p.4.

② 参见［美］德弗勒、洛基奇：《大众传播学理论》，5版，32页，台北，五南图书出版有限公司，1993。

人”的神话和我国对“传播学”的误读，我们重点回顾了传播研究的修辞学和文学批评传统、欧洲早期的传播研究以及美国20世纪初期的大众传播研究。

在字数分配上，本章显得有些厚古薄今，这种做法主要基于下面两点考虑。第一，这些早期传统过去我们关注得不够，还比较陌生，值得详细介绍。第二，20世纪后半期的传播研究正是本书其他部分要详细介绍的内容，所以这里仅提纲挈领地提及。尤其是欧洲批判学派的发展历史，我们将在相应的章节中专门讨论，为了避免重复，本章从略。

从20世纪初人们开始关注大众传播，到今天已经过了100多年，在这段时间里，不论是研究课题还是研究方法都有了巨大的变化。这里以传播影响研究为主线，把整个发展过程分成四个阶段，每阶段的特征如表2—2所示。

表2—2　大众传播研究的主要发展阶段

年代	20世纪初至20世纪30年代	20世纪40年代至20世纪60年代末	20世纪70年代至20世纪80年代	20世纪80年代迄今
特征	萌芽期	学科的初步建立	专业化进一步加强	两大学派融合
研究方法	以思辨为主	定量方法	定量方法更趋完善，定性方法逐渐引起重视	定量和定性方法均得到重视
媒介效果	非常强大	有限	相当强，但并非万能	信息环境制造者；意义争夺的空间
受众形象	被动、原子化	存在于社会团体、关系和规范中	主动追求特定目标	解读者，意义的生产者
社会环境	经济危机，二战阴影	政治，经济，社会恢复正常	社会冲突加剧	全球化与后现代主义（晚期资本主义）
主要的新课题	舆论、宣传，广告，电影的影响	传播流、说服与态度、创新与扩散	使用与满足、议程设置、知沟、沉默的螺旋	控制研究、受众研究、文化研究、新媒介研究

最后需要强调的是，大众传播理论与大众传播研究史密不可分，大部分理论是在特定的社会环境下和学术背景下提出的。管理学派是为了解决一定的社会问题而从事某项研究，批判学派是为了对当时的社会时弊进行剖析，他们的研究对象也是处于某种时代精神下的传播者、传播媒介、传播内容和受众。因此，学习大众传播理论不能死记硬背一些结论，社会科学的研究对象和自然科学的研究对象不同，它们更加充满变数，没有永恒不变的普遍规律，我们应该掌握的是不同的研究者针对具体问题所采用的分析方法和解决问题的艺术。此外，在第三章我

们还会看到，对同一个现象，不同的研究者会从不同的角度去认识，这些诠释本身也会受到具体语境的影响。因此，我们应该历史地、具体地把握传播理论，从这个意义上讲，下文的大众传播理论都是本章的延伸。

关键概念

传播研究的四大奠基人	芝加哥学派
传播研究	实用主义
传播学	符号互动论
传播理论	主我和客我
修辞	拟态环境
亚里士多德的修辞术	刻板印象
口头演讲的五项原则	耶鲁项目
新修辞学	效果取向
戏剧六因素分析模型	管理研究
叙事范式理论	大众传播

深入阅读

- ［美］埃弗里特·罗杰斯：《传播学史——一种传记式的方法》，上海，上海译文出版社，2002。
- ［美］洛厄里、德弗勒：《大众传播效果研究的里程碑》，北京，中国人民大学出版社，2004。
- ［美］丹尼尔·杰·切特罗姆：《传播媒介与美国人的思想——从莫尔斯到麦克卢汉》，北京，中国广播电视出版社，1991。
- ［美］沃尔特·李普曼：《公众舆论》，上海，上海人民出版社，2002。

思考与讨论

1. 修辞学与传播学这两个研究领域有何异同之处？
2. 新修辞学与传统修辞学有什么不同？
3. 李普曼关于舆论形成过程的理论是在印刷媒介占主导地位的时代提出的，

这些理论在今天是否仍然成立？为什么？

4. 传播学的“四大奠基人”是谁？各自有何贡献？
5. 施拉姆在传播学的建立过程中，起到了什么作用？
6. 什么是传播研究的芝加哥学派？他们的主要观点是什么？
7. 请举例说明符号互动论的观点？符号互动论是唯心主义理论吗？
8. 什么是传播效果研究？它有什么特点？
9. 什么是管理研究？你认为传播研究能否做到价值中立？
10. 什么是大众传播？大众传播研究的核心问题是什么？
11. 请简述传播研究发展的不同阶段的特点。

第三章 理论和研究范式

CHAPTER 3

本章知识结构及要点

☆ 理论与范式
→ 什么是理论
→ 什么是范式
→ 不同范式在本体论、认识论、价值论上的差异

☆ 大众传播理论的三种范式
→ 客观经验主义范式
→ 诠释经验主义范式
→ 批判理论范式

☆ 理论研究的程序与工具
→ 理论研究的逻辑:归纳、演绎与类比
→ 实证研究的程序
→ 关于因果性
→ 获取数据的方法:定量的与定性的

☆ 如何评估理论
→ 一般标准
→ 不同范式的特殊标准

谈到理论，我们往往肃然起敬，仿佛那是一种与生活日常完全不相关的事物。这是误解。理论不过是通过某种程序，从现实中抽象出来的概念以及概念之间的联系。这

套获得理论的程序，我们在日常生活也经常使用，专业的研究者只不过更加自觉和严格地在使用这些思维方式。比如我们会根据不同的交通状况，总结出公交车在两个站点之间的运行时间，我们会发现周一早晨和周五下午交通状况不好，我们还会总结出某位老师的出题规律……我们常常运用归纳的思维方式，从纷乱的现象中找出规律，决定我们的行为。如果我们的预测在实践中被证明正确，我们会更坚定地把它作为一条规律；如果它出错，我们就要判断，下一步是调整规律的内容，还是把预测失误看做是其他因素干扰导致的意外。这时，我们就在使用演绎的方法，来证明或证伪我们的结论。上述这些思维方法，正是研究者们在得出理论的过程中所使用的工具。这就像下棋，高段棋手和初学者使用的规则与基本技巧并没有差异，不同的是前者使用得更加熟练，更善于将这些技巧组合运用而已。

在日常思考的过程中，我们也会常常落入一些陷阱，比如我们可能根据一则信息的内容或者自己对一则信息的反应，推断这则信息的效果；或者通过周围人的看法，来推断社会上所有公众的看法；看到新闻报道说有一些少年儿童因为互联网犯罪，就得出互联网对青少年不利的结论。这是日常思维比较粗疏的地方，如果我们把上述结论用一定的程序加以检验，就会发现它们并不具有必然性。因此，在学术研究中，我们要完善日常的思维方式。反过来，学习这种严密的思维方式，也会有助于我们在生活中更有效地做出准确的判断。通过理论的学习，我们会发现，再次面临同一现象时，我们将会拥有更多的选择。

在本章，我们将讨论什么是理论，为什么我们需要理论，用什么方法能保证我们得出合理的理论，如何在两个结论不同的理论中选择等问题。

第一节　理论与范式

一、什么是理论

简单来说，理论就是为了解释某个现象，按照一定的规范所抽象出来的概念体系。一个理论包括如下几个特征。

第一，理论的目标是对某个现象做出解释。理论要有解释的目标，而且是以解释的形式出现。理论让我们从现实中选择性地突出更富有意义的部分，让杂乱的现象呈现出一定的秩序。我们经常会把因地壳运动随机形成的山峰看做是一些有意义的形状，比如像神女、像卧佛。同样，一个会计师也能从普通人看来繁杂无序的会计报表数字中，迅速地勾勒出一个企业重要的财务流动和经营状况，一个考古学家能够从一些出土的陶瓷碎片、纹样、残简或遗体中，让一段细节丰富的生活再现在我们眼前。他们在理论的指导下，对现象进行筛选，把普通人看来毫无关联的现象整理加工，并赋予其意义。

第二，理论是一个概念体系。理论由两个部分组成，一是概念，二是概念之间的联系。概念是为了帮助我们思考而对某些现象或现象的集合所赋予的标签。比如在议程设置理论中，我们定义了"议程"、"公众议程"、"媒体议程"、"属性议程"、"显著性"、"议程的等级顺序"等概念，帮助我们把某些具有相同特征的现象抽象地归纳到一起加以考虑。

概念可以分成两大类，一类是具体的概念，一类是抽象的概念。具体的概念是我们能够直接观察到的，比如身高、商品购买等；抽象的概念是无法直接观察的现象，比如智商、态度等。

比概念更高一层的基本元素是命题。命题是对概念之间的关系的判断。概念之间的关系很多，比如相关、因果关系等。作为解释，最理想的是得出因果关系，但是要证明这一点十分困难。在没有得到完全证明之前，这些命题只能叫做假说（hypothesis）。假说是提出来供人们思考的命题，有关其真与假的判定要到这种思考完成后才能做出。

除了假说外，一般来说，理论中各个命题之间还要形成一个系统。科学哲学家坎贝尔（Norman R. Campbell）认为："一个理论是一组相互联系的命题，这些命题分为两类。一类是关于为该理论所特有的那些观念的陈述；另一类是关于这些观念与具有不同性质的某些其他观念间关系的陈述。第一类是理论的'假说'，第二类是理论的'词典'（dictionary）。假说离不开词典，否则是任意的。"① 但是在判断一系列命题是假说还是理论系统的标准上，研究者之间存在不同的标准。因此，许多关于大众传播的命题是属于假说还是理论，存在争议，其中比较有代表性的是围绕"议程设置"的争论（见第七章）。

第三，理论的建立必须遵循规范的程序。我们平时获取"理论"的方法有很多，有时是通过自己的观察或经验；有时是遵守传统或常识，把大多数人认为正确的结论或做法作为结论；还有时是听从权威，这个权威可能是家长，可能是专家，也可能是一个人生经验丰富的长者。但是上述方法在理论建构上都存在一些缺陷，比如亲身经验具有偶然性，传统虽然有正确的地方，但也有一些判断缺乏

① ［美］诺曼·R·坎贝尔：《理论的结构》，载江天骥主编：《科学哲学和科学方法论》，26页，北京，华夏出版社，1990。

根据，权威也有可能犯错误。因此，合理的理论建构必须遵守一定的程序。虽然不同的学术共同体（比如管理学派和批判学派）对这一套程序的具体内容存在争论，但是在每个学术群体的内部，还是存在约定俗成的程序。同时，不同传统间也有一些共同的标准，比如理论内部的推理过程必须前后一致，不能有矛盾；另外，理论要使用一定方法加以证明等。此外，大多数学者认为，理论必须要有经验性证据加以支持，也就是说证据是可以观察的。

以上谈到的是研究者们对理论的一些公认的看法。实际上，在社会研究领域，对于什么是理论，迄今为止，并没有达成完全一致的意见，不同的学术范式首先在理论的定义上就存在分歧。

在理论的目标问题上，实证主义传统中的大部分人认为理论的目标就是解释现象，并不涉及行动和价值判断。而批判学派则认为，理论的终极目标是要改变和解放社会。

在概念的联结方式上，实证主义传统中的大部分人认为概念之间的联系必须要以数学公式的形式出现，而诠释主义和批判学派中的大部分人则认为：人类的社会现象不可能也没必要做到像自然科学一样精确，只能以解释或批判的形式出现。

在理论证明的方法上，实证方法与批判的方法之间也存在分歧。而要理解上述这些差异，我们就需要对学术研究的范式有所了解。

二、库恩和范式理论

在解释何为理论的时候，我们提出了不同的判断标准，或许你会提出这样的问题：为什么在这么基本的问题上还存在着分歧？难道社会科学研究没有一个统一的标准和结论吗?

美国的科学哲学家托马斯·库恩（Thomas Samuel Kuhn，1922—1996）从自然科学发展的历史中发现了这样一个规律：科学的发展，并不像过去人们想象的那样是渐进的，而是整体的、革命的。在一个时期内，大多数科学家们会接受某种研究前提。比如在一个时期，所有的天文学研究都以地心说为前提，学者们在这个大前提下展开局部的科学研究。库恩把这个阶段称为常规科学阶段，科学家们所做的工作就好像猜谜，研究的前提（范式）决定了哪些问题值得研究，人们知道谜底一定存在，只不过暂时没发现而已。

但是随着研究的深入，与已知前提或其推论相矛盾的证据逐渐被发现，一开始，人们把这些现象作为例外，把这些证据看做是异常，在不否认核心前提的基础上，解决这些危机，设立一些补充规则，不让这些令人不便的证据对前提假设构成威胁。比如在地心说占主导地位的时期，按照其他星体绕地球运动的假设，我们应该观察到一个天体会匀速绕地球转动，但是从地球上看，却发现有些天体（如火星）的运动轨迹并不是规则的圆或椭圆，而是偶尔出现逆行，就像一个醉汉，跌跌撞撞地围绕地球转动［见图 3—1（b）］。针对这种例外，以托勒密为代表的许多研究者发明和完善了复杂的均轮—本轮理论来解释这些逆动现象［见图 3—1（a）］。但是随着观测数据的增多，人们发现虽然能够用传统的托勒密体系加以解释，但由于加上更多的例外规则，在本轮上又加上各式小本轮或偏心圆，理论变得越来越烦琐。原来的前提假设和研究范例出现了危机，人们开始怀疑它的正确性和有效性。于是有的研究者抛弃原来的前提假设和研究范例，另辟蹊径，大胆地提出新的假说。布鲁诺和哥白尼正是在地心说面临危机后，提出了日心说。人们发现，一旦彻底改变前提条件，原来繁杂的解释一下子变得简洁起来，难解的现象也突然有了令人满意的解答。① 类似的彻底改变过去整个研究前提的过程被库恩称之为范式革命。

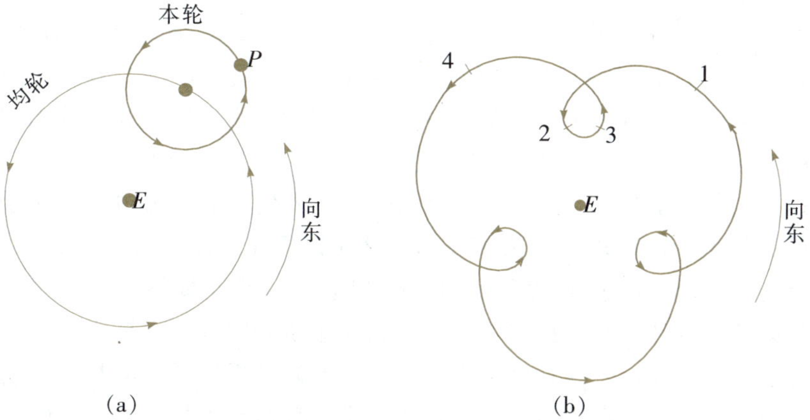

图 3—1　基本的均轮—本轮体系示意图

注：(a) 图为典型的均轮和本轮，(b) 图展示了它们在黄道面上生成的环形运动。

资料来源：［美］托马斯·库恩：《哥白尼革命——西方思想发展中的行星天文学》，59 页，北京，北京大学出版社，2003。

当新的研究范式经过竞争，被越来越多的人接受后，科学研究又再次进入到

① 参见［美］托马斯·库恩：《哥白尼革命——西方思想发展中的行星天文学》。

常规科学阶段。科学研究就这样周而复始、不断地经历着前科学——常规科学——危机——范式革命——常规科学这样的循环。

库恩把不同的学者之间所持有的这种不可通约的（incompatible）研究范例称做范式（paradigm）。范式的特点表现在三个方面：第一，它是指导一个学术群体中大部分成员的范例和前提假设，它指导人们发现问题、解决问题。第二，范式是一个学术共同体（community）公认并共享的世界观，围绕着某个范式会形成“无形的学院”。范式本身没有绝对的优劣之分，如果一个范式的拥护者压倒多数，那么这个范式就会成为主流范式。当然，任何一个科学革命或新范式的初期，接受的学者数量比较少，常常会受到打压，但是随着范式的相对优势被越来越多的学者所认识，它就会成为主流范式。第三，不同学术共同体之间的范式是不可通约的，它们相互矛盾、针锋相对。如果学者们之间在学术观点上缺乏冲突，可以认为他们所采取的范式比较接近。①

与之前流行的归纳主义和证伪主义相比，库恩所提出的范式理论更具有整体性，而且对于科学史上的一些现象做出了比较令人满意的解释，所以自 1962 年范式理论提出以来，逐渐为研究者们所接受。可以说范式理论本身就掀起了一场科学哲学理论的革命。

库恩的范式理论也面临着批评，最主要的原因是库恩所谓的范式转换理论存在着矛盾。② 一方面，他的理论中包含着相对主义的成分，认为范式之间并不具有绝对的优劣，无法从逻辑上证明一种范式一定优于另一种范式，从而把客观的知识发展变成一个科学研究者喜好的心理问题。一种范式之所以取代另一种范式，不是因为范式本身具有进步性，而是因为学者们从心理上更愿意接受它。在这个假设的基础上，后现代主义者费耶阿本德（Paul Karl Feyerabend，1924—1994）更为激进地提出了科学的无政府主义理论。③ 但是库恩自己在《科学革命的结构》第 2 版（1970）中提出，自己在科学进步问题上并不是相对主义者。

库恩的范式革命论是在自然科学研究史的基础上提出的，但是社会研究者们发现社会研究领域也存在相似的现象，于是把它移植到了自己的研究领域。与自然科学相比，社会科学研究的判断标准更加模糊，而且存在众多相互冲突的流派，所以范式理论中令人印象深刻的相对主义得到了社会研究者们的重视。

---

① 参见［美］托马斯·库恩：《科学革命的结构》。

② 参见［美］艾伦·查尔默斯：《科学究竟是什么》，187～195 页，石家庄，河北科学技术出版社，2002。

③ 参见［美］费耶阿本德：《反对方法——无政府主义知识论纲要》，上海，上海译文出版社，1992。

科学上的相对主义确实存在着一些重要的缺陷，除了学术进步的难题无法解释外，相对主义的标准本身也存在逻辑问题。相对主义要求所有人遵守相对主义原则，但是这种要求本身就违反了相对主义，为什么不能让大家同时选择客观主义或者其他原则呢？

尽管如此，范式理论移植到社会科学研究，还是具有一些特殊的意义的。第一，社会科学的学术研究应该提倡不同学说的百家争鸣，许多新的范式在刚提出时，具有很多缺陷，不能因为这些问题而完全否定它们。范式理论中的相对主义从另一方面来看，又具有提倡包容和多样化的优点。第二，社会科学不像自然科学，前者在本体论、认识论和价值论上的许多前提，我们无法给出严格的论证，许多对立思想的同时并存，至少说明在目前它们具有一定合理性，因为我们无法从哲学上得出一个能够简单判断孰是孰非的标准。第三，范式主义中的相对主义并不是完全的为所欲为，缺乏标准。在不同的学术共同体内部，仍然存在着非常严格的标准。比如在传播研究的经验学派内部，特别是在定量研究方法上，有着非常严格的程序。所谓的相对性，是针对不同范式之间的不可通约性而言的。

三、社会科学中研究范式的差异

范式是一个学术共同体公认并共享的思维方式，从哲学层面来讲，每一个范式会在本体论、认识论、价值论三个方面存在差异。

本体论（ontology），从狭义上看，可以按照字面意思理解为是关于存在（on）的理论（logos）。有学者认为，中文的翻译不够准确，“实在论”更为贴切。[①] 广义的本体论既是关于存在的理论，也是关于实体的理论或关于本体的理论，它涵盖了人们通常所说的存在论、形而上学和本体论的内容，也就是与存在相关的一系列问题和人们对这些问题的回答。[②] 本体论是哲学研究最先要回答的问题，它包括现象世界的性质是什么、我们与之如何发生关系、个体的性质是什么等问题。

在社会科学中，目前关于现象世界性质的流行看法，大致可以分为两种：一种是客观经验主义的，一种是诠释经验主义的。经验主义是与唯理主义相对的，

---

① 但是按照海德格尔等存在主义者的看法，实际上西方本体论问题一直以来实际研究的并不是“存在”本身，而是错误地把重点放在了“存在物”上面。这里我们暂不涉及这些讨论。

② 参见张志伟、冯俊、李秋零、欧阳谦：《西方哲学问题研究》，10页，北京，中国人民大学出版社，1999。

它认为关于世界的看法应该从观察和实验中获得，而不能仅仅依靠思辨和逻辑推理。客观经验主义认为：

（1）世界是自然形成的；

（2）世界独立于人的认知，但又可以被人所认识；

（3）世界的特征、运动与其他现象之间存在一定的联系和规律；

（4）自然和社会具有相似的特点，现象世界具有统一性，社会行为可以还原为物理的或化学的现象；

（5）每个现象都是之前现象的结果，并且会导致其他现象（决定论）。简而言之，客观经验主义认为现象世界是唯物的、独立的（不受人的主观影响）、决定的和统一的。①

诠释经验主义则认为：

（1）不同领域的知识不可通约；

（2）符号先于物质，人们是对约定俗成的象征符号的意义做出反应；

（3）所有的现象不具有共同的基础，不能简单还原为物理或化学现象；

（4）人具有能动性，不会被结构所简单决定，即使存在结构，结构本身也是人们建构的；

（5）现象世界不可统一，社会与自然具有不同的特征。②

认识论要回答的是我们能否认识世界，如果可以，通过什么方式才能认识世界，如何保证我们的认识是可靠的等问题。简单来说，就是“我如何知道我知道”。认识论与本体论互为条件，我们在对世界的性质做出判断的时候，就必须对这个认识的正确性做出证明；同时，我们要先承认世界的存在及其性质，确定对象，然后才能谈得上对世界的认识。③

和上面两种关于世界性质的判断相对应，认识论也可以分为客观经验主义的和诠释经验主义的两种。客观经验主义认为：

（1）观察是不可错的，观察者不会对观察对象产生影响；

（2）世界存在着规律，规律是客观的，我们可以通过特殊的测量方法认识这些规律；

（3）理论与观察相互独立，研究者的好恶和其他特征不会影响其客观的判断

---

① See James Anderson：*Communication Theory*：*Epistemological Foundations*，New York：The Guilford Press，1996.

② 参见上书。

③ 参见张志伟、冯俊、李秋零、欧阳谦：《西方哲学问题研究》，72 页。

与分析；

（4）大部分现象是可以测量的，我们可以用数学的逻辑来表示人类行为；

（5）个体是由一些属性和结构所决定的，比如年龄、性别、智商等；

（6）我们可以通过对个体可测量的特征的研究，推断群体的特征；

（7）结论的得出必须通过实证主义（或证明主义、证伪主义）的检验程序。

诠释经验主义则认为：

（1）我们所研究的生活世界中，意义和意识形态无处不在，被研究对象既是能动的行动者，也是诠释的主体；

（2）实在（reality）是建构的而不是客观的，因此只有参与才能做出解释，研究者只是一个帮助被研究对象诠释自己行为的助产士；

（3）重要的不是客观的测量，而是参与的理解，参与本身和客观经验主义中的观察一样受到信任；

（4）社会行动者具有能动性；

（5）虽然诠释经验主义也关注个人的诠释，但是整体和关系要比部分更为重要；

（6）科学研究本身也是社会行动，会对社会产生影响，因此要注意研究者的意识形态，分析本身应该具有反思性。[①]

价值，就是事物服从于人的目的或需要的“有用性”。价值论涉及的是什么事情值得我们研究，社会中的学术研究究竟是什么，会起到什么后果的问题。客观经验主义认为科学研究的目的就是解释世界，是一种价值中立（value-free）的活动。而马克思主义和后现代主义则让人们关注到知识与意识形态、权力之间的复杂关系，科学研究本身也面临着哈贝马斯所说的“合法性危机”。大多数研究者不再采取这种极端的立场，在研究中的价值问题上形成了三种不同的态度。[②]

第一种态度认为研究中有些过程（比如课题的选择、研究方法的选择、概念的解释和操作化、结果的解释等）会受到价值的影响，但是有些过程（比如抽样、数据获取、验证等）则不会。在后面提到的这些过程中，要严格地排除主观性。

第二种态度认为研究过程中价值会渗透在文化中，体现在研究过程的任何一个阶段，甚至有的时候我们根本意识不到，我们必须保持反思态度，承认其存

---

① See James Anderson: *Communication Theory*: *Epistemological Foundations*, New York: The Guilford Press, 1996.

② ［美］理查德·韦斯特、林恩·H·特纳：《传播理论导引：分析与应用》，2版，56～57页。

在，并尽量降低其影响。比如不同文化中个人主义和集体主义的价值取向、语言中的西方中心主义、一个文化中的主流民族中心主义、性别歧视等。

第三种态度认为在研究中不仅没必要刻意避免价值的影响，而且应该把理论研究也看做是一种实践活动，提倡理论实践的解放作用。学术研究总是与一定的意识形态和权力联系在一起，学术研究总是为一定对象服务的。就像马克思在批判费尔巴哈时所说："哲学家们只是用不同的方式解释世界，而问题在于改变世界。"[①] 研究者不仅要解释世界，而且要改变世界，学术研究也是一个政治行为。

第二节　大众传播理论的三种范式

从上面的简单介绍中可以看出，在社会科学研究中，不同的研究范式在本体论、认识论、价值论上存在许多不可通约的差异。传播研究是一个众多学科交汇的十字路口，在此不可避免地聚集了来自不同研究范式的研究者，呈现出多元学术传统并存的局面。要对这些复杂的范式做出归纳十分困难，因为传播研究中的范式是从不同的学术传统中演变而来的，处于各个学术范式的末梢，经过混合，范式之间的差异并不像原来那样明显，特别是近年来提倡多种研究方法混合使用，这种区分就更加模糊。

但是我们也要看到，不同的方法如果追溯到本体论、认识论、价值论等基本问题，仍然存在一些不容易消除的根本差异。仅仅是简单地加以混合，有可能造成研究逻辑的前后矛盾。为了帮助初学者更进一步了解这些不同，这里主要从认识论的角度，把大众传播研究的范式分为客观经验主义范式、诠释经验主义范式和批判理论范式（见表 3—1）。

表 3—1　大众传播研究的三种范式

研究范式名称	客观经验主义范式	诠释经验主义范式	批判理论范式
核心研究方法	实证的（科学的）定量研究	诠释的定性研究	辩证的、历史的批判
主要学术传统	控制论传统、社会心理学传统	符号学传统、现象学传统、社会文化传统、修辞学传统（部分）	批判传统、修辞学传统（部分）
目标	解释和预测	理解	改变与解放

① 《马克思恩格斯选集》，2 版，第 1 卷，57 页，北京，人民出版社，1995。

续前表

研究范式名称	客观经验主义范式	诠释经验主义范式	批判理论范式
核心假设	(1) 社会和自然界一样存在规律 (2) 可以用科学(实证的)方法,确定什么是可靠的知识 (3) 重视研究个体,发现客观的结构 (4) 价值中立	(1) 自然和社会不具有统一性,社会所具有的是规则 (2) 参与的意义诠释 (3) 注重意义与文化的建构过程 (4) 研究中的价值不可避免	(1) 自然和社会不具有统一性 (2) 意识形态影响着研究与理论建构过程 (3) 提倡整体地、历史地研究 (4) 提倡价值介入,研究是实现解放的政治实践

一、客观经验主义范式

客观经验主义范式主要来自于自然科学,也被称为科学的研究或实证的研究。"科学"这个概念在19世纪之前和"哲学"是同义词,但是19世纪上半叶,科学概念的适用范围渐渐变得狭窄,主要指自然科学和生物学科。①

近代以来,自然科学取得的巨大进步,促使社会研究者开始注意其研究方法。法国哲学家孔德(Auguste Comte,1798—1857)在19世纪中期提出了实证主义(positivism),论证了自然科学方法应用于社会研究的合理性。孔德本来想把自己的学说冠以"社会物理学"(social physics)的名称,因为发现已经有人使用了这个名称,所以他改成看上去不太直观的"实证主义"②。

孔德所说的"实证"具有以下含义:真实而不是虚幻;有用而不是无用;确定而不是犹疑;精确而不是模糊;肯定而不是否定;组织而不是破坏;相对而不是绝对。他认为,哲学的发展在经历了神学和形而上学阶段之后,会进入到实证阶段。在哲学发展的最高阶段里,我们放弃追求绝对知识,而转向真实的观察。凡不能严格简缩为某个事实的,简单陈述的任何命题都不可能具有实在的清晰的含义,不是我们研究的对象。我们应该放弃神学和形而上学的那些无法认识的本原的起因,而转向探求规律——观察现象之间恒定的关系。孔德把社会学和数学、天文、物理、化学、生物并列在一起,强调了社会与自然的统一性。

① 参见[英]弗里德里希·A·哈耶克:《科学的反革命——理性滥用之研究》,3~4页,南京,译林出版社,2003。

② 参见[英]安东尼·吉登斯:《社会学》,4版,8页,北京,北京大学出版社,2003。

孔德区分了实证主义与英国的经验主义的区别，他认为，经验主义虽然也强调观察和验证，但是它只是简单地堆砌零碎的事实，实证主义的不同之处在于它还要运用思辨的逻辑揭示永恒的普遍规律，做出预测。①

孔德的实证主义经过维也纳学派的发展，形成了以逻辑实证主义为特征的新实证主义。维也纳学派认为实证主义具有如下四个特征：

（1）坚决反对柏拉图主义在经验对象之外随意设置其他对象的做法，认为有且只有一种实在，即感官可以把握的个体对象；

（2）只承认感官经验为人类认识的源泉，科学的任务在于把握经验的材料并以尽可能简单即最节约的方式描述并整理它们；

（3）知识是统一的，科学具有统一性，也就是说可以将运用于自然世界的科学方法应用于社会；

（4）将非描述性的陈述从知识和科学领域中清除出去。② 价值判断因为既不真也不假，被认为不是科学研究的对象。③

另一位法国社会学家涂尔干也提出，社会研究者应该把客观的社会事实作为研究对象。社会事实外在于人，但是对人的意识具有强制作用，它和自然界的物没有什么本质的不同。涂尔干还提出，社会学研究的目的“是把人们的行为还原为因果关系，再经过理性的加工，就可以使这种因果关系成为未来行为的准则”④。

在这些哲学家和社会学家理论的影响下，研究者们开始采用从自然科学中移植来的方法研究社会。其中对传播学研究影响较大的是控制论和社会心理学。“控制论”（cybernetic）这个词来自希腊语，是舵手的意思，该理论最早由数学家维纳在机器的自动化研究中提出，它把传播看做是一个信息过程，讨论的是如何通过编码、解码、控制噪音、加入冗余和反馈增加传播的准确性，提高传播效率。社会心理学的研究则把人的心理活动分为感知、理解、态度等过程，这些过程都受到不同变量的影响，如果把这些变量适当加以配置，就可以达到需要的结果。我们可以看出，这两个传播研究传统都把人作为一个缺乏主动性的“机器”，就像其他动物或自然现象一样，只要具备了一定原因，就可以产生一定结果，因此，我们可以像研究自然现象一样研究社会。传播研究中的这个转变过程，可以参见第二章的内容。

---

① 参见［法］奥古斯特·孔德：《论实证精神》，12页，北京，商务印书馆，1996。
② 参见［奥］鲁道夫·哈勒：《新实证主义》，18～19页，北京，商务印书馆，1998。
③ 参见［英］A.J. 艾耶尔：《语言、真理与逻辑》，82页，上海，上海译文出版社，2006。
④ ［法］涂尔干：《社会学方法的准则》，3页，北京，商务印书馆，1995。

按照这个逻辑，产生了两个判断科学与否的参照标准：可重复性与可证伪性。可重复性是指一个研究的过程与结论可以在不同的时间和空间里加以复制，这样可以证明规律的存在具有必然性，而不是偶然出现的。在大众传播领域，像议程设置、培养分析、沉默螺旋等著名理论均展开过全球性的研究，以期证明规律存在的必然性，同时在对比中发现原始结论中具有偶然性的权变因素。

可证伪性（falsifiability）是由哲学家卡尔·波普尔提出的原则，他是在批评逻辑实证主义（也称为维也纳学派）代表人物卡尔纳普的证明主义的过程中提出该标准的。该原则认为，一个科学的理论必须是能够被证明是错误的，否则这个理论不具有科学性。① 也就是说，一个假设必须明确地规定，出现了什么结果时，假设会被证明是错误的；出现了什么结果时，假设会被证明是正确的。这看上去有点矛盾，但我们的周围确实存在许多无法被证明是错误的结论。一位传播学者曾经举过一个例子来说明可证伪原则的作用。这位作者小时候喜欢玩棒球，有一个小伙伴吹嘘说自己发现了一种别人永远无法击中的投球方法，叫做“魔球”。这位作者不信，于是他们进行了一个“科学的”实验。小伙伴投出一个球，作者一下子击中了，然而前者说自己只是热热身，没有投“魔球”。第二次实验，作者没有击中球，小伙伴非常得意。接下来的实验中，只要被击中，小伙伴就说自己投的不是“魔球”，如果幸运没被击中，那就是“魔球”奏效。这样一来，小伙伴的结论永远正确。② 不难发现，问题出在每次投球之前投手没有对其假说做出清晰的规定，导致了他的假说永远不可能被证明是错误的。迷信活动中所说的“信则灵，不信则不灵”，也使用了同样的不可证伪的逻辑。

一般来说，一个假说表述得越模糊，越不容易被证伪，反之，一个假说表述得越清晰，就越容易被证伪。你可以试试能否驳倒“人是自私的”、“人的所有行为都是社会交换”这两个命题，其难度就在于我们对“自私”和“交换”两个概念缺乏一个明确的共识。（为国献身难道不是以国家为中心的“自私”吗？助人为乐不是“交换”回了名誉吗？）波普尔提出，一个命题越容易被证伪，它的研究价值也就越大。因为不容易被证伪的命题，大多是老生常谈，某些领导的讲话固然全面，但是越全面，越不容易出错（被证伪），越等于什么也没有说。所以对于学术研究来说，越是表述清晰，概念界定具体，越是新颖的题目，研究价值

---

① 参见［英］波普尔：《科学发现的逻辑》，北京，科学出版社，1986。

② 参见［美］格兰·斯帕克斯：《媒介效果研究概论》（影印版），10页，北京，北京大学出版社，2004。

越大，反之，那些大而无当、缺乏新意的题目，最好回避。

前文提到，不论哪个范式，总有一些最基本的假设，如果要证明这些假设，将导致不断后退，最后在一些最基本的本体论、认识论或价值论问题上出现僵局。但是这些前提假设在学术共同体内部一般不会受到质疑，它们被当做不证自明的前提加以接受。因此，范式的选择表面上看是个理性的选择，实际上却受到个性、思维方式、师承、文化传统等非理性因素的影响。

我们可以把客观经验主义范式的前提假设总结如下：

(1) 自然与社会是统一的，社会中存在客观的个人规律与社会规律。

(2) 人类行为的规律是可以观察和测量的。

(3) 观察和证据的获得不受个人信仰的影响。

(4) 可以用数学来描述人和社会现象。

(5) 可以通过个体行为的汇总统计推断总体，发现社会规律。

(6) 研究者在研究中可以完全地或部分地做到价值中立。

对于其他范式的学者们来说，这些假设并不是理所当然的，所以客观经验主义范式也面临着批评，但总的来说，客观经验主义范式在目前的大众传播研究中占据着主流的位置。

传播研究在中国

祝建华：《大众传播研究谨防“陷阱”》，载王永亮、成思行编：《传媒论点与传媒名家对话》，北京，中央编译出版社，2004。

作者认为，学术研究，无论是大众传播学，还是社会学、心理学、政治学等，归根结底要回答三个问题（即所谓的“3W”问题）：第一，研究什么(What to study)？第二，为何研究（Why study it)？第三，如何研究（How to study it)？除了从正面来逐一回答这些问题，也可以从反面来谈谈什么样的研究不要去做、为什么不要做，也就是所谓的大众传播研究中的“陷阱”与“误区”。

下面这些陷阱，作者大多经历过，后来开始指导研究生论文和替国际杂志审阅论文时，才发现很流行。如：一、追逐重大事件；二、追逐独特现象；三、追逐突发事件；四、追逐新名词；五、追逐新媒体；六、研究单一原因；七、研究常数（constant)；八、为比较而比较；九、为方法而方法。

下面主要介绍作者对前四个陷阱的看法。

大众传播学者最容易犯追逐重大事件的错误，这主要因为我们的大众传播研究者的背景大多是新闻专业。重大事件（即有很高新闻价值的事件）不一定有很高的学术价值。“科学研究”，其目的无非是发现、证明（或者更确切地说，否定）那些反映大众传播过程的基本法则或普遍规律。研究者应该关心的是最经常发生的事，即琐碎小事，从中寻找普遍规律。比如每一场战争你总归可以找到一些技术上、制作上、传播手段上的新特征。问题是，这些“第一场×××战争”之类的新特征对于我们已知的大众传播的制作、发送、接收和效果这四个过程未必提供了新的认识。在对海湾战争的研究中，各国学者们（包括作者在内）做了大量的调查或内容分析，出了很多文章和书。12 年后的今天回顾一下，这些书、这些文章大多没有留下什么痕迹。而大众传播研究发展史上有影响的那些研究，有些是发生在重大事件以后的，比方说 20 世纪 30 年代火星人入侵或者 60 年代肯尼迪被刺的研究，但绝大部分的研究所涉及的事件的范围和背景，都是很平常的事情，比如议程设置、第三人效果、沉默的螺旋。

独特的现象也是一样，具有新闻价值，但是研究独特现象总的说来是弊多利少，事实上，大部分独特现象永远是独特的，不具有学术价值。当然，并不是绝对不能研究独特现象，但你研究的不应是这个事件本身，不能着眼于奇特性上，而应研究事件背后所反映的规律。如果独特的事件不具普遍性，意义就不大。追逐突发事件的道理也一样。

名词不等于概念。很多名词并不具备成为理论概念的基本要求。如果旧有的概念已经存在了，特别是那种已经很流行、很出名、有很大影响的概念，或者是一目了然、人人皆知的概念，没有必要去包装一下，换个新名词。因为概念的用处主要是为了沟通，使大家都知道你想说的是什么。你包装一个新的名词，除了引起混乱以外，没有新贡献。学术期刊的编委们绝对不会因为你研究的概念太陈旧而来拒绝你的论文，反而会觉得你的贡献大。首先，因为旧概念的效度（或叫有效性，validity）和信度（或叫可靠性，reliability）均已被充分验证。其次，如果你对一个长期以来一直被引用的旧概念做出进一步的发展，证明你的贡献更大。相反，越是新的概念，我们越会怀疑，你这新瓶里面装的到底是新酒还是旧酒（往往是后者）。所以旧酒用旧瓶来装没有什么不好，用新瓶去包装一定是不提倡的。

区分“新”“旧”概念的方法有两个步骤：第一步是比较两者的操作化定

义。概念必须是可以被定义的、可以被测量的、可以被证伪的。而名词则不一定有这些特点。

第二步是实证检验概念之间的互斥效度（discriminant validity）。概念互斥效度，是用来证明这个概念是不存在的。具体说来，是通过与其他可能相关的概念之间的差别或者重合程度来检验这个概念的独立性。不仅要在概念上划清界限，更要有实证数据。在推出一个新概念时，要同时将其他的相关概念都测量一遍，然后算出各概念之间的相关系数矩阵。你的新概念可以与其他的相关概念有点关系（如果毫无关系，新概念在相关效度上会有点问题），但是相关程度不能很高，如果超过0.4～0.5，你的概念的独立性就有问题了。

研究者不要将注意力放在追求新名词上，而是放在完善旧概念的测量和验证旧概念之间的关系（事实其中很多是从未被验证的新关系）上。当然，创立真正的新概念，贡献更大，但是往往需要一个系列的研究，先建立概念的测量工具，接着检验其效度（尤其是互斥效度），再做可靠性检验，最后放入理论假设中检验新关系，无法一步到位。研究者不但要有充分的思想准备，而且要有必要的资源。

讨论：

作者在这里所谈的“学术研究”主要指的是何种类型的研究？和我们日常工作中所说的“调查研究”有何异同？学术研究的价值取向和实践工作的价值取向是否有差异？如何理解学术研究与实践之间的关系？

二、诠释经验主义范式

诠释经验主义范式也试图用“科学”的方式来解释世界，但是这里所说的“科学”并不是狭义的自然科学概念中的科学，而更多的是从人文主义的角度提倡的科学。从启蒙时期开始，人文主义者就用人代替神，把人本放在了研究的中心。在这一传统的影响下，许多学者提出，人类社会的运行方式与自然界是有区别的，我们应该关注的是人的经验而不是规律。德国社会学家马克斯·韦伯提出，社会研究的主要目标是“理解”（verstehen），并参与到被研究对象的世界中去，对其做出同情的描述。

现象学、诠释学、符号互动论、符号学为诠释经验主义提供了理论基础。

现象学主张除没有绝对客观的实在，所有的实在都来自于经验与人的感知。因此，必须把重点放在人的经验和感知上，而不是外在事物上。通过分析人的有意识的经验，我们才能获得真正的知识。当然，不同的学者在如何展开分析的问题上，存在分歧。诠释学的前提主张与现象学相似，也认为不存在客观的实在，一切客体都要经过人的诠释后才能成为人类的经验和知识。诠释学的研究重点有两个：对文本的诠释和对人类行为的诠释。前者主要侧重文学批评，后者则被称为社会诠释。尽管诠释学的内部也存在许多分歧，但是它们都把人的主观理解作为研究的重点。符号互动论在第二章提到过，主张世界不是客观的，而是由象征符号组成的，象征符号具有意义，这些意义是人们在互动中逐渐形成的。

上文的介绍比较笼统，但是从中我们也能大致看出这些主张的共同之处。它们都主张关注人的主观经验与解释、人与世界交往中获得的意义，并且不约而同地把传播作为研究人类经验的重要突破口。符号学则认为象征符号（symbol）、指号（sign）是人们交流的桥梁，符号形式与意义之间并没有必然的、“正确的”联系，它是人们赋予的，只有在与其他符号的对应关系中，才能理解符号的意义（“长”一定要和“短”对比才有意义）。虽然符号学中也存在不同取向，但是这个传统关注的是符号与意义之间的关系是如何确立的，人们如何通过符号进行私人经验的交流，符号交流中的规则是什么，符号交流与特定的群体、意识形态和权力之间的关系是什么等问题。

除了哲学理论上的支持外，人类学研究中的文化解释学派也提出，要理解人的行为，重点不是发现客观规律，我们也不能用我们的社会规则和标准去衡量其他文化，我们必须从当事人的角度，理解人们为什么要做出某种特殊的行为，这种生活方式（文化）意味着什么。吉尔兹提出，要对一定文化中的被研究者进行“深描”，尽可能全面、深入、设身处地地理解被研究者的行为。①

在这些方法论的影响之下，大众传播研究从 20 世纪六七十年代开始，也逐渐地出现了定性的诠释取向的研究，既有针对文本的研究，也有针对社会行为、文化的研究。我们可以把它们的主要前提假设归纳如下：

（1）自然和社会不具有统一性，社会不存在规律（laws），只存在人们约定俗成建构的规则（rules）。

（2）人类的行为基于对事物的诠释，这种诠释是主观的。

---

① 参见［美］克利福德·格尔兹：《文化的解释》。

(3) 我们无法对人的经验进行量化测量，但是却可以对其中的意义做出诠释。

(4) 意义既具有个体性，也具有共享性。

(5) 我们可以通过个案的积累，发现文化的模式或深层的意识形态和权力关系。

(6) 在研究的过程中，价值的影响不可避免，但是可以尽量减少，或者必须承认并说明这种价值的存在。

三、批判理论范式

狭义的批判理论只是指德国法兰克福学派的理论，这个群体奠定了批判理论的核心精神。“批判理论”这一名称来自于马克斯·霍克海默（Max Horkheimer，1895—1973）的一篇题为《传统理论与批判理论》的文章。[①] 在这篇文章中，他把模仿自然科学研究方法的客观经验主义的理论称为传统理论。霍克海默认为，传统理论所使用的实证的方法孤立地理解社会现象，主张研究者只是单纯地解释世界，把价值与理论研究分开，坚持方法上的个体主义，肯定现状，服务于现状，变成了资本主义条件下一种新的劳动分工，其实质是资本主义经济结构在学术研究领域的体现。正如他在《启蒙辩证法》里批判的那样，资本主义启蒙时期的理性取代了神话，在当时具有进步意义，但是进入现代之后，启蒙运动本身又建立起了对理性的盲目崇拜，工具理性把经济交换逻辑贯彻到社会各个方面。[②] 个人变成社会大机器上的一颗螺丝钉，丧失了批判精神，丧失了追求自由与解放的冲动。这些理论在更为激进的马尔库塞那里体现得更加淋漓尽致。

霍克海默所推崇的批判理论与传统理论的本质区别在于，研究主体的态度不是站到肯定现状、服务现状的立场上，而是毫不妥协地否定受资本主义虚假意识控制的整个社会。理论研究不可能真正做到超然独立，它必须服务于一定群体，无产阶级的特殊经验具有启发性，批判理论的研究者能够做到超越自己经验，把无产阶级的先进文化变成自己理论的经验来源。同时，霍克海默还指出，研究者要同无产阶级内部的落后思想作斗争，批判理论的服务对象并不能保证理论的合

---

① 参见［德］马克斯·霍克海默：《传统理论与批判理论》，载《霍克海默文集》，上海，上海远东出版社，1997。

② 参见［德］马克斯·霍克海默、西奥多·阿多诺：《启蒙辩证法》。

法性。

在研究方法上，批判理论整体地、历史地研究社会。他们把对象放到资本主义商品交换的经济结构下加以研究；把研究对象放到具体的历史语境下加以批判，而不是追求永恒不变的结论。

在理论有效性和规范性的判断标准上，霍克海默指出，实证主义的测量统计的检验方法和实用主义的效果检验、笛卡儿以来形成的理性传统，本身就是资产阶级的意识形态，是维护其统治的工具。因此，不能用这些流行的标准来判断批判理论的有效性。他甚至指出，批判理论的有效性是无法用即刻的实际效果加以检验的。在它的最终效果实现以前，人们根本意识不到它的解放作用。批判理论既具有坚定不变的批判精神，同时又具有灵活性。所以，除了一些基本原则以外，并不存在整体的批判理论的普遍标准。

有学者指出，客观经验主义范式的研究者也主张通过研究改变社会，实现进一步民主，比如拉扎斯菲尔德也提出过大众传播具有麻醉功能等具有批判性的结论（见第五章）。[①] 从单个人来看，确实客观经验主义与批判理论并无截然的界限，在去美国之前，拉扎斯菲尔德也是比较积极的社会民主党人，与霍克海默领导的法兰克福学派也有过合作，甚至还帮助过逃亡到美国的阿多诺，给他提供工作机会。[②] 但是从整体上看，客观经验主义主张的只是改良，他们并不否认现有的基本政治与经济体制，不像批判学派那样主张根本改变经济结构与思想现状，激进地否定现状。前者追求理论与现实相互妥协之后的实际效果，而后者则寄希望于一个模糊的乌托邦（比如法兰克福学派的学者大多具有犹太宗教传统中的弥赛亚情结[③]）。因此，从这点来看，批判理论范式与客观经验主义范式之间的冲突主要体现在研究的立场和研究中价值的地位上。

除了法兰克福学派以外，20 世纪后半叶还陆续兴起了许多其他流派，有政治经济学派、文化研究学派、女性主义、后现代主义中的部分学者以及结构主义的马克思主义、精神分析的马克思主义等形形色色的马克思主义流派，虽然它们中有些学者的看法与霍克海默不完全一致，但是其基本立场还是比较接近，都主张历史地、整体联系地对当代资本主义社会的现象（特别是消费文化、统治阶级的虚假意识形态、霸权）进行毫不妥协的批判，都主张理论应该具有解放的政治

---

① 参见潘忠党：《媒介效果实证研究的话语——对一个研究领域的理解与误解之反思》，转引自智维网，见 http：//www.zeview.com，2005－02－07。

② 参见［美］莫里森：《寻找方法：焦点小组和大众传播的研究》。

③ 参见［美］马丁·杰伊：《法兰克福学派史》。

作用，理论和实践不可分离。由于在研究立场上的相似性，为了便于称呼，学术界把它们也划入广义的批判理论行列。但是需要说明的是，由于这个范式内部缺乏严格的研究程序，流派众多，观点各异，其特征与评价标准远比客观经验主义和诠释经验主义模糊，是一个比较松散的学术共同体。批判理论范式的主要前提假设有以下几方面：

（1）自然和社会不具有统一性，不能直接把自然科学的方法移植到社会研究中。

（2）意识形态影响着研究与理论建构过程，实用主义研究本身是资本主义意识形态的产物。

（3）提倡整体地（联系地）、历史地研究传播现象。

（4）提倡批判性地研究，揭示商品消费、通俗文化等社会现象中的意识形态、（民族、阶级和性别）压迫与霸权。

（5）提倡价值介入，理论研究是实现社会弱势群体解放和平等的政治实践，研究行为本身会产生社会后果。

需要强调的是，以上三种大众传播理论范式的划分只是一个大致的印象，它们之间的界限并不泾渭分明，这既是由大众传播研究的边缘学科的性质决定的，也是由大众传播现象的复杂性与多面性造成的。例如修辞学研究，既有修辞批评方面的内容，也有文本诠释方面的内容。符号学传统中的一部分也主张社会存在着客观的结构，这个结构决定着我们的语言和社会行为。还有的研究既使用实证的方法，同时又具有批判性，像培养分析理论、知沟理论，当然，范式间的冲突，也令这些理论的结构内部出现兼容性的问题。批判理论结论具有整体性，而实证研究证据又建立在经验个体基础上（参见前文实证主义的特征），因此产生了证据不能充分支持结论的问题（如培养分析就面临这方面的批评，见第七章），这从一个侧面也反映了范式之间的矛盾很难简单地调和。

在同一范式内部，还存在坚持不同的看法或研究重点的学术共同体，我们有时为了方便，会将这些比较紧密的学术群体称为学派（school），比如前面提到的法兰克福学派、文化研究（伯明翰）学派、政治经济学派、多伦多学派、芝加哥学派、耶鲁学派等。这些学派一般拥有比较一致的基本主张，有核心人物，甚至有的就集中在某一个研究机构。

第三节 理论研究的程序与工具

一、理论研究的逻辑

每个范式之间虽然存在着研究前提假设和方法上的差异，但是在每个范式内部，仍然要遵循一定的研究程序。在这三种研究范式中，客观经验主义范式的程序最严格，具有统一的标准。批判研究则比较复杂，它更重视思辨与分析，研究程序随不同的课题、环境与研究者会有所不同，比较难总结。诠释经验主义范式居于二者之间，一般具有大致的研究程序，但是在操作中，研究者的主观参与和诠释仍然使程序只是一个基本框架，没有非常强的约束力量，同时，诠释经验主义内部也存在着不同的理论框架，它们之间的程序在细节上也有差异。为了简明起见，这里主要以规范的实证主义研究的程序为例，说明研究的程序。其他两种范式在操作细节上虽然不同，但其基本思路仍然类似，详细的介绍，我们放在后面的相关章节。

从理论与经验关系的角度看，大致存在三种方式来为理论提供证据，它们分别是归纳、演绎和类比（见图 3—2）。

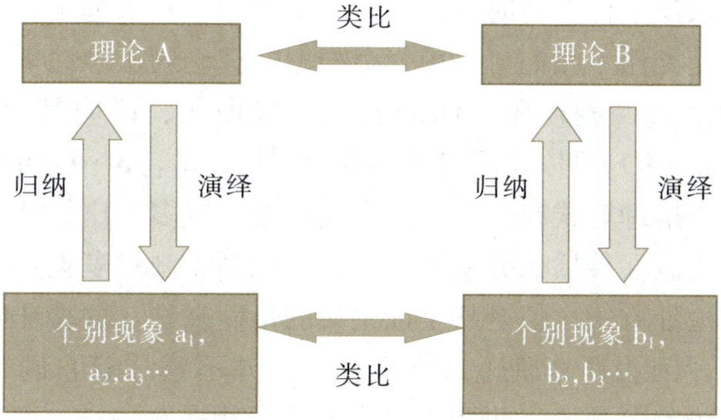

图 3—2 理论与证据的关系

一种方式是从个别现象中总结出一般的结论，这个过程称为归纳。归纳法能够让我们超越局部的经验和观察，得出具有一定抽象程度和普遍性的结论，所以它能够带给人类新的知识。比如我们经过观察，发现自己见到的天鹅都是白色的，便可以归纳出“所有的天鹅都是白色的”这样一个命题。但是归纳法也具有一个致命的弱点。因为大多数社会现象数量较多，我们无法完全枚举，所以只能根据有限的现象不完全归纳。由于我们的结论是针对全体，所以只要发现一个反例，结论就会被证伪。我们无法把地球上存在过的或将要出现的所有天鹅都考察一遍，所以上面的命题是可错的。只要人们发现一只非白色的天鹅，这个命题就被证伪了，事实上人们后来确实发现了黑色的天鹅。所以单凭归纳，无法确定我们的结论是否可靠。即使如此，我们在探索一个新的现象时，经常使用这种程序，它可以让我们逐渐地获得对一个未知对象的新知识。因此，在探索性研究中，我们经常使用归纳的方法，为后来的研究者提供暂时的、可以用来验证的新假说。

另一种方式是演绎，它和归纳刚好相反，是从一个一般性的结论出发，推论出个别现象的特征。我们可以用这种方式来验证已有的假说。比如从"所有人都是要死的"这个一般性的命题中，我们可以得出"张三是要死的"这个具体的结论，我们可以把这个结论与实际进行比较，如果确实如此，那我们证明"所有人都是要死的"这个结论在这次验证中经受住了考验，可以暂时接受这个结论。我们经常把归纳出来的命题用这种方式进行检验，所以这种研究又被称为检验性研究。根据我们前面提到的判断科学的两个标准，一个科学的理论不仅首先要能够被证伪，而且要能被反复验证。所以对于一个理论而言，必须在不同的背景下重复地验证，才能认为其正确性比较高，但是即使这样，我们也要意识到，这种正确性只是在目前认识条件下暂时得出的，并不意味着它永远正确。

第三种方式是类比。我们可以用一个相似的理论的正确性来证明待证明的理论，或者间接地通过两种现象之间的相似性来证明、说明其中一组现象（a_1，a_2，a_3…）的理论（A）可以说明另一组现象（b_1，b_2，b_3…）的理论（B）的正确性。这种思维与推理方式在人文学科中使用得比较多，比如文学作品中的暗喻就是这种思维方式。在传播研究领域，我们在批判学派和麦克卢汉的媒介研究中也可以看到这种论证方式。但是从实证主义的角度来看，这种证明方式在逻辑上存在着一些问题，因为两个理论或现象相似，并不意味着它们完全相同，A成立，并不一定意味着B成立。世界上没有两个事物完全一样，而我们在类比的时候，注重相同点——特别是那些没有相似之处的东西被联系在一起时，常常令人耳目一新——却容易忽略其中细微的差异。因此，类比作为一个不太严格的方法，主要用于探索阶段，帮助我们发现新的假说，但是在检验理论方面却存在缺陷。

二、实证研究的程序

实证研究的程序可以分成策划、实施和总结三个部分（见图 3—3）。在进入策划阶段之前，首先要确定研究题目。研究题目可以来自社会的热点问题，需要解决的问题，也可以来自个人的兴趣，或者是学术研究领域的关键问题。除了现实之外，专业的书籍和期刊是寻找论题的好地方。温默和多米尼克认为，挑选课题时要注意以下几个问题：（1）论题是否大而无当；（2）此问题是否能够调查；（3）资料分析是否可行；（4）所研究问题是否有意义；（5）研究的结果是否具有扩展性，能有助于类似问题的解决；（6）分析所投入的经费与时间；（7）预计的研究方法和具体做法是否适合研究需要；（8）是否会对被研究者造成潜在的伤害。①

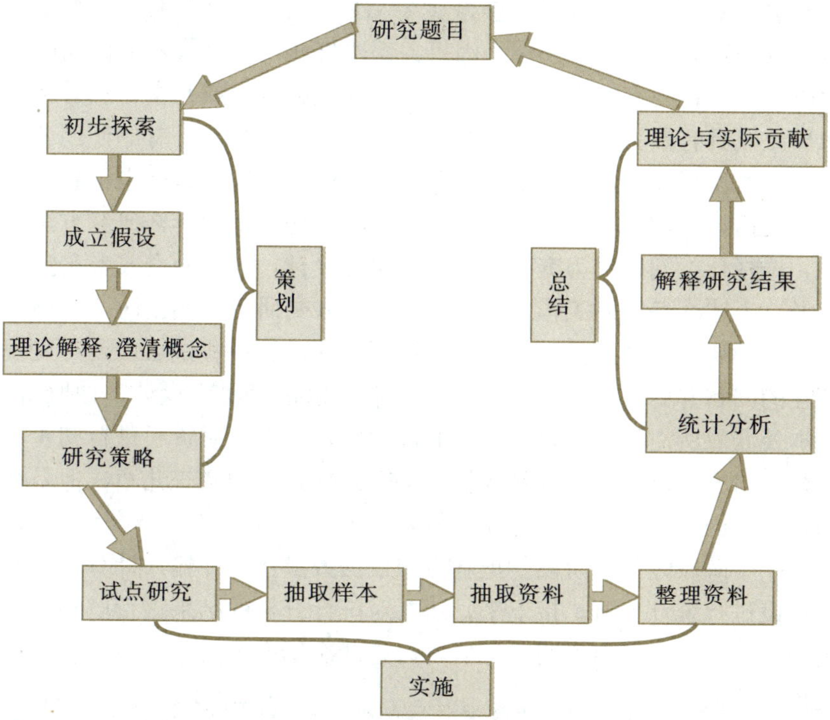

图 3—3　科学研究的程序

资料来源：李沛良：《社会研究的统计应用》，5 页，北京，社会科学文献出版社，2001。

① 参见［美］温默、多米尼克：《大众传媒研究导论》（*Mass Media Research: An Introduction*，影印版），6 版，24～27 页，北京，清华大学出版社，2003。

在策划阶段，首先可以使用不完全归纳，对研究的问题进行一些初步的探索。比如说要研究电视暴力节目是否会引起儿童的攻击性行为，我们首先可以查看一下新闻报道，或者走访一下家长和老师，观察一下周围儿童在观看暴力电视节目后的反应等，看看所研究的问题是否存在。如果确实存在，接下来我们可以提出一个假设。按照实证研究的要求，假设必须是能够用数学关系表达的，比如我们可以提出这样一个假设："观看电视暴力节目时间较长的儿童，会比很少观看暴力节目时间的儿童更具有攻击性。"接下来我们需要说明假设中的概念，比如什么是电视暴力节目，区别暴力节目与非暴力节目的具体标准是什么，儿童的年龄范式，观看暴力节目的长短的界限在哪里，什么是攻击性，用什么指标可以量化它等。此外，我们还需要回顾前人的研究，看看有些什么结论，存在哪些问题，还有哪些题目前人没有研究过，我们如何选择新的突破口。比如前人关于暴力对儿童的影响，既有认为暴力会减少暴力的（净化说），也有认为暴力会导致儿童暴力的；还有人提出，是因为因果关系刚好相反，具有暴力倾向的儿童喜欢看暴力电视节目；还有的学者提出，某些其他原因既导致儿童喜欢看暴力电视节目，也导致其具有暴力倾向。不同的学者研究的方法不同，有的使用调查，有的使用固定样本反复访问，有的使用实验，同时测量方法、指标也不相同……经过这些总结之后，我们可以确定自己的研究策略，比如采用什么研究方法，研究对象是谁，选择什么问题作为突破口，进行研究设计，准备问卷或者实验素材等。

在经过上述准备策划工作之后，我们就进入到研究的实施阶段。如果我们是选用大规模的调查或者实验，我们最好在开展前进行一些试点，及时发现研究设计中存在的问题并修改。如果确定无误，就可以按照研究设计，抽取研究样本，再从样本处获取所需要的资料。在获取资料后，首先要对资料进行初步筛选，把一些不合乎研究要求的资料排除或加以特殊处理，例如调查儿童，但是在问卷中却发现年龄填的是 70 岁，就要排除。

最后一个阶段是总结阶段。把获得的数据数量化，并输入计算机，使用分析软件对假设进行统计分析。接下来，还要对统计分析的结果进行解释，特别是对一些出乎意料的结果做出说明。最后，讨论此次研究的贡献与意义，并对接下来的研究提出建议。

以上就是实证研究的一般程序，当然，在实际操作中，有一些步骤可以省略，但是每个大的部分必须要按照一定的规范依次完成，而且在统计中还有一些约定俗成的标准作为分析的参照。你可以找一本实证主义研究的传播杂志翻翻其中的论文，或者是专著（如《至关重要的新闻：电视与美国民意》[①]），感受一下实证研究严格的程序。

三、关于因果性

在研究中还有一个比较重要的问题，那就是因果性问题。对于实证研究和部分其他范式的研究来说，虽然理论中概念之间的联系方式有很多种，但是最理想的是发现因果关系。因为它最具有实用价值，可以预测和改变社会。但是自怀疑主义哲学的代表人物休谟对因果性是否存在提出质疑以来，因果性问题一直令学者们耿耿于怀。休谟提出，我们无法真正发现事物之间的内在因果作用，我们观察到的只是两个现象的前后相继，所谓因果性只是我们人的思维所赋予外界事物的一种虚假的联系。康德也认为因果性是先验的，不是我们直接经验能够揭示的。通俗地说，就是原因的背后总会有原因，所以这个链条会无限制地向前推，最终无法确定哪个因素是真正的终极原因。尽管后来的研究者费尽心思想要重新建立因果性的合理性，但是一直没有发现一个完美的证明。[②]

在社会领域，因果性问题还涉及人是否具有自由意志的争论。因为人具有能动性，不会像苹果一样，在重力的作用下必须下落。如果人的行为是自己的选择，究竟何者为因，就难以确定了。尽管如此，在实用主义者来看，这并不妨碍我们使用因果性这个概念，在人们的实际生活中，这个概念能够帮助我们认识和改造世界。

社会科学放弃了传统决定论的因果性，转向概率因果模式。就像天气预报一样，我们并不预测明天是否会下雨，只给出其发生的概率。社会科学只能在群体意义上做出概率的预测，比如具备某个特征的人做出某种选择的概率会比其他人高。

拉扎斯菲尔德曾经提出了判断两个变量之间存在因果关系的三个必要条件：（1）双变量因果关系的第一个条件是在时序上，先有因，后有果；（2）两个变量之间具有实证相关性；（3）两个变量之间的实证相关不会因为第三个变量的存在而存在。[③]

---

① 参见［美］仙托·艾英戈、唐纳德·R·金德：《至关重要的新闻：电视与美国民意》，北京，新华出版社，2004。

② 参见张志伟、冯俊、李秋零、欧阳谦：《西方哲学问题研究》，117～123页。

③ 参见［美］艾尔·巴比：《社会研究方法基础》，8版，56页，北京，华夏出版社，2002。

当然，这三个条件在实际操作中仍然存在争议，比如鸡生蛋，蛋生鸡的问题中，时序问题就很难确定，现实世界中许多问题常常是相互作用的；实证相关的程度有多大才能具有因果关系也很让人费解；第三个变量有时也常常和前两个变量相互纠缠在一起，比如前面举的“电视暴力与儿童攻击性”的例子中，家庭问题能否算作第三个变量，也很难在理论上完全区分清楚。

需要注意的一点是，在实际操作中，我们计算的变量之间的统计关系常常只具有相关性，要严格把相关性与因果性区别开来。比如有一个调查发现，已婚的男性的寿命要比未婚男性的寿命长。人们会很容易得出结论，结婚会导致人长寿，因为根据我们的经验，男性婚后会受到很好的照顾，生活会很幸福，容易长寿。但是实际上这个调查只说明了结婚与长寿之间存在相关性，并未说明其因果性。进化论中的一派（性选择理论）认为，为了保证下一代基因的质量，雌性会挑选基因健康的雄性作为配偶（所以高大英俊的男生总是很受女性青睐）。因此，也可能是因为这些男性健康长寿，所以容易找到配偶。因果关系刚好相反。此外，我们还可以说这两者之间不存在因果关系，是由第三个因素引起的。比如性格开朗、幽默的男性容易追到女性，同时这种性格导致他们没有心理压力，容易长寿。我们前面讲到的上网与青少年犯罪之间的关系，也存在同样的情况。

总之，在社会科学中，虽然因果性是我们希望发现的，但是要严谨地确定因果性，却十分困难。我们在后面的议程设置理论的介绍里，还会再谈到这个问题（见第七章）。

四、获取数据的具体方法

在确定研究策略的过程中，很重要的一点是寻找合适的获取数据的方法。这里所说的数据（data）是广义的概念，是指通过经验的方式获取的任何证据，不仅仅指以数学符号呈现出来的材料。因为不同的研究范式之间在判断什么是合法的证据上存在分歧，所以获取数据的方法也存在差异。下面介绍几种常见的方法：

抽样调查 抽样调查是社会科学研究中最常用的方法之一。因为大众传播研究经常涉及了解一个较大的群体，无法进行巨细无遗的普查，所以常常通过对一个群体中部分人口（样本）的问卷调查，获取研究用的数据。抽样调查最突出的优点是数据的代表性，可以通过样本的情况，推断整个群体的特征，和普查相比，节省时间和资金。抽样调查分为随机和非随机两种。随机抽样调查中，被调查群体中每个个体被抽中的可能性是可以准确预测的，大多数情况下是均等的；非随机抽样中，被调查群体中的每个个体被抽中的可能性是无法预测的，大多数情况下不均等。① 抽样调查的另一个优点在于研究在现实的环境下进行，研究本身对被调查者的影响比较有限。当然，抽样调查也存在一些不足，最明显的不足是调查不容易深入（特别是和深度访谈相比），只能获取一些表面的数据。在实际操作中，很难获得精确的随机样本（有人把它批评为“随机样本神话”），人们在回答时也可能心不在焉或不愿配合，还有拒绝访问或者有效问卷回收率过低等因素，都会影响调查和推断的精确度。此外，单次（横剖式）的抽样调查很难确定变量之间的因果关系，这对于实证研究来说，是一个很大的遗憾。

实验　实验法是来自于自然科学的经典研究方法。它通过人为地制造一个实验环境，让那些与研究无关的变量保持恒定，仅仅改变我们想要考察的一个变量（自变量），被试对象的任何变化（因变量变化）都可以归结为前者的变化。实验可以分为实验室实验和实地实验。前者在实验室里进行，后者在真实环境中进行。和抽样调查相比，实验法最大的优点就在于可以精确地确定变量之间的因果关系。实验法还有一个优势：可以根据我们的需要安排实验环境，以达到我们理想的要求。但是实验法的前提要求也比较苛刻，它需要使其他非实验的条件都保持恒定，否则我们就无法判断实验结果是由哪个因素产生的。因此，实验法要注意的是如何排除其他无关变量的干扰，一般的做法是将实验对象集中到统一的环境中，并且设置不同的对照组，和实验组加以对比，以排除那些我们无法控制的因素的干扰。实验法另一个受到质疑的地方，是实验环境有可能会改变人的各种反应。因为人和其他研究对象不同，人不是对外界刺激产生简单的反应，而是具有能动性。参加实验本身很可能会导致实验者故意顺应或者抵触实验结果。此外，在实验室里集中观看广告或者新闻所产生的效果，显然不能和躺在自己家里心不在焉地看电视效果相同，因此，实验室实验的主要任务之一是转移实验对象的注意力。虽然实地实验可以减少这种争议，但是操作起来费用较高，同时很难控制其他无关变量。最后，实验中还涉及许多道德问题，比如我们很想用实验的方法来测量恐怖电影对儿童的影响，但是如果真的这么做，又会给儿童的心理造成潜在伤害；使用其他间接的方式，则达不到理想结果。有时，为了转移实验对象的注意力，还要适当地隐瞒实验目的，欺骗他们，让他们在不知情的情况下参加实验，这里涉及复杂的伦理问题。总之，正是由于这些限制，一个严谨的实验

① 参见柯惠新、祝建华、孙江华：《传播统计学》，44页，北京，北京广播学院出版社，2003。

研究才具有了艺术性。

内容分析 “内容分析是对大众传播的显性内容进行的客观、系统、定量的分析。”这是20世纪50年代美国传播学者贝雷尔森做出的经典定义。随着研究的发展，内容分析已经不仅限于大众传播的内容，还包括一切象征符号，如口语、图像、音乐、服装、建筑、美术作品等，而且分析方式也不仅限于定量研究，还加入了定性研究。

定量的内容分析需要对传播内容进行客观量化的研究，首先需要研究总体。接下来确定研究单位。以报纸为例，研究单位既可以是以文章为单位，也可以以关键词、句、段等为单位。如果所研究的内容数量比较庞大，第三步要对所研究的内容进行抽样。报纸每天的版面相当多，无法完全统计，我们只能随机地抽取一些版面进行分析。比如最初的议程设置研究中，要统计媒体议程，研究者就选取文章作为研究单位，把它分成十几个主题。接下来抽取竞选期间（下半年）当地报纸的头版头条进行统计。最后再把统计的结果进行计算，排列出一个媒体的议程单。

定量的内容分析还可以应用于影像。培养理论的提出者格布纳研究过黄金时间的电视节目，统计其中暴力节目的数量和电视暴力行为的规则。他的研究总体是黄金时间和周末上午的美国三大电视网的节目（因为这个时间儿童有机会看电视），研究单位是情节片段（episode），统计每个情节片段中暴力事件的人物、情节、规则。最后进行统计，结果发现暴力节目所占比例达到80%以上，而且卡通片中暴力情节仅次于警匪片，此外他还发现了一些特殊的规则，比如黑人容易施暴，未婚者中青年男性容易施暴，陌生人之间容易产生暴力冲突，历史剧和未来剧中的暴力多于时装剧，警察和匪徒一样使用很多暴力，暴力中很少有可见的痛苦，好人实施暴力通常会取得好的结果，等等。①

定量内容分析中一个非常重要的原则是保持客观性，分析结果不会受到分析者的影响。因此分析的标准要明确，一定要数量化，通常只针对表面的显性内容进行分析，这样保证减少分歧。一般还要对内容分析者进行交叉测试，给同样的内容让他们分析，看他们的结果是否具有很高的吻合度。如果相似度很高，可以认为研究比较客观。

除了定量的内容分析外，还有定性的和比较的内容分析，它们没有像定量的内容分析这么严格的程序。此外，随着诠释经验主义范式和批判理论范式的兴

---

① 具体分析过程和结果参见［美］洛厄里、德弗勒：《大众传播效果研究的里程碑》，271～275页。

起，出现了大量定性的内容分析方法，如符号学分析、文本解读、话语研究等。虽然它们名称不同，但都是对传播内容进行研究。这些分析扩展了研究的对象，把一切象征符号都纳入分析的范围，比如符号学家罗兰·巴尔特把摔角比赛、杂志封面、旅游说明手册、服装都作为符号分析的对象，文化研究把麦当娜、唐老鸭、迪士尼乐园也作为研究对象，话语研究除了文本外，还把语境、社会实践也纳入到分析的背景中。而且这些方法的兴趣不再是文本中客观的内容，而是文本深层的意识形态和权力关系。他们的目的不是客观科学地反映，而是积极地诠释与挖掘。当然，由于主观性较强，这些方法没有像定量的内容分析那样严格的程序。

内容分析的突出优点是其非介入性，只需对现成的文本进行研究即可，不会影响被研究的对象。此外，内容分析操作简便，费用也比较低。传播内容是联结传播者和受传者的纽带。通过内容分析，我们可以推断传播者的意图，也可以估计受传者会受到什么影响。但是从科学的角度来讲，这些只能是推断，要证实，还必须对传播者的生产过程和受众的接受过程作进一步的研究，这是内容分析的一个重要不足。因此，内容分析一般很少单独使用，要和传播者研究、受众研究、效果研究结合使用。

深度访谈　深度访谈是为了克服抽样调查不够深入的不足而发明的。一般只具有一个大致的框架，自由度较高，不像问卷调查那样拥有严格的结构。但是另一方面也对研究者提出了很高的要求，需要研究者对所研究的问题有深入的理解，有很强的社会交往能力，控制话题的能力，同时还要研究者积极地观察周围情境，做出深入地理解。深度访谈虽然照顾到了深度，资料收集得更丰富，但是由于数量较少，又是非随机抽样，因而代表性不够。这一点刚好和抽样调查相反。

民族志　民族志（ethnography）主要来自于人类学的研究，它是在自然环境下，对被研究的对象的生活方式做全面、细致的观察，即吉尔兹所说的“深描”。一般需要很长的时间，敏感地捕捉被研究者生活中意味深长的行为、符号、仪式、神话、交往等。同时，还要求研究者深入地体会被研究者的经验，从他（她）们的角度和逻辑看问题，积极地进行诠释和理解。民族志研究与深度访谈并不排斥，有时民族志研究中也使用深度访谈的方法。美国影片《与狼共舞》描述的邓巴中尉和印第安人的交往，就可以看做是一种民族志式的理解，他不仅学习印第安人的习惯，和他们生活在一起，而且最后深刻地理解了他们的价值观和生活方式。当然，仅此还不够，邓巴中尉还做了大量研究笔记，从这个角度来看，他是一个很认真的民族志研究者。[1]

焦点小组（专题小组） 焦点小组的研究方法就是集体访问，类似于过去的座谈会。焦点小组可以简便、迅速地了解消费者和受众的态度和行为。参与者一般 10 人左右，他们在主持人的控制下集体讨论。焦点小组人数少，代表性不足，一般用于探索性研究，帮助研究者寻找思路，或者找出特殊现象背后的深层原因。研究者要解决的主要问题是人员的选择，要提前与参与者进行问卷或者口头沟通，迫使其确定立场和态度，避免访谈中群体压力的影响。此外，主持人需要做好充分准备，并且控制局面，使每个人都有充分的机会发表自己的看法。

除了以上介绍的这些研究方法外，常见的还有固定样本小组、纵贯研究、参与观察、个案分析等方法，读者可以参阅更为详细的研究方法教材。[2]

第四节 如何评估理论

在深入地收集与分析资料后，我们终于得出了一个理论，但是这个理论是否有价值，它值得进一步研究下去吗？因此，我们还需要对理论的优劣做出评估。

第一，一个理论要说明自己的适用范围。比如议程设置理论主要适用于大众传播，受众是大部分公众，而且只有在西方民主制下才能成立。比如对于小群体，大众传播就不一定具有强大的设置作用，SARS 前期中国媒体的瞒报也没有成功“设置议程”。对于批判理论来说，也有一些明确地提出了自己理论的适用范围，比如霍尔就提出文化研究只适用于英国。

第二，理论内部必须逻辑一致，不能出现自相矛盾的现象。

第三，理论要具有启发性。像知沟理论启发研究者们注意传播与社会结构之间的关系，在新技术条件下，学者们提出了数字鸿沟。麦克卢汉的理论虽然于 20 世纪 60 年代提出，但是一直到今天还有学者在不断地发展他的观点，研究新媒介技术条件下媒体的影响。

第四，经受住时间的检验。在 20 世纪 60 年代克拉帕提出了大众传播的有限效果理论，当时得到了许多学者的认同，但是随着时间的发展，这个理论慢慢地退出了历史舞台。另外像列维-斯特劳斯式的结构主义和早期法兰克福学派比较极端的理论，目前的支持者也在减少。然而议程设置经过了近 40 年，仍然有不少学者在研究，而且还在不断发展。

---

① See Emory A. Griffin：*A First Look at Communication Theory*. Boston：McGraw-Hill，2000，p. 17.

② 值得推荐的是华夏出版社翻译的艾尔·巴比关于社会研究方法的教材。

还有一些评估标准要获得大部分学者的同意就比较困难了，不同的研究范式之间对理论的理解不同，导致人们出现不同的评价。因此我们把另外一组理论评估标准分成两类：第一类是客观经验主义范式的评估标准，另一类是诠释经验主义范式和批判理论范式的评估标准（见表 3—2）。

表 3—2 理论评估的标准

对于理论的一般评估标准	
范围 逻辑一致 启发性 经受时间考验	
客观经验主义范式的特殊评估标准 对数据做出解释 预测 简洁 提出可以被检验的假说 实用性	诠释经验主义和批判理论范式的特殊评估标准 对人和社会做出新的理解 对研究者的价值做出说明 美学上的吸引力 学术共同体认可 促进社会变革

对于客观经验主义的研究者来说，一个好的理论：

第一，要对所收集的复杂数据做出全面而合理的解释，让我们从混乱中发现秩序。

第二，最好能够对实践做出预测，好的理论能够描述普遍存在的规律。

第三，要简洁。这个法则也被称为奥卡姆剃刀法则，即去掉那些可有可无且不难以证明的假说。在两个无法判别对错的理论解释之间，一般选择最简洁的。比如虽然我们无法证明世界上有鬼（或者外星人），也无法证明世界上没有鬼，但是证明有鬼需要加上许多附加说明（比如为什么我们看不见鬼，鬼是如何和我们交流，鬼如何投胎转世，鬼是否会死亡等），然而没有鬼的理论却很简洁，不需要这些解释，所以我们选择后者。

第四，提出的假说要能够加以检验，这和我们前面提到的可证伪原则相似。

第五，具有实用性，能够指导实际工作。当然，不同的人对实用的理解不一样，有的人认为理论是高谈阔论，而勒温则认为"没什么东西比理论更实用了"。

对于诠释经验主义和批判理论范式来说，一个好的理论：

第一，要对人和社会做出新的理解，让我们从不同的角度对待熟悉的事物，具有更多的选择。

第二，任何人都会有价值观和立场，它们不可避免地会被带进研究中。我们既然无法做到客观，那么就应该诚实地向人们说明自己的价值取向，让理论的接受者做出自己理性的判断。

第三，对于诠释和批判研究来说，好的理论研究既可以是一个文笔优美的故事，也可以是对现实做出的精彩的批评。

第四，对于诠释和批判研究来说，一个理论不一定要经受客观标准的检验，学术共同体的承认是一个重要的标准。

第五，促进社会变革。对于批判理论范式的学者来说，理论的最终目的是解放受压迫的人甚至全人类。比如女性主义理论的目标就是让女性受到公平的对待，促进她们的自由平等，当然，从某个意义上来说，这种自由和平等也会使每一个人（包括男性）受益。

总　结

本章的内容非常重要，本书的知识结构就是围绕着三个研究范式展开。其中经验学派对应客观经验主义范式，批判学派对应批判理论范式，多伦多学派对应诠释经验主义范式。理解本章内容有助于理解这三个部分之间的差异。

本章的主要内容要解决三个问题：(1) 什么是理论；(2) 为什么存在根本冲突的理论都有存在的价值；(3) 如何建构和证明理论。

理论是帮助我们从混乱的经验中发现秩序的工具，有人把它比作筛子，有人把它比作透镜，目的都是想说明理论使我们把注意力集中到某些经验上，并赋予这些经验以意义。我们可以根据这些意义，做出决策。如果你知道了研究范式，你可以注意到，本书在界定何为理论时，采用了诠释主义的范式。

本书会介绍许多不同的大众传播理论，有的只是因为研究的角度和课题存在差异，有的却是在前提假设和基本观点上存在差异。这是否意味着我们必须肯定其中的一些，而否定另一些呢？本章范式的讨论使我们用另一种方式看待理论和对世界的解释。在许多问题上并没有残酷的斗争，这个世界不是只有黑和白两种颜色，在很多问题上要抛弃那种非此即彼的二元思维方式，用宽容的态度看待不同的理论。如果你敞开心胸，你会发现除了原来看待问题的角度外，还有其他的角度也值得你关注。如果你学着用这样的思考方式分析所有问题，就会发现你看问题的角度更多了，也拥有了更多的选择。

我们把大众传播理论的范式分为三种：客观经验主义的、诠释经验主义的和批判理论的。这三种范式主要是从认识论和价值论的角度划分的。当然，这只是一种大致的划分，许多理论可以同时属于两个范式，这和大众传播研究的两个特点——边缘交叉学科和传播现象的复杂性分不开。

在第三个部分，关于如何建构和检验理论的部分，我们讨论了归纳、演绎和类比三种理论建构的逻辑，并以客观经验主义为例，介绍了理论研究和检验的程序，同时还探讨了社会科学研究中富有争议的因果性问题。最后，我们介绍了抽样调查、实验、内容分析、深度访谈、民族志、焦点小组等具体的研究方法。

希望通过这部分的学习，能够让你去除对理论的神秘感，学会用批判的眼光分析下面要介绍的貌似“高深”的传播理论，从中获得思考的快乐。

关键概念

理论
概念
假说
范式
常规科学
范式革命
本体论
认识论
价值论
客观经验主义范式
诠释经验主义范式
批判理论范式
实证主义
可证伪性
学派
归纳
演绎
类比
抽样调查
实验
内容分析
深度访谈
民族志
焦点小组
奥卡姆剃刀法则

深入阅读

- ［美］托马斯·库恩：《科学革命的结构》，北京，北京大学出版社，2003。
- ［美］艾尔·巴比：《社会研究方法基础》，8版，北京，华夏出版社，2002（亦可阅读本书其他版本）。
- ［美］迈克尔·辛格尔特里：《大众传播研究：现代方法与应用》，北京，华夏出版社，2002。

● James Anderson：*Communication Theory：Epistemiological Foundations*，New York：The Guilford Press，1996.

思考与讨论

1. 以一个你熟悉的社会理论为例，总结理论的特征，同时与本章所列举的特征相比较，看这些特征是否需要修正。

2. 社会理论是否一定要和自然科学的理论一样，以数学的形式表达？请举例说明原因。

3. 你认为像智商、态度这类抽象的概念是否具有客观性？如果不是，它们的存在是否有必要？

4. 什么是范式？它与渐进式的科学发展观有何不同？

5. 范式革命是如何发生的？请举例说明。

6. 范式理论是否是相对主义？你认为在社会科学中，能否使用范式理论？为什么？

7. 请对比客观经验主义、诠释经验主义和批判理论范式的不同之处。

8. 实证主义的基本观点是什么？你如何评价这些观点？

9. 请你举出三个不可以证伪的命题。试试把它们改成可以证伪的命题。

10. 诠释经验主义范式中的理解是客观的或科学的吗？如果不是，你认为这种理解有价值吗？

11. 批判理论是科学的吗？为什么？

12. 请查找某个学派的资料，看看它们是如何形成的，具有什么特点？

13. 请举例说明为什么类比的方法不具有科学性？

14. 因果性和相关性有什么区别？

15. 如何理解社会科学中的因果性？

16. 请找一篇传播研究的论文，看看它使用了什么样的研究方法？它的研究程序是什么？

17. 试着从本书后面的理论中找出一个理论进行分析，看看它在哪些方面符合一个好理论的标准。

第四章 大众传播中的宣传与说服

C H A P T E R 4

本章知识结构及要点

☆ 宣传的几种话语

→ 第一次世界大战与宣传

→ 人文主义的宣传话语

→ 专业主义的宣传话语

→ 社会科学的宣传话语

→ 批判学派的宣传（新宣传）话语

→ 宣传的效果及魔弹论神话

☆ 传播与说服

→ 耶鲁项目

→ 麦圭尔的信息处理模式

→ 认知协调理论

→ 纯粹接触与被动学习

→ 潜意识说服

→ 深思的可能性模式

现代大众传播研究的开端是从宣传开始的。随着传播技术的发展和现代行为科学的进步，大规模的心理控制成为可能。不论是政治势力还是商业势力，都把注意力投向了这个领域。由此引出了新的研究课题和新的研究技术，由政府和商业机构资助的大众传播研究的体制逐渐确立。

20 世纪初，围绕着“宣传”这个扑朔迷离的概念，产生了涉及民主政治、伦理道德的大讨论，各类研究立场、研究范式形成了关于宣传的不同话语。随着大众传播研究的体制化，20 世纪早期成为注意焦点的“宣传”概念逐渐从经验学派的视野中淡化，代之以说服、效果、态度、行为、认知等更精致的概念。另一方面，批判学派则继续使用这一话语，并在民主、理性、解放的名义下，对“新宣传”与意识形态的关系进行批判。不同研究范式之间的冲突在宣传这个话题上得到了淋漓尽致的体现。

本章将结合具体的传播研究的历史语境，对复杂的宣传概念作一个解析。我们将讨论什么是宣传、为什么会存在宣传、宣传是否具有强大的效果、宣传与民主是否冲突、宣传中的说服是如何运作的、大众是容易被说服操纵的吗等与我们的社会生活息息相关的问题。

第一节　争论中的宣传概念

一、宣传研究的兴起

宣传现象古已有之。在中国古代最早的历史文献汇编《尚书》中，有商代国王盘庚如何说服商民迁都的公共演讲，在被西塞罗称为“历史之父”的希罗多德所写的《历史》中，记述了萨拉米斯海战前希腊将军铁米司托克列斯的信息误导(disinformation)[①]，可以看出，宣传是一个古已有之的行为。

从中文的起源上来看，“宣传”二字合用最早见于《三国志》中《蜀志·马忠传》：“见大司马蒋琬，宣传诏旨，加拜镇南大将军。”虽然“宣传”二字很早就见于记载，但是近现代中文中的“宣传”概念与古籍中的“宣传”概念并没有直接联系（尽管中国古代并不缺乏现代意义上的宣传行为）。近代的“宣传”概念来自日语“宣伝”[②]，使用了汉语的旧词，但却赋予了其西方的意义，因此现代汉语中“宣传”概念的真正源头在西方。

---

① 这个概念来自于 1955 年，苏联国家安全委员会（克格勃）设立的一个分支名称——“dezinformatsia。主要从事制造假信息、假文件、传播谣言和离间性的虚假情报，同时也指为了造成心理效果的破坏、暗杀等活动。在希波战争中，希腊将军铁米司托克列斯曾在撤退时故意留下一些假信息给波斯人，以造成他们内部猜忌。

② 参见刘正埮、高明凯等编：《汉语外来词词典》，上海，上海辞书出版社，1984。此外，精通日语的周作人也在《药堂杂文》的《宣传》一文中提到此观点。

英语中“propaganda”一词起源于拉丁文，有播种、繁殖之义，是一个与农业生产相关的词语。第一次出现是在1622年，罗马教皇格里高利十五世（Gregory XV）成立圣道传信部（Sacra Congregatio de Propaganda Fide，the Sacred Congregation for the Propagation of the Faith），针对宗教改革运动，传播天主教教义。①

西方的宣传概念来自于宗教，直到近代才逐渐被引入政治领域。1718年，“宣传”在英语中首次使用。19世纪在美国最早把政治含义引入宣传概念。1843年，字典开始将非宗教意义写入这个词条。② 但在第一次世界大战以前，人们很少使用“宣传”这个词，到了第一次世界大战，宣传引起人们的广泛关注，这个词才被普遍使用。在当代，宣传则与广告、公关等活动联系得最多。宣传概念的含义变迁从一个侧面反映了传播权力的变迁。

1627年，教皇乌尔班八世（Urban VIII）建立了一个专门研究和训练宣传员（教士）的学院——Collegium Urbanum。对于天主教来说，“宣传”这个词是一个带有正面感情色彩的概念，但是对于新教徒来说，宣传则代表着歪曲事实和传播错误的思想。因此，在不同的宗教信仰者来看，宣传这个概念具有不同的感情色彩。第一次世界大战后围绕着宣传的争论，也是在两群对民主制度具有不同理解的人之间展开的。

第一次世界大战之前，虽然存在许多宣传现象，但是我们只能将其称为宣传的前身或者雏形。我们今天所使用的“宣传”概念与中西历史上“宣传”这个概念背后的含义有着本质的不同，而第一次世界大战正是分水岭。

第一，现代的宣传诞生于与之前不同的政治制度中。第一次世界大战的交战国大多是资本主义国家，它们已经建立了现代的民主制度。战争的动员和整个进程取决于能否说服国内大众，必须在不被大众觉察的前提下，巧妙地操纵大众，让他们心甘情愿地支持某个政策。

第二，现代的宣传所使用的媒介有所进步。第一次世界大战时期，现代大众报纸是最主要的媒体，当时美国的报纸正处于发行量的巅峰。电影产业也成为传播新闻和意识形态的重要媒介。虽然当时的媒介与今天相比还比较落后，但是却已经建立了真正的大众传播体系，这是之前任何一个时代所不具备的。

第三，第一次世界大战中的宣传是现代国家第一次大规模的宣传活动。美国在参战初期，针对当时国内存在的由长期孤立主义造成的反战情绪和对政治的普

---

① 罗马天主教“圣部”之一，负责世界各地的传教事业，1949年以前中国天主教会也归其管辖。

② See Erwin W. Fellows：Propaganda：History of a Word，*American Speech*，Vol. 34，No. 3（1959）.

遍怀疑，立即专门成立了公共信息委员会（the Committee on Public Information，CPI)，统一管理国内外的宣传。该委员会由资深报人乔治·克里尔(George Creel）负责，所以又被称为克里尔委员会。英国在经过了长期的多头管理之后，1918 年成立了由北岩子爵负责的宣传政策委员会（Propaganda Policy Committee）管理宣传工作。①

二、人文主义对宣传的批评

第一次世界大战是宣传研究的分水岭的另一个重要原因在于，它还引发了一场关于宣传的论争。战争期间，克里尔委员会动用了各种媒介和方法进行战争宣传和动员，除了前面提到的报纸、电影以外，他还组织了一批由 7.5 万个义务工作者组成的“四分钟演讲者”（Four-Minute Men)，这些经过统一培训的演讲者，在电影院和剧场的幕间休息和其他社会集会中进行简短的演讲。这弥补了大众传播的不足，使该委员会的宣传渗透到社会网络中。不仅如此，克里尔委员会还深入到中小学校，该委员会的教育分部在 2 年之内把 7 500 多万份宣传材料分发到各级学校，教师们以此为材料授课和讨论。

战后克里尔对自己工作夸张的总结引来了许多人的质疑。一些学者提出，大众到底是在为自己作战，还是在为大发战争财的资本家和政府作战。而且一些战争宣传中的谎言也逐渐被揭露出来。其中最有名的是协约国（英、美、法、俄）报道德国用士兵的尸体来提取油脂的新闻，这导致了世界舆论对德国的谴责。宣传家们故意把德文中的“Kadaver”（尸体，仅指动物尸体，不用于人）翻译成英文的“corpse”（尸体，尤其指人的尸体）。这条 1917 年发生的新闻直到 1925 年才在一次英国下院的辩论中被揭发出来。② 丘吉尔在任海军大臣时，如果遇到坏新闻，一般会压着不发，一直等到有好新闻时，才把它们公布出来。③ 这样一些做法在战后仍然存在于信息流通中，这逐渐引起了一些人文主义者的不满。彭松比（Arthur Ponsonby）在 1928 年出版的《战时的谎言》（*Falsehoods in Wartime*）中写道：“1914 年到 1918 年期间有意编造的谎言超过了历史上的任何一个

---

① 参见［美］哈罗德·拉斯韦尔：《世界大战中的宣传技巧》，28～30 页，北京，中国人民大学出版社，2003。

② See Garth S. Jowett and Victoria O'Donnell: *Propaganda and Persuasion*, 3rd ed. Thousand Oaks, CA: Sage, 1999, p. 163.

③ 参见［美］哈罗德·拉斯韦尔：《世界大战中的宣传技巧》，97 页。

时期。”①

杜威发现，在战争结束后，政府仍然在利用新闻操纵民意，控制人们的思想，他称之为“新家长制作风”（the New Paternalism），认为这种做法妨碍了思想的自由流通。杜威认为分散的原子化的大众很容易被国家、商业机构通过大众媒介所控制。在此条件下，人们虽然能够形成表面上的一致意见，但是这并不是真正的民主。杜威认为，民主并不是一个结果，而是一个过程；民主的前提是一个社群能够自由地交流，并且按照自己的直接经验，达成共识。在宣传的影响下，人们的意见并不来自理性地判断和直接经验，而是在外部力量的影响下建立起来的。因此，在这种基础上形成的社群是虚假的和表面的。杜威主张，应该通过教育，让公民具备理性的判断能力，识别宣传和事实，这样才能够实现真正的心灵自由和智力上的成熟。

杜威的看法非常具有代表性，也引起了许多人的共鸣。与此同时，刚兴起的法西斯主义在美国的宣传也引起了人们的警觉，公关行业的开创者之一艾维·李当时就受雇于纳粹政府帮助其改善形象而晚节不保。纳粹的宣传给人的印象一直是“撒弥天大谎”，“谎言重复上一千遍就成为真理”，但是实际上主持宣传工作的宣传部长戈培尔强调，真相才是最有效的宣传，因为它最安全。②

在20世纪30年代末期，美国出现了反对宣传的运动，其中最有影响的组织是“宣传分析学会”（the Institute for Propaganda Analysis）。该组织成立于1937年，由一批学者组成，第一任会长是坎特里尔（Hadley Cantril），包括林德、杜布、比尔德、李等人（Robert S. Lynd，Leonard Doob，Charles Beard，Alfred McClung Lee）。该协会的宗旨是帮助公民识别和分析宣传。③

坎特里尔把宣传定义为：“宣传是个人或组织有意设计的意见或行动，以影响其他个人或群体的意见或行动，达到事先安排的对宣传者希望达到的目的。”他认为，宣传之所以有效，原因是：（1）日常语言中许多词汇带有强烈的感情色彩，容易被人利用，在事实和这些模糊的感情之间建立起不必然的联系；（2）我们对自己不够自信，为了让自己不在人前显得无知，便匆忙地接受一些现成的结

---

① Timothy Glander：*Origins of Mass Communications Research during the American Cold War：Educational Effects and Contemporary Implications*. Mahwah，NJ：Lawrence Erlbaum Association，2000.

② See Stanley B. Cunnigham：*The Idea of Propaganda：A Reconstruction. Westport*，CT：Praeger，2002，p. 13. Jacques Ellul：*Propaganda：The Formation of Men's Attitude*，translated by Konrad Kellen and Jean Lerner，NY：Alfred A. Knopf，1965.

③ See Clyde R. Miller："For the Analysis of Propaganda"，*The Public Opinion Quarterly*，Vol. 2，No. 1（1938）.

论；(3) 我们为了保持自己的地位或优越感，容易受到他人利用，特别是在种族或民族问题上。为了不受宣传的影响，坎特里尔主张首先要能够识别出宣传家所使用的技巧或目的；其次我们要了解自己的偏见，了解我们周围使我们不假思索地接受或拒绝某些观点的环境因素，了解那些让我们感觉自己具有特殊地位的因素，深刻地理解与反思自己。①

阿尔弗雷德·李夫妇（Alfred McClung Lee and Elizabeth Briant Lee）合编了《宣传的完美艺术》，以当时影响巨大的库格林神父②的宣传为实例，提出了著名的常用宣传技巧，它们分别是辱骂法、光环法、转移法、证词法、平民百姓法、洗牌作弊法、从众法（见表 4—1）。这种分类和解说简单易懂，成为当时美国许多学校反宣传教育的教材。

以杜威和宣传分析学会为首的人文主义者，从民主和思想自由的立场出发，对美国第一次世界大战后的宣传提出了批评，他们主张从教育入手增强公民批判性思维的能力。宣传分析学会深入各类学校，甚至大学进行反宣传教育，有的学校还专门开设了相关课程。但是在现在看来，指望用这样一种简单的方式进行反宣传教育，很难取得预想的效果。随着美国加入第二次世界大战，国家安全和国家利益成为压倒一切的问题，这场反宣传运动很快就因得不到资金支持而被迫结束。颇具讽刺意味的是，坎特里尔和杜布等学者转而成为美国政府第二次世界大战宣传机构中的核心人物。但是通过人文主义者和宣传分析学会的大声疾呼，公众对宣传的态度发生了转变，这个词所包含的感情色彩也由中性逐渐向负面转变。

表 4—1　　阿尔弗雷德·李等人总结的七种常见的宣传技巧

宣传技巧名称	解释	举例
辱骂法 (name calling)	给思想赋予一个不好的标签，使我们不检查证据就拒绝和谴责这种思想	指责对方是恐怖主义暴行、民族主义、宣传等
光环法 (glittering generality)	将某事物与好字眼联系在一起，借好事物的光，使我们不经证实而接受或赞同另一个事物	广告中的“天然配方”、“手工制造”、用“信用”代替“债务”，用“负赢利”代替“亏损”，用“负增长”代替“下降”
转移法 (transfer)	将某种权威、约束力，某一令人尊敬和崇拜的事物的威信转移到其他事物上，使后者更可被接受	利用名人为商品代言，利用公益活动开展宣传

① See Hadley Cantril: “Propaganda Analysis”, *The English Journal*, Vol. 27, No. 3 (1938).

② 关于库林格神父的介绍，可以参见［美］威廉·曼彻斯特：《光荣与梦想》，北京，商务印书馆，1978。

续前表

宣传技巧名称	解释	举例
证词法 (testimonial)	要某些令人尊敬或讨厌的人说出特定的观念、节目或产品，或说人的好话或坏话	借采访表达大多数人的观点，一些商品试用的广告
平民百姓法 (plain folks)	某些讲话者企图让受众相信他的想法是好的，因为这些想法是“人民的”想法，是“普通老百姓”的想法	以平民形象出现的政治人物、明星
洗牌作弊法 (card stacking)	选择采用陈述的方法，通过事实或谎言、清晰的或模糊的、合理的或不合理的叙述，对一个观念、计划、人或产品做尽可能好或尽可能坏的说明	只表现论争中一方的观点，对刊播的新闻进行取舍、对新闻事实的细节进行取舍，或者重新编辑
从众法 (band wagon)	“每个人——至少我们所有人——正在做它”；宣传者用这种方法企图说服属于罢休中的我们所有成员接受他的计划，因此，我们必须跟随大家，“跳上乐队花车”	广告中说“每个人都在使用某某商品”；表达时使用“众所周知”、“每个人都会这样”、“每个大学生（中国人、好市民）都会这样做”

三、专业主义的宣传观

除了人文主义者的反宣传话语外，还有一部分人则持相反看法，他们认为宣传是必要的，因为它可以使整个社会运作得更有效率。持这种观点的主要是公关和广告从业人员，以伯奈斯为代表。被称为“公关之父”的伯奈斯（Edward L. Bernays，1891—1995）最早从理论上对公关宣传加以分析。伯奈斯参加过第一次世界大战的宣传工作，他以第一次世界大战中美国宣传所取得的重大成果为证据，说明应该积极地把这种控制活动运用到战后的社会生活中。伯奈斯敏锐地指出，在宣传中，商业逻辑和政治逻辑之间是相通的，作为市场经济下的传统的“商业活动”，公关宣传是无害的。其实负责美国政府第一次世界大战宣传的克里尔在1920年写了一本为自己的工作辩护的书，书名就叫《我们如何向美国人做广告：公共信息委员会秘闻的首次披露》（*How We Advertised American: The First Telling of the Amazing Story of the Committee on Public Information*，1917—1919），他认为该委员会的宣传工作实际上就是把“战争推销给美国人”。

伯奈斯持精英主义观点，认为普通人是乌合之众，必须由少数明智之士管理和控制，因此宣传对整个社会是有利的，它是现代民主制的必然结果。李普曼曾经把政府宣传对民意的控制比喻为“制造同意”（Manufacturing Consent），伯奈斯也不约而同地使用了一个相似的比喻：宣传可以像工程师那样“设计民意”（engineering the public opinion）。伯奈斯的舅舅弗洛伊德利用心理分析来治疗病人的痛苦，“伯奈斯则利用心理分析结果，来掠夺消费者自由决定的意识，来帮助他的客户预估及操纵消费者的想法和行为”[①]。

伯奈斯一方面承认这一点，另一方面也提出了辩解，他认为只要各种不同的宣传活动能够“公开竞争”，宣传并不会造成严重的社会后果，面对错误的宣传，我们必须发动更多的宣传。一方面，伯奈斯认为宣传是精英利用象征符号和刻板印象对大众的操纵，另一方面，他又矛盾地把宣传说服比作双行车道，是一种双向互惠的活动。

他和另一位公关业的先驱艾维·李（Ivy L. Lee，1887—1934）等针对人文主义者和公众的批评，提出公关宣传的从业人员必须遵守职业道德，严格自律（虽然他自己并没有严格遵守这一标准）。艾维·李甚至提出：在宣传中，必须公开信息源，让公众做出有利于自己的判断。今天，公关和广告宣传在现代社会生活中扮演着越来越重要的角色，其活动领域也不再局限于商业范围，甚至会直接影响到政治生活，从第一次海湾战争、波黑战争再到伊拉克战争，不断地出现交战国双方雇用公关公司，操纵信息影响民意的丑闻。[②] 因此，关于公关的道德争论会一直进行下去。

四、作为社会科学研究对象的宣传

在上述两个极端的话语之间，还有一个中间地带，这就是把宣传现象作为一般社会现象，中立地开展研究的社会科学话语。最早把宣传现象明确作为研究对象的政治学者是美国政治学家哈罗德·拉斯韦尔，他也是施拉姆所说的传播学四大奠基人之一。拉斯韦尔在 1927 年出版了他的博士论文《世界大战中的宣传技巧》。在书中，他并没有对宣传的对错、事实的真假做出价值判断，而是把它作为一个现代政治科学中的现象，客观中立地研究如何进行宣传才能取得最好的效果。

拉斯韦尔把宣传定义为：“它仅指通过重要的符号，或者更具体一点但欠准

---

① ［美］赖瑞·泰伊：《公关之父伯奈斯：影响民意的人》，126 页。

② 参见张巨岩：《权力的声音——美国的媒体和战争》，北京，三联书店，2004。又见［日］高木徹：《战争广告代理店》，东京，讲谈社，2002。

确地说，就是通过故事、流言、报道、图片以及社会传播的其他形式，来控制意见。宣传关注的是通过直接操纵社会暗示，而不是通过改变环境中或有机体中的其他条件，来控制舆论和态度。”① 拉斯韦尔在米德的理论影响下，并不关注事实的真伪，而是关注象征符号在事实与人们的态度、行动之间所扮演的中介角色，以及如何把这种中介角色的效果发挥到最大。他认为，在战争期间，宣传的主要目的有三个：一是动员社会成员仇恨敌人；二是维持与中立国及盟国之间的友好关系，促使中立国转而反对敌国；三是粉碎敌人坚不可摧的抵抗。

当然，在宣传概念面前要想保持中立是很困难的，这就像在意识形态分析中想要摆脱意识形态的影响一样，以至于他这本书问世时，就被人指责为是一本“马基雅维利”式的教科书，应该马上销毁。事实上，后来拉斯韦尔转而支持宣传，并积极地建议政府设立专门的情报部门，向大众提供真实、清晰、生动的信息。

李普曼的立场与拉斯韦尔相似，他曾经批评了政府在新闻中的审查和控制，认为他们影响了新闻的准确性，影响了理性民意的形成。但是另一方面，他又提出，要统一在不同的部分建立提供有机情报的部门，专家们使用这些精确的信息确立政策，去引导缺乏理性的大众。② 乔姆斯基认为，这又堕入一种新的宣传，新的极权主义，使民主成为了旁观者的民主。这种对民主的定义阻止公众参与管理自己的事务，反而成为少数群体愚弄大众的宣传。③ 从这种批评中，我们可以看出对新宣传的批评和对旧宣传批评的差异，在下一部分我们会进一步讨论。

除了这三种学术界的立场外，在现实生活中，20 世纪早期随着宣传概念的感情色彩走向负面，宣传也成为政治对手相互攻击的武器，在冷战期间这种攻击达到顶点。比如美国在第一次世界大战时掀起了对德国人和外侨的审查运动、通过了《反煽动法》，在第二次世界大战后，麦卡锡主义闹得人心惶惶。在国际传播中，不同国家相互指责对方的言论是宣传和谎言，这更是家常便饭。但是这种作为政治攻击的宣传概念本身就充满着矛盾，双方都认为自己掌握着真理，然而指责对方是宣传或对其宣传进行研究，也会被对方说成是另一种形式的宣传。这也正是宣传概念缺乏科学性，复杂难解，让研究者却步的地方，但是从另一方面来看，宣传概念中所包含的批判性也正是它充满活力的地方。

---

① ［美］哈罗德·拉斯韦尔：《世界大战中的宣传技巧》，22 页。

② 参见［美］沃尔特·李普曼：《公众舆论》，300～301 页。

③ 参见［美］诺姆·乔姆斯基：《新自由主义和全球秩序》，187～191 页，南京，江苏人民出版社，2000。

传播研究在中国

李希光：《妖魔化中国之内幕》，载李希光、刘康等：《妖魔化中国的背后》，北京，中国社会科学出版社，1996。

作者首先提出，美国的媒体始终把褊狭的资产阶级国家利益放在首位。美国舆论妖魔化中国的核心原因与美国大资产阶级的国家利益有着密切的关系，美国大资产阶级的国家利益就是美国对外扩张的霸权主义倾向和美国必须保持世界上唯一超级大国的地位。美国媒体从国家利益出发，真正有系统、有组织、有计划地妖魔化中国实际上始于1992年，即克林顿当选后。

作者观察到，美国的媒体中意识形态压倒一切：对华报道看不到任何多元化的东西，完全是狭隘的和排外的。所有言论和消息好像全部事先拟定好了宣传口径，这是因为美国媒体在西方新闻界中受意识形态的影响最大。美国的媒体有强烈的反共情结，对三峡工程、中国申办奥运会、北京世界妇女大会等都从负面进行报道。虽然《纽约时报》和《华盛顿邮报》经常收到一些美国开明专家教授的来信来稿，对美国舆论界诬蔑中国的做法提出质疑，但这类文章和信件是绝对不允许刊登的。

美国媒体的另一个问题是白人至上。这种白人为中心的种族主义，以源自基督教文化的西方人权观为出发点，对有2500年历史的儒家传统为基础的中国人文价值进行了猛烈的批判和丑化。在纯科学类新闻报道中，美国媒体也充满了对中国的蔑视和歧视，报道中国科学发现时，把美国科学家当做发现的主持人加以采访和报道，根本不提中国科学家的名字，仿佛与中国的科学家没有任何关系。在经济上，美国的媒体一直把中国人描写成小偷，盗窃美国的知识产权。

美国媒体妖言惑众的弹药和题材主要有以下几个方面：(1) 中国是未来核战争的狂人；(2) 中国威胁美国和邻国；(3) 中国人“越来越民族主义”，中国在回到“义和团时代”；(4) 中国是偷窃知识产权的“海盗”和威胁全球经济的“奸商”；(5) 中国是践踏人权的“警察国家”。

作者判断，美国媒体妖魔化中国的短期目的和长远利益有以下四个：(1) 破坏中美关系吓跑外国投资者；(2) 转移世界公众对美国在世界范围内搞霸权和扩张的注意视线；(3) 给日本军国主义打气，鼓吹“美日统治下的亚太和平”，鼓吹美日联合对付中国；(4) 刺激亚洲国家跟随美国建立反华军事联盟。

作者以美国媒体1996年前后的几个报道为例，把美国媒体妖魔化中国的新闻手段归结为以下七种：

(1) 用大量的虚假信息拼命地制造一堵不透风的"石幕"。

(2) 大胆编造假数字，重复一千遍，灌输给公众，使之成为人们认定的真理。

(3) 美国记者常常不做任何实证调查。

(4) 大量引用或发表政治上有明显倾向性的新闻来源和评论。

(5) 大量使用带有倾向性的动词、副词甚至形容词，暗示他们的政治倾向，掩饰他们的政治偏见。

(6) 片面地引用采访对象的话或不全面地引用数字。

(7) 老谋深算，充分发挥"先声夺人，先入为主"的作用。

讨论：

你认为该文的研究方法能否充分说明论点？作者的倾向性是否影响了他的结论？宣传研究能否摆脱意识形态的影响？为什么？

从现代宣传概念的产生过程，可以看出宣传是现代启蒙工程在传播领域的继续和具体化。现代性工程的表现之一是试图将整个社会作为一个可以精确管理的对象加以控制，将个体变成整个社会机器的一颗螺丝钉，实现统一的目标。随着资本主义世界的民主化和工业化，不确定性增加，传统的思想管理体系渐渐失效。建立在现代心理科学基础上的宣传，成为国家在战时实现统一目标，降低不确定性的最佳途径。

关于宣传的不同话语的出现，标志着宣传概念已经逐渐获得了合理性。冷战使宣传成为国家的功能之一，对方的宣传活动成为证明己方宣传必须存在的最有力证据，功利性目的压倒了关于宣传的合理性的讨论。反讽的是，在冷战中，反宣传本身变成了另一种形式的宣传。宣传在第一次世界大战后成为政府和商业领域的常规做法，并成为现代性的重要特征之一。

第二节 从"旧宣传"到"新宣传"

一、埃吕尔与总体宣传

宣传的研究在20世纪两次世界大战之间一直是政治传播研究中一个热门领域，但是随着传播科学的建立和传播研究的体制化（见第二章），由于缺乏科学性，而且容易引起政治立场上的纠纷，“宣传”、“舆论”这些概念逐渐被“大众传播”、“说服”、“态度”、“议程设置”等概念所替代。[1] 这个领域逐渐冷落下来。但是到了20世纪80年代末，随着冷战的缓和以及批判学派的兴起，宣传又重新引起了人们的重视，出现了两个明显的趋势：一是沿着拉斯韦尔所开创的道路，进一步把意识形态从宣传中剥离出来，把宣传作为一个现代社会普遍存在的客观现象进行研究；二是左派知识分子把宣传作为一个批判性的概念，赋予它新的内涵，对以通俗文化、官僚文化为新特征的思想控制进行批评。随着经验学派的撤离和转移，批判学派逐渐成为宣传研究的主要力量。

冷战期间，研究宣传的美国学者经常陷入宣传与真相、宣传与意识形态的难题，虽然他们尽量想做到价值中立地研究，但是研究的题目及对宣传的界定使其很难摆脱缺乏反思性的问题。1962年法国哲学家雅克·埃吕尔（Jacques Ellul，1912—1994）出版了《宣传：态度的形成》（*Propaganda：The Formation of Men's Attitude*）一书，从另外一个超然中立的角度理解宣传，给宣传研究注入了新的内涵。[2]

埃吕尔首先把宣传看做是和现代化相伴而生的必然现象。正如他的前一本书《技术社会》中所说，现代化把效率放在了第一位，对终极价值缺乏关心，必然导致宣传盛行。这个立场与法兰克福学派对工具理性的批判很相似。他认为，随着现代化和民主化的实现，一方面传统的人与人之间的紧密联系被打破，社会被原子化，成为一群彼此之间缺乏内在联系的大众。大众社会中占绝大多数的是普通人，这些人具有基本的文化但缺乏批判能力，追求标准的生活方式，追求“正常”的生活和思想。传播技术的发展，媒体传播效率不断增加，经营上越来越集中，这些条件为宣传奠定了良好的基础。另一方面，民主制下国家的主要政策要取决于民意，市场经济更是把消费者的意向作为最重要的营销目标。因此，现代化使宣传成为一个任何国家也无法摆脱的一般社会现象。不论是资本主义国家的宣传还是社会主义国家的宣传，都具有许多共性。

埃吕尔把宣传界定为：“有组织的群体所使用的一系列手段，其目的是通过心理操纵，使大众中的个体达到心理上的一致，团结在一起，积极地或被动地参与该群体的行动。”[3] 埃吕尔认为，所有带有倾向性的讯息，不论是有意的还是

---

① 参见［美］埃弗里特·罗杰斯：《传播学史——一种传记式的方法》，254页。

② See Jacques Ellul：*Propaganda：The Formation of Men's Attitude*，translated by Konrad Kellen and Jean Lerner，NY：Alfred A. Knopf，1965.

③ 同上书，60页。

无意的，都是宣传。

埃吕尔所说的宣传并不是简单地使人接受某个观点或采取某个行动，而是影响人所在的环境、通过间接的方式改变整个群体，使个体不得不成为宣传的牺牲品。这与前面提到的拉斯韦尔对宣传的界定存在很大差异，后者更关注短期的个人态度和行为的改变或维持。

埃吕尔提出，20 世纪后半叶的宣传与早期的宣传存在着本质的区别。他认为，当前的宣传是“总体宣传”（total propaganda）。不难看出，这个概念取自第一次世界大战时德国国防军第二号指挥官埃里希·鲁登道夫战后所提出的“总体战”。鲁登道夫认为，克劳维茨所说的“战争多样性”的时代已经过去。国家首脑不顾人民意愿进行的所谓“内阁战争”（即克劳维茨时代的战争），即政府以其雇佣的军队进行的战争已经不复存在。总体战要求动用整个民族的力量，因为战争是针对民族的而不是政府的。《战争论》中说战争是政治的继续，是政治的工具，这个论断已经过时。战争和政治服务于民族的生存，但战争是民族生存意志的最高体现，因此，政治应该为战争指导服务。[①] 总体宣传也和总体战一样，不只是为了实现某个当前的目标，由宣传者进行的短期动员，而是一个涉及全部社会成员、涉及政治、经济、文化教育所有领域，综合使用所有媒介的宣传。

为了说明这一点，埃吕尔对宣传做了一系列分类，其中最有价值的是他把宣传分成鼓动宣传（propaganda of agitation）和整合宣传（propaganda of integration）。这一分类标准显然受到了普列汉诺夫、列宁的“鼓动”和“宣传”的划分的影响。鼓动宣传是短期的，目的在于激起人们的感情，造成立即的行为。而整合宣传仅仅在 20 世纪之后才出现，它是一种制造一致和服从的宣传。因为西方社会已经无法有效地实现短期的政治行动，所以必须要使整个社会成为一个整体，形成一致的行为模式和思维方式。整合宣传诉诸理性，让个体接受一定的价值观、意识形态，与周围人保持一致，所以一般诉诸于深层的神化、民族意识、常识、习惯、意识形态等，通过群体的约束使个人接受某种宣传。整合宣传是一个长期工程，要通过教育、消费、通俗文化、日常生活等逐渐形成。整合宣传也可以被视为一种“前宣传”（pre-propaganda），它不一定以我们通常所说的说服性传播的形式出现，它甚至可以存在于事实的传播和中立的教育中，其目的是为行动宣传塑造合适的思维方式。就像先开挖好河道，做好准备工作，只要在适当的时候注入水，它自然会按照事先设计好的方向流动。

---

① 参见［德］埃里希·鲁登道夫：《总体战》，14 页，北京，解放军出版社，2005。

埃吕尔让我们把宣传研究的眼光从经验研究的局部扩大到整个社会，他提出的总体宣传和整合宣传也直接影响到了其后一系列“新宣传”概念的提出。此外，我们还可以注意到 20 世纪 90 年代以来兴起的整合营销传播和最近的策略性传播，其思路都与总体宣传有着相似之处，甚至整合营销传播的名称竟和整合宣传不谋而合，这从一个侧面印证了埃吕尔在 20 世纪 60 年代所做出的分析。

二、个人对宣传的需求

前面提到人文主义者的反宣传运动，他们希望受众具有批判性思维，从而弱化宣传的效果。但是埃吕尔提出，这是一个一相情愿的想法，除了国家需要宣传以外，个人也需要宣传。

首先，分散的个体由于理解能力、交流方式、时间、精力有限，很难形成理性的意见。人们为了交流，又必须对许多并不熟悉的事情形成自己的看法，因此需要现成的和简明的答案。其次，在现代社会，人成为孤独的个体（此论点出自里斯曼《孤独的人群》[①]），与其他人之间缺乏传统社会中的那种亲密的联系，个人变得微不足道，这导致人们心理上的焦虑。在这种情况下，只有和某个群体融为一体，才能重新获得曾失去的人与人之间的联系，此外，群体还让个人产生崇高感，群体的成就与骄傲也成为每个人的成就和骄傲。通过仇恨和轻视其他群体，群体中的成员不仅可以获得优越感，还可以获得更多的相同点和共同身份。

从这些论断中我们不难看出，埃吕尔与法兰克福学派的弗洛姆等人在分析进程和结论上具有相似性。[②] 他们都采用了整体的、弗洛伊德式的心理分析研究社会。虽然埃吕尔批评过经验学派脱离社会环境孤立地研究个体，但是实际上弗洛伊德在社会领域的心理分析也是从个体出发来推断全体，这里面也存在着分析层次和理论适用范围的跳跃。缺乏对真实社会群体的分析，是埃吕尔宣传研究的主要问题之一。

总之，埃吕尔认为，现代性创造了特殊的客观条件和主观心理状态，而这些条件使宣传成为必要，我们无法简单地消除宣传及其影响。从表面上看，似乎他得出了一个悲观的结论，但实际上埃吕尔在分析时，主要以纳粹德国为

① 参见［美］大卫・里斯曼：《孤独的人群》，南京，南京大学出版社，2002。

② 参见［美］埃里希・弗洛姆：《逃避自由》，北京，国际文化出版公司，2002。

例。从他的批判立场来看，埃吕尔还是希望通过自己的研究，给人们提供解决这个社会问题的途径，只不过在分析的时候，采取了一个比较理性和冷静的方式而已。

进入 20 世纪 80 年代以后，一些学者在埃吕尔的基础上，力图将经验研究的成果和批判学派的结论融合在一起，将宣传概念进一步科学化，比如乔伊特和奥唐纳（Jowett & O'Donnell）提出了一个经常被引用的定义："宣传就是有意地、系统地影响感知、操纵认知和引导行为，进一步强化符合宣传者目的的某种反应。"① 英国的宣传研究权威菲利普·泰勒（Philip M. Taylor）则把宣传仅仅看成是一种中性的传播手段，它的伦理问题并不来自于宣传本身而是来自于使用宣传的动机和目的。他把宣传定义为一种有意图的对宣传者有利的传播方式。② 尽管在现实中手段和目的是否能截然分开令人怀疑，但是泰勒的研究代表了近来宣传研究的话语策略——从意识形态的泥淖中用中立之网打捞起正在沉没的宣传概念。

三、新自由主义与宣传模型

埃吕尔除了开创了"科学的"宣传研究趋势之外，还影响了批判的宣传研究。在他的影响之下，西方新左派中的一些成员开始针对新闻媒体集中化、商业化带来的问题，从意识形态的角度对政府的宣传策略进行了尖锐的批判。他们认为，政府对公众的宣传策略并不是直接的鼓动，而是间接地过滤事实，使用通俗文化，进行"整合宣传"。这部分宣传研究实际上已经与文化研究、政治经济学派等观点比较接近，只不过他们的批评更加具体、直接、尖锐，甚至更加偏激。

这些批评者中，最著名的是语言哲学家和公共知识分子乔姆斯基（Noam Chomsky）③，他与赫尔曼（Edward S. Herman）④ 认为，虽然美国没有传统意义上的媒体审查，但是由于媒体的垄断和集中，权力还是会对媒体上登播的新闻进

---

① Garth S. Jowett & Victoria O'Donnell: *Propaganda and Persuasion*, 3rd edition, CA: Sage, 1999, p. 6.

② See Philip M. Taylor: *Munitions of the Mind: A History of Propaganda from Ancient World to the Present era*. Manchester: UK: Manchester University Press, 2003, pp. 6–16.

③ 乔姆斯基对宣传的批判还可以参见［美］诺姆·乔姆斯基:《新自由主义和全球秩序》、《宣传与公共意识》（上海译文出版社，2006）。

④ 赫尔曼还有一本与麦克切尼合著的《全球媒体：全球资本主义的新传教士》被译成过中文，参见［美］乔姆斯基、赫尔曼:《全球媒体：全球资本主义的新传教士》，天津，天津人民出版社，2001。

行过滤，这种过滤过程，被他们称为“宣传模型”（Propaganda Model）。

在第二次世界大战后，“宣传”这个概念除了特指德国纳粹并用于意识形态攻击外，已经很少被人们提起，乔姆斯基等人有意与主流意识形态唱反调，特地挑选了这个刺耳的概念，就是想说明，看上去美国的大众媒体享有表达自由，也没有外在的压力威胁民意，但是通过这些巧妙的控制，表面上自由的民意实际上不过是李普曼所说的“被制造出来的同意”。

乔姆斯基和赫尔曼所说的宣传模型包括五层过滤网：（1）占据统治地位的媒体公司都是些巨型企业，受到以市场为目的的投资者的影响，因此媒体与财富的拥有者有着许多共同利益，这会影响媒体对新闻的选择；（2）由于媒体的生存依赖广告，所以内容要适合主流价值，一些激进的媒体将无法在市场上生存，广告会对内容造成过滤；（3）媒体每天要填满固定的版面和时间，无法做到所有的新闻都来自于记者的一手报道，因此要依靠稳定的消息来源，而政府和商业组织恰好可以填补这个空白，因此它们可以控制媒体的内容（包括向媒体提供“专家”），甚至双方会达成一种默契；（4）政府或商业组织还可以通过民间或法律制度，发起对媒体的抨击或谴责，威胁媒体就范；（5）反共产主义的意识形态，以“支持共产主义”为名，讨伐媒体的正当报道与批评。①

戈尔丁和默多克认为，上述看法失之粗疏，有大而化之的工具主义倾向。因为媒体并不是简单地受所有者的控制和影响，西方传媒业民主传统和专业主义传统根深蒂固，媒体的所有者并不能直接地控制和影响媒体，这其中还有更复杂的深层原因。②

进一步分析可以发现，乔姆斯基等人对所谓“宣传”的批判，其主要目标是西方的新自由主义。所谓新自由主义，就是主张政府尽量少干预经济，提倡自由市场，鼓励私有企业和消费者选择，自从20世纪80年代里根和撒切尔夫人大力提倡后，新自由主义一直成为西方政府制定政策的主要理念。乔姆斯基认为这种鼓吹市场万能论，本身就是一种意识形态或宣传，它使财富转移到少数私人企业主手中，助长了贫富不均和发达国家的全球霸权，破坏了民主的传统。③ 作为西方左派的斗士，乔姆斯基的很多观点是值得融入全球化浪潮的中国注意的，但另一方面，我们也要注意他讨论问题的语境，不可以简单地生搬硬套到中国的现

---

① See Edward S. Herman & Noam Chomsky,: *Manufacturing Consent: The Political Economy of the Mass Media*, NY: Pantheon Books, 1988.

② 参见［英］彼得·戈尔丁、格雷厄姆·莫多克：《文化、传播和政治经济学》，见［英］库兰、［美］古尔维奇编：《大众媒介与社会》，北京，华夏出版社，2006。

③ 参见［美］诺姆·乔姆斯基：《新自由主义和全球秩序》。

实中。

四、旧宣传与新宣传

除了从国家的层面对宣传进行批判外，一些学者还注意到宣传主体和策略的微妙变迁。阿什德和约翰逊把新宣传放到组织与公共关系的框架中加以理解。他们发现，旧宣传是由国家来操作，而新宣传则是由组织通过现代公共关系来操作，并且这种正式的信息发布和控制体制既适用于政治领域，也适用于经济领域，像新闻发布会等措施其实变成了一种新的信息控制和宣传方式。因此，他们将这种新宣传称为“官僚式的宣传”（bureaucratic propaganda）。[①] 这种宣传与传统的宣传有以下几个区别：

（1）旧宣传的目标受众是无差别的大众或者想要说服的公众，而官僚式的宣传的受众则是细分化的，组织会挑选出特定的一部分受众，针对其特征开展宣传。

（2）新宣传和旧宣传使用的媒体也存在差异。传统的宣传因为针对大众，选择的是大众媒介，而且其中会重点使用某种或某几种媒体，比如纳粹就主要使用报纸、电影、广播和大型集会等媒介。而官僚式的宣传则主要使用组织报告、记者招待会等方式向各种媒体提供信息，成为它们的信息源而不是直接控制媒体。

（3）传统宣传的目标是改变受众的态度、信仰，促成某种行为，而官僚式宣传的主要目的是保持组织的合法性，并使其能够继续生存。它并不需要说服所有人，只需要说服与他的生存息息相关的特定受众。

（4）传统宣传试图保持自己的可信度，或者要让受众相信宣传所说的是真实，虽然谎言可以暂时奏效，但是事实才是最可靠的，所以传统宣传不惜使用一切方法，包括提供事实，来获得受众的信任。而新的官僚式宣传则关注的是“对真实的使用”，一般通过统计数字和事实的某种诠释来达到组织目标，但是却很少向公众说明他们为什么会使用某种方法而不是另外一种方法来分析数据。它一般会利用专业主义的方式，使“真实”为其服务。

由于宣传概念隐含着价值评价，涉及的问题复杂，难以操作化，经验研究对宣传概念逐渐失去了兴趣，但是客观经验主义范式的缺陷，恰好成为批判理论范式眼中的优势。宣传概念使批判理论能够与主流意识形态之间保持紧张关系，不

---

① See David Altheide & John M. Johson: *Bureaucratic Propaganda*, Boston: Allyn & Bacon, 1980.

断地挑战“常识”。宣传概念整体化的特征恰好也与批判理论辩证批判的取向一致。

冷战结束后，随着哈特和奈格里（Michael Hardt and Antonio Negri）所说的“帝国”① 的建立，宣传不但没有消失，反而以新的外衣（公共外交、国际传播、策略性传播等）重新登场。从传统宣传概念到新宣传的转变，说明了宣传概念不但没有过时，反而有其存在的必要性，这有力地反驳了那种认为宣传概念缺乏科学性、没有存在价值的论断，有助于我们更好地理解我们所生存的社会。

第一次世界大战以后，由于宣传概念的提出，人们开始把新技术与社会的一系列变化联系起来，对国家的权力、教育与民主等问题展开了争论与反思。而新宣传的提出，也促使人们重新注意到通俗文化中的意识形态和政治斗争，在新的社会环境中思考民主、自由所面临的挑战。

五、宣传的效果及魔弹论神话

除了宣传的定义以外，另外一个学者们争论的热点是宣传的效果。早期的宣传研究者中，不论是赞成宣传的专业人士还是反对宣传的人文主义者，大多认为宣传具有巨大的效果。正因为他们认为宣传会产生很大的影响，双方才把它作为一个重要的问题加以讨论。

但是随着客观经验主义研究范式的兴起，研究者们却得出了一个完全相反的结论：大众传播的效果非常弱，必须和其他社会因素配合方能影响受众。拉扎斯菲尔德在总统选举宣传中发现，大众媒体仅能强化选民既有政治倾向，却无法改变其投票意向；霍夫兰在电影的实验中也发现，宣传影片只能让受众获得一些事实性信息，但在改变受众态度方面却收效甚微。1960 年，克拉帕（Joseph Thomas Klapper，1917—1984）甚至提出了大众传播效果的五项一般定理，提出了大众传播弱效果理论（有限效果理论）。这五项一般定理是：

（1）大众传播通常不是效果产生的必要和充分的原因，它只不过是众多中介因素之一。

（2）大众传播最明显的倾向不是引起受众态度的改变，而是对他们既有态度的强化，即使在强化过程中，也不是唯一决定因素。

---

① 参见［美］麦克尔·哈特、［意］安东尼奥·奈格里：《帝国——全球化的政治秩序》，南京，江苏人民出版社，2003。

（3）大众传播对人们态度改变产生效果需要两个条件：一是其他中介因素不起作用，二是其他中介因素本身也在促进人们态度的改变。

（4）传播效果的产生，受到某些心理生理因素的制约。

（5）传播效果的产生，还受到媒介本身的条件（信源的性质、内容的组织）以及舆论环境等因素的影响。①

上述理论在20世纪中期的经验研究中，得到了广泛认同。按照这样的结论，之前大众传播具有强大效果的理论被称之为“魔弹论”、“枪弹论”或者“皮下注射理论”。后者直接来自于纳粹宣传理论中的比喻，因此强大效果论和疯狂的纳粹宣传联系在一起。在否定魔弹论的过程中，实证研究完成了自己的合法性建构。

但是值得注意的是，连施拉姆也承认，魔弹论本身并不是一个真正的“理论”：

> 所谓“枪弹论”只是一种记者的“发明”（这是从这个美好的词的贬义上来说的），而不能被认为是一种学者的理论。它是从大众在某些情况下近乎神经质的恐惧中产生的，它是在第一次世界大战中被德国的宣传所培养并为纳粹主义的宣传而极度增大的。在20世纪20年代，一种新的宣传工具——无线电广播出现了。一些惊讶的人和少数喜欢危言耸听的作家想知道会不会出现这样的情况：希特勒和戈培尔手下巧妙的宣传家们，能不能利用这种新式电台枪把他们精心制作的宣传弹射向无抵抗力的人们。它就像一个射击场，需要的只是靶子射击，而子弹是不可抗拒的。于是这个说法就流传开了。②

也就是说，魔弹论是一个没有理论体系，没有具体支持者的“稻草人”，它是实证研究用来对比自己成果，可以任意妖魔化的对象，所以魔弹论才会看上去那么不堪一击。这个内容模糊，缺乏具体支持者的理论被塑造成为一个“魔弹论的神话”。但是充满疑问的是：魔弹论的具体主张究竟是什么？它是否真的没有支持者？与大众传播的弱效果理论相比，是否真的被证伪？

按照洛厄里和德弗勒的解释，魔弹论主要建立在行为主义的刺激—反应模型上。它的主要理论来源有两个。一是19世纪以来兴起的“大众社会理论”（mass society theory），该理论认为，工业化、城市化和现代化造成人们之间传统的联系被打破，传统规范和价值观式微，随着劳动分工和社会差异的增大，人与人之

---

① See Joseph T. Klapper: *The Effects of Mass Communication*. New York: Free Press, 1960, p. 8.

② ［美］施拉姆、波特：《传播学概论》，201页。

间的距离也在扩大，社会被原子化，个体之间彼此相互隔绝，只有通过正式的司法、契约和大众传播相互联系。魔弹论的第二个理论基础是达尔文的进化学说，该理论打破了人与动物之间的差异。人不再是上帝制造的万物之灵，而和动物一样，都是生存选择的产物。本能心理学提出，人和动物相同，都受本能支配，其行为都是对外界刺激的反应。在这两个前提下，洛厄里和德弗勒把魔弹论的主要观点归结为以下五点：

（1）生活在大众社会中的人过着相互隔绝的生活。

（2）人类生下来就具有一样的本能。

（3）所以人们对事件的参与（如媒介信息）方式是差不多的。

（4）造成人们以相同的方式接受和理解媒介信息。

（5）因此，媒介信息就像“子弹”一样击中每只眼睛和耳朵，对人类的思维和行为产生直接、迅速、一致，因而也是巨大的影响。①

这种判断存在的问题是，大众社会理论的学者们讨论的是大众媒体宏观的、长期的影响，而实证研究者们讨论的却是微观的（个人的）、短期的态度或行为的变化，这两者对媒介影响的定义存在根本的差别。用微观的、短期的态度和行为研究去否定宏观的、长期的、整体的影响，在理论解释的适用范围上出现了问题。

大众社会理论兴起于19世纪，它最早来自法国学者勒庞对法国革命中群众集群行为的分析②，孔德、斯宾塞、滕尼斯、涂尔干等学者结合对现代化的研究，证明了他的结论，其中尤以德国社会学家滕尼斯的礼俗社会和法理社会的划分，以及法国社会学家涂尔干的有机结合和机构结合的划分最为著名。③ 他们认为，现代化带来的分工和差异，使个人之间血缘、传统的联系消失，成为分散的原子化的“大众”。20世纪初，随着民主化带来的权力由精英向大众转移的社会权力结构变化，像奥尔特加·加塞特这样的精英主义者甚至发出了“大众反叛”的哀叹。④ 甚至到了20世纪中叶，仍然有不少学者持相似的看法，只不过他们论述的背景发生了变化，纳粹宣传的强大力量导致法兰克福学派的霍克海默和阿多诺，以及德国学者曼海姆提出：资产阶级的意识形态为了控制大众，令现代社会

---

① 参见［美］洛厄里、德弗勒：《大众传播效果研究的里程碑》，13页。

② 参见［法］古斯塔夫·勒庞：《乌合之众——大众心理研究》，北京，中央编译出版社，2000；［法］古斯塔夫·勒庞：《革命心理学》，长春，吉林人民出版社，2004。

③ 参见［德］斐迪南·滕尼斯：《共同体与社会——纯粹社会学的基本概念》，北京，商务印书馆，1999；［法］埃米尔·涂尔干：《社会分工论》，北京，三联书店，2000。

④ 参见［西］奥尔特加·加塞特：《大众的反叛》。

的大众进一步相互隔绝，变成分散的乌合之众，这样中央权力可以轻易地操纵整个社会。[①] 而米尔斯、里斯曼则从美国社会的具体语境，分析了权力精英如何利用新一代人的从众性操纵大众，表面上看起来是民主决策，实际上却是各种权力精英们利用新手段操纵大众。[②]

这些对社会整体进行研究和批判的学者讨论的对象是社会的宏观结构与权力关系，第二次世界大战后的宣传研究基本也延续了这样一种整体式的批判理论范式，因此实证主义阵营的学者难免会把埃吕尔这类学者的理论冠以“修正魔弹论”的称号。[③]

20世纪初期公关、广告或政治宣传的专业人士也认为大众媒体具有强大的影响力，除了受到上述学者的影响外，另一方面也是为了提升其职业地位。第六章会提到“第三人效果”，其中的一个表现就是宣传者容易认为受众更容易受到说服性信息的影响，夸大自己的传播效果。对于这个群体来说，魔弹论的批评是适用的，大众传播确实很难在短期内改变受众的态度和行为。但是有限效果理论并不能轻易否定批判理论范式所提出的宣传具有强大影响的结论。

埃吕尔认为，定量的方法很难测量出宣传真正的效果。首先，社会环境十分复杂，宣传除了有直接影响外，还会通过群体、社会环境等产生种种间接影响，定量研究很难把整合宣传的全部效果准确地从各种社会因素中剥离出来。

其次，定量研究一般只能调查出人们能够用语言表达的态度和行为变化，但是无法用语言有意识地表达的效果则被忽略掉了。吉登斯认为在日常生活中，人们在潜移默化中形成了许多惯例（routine），它无法用语言准确表达，但是人们会习惯性地行动。[④] 定量的宣传研究对于实践意识和潜意识无法给出精确的描述，而它们往往是宣传效果的主要体现领域。

再次，20世纪中期的定量研究大多只关注宣传短期的鼓动效果，而很少关注长期的整合宣传的影响。如果个人从出生以来就生活在某个整体宣传的环境中，那么他的认识结构与基本态度从一开始就被设定，潜移默化的宣传根本无需要改变什么，只需要不断地强化既有的思维方式就可以。拉扎斯菲尔德等人也证

---

① 参见［德］马克斯·霍克海默、西奥多·阿多诺：《启蒙辩证法》，上海，上海人民出版社，2003；［德］西奥多·W·阿多诺等：《权力主义人格》，杭州，浙江教育出版社，2002；［德］卡尔·曼海姆：《重建时代的人与社会：现代社会结构的研究》，北京，三联书店，2002。

② 参见［美］查尔斯·赖特·米尔斯：《权力精英》，南京，南京大学出版社，2004；［美］大卫·里斯曼等：《孤独的人群》，南京，南京大学出版社，2002。

③ 参见［美］沃纳·赛佛林、小詹姆斯·坦卡德：《传播理论：起源、方法与应用》，4版，125页，北京，华夏出版社，2000。

④ ［英］安东尼·吉登斯：《社会的构成》，133页。

明，大众媒体效果主要是强化（reinforce）而不是改变。我们在戈布纳的培养分析研究中可以看到类似的观点（见第七章）。

最后，在宣传的定义上，定量研究主要关注的是态度和行为的改变，而批判的宣传研究关注的是思维方式的塑造。埃吕尔提出，预宣传不是立即产生某种所需要的态度或行动，而是逐渐地形成某种思维方式，为鼓动性宣传做好铺垫。这些思维方式包括对自己所在群体的非理性的认同和对其他群体非理性的仇恨、非黑即白的思维方式、追求一律、痛恨差异、缺乏宽容、不加批判地接受某些神话等。

实证主义阵营中的拉扎斯菲尔德和默顿也认为，大众传播的有限效果在某些情况下也会失效。他们列举了三个条件：（1）信息和意见垄断；（2）引导而不是改变受众的基本价值观念；（3）面对面接触的补充。① 而在批判理论范式的学者看来，这些条件都可以通过新宣传直接或间接地实现。从研究范式来看，客观经验主义范式与批判理论范式的对立，是魔弹论神话产生的真正原因，许多争论与其说是观点之争，毋宁说是不同研究范式的认识论之争。因此，不能因为简单的"魔弹论"标签而全盘否定批判的宣传研究中提出的论点。

第三节　传播与说服

一、耶鲁项目及其发展

随着客观经验主义范式逐渐兴起，许多大众传播的研究者由宏观的宣传研究转向了微观的说服研究。这些研究者以行为主义心理学为基础，通过严格的科学实验，对说服中的不同因素分别加以研究。这其中尤以卡尔·霍夫兰主持的一系列实验最为著名。

20 世纪 40 年代，以卡尔·霍夫兰为代表的美国社会心理学家们在战争中和战争后进行了大量的实验，这些成果主要被写入《大众传播实验》（*Experiments on Mass Communication*）。在战争结束后，霍夫兰与耶鲁大学的一些同事继续对说服中的各个要素进行了研究，出版了一系列研究成果，这些研究因此也被称为

① See Paul Lazarsfeld，R. Merton："Mass Communication，Popular Taste and Organized Social Action". in *The Communication of Ideas*， edited by L. Bryson. NY：Institute for Religious and Social Studies，1948.

耶鲁项目，其中尤以1953年出版的《传播与说服》（*Communication and Persuasion*）最为集中地反映了这一阶段的研究成果。①

耶鲁项目实际并没有研究大众传播或现实的媒介宣传，而是通过各种不同环境下的人际传播实验进行研究。尽管如此，这些来自行为主义传统的学者们认为，一般性的说服"法则"在现实生活中也会和在实验室里一样有效。在实验中找到答案，就能够发现这些"法则"在说服性大众传播中的运用。

霍夫兰等人所使用的理论框架是一个学习模型，即如果个人按照新讯息的内容改变其立场或行为能够得到强化（reinforcement），比如积极的反馈和回报，那么他就会接受讯息的指导，如果受到惩罚（punishment）或结果不理想，个人会维持原来的观点和态度。所以实质上他们所采用的学习模型是一个刺激—反应模型。② 这个行为主义的模型简便易操作，但是存在忽略个人的意义解释过程的不足。

耶鲁项目重点关注的是说服对态度的影响。态度是一个很复杂的概念，一般认为"态度是以情感、行为和认知信息为基础，根据某个对象的所有情绪与情感，尤其是正面和负面的评价"③。研究发现，态度与行为之间经常不一致。在现实生活中，我们常常会不同意某个意见，但却不得不执行；不喜欢和某个人打交道，却又不得不笑脸相迎。所以态度的改变并不一定意味着能够导致说服者所希望看到的行为。

按照拉斯韦尔对传播的定义，研究传播行为的正确途径应该考查谁，通过什么渠道，向谁，说了什么，产生了什么效果。因此，耶鲁项目把说服传播研究分为三个部分：传播者、传播内容和受众。接下来我们按照这样的顺序介绍耶鲁项目的主要内容，同时补充这些研究课题近年来的一些新发展。虽然耶鲁项目发现的许多"法则"都没能经受住时间的考验，但是它们的开创性工作为许多后来的研究者提供了超越的基础。

信源　研究者们认为，传播者在受众心目中的形象将对传播效果产生很大的影响（这一假设是由亚里士多德在《修辞学》中提出的）。他们把传播者身上与说服相关的特征分为两个方面："权威性"（expertise）和"可信赖性"

---

① See Carl I. Hovland, Arthur A. Lumsdaine, Fred D. Sheffield: *Experiments on Mass Communication*, John Wiley & Sons, Princeton University Press, 1949. See Carl I. Hovland, Irving L. Janis, Harold H. Kelley: *Communication and Persuasion*: *Psychological Study of Opinion Change*, Yale University Press, 1953.

② ［美］泰勒、佩普劳、希尔斯：《社会心理学》，10版，141页，北京，北京大学出版社，2004。

③ 同上书，139页。

(trustworthiness)。前一种代表着能力，后一种代表着人格。另一些研究者还建议将鼓动性（dynamism）和客观性（objectivity）也列入信源的可信性的概念中。

通过实验，研究者证明了信源的可信度越高，其说服效果越大；可信度越低，说服效果越小，这被称为信源的可信性假说。因此权威的专业知识与诚实可信的人格是传播活动取得良好效果的必要条件。

近年来关于信源的研究还涉及一些新的因素，例如传者的表达方式、性别与传受双方的相似性。研究发现，如果传者在表达的过程中不够熟练，结结巴巴或者过于内向，说服效果会降低，相反，如果传者表达流利，老练而外向，则说服效果会较大。其次，性别也会影响说服效果，在其他条件相同的情况下，与同性间的传播效果较差，异性间的传播效果较好。此外，如果信源表面上看起来与我们的相似性越大，其说服效果就会越好。①

休眠效果 耶鲁项目中关于信源的实验是在受众观看实验材料或收听演讲后立刻对此进行评估，但实际情况下，我们更希望得到的是比较稳定的长期的态度改变。四周后，研究者对意见改变进行调查回访。结果发现，信源可信度产生的传播效果消失了。即对高可信性信源所持观点的接受程度降低，对低可信性信源所持观点的接受程度上升。这种现象的原因直到现在还存在不同的解释。

霍夫兰等人把这一变化归结为人脑的遗忘机制。在遗忘过程中，信源的特点首先被人们忘记，这导致之前对信源的信任或怀疑造成的说服性效果差异逐渐消失，而传播内容本身的说服力逐渐显现。对于低可信度信源来说，似乎信息本身的影响暂时休眠，等到一段时间后才苏醒，所以这种低可信度信源的传播效果随时间逐渐回升的现象又被称为休眠效果。这一效果可以通过图 4—1 说明，虚线代表受众对内容的记忆，随着时间的流逝，我们对传播内容的记忆有所下降，但是对信源的遗忘度更大，所以最后高可信度与低可信度信源发出的信息经过一段时间后逐渐靠近，最终的态度的改变程度取决于传播内容本身。其后的休眠效果研究得出了复杂的结果，有时并不会出现类似的情况，但是总的来看，休眠效果是存在的。从定义上来说，霍夫兰等人所说的休眠效果，仅限于低可信度信源中起初不同意的群体，为了把它扩展到高可信度信源，现代研究者更倾向于把这一假说称之为“分离假说”(dissociation hypothesis)，即强调信源与信息在经过一段时间后相互脱钩。

---

① 参见［美］查尔斯·U·拉森：《说服：接受与责任》(影印版)，10 版，82 页，北京，北京大学出版社，2004。

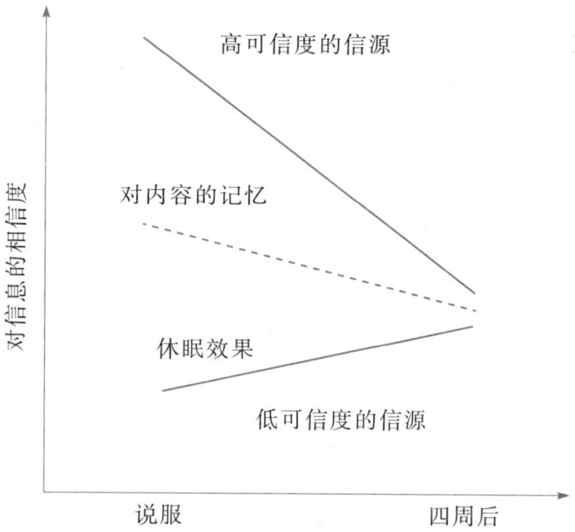

图 4—1　信源与休眠效果示意图

上述研究说明，在发布信息时，我们可以选择高可信度信源来吸引公众的注意力，然而从长期来看，起作用的还是内容自身，只有以诚相待才能获得公众长期的信任。休眠效果还说明，时间可以使低可信度信源的说服效果有所增加，对于暂时不被接受的合理意见，要有耐心。此外，如果要保持高可信度信源的说服效果，必须不断地强调该信息的信源，使二者之间不发生分离。

恐惧诉求　关于说服性传播的内容效果研究分成两个领域：激发性诉求（motivating appeal）、说服性论据的组织。前者主要研究了恐惧诉求，后者研究了论据的结构。

研究发现，成功的恐惧诉求能够先引发人们紧张的情绪，然后通过提出新的意见和问题的新的解决办法，消除受众的紧张感，达到说服的效果。其中，重度诉求造成的心理紧张感最大，中度诉求次之，轻度诉求最小。虽然恐惧诉求的确能增加人们对传播者所建议采取的行为的服从程度，但是，在改变实验对象对传播者建议的服从方面，轻度诉求（而非重度诉求）最有效。但是后来一些研究的结论却是重度恐惧诉求的效果最好。

最近的研究发现，恐惧诉求是否有效的关键不在于恐惧诉求的强弱，而在于接受者是否认为讯息中所推荐的行为可以解决威胁。这种认为威胁可以被控制的感知后来被称为“功效”（efficacy）。韦特（Witte）发现，如果威胁性信息除了激起受传者恐惧之外，还能够提供某些有用的行动，减少或消除这种威胁，那么恐惧诉求的效果更大。

为了说明上述观点，韦特区分了危险控制过程（danger control process）和恐惧控制过程（fear control process），他认为这两种不同的控制会造成不同的行为，影响恐惧诉求的说服效果。面对恐惧诉求，受众会依次进行两种评估，首先是威胁评估（threat appraisal），然后是功效评估（efficacy appraisal）。如果信息与个人无关或不严重，恐惧诉求将不会有什么效果。如果信息所说的威胁与个人相关并且非常严重，受众将产生恐惧感，这会增加功效评估的可能性。功效评估的结果，将会导致受众采取危险控制和恐惧控制两种不同的对策。如果受众认为讯息中包含的降低或消除威胁的建议容易操作，并且行之有效，危险控制将占据主导，受众会接受讯息中的建议。如果讯息包含强烈的威胁，但是却没有提供有效的建议，或提供的建议太困难、太花时间、成本太高、效果不好，人们感觉到难以有效地解决威胁，那么恐惧控制成为主导（也就是一般常说的“吓傻了”、“不知所措”），这个时候人们会针对他们的恐惧做出反应，通过防御性逃避或抵抗来降低恐惧感。由于这一模式在列文索尔（Leventhal）1970 年提出的“平行反应模式”（Parallel Response Model）的基础上更进了一步，因此被称为“扩展的平行过程模式”（Extended Parallel Process Model，EPPM，见图 4—2）。①

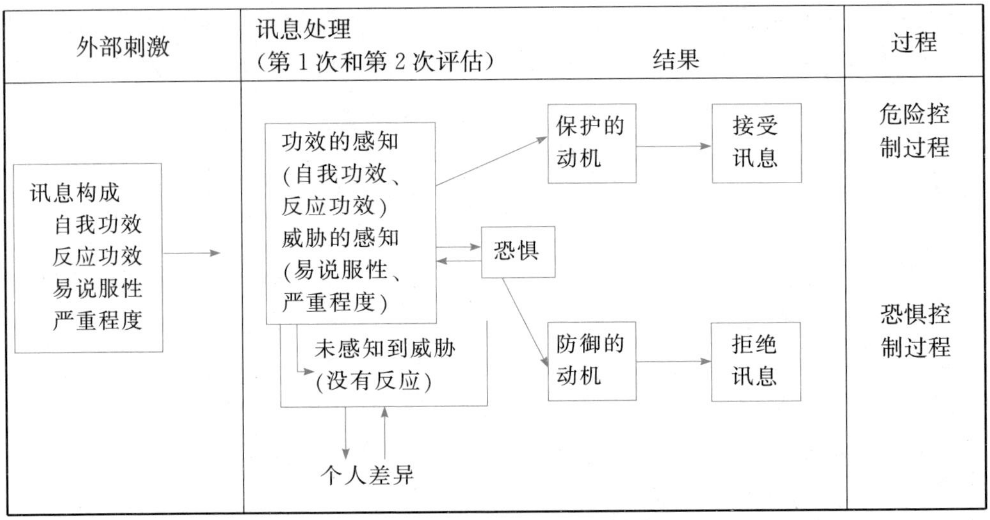

图 4—2　扩展的平行过程模式

① See Kim Witte：“Putting the Fear back into Fear Appeals”, in *Communication Monographs*, p. 59 (1992).

该模式说明，在恐惧诉求的时候，仅仅激发对象的恐惧感是不够的，还要辅之以让受众认为切实可行的建议，才能提高讯息的说服效果。

关于恐惧诉求的研究还存在很多分歧，扩展的平行反应模式还需要人们进一步验证。蒙吉尔（Mongeau）对 1952—1998 年的恐惧诉求研究进行了元分析（meta-analysis，即对同一问题的多项研究结果再进行统计分析）之后，发现在控制了一些潜在干扰变量（年龄、某些人格特征、讯息接触）之后，恐惧诉求与态度改变之间仍然存在着正相关。这项研究同时说明，恐惧诉求对于老年人更有效，而对容易焦虑的人则不太有效。①

因为恐惧常常可以使人产生无力感，向权力或群体寻求帮助，常常会增加群体凝聚力，听从权威的指挥。部分别有用心之人利用人们的恐惧、不确定和无知来对人进行说服，“9・11”事件之后美国布什政府的一系列政策也是利用了大众的这个弱点进行说服。在今天的广告中这种技巧随处可见，比如在高科技产品、与健康相关的产品和金融投资市场等领域。当然，恐惧诉求作为一种中性的技巧，在健康传播（如禁毒、艾滋病防治）、环境保护、公共安全教育（如交通安全）、和平裁军等领域也起到了积极的作用。究竟能否使用恐惧诉求，在何种情况下可以使用恐惧诉求，对危险的描述应该控制在什么程度……这些问题背后涉及复杂的传播伦理争论。传播伦理不仅要求传者反思道德立场，信息的接受者也应该承担自己的责任，提高辨别能力和理性批判能力（媒介素养）。

论据的组织与说服效果　第二个问题是如何组织论据才能取得理想的传播效果，研究者们研究了几个问题：（1）一面提示还是两面提示；（2）明示内容还是寓观点于内容之中；（3）首因效应和近因效应（primacy vs. recency）；（4）“面子”与说服。

所谓一面提示，是指说服中仅提供对己方有利的论据与论点；两面提示既提供对己方有利的材料也提供不利的材料，同时对不利的材料予以驳斥，证明己方观点。研究者发现，两种方法都能改变人们的态度，而且效果差异不大。但是如果考虑受众的原有态度和智力因素，那么效果就会产生很大的差异。对于那些起初持反对意见的人来说，两面提示的效果比一面提示的效果大得多；而对起初持赞成意见的人来说，一面提示的效果比两面提示大。由于测量智商的程序比较复杂，而且容易引起被实验者的警觉，干扰实验效果，实验者选择了学历来代替智力水平。研究者发现，智商越高，两面提示的效果越明显；智商越低，一面提示

---

① See Paul Mongeau: “Another look at fear arousing persuasive appeals”, In M. Allen & R. W. Preiss (Eds.), *Persuasion: Advances through Meta-analysis*, Cresskill, NJ: Hampton Press, 1998.

的效果越明显。

虽然总的来讲，两面提示与一面提示都有效果，但是后来的研究发现，接受两面提示的群体在接受反面意见的宣传后，不太容易改变看法，相反，只接受一面提示的群体在接受反面意见的宣传时，容易产生动摇。研究者将两面提示不容易受反面意见影响这一现象称为“免疫效果”，两面提示中的反面意见像是给受传者打了疫苗，使其预先对反面宣传具有了某种抵抗力。

1998年，艾伦通过对一面说理还是两面说理问题的70个研究进行了元分析，结果发现，包含对反面观点有力反驳的两面说理的讯息在不同情况下效果都比较好。即使是起初持赞成观点的人也会因为两面说理而获得对反面说服的“免疫效果”，而且他们会更加坚定地支持原来的观点。①

在第二个问题上，霍夫兰和曼德尔（Mandell）就“明示结论”与“寓观点于材料之中”的效果的实验结果表明，当传播者明示结论时，产生了更多的意见改变。然而，研究者也谨慎地注意到，受众的智商和成熟程度在其他的说服方法研究中（比如说关于论题的研究）是影响效果的重要因素。对智商较高的受众（研究者以学历代替了智商测试）来说，寓结论于材料之中更有效。

首因效应是指先出现的意见容易打动人，先声夺人；近因效应是指后出现的意见距离决策最近，容易产生影响。关于先入为主与后发制人哪种说服效果好，一直以来存在着不同的看法。一种看法认为，把重要的论据放在前面，说服效果较好。另一种看法认为，把重要的论据放在结尾，因为与受众做判断的时间比较接近，前面的容易忘记，所以后发制人说服效果好。研究发现，不同的实验中两种情况都会发生，很难笼统地说哪一个效果好。但是霍夫兰等人又发现，负面信息放在前面会产生重要影响，因为其负面效果很难消除。此外，接受者的动机也会产生影响。对于认知需要很高的受众来说，两种情形差异不大。但是对于缺乏认知动机的受众来说，先入为主的说服效果较好。近期的研究发现，后发制人的效果对于长期说服效果会衰减，但是对短期说服来说，效果较好。

关于面子问题的研究发现，如果在公开场合宣布同意过某个意见的人和没有公开宣布过的人相比，不太容易改变自己的观点。

受众与说服效果 对于受众的研究包括四个方面的内容：（1）受众的智商对说服效果的影响；（2）群体归属的影响；（3）受众个性因素对可说服性的影响；

---

① See M. Allen："Comparing the persuasive effectiveness of one-and two-sided messages"，In M. Allen & R. W. Preiss（Eds.），*Persuasion：Advances through Meta-analysis*，Cresskill，NJ：Hampton Press，1998.

(4) 对象是否主动参与。

霍夫兰等人在说服研究中，用学历来代替智商。在对《我们为何而战》系列影片的研究和教观众如何阅读地图的电影研究中，学者们发现，学历较高的人不仅之前知识较丰富，而且也能从电影中学到更多。但是教育程度与观点改变之间的关系更加复杂。研究发现，要求掌握的材料的事实性越强，特别是材料比较复杂时，教育程度较高的人越容易发生观点的改变。研究者们认为这种改变是“知情的观点”(informed opinion) 改变。另一方面，教育程度较低的人经常因为少量的事实，或者容易掌握的事实就改变自己的观点。它们被认为是“盲情的观点”(uninformed opinion)。

在第二个问题的研究中，研究者发现，个人的趋同倾向源于群体归属感。当他们意识到群体其他成员对他们的行为期望，同时个体具有达到这些期望的动机时，常常会产生趋同行为。组织规范常常会影响说服性传播的有效性，如果说服性传播与组织规范一致，会取得较好的效果，如果相反，组织规范会使个体拒绝改变。研究者发现，那些更看重自己在群体中成员资格的人，与不看重群体成员资格的人相比，更不容易受到与组织规范相违背的传播的影响。

可说服性是指受传者对说服性信息的敏感程度，或者说受传者“容易”还是“难以”接受他人劝说的个性。霍夫兰等人认为，可说服性由两个基本因素决定：智力水平和“动机因素”(motive factors)。智力因素在第一点中已经讨论过。在人格方面的研究发现，易受传播影响的对象与不易受其影响的对象间存在明显差异。

易受传播影响的人一般自尊心不强。表现出不能适应社会；例如他们大多比较害羞，言谈中缺乏自信，在社交场合局促不安。他们具有“攻击抑制”(aggressively inhibited) 的特征，很少批评他人，难得对人发脾气，几乎不愿拒绝别人的任何要求，即使在受骗上当时，也很少表现出怨恨。此外，还经常表现得很沮丧 (depression)，常常感到“抑郁”、“闷闷不乐”和“灰心丧气”。

而那些比较难说服的人也有三个明显的个性特征。这些特征是，对他人富于攻击性，不喜社交、具有离群索居的倾向；有严重精神性神经症的困扰。那些在日常生活中对他人公开表现敌意和攻击性的人，相对而言，很难受说服性传播的影响。①

参与也会影响说服效果。日常生活中，人们经常会因角色的要求，发表言不

---

① 参见［美］洛厄里、德弗勒：《大众传播效果研究的里程碑》，164 页。

由衷的意见。学者们在对这个问题的研究中发现，主动参与（在实验中扮演角色）比被动参与（仅仅倾听和阅读发言提纲）更能有效地改变意见。

二、麦圭尔的信息处理模式

霍夫兰的学生麦圭尔继续发展了耶鲁项目中的许多课题，比如他曾反其道而行之，对说服的抵抗与“免疫效果”进行了研究，此外，他还在耶鲁项目的基础上，提出了一个以信息处理理论为框架的传播/说服过程的输入输出矩阵（见表4—2）。该模式提出，态度的改变取决于5个输入要素（信源、讯息、接受者、渠道和语境），传播的效果包括12个输出阶段，分别是接触、注意、兴趣、理解、探索、信服、记忆、回忆（抽取）、决策、行为、强化、巩固（exposure，attention，interest，comprehension，acquisition，yielding，memory，retrieval，decision，action，reinforcement，consolidation）。[①] 这个矩阵可以用来对照说服的效果以及各种影响因素。

表4—2　麦圭尔的传播/说服过程的输入输出矩阵模式

	传播输入				
传播输出	信源	讯息	接受者	渠道	语境
接触					
注意					
兴趣					
理解					
探索					
信服					
记忆					
回忆（抽取）					
决策					
行为					
强化					
巩固					

① See W. J. McGuire：Theoretical foundations of campaigns，In G. Lindzey & E. Aronson（Eds.），*Handbook of Personality Theory and Research*，Chicago：Rand McNally，1989.

麦圭尔的这个模式把说服的过程看做是一个线性发展的整体，任何态度的改变都是一个接受者主动参与、积极思考的“理性”过程。当然，这里的理性并不是绝对的，而是相对于接受者而言的。接受者会基于自己的利益，进行理性判断后维持或改变其原有态度——虽然从另一个人的角度来看，他的判断可能是不理性的。

这种把说服中态度的改变看成是一系列自变量综合作用的模式，提醒我们要把所有因素加在一起综合地考虑，因为有许多自变量会在不同的阶段起到相反的作用而导致效果相互抵消。比如具有较高自信的人愿意接触讯息，他们对自己原有的立场比较自信，但另一方面，他们又会拒绝接受该讯息的观点，因为他们对自己原有的观点感到满意。智商较高的人也有类似的特点，他们专注程度高、理解能力强，愿意接触和理解说服性讯息，但是却很难改变其原有立场。过于强烈的恐惧诉求虽然会引起接受者对讯息的注意，却有可能干扰其对讯息内容的接受。

这个多阶段线性模型还暗示：通过说服改变他人的态度乃至行为十分困难。我们不妨做一个简单而乐观的估计，每阶段的成功率有60%，那么通过前6个阶段，最终的成功率也只有5%。显然，考虑到大众传播的实际接触率（比如收视率）、理解率和接受率，其中的许多阶段远达不到60%的成功率，所以按照这个模式，说服的成功率非常微小——当然，对于广告来说，只要有极微小的效果，因为人口基数大，也会有巨大的收益。然而后来的研究者发现，说服的过程没有这么机械，有时会跳过某些阶段。而且人的决策过程也远非这个模式所描述的那么理性，下面要介绍的认知不协调理论、被动学习理论和精细可能性模式，都是对麦圭尔的信息处理模式的补充。

三、认知不协调与说服

认知不协调理论是社会心理学中的重要原理，该理论的前提假设是，个人总是努力追求认知上的连贯和意义。比如你刚买了个新数码相机，可是你身边最懂电子产品的好友却认为它不怎么样，这时你的认知就会出现矛盾。如果出现了这种不一致，人就会产生不舒服的感觉，会用某种方式来减少因不协调带来的不快，所以也有些学者把它称为认知失调理论。

海德（Fritz Heider，1896—1988）的平衡理论是最早的认知不协调理论，这个理论能够比较简明地说明什么是认知不协调（见图4—3）。例如你（A）与

B是好朋友，相互之间的态度为正，如果此时你们都对某一客体X（某个老师、某部电影）很喜欢，态度为正，这样你就处于平衡状态（所以我们都希望周围的人和我的看法一样）。但是，如果B对该客体的看法与你不一致，我们就会处于不平衡的状态，为了减少这种不平衡给我们带来的不适感，我们会对这三个态度进行调整。或者你说服B接受你的看法，也对X给予正评价（改变B—X间的关系），或者你和B一样，也对X持负面态度（改变A—X间的关系），当然你也可以因为此事改变对B的看法，认为其品位太差，和你不是一路人（改变A—B间的关系）。只要这三组关系乘在一起为正，那么你就处于平衡状态，如果为负，则处于不平衡状态。

B也可以是信息源，X也可以是某条信息所描述的客体，如果你对X原来的看法为正，而且非常强烈，信源B发出了一个不利于X的信息，这时说服就很难产生效果。如果你和B之间的关系要比和X之间的关系更强，那说服就可能会产生效果。

为了保持认知的协调，我们常常会避免那些与我们既有态度不一致的信息，而选择接触与我们原来看法一致的信息。有的时候，如果无法回避不协调，我们又想维持协调，就会使用各种策略来恢复平衡，比如否定信息源的真实性和可靠性，有意地歪曲理解信息，使之符合我们原来的认知与态度（比如阿Q的精神胜利法），还有的时候我们会寻找新的认知元素，将这种不协调合理化或者抵消不平衡（比如抽烟者虽然承认吸烟有害健康，但是会找其他理由为之辩护，像抽烟可以醒脑、抽烟可以显得更酷、抽烟给人带来的快乐胜过多活几年等）。

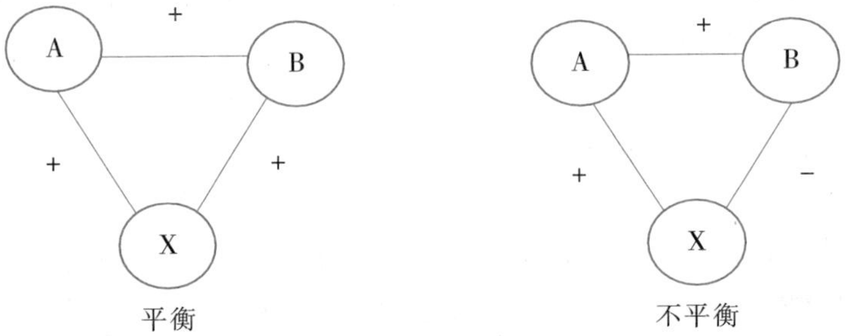

图4—3　海德的平衡模型

在说服的过程中，如果说服者能够制造不协调，并且引导受众接受某种态度和行为，就可以取得预想的效果。比如费斯汀格（Leon Festinger，1919—1989）等人曾经做过一个实验，让一些学生做一个枯燥无聊的工作，然后让他们向其他将要从事这项工作的学生推荐这个工作，向其他人宣传这个工作非常有趣。为了给撒谎行为一定的回报，实验者给了一部分介绍者 1 美元的报酬，给另一部分介绍者 20 美元的报酬（在 1959 年，这是一笔不小的数目）。实验参加者都同意配合。在他们向其他人介绍后，研究者又对被测试者进行了测量，结果发现，拿 1 美元的学生对该项工作的评价比拿 20 元报酬的学生更好。①

认知不协调理论对这个反常的结果做出了合理的解释。拿 20 美元的学生虽然说了谎，但是获得了很高的报酬，认为自己是为了钱，做了一件不道德的事情，所以处于平衡状态。而只得到 1 美元的学生认为自己为了区区一点钱，做了不道德的事情，处于矛盾状态，为了减少这种不愉快，只有改变自己对工作的态度，认为这项工作确实有意义，自己没有说谎，从而获得协调。

总而言之，认知不协调理论提示我们，说服的效果不一定要按照麦圭尔所说的那样经过一个理性的、线性的过程才能达到，跨过某些阶段或者非线性前进，也能产生态度的变化，比如上面这个例子就是先使被说服者行动，然后再反过来让其为自己的行为寻找合理解释，从而改变其态度。

这种行为影响态度的理论在经过其他学者的研究后，也提出了其他一些解释。贝姆（Daryl J. Bem）提出，通常我们并不真正了解自己的态度究竟是什么，我们会像旁人一样，通过自己的行为和行为的环境等外在线索，推断自己的态度。比如我可能出于偶然原因（比如商品摆在显眼的位置），经常购买某种品牌的可乐，要是周围的人突然问我"你为什么一直买某个品牌的可乐"时，我会根据自己的行为，发现原因是我喜欢这个品牌的可乐。上面的那个实验结果也可以这样解释，拿 20 美元的人会认为，因为我拿了很多钱，所以能够违心地说这个工作很有趣，实际上我并不这么认为；而拿 1 美元的人则会认为，我不会为了区区 1 美元撒谎，所以我一定本来觉得这个任务很有趣。因此，他的这种理论被称为自我知觉理论（self-perception theory）。

现在的社会心理学家认为，这两种解释都是合理的。当人们在某个态度上的经历很少，或态度涉及模糊、与切身无关、微小或新异的事情时，他们倾向于按照自己的行为推断自己的态度。当涉及更富有争议、个人参与度更多、更持久的问题时，失调理论可能更为适用。②

---

① 参见［美］泰勒、佩普劳、希尔斯：《社会心理学》，10 版，147 页。

② 同上书，151 页。

四、纯粹接触与被动学习

除了认知不协调理论之外，还有一些说服理论也提出，说服效果的产生不一定要经过麦圭尔所说的程序也能达成。比如扎伊翁茨（Robert Zajonc）通过一系列实验发现，仅仅通过重复某种刺激就能够导致实验对象对该刺激产生正面评价。他将该理论称为纯粹接触假说（Mere Exposure Hypothesis）。

扎伊翁茨让被测试者朗读一些没有任何意义的土耳其单词，每个词朗读的频率不同。结果发现，被测试者对那些重复次数较多的词的好感度要比重复次数较少的词更高。其后他还用照片和中国字做了同样的实验，取得了相似的结果。同时，研究还发现，随着重复次数的增加，好感度的增加速度逐渐降低，呈现出一种边际收益递减的规律。

对纯粹接触效果研究的元分析得出了如下结论：(1) 使用的刺激越复杂，效果越好；(2) 每次接触时间越短，效果越好；(3) 重复接触的间隔时间越长，效果越好；(4) 刺激的个类越多，效果越好。这些研究在政治领导人的知名度和品牌认知领域都得到了证明。而且研究还发现，当刺激以一种潜意识的方式（subliminal manner）重复时，效果会更好。①

潜意识说服一直是说服领域争议最大的理论之一。1957 年《广告时代》刊登了广告专家维卡里（James Vicary）做的潜意识说服的实验。他在电影中每隔 5 秒，将长度为 1/3 000 秒的信息插入电影，分别写着“吃爆米花”、“喝可乐”。因为这些讯息出现速度很快，人眼虽然受到了光的刺激，但是意识根本无法感觉到其存在，所以被称为潜意识说服（subliminal persuasion）。他的研究发现，在插入这些潜意识讯息的电影院，爆米花与可乐销量分别增加了 58%和 18%。这一发现引起了人们的惊恐。美国联邦通讯委员会和全国广播协会发出禁令，不允许任何媒体利用这种方式对受众进行说服。

但是其他学者的研究无法重复其结果，在舆论压力下，1962 年维卡里承认自己为了出名捏造了实验数据。即使如此，由于弗洛伊德的心理分析无法在科学上加以证伪，人们无法直接测量潜意识（如果能测量，就不再是潜意识了），仍然有许多人相信该效果存在。20 世纪 70 年代凯伊（Wilson Bryan Key）在其畅销书《潜意识诱惑》、《媒介的性利用》中，再次讨论了这个效果。在广告行业与

① 参见［美］查尔斯·U·拉森：《说服：接受与责任》（影印版），10 版，88 页。

音像行业，仍然有大量的应用。虽然实验发现这些产品之所以有效果，只是来自于使用者的心理暗示，是幻想的安慰剂效果（illusory placebo effect），但是仍然有许多人相信这一点。[①]

虽然如此，直到现在，一些学者仍然未放弃探索潜意识说服。一个近期的实验发现，在信息中插入人们看不清的快速闪过的笑脸符号和苦脸符号，确实会影响人们对节目的评价。[②] 美国学者扎特曼（Gerald Zaltman）在2003年出版的《顾客是如何思考的》（*How Customers Think*）中也提出，人的认知和认识的95%潜藏在心灵深处，这部分叫做"认知性无意识"，而能够意识到的"高位意识"，也就是说能够用语言表达的仅占5%。1秒钟之内从全身传到大脑的信息量多达数百万比特，但能够浮上意识表层的不过40比特，仅占总量的0.001%。扎特曼认为，隐喻能够将消费者储藏在无意识里的隐形知识转换成能够被意识到的显性知识，所以说服性信息通过隐喻能够操纵人的"心脑"（mind/brain）。[③]

认知不协调理论、纯粹接触效果和潜意识说服研究说明，人们对信息态度的变化不一定要经过理解阶段，甚至连注意都可以省略。

前面曾提到过霍夫兰等人的理论框架是学习理论，该理论将学习看做是积极的过程，全神贯注，主动地注意与理解，思考其合理性，与自己的个人经验进行对照，然后做出深思熟虑的判断。然而克鲁格曼和哈特利（Herbert Krugman & Eugene Hartley）提出，受众在被动的情况下也能够学习。他们以电视为例，发现当人们完全放松的时候，脑电波会呈间歇性的阿尔发（α）波，进入半睡眠状态。在这种情况下，虽然人们的思考能力下降，看似电视的说服效果降低，但另一方面，此时人们对说服性信息的防御性也有所降低，通过潜意识认知，人们也会对电视广告的信息产生感知行为，在恰当的时候回忆起看到的内容。这个过程被称为被动学习（passive learning）。[④] 被动学习没有积极地注意、理解，但是也能影响人的行为，反过来，行动引起的认知不协调又会使人的态度发生变化。被动学习假说说明，态度改变十分复杂，不一定遵照线性的过程。

---

① 参见［美］格伦·斯帕克斯：《媒介效果研究概论》（*Media Effects Research: A Basic Overview*，影印版），128页，北京，北京大学出版社，2004。

② 参见［美］巴伦·李维斯、克利夫·纳斯：《媒体等同：人们该如何像对待真人实景一样对待电脑、电视和新媒体》，204～209页，上海，复旦大学出版社，2001。

③ 转引自［日］小森阳一：《"心脑营销术"的时代》，载《读书》，2007（3）。

④ Herbert Krugman & Eugene Hartley. Passive learning from television. *Public Opinion Quarterly*, Vol. 34, No. 2 (1970).

五、深思的可能性模式

前面介绍的认知不协调理论、纯粹接触假说和被动学习假说证明，除了麦圭尔所说的那种受众积极参与、深思熟虑的信息接受过程之外，还存在另外一个非参与性的接受过程，在信息处理的过程中，不一定按部就班地进行。其次，麦圭尔的说服矩阵中，居于中心地位的是信服（yielding），但是对信服的达成过程却描述得不够全面。佩蒂和卡西欧普（Petty and Cacioppo）提出的深思的可能性模式（the elaboration likelihood model of persuasion）① 正是对麦圭尔矩阵模式的补充（见图 4—4）。②

深思的可能性模式从受众的角度，把说服过程分成两个接受路线，一个是深思熟虑的中心路线（central route），一个是比较感性，缺乏深思的边缘路线（peripheral route）。该模式的名称在中文里听起来比较怪，简单来说，就是要说明在什么情况下接受者可能（likelihood）会采取仔细推敲、深思熟虑（elaboration）的路线。

佩蒂和卡西欧普提出，当接受者具有接受说服性信息的动机，而且具有理解其信息的能力时，会采取中心路线，仔细地理解信息、积极地参与其论证过程，并且与自己的经验和原来的立场加以对比，尽可能客观地选择自己认为最合理的结论。在这个过程中，受者会对说服性信息积极地得出喜欢或不喜欢的价值判断，并决定是否改变自己的态度。

选择使用中心路线进行处理的信息因人而异，这取决于许多不同的变量。一般来说，那些比较显著的（salient）、容易引起人们注意的信息，那些接受者认为与自己息息相关（perceived personal relevance）的信息、令人怀疑的信源发出的信息、论证可疑的信息、出乎意料的信息、复杂而又经常重复的信息等，容易

---

① 关于这个模式的名称，现在中文中存在几种译法，比如“精心（细）的可能性模式”、“推敲的可能性模式”，日文中被译为“详析的可能性模式”。在 Bryant & D. Zillmann 编辑的 *Media Effects: Advances in Theory and Research* 第 2 版中，有一篇 R. E. Petty，J. R. Priester & P. Brinol 对该模式的综述。在关于这个模式的总结（第 176 页）中第一句是：“The ELM holds that as the likelihood of elaboration is increased，the perceived quality of the issue—relevant information presented becomes a more important determinant of persuasion. Effortful evaluation of this information can proceed in a relatively objective or a relatively biased fashion，however.” 可见这里的 elaboration 与 Effortful evaluation 比较接近，是个表示动作的名词，所以“推敲”、“详析”要比“精心”好，考虑到中文的意义表达，这里试译为“深思”。

② See R. E. Petty，J. R. Priester & P. Brinol：Mass Media Attitude Change：Implications of the Elaboration Likelihood Model of Persuasion. In J. Bryant & D. Zillmann（Eds.）：*Media Effects：Advances in Theory and Research*，2nd edition，Mahwah，NJ：Lawrence Erlbaum Associates，2002.

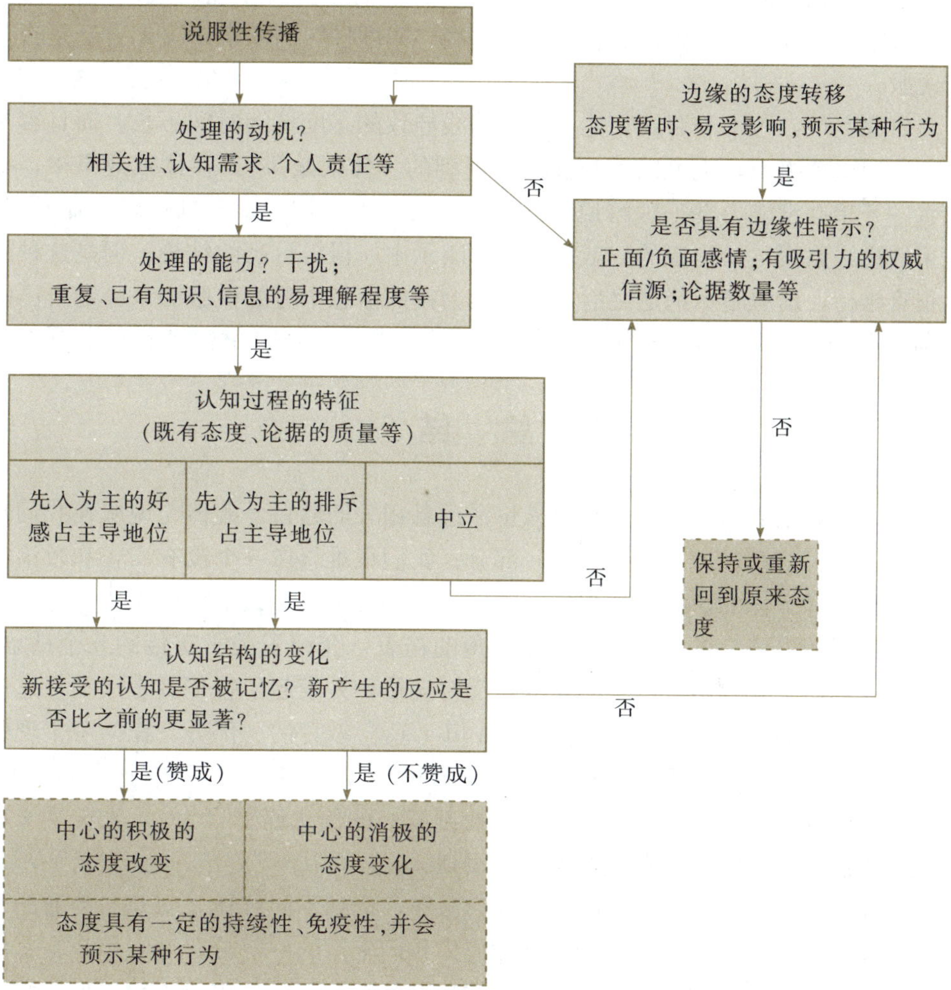

图 4—4 深思的可能性模式

引起人们的关注和仔细推敲。

但是，如果人们处理说服性信息的动机不强，或者缺乏理解和处理说服性信息的能力，深思的可能性（likelihood of elaboration）就会比较低，这时接受者就会采取边缘路线处理信息。接受者此时不会积极地思考、仔细地研究说服性信息的合理性，而会根据一些边缘性的暗示（peripheral cues）来决定自己的态度。这些暗示包括传播信息的外部特征（比如可爱的小动物、婴儿、美丽的景色、帅哥美女、幽默搞笑）所导致的接受者的心情、信源是不是专家、大多数人是不是赞成这个观点、信息是不是看上去很专业（比如有很多听不懂的概念、有外语，论据很丰富）等。这时候接受者会根据这些“非理性”的因素来决定自己是否接受说服。

研究发现，与中心路线相比，边缘路线导致的态度持续时间不长，而且容易改变。用这个模型，也可以解释前面所提到的“休眠效果”。在休眠效果中，接受者一开始并没能力真正理解说服性信息（实验所使用的信息都比较专业），只能采取边缘路线，从信源的权威性的外部暗示中，得出自己的结论。但是这种效果很难维持，信源暗示消退之后，人们又会按照信息本身的说服力来决定自己的立场。

总　结

本章要讨论的话题是一个与每人生活息息相关的题目。宣传与说服在我们身边无处不在，已经成为现代生活的一部分。我们很难想像一个没有广告和政治宣传的世界是什么样的。要理性地应对它们，首先要了解什么是宣传。

和前面的思路一样，我们本着多视角的初衷，介绍了关于宣传的几个话语。人文主义者从个人自由与民主的角度，反对宣传，并发起了宣传教育运动，这些活动今天已经演变成为媒体素养（media literacy）教育的一部分。作为一个现代公民，理性、批判地分析媒体信息已经成为和读书、写字一样基本的生活技能，它使我们能够拥有更多的选择，更好地控制我们的信息诠释行为。[①] 人文主义者对我们正确认识和使用大众媒体做出了贡献。

专业主义话语则主张宣传能够为社会服务，达到不同群体之间双向沟通的目的。新闻发布会、广告、活动赞助已经成为我们生活的一部分，计划生育、艾滋病防治、重大突发事件的应对，都要依靠政府及有关组织的宣传，简单地取消宣传显然是不明智的。问题在于如何保证传播的过程诚信、及时、公开、透明，尤其要表明宣传者的身份和信息来源。另一方面，除了对传播者提出要求以外，接受者也要承担相应的责任，尽可能理性、全面、批判地分析各类信息，而不是基于个人的偏见，轻率地做出结论。

科学研究者的话语把宣传作为一个客观的社会现象进行研究。在这里，我们又会看到第三章所说的研究范式的冲突，在宣传问题上，两个主要的范式是客观

---

① See W. James Potter：*Media Literacy*，Thousand Oaks，California：Sage，1998，p. 3.

经验主义范式和批判理论范式，客观经验主义范式在研究过程中，逐渐转到态度、说服这类具体的、微观的问题上，从耶鲁项目到深思的可能性模式，积累了大量的成果，这里介绍的只是其中的一小部分。而批判理论范式则继续坚持将价值与宣传概念联系在一起，用批判的锋芒，剖析在新技术条件下和新的社会环境中的宣传现象，提出了“新宣传”的概念，对宣传的新变化和对社会的影响进行分析与批判，让我们用新的角度看待种种“中立”的传播活动背后的意识形态。

这两种研究范式不仅在研究是否应该价值中立的问题上存在分歧，在研究方法上也存在明显的冲突。客观经验主义范式认为批判学派的研究宏观笼统，缺乏实证基础；而批判理论范式则指责经验学派只见树木，不见森林，不能把宣传与整个社会联系起来研究。你可以在不同的范式之间做出自己的选择，不过在判断之前，了解双方的证词有利于我们全面地建构整个图像。

宣传研究从另一个角度揭示了大众传播在现代生活中的两面性，除了光明的一面以外，它还具有阴暗面。作为现代社会的公民，全面地认识、谨慎地判断，才能适应这样一个复杂的媒体社会。

关键概念

宣传
总体宣传
鼓动宣传
整合宣传
宣传模型
新宣传
有限效果论（弱效果论）
魔弹论
大众社会理论
耶鲁项目
学习理论
信源的可信性假说
休眠效果
分离假说
恐惧诉求
一面提示和两面提示
明示结论和寓观点于内容之中
首因效应
近因效应
有信息支持的观点
缺乏信息支持的观点
可说服性
麦圭尔的传播/说服过程的输入输出矩阵
认知不协调理论
自我知觉理论
纯粹接触假说
潜意识说服
被动学习
深思的可能性模式
媒体素养

恐惧诉求的修正的平行反应模式

深入阅读

● Garth S. Jowett and Victoria O'Donnell. Propaganda and Persuasion, 3rd ed. Thousand Oaks, CA: Sage, 1999.

● 张巨岩：《权力的声音——美国的媒体和战争》，北京，三联书店，2004。

●［美］洛厄里、德弗勒：《大众传播效果研究的里程碑》，北京，中国人民大学出版社，2004。

●［美］泰勒、佩普劳、希尔斯：《社会心理学》，10版，北京，北京大学出版社，2004。

●［美］查尔斯·U·拉森：《说服：接受与责任》（影印版），10版，北京，北京大学出版社，2004。

思考与讨论

1. 为什么说宣传是一个现代现象？你同意这种说法吗？
2. 第一次世界大战后，学者对宣传的争论有几个观点？各自的主张是什么？
3. 你认为通过媒介素养教育能否消除宣传的影响？为什么？
4. 专业主义群体对宣传的自律能否达到他们所说的标准？为什么？
5. 你认为广告和公关是宣传吗？他们与政治宣传有何异同？
6. 李普曼所说的精英治国理念是否自相矛盾？如果是，你认为问题出在哪里？如果不是，为什么？
7. 如何理解“宣传是现代启蒙工程在传播领域的继续和具体化”？
8. 整合宣传和普通的信息传播有区别吗？为什么？
9. 为什么埃吕尔说个人也需要宣传？
10. 乔姆斯基所说的宣传模型是否说明美国的媒体是宣传工具？为什么？
11. 新宣传和旧宣传有何异同？
12. 你认为应该用什么方法研究宣传的效果？
13. 请简述耶鲁项目的主要课题及结果。
14. 对新闻报道或信息发布来说，耶鲁项目能够给我们什么启示？
15. 我们周围是否存在恐惧诉求？请举例说明。

16. 麦圭尔的说服矩阵能否说明说服的成功率很低？为什么？
17. 能否用发生在你身边的例子说明什么叫认知不协调理论？
18. 什么是纯粹接触假说？它和潜意识说服有何不同？
19. 什么是潜意识说服？你认为能够证明或证伪这个理论吗？
20. 什么是深思的可能性模式？请举例说明。
21. 从规范的角度看，你认为宣传在现代社会里有存在的必要吗？为什么？

第五章

从功能到效果

CHAPTER 5

本章知识结构及要点

☆ 大众传播的功能
- → 早期的功能研究
- → 修正的功能研究:知沟假说

☆ 效果研究的传播流传统
- → 人民的选择
- → 意见领袖研究
- → 创新的扩散
- → 新闻的扩散

大众传播对社会的影响，一直备受人们关注。早期的传播研究者受当时流行的功能主义影响较大，多从宏观的角度，对大众传播的影响问题做理论探讨，甚至还包括价值方面的讨论。这也折射出欧洲大陆的社会学研究传统对早期传播研究的影响。但是随着客观经验主义范式研究工具的进步，之前所讨论的问题被细化为认知、态度、行为等效果问题，价值判断也逐渐被中立的学术研究所代替。在20世纪后半期，仍然有一些以功能主义作为理论框架的理论问世（如知沟理论），但是与早期功能理论研究相比，证明的思路已经有了很大变化，宏观的、整体式的思辨被微观的、实证的研究所取代。

20 世纪 30 年代至 40 年代，拉扎斯菲尔德等人进行的实证效果研究取得较大的成果，改变了整个传播研究的格局，客观经验主义范式也逐渐确立。传播流（communication flow）观念的提出，为人们想象传播过程提供了新的图式。但是随着认识的深入，这些早期研究的理论框架，特别是传播流的图式的局限性逐渐显现出来。

本章我们回顾这些理论，不仅仅是出于历史的兴趣，更重要的是重新思考这些被探索过的研究路径，它们构成了我们今天大众传播研究的理论基础。

第一节　早期的功能研究

一、功能主义

功能主义是 20 世纪初期逐渐形成的社会理论，目的是从系统的、联系的视角，对社会的行动、仪式等宏观或微观的现象做出解释。

早期的功能主义起源于 19 世纪的社会学创始人斯宾塞和涂尔干等人。他们用生物学和进化论的理论来解释社会。社会被看做是一个有机体，它的不同部分就像生物体的不同器官，满足着整个生物体的需求，维持着系统的平衡。这些不同的部分不断地进化发展，随着社会分工的加剧，环境的变化，这些不同的部分遵循适者生存的规律，不断向前发展。①

这些早期的研究者虽然提到了许多现代功能主义的基本前提，但是真正把“功能主义”作为一个概念提出的，是人类学家。其中最有代表性的是波兰裔英国人类学家马林诺夫斯基（Bronislaw Malinowski，1884—1942）。他在《文化论》（*The Scientific Theory of Culture*）② 中专门论述了人类学研究中功能主义的立场。③ 在此之前，人类学研究处理材料的时候有两个理论框架，一是进化学派，把文化分成各种简单的要素，分别研究其演化过程。“进化学派的方法最重要的是出于‘遗俗’的概念，依靠这个概念，他们可以从现有的情状中去重构过去的‘阶段’。”另一派是历史学派，认为人类的器物及风俗具有一个最初的源

---

① 参见［英］帕特里克·贝尔特：《20 世纪的社会理论》，42 页，上海，上海译文出版社，2002。

② 值得注意的是，这里虽然使用了“科学的”一词，却并不是客观经验主义范式（实证研究）所说的科学，而是指广义的科学。在 20 世纪初，社会研究领域的“科学”所指还比较宽泛。具体见本书第二章的讨论。

③ 参见［英］马林诺夫斯基：《文化论》，北京，华夏出版社，2002。

头，然后通过各种途径，向四周传播扩散，所以他们认为文化研究就是追寻文化传播的路线，重构人类的历史。①

马林诺夫斯基认为，这两种思路都把文化当成了静止的事物。要么把它们看做是过去习惯的残骸，要么把它们当成被简单接受的外来事物，完全忽略了文化的生命力。文化功能学派认为："文化是包括一套工具及一套风俗——人体的或心灵的习惯，它们都是直接地或间接地满足人类的需要。一切文化要素，一定都是在活动着，发生作用，而且是有效的。"② 换句话说，我们应该把文化看做是与一个群体的各种其他要素积极地互动，满足着一定需要的动态的事物。因此，我们不应把文化当成是外在于某个群体的事物，或是古老行为方式的"遗存"，而应从它满足人们的现实需要中去考察它的功能。因此他们倡导亲身投入到田野调查中，发现这些过去被认为"野蛮"的文化的实际功能。

美国学者塔科特·帕森斯（Talcott Parsons，1902—1979）将功能主义引入了社会学，同时融合当时欧洲韦伯、马克思、涂尔干、帕雷托等人提出的理论，建构起了抽象的结构—功能主义理论，成为在 20 世纪中期非常著名的社会学范式，也直接启发了大众传播的功能研究。

帕森斯的结构—功能主义理论融合了许多欧洲传统，以抽象烦琐著称，甚至有人批评它缺乏明确界定的命题，只是一堆概念的堆积。帕森斯的结构—功能主义所要解决的问题是一个社会学中一直到今天仍然争论不休的问题：究竟社会成员的行动是由主观意志决定的，还是由外在的社会结构决定的。换句话说，社会的秩序如何达成，它与个人意志间存在何种关系。帕森斯认为，重复性行为具有一定的组织方式（结构），这种重复的行为使整个社会保持稳定，具有一定的秩序。这种作用就是这些结构所具有的功能。

帕森斯受系统论影响，认为任何一个结构或者子系统都具有维持整个社会系统平衡的作用。我们无法全面地介绍帕森斯的整个理论体系，这里以他在《现代社会的结构与功能》中提出的一个著名的 AGIL 模型（见图 5—1）为例，窥斑见豹，感受一下功能主义的思维方式。③

帕森斯认为，任何行动系统都必须包含同时满足四种需求或功能的因素。这

---

① 参见［英］马林诺夫斯基：《文化论》，13 页。

② 同上书，15 页。

③ 参见［美］T. 帕森斯：《现代社会的结构与过程》，北京，光明日报出版社，1988。如果想了解帕森斯的理论，还可以参见《社会行动的结构》，南京，译林出版社，2003。在对帕森斯理论的概述材料中，翻译成中文的有美国新功能主义者杰弗里·亚历山大所写的《社会学二十讲：二战以来的理论发展》，北京，华夏出版社，2000。

四种功能是：适应（A）、达标（G）、整合（I）与维模（L）。适应是指系统要适应外部环境，从中获得足够资源，并通过系统对这些资源进行分配；达标是指系统界定目标并动员各种资源和能力；整合是指行动系统内部各行动者和单位之间相互协作（coordinate）、调整（adjust）和调节（regulate），目的是保持整个系统的稳定和功能；维模是指充分激励行动者在系统中发挥作用或维持一定的价值观，同时应付系统内部的紧张关系。如果以整个社会为例，经济系统承担的就是适应的功能，政治承担的是整个社会达标的功能，法律执行的是整合的功能，而教育、宗教、家庭则执行的是维模的功能。这个模型还可以用来分析不同的系统，甚至其中的某个子系统，也可以像俄罗斯套娃一样，按照这个模式继续分析下去。

经济（适应）	政治（达标）
教育、宗教、家庭（维模）	法律（整合）

图 5—1　帕森斯提出的 AGIL 模型（以社会系统为例）

帕森斯的弟子，理论社会学家罗伯特·默顿（Robert King Merton，1910—2003）为功能主义的推广和理论修正做出了巨大贡献。默顿与传播研究也颇有渊源，他和拉扎斯菲尔德之间有着亦师亦友的亲密关系，还与拉扎斯菲尔德合写过一篇论述大众传播功能的论文（我们下面会提到这篇文章）。[①] 默顿把功能主义的主要观点概括为以下几点：

（1）一个社会是由相互关联的各部分组成的系统。

（2）这样的社会自然而然地趋向一种动态平衡的状态；如果产生不和谐，各种趋于稳定的力量将出现。

（3）一个社会的所有各种重复活动具有维持系统稳定的作用。

（4）一个社会中至少有某些规范化和重复的行动有着满足该系统关键需求的功能，否则此系统无法生存。[②]

功能主义自诞生起，就一直面临着许多争议。其中最具争议的，是其强调平衡稳定的保守性。功能主义的前提假设认为社会系统会趋于稳定，即使出现不和谐，其他各种力量也会重新调整，恢复平衡。一些学者认为，这暗示着现有的制度是最好的，只要维持它的稳定，在局部修修补补就可以。在 20 世纪中期以后，左派的激进政治风起云涌，这种观点被视为肯定现状的资产阶级意识形态。其后影响较大的社会冲突理论显然是针对功能主义的这个缺陷。另一个主要针对帕森

---

① 参见［美］埃弗里特·罗杰斯：《传播学史——一种传记式的方法》，255～258 页。

② 参见［美］德弗洛、洛基奇：《大众传播学理论》，5 版，35 页。

斯的批评是他的理论过于抽象，缺乏历史感。帕森斯反对实证主义的社会科学，它企图建构的是一个适用于所有社会的宏大理论，虽然帕森斯晚年有所改变，但总的来说，这个理论体系缺乏对社会变迁的关注，这一点也经常被斥为是为现状辩护的保守主义。此外，帕森斯的功能主义过于强调社会结构对个人的制约作用，对个人的能动性则不够关注，这一点与当时在激进运动中大出风头的存在主义形成鲜明对比。

因为上述原因，功能主义的光芒在 20 世纪 60 年代后，逐渐被新的理论所掩盖。虽然也有像德国学者卢曼这样改造功能主义的新功能主义者出现，但是毕竟它的黄金时期已经过去。

二、大众传播的社会功能

在传播研究者中，比较早地从功能的角度讨论大众传播影响的是拉斯韦尔。他于 1948 年发表了一篇题为《社会中传播的结构与功能》的论文。拉斯韦尔在文中虽然使用了“结构”和“功能”这样的概念，但是整个研究并没有使用帕森斯发展起来的现代理论框架（帕森斯最早系统阐述结构功能主义的书——《社会行动的结构》出版于 1937 年），而是采用了 19 世纪末学者们使用的有机体类比。[①] 拉斯韦尔在详细调查人类社会的传播过程中，发现其中许多现象和有机体、低等动物界的特化（specializations）现象相同。任何生命力都能保持内部平衡，适应环境变化。在适应过程中，需要通过独特的方式使生物体各个部分协调一致。在进化过程中，出现了一些特化的器官来执行特殊的功能。他要总结的就是传播在特化后所执行的功能是什么。

我们更感兴趣的是研究传播行为和整个社会的关系，而不是传播行为的分类工作。任何现象都可以从构造和功能两个方面来研究；我们对传播进行分析时将探讨那些承担某些功能的特化现象，其中最明显的功能有：（1）环境监测（surveillance of the environment）；（2）为了适应环境而使社会各部分建立相互关系（correlation of the parts of society）；（3）社会遗产的传承（transmission of the social heritage）。[②]

---

① See Harold Lasswell：The Structure and Function of Communication in Society，in Lyman Bryson (Eds.)：*The Communication of Ideas*. New York：reprinted by Cooper Square Publishers Inc.，1964.

② 同上书，38 页。

拉斯韦尔并没有对这三个功能做更系统的功能分析，仅仅以国家的传播为例，举出了三类执行上述功能的专业人士：外交官、使馆官员和驻外记者执行研究整个国家政治环境的功能；编辑、国内记者和发言人执行研究国家对外部环境的反应的功能；家庭和学校中的教育者则执行把老一代的某些反应方式传递给青年的功能。

虽然拉斯韦尔的分析很难谈得上具有严密的理论性，但是却给后来者以启发，环境监测、联系协调、文化传承成为大众传播的三个经典功能。查尔斯·赖特又加上了第四项"娱乐"功能，形成了大众传播的四功能说。

大众传播的环境监测功能主要是指大众媒体能够向个人或组织提供关于环境变动的最新信息。拉斯韦尔形象地把大众媒体比作"哨兵"，施拉姆把它比作"雷达"。环境监测的原始动机来源于安全需求，人们需要随时注意周围的环境对自己的影响。从这个深层原因，不难理解为什么媒体总是喜欢报道灾难、犯罪与反常的信息，因为正常的环境对人威胁不大，而非正常的环境变化则容易对人产生潜在威胁。当然，突发事件只是环境变化的一部分，另外一些缓慢的不易觉察的环境变化也很重要，但由于新闻报道体制和惯例，它们不像突发事件那样被深入报道（见第十一章）。如果大众媒体无法执行此项功能，那么会造成流言横行，组织合法性会受到质疑，乃至出现恐慌行为。在 2003 年春天的 SARS 危机早期和 2005 年的哈尔滨松花江污染事件中，大众媒体由于失语或欺瞒，没有执行此项功能，反而加剧了群体恐慌行为。

大众传播的联系协调功能主要是指对社会内部各子系统之间进行沟通、协调，使之能够正常运作。这里包括很多内容，既包括相互之间信息的沟通理解，也包括深层的价值观协调。赖特把这个功能称为"解释和规定"。特别是目前中国正在走向利益多元化与价值多元化，许多问题已经不再能简单地用是与非来衡量，大众媒体更应成为一个公共的论坛，让各种不同的声音得到表达与沟通。但另一方面，作为一个国家与民族，也有一些核心的价值观需要提倡，比如呼唤正义、相互尊重、多元宽容、助人为乐、反对滥用公共权力等，上述内容需要通过大众媒体予以确认与重申。

文化传承功能中的文化不单指文化知识（媒体毕竟只能传播比较通俗的内容），更多是泛指人类学上所说的群体的一切行为方式的总和，它包括社会角色、社会规则、风俗习惯等。赖特为了避免混淆，直接将这种功能称为"社会化"。通过大众媒体中他人行为方式的描述，我们学习特定角色的行为方式，这会直接影响我们现实生活中的角色期待。这一点在培养分析研究中还会专门进行讨论。

娱乐功能比较容易理解，这也是目前大众媒体中最常见的功能。在前面讨论传播的话语时，我们曾提到一种观点，认为有许多传播行为本身就是超功利的游戏，它给我们带来身心的愉悦。当然，另一方面，也有批评家指出，大众媒体所倡导的娱乐精神对整个社会产生了不良影响。[①] 这些问题，我们将在第 10 章的通俗文化研究中做进一步探讨。

三、拉扎斯菲尔德与默顿的功能研究

1948 年拉扎斯菲尔德与默顿在《大众传播、大众品味与有组织的社会行动》一文中，对大众传播的功能进行了研究。虽然有默顿的加盟，他们的分析仍然与真正的结构功能分析有一定的距离，与其说讨论的是大众传播的功能，不如说讨论的是其影响。[②]

针对当时学界对大众传播的批评，两位作者在文中首先进行了回应。20 世纪 40 年代对大众传播的批评主要有三个：（1）宣传、公关、广告等形成利益集团控制问题；（2）以大众传播形式出现的通俗文化造成的欣赏品味下降问题；（3）大众传播造成的社会服从现象（social conformism）。

第一个是美国进步主义者提出的，第二个问题主要来自当时的大众文化争论、法兰克福学派对文化工业的批判，第三个问题是法兰克福学派进行的威权人格研究的主要结论。不难看出，这些批评与当时法兰克福学派有很大关系，他们批评大众媒体内容浅薄、标准化，造成受众缺乏批判精神，成为资本主义统治下的顺民。拉扎斯菲尔德本人在去美国之前也是社会民主党人，对左派的观点持同情态度。在这篇文章中，他以中立的态度，肯定了上述批评的合理之处，也对其偏激之处进行了批评。

在对第一个问题的讨论中，拉扎斯菲尔德等人从自己的实证研究出发，认为大众传播在改变人的态度方面并不像人们想象的那么大（有限效果理论）。大众媒体只不过成为进步运动失败的替罪羊。进步运动为人们争取了更多的闲暇时间，但是人们并没有接触高级文化，却投入大众媒体的怀抱。在分析了“媒体影响巨大”的错觉之后，拉扎斯菲尔德等人也提出，大众传播有三个功能值得我们重视。

---

① 参见［美］尼尔·波斯曼：《娱乐至死》，桂林，广西师范大学出版社，2004。

② See Paul Lazarsfeld & Robert K. Merton：Mass Communication，Popular Taste and Organized Social Action. In Lyman Bryson（Eds.）：*The Communication of Ideas*. New York：reprinted by Cooper Square Publishers Inc.，1964.

地位授予功能（the status conferral function） 大众媒介授予社会问题、个人、团体以及社会运动以地位。大众媒介可以使个人和集体的地位合法化，从而提高其权威性。比如各种媒体明星，包括学术界的明星，往往是媒体报道较多，或者有争议的人物，不一定是这个领域的佼佼者。然而一旦媒体集中给予关注，会让受众认为这个人非常重要，他的行为和观点具有重要意义，值得我们特别关注。拉扎斯菲尔德还举例说，我们经常看到名人推荐某商品，表面上看是商家付费给名人，借助其知名度，但另一方面，通过代言，名人的地位也获得了承认——承认其具有代理某个商品的资格。另外，地位授予功能并不只是指授予个人地位，还包括社会问题和社会运动，使人们认为它们很重要，值得关注——这其实就是后面要介绍的大众传播的议程设置功能（见第七章）。

强制执行社会规范（The enforcement of social norms） 大众传媒可以通过“曝光”某些背离公共道德的行为，发起有组织的社会行动。这个功能与我们经常所说的舆论监督有许多相似之处，但是值得注意的是，被迫接受社会规范的对象不仅限于公众人物，也包括普通民众。通过让某些问题暴露在阳光之下，人们必须表明自己支持或反对社会准则。拉扎斯菲尔德等人认为，这弥合了“个人态度”和“公共道德”之间的差距。

麻醉的负功能（The narcotizing dysfunction） 这是一个比较容易引起误解的概念。首先解释一下负功能。在帕森斯的理论中，认为每个社会结构都具有促进社会平衡的作用，它把这种贡献称为功能。但是在现实中，有些结构会起到破坏社会平衡的作用；还有一些结构对社会某些部分来说起到促进平衡的作用，但对另一些部分则起到破坏平衡的作用。比如战争，虽然使许多人家破人亡，但对于军工厂或商人来说，则促进了其发展。因此，默顿提出，有些行为或结构会降低系统的适应性或调节能力，这些后果与功能相反，所以被称为负功能，或叫功能障碍。从这个角度来看，其实上面所说的地位授予和强制执行社会规范也具有负功能。比如地位授予会让一些投机取巧者赢得名利，法国学者布迪厄曾提到过那些与电视合谋的学术界的“快思手”，常常借助电视，在圈外人那里获得名声，再反过来为其在学术圈内谋取利益。[①] 另外，公关人员为了被媒体报道而制造出来的“假事件”也影响了公众对真正有价值问题的关注。强制执行社会规范，也会造成社会形成“广场政治”、“多数的暴政”，媒体或大众站在道德制高点上，压制个人的选择与自由。经常被提起的“媒体审判”、“网络追杀”就是典型的

① 参见［法］皮埃尔·布迪厄：《关于电视》，28页，沈阳，辽宁教育出版社，2000。

例子。

拉扎斯菲尔德等人认为，大众媒体会使广大群众在政治上冷漠和迟钝，把大量时间用在阅读、收听、思考大众媒体中，而不是投入到有组织的实际行动中。他们把对当代种种问题的了解作为采取行动的替代品，自以为对一个有争议的问题了解甚多而沾沾自喜，但实际上并没有对解决它做出实际的贡献，充其量只是一个旁观者。

尽管这个功能是否真正存在还值得讨论，但拉扎斯菲尔德和默顿对这一功能的论述相当具有批判性，他们从一个新的角度讨论了大众媒体对民主政治的影响。从这里我们也能看到，不同研究范式之间的区别也不是截然的。

20 世纪五六十年代，学者们又提出了大众传播的其他一些功能。霍顿和沃尔提出了大众媒介（主要是电视）具有准社会关系或准社会互动（parasocial relationship or interaction）的功能，即人们把电视中的人物或媒体名人看做是真实的交流对象，与其发生互动并建立某种关系。我们常常会像谈论一个朋友或邻居一样谈论某个名人，在看到某些主持人时会有一种亲切感，这些都是准社会互动的表现。[①] 佩林提出电视具有逃避不愉快经历的功能。[②] 史蒂芬森提出大众媒体有时具有游戏的功能（见第一章）。[③] 麦奎尔提出大众传播在某些时候还具有动员功能。[④]

随着实证的传播科学逐渐取代了抽象、宏观的传播功能研究。功能研究的一些课题逐渐成为效果研究的一部分，例如地位授予功能被转化成为更具操作化的议程设置研究。当然，这并不意味着功能主义已经完全退出了传播研究，作为一个理论框架，它仍然具有生命力，只不过需要结合更具实证色彩的微观分析。20 世纪 70 年代以后，许多研究者在解释定量研究数据时，都采取了功能主义的框架。比较著名的知沟假说就是从功能主义的角度来讨论大众传播的社会影响的，议程设置理论最早也以“大众传播的议程设置功能”出现。[⑤] 近年来的议程设置

---

① See Horton, D. & Whole, R. R: Mass Communication and Para-social Interaction. *Psychiatry*, 19 (1956), pp. 215 - 229.

② See Pearlin, L. I. : Social and Personal Stress and Escape Television Viewing. *Public Opinion Quarterly*, 23 (1959), pp. 255 - 259.

③ See William Stephenson, *The Play Theory of Mass Communication*, New Jersey: Transaction Books.

④ See Denis McQuail: *McQuail's Mass Communication Theory* (4th ed.), Thousand Oaks: Sage Publications, 2000.

⑤ See McCombs, M. E. & Shaw, D. L: The Agenda-setting Function of Mass Media. *Public Opinion Quarterly*, 36 (1972): pp. 176 - 187.

理论的新发展——议程融合理论也具有较浓的功能主义色彩。此外，使用与满足理论和媒介依赖理论也是用功能主义理论建构的。议程设置理论我们将在第七章介绍，使用与满足理论和媒介依赖理论将在第八章介绍，下面讨论一下功能主义视角下的知沟假说。

第二节　社会结构与大众传播的功能：知沟假说

一、知沟假说的提出

在一般人的印象中，大众传播无远弗届，广泛渗透，能够在短时间内让社会成员了解环境变动的信息，适合用来做普及或宣传工作。第二次世界大战后许多学者建议发展中国家通过建立大众传播网络来迅速缩小与发达国家的差距。还有一些人把大众传播作为教育工具，进行启蒙和传递新观念。在我国清末的改良主义运动和20世纪初的新文化运动中，文化精英们谈到大众传播（报纸）时，也经常提到这个话题。

在社会变迁过程中，科学及公共事务方面知识的获取，观念的更新，无疑起到关键的作用。但是随着经验研究数据的积累，研究者发现大众媒体所传递的信息，并不像最初想象的那样能够被不同社会层次的群体同时接受。社会经济地位较低者从大众媒体中没有获得足够的信息。虽然他们拥有的信息的绝对数量有所增长，但是相对于社会经济地位较高者，他们之间的差距仍在扩大。实际上，恰恰前一个群体是最需要提高信息拥有量的人。例如1950年发表的一篇研究宣传联合国的论文发现，在辛辛那提的成年人中，达到理想宣传效果的是文化程度较高、较年轻的男性；而文化程度较低的老年人对整个宣传一无所知。

根据这样一些研究，美国明尼苏达大学的蒂奇诺、多诺休和奥利恩（后两者属于社会学系）提出了这样一个假设：

> 随着大众传媒向社会传播的信息日益增多，社会经济地位高的人将比社会经济地位低的人以更快的速度获得信息，因此，这两类人之间的“知沟”将呈扩大而非缩小之势。①

---

① P. J. Tichenor，G. A. Donohue，C. N. Olien：“Mass Media Flow and Differential Growth in Knowledge”. *Public Opinion Quarterly*. Vol. 34，No. 2（1970）.

上述假设被称为“知沟”假说（“knowledge gap” hypothesis）。需要注意的是，这里所说的 knowledge 并不是指专业性的或高深的知识，而是对大众传播中报道的普通信息的知晓，比如说总统遇刺、人类登月等。蒂奇诺等人认为，公共事务和科技新闻的掌握对于社会变迁和个体发展来说至关重要，这些信息常常与社会权力联系在一起。知沟假说主要适用于有广泛吸引力的公共事务和科技新闻，它不一定适用于股市行情、社会新闻、体育及园艺等面向特定受众的话题。正因为知沟假设主要讨论的是这些严肃的信息在社会的分布不均，所以后来有研究者对这个假设中“知识”的定义方式提出了质疑。这个我们后文将谈到。

为什么会出现知沟现象呢？蒂奇诺等人总结了几个可能的原因：

（1）传播技能。受教育程度较高的人在阅读量和理解能力方面具有优势，这有助于他们从比较复杂的公共事务和科学信息中获取知识。

（2）信息储备。之前的正规教育和从大众媒体中获得的信息会帮助受教育程度较高的人提供理解知识的背景，同时，他们也更容易注意公共事务和科学方面的信息。

（3）相关的社会交往。受教育程度较高的人日常的朋友圈相对较大，而且与之交往的人也比较关注公共事务和科学信息，会通过人际传播等方式获得这方面的信息。

（4）对信息的选择性接触、接受和记忆。受教育程度较高的人群会更关注公共事务和科学方面的信息，对这些信息的态度更为积极，会主动接触并吸收。

（5）大众媒介系统的性质。在研究当时（20 世纪六七十年代），公共事务和科学信息主要通过印刷媒介传播，印刷媒介的主要受众教育程度较高，所以内容适应这部分人的兴趣与口味。但是印刷媒介对于公共事务和科学的报道具有时效性，重复较少，不利于社会地位低的人接受。

总的来说，这些原因可以分成两类，一是主观原因，受众自身的兴趣、能力与社会交往影响了不同群体对公共事务和科学信息的知晓，蒂奇诺等人认为，社会经济地位是造成上述结果的主要原因；二是客观原因，即印刷媒体的目标受众是那些有商业价值的主流人群，适应他们的兴趣与接受习惯，所以社会经济地位较高者从为他们量身定做的信息中获得的知识多，而社会经济地位较低者则很难在其中找到适合他们接受水平的信息。

二、知沟假说的证明

按照第三章介绍的科学环所说的研究步骤，接下来蒂奇诺等人对知沟假说进行了操作性的定义，它们至少可以表达为下述两种方式：

（1）经过一段时间后，文化程度较高的人从媒介大量报道的话题里获取知识的速度快，而文化程度较低的人获得知识的速度慢。

（2）在某一个时间点，媒体大量报道的话题，知识的获取与教育程度的相关性高，而报道量较少的话题，知识的获取与教育程度的相关性低。

这样就可以通过两种思路来证明知沟假说，一是纵贯研究，对比社会经济地位高低两个群体在一段时间里知识的增长速度；二是横剖研究，研究某一点上报道量多少对不同群体的知识增长量的影响。

纵贯研究的证据有两个。一个证据是之前研究者们对两则政治新闻扩散情况的研究，他们发现经过两天扩散后，文化程度较高的受访者对信息的知晓速度比文化程度较低的人更快。

证明知沟存在的第二个纵贯研究证据是对三个科技新闻的知晓程度调查。研究者们利用"美国舆论研究所"1949—1965 年的调查数据，研究了人造卫星、人类能否登月、吸烟与肺癌的联系三个话题在不同人群中的扩散情况。这三个话题在当时都引起了媒体大量的报道。结果发现，在不同教育程度的人群中，确实存在知沟扩大的趋势。以人类未来能否登月的调查为例（见图 5—2），虽然最高学历是小学、高中、大学的受访者对于登月计划的了解随着时间的推移都有增长，但是具有大学文化程度的人增长速度最快，三个群体之间的知晓差距在增大。

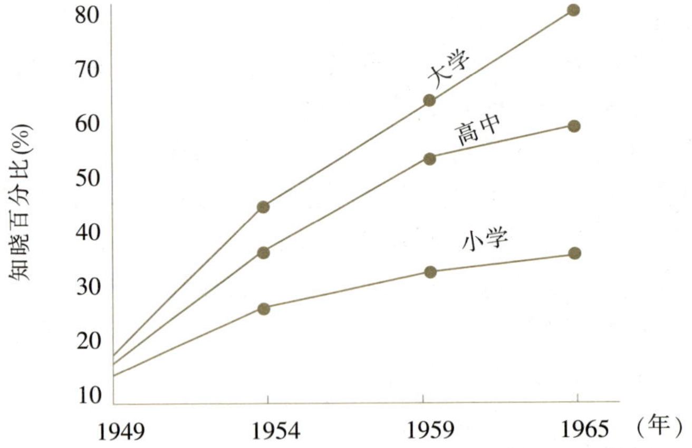

图 5—2　不同教育程度（小学、高中、大学）受访者中认为人类能够在看得见的未来登上月球者的百分比随时间的变化

在横剖研究方面，研究者们引用了一个偶然事件中的调查。1959 年萨缪尔森（Merrill Samuelson）对一个发生报纸罢工的社区和附近一个报纸正常发行的社区进行了对比研究。结果发现，在发生报纸罢工的社区，受教育程度较高和较低的群体间对当前公共事务的认知差异较小，而报纸正常发行的社区则差异较大。当然，这个研究缺乏罢工前后的对照研究，还不能说比较好地证明了知沟假说。

因为上面的研究主要采用的是抽样调查和二手数据，研究的内在效度不是很高，结论是推测性的，所以研究者们又进行了实验。对选自报纸的 22 篇医学和生物学研究文章以及 21 篇社会科学文章进行了阅读者理解测量，结果发现，之前报纸上报道得较多的文章，教育程度与理解程度之间相关性较高，反之相关度不明显。这个研究进一步证明了知沟假说。

三、知沟假说的修正与发展

蒂奇诺等人于 1970 年提出的知沟假说是一个从社会结构的角度解释大众传播功能的大胆假说，但是其中也忽略了很多细节问题。比如是否在所有环境下、在所有议题上都存在知沟？是否只有一种方式定义知识？社会经济地位较低者与较高者在知识获取速度上的差异是社会结构产生的，还是由个人主观兴趣产生的？知沟假设是针对印刷媒体提出的，不同的媒体是否会减少知沟的影响？不同的测量方法是否会得出同样结果……

在这些问题的猜想与反驳中，知沟假说的解释框架不断地完善起来。首先，针对最初理论框架的抽象性，1975 年蒂奇诺等人进行了反思，除了大众媒体的报道量、个人知识量、社会经济地位（教育程度）、时间之外，又加入了议题性质、冲突程度、社区结构和媒体报道模式四个变量，讨论了社会环境对知沟大小的影响。结果发现，除第四个变量没有得到证明以外，前三个变量均会对知沟产生影响。

研究发现，议题引起社区普遍关注时或社区处于激烈的冲突状态时，群体成员会积极地监测环境并相互交流，以减少不确定性，这会抵消社会经济地位带来的差异。此外，社区的结构也会影响知沟的差距，在一个同质化、小型的群体内，成员间比较熟悉，人际交流多，会抵消大众媒体造成的知沟；相反，多元化、大型的社区中，非正式的交往比较少，大众媒体的知沟不容易被抵消。因此，蒂奇诺等人对先前的假设进行了如下补充：

(1) 凡是能引起整个社区普遍关注的议题，该议题的知识就更可能得到均衡的分配。

(2) 当议题在社会冲突条件下产生时，知识均衡的可能性更大。

(3) 这种知识均衡，在一个小型、单一的社区内出现的可能性比在一个大型、多元的社区内出现的可能性大。

(4) 当公众的关注开始减退时，某一议题曾出现的知沟可能趋于减小。[①]

对社会行为解释，一直以来存在着结构—文化的对立。持结构主义看法的学者把个人的社会行为看做是社会结构（阶级、性别、种族、年龄等外在因素）的产物，而从文化出发的解释则把个人看做是积极的行动者，社会行为是个人主动选择的结果。[②] 这一分歧在知沟理论的研究中也有体现。

经典知沟假说采用了结构—功能主义的理论框架解释知识在不同群体中的分布不均，把原因归结为社会经济地位等结构性因素。而另一些研究者则从个人选择的角度，提出了另外的解释，他们认为知沟现象是个人的信息需求差异导致的。比如韦尔（Tom Weir）认为，人们之所以获得某类信息，兴趣比教育的作用更大。也就是说，社会经济地位较低者不关注公共事务及科学信息，主要原因不是他们无法理解这些信息，而是他们对这些信息不感兴趣，这些信息对他们的工作与生活无关紧要。韦尔还仿照心理学家马斯洛的需求等级结构，提出了一个信息搜寻等级（hierarch of information-seeking behavior，见图 5—3）。人们只有在满足了低层次的需求后，才会寻找高层次的信息，如果调查的知识说高于需求的等级，就会产生知晓差距。[③]

德温（Brenda Derin）则进一步对知沟假设中“知识”的定义提出质疑。她认为，美国的大众传播研究一直以来采取的是以传者为中心的模式，信源发出的信息是接受者希望得到的，接受者是被动的，整个信息传播过程是抽象的，脱离具体环境的。如果受众没有接收到或理解传者的信息，应该负责的是受众，她称这种研究方法将导致“指责受害者”（blaming-the-victim）综合症。因此，传播研究应该更多地从信息使用者的角度出发进行研究。[④] 经典的知沟理论把公共事务和科学信息方面的信息差距定义为知沟，这在德温看来，显然没有从使用者的

---

① 参见丁未：《社会结构与媒介效果——“知沟”现象研究》，35 页，上海，复旦大学出版社，2003。

② 参见［法］布迪厄、［美］华康德：《实践与反思：反思社会学导引》，北京，中央编译出版社，1998。

③ 参见［美］沃纳·赛佛林、小詹姆斯·坦卡德：《传播理论：起源、方法与应用》，285 页。

④ 参见上书，286 页。

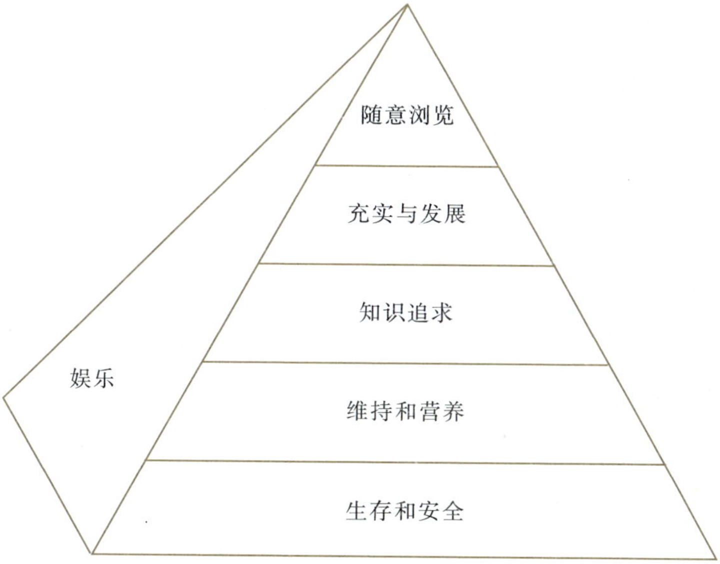

图 5—3 信息搜寻行为的等级

角度对信息做出界定，并不是所有人都认为公共事务和科学信息有价值，会对他们的生活产生影响。重要的是这些不同的信息对于使用者的意义是什么。

从个人需求和微观层面入手研究知沟的原因，避免了对社会行为做出单因素的解释，但是另一方面，也不能简单地把个人需求与社会结构割裂开来看。如何阐明社会结构与个人需求之间的关系，应该是这个假设进一步探讨的问题，这需要更为全面的解决结构与文化、宏观与微观矛盾的理论解释框架。此外，究竟何种信息会影响社会权力的获得，这也是值得研究的问题。某些信息属于个人的兴趣选择，而某些信息则与公民自治和个人发展息息相关。如果在前一种信息（比如动漫或者音乐）上出现知沟，那么并不会影响社会发展，但是在后一种信息上出现知沟（比如政治、经济方向的信息），则会造成社会进一步分化。

知沟理论第三个方面的发展是对传播媒介的探讨。经典的知沟理论主要针对印刷媒介而言，而印刷媒介的读者一般具有较高的社会经济水平，印刷媒介的内容也要求读者具有较高的分析与理解能力，这些因素会导致知沟产生。但是像电视的使用则与受教育程度关系不大，蒂奇诺等人称电视是某些领域的“知识均衡器”（knowledge leveler)。关于儿童电视教育节目《芝麻街》的研究发现，虽然前三种收视量的数据证明了知沟假说，但是经常收看该节目的家境穷困的儿童与富裕家庭儿童相比，进步得分更高，二者的知沟也在缩小（见图 5—4）。①

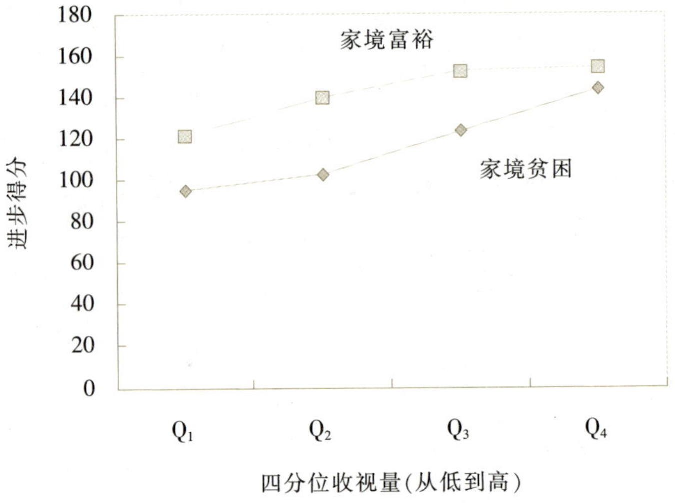

图 5—4　在四种收视量下家境富裕和家境贫困的孩子收看《芝麻街》后测试获益得分情况

资料来源：［美］沃纳·赛佛林、小詹姆斯·坦卡德：《传播理论：起源、方法与应用》，280 页，北京，华夏出版社，2000。

纽曼认为，电视媒体具有一些特征，使其不太可能形成因教育程度不同而导致的知沟。这些特征有：（1）观看电视与接触其他媒介不同，它与受教育程度没有什么关系；（2）社会经济地位较低的群体喜欢从电视中获取新闻；（3）人们观看电视的动机与他们使用其他媒介的动机不同；（4）电视观赏的特性是线性的、非随意的，电视观众不太可能像其他媒介的使用者那样对所观看的新闻或其他内容进行选择。另外值得注意的是，电视的主要功能是娱乐，它在传播研究者所测量的公共事务和科学信息方面很难明显地缩小知沟。②

前面提到的知沟假设的修正过程中，关键之处是人际传播。蒂奇诺等人认为，当信息引起人们广泛关注或者社区同质化程度高，人们交流比较多时，人际传播会缩小大众媒体引起的知沟。这一结论也得到了许多创新扩散研究的支持（见下一节）。但另一方面，也有研究者提出，人际传播不大可能跨越社会分层，

① 参见［美］沃纳·赛佛林、小詹姆斯·坦卡德：《传播理论：起源、方法与应用》，280 页。

② 丁未：《社会结构与媒介效果——“知沟”现象研究》，68 页。

这会影响人际传播对知沟的缩小。

总的来说，知沟产生的过程可以分成两个阶段，一是受众对大众媒介信息的接触，二是受众对大众媒介信息的认知。就某个议题而言，如果与之相关的所有因素在两个阶段都导致不同社会经济地位的群体产生差距，那么知沟将会比较明显，如果两个阶段的作用相互矛盾，那么知沟就会缩小，甚至出现“反知沟”。具体来说，如果媒介对某个议题的报道量很大，这个议题所涉及的是国际问题、国家问题、更吸引社会经济地位较高受众的政治和科学问题，并且发布的媒体主要是印刷媒体时，容易出现知沟现象。如果媒介对某个议题的报道量很小，这个议题涉及的是本地区的事务，而且具有冲突性，引起广泛关注，主要通过电视媒体传播时，就不太容易出现知沟现象。此外，测量方法的不同也会得出不同的结论。单次测量比较容易发现知沟，多次、长期测量则不容易发现知沟；开放式提问容易发现知沟，而封闭式提问则不容易发现知沟；在报道数量很大时测量容易发现知沟，而报道数量不太大时测量不易发现知沟。①

四、社会结构与大众传播的功能

知沟假说与之前注重态度和行为的取向不同，知沟假说重点讨论的是不同阶层的受众对信息的认知，这种取向反映了 20 世纪中期之后心理学研究的认知转向，同时期提出的议程设置也把注意力转向认知过程。

知沟假说从宏观的社会结构出发，提出了社会经济地位对媒体信息认知效果的影响。在这个假说中，主角并不是媒体，而是社会结构，虽然前面提到有部分学者认为个人兴趣也在其中扮演了重要角色，但是从长期来看，个人兴趣也会受到社会经济地位的影响。② 在知沟的形成过程中，大众媒体扮演了诱因的角色。大众传播不是导致知沟产生的最根本原因，却是促进知沟加深的重要因素。知沟研究发现，媒体报道得越多的话题，越容易产生知沟现象，媒体报道较少的话题，反而不容易出现知沟。这说明，如果仅仅增加传播中的信息量，而没有从根本上解决社会结构带来的传播技能和兴趣上的差距，不但无法消除知沟，反而会增大知沟。

---

① See Cecilie Gaziano：“The Knowledge Gap：An Analytical Review of Media Effects”. *Communication Research*，Vol. 10，No. 4 (1983).

② See Bourdieu，Pierre：*Distinction：A Social Critique of the Judgement of Taste*，translated by Richard Nice，London：Routledge & Kegan Paul，1984.

知沟假说提示我们在研究大众传播影响时，不要孤立地研究媒体对个体的影响，而要把媒体放到更大的社会背景中加以考察。蒂奇诺等人认为，从这些调查看，“大众媒体似乎具有与其他社会结构一样的功能：加剧或扩大了现有的不平等”[①]。从功能主义的视点来看，大众传播为社会权力和财富分配的不平等提供了知识方面的保证，使既得利益者能够保持其竞争优势，维护了现有社会制度的稳定。虽然其后的研究发现，并不是在任何议题、任何社区、任何传播渠道中都会出现知沟现象，但是大众媒体的大规模报道，客观上能够造成信息富有者的知识增加速度越来越快，与信息贫困者的差距越来越大，就像“马太效应”一样。公共事务和科学信息方面的知沟，导致普通民众在很多事务上丧失了发言权，沉迷于更为轻松的信息或娱乐之中，放弃了对公共事务的关心。从长期来看，会造成社会资源和权力的分配越来越不平等。培根所说的“知识就是力量（权力）”形象地描述了知沟的潜在影响。

知沟理论对传播与社会不平等的关注，使它带有一定的批判色彩。更宽泛地说，“知识沟”实际上是一种“传播沟”（communication gap）。随着全球化与信息技术的进一步发展，由国际间贫富差异和数字化技术带来的信息分配不平等引起了研究者们的关注，这也可以看做是知沟假说的延伸。

一些学者提出，在数字化技术的革命中，由于部分人能够拥有最先进的信息技术，能够使用计算机、网络接入、电信设施，他们就会比缺乏这些条件的贫困者拥有更多获得信息的机会，能够享受到信息技术带来的便利和发展个人能力的机会。社会被信息技术分成了“拥有者”和“匮乏者”两个部分，并且他们之间的差距会随着技术的发展越来越大。上述现象，被形象地称为“数字鸿沟”（digital divide）。

有学者认为，数字鸿沟表现在三个方面：（1）全球鸿沟：是指发达社会和发展中社会之间在进入网络方面的差距；（2）社会鸿沟：是指每个国家中由于种族、性别、年龄等造成的信息富有者和信息匮乏者之间的差距；（3）民主鸿沟：是指那些使用和不使用数字资源去从事、动员或参与公共生活的人们之间的差别。[②] 关于数字鸿沟的定义一直以来存在争议，甚至数字鸿沟是否存在等问题上也众说纷纭。和知沟假说一样，数字鸿沟到底是由社会结构造成的还是由文化

---

① P. J. Tichenor，G. A. Donohue，C. N. Olien：“Mass media flow and differential growth in knowledge”. *Public Opinion Quarterly*，Vol. 34，No. 2（1970）.

② See Pippa Norris. *Digital Divide：Civic Engagement，Information Poverty，and the Internet Worldwide*. New York：Cambridge University Press. 2001，p. 4.

（个人需求和兴趣）造成的也存在不同的观点。

中国的知沟调查才刚刚开始，我国学者丁未2001年对上海、北京、兰州三地的抽样调查发现，在我国同样存在较明显的知沟现象，但是知沟现象在中国的表现和原因与北美并不完全一致，许多问题还值得我们进一步深入研究。[①]

中国经济的迅速发展带来的社会和地区不平衡现象越来越显著，知沟既是贫富分化带来的结果，同时也是贫富分化进一步加剧的重要原因之一，因此关注中国的知沟现象以及与之相类似的"传播沟"、"数字鸿沟"等问题具有重要的现实意义。

传播研究在中国

丁未：《社会结构与媒介效果："知沟"现象研究》，上海，复旦大学出版社，2003。

本研究是"知沟"理论在中国现实语境下的一次验证。通过对国外百余项"知沟"实证研究的考察，作者总结出扩大或缩小"知沟"的四类条件：结构性变量、个体层次变量、媒介选题与报道量、测量方法，其中结构性变量发挥主导性作用。

作者于是从中国当前的社会结构特征——金字塔形的两极社会，经济资源与文化资源的分配趋于一致——出发展开研究。

研究对议题采用一次性静态测量的方式，通过统计各个议题在一定时间段内报道量的大小，观察不同议题所形成的"知沟"形态。

研究首先考察了社区环境与"知沟"的关系。"高"（大专以上学历者）、"中"（高中学历者）、"低"（高中以下学历者）三个不同文化组之间议题得分均值比较的结果显示，除上海地区在新《婚姻法》议题上"知沟"不明显外，"知沟"假设在各地、各议题中都存在；受众群体的社会地位（以文化程度为指标）与其媒介知识的获取量之间存在明显的正相关关系；尤其在报道量大的新闻议题上，不同文化水平的受众更容易出现明显的知识差距现象。

三地三个文化组议题得分差异性检验结果表明，三地的"知沟"形态在总

① 参见丁未：《社会结构与媒介效果——"知沟"现象研究》，126、150、179～184页。

体上受经济、文化、媒介环境因素作用力较小，但是，在各城市“知沟”形态的细部差异上，宏观社会环境因素仍对“知沟”产生局部的影响。

研究还发现：媒体的信息轰炸会造成知识差异的两极化，即经过媒体的大量报道，人群中的一部分人会获得充分的知识，而另一部分人则知之甚少，而且后者多为低文化程度者。

在信息渠道与“知沟”的关系中，调查发现：除广播接触时间外，教育程度与报纸、网络接触时间、人际交流频率（有关新闻信息的交流）呈正相关关系，与电视接触时间呈负相关关系；在媒介内容选择上，高文化程度者比中、低文化程度者更多地接触国际、国内新闻；在媒介观念方面，高文化程度者更希望通过媒介接触来“获取信息”、“积累知识”，他们对新闻、文化教育与经济消息有更多的需求，并更为经常地利用媒介工具获取信息解决日常生活中的问题；报纸、网络、人际交流对人们获取信息的帮助优于电视和广播。

研究还检验了个体动机、态度、性别与“知沟”的关系，发现：人们获取知识的动机（个体对议题的关心程度、议题对自身的影响程度、威胁程度）和态度（对议题主体的反感或同情）都会影响新闻议题知识的吸取，尤其在同一文化组内部，动机、态度强度与议题得分呈明显的正相关关系；两性之间存在较为严重的“知沟”，男性和女性在媒介接触、媒介观念和信息需求之间有较大差异，女性处于弱势地位。

该研究证实了在中国社会结构严重分化的大环境下，媒介效果中存在着普遍的知识鸿沟现象。其中关于广播、互联网两种媒介对“知沟”影响情况的考察，相对于以往研究着力于印刷媒介、电视媒体和人际交往，是一项拓展创新。

思考：

除了本研究的方法外，还可以有哪些路径研究中国的知沟情况？根据以上研究和你的经验，你认为影响中国知沟的特殊因素有哪些？如何对它们进行研究？

第三节　效果研究与传播流

一、人民的选择研究

20 世纪 40 年代，除了宏观的功能研究以外，随着研究工具的进步，效果研究也有了较大发展，并且逐渐成为大众传播研究中最受瞩目的领域。

本书第二章曾经谈到，效果研究是通过定量的方式，研究大众传播的内容、渠道或其他属性对受众所产生的影响。由于效果研究能及时对讯息及宣传技巧的影响做出明确的、定量的说明，受到了政府和企业的重视，容易获得相关组织和基金会的资助，因此效果研究成为大众传播研究的主要议题。虽然 20 世纪 20 年代的佩恩基金研究（电影对儿童的影响）和 1938 年《世界大战》广播剧的调查已经开始探讨效果问题，但是最具开创性的还是拉扎斯菲尔德等人在 1940 年进行的总统选举研究，由于其研究方法缜密、成果丰富，这项研究成为效果研究的典范。

这项研究调查了 1940 年总统选举（民主党的罗斯福对共和党的魏尔基）中选民的投票行为。该调查的核心问题是发现人们如何及为何做出投票决定。这是一个描述性研究，目的在于探索选民的投票决策过程。研究的结果于 1948 年出版，书名叫《人民的选择：选民如何在总统选举中做出决定》（*The People's Choice*：*How the Voter Makes up His Mind in a Presidential Election*），所以这次研究也被称为“人民的选择研究”[①]。

在此之前，芝加哥学派也进行过投票的生态分析，研究一个城市中不同社区的投票结果是如何分布的，但这只是一种大致的估计，并不精确，因为在某一生态社区中生活的，并不完全是某一单一特征的成员。而拉扎斯菲尔德等人的研究选择了美国俄亥俄州的伊里县居民作为调查对象。该县人口大约 4 300 人，基本上是当地土生土长的白人，主要从事农业和工业生产，没有较大的贫富差距和阶级区别，是一个比较传统的社区。

为了全面准确地描述选民的投票行为，拉扎斯菲尔德使用了固定样本反复访问法。这是一种纵贯研究方法，颇能体现定量研究的严密性。

---

① Paul F. Lazarsfeld, Bernard Berelson, and Hazel Gaudet: *The People's Choice*: *How the Voter Makes up His Mind in a Presidential Election*. New York: Columbia University Press, 1948.

研究者首先从全县 4 300 人中抽取 3 000 人，再把后者分成 5 个各 600 个样本的小组，对其进行配对（match）后，重复访问（见表 5—1）。这四组样本被称为“固定样本”（panel）。通过对同一样本（中心组）反复调查，就可以追踪该群体在选举前不同阶段的投票意向及影响因素，在每一阶段，都可以把大众传播的政治宣传与选民的政治行为一一对应，从而观察其影响。

表 5—1　固定样本设计与访问时间表

时间表	5 月	6 月	7 月	8 月	9 月	10 月	11 月
		共和党代表大会		民主党代表大会		选举	
访问次数	1	2	3	4	5	6	7
被访问的小组	总体民意测验（3 000 人）	中心组 600 人	中心组 600 人	中心组 600 人	中心组 600 人	中心组 600 人	中心组 600 人
			对照组 A 600 人	对照组 B 600 人		对照组 C 600 人	

但是，在调查中经常会出现研究者的研究行为干扰被访者，导致调查数据不能反映真实情况。对中心组的反复访问是否会影响其投票决策与选举行为呢？为了使调查数据无懈可击，拉扎斯菲尔德等人设置了几个对照组，其中对照组 A 在 5 月和 7 月分别访问两次，对照组 B 在 5 月和 8 月分别访问两次，对照组 C 在 5 月和 10 月分别访问两次，还有一个 D 组只在 5 月访问过一次。其中重点研究的中心组从 5 月开始到 11 月，每月访问一次。由于这 5 组居民随机抽取并进行了配对，除了访问次数不同外，其他外在条件全部相同。如果对中心组的反复访问会影响投票行为，那么中心组的投票结果就会与其他组不同。最后结果发现，这 5 个组的投票结果基本相同，这说明反复访问没有改变选民的投票行为，研究结果是可靠的。

二、大众传播的弱效果理论

在对中心组进行为期半年的追踪后，研究者发现根据人们的决策方式，可以把选民分成两大类（见图 5—5）。第一类是保持稳定者，这些人从第一次调查到最后投票，一直支持某个政党，从未发生过动摇。第二类是改变者，其中又可以分成三部分，分别是结晶者、动摇者和改变党派者。结晶者一开始不清楚应该支持哪个政党，但是通过接触媒体的报道，逐渐认识到自己的利益与哪个党派最接近。动摇者是在选举宣传的过程中，对自己最初的决定产生过怀疑，但是最后又回到最初选择的选民。改变党派者是指在竞选宣传过程中，彻底改变自己最初的决定，转而支持另一党派的选民。研究者发现，竞选兴趣越大的选民，越早做出决定，而且他们态度坚定，不容易发生动摇或改变。

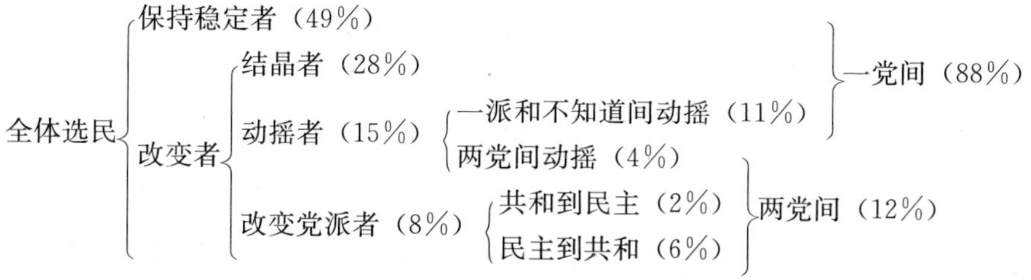

图 5—5　人民选择研究中选民的投票意向变化情况

资料来源：根据《人民的选择》内容整理绘制。

根据上述调查，拉扎斯菲尔德等人认为，在大众媒体的激活、强化和改变（activation，reinforcement and conversion）三种效果中，选举宣传在改变选民的投票决定方面影响不大，只有 8%的选民改变了最初的立场，而对于大部分选民来说，大众媒体的宣传只是激活或强化了他们既有的政治倾向。

为了证明这一假说，研究者在选举宣传开始之前根据人们的外在社会特征，编制了政治既有倾向指数（Index of Political Predisposition，IPP）。研究者们发现，社会经济地位、宗教信仰、城乡差别会对投票意向产生影响。具体来说，经济地位越高、信仰新教、居住在县区的选民，越倾向于投共和党的票，反之，经济地位越低、信仰天主教、居住在城市的选民，越容易投民主党的票。根据这个规律，研究者对不同的特征组合，赋予了不同分值（见表 5—2）。

表 5—2　政治既有倾向指数的分布

SES（社会经济地位）	新教徒		天主教徒	
	县区	城市	县区	城市
上	1	2	3	4
中	2	3	4	5
中下	3	4	5	6
下	4	5	6	7

研究者预测，选民得分越高，越倾向于投民主党的票；得分越低，越倾向于投共和党的票。结果发现，在 IPP 得分为 1～3 分的选民中，有 67%最后投了共和党一票，而得分 4～7 分的选民中，有 74%投了民主党的票（见表 5—3）。平均起来，在所有选民中，有 70%的人最后的投票结果与之前研究者估计的政治

既有倾向保持一致。也就是说，选民的投票意向，主要是由其社会经济地位、宗教信仰和居住地决定，大众传播宣传不容易改变这些外在因素的影响，这被称为政治既有倾向假说。

表 5—3　　政治既有倾向指数与投票结果

IPP 得分	共和党	民主党
1～3	67%	33%
4～7	26%	74%

不仅如此，研究者还发现，政治既有倾向还影响着选民对信息的接触。IPP得分为1～3分的选民，54%只接触共和党的宣传信息，IPP得分为4～7分的选民，61%只接触民主党的宣传信息（见表5—4）。换句话说，多数选民只接触和自己既有倾向一致的信息，这被称为选择性接触假说。符合民主理想的理性选民，本应全面听取两方意见，既有政治倾向较弱，但是研究发现，这样的人实际上只是极少数。而且研究者还发现，忠诚的党员所接触的宣传信息最多，然而接触宣传最多的人，大多选择自己支持的党派的信息。

表 5—4　　政治既有倾向与选择性接触

IPP 得分	共和党	民主党	双方
1～3	54%	35%	11%
4～6	17%	61%	22%

总之，本次调查发现，由于政治既有倾向的影响和选择性接触的影响，大众传播中的政治宣传在改变选民既有投票意向上的效果非常微弱，大众媒体最明显的效果是强化和激活既有政治倾向。然而拉扎斯菲尔德等人认为，把大众传播的“效果”仅限于“改变”是十分幼稚的。如果没有大众传播，个人观点得不到确认，那么人们很容易改变自己原有的立场，特别是对于结晶者和动摇者来说，大众传播的信息为人们提供了证实自己立场的证据。我们在第四章提到，如果人们根据自己的政治既有倾向选择了某一观点后，会产生某种认知不协调，如果能够寻找到相关信息进行确认，这种不协调感就会消失。反之，他们就很可能改变自己的选择来重新获得平衡。

但是对于政界和商界来说，人们态度和行为的改变才会带来现实的支持和利益，所以早期把大众传播的效果定义为短期内对态度和行为的改变，导致大众传播的无力性被夸大了。20世纪60年代以后，随着研究者把注意力转向大众传播长期的、潜移默化的认知效果时，这种“弱效果论”（minimal effects）或“有限效果论”（limited effects）的印象才逐渐被消除。

三、传播流与两级传播

在调查过程中，拉扎斯菲尔德等人还发现了一个预料之外的现象。之前的大众社会理论认为，社会是原子化的，信息由大众媒体直接流向个体，但是研究者们根据部分数据推测，许多选民得到的信息并不直接来自大众媒体。大众媒体的信息先流向人际传播中的活跃分子，然后再流向其他选民。拉扎斯菲尔德等人把人际网络中积极地向他人传递信息产生影响的人称为意见领袖（opinion leader），把这种由大众媒体经意见领袖过滤再到个体的信息流动过程称为两级传播（tow-step flow of communication）。研究者们推断，由于人际传播的非正式性（导致接受者防御心理降低）和灵活性，它的效果要大于大众传播。

正如卡茨（Elihu Katz，1926— ）所说，在人民的选择研究中，两级传播假说是阐述得最不充分的假说，甚至超出了其证据的支持范围。[①] 但是这一发现却影响了大众传播研究的方向，加上之前拉斯韦尔提出的传播5W模式的影响，大众传播研究开始关注信息从大众传播，经过群体、意见领袖等中介，最后到达个人的流动过程，这一过程被形象地称为传播流（communication flow）。

继人民的选择研究之后，又有不少研究进一步探讨了大众传播的信息是如何通过意见领袖流向个体的，个人影响的流动路线是什么，这些意见领袖具有什么特点，他们是如何影响其他个体的，意见领袖与大众传播具有何种关系等问题。

在这些研究中，最关键的是确定谁是意见领袖。因为意见领袖是自然而然形成的，所以仅从外在的特征很难准确判断。有时候意见领袖及其追随者自己都意识不到他们之间存在着影响和被影响的关系，而且被访者的记忆会出现偏差，所以通过被访者指定的方式也存在一定的问题。罗杰斯（Everett M. Rogers）以创新扩散网络为例，把各项研究中意见领袖的确定方式归结为4种（见表5—5），这些方法也基本适用于其他信息网络中意见领袖的测量。[②]

---

① See Elihu Katz: “The Two-step Flow of Communication: An Up-to-date Report on an Hypothesis”, in *The Public Opinion Quarterly*, Vol. 21, No. 1 (1957).

② See Everett M. Rogers: *Diffusion of Innovations*. 4th ed., New York: The Free Press, 1995, p. 291.

表 5—5　　测量扩散网络中意见领袖的 4 种方法的优缺点

测量方法	描述	提出问题	优点	缺点
社会人际学方法	询问系统成员在采纳新观念的过程中会找谁获取某个问题的信息和建议	谁是你的意见领袖	易于设计，适用于多种不同的背景和主题；效度最高	数据分析比较复杂；被访者数量大；不适用于只针对整体部分样本的调查
被调查者的评估	主观地选出一个系统中居于关键地位的被调查者进行访问，确定意见领袖	系统中的意见领袖是谁	与社会人际学方法相比，节省财力和时间	每个被调查者必须对整个系统十分熟悉
自我指定	让受访者回答一系列问题，确定他（她）在多大程度上认为自己是意见领袖	你是这个系统中的意见领袖吗	测量受访者对自己是否是意见领袖的感知，这些感知会影响其行为	取决于受访者是否能够准确地确定和报告他们的自我形象
观察	确定并记录传播网络中的联系方式	无	效度较高	比较武断，最适用于非常小的系统，要求观察者具有相当的耐心

尽管不同的方法会影响研究的结果，但是多数研究发现，意见领袖具有以下几个特征：

（1）意见领袖与被影响者基本属于同一阶层。卡茨和拉扎斯菲尔德在购物、时尚、电影、公共事务几个议题上的研究发现，除了公共事务外，其他议题的意见领袖都与追随者具有相似的政治经济地位，而且通常他们都属于家庭、朋友和同事等同一个初级群体。正因为意见领袖与被影响者相似，在大多数与生活相关的问题上，其建议才更具有参考性。这也就意味着，各个不同层次的群体都存在自己的意见领袖。

（2）一般来说，意见领袖只在某些特定领域上具有权威性。虽然也存在在所有问题上都能够给他人提供指导的意见领袖，但是这更多地存在于传统社会。在现代社会中，意见领袖一般只在一个或几个领域能够为他人提供建议。而且这种权威性是相对的，意见领袖并不一定是一般意义上的“专家”，只要被影响者承认意见领袖的建议具有价值，此人就是意见领袖。此外，研究者还发现，由于意见领袖只局限于特定领域，因此经常会出现在不同的领域，人们互为意见领袖的情况。

（3）在多数情况下，意见领袖具有通过适当的媒介把本群体与群体环境的对应部分联系起来的功能。拉扎斯菲尔德等人在人民的选择研究中发现，政治感兴趣的人接触大众媒体较多，因此他们推论这部分人也会对其他人产生影响。但是之后的一些研究发现，意见领袖不一定接触大众媒体较多，有的意见领袖通过其他方式，如人际交往、所处的特殊位置等也可以获得群体所不知道的信息。研究发现，在本地事务上的意见领袖并不一定接触大量的大众媒体。同时，意见领袖经常提到自己也受到他人影响。这从另一方面也说明，传播流中意见领袖其实还可以细分为多个层级，在同一信息链条上，可以同时存在多个意见领袖，出现 3 级、4 级甚至更多的中间环节。

（4）意见领袖具有易接近的特点。意见领袖可以为追随者提供建议，除了具有一定的权威性外，一般还经常与人交往，积极地向他人提供信息。

（5）一般情况下，意见领袖的影响要大于大众传播的影响。拉扎斯菲尔德等人在《人民的选择：选民如何在总统选举中做出决定》中曾提到，意见领袖具有灵活性，常常不会刻意地施加影响，反而造成接受者防御性降低，容易受到影响。他们还提到一种极端的情况，有些选民是被朋友拉到投票站直接投票，人际影响根本未经过信息认知和态度转变过程就直接产生作用。人际关系除了作为信息渠道产生影响外，还是社会压力的来源和社会支持的来源。在研究新药品在医生中的扩散时发现，医生团体的社会支持给了医生采用新药的信心。后面将要提到的创新扩散研究也发现，在创新采用的说服阶段，人际传播的说服效果远大于大众传播。

什么样的人会成为意见领袖呢？或者说如何划分谁是产生影响的人、谁是被影响的人呢？卡茨认为与三个因素有关：（1）体现了某些价值观（该人是谁?）；（2）能力（该人知道什么?）；（3）在社会中的位置（该人认识谁?），社会中的位置又可以分为该人在群体中认识谁，该人在群体外认识谁。[①]

一般来说，被影响者之所以愿意咨询意见领袖，是因为被影响者认为他（她）具有一定的吸引力，或者想在某个方面和他（她）一样。因此意见领袖一般在自己擅长的领域体现了追随者心仪的某种价值。

意见领袖的能力主要表现为知道某领域的大量信息。前面也提到过，意见领袖并不是通常意义上的“专家”，他只要能够得到追随者的承认就可以。

“他认识谁”主要体现在意见领袖的易接近性上。有些人虽然在某方面具有丰富的信息，但是如果他们难以接近（比如处于较高的阶层），那么他们很难实

---

① See Elihu Katz: “The Two-step Flow of Communication: An Up-to-date Report on an Hypothesis”, in *Public Opinion Quarterly*, Vol. 21, No. 1 (1957).

际产生影响。这也解释了为什么意见领袖总是与被影响者处于同一阶层或群体。但是另一方面，意见领袖除了与本群体成员具有密切的联系外，常常还在群体外拥有大量接触点。比如在医生采用新药的研究中发现，有影响力的医生经常离开本市参加外面的医学会议。

回过头来，我们可以看到传播流研究与两级传播具有一个重要的特征，即把信息的传播与效果放到社会群体和人际网络的背景中加以考察。这与之前大众社会理论抽象地理解个体与大众传播形成了鲜明的对比。这一取向受到了当时社会学中比较流行的小群体研究的影响。① 该理论认为，个人的人格特征和行为模式主要来自于后天的习得，其中尤其重要的是个人生活的初级群体（primary group）。初级群体是美国社会学家查尔斯·库利提出的概念，他认为初级群体是亲密的、面对面接触和合作的群体。它形成了个人的社会性和个人思想。家庭、儿童小伙伴等都是初级群体，后来这个概念扩展到一切类似于家庭、伙伴的，具有亲密关系的群体。② 20 世纪 20 年代美国学者进行了霍桑研究后，进一步认识到小群体和人际关系的重要性。工作场所是一个系统，一切物质方面的客体（包括报酬刺激）都必须和人联系起来才能得到全面理解。③

传播流与两级传播研究，正是在这样一种重视小群体及人际关系的背景下展开。我们常常看到一些人将传播理论中的“意见领袖”用于在媒体上发言的权威人士，严格来讲，这并不符合两级传播中“意见领袖”的定义。意见领袖是指存在于一定的小群体中，可以面对面接触的个体，一般与被影响者之间处于同一阶层。当然，如果把社会看做是一个大群体，把通过大众媒体间接产生影响的人也看做是“意见领袖”，从日常语言层面上理解也是可以的，但是它与传播流中所说的意见领袖已经有了本质的不同。

第四节　创新及信息的扩散

传播流研究带有比较浓厚的管理研究色彩，其成果更容易被利用信息影响受众的人运用。该理论框架比较关注微观的态度和行为效果，但是缺乏与更大的社会环境的联系，难以更深入地解释大众媒体的长期的、潜移默化的影响。因此，

① 参见［美］洛厄里、德弗勒：《大众传播效果研究的里程碑》，173 页。
② 参见郑杭生主编：《社会学概论新修》，203 页，北京，中国人民大学出版社，1994。
③ 参见［美］丹尼尔·A·雷恩：《管理思想的演变》，308～332 页，北京，中国社会科学出版社，2000。

到20世纪中后期，大众传播研究的注意力已经转向其他理论框架，然而创新扩散研究，由于其研究对象的特殊性，延续了传播流的研究。

一、什么是创新

所谓创新的扩散（diffusion of innovation）是指创新经过一段时间，经由特定的渠道，在某一社会团体的成员中的传播过程。[①] 创新扩散的研究涉及农业、教育、公共卫生和医疗、新闻传播、营销学、地理学、一般社会学、一般经济学等诸多领域。现代社会是一个高度依赖创新的社会，不仅新的观念、制度、技术的扩展至关重要，对于政府和商业活动来说，一项新的政策和新的产品、服务的推广，其实质也是一个创新扩散过程，因此该题目备受关注。

创新的扩散研究最早是在20世纪40年代初的农业社会学中提出的。当时的研究者发现，农业良种的开发收效不大，原因是农民不愿采用新品种。要使杂交品种得到推广使用，还必须经历一个创新信息的扩散与说服过程。[②] 在这个过程中，信息的传播至关重要，它起到降低新技术带来的不确定性的作用。传播学者罗杰斯从1962年起，一直追踪和总结创新扩散研究的发展，他所写的《创新的扩散》已经成为这一领域的经典之作。

罗杰斯认为，创新（innovation）是被采用的个人或团体视为全新的方法、实践或客体。这个定义的关键之处在于，创新与否是相对于特定群体而言的，并没有客观的标准。对于某些群体来说是司空见惯的事物或实践，对另一个群体来说可能就是全新的。一个创新能否被大众接受，取决于几个因素：（1）相对优势；（2）兼容性；（3）复杂性；（4）可试验性；（5）可观察性。换句话说，如果一个群体主观感觉一个创新的价值越大，它就越容易被该群体接受。具体而言，一个创新和它所取代的事物相比优势越大，与现存的价值观、潜在接受者过去的经验和需求冲突很小，复杂性不高，可以通过试验进行考察，并且人们可以直接观察结果，那么这个创新就更容易被人们接受。

创新在扩散的过程中并不是一成不变的，研究者们发现有时使用者还会对创新进行再发明，改变其最初的用途、方法、价值或使用环境。过去我们常常把这种“误用”看做是一种错误，现在人们越来越从积极的方面来看待这些行为。比

① See Everett M. Rogers: *Diffusion of Innovations*. 4th ed., New York: The Free Press, 1995, pp. 5-7.

② 参见［美］洛厄里、德弗勒：《大众传播效果研究的里程碑》，110～111页。

如麦当劳在全世界不同国家的扩散中，就存在一个再创造的过程。“吃麦当劳”在不同的国家具有不同的意义，该品牌也在适应不同的地区文化。

二、创新的扩散过程

研究者们发现，具备了扩散潜力的创新在人群中的扩散轨迹呈S形（见图5—6），早期的采用增长速度较慢，但是到达临界点，就会进入高速增长的起飞阶段。在此阶段后，由于系统中已有足够多的个体采用了某项创新，扩散过程就会稳步增长，具有一定的维持能力。当创新在潜在人群中达到较高的普及率后，扩散的速度就会逐渐下降，这时主要是较为滞后的采用者进入。

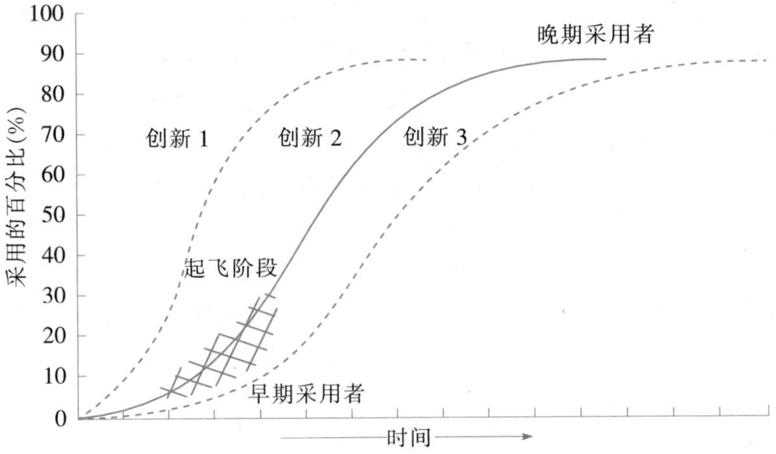

图5—6　扩散时间不同的创新的扩散曲线的形状

按照上述S曲线所描述的普及过程，研究者将不同的采用者与曲线不同部分加以对应，分成5个群体（见图5—7），它们分别是：

（1）创新者，具有冒险精神，从系统外引入新观念，启动创新思想在本系统内的扩散，是新思想采纳的“把关人”，尽管他们并不一定受到系统内其他成员的尊敬。

（2）早期采用者，受到其他成员的尊敬，是既成功又谨慎的创新采纳者，在系统中扮演意见领袖的角色，会和周围人谈论自己对于该创新的主观评价，减少创新扩散过程中的不确定性。

（3）早期的大多数，这个群体深思熟虑，既不是第一个吃螃蟹的人，也不是最后一个抛弃陈腐观念的人。他们在扩散中起到承上启下的重要作用，相互影响，谨慎地跟随创新潮流，但很少会领导这种潮流。

（4）晚期的大多数，这个群体的人数与早期的大多数一样占全体人数的1/3，他们对创新持怀疑态度，他们在大多数成员采用创新后才会跟随。他们采用创新，可能既出于经济利益的考虑，也是因为周围大多数人给他们造成了压力。

（5）滞后者，是系统内最后采纳创新的群体，他们坚持传统，对事物的看法相比较最为狭隘，许多几乎是与系统社会网络隔离的遁世者，由于财力有限，他们对创新具有一种抵制态度，只有确信不会失败后才会采纳。

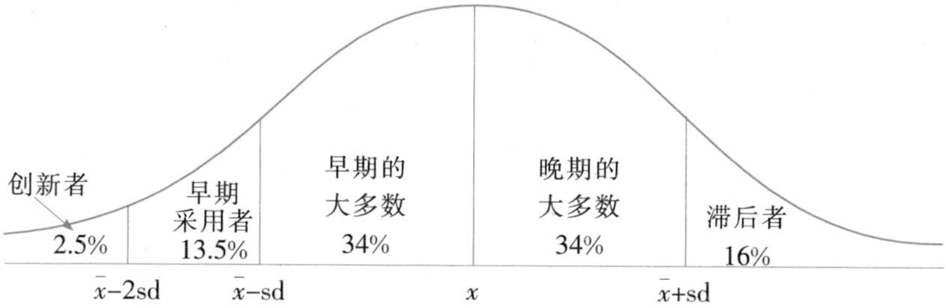

图 5—7　各种不同的创新采用者之间的关系以及在采用曲线上的位置

研究者们把个人接受创新的决策过程划分为五个前后相继的阶段：

（1）认知阶段：个人（或其他决策单位）了解到某项创新的存在并对它的功能有所认识。

（2）说服阶段：个人（或其他决策单位）对创新形成赞同或反对的态度。

（3）决策阶段：个人（或其他决策单位）对创新做出采纳或者拒绝的选择行为。

（4）实施阶段：个人（或其他决策单位）将创新付诸使用，也包括再创新和修改创新。

（5）确认阶段：个人（或其他决策单位）为已完成的创新—决策寻求进一步的证实，或者改变先前做出的接受或拒绝的决定。

在决策过程的研究中，和两级传播有关的成果主要集中在认知和说服阶段。研究发现，对一项创新了解较早的人，与了解较晚的人相比，具有如下特征：（1）受过更多的正规教育；（2）具有更高的社会地位；（3）更多地受到大众传媒渠道的影响；（4）接触的人际渠道更多；（5）与创新机构的接触更多；（6）更多地参与社会；（7）眼界更开阔。

三、创新的网络

有两种划分创新传播渠道的方式。第一种划分方式把传播渠道分为大众传播媒体和人际传播媒体。第二种划分方式从信源的角度把传播渠道分为本地渠道（local channels）和全球渠道（global channels），这里所说的“全球”渠道泛指来自于本系统之外的渠道，比如大众媒体广告、推销员等，而本地渠道则指与接受者处于同一系统之内的渠道，比如朋友、邻居等。研究发现：（1）大众媒体在创新—决策过程的认知阶段相对而言比较重要，而人际关系渠道在说服阶段比较重要；（2）全球渠道在创新—决策过程的认知阶段相对比较重要，而本地性渠道在说服阶段比较重要；（3）对较早的采纳者而言，大众媒体比人际关系渠道更加重要；（4）对较早的采纳者来说，全球渠道比本地性渠道更加重要，而这对较晚的采纳者来说则不明显。

在创新扩散渠道的研究过程中，人们发现早期传播流所说的线性扩散模式（大众传播—意见领袖—受众）并不能准确地描述真实的扩散过程，扩散网络研究逐渐取而代之。

研究者把创新扩散的网络分为两类，一类是同质性网络，一类是异质性网络。同质性指的是进行沟通的两个个体之间相似程度较高，异质性则是指差异度较高。大多数人际扩散网络都具有同质性。但是同质性也可能成为信息流动的无形障碍，因为同质性社会成员之间的相互影响仅仅是水平流动。而新观念通常通过社会地位较高并且比较具有创新精神的成员进入系统。高度同质性阻碍了创新的垂直流动。相反，异质性网络则有利于加快扩散。但是另一方面，同质性网络虽然延缓了扩散速度，然而有时社会上层的行为与意见可能并不适合下层的个体。

当人际扩散网络异质时，追随者通常寻找社会经济地位都很高、教育背景良好、与大众媒体接触较多、眼界开阔、能够放眼世界、与创新代理人有频繁来往、最具有创新精神的人作为意见领袖。这一点与前面提出的意见领袖的特征基本相似。

人际网络的同质性与异质性不仅影响着创新扩散的速度，还影响着传播网络的信息交流潜力。研究发现传播网络的信息交流潜力与两个因素呈负相关关系，一是沟通相近度，二是同质性。也就是说交流者之间关系越远、差异性越大，则传递的信息越有价值。马克·S·格瑞勒怀特在调查了过去一年里刚刚找到工作的居民后发现，许多人是从关系不太密切的、具有异质性的个体那里得知工作机会的。因为相似的人之间信息的重叠程度很高，而比较疏远的人往往拥有另一方还不知道的信息。前者所构成的网络称之为“强连接网络”，后者所构成的网络被称为“弱连接网络”。弱连接网络把各个关系较疏远的派系联结在一起。尽管系统内信息流动最通常的途径不是弱连接，但是对于个体或是整个系统来说，弱连接传播的信息至关重要。格瑞勒怀特称其为“弱连接优势”理论。

在扩散网络中，弱连接在传播信息方面具有相对优势，而强连接在传播人际影响方面具有相对优势。弱连接提供的外部信息，为网络内部注入了活力，也促进了创新的扩散。

总而言之，大多数人际扩散网络具有同质性，网络所连接的个体往往实际距离不远，社会特征相似。扩散过程中大多数网络通常具有费事少、卓有成效的特点。但是另一方面，网络的形成越容易，传播信息的功能也就越低。而那些社会地位悬殊、空间距离较大、具有异质性的弱连接却更能有效地传播信息。

上述理论告诉我们，如果个体希望接收更多的有效信息，就应该努力突破那些仅限于亲密朋友所形成的圈子，去建立一些空间距离遥远、异质性较强的人际交往链。从这一点来看，互联网的出现给我们带来了很多新的机会。

创新扩散理论中有大量内容与两级传播没有直接联系，但是其传播方面的理论框架基本延续了传播流研究与两级传播的传统。创新的扩散理论从信息的流动、人际网络与小群体内的人际关系的角度来研究创新在社会中的扩散情况，进一步深化了传播流研究的内容，对于现代社会来说，具有很高的实用价值。但是另一方面我们也要看到，由于这个领域主要关注的是创新，研究的只是传播流中一类特殊的信息，因此我们推广到其他类信息时要慎重。

四、新闻与信息的扩散

新闻与信息的扩散可以看做是一种特殊的创新扩散，但是与一般创新扩散不同的是，新闻只需知晓即可，而一般创新决策则需要经过前面所说的复杂的决策过程。对新闻扩散的研究主要集中在突发事件上，研究者发现，突发事件的扩散速度相当迅速。在对肯尼迪遇刺新闻扩散的研究中，格林伯格发现，官方宣称肯尼迪死亡之前，90%的被访者已经知道了肯尼迪遇刺的消息，在知道遇刺消息的人中，有2/3是在事发半小时内知道的。[①] 道彻尔曼（Paul J. Deutchmann）和丹尼尔森（Wayne A. Danielson）也发现，在诸如艾森豪威尔总统心脏病发作、探索者号人造卫星发射升空、阿拉斯加州的地位变化等新闻事件发生的3小时内，75%～90%的公众都知晓了这些信息。[②] "9·11"事件发生后3小时内，97%的美国公众知晓了该新闻。[③]

重大新闻发生的情境（比如在一天中的什么时间发布），会影响人们初次知晓的渠道和新闻扩散的速度。比如肯尼迪遇刺发生在美国西部时间上午10点左右，大多数人还在工作，基本通过人际传播获知。1993年美国空袭伊拉克时，研究者对美国的4个时区进行了新闻扩散研究。空袭发生在东部时间傍晚6点30分，东部的居民通过电视晚间新闻首次得知该事件的人数比例大于中部和西部（分别为68%、53%和50%）；西部的居民当天下午通过人际传播首次听说该事件的人数比例大于中部和东部地区（分别为29%、21%和16%）。[④]

创新扩散研究中发现，并不是所有的信息都会经过人际网络的过滤，大量信息会通过大众媒介直接流向个人，毋须经过中间人。后来的一些研究也证明，只有对广大公众最重要和最不重要的信息的扩散中，口头传播才发挥着重要的作用。图5—8的竖轴表示从他人口头传播得知某一条消息的人所占比例，横轴的百分比指的是知道该事件的人数的比例，A、B、C、D、E分别表示不同的事件。显然，一个事件知道的人越多，说明该事件越重要。结果表明，最重要的事件（E事件）发生时，有许多人是通过人际传播初次知晓。比如在肯尼迪遇刺新闻的扩散研究中发现，约有50%的人的信息来自于人际传播。[⑤] 这说明在新闻的扩散过程中，受众并不只是被动地接受信息，而且会主动地传递信息。同时，事件的重要程度会影响受众从他人处获得该事件信息的比例，但是这个比例并不是呈直线增长，而是呈"J曲线模式"。对一般人无关紧要而对少数人非常重要的事件（如A事件），扩散的范围不大，但是从个人信源处获知的人数处于中等。而普遍公认对一般公众都重要的事件，通常是当天的主要新闻报道（如B、C、D事件），从个人

---

① See Bradley S. Greenberg: "Diffusion of News of the Kennedy Assasination", in *The Public Opinion Quarterly*, Vol. 28, No. 2 (1964).

② See Paul J. Deutschmann and Wayne A. Danielson: "Diffusion of Knowledge of the Major News Story", in *Journalism Quarterly*, 37 (1960).

③ See Stacey Frank Kanihan and Kendra L. Gale: "Within 3 hours, 97 percent Learn about 9/11 Attacks", in *Newspaper Research Journal*, Vol. 24, No. 1 (2003). 有趣的是，只有2%的人是通过互联网知道此事的。

④ See Elizabeth M. Perse: *Media Effects and Society*, NJ: Lawrence Erlbaum Associates, 2001, p. 66.

⑤ 参见［美］施拉姆、波特：《传播学概论》，132页。

信源获知者的比例是最低的。极端紧迫、重要和极具戏剧性的事件（如 E 事件），媒体虽然会重点报道，但是却有超过一半的人是从个人信源处获知的。在 E 事件中，由于人们充满不确定性或信息源不足，人际传播或流言非常明显。①

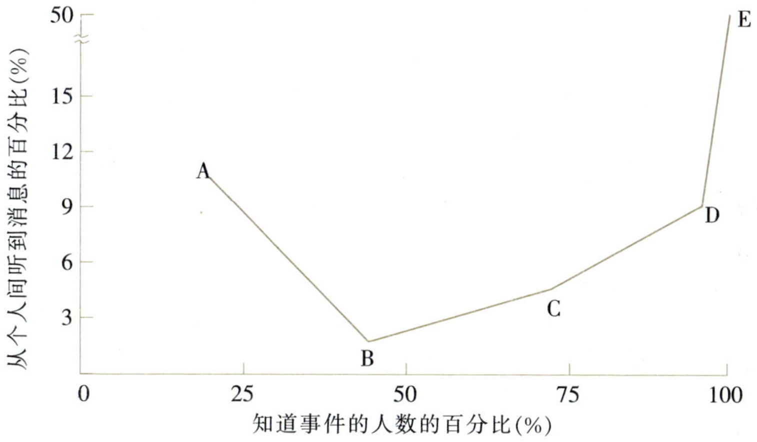

图 5—8 人际传播在不同重要程度的新闻扩散中的作用

信息的扩散除了受到传播内容的重要性、社会网络的影响，还受到信息接近性和冗余度（重复度）的影响。1986 年，瑞典首相奥洛夫·帕尔米遇刺，研究者们就这一新闻的扩散进行了多国对比研究，一共调查该新闻在 11 个国家的扩散情况。这一研究证明了事件的接近性和人们所认为的显著性对新闻扩散具很大的影响。在瑞典、冰岛、挪威、丹麦和芬兰五个北欧国家，12 个小时后几乎 100%的民众知道了这一事件。但在美国（图中为 USA），48 小时后，只有 72%的民众知道这一事件（见图 5—9）。②

美国社会科学研究者在 20 世纪 50 年代受军方的委托，对传单信息扩散效果进行了实地实验，又称里维尔计划。③ 虽然该实验并不是真实的新闻扩散，但是人为制造的实验环境有助于我们发现信息扩散的规律。其中的一项实验分别在八个地区空投传单，每个地区传单的数量各不相同。最少的一个地区平均每 4 个人才能得到一份传单，而最多的一个地区平均每人可以得到 32 份传单。结果发现重复程度与信息的知晓度正相关，准确地说是对数关系。传单投放数量越多，知

① 参见［英］丹尼斯·麦奎尔、斯文·温德尔：《大众传播模式论》，77～81 页。

② See Elizabeth M. Perse, *Media Effects and Society*, NJ: Lawrence Erlbaum Associates, 2001, p. 64.

③ 参见［美］希伦·洛厄里、梅尔文·德弗勒：《大众传播效果研究的里程碑》，196～211 页。

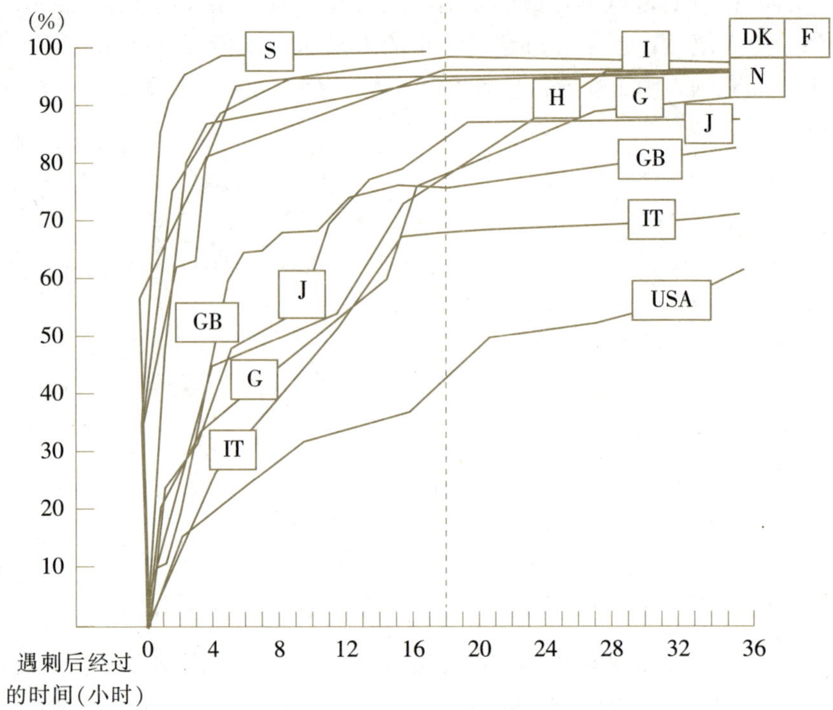

图 5—9 帕尔米遇刺新闻在 11 个国家的扩散情况

说明：S 代表 Sweden（瑞典），I 代表 Iceland（冰岛），N 代表 Norway（挪威），DK 代表 Denmark（丹麦），F 代表 Finland（芬兰），H 代表 Hungary（匈牙利），G 代表 Germany（德国），J 代表 Japan（日本），GB 代表 Great Britan（英国），IT 代表 Italy（意大利），USA 代表 United States of America（美国）。

晓者所占比例越多，但是重复度到达一定程度时，知晓者的增长速度降低，呈边际递减趋势（见图 5—10）。

此外，他们还发现了一个很明显的规律：在传单投放相对稀少的地区，大部分人是从人际传播中得到这一讯息的。在传单投放量较多的地区，更多的人是通过直接接触传单了解讯息的。例如，在四个投放比例最低的地区中，有 62.9% 的“知晓者”通过社会途径了解传单内容。在四个传单投放比例最高的地区，这一比例为 47.8%。在绝对数量上，高投放地区的知晓者更多。但是，通过社会人际传播了解到的信息一般不太准确，如果想要更多的人知道传播内容，就需要大量冗余信息。

讯息的知晓者在任何一个社区的社会阶层和次级群体中的分布都不均匀。不论在高刺激地区还是低刺激地区，年龄和家庭规模都与知晓讯息的概率有着重要

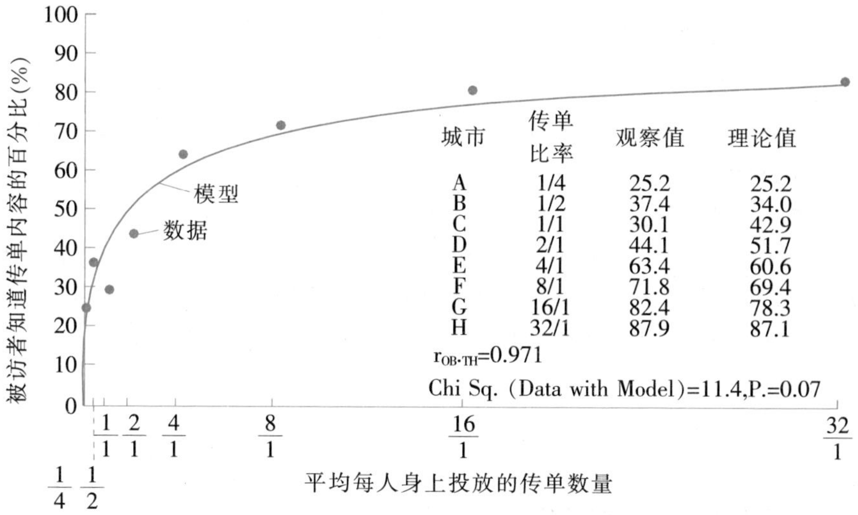

图 5—10　不同比率的传单投递中，知晓传单讯息内容者在被访者中的百分比

的关系。儿童比成年人更容易知道；大家庭的成年人比家庭较小的成年人更容易知道这条讯息。由此可知社会扩散（至少在该实验中）的驱动力的一个重要方面是，信息流总是从儿童流向成人（父母）。

进一步的分析发现，在社会扩散过程中，家庭与朋友圈也很重要。在成人中，讯息的传递或接收更有可能在家庭中进行，而不是在邻里、熟人或陌生人之间进行。但儿童不是这样，他们比其他人更多地在家庭外接受讯息和传递讯息。与直接把传单交给别人这种行为相比，儿童的上述行为更容易发生在口头传播中。

总　结

本章我们讨论了大众传播研究初期的两个重要理论框架，功能主义和传播流。

功能主义从社会的宏观结构和不同部分的功能入手，研究大众传播对社会稳定所做出的贡献。拉斯韦尔提出的环境监测、联系协调、文化传承的三功能说直到现在还经常被人们提起，赖特对这三个功能进行了补充，加入了娱乐功能。拉扎斯菲尔德和默顿一方面不同意当时大众社会论和法兰克福学派所提出的大众传播是造成社会堕落的罪魁祸首的观点，但同时也提出大众传播在现代社会具有地位授予、强制执行社会规范的功能，并且还有麻醉的负功能。总的来说，早期大众传播的功能研究比较笼统，缺乏比较细致的实证研究材料，也没有精致的理论框架。

进入20世纪六七十年代后，由于社会不平等带来了社会冲突的加剧，学者们也尝试从社会结构、大众传播功能的角度，审视大众传播对社会资源分配不平等的影响。知沟理论是从社会结构入手讨论大众传播影响的较有代表性的理论。该理论认为，由于社会结构的影响，大众传播越发达，传递的信息越多，信息占有的差距就会越大。这个与常识相悖的假说得到了大量实证研究的支持。当然，随着人们认识的加深，该理论的许多细节得到了修正。除了从宏观社会结构寻找原因外，也有部分学者从个人需求的角度解释上述现象。该理论引申出这样一个结论，大众传播媒介起到维护既有社会不平等结构的功能，这一点值得媒体反思。

由于早期的功能研究过于宏观，很快就被微观的效果研究所取代。大众传播效果研究主要关注的是大众传播短期内对个人所造成的认知、态度和行为方面的外在影响，因而得到了政界、商界的支持。该研究从当时流行的小群体研究中得到启发，把大众传播的信息通过人际网络或直接流向大众的过程称为传播流。传播流研究发现，大众传播不像大众社会理论所说的那样从大众媒体直接流向个体，而是经过人际网络（意见领袖）的过滤后，再传递到个人，这一过程被称为两（多）级传播。拉扎斯菲尔德等人进行的人民的选择研究最早提出了这个假说，同时他们通过设计周密的定量调查，得出了下列结论：大众传播在改变选民的行为方面几乎没有什么效果，它的作用主要表现在强化选民的政治既有倾向上。

在人民的选择研究提出了意见领袖的概念后，其后不少研究对其进行了深入探讨。意见领袖的基本轮廓逐渐清晰起来：他（她）与我们处于同一个群体，与我们的社会经济地位相似，我们很容易接近他们，他们获得信息的渠道广泛，至少在我们看来在某个领域具有权威性，他们把我们与系统外的其他群体联系在一起，和大众传播媒介相比，我们更愿意接受他们的影响。

创新的扩散理论中与传播相关的部分，基本沿袭了传播流的理论框架，然而创新接受的传播流与一般的传播流有许多差异。创新传播网络中，意见领袖的社会经济地位一般较高，他们所掌握的信息较多。在不同的创新决策阶段，大众传播媒介与人际传播媒介分别起着不同的作用。对于不同的群体而言，大众媒介与人际传播的作用也不相同。此外，不同的传播网络，也会对创新的扩散产生影响。同质性人际网络虽然容易建立，信息流量大，但也会阻碍新思想的流动；对于创新信息传播来说，异质性网络传播的效率更高，给系统带来活力。

新闻，特别是重大突发事件的报道，传播过程中最明显的特征是迅速。人际传播在其中扮演了重要的角色。新闻的传播受到信息的重要性、发布的时间（情境）、接近性、显著性、冗余度等多种因素的影响。

本章所介绍的大众传播影响的早期研究，表现出了宏观和微观两个取向。早期的功能研究过于宏观抽象，缺乏扎实的实证研究作为支持；而微观的效果研究却又埋头于短期的、外在的行为效果，缺乏对传播环境的关注。进入 20 世纪六七十年代以后，这两种早期研究的不足都受到注意，逐渐有大量既关注宏观又有细致微观调查的效果理论问世，本章介绍的知沟理论，下文要介绍的沉默螺旋、议程设置、培养分析、媒介依赖等理论就是代表。

关键概念

功能
功能主义
大众传播的环境监测功能
大众传播的相互联系的功能
大众传播的社会遗产传承功能
大众传播的娱乐功能
大众传播的社会化功能
大众传播的地位授予功能
大众传播的强制执行社会规范的功能
大众传播的麻醉的负功能
准社会关系（准社会互动）
知沟假说
信息搜寻等级
传播沟
数字鸿沟
固定样本
结晶效果
强化效果
政治既有倾向指数
政治既有倾向假说
选择性接触
有限效果论（弱效果论）
传播流
两级传播
意见领袖
初级群体
创新
创新的扩散
同质网络
异质网络
弱连接优势理论

深入阅读

- 社科院新闻所世界室编：《传播学（简介）》，北京，人民日报出版社，

1983。

● 丁未：《社会结构与媒介效果——“知沟”现象研究》，上海，复旦大学出版社，2003。

● ［美］洛厄里、德弗勒：《大众传播效果研究的里程碑》，北京，中国人民大学出版社，2005。参见其中第 4、6、9、10 章。

● Elihu Katz：The Two-step Flow of Communication：An Up-to-date Report on an Hypothesis. *Public Opinion Quarterly*，Vol. 21，No. 1（1957）.（或常昌富、李依倩编：《大众传播学——影响研究范式》，北京，中国社会科学出版社 2000。）

● ［美］埃弗雷特・M・罗杰斯：《创新的扩散》，4 版，北京，中央编译出版社，2002。

● Everett M. Rogers：Reflections of news event diffusion research. *Journalism and Mass Communication Quarterly*. Autumn 2000.

思考与讨论

1. 什么是功能主义？它的主要前提有哪些？

2. 功能主义是在什么背景下提出的？现在看，功能主义存在哪些不足？

3. 大众传播的主要功能有哪些？除了本章提到的以外，你还能提出哪些新的功能？

4. 什么叫大众传播的地位授予功能？请举例说明。

5. 什么叫大众传播的麻醉负功能？如何证明它的存在？

6. 什么叫知沟假说？可以通过什么方式检验该假说？

7. 除了本章提到的影响知沟的因素外，你还能提出什么新的因素？

8. 你认为知沟中对知识的定义是否导致知沟理论“指责受害者”？

9. 你认为知沟是社会结构造成的，还是个人兴趣造成的？为什么？

10. 什么是数字鸿沟？请搜集数据证明它存在或不存在。

11. 你认为知沟假说对我国的信息系统建设有何启示？

12. 为什么“人民的选择研究”要使用固定样本设计？

13. 为什么会出现信息的选择性接触？

14. 什么是政治既有倾向假说？

15. 传播流研究的主要成果有哪些？

16. 传播流研究存在什么缺陷?

17. 如何发现意见领袖? 本章所列举的各种方法各有什么优劣?

18. 什么叫意见领袖? 意见领袖具有什么特征?

19. 如何理解创新扩散理论中的“创新”?

20. 个人接受创新的决策过程有哪几个阶段? 你还能想出什么不同的划分方法?

21. 人际网络对创新的扩散会产生什么影响?

22. 什么是弱式链优势理论? 该理论对我们有何启示?

23. 影响新闻扩散的因素有哪些?

24. 人际传播在新闻扩散中起着什么作用?

大众传播的影响：社会心理取向

第六章

CHAPTER 6

本章知识结构及要点

☆ 认知基模
- → 基模的定义
- → 基模的种类
- → 基模与信息处理
- → 大众传播与基模

☆ 沉默的螺旋
- → 沉默螺旋的前提假设
- → 多数无知
- → 大众传播在沉默螺旋中的作用
- → 沉默螺旋的民意观
- → 沉默螺旋的修正

☆ 第三人效果
- → 产生原因
- → 影响因素
- → 第三人效果的表现

第四章、第五章描述的早期效果研究中，已经有大量的研究从社会心理的角度关注大众传播的影响，比如认知不协调理论、说服理论等。本章介绍的沉默的螺旋和第三人效果也继承了这一研究传统，不同的是，这两个效果更加关注大众传播对于民意的影响，不仅限于人际传播的、微观的影响。在介绍这两个理论之前，为了深入理解个人的社会认知过程以及大众传播对这一过程的影响，我们先讨论一个在受众的信息处理中发挥着关键作用的机制——认知基模。

第一节　大众传播与认知基模

一、什么是认知基模

在讨论认知基模之前，我们先来看下面两个练习。

练习 1：小明的父亲开一家杂货店。一天，小明从父亲的杂货店出来后被一辆迎面开来的车撞倒。他被送到了医院的急诊室。在手术台上，外科医生忽然发现，手术台上躺的竟是自己的儿子。请问小明与外科医生之间是什么关系？

练习 2：琳达，31 岁，单身，坦率直言，性格开朗。她所学的专业是哲学。当她还是个学生的时候，她就非常关注歧视和社会公正问题，同时参加了反对核武器的活动。请从以下选项中选出可能性更高的选项：

A. 琳达是一个银行出纳。

B. 琳达是一个银行出纳，同时是一个活跃的女权主义者。

要是你不能迅速而准确地回答上面的问题，恐怕就是基模影响了我们的认知判断过程。我们需要仔细地检讨一下我们的思维过程。假如你对练习 1 的答案不能确定，很可能问题出在你根据“常识”，做了一个虚假的前提假设——外科医生都是男性。如果你在练习 2 中选择了答案 B，那说明你在做判断之前，草率地认为像题目中描述的具有这样背景的人很可能是一个活跃的女权主义者。这种根据外在特征做出的假设的吸引力如此强烈，以至于使你忽略了集合论中最简单的一个命题：两个不完全相等的集合的交集肯定小于其中任何一个集合。

看来问题出在我们在社会认知过程中插入了某些本来不具有的前提假设。这说明我们在进行社会认知的时候并不是白板一块，客观地进行判断。储存在大脑里的旧信息对于新信息的处理产生了某种影响。而这种先入为主的认知结构，就是下面要讨论的基模。

在讨论基模之前，我们先解释一下社会认知（social recognition）。社会认知研究的是人们如何从社会环境中获取信息，并如何形成推理的过程，包括人们如何对他人或是社会群体、社会角色以及人们自身的经验做出判断。[①] 它关注的是

① 参见［美］泰勒、佩普劳、希尔斯：《社会心理学》，10 版，30 页。

普通人对他人的判断，以及他们如何理解自己对他人的判断。之所以说它是“社会的”，就是我们不仅研究人们如何看待这个世界，我们还关心普通人自己是如何反省自己的这一理解过程。每个人都是“心理学家”，他们也在不断地分析自己的判断过程和他人的判断过程，建构着社会现实，这就使我们的判断过程显得十分复杂，像后面将提到的第三人效果就描述了受众对其他人判断的判断。

基模（schemas，也译作“图式”）是一种认知结构，它代表着某个特定概念或刺激的有组织的知识，一个基模既包括概念的各种属性，也包括这些属性之间的关系。① 基模代表着一种先入为主的、自上而下的过程。它描述了我们头脑中已有知识对当前信息处理过程的影响。比如在练习 1 中，我们提到了“外科医生”这个概念，并没有提到更多关于这个具体的外科医生的详细信息，这时我们关于“外科医生”的基模影响了我们的判断。因为在大众媒体（这是基模的一个重要来源）中，外科医生通常是由男性（而且常常还是英俊、成熟、富有的中青年男性）扮演，这会使我们把男性这一属性与外科医生联系在一起，并且在处理“外科医生”这一概念时把它本身不具有的属性与其捆绑在一起。

基模有两种表现形式，最常见的是由一些原型（prototype）构成的不同层次的分类体系。比如我们想到人的时候，会应用不同的分类标准。比如我们可以把中国人分成南方人和北方人，在南方人这一分类下面，又可以再分成江浙人、广东人、四川人、湖南人等子类，北方人下面也可以再分出东北人、山东人、河南人、陕西人等子类，这些子类下面甚至还可以进一步细分。这取决于我们的经验，我们对某一部分群体的经验或信息越多，那么这个分类系统就会越复杂，反之则会比较简单。比如对于一些人来说，东北人是一个整体，但是对于这个地区了解得比较深入的人来说，可能又会分成更细的子群体。这些被分为一类的个体具有一定的家族相似，但另一方面，又不存在一个标准的个体可以代表整个群体的特征。比如我们可以说出许多四川人的特征，但是却无法找出一个具备所有理想特征的“标准的”四川人。

基模不但有时表现为不同种类的抽象的原型，而且有时也表现为具体的典型（exemplars）。这些典型并不是一个抽象的原型，而是一个个具体的范例。比如我们说到鸟的时候，脑子里一般会出现一个自己头脑中标准的鸟的形象（比如麻雀或鸽子），这个形象可能取决于我们的生活经验。在同一类型中，人们一般储备有几个不同的典型。除了体形较小的鸟以外，鸭子、鸵鸟也是鸟类中不同的典型。还比如

① See Susan T. Fiske, Shelley E. Taylor: *Social Cognition*, 2nd ed., New York: McGraw-Hill, 1991, p. 98.

我们谈起可乐类饮料的时候，我们脑子里常常出现的是具体的可口可乐或百事可乐的典型，而不是黑色的冒着气的具有某种特殊味道的抽象的可乐原型。

基模常常是由原型和典型两种形式同时构成，甚至缠绕在一起，形成错综复杂的网络结构。比如儿童一般会采取用具体指代一般的方法来认识世界，而成人则会对某些事物形成抽象的概念分类系统。当我们在对某一个群体不太熟悉的时候，我们容易用抽象的原型来判断其特征，而随着我们对某个群体的认识越深入，越会倾向于不把他（她）们看成一个抽象的整体，而将其看做是一个个具有差异的具体的个体。例如在我们不熟悉河南人时，容易受到一般刻板印象的影响对其产生偏见，但是如果接触了许多具体的河南人之后，就会逐渐抛弃这种简单的认知。

二、基模的种类

基模的分类方式有很多种，这里根据基模涉及的内容和对象介绍 5 种基模：个人基模、自我基模、角色基模、事件基模（剧本）和与内容无关的基模。不论这些基模的特点如何，它们都影响着我们对外界信息的理解、记忆和推断。

个人基模 个人基模涉及的是我们对特定个体的特点和目标的看法。

一方面，“江山易改，秉性难移”说明用个人基模常常能准确地帮助我们预测他人的行为，但是使用个人基模，也令我们用陈旧的眼光看待他人，忽略了“士别三日，当刮目相看”的古训。

自我基模 自我基模指的是我们对自我特征的看法。比如我是否受到周围人信任？我是否努力工作和学习？我是否优秀？是否与众不同？人贵在有自知之明，认识自己并不比认识他人容易。心理学家贝姆甚至认为，我们在认识自我方面并不享有比别人更多的特权，我们也是根据自己的外在行为，判断自己的真正意图。这和我们判断他人的行为方式并无本质差别（见第四章）。

角色基模 社会角色是戈夫曼等社会互动论者从戏剧中借用的概念，是指由社会地位、身份产生的期待。从获得方式上，可以将角色分为先赋角色和自致角色。先赋角色指建立在血缘、遗传等先天的或生理的因素基础上的社会角色。自致角色指通过个人的活动与努力而获得的社会角色。① 角色基模是我们平时最常用到的基模之一，面对陌生人，我们常常只能根据外在的肤色、性别、年龄以及比较容易获得的学历、职业、职位等角色来做出判断。比如第一个例子中我们忽

① See Anthony Giddens：*Sociology*，5th edition，Cambridge，UK：Polity Press，pp. 142 - 143.

略了女性也可以成为外科医生；在第二个例子中，根据某些外在特征，主观地假设琳达是一个激进的女权主义者。我们常用这些基模，判断影视剧中演员的表演是否“真实”；但是另一方面，这些直接的或间接的经验导致的判断又常常成为偏颇的“刻板印象”（stereotype）。研究发现，我们在与他人交往时，最先使用的就是角色基模，然后再使用个人特征等个人基模将角色基模进一步具体化。

事件基模　事件基模也被称为“剧本”，它主要描述我们熟悉的事件的程序。例如考试、婚礼、乘飞机前的例行手续、在食堂或餐馆就餐都有一些约定俗成的规则，我们根据经验形成的基模可以帮助我们迅速地消除不确定性，决定自己的行为。我们经常观看的影视剧被分成不同的类型，对于这些不同风格的情节，我们也有着特殊的事件基模。比如在肥皂剧中，婚礼常常成为情节发展变化的关键环节，而在喜剧片中，婚礼可能只是一个制造笑料的机会，我们对它们的剧本也会有不同的期待。

与内容无关的基模　除了上面几种基模外，还有一种基模与内容无关，它描述的是不同内容元素之间的关系，这些基模包括平衡基模、线性基模、因果基模、类比基模等。我们做判断时倾向于避免极端，希望能够看到“硬币的两面”，这就是平衡基模，大众媒体中的平衡报道就与这种认知基模有关。线性基模描述的是我们倾向于把事物之间的关系看成是像重量、距离那样具有一定的等级秩序。我们会讨论两个人之间谁更好一些，两个方案之间哪个更理想，我们常常会认为明天会更好，这些都是线性基模的表现。因果基模则描述了我们倾向于在两个事物之间建立因果关系的冲动。人是好奇的动物，在面对某个现象时，我们总是希望找到导致它出现的另一个或一些现象。类比基模则倾向于把两个事物或现象等同起来，认为二者之间存在相似性，像比喻、拟人等修辞手法就是这种基模的体现。与内容无关的基模在休谟和康德的哲学中就曾经讨论过，他们认为像因果性、类比等是先验地存在于我们的头脑中，并且以其作为规则来认识世界，为整个世界立法。

三、认知基模与信息处理

一般而言，基模在我们的认知过程中会影响我们对新信息的编码，对旧信息的记忆，推断缺失的信息。①

我们在接触新信息时，会根据某些外在线索决定新信息的意义。比如我们会

① See Susan T. Fiske, Shelley E. Taylor: *Social Cognition*, 2nd ed., New York: McGraw-Hill, 1991, pp. 121-139.

严肃地对待我们所尊敬的人的批评意见，而对普通人的批评，特别是对那些我们存有成见的人的意见会不屑一顾或认为其中怀有恶意。在这个例子中，个人基模影响了新信息的编码，这也是为什么广告中会找一些大众喜欢的明星来传达信息的原因。

新信息的编码也会影响我们的记忆。如果最近你想换一部手机，可能就会对周围其他人所使用的手机比较留意，在回忆起这些人时，他们使用手机的情景和他们关于手机的评价将很容易浮现在眼前。在与某人初识，我们容易记住那些与某个分类和外貌特征相关的信息。如果我们把这个陌生人划分到知识分子的分类中，我们或许会对他戴眼镜、身材文弱、能言善辩这样与基模相一致的特征记忆深刻。因此，基模会导致我们在记忆时，将某对象归类，并且将其简化和抽象化。

如果我们脑中某个人或某类人的基模十分牢固，那些与既有基模不一致的信息就容易引起我们注意。如果我们对某个人非常了解，就会发现其旁人不容易注意到的异常表现。专家更容易在普通人认为习以为常的现象中，发现反常的细节。我们常说的新闻敏感，就与记者的认知基模有很大关系，如果记者对于某个人或事件了解得很全面，基模非常牢固，那么就会关注到其中反常的部分，而对于一个新手而言，很可能把主要精力放在了与基模一致的信息上。

现实中我们往往难以获得关于某个事物的所有信息，而且我们必须要在很短的时间内做出判断，于是我们经常根据基模来推断缺失的信息。我们对一个群体了解得越少，越容易用刻板印象来看待这个群体中的成员，认为他们都是一样的，容易产生负面印象；而我们对一个群体了解得越多，则越容易把他们看做是不同的个体，容易产生正面印象。所以我们常常会产生这样的幻觉，“他们”都是一样的，和“我们”完全不同，“他们”都是非正义的，不如我们高尚。基模除了补充那些缺失的细节外，不同的基模还带有感情倾向。如果某个陌生人和我们熟悉且喜爱的人相似，之前的个人基模会让我们对其具有特殊的好感。比如长得慈祥亲切的老人容易引起人们的好感，被掺入的感情因素来自于我们头脑中长辈的个人基模。

基模影响着我们对信息的处理，进而影响着我们与他人之间的互动。罗伯特·阿克塞尔罗德提出了信息处理的基模理论，并建立了一个解释模型（见图 6—1）。[①]

---

① 参见［美］沃纳·赛佛林、小詹姆斯·坦卡德：《传播理论：起源、方法与应用》，64 页。中译本的概念翻译和理解有误，本文做出相应修改。

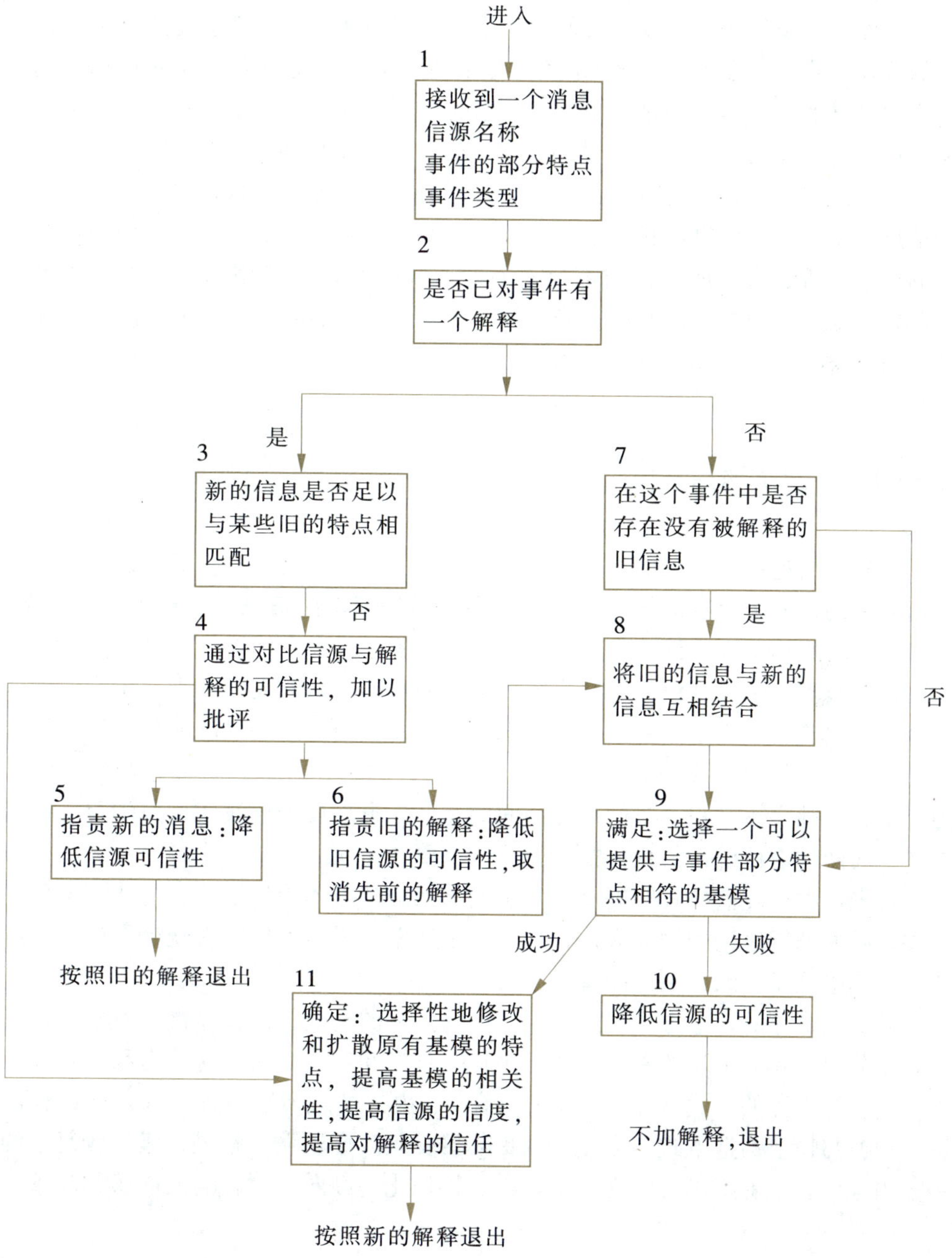

图 6—1　基模理论的流程模式

这个模型说明，在人们对新信息的处理过程中，基模起着一个类似于审查者的作用。然而进一步的研究发现，我们并不是在所有的情况下，都会使用基模作为主要的认知方式。人在加工信息的时候，会同时使用两种方式：一种是迅速的基于基模的信息加工；另一种是系统的、深思的、注重细节的判断过程，这两种加工模式被称为判断的双重加工模式（dual-process model）。[①] 当判断失误的成本很高，必须做出准确判断的时候，我们会更仔细地研究各种信息，注意与基模不同的信息。比如判断结果对我们十分重要，我们要为某个判断做出原因说明，对自己的偏见有所觉察，或者面对着反对者时，我们通常会使用深思的方式进行判断。相反，如果判断失误的成本降低，时间紧迫，我们的自尊面临威胁、为了向他人简明说明某事，或者以游戏的心态而不是研究的心态参与时，我们容易使用既有基模。

四、大众传播与基模

大众传播是我们认识世界的重要渠道，它也影响着人们基模的形成，与媒体一起生活的过程中，我们甚至形成了许多专门处理媒体信息的基模；另一方面，认知基模也影响着人们处理大众传播信息的过程，对大众传播的效果产生影响。

社会心理学中的基模概念与康德哲学中的基模概念最大的区别在于：后者认为基模是先验的，与个人的具体经验无关，而前者则认为基模形成于我们的社会互动中。基模代表着我们对“实在”（reality）的感知方式。这种感知方式的学习，来自于社会化过程，我们与社会间的互动，也来自于自我建构与学习。在基模产生的两种途径中，大众传播均扮演着重要的角色。

首先，大众传播向我们展示了大量受众无法亲身体验的个体、群体、角色和事件。第七章所讨论的培养分析，通过大量证据，说明了重度观众容易对特殊群体形成和电视相一致的刻板印象。

其次，媒体的表达方式也会影响与内容无关的基模。比如经常观看电视的受众，十分熟悉新闻报道的叙述方式，主持人分析问题的套路，这会潜移默化地成为他们感知世界的方式。此外，MV、动漫、电子游戏所使用的快速、非线性的镜头切换与情节构造方式，会使受众更易接受刺激性较强、叙述线索比较复杂的传播内容。有学者提出，电视将一切信息娱乐化的倾向，会影响人们感知与参与

---

① 参见［美］泰勒、佩普劳、希尔斯：《社会心理学》，10版，54页。

世界的方式。[1] 但是也有反对者提出，电子游戏、情节复杂的影视剧会令使用者在处理新信息时变得更主动，更富有探索精神，培养了使用者总揽全局的计划性。[2]

再次，与人际传播相比，大众传播具有一定的权威性，或者至少会让普通受众产生错觉，认为大众媒体的信息都是由专家发出的，这会影响他们新基模的建立和对既有基模的修改。

最后，基模的使用过程可以分为受控的和自动的（controlled process and automatic process）两种。前者是一种有意识的过程，而后者则参与度较低。[3] 和那些同个人生存与发展息息相关的人际传播相比，对大众媒体信息的理解即使出现失误，但是成本和风险较低，因此受众个人参与度较低。在这种情况下，我们既容易通过被动学习（passive learning，见第四章）形成新的基模，也容易使用已有的基模处理大众传媒的信息。

大众媒体不仅能够影响人们的认知基模，还会导致受众在日积月累的媒介接触中，形成一些有助于他们迅速对媒介信息做出判断的媒介基模。它们包括：（1）叙事基模（我们可以根据信息片断迅速判断在播的是新闻、肥皂剧、情景喜剧还是综艺节目）；（2）人物特征基模（漂亮的灰姑娘、早熟的儿童、无能的领导、软弱的丈夫、看上去最像好人的其实是坏人，反之亦然）；（3）环境基模（抢劫容易发生在昏暗的街角、求婚经常在公众场合、打斗经常发生在废弃的厂房或仓库并且没有围观者）；（4）主题基模（好人终有好报、有情人终成眷属、白手起家、科技带来财富）。

是否发展起完善的媒介基模，会影响到受众对大众传播信息的理解和评价。如果我们用古典名著的基模去看周星驰的《大话西游》或带着传统“听故事”的基模去看某些前卫的电影或 MV，就会一头雾水，不知其所云；如果我们带着寓教于乐或欣赏艺术的基模去看商业电影和综艺节目，就会更关注其中的缺陷，我们的编码、判断与记忆都会出现偏差。

基模在我们的认识过程中起着重要的作用，也对大众传播的效果产生影响。首先，前面论述基模对信息处理过程部分曾提到，基模会导致我们有选择性地注意、感知、理解和记忆大众传播的信息。

---

① 参见［美］尼尔·波斯曼：《娱乐至死》。

② 参见［美］史蒂文·约翰逊：《坏事变好：大众文化让我们变得更聪明》，北京，中信出版社，2006。

③ See Elizabeth M. Perse：*Media Effects and Society*，NJ：Lawrence Erlbaum Associates，2001，p. 47.

其次，大众媒体中信息的框架（framing）会触发我们使用不同的基模来处理新信息。研究发现，如果用讲故事的方式来报道社会问题，受众会把责任归咎于个人；而用抽象的数据来报道社会问题，受众容易把责任归咎于政府。表述方式影响了受众对认知基模的选择。[①] 前一种叙述方式导致受众用听故事的基模来处理公共事务，而后一种叙述方式使受众更容易使用严肃新闻的基模来处理新信息。

最后，基模导致人们对缺少信息做出推断，基模蕴含着感情，会影响人们的心情，比如对同样的袭击行为，"恐怖分子"和"自由战士"这两种基模就会激发起人们不同的感情。

基模理论是社会心理学继认知平衡理论之后影响较大的认知理论，它主要描述了人们在判断能力有限、信息不完全的前提下，为了迅速做出反应而采取的一种认知策略。基模会加快信息处理与加工，有助于形成自动推理，添加缺失的信息，形成某种解释，提供预期。但另一方面，基模所代表的旧信息可能不适应新的认知对象，我们有选择地吸收与基模相一致的信息，有可能错误地添加认知对象所不具有的特征，并且基模一旦形成，我们不愿意轻易地修改它。

基模具有两面性，目前大量的研究关注于基模的缺点，但是其优点也显而易见，如果没有基模，我们对所有新信息的处理都要从头做起，这势必会使我们的认知效率大大降低。无论是作为信息的传播者还是接受者，我们都要注意自己在认知过程中可能面临的陷阱，这样才能提高信息传播的准确性和有效性。

第二节　沉默的螺旋

一、沉默螺旋的发现

在通俗文化里，狼一般是作为孤独的行者出现，尤其是它的嚎叫，被作为特立独行的表现之一，但是动物学家西曼（Erik Zimen）却对它们做了另一番描述：

对狼而言，其他狼的嚎叫声，会强烈引发自己开始嚎叫……但并非所有的嚎叫都能导致狼群共嚎。位阶低的狼嚎，较位阶高的狼嚎不易引发群狼共嚎。……这种划清敌我明确界线的行为方式，可能和促进狼群的团结有关，狼群间几乎可

① See Shanto Iyengar: *Is Anyone Responsible: How Television Frames Political Issues*. Chicago: University of Chicago Press, 1991.

以说是借此相互保持友善的状况。[1]

沉默螺旋理论的提出者，德国学者伊丽莎白·诺尔-纽曼（Elisabeth Noelle-Neumann，1916—2010）认为，人类也有着同样的特点。由于害怕被周围的人排除在群体之外，我们也会小心观察民意，并且以其作为参照，决定我们是否发表自己的意见。民意（public opinion，也译作舆论）在启蒙思想家那里，代表着理性的最高标准，是社会立法的唯一来源；而在沉默的螺旋中，民意则是社会控制的手段，暴露了人性中的非理性一面。

诺尔-纽曼是德国的民意研究专家，青年时期经历的纳粹德国的宣传，给她留下了深刻的印象。她于1947年与丈夫彼德·纽曼（Erich Peter Neumann）创办了原西德战后第一家民意研究机构——阿伦斯巴赫（Allensbach）民意研究所，长期从事民意研究。

在1965年大选的民意调查中，诺尔-纽曼发现了一个无法解释的现象。几个月以来，社会民主党与竞争对手基督教民主党/基督教社会党联盟的支持率一直相持不下，一直到9月初投票前，结果仍然不明。但是到了投票时，两党差距突然拉大，出现了一个明显的剪刀差（见图6—2）。这一“最后一分钟跟进”（Last-minute Swing）的现象引起了诺尔-纽曼的关注。她重新研究了1964年12月以来公众对选举的预期，发现公众对于谁会获胜的判断，与实际支持率并不相符。这种错误的判断呈现出螺旋发展的趋势，即一方不断上升，而另一方不断缩小。

就在诺尔-纽曼百思不得其解时，一个偶然事件启发了她。1972年的一天，她的一名学生试着戴上一枚基督教民主党的徽章出门，想看看将会发生什么（那年的选举中基督教民主党处于劣势）。但是诺尔-纽曼中午再次碰见这位学生的时候，她已经摘下了这枚徽章，因为周围人无形的压力使她不敢再表明自己是基督教民主党的支持者。诺尔-纽曼意识到，正是当时的意见气候和无形的压力，使得基督教民主党的支持者错误地认为自己缺乏支持，不敢公开表达观点，选择了沉默。而社会民主党的支持者则认为周围人都支持自己，敢于发表自己的意见。沉默的扩散和优势意见的大胆表达，令公众对意见气候产生了错误的感知。于是在公共场域内，一方的声音越来越大，而另一方则在减弱甚至消失，双方的势力消长呈螺旋状。这个过程，被诺尔-纽曼称为“沉默的螺旋”（spiral of silence）。

---

① ［德］伊丽莎白·诺尔-纽曼：《民意——沉默螺旋的发现之旅》，3版，137～138页，台北，远流出版事业股份有限公司，1994。

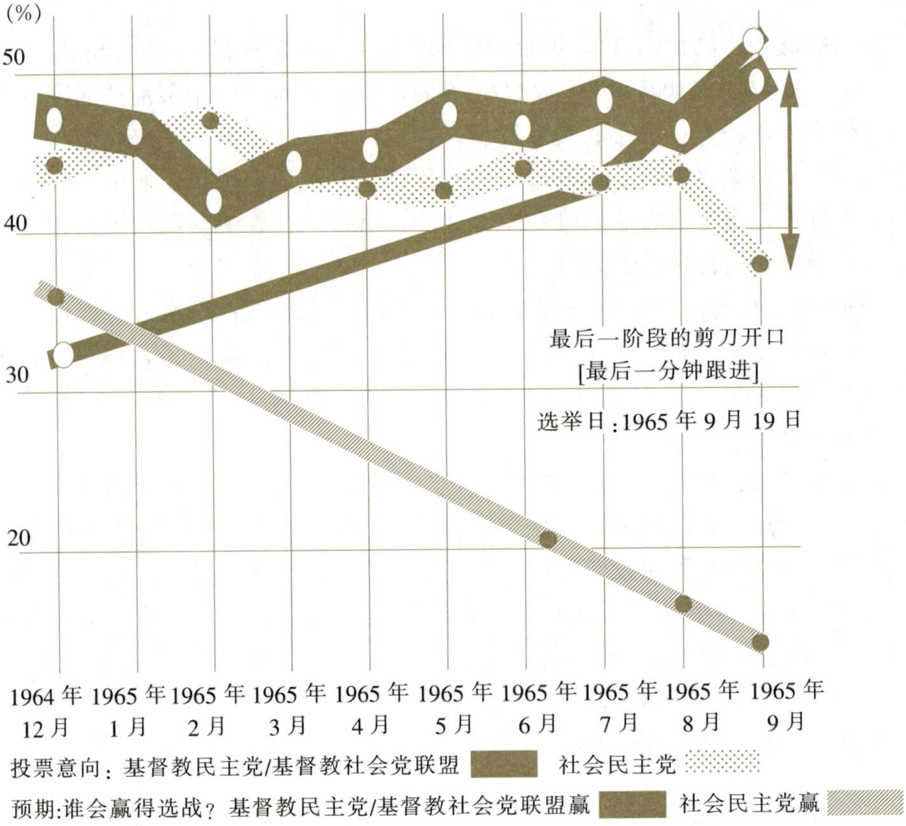

图 6—2 德意志联邦共和国 1965 年选举期间的投票意向与选举结果预期

资料来源：［德］伊丽莎白·诺尔-纽曼：《民意——沉默螺旋的发现之旅》，3 版，17 页。

二、沉默螺旋理论的内容

为了论证这个假说，诺尔-纽曼从两个方面展开了探索。一方面，她从文献中搜索出洛克（意见之法、时尚之法、名誉之法）、休谟（政府唯赖民意得以形成）、麦迪逊（“人们是胆怯且谨慎的”）、卢梭（公意与众意，立法权属于人民）、托克维尔（多数的暴政）、边沁（民意与控制）作品中关于民意与社会控制的主题，敏感的思想家们一直以来对这个现象的关注，说明它一直普遍存在于社会生活中。

另一方面，诺尔-纽曼使用了美国学者拉扎斯菲尔德等人发展起来的实证研究技术，验证了孤立恐惧动机和意见气候（climate of opinion）对于人们是否公开表达自己观点的命题，构建了沉默的螺旋理论。下面主要介绍这一部分的研究。

沉默螺旋理论描述了民意的形成过程及其影响。它由两个部分构成：第一部分描述了社会孤立恐惧动机对于个人行为的影响；第二部分描述了个人如何感知意见气候（民意）。我们可以把它总结为以下几点：

（1）社会运用孤立恐惧来对付背离者。

（2）个人一直会感受到孤立恐惧的威胁。

（3）对孤立的恐惧使得个人不断地估计社会接受的观点是什么。

（4）个人采用准统计感觉能估计社会的意见气候，在亲身经验、人际传播、大众媒体几种感知方式中，大众媒体常常成为个人估计意见气候的主要依据。

（5）估计的结果影响了个人在公开场合的行为，特别表现为是公开表达自己的观点还是保持沉默。

（6）意见的公开表达和“沉默”的扩散是一个螺旋式的社会传播过程。

三、对孤立的恐惧和准统计感官

诺尔-纽曼认为，启蒙时期以来古典的理性人假设忽略了人的社会性。人的社会性导致人害怕孤立，希望获得他人的尊敬与喜爱。和群居的动物相似，人们对于异己分子或不遵守洛克所说的“时尚法”的个体，会采取排斥的态度。这种排斥不一定表现为激烈的行为，对他人荣誉的毁损也是一种惩罚，嘲笑、流言飞语、鄙视、漠然，甚至古怪而轻蔑的眼神都会让人意识到自己没有遵守群体的规则，感觉难堪。诺尔-纽曼把这种孤立作用比喻为古时的“枷刑”，其目的不是对人的肉体造成伤害，而是通过示众，把犯有过错的人从人群中孤立出来，使其名誉扫地。① 因此，民意的压力成为一种有效的社会控制手段。

证明这种恐惧动机存在的最著名的研究，当属心理学家所罗门·E·阿什（Solomon E. Asch）所做的实验。在实验中，被测试者需要将右边的三条长度不同的线段与左边的标准线段进行比较，找出其中长度相等的一段（见图 6—3）。每次实验有 8～9 人参加，人们分别说出自己的判断。实验一共进行了 50 多次。

① 参见［德］伊丽莎白·诺尔-纽曼：《民意——沉默螺旋的发现之旅》，3 版，171 页。

在大多数人轻松地得出正确答案以后，实验者改变了实验条件，让一个被测试者进入事先安排好的人中间，这些人一致认为一条比标准线段短的线与标准线等长。结果发现，每10个被测试者中只有2个坚持自己原来的判断；有2个被测试者在10次实验中，有1～2次加入到多数的判断；其余的6个被测试者多次宣布明显错误的多数意见为自己的看法。这一实验说明了人们即使在不涉及切身利益和面子的问题上，也容易屈从于周围人的压力。

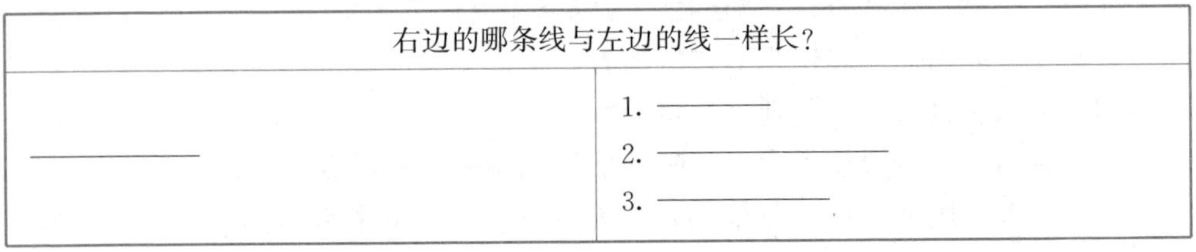

图6—3　所罗门·E·阿什实验的图示

当然，阿什实验只是间接地说明了诺尔-纽曼的观点，同时也有人提出：人们并不是真的害怕被孤立，而是对自己的判断缺乏自信。为此，诺尔-纽曼发明了一种被称为“火车厢实验”（后来在不同的文化中也被改成汽车、飞机中的实验）的实地实验来证明人们会在面临周围多数人的反对意见时保持沉默。其中一个实验是这样的，首先，实验者向被测试者出示一幅图，上面画有两个人，其中之一说：“我觉得，抽烟者欠考虑，他们强迫其他人吸有害的二手烟。”另一个人说：“嗯，我……”接下来，要求被测试者填上第二个人说的话。这一情境模拟了现实的威胁。结果发现，那些认为抽烟者有权在他人面前抽烟的人，明显对在火车厢中讨论这个问题不感兴趣。相反，不抽烟者在缺乏他人支持时缺乏自信，但在发现自己并不孤立时更愿意表达。

按照这个前提，那些在大选前最后一分钟的跟进，与其说是选民为了争相加入胜利者行列的乐队花车效应①，还不如说是为了避免被孤立而与大多数人保持一致。

由于社会孤立的无形压力让个人感到难堪，导致我们在涉及充满争议的政治、道德或价值问题时，会不停地估计大多数人的意见是什么，然后才决定自己是大胆地说出自己的看法还是小心地沉默不语。

---

① See Paul F. Lazarsfeld, Bernard Berelson, and Hazel Gaudet: *The People's Choice: How the Voter Makes up His Mind in a Presidential Election*. New York: Columbia University Press, 1948, pp. 107-109.

普通人不能科学地统计出社会的意见气候到底是什么，但是这并不妨碍我们判断多数意见。诺尔-纽曼认为每个人都拥有一种准统计感官，能够判断什么是主流意见。在她对公众的调查中，每次都会问到“你认为大多数人的看法是什么”这类问题，几乎没有被调查对象提出“我怎么会知道大多数人的看法”这样的质疑，人们都顺理成章地写下了自己的判断。这说明，我们并不因为自己无法采用科学的方法调查就放弃了对多数意见的估计。正是我们在感知意见气候时的自信与错觉，使得大众传播媒体能够产生强大的影响。

四、大众媒体的强效果理论

普通个体感受社会意见气候的方式主要有三种：直接经验、人际传播和大众传播。其中直接经验和人际传播虽然对我们的判断产生较大影响，但是大众传播所具有的共鸣性（媒体工作者的信仰、态度和价值观具有相似性）、累积性（媒体的内容会在不同节目、不同时间反复出现）、遍在性（大众媒体是无处不在的信息源），容易令人产生大众媒体的意见是多数人意见的错觉，成为决定发言还是保持沉默的主要依据。通过对媒体工作者的研究，诺尔-纽曼发现由于体制和传统的影响，他们的看法经常与大众并不完全一致（政治立场偏左）。这常常导致个人错误地估计了周围多数人的意见。

社会心理学中的多数无知（pluralistic ignorance）理论也说明了类似的认知缺陷。多数无知是指个人对他人的意见具有相同的错误感知（shared cognitive misperceptions about others）。心理学家弗洛伊德·H·阿尔波特（Floyd H. Allport）在1924年出版的《社会心理学》中提出了意见一致的幻觉（illusion of universality of opinions），即个人认为其他人对问题的看法完全相同。阿尔波特与其学生丹尼尔·卡茨（Daniel Katz）在《学生的态度》（1931）中第一次提出了多数无知的概念。

多数无知过程包含两个错误感知：（1）我们认为自己能够估计他人的意见是什么；（2）实际上错误地估计了他人的意见。[①] 目前研究者发现了三种类型的多数无知：（1）认为其他人的意见与自己的意见一致，也被称为镜式知觉

---

① See O'Gorman，H. J.："Pluralistic ignorance and reference groups：the case of ingroup ignorance"，in O'Gorman，H. J.（Ed.），*Surveying Social Life*：*Papers in Honor of Herbert H. Hyman*，Middletown CT：Wesleyan University Press，1988.

(looking-glass perception)[1]；（2）认为他人的意见更加保守，不如自己的意见进步，也被称为保守偏见（conservative bias)[2]；（3）认为他人对于复杂内容的理解比自己更多，或者他人对于酒精饮料的感觉比自己更好[3]。

多数无知常常发生在个体间缺乏有效的沟通，信息环境的可见度不高的情况之下。普通的个体很难像社会科学研究者那样，通过“科学的”调查，清晰地了解大多数人的看法是什么。因此，大众媒体就成为我们感知多数意见的重要渠道。

需要注意的是，沉默螺旋理论中所说的意见气候并不一定是多数人的意见，它是人们对多数意见（或意见趋势）的感知。诺尔-纽曼在民意调查中发现，当真实的意见趋势与大众媒体的意见背道而驰时，会出现所谓的“双重意见气候”(dual climate of opinion)。接触大众媒体的公众会把媒体的意见误认为是大多数人的意见。这样，不同的媒体接触方式，就可能导致不同的意见气候，由此可见大众传播的巨大影响。双重意见气候从一个侧面说明了公众准统计感觉的不准确性。

在意见气候的压力下，与被感知到的多数意见（即大众传媒的意见）一致的人，敢于在公开场合大胆地表达自己的意见（speak out），相反，在媒介中缺乏代表的意见则成为“少数意见”，赞成它们的人害怕被社会孤立而保持沉默。这两个趋势在社会中不断扩散，一方的声音越来越大，另一方的声音越来越小，就形成了沉默的螺旋（见图 6—4）。因此，沉默的螺旋是一个“民意形成并且扩散的过程”[4]。

诺尔-纽曼认为，现代社会中大众传播影响了公众对意见气候的感知，进而影响了人们在公开场合的意见表达。与有限效果理论不同，该理论提出了一种新的强效果理论。当然，我们也要看到，这个理论并不是主张大众媒体在任何情况下都具有强大的效果，沉默螺旋的出现，必须要具备一定条件：（1）群体对个人的排斥，只有涉及道德评价和价值评价等极具争议的问题时才会出现，从而引发

---

① See Fields, J. M. and Schuman, H.: “Public Beliefs about the Beliefs of the Public”, in *The Public Opinion Quarterly*, Vol. 40, No. 4 (1976).

② See Fields, J. M. and Schuman, H.: “Public Beliefs about the Beliefs of the Public”, in *The Public Opinion Quarterly*, Vol. 40, No. 4 (1976).

③ See Miller, D. T. and McFarland, C.: “Pluralistic Ignorance: When Similarity is Unterpreted as Dissimilarity”, in *Journal of Personality and Social Psychology*, Vol. 53 (1987). Prentice, D. A. and Miller, D. T.: “Pluralisitic Ignorance and Alcohol Use on Campus: Some Consequences of Misperceiving the Social norm”, in *Journal of Personality and Social Psychology*, Vol. 64 (1993).

④ 参见［德］伊丽莎白·诺尔-纽曼：《民意——沉默螺旋的发现之旅》，3 版，85 页。

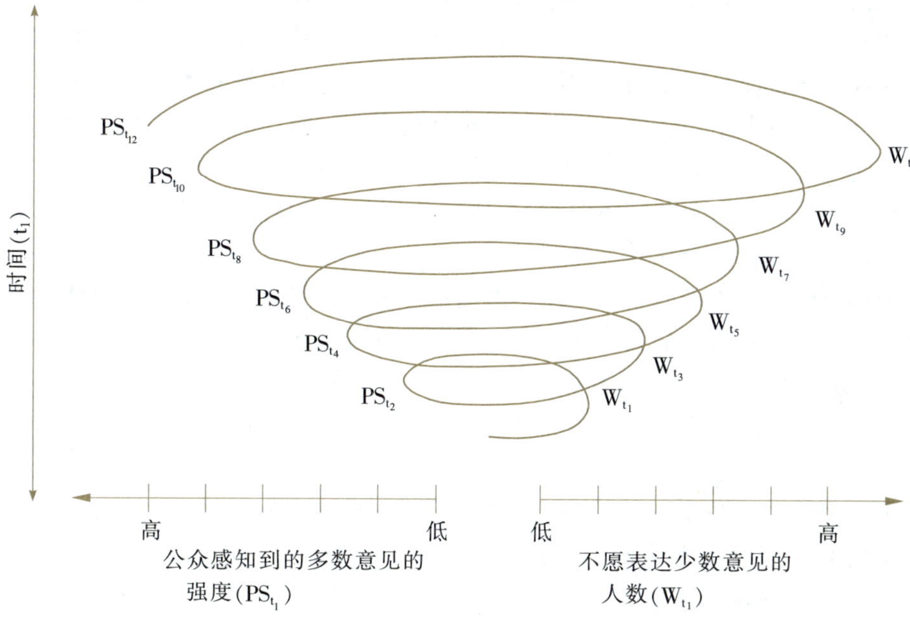

图 6—4　沉默螺旋中被感知到的优势意见的扩大与被感知到的少数意见的沉默

沉默的螺旋；(2) 大众媒体的意见要具有共鸣性，如果在某个问题上媒体的意见不一致，公众无法明确地感知到“主流意见”，也不容易出现沉默的螺旋；(3) 如果个人所在群体或参照群体能够为少数意见提供有力的支持，也会减少沉默螺旋出现的机会。

五、沉默螺旋理论的民意观

沉默螺旋理论讨论的核心问题是民意。诺尔-纽曼不仅对这一概念予以重视，并且对这一颇多争议的概念提出了独特的解释。

从启蒙时代开始，民意一直受到人们的关注。法国学者蒙田的文章中就已经出现了这个概念。真正令人们对此概念留下深刻印象的是法国启蒙思想家卢梭。在《社会契约论》中，卢梭提出了公意是唯一的立法根据，是社会公约的基础。他区分了“公意”(Volonté générale，即 general will) 与“众意”(will of all)。①

① 参见［法］卢梭：《社会契约论》，35～37 页，北京，商务印书馆，2003。

卢梭所谓的“公众”（公民的共同体），是一个特殊的集合体。他认为，国家建立在全民公约的基础上。当人们建立起一个保证所有人的人身与财富的共同体时，这种结合就使每一个与全体结合的个人只不过是在服从其本人，并不损害其原有的自由。每个结合者的一切权利由这个共同体行使，这一道德和集体的共同体可以代替订约的个人（它甚至可以“强迫个人自由”）。这个共同体就成为公共的大我，即公众。这个共同体的意志，即为公意。因为公意的特殊性，它永远是一致的、公正的、符合每个人的利益。①

和抽象而永远正确的公意不同，人民中具体个人的意见简单相加只能被称为“众意”。公意只着眼于公共的利益，而众意则着眼于私人的利益，众意只是个别意志的总和。但是各种个别意志正负相抵后，仍然会得出符合所有人利益的公意。当然，如果公民间无法自由和充分地沟通，如果其中存在勾结和小集团，那么众意就会偏离公意。

虽然卢梭从理论上对公意与众意做出了区分，但是他并没有指出一个具有操作性的判断公意的方法，在《社会契约论》一书中，两个概念也经常混用。抽象的公意与具体的众意之间的矛盾，为“民意”概念的合理性埋下了隐患，比如托克维尔和麦迪逊都对“多数的暴政”表示了担忧。② 具体来说，民意调查的结果一定代表民意吗？首先，调查的方式会导致结果的偏差；其次，卢梭也意识到，人民常常受到其他力量的欺骗或左右，可能表现出非理性的一面。李普曼也提出，真正的公意是不可能达成的，在媒体营造的不准确的拟态环境中，人们依据固有的刻板印象草率地得出自己的看法，这导致所谓的“民意”最坏的可能是用象征符号制造的同意，最好的可能也只是一些无法真实反映现实世界的凌乱的幻象。但是如果像卢梭所说的那样，找一些审查官——或像李普曼说的那样，找一些专家——来对众意进行整理过滤，那么这又会走向民主的对立面。

当然，上述讨论可能把问题简单化了。不少学者提出了更为精致的解决方案，比如多元民主理论的提出者罗伯特·达尔，交往理性的提出者于尔根·哈贝

---

① 当然，卢梭这种对公众和公意的定义，存在着走向启蒙对立面的危险。参见［英］以赛亚·伯林：《两种自由概念》，载《自由论》，南京，译林出版社，2003年；参见朱学勤：《道德理想国的覆灭》，上海，上海三联书店，2003；参见［美］苏珊·邓恩：《姊妹革命：美国革命与法国革命启示录》，上海，上海文艺出版社，2003。

② 参见［法］托克维尔：《论美国的民主》，287～291页，北京，商务印书馆，1988；参见［美］汉密尔顿、杰伊、麦迪逊：《联邦党人文集》，北京，商务印书馆，1980。

马斯分别为公意的达成设计了不同的条件与方案。[①] 但是不论怎样，具体到操作性问题的时候，人们总要在民意测验结果与个别人的诠释之间进行选择。究其原因，就在于民意（公意）本身具有模糊性和多义性。正因为如此，许多学者主张索性放弃这个模糊的概念，用一些更清晰、更具操作性的概念来讨论社会问题。正是由于上述原因，在 20 世纪中期之后，“民意”这样的概念逐渐被“大众传播”、“说服”、“态度”、“议程设置”等概念替代。[②]

诺尔-纽曼对这样一种做法提出了不同的看法。她认为民意不是一个仅存在于一定历史时期的现象。虽然人们对它的解释莫衷一是，但是人们很早就意识到它的另外一面，可它却从未在现代的民意研究中得到过清晰的表达。除了卢梭等启蒙思想家提出的作为立法基础的理性的民意以外，还存在着作为社会控制的民意。

诺尔-纽曼观察到，在前人的讨论中和沉默螺旋的现实中，民意除了作为公众的意见表达外，还扮演着社会整合和社会控制的作用。因此，她给民意下了一个操作性的而不是本质的定义：“民意是人们为了不被社会孤立，而在公众面前必须表达的意见或采取的行为方式；民意使人们在意见纷杂时——如意见转向或新的紧张情况刚形成时——能够公开表达自己的意见，而无孤立之虞。”[③]

这个定义的前半部分把民意表达为公开场合外在的意见表达，这正是沉默螺旋理论所强调的外在可见的意见气候。定义的第二个部分强调了民意的社会控制作用，民意是社群成员在重要情感或价值问题上的认同，不论群体还是政府，都需要主导意见整合该集合体。民意，或者洛克所说的时尚法，使得人们顺应群体，找到身份认同。从这个意义上讲，民意是“我们的社会皮肤”。诺尔-纽曼的比喻有两层含义：第一，民意如同皮肤一样保护着我们的社会，使其团结一致；第二，对于受到民意控制的个人来说，必须忍受社会皮肤的敏感性，小心谨慎地感觉周围的主流意见。[④]

可以看出，诺尔-纽曼所说的民意与启蒙学者所说的民意存在本质的不同：首先，在表达形式上，前者把民意看做是政治讨论和决策，是以语言形式表达的理性讨论；而后者所涉及的问题要更加广泛，除了语言外，还包括一切象征符号。

---

① 参见［美］、达尔：《民主理论的前言》，北京，三联书店，1999；参见［美］达尔：《民主及其批评者》，长春，吉林人民出版社，2006；参见［德］于尔根·哈贝马斯：《交往行为理论》；参见［德］于尔根·哈贝马斯：《在事实与规范之间——关于法律和民主法治国的商谈理论》，北京，三联书店，2003。

② 参见［美］埃弗里特·罗杰斯：《传播学史——一种传记式的方法》，254 页。

③ ［德］伊丽莎白·诺尔-纽曼：《民意——沉默螺旋的发现之旅》，3 版，259～260 页。

④ 参见上书，264 页。

其次，启蒙时代所说的民意表达是主动的、有意识的、理性的，表达者必须具有一定的讨论能力，而且具有讨论的动机，因此只有少数精英参与；而诺尔-纽曼所说的民意表达则是个人为了避免孤立而做出的一种无意识的，甚至是非理性的选择，参与者是社会的所有成员。

六、沉默螺旋的批评与讨论

沉默螺旋理论是一个引人注目的理论，它否定了20世纪40年代以来形成的大众传播效果有限的结论，提出大众传播具有强大的影响。同时，它也成为备受争议的大众传播理论之一。

对沉默螺旋的第一点批评针对的是，该理论对于沉默螺旋出现的条件缺乏限制。前面提到过，并非在任何问题上或任何条件下都会产生民意的压力。当然，这些条件也对大众媒体强大的效果提出了挑战。

第二点批评是对孤立恐惧动机的讨论。沉默螺旋理论中最核心的假设是人性中有害怕孤立，与社会保持一致的天性，但是这也是该理论中最缺乏充分验证（诺尔-纽曼的主要精力放在了文献的诠释和生物学结论的类比上）和最受批评的部分。这些批评集中在四点疑问上：（1）孤立恐惧动机是否对所有人都适用？（2）孤立恐惧动机是否在所有文化中都存在？（3）孤立恐惧动机是否能够充分解释人们发言的意愿？（4）阿什在实验室中发现的从众现象能否说明复杂的现实中的人们会服从意见气候？

人们对沉默螺旋的第一点疑问是它是否忽视了人格差异。在我们的身边经常能看到一些喜欢“标新立异”的人，这些人就像塞万提斯笔下的堂·吉诃德一样，不但不害怕周围多数意见的压力，反而以挑战一般人的“常识”为荣。诺尔-纽曼在调查中也发现了这类人的存在，她将其称为“中坚分子”（the hard cores）或“先锋”（avant-gardes）。这些人的存在，也解释了意见气候发生变化的重要原因。她甚至发现，当赞同一个意见的人过多，以至于成为常识时，赞成该意见的人反而不愿公开参加讨论，这时中坚分子却成为最愿意发表自己见解的人。在一些极端情况下，比如《皇帝的新装》中那个说真话的小孩，中坚分子还会导致沉默的螺旋倒转。

针对第二点疑问，诺尔-纽曼等在其他文化中也进行了孤立恐惧调查，结果发现，不同文化的个体都会对公共场所的某些行为感到难堪。[①] 但是另一方面，人们也发现，不同文化对于孤立的恐惧程度是不同的，比如个体主义—低语境文化对于社会孤立的恐惧感要低于集体主义—高语境文化[②]，不同文化在解决冲突方式上的差异也会影响人们发言的意愿。因此也有研究者提出，要把社会孤立恐惧动机与文化变量联系起来考虑。[③]

孤立恐惧动机的第三点疑问涉及人类动机的复杂性。比如前面提到的乐队花车效应——人们愿意成为胜利者中的一员而不是失败者中的一员——也可以作为人们从众的动机。诺尔-纽曼强调了人类行为动机中“避害”（孤立的惩罚）的一面，却忽视了其“趋利”的另一面。

第四点疑问涉及研究的效度问题，也就是说，实验室中的结论能否在现实中得到有效的复制。阿什实验的刺激对象是一个与人们利益无关的线段长度判断，这与实际生活中遇到的问题有所不同。此外，现实生活中也很少出现周围所有人异口同声地持某种意见的情境。阿什的实验还发现，当存在少量支持者时（比如10个人中有2个与被测试者看法一致），被测试者改变自己原来看法的概率将大大降低。后来的研究也发现，当被调查对象把自己当做少数人中的一员时，他们更愿意在公开场合表达自己的意见。[④]

对沉默螺旋理论的第三点批评是人们对意见趋势的感知是否完全来自于大众媒体营造的意见气候，个人经验和参照群体是否也会影响人们对意见趋势的感知呢？沉默螺旋理论对参照群体和社会群体的关注不够，没有讨论个人之间的交流与支持。人们的意见表达不一定单纯是为了追随匿名的公众，还有可能是为了更好地与周围的参照群体保持一致。

对沉默螺旋理论的第四点批评涉及诺尔-纽曼的政治经历。[⑤] 有研究者提出，

---

① 参见［德］伊丽莎白·诺尔-纽曼：《民意——沉默螺旋的发现之旅》，3版，310～314页。

② 高语境和低语境（high/low context）是爱德华·T·霍尔在跨文化研究中提出的概念，高语境的传播或讯息是绝大部分信息或存在于物质环境中，或内化在个人身上，极少存在于编码清晰的讯息中。低语境正好相反，即大量信息被置于清晰的编码中。换句话说，要理解高语境的讯息，仅看字面意思是不够的，必须要结合大量的习惯、言外之意和潜规则才能理解。比如中国人、日本人在接受礼物或受到称赞时否定或推辞，从字面来看是否定，但结合文化来看，其实是委婉地接受。而来自于低语境文化的人（比如美国人）则会直接表达自己的谢意。

③ See Dietram A. Scheufele, Patricia Moy: “Twenty-Five Years of The Spiral of Silence: A Conceptual Review and Empirical Outlook”, in *International Journal of Public Opinion Research*, Spring 2000.

④ See Gregor Petric, Andrej Pinter: “From Social Perception to Public Expression of Opinion: A Structural Equation Modeling Approach to the Spiral of Silence”, in *International Journal of Public Opinion Research*, Spring 2002.

⑤ 关于这个问题的详细讨论，可参见陈力丹：《沉默螺旋与法西斯主义的关联辨析》，见 http://academic.mediachina.net/academic_zjlt_lw_view.jsp?id=5044&peple=64，2006-07-28。

诺尔-纽曼在年轻时参加过纳粹的外围组织，其发表的文章和博士论文中有当时德国的反犹太主义与狭隘的民族主义的内容，并且诺尔-纽曼青少年时代的经历令其理论中渗透着德国纳粹的宣传思想。①

对上述批评，我们可以从两个不同的层面进行讨论。我们在第三章关于理论评价标准部分提到，对理论的评价标准，取决于研究者的研究范式。客观经验主义的研究范式认为，科学研究的结果不受研究者立场的影响，因为社会研究的检验程序是客观的，而且作为理论本身也是中立的，它是对客观现象的描述，只有正确与错误之分，没有善恶之分。虽然从表面上看它是一个“反民主”的理论，但它只不过如实地揭示了民意形成过程与民主过程的潜在危险而已。

但是从批判学派的观点来看，该理论抽象地谈论大众媒体的影响，而没有涉及传播内容和大众媒体本身在社会结构中的位置。如果从深层的社会结构与权力体系来看，媒体控制的意见气候只是表面现象。在“科学化”的前提下，把复杂的社会现象变成抽象的概念体系，这本身就是一种统治阶级意识形态的控制，缺乏批判性的理论把偶然现象解释为人的本能，并没有揭示出社会真正的问题所在。与其说该理论是纳粹主义的延续，不如说是启蒙精神走向反面的又一个表现。当然，从客观上讲，该理论发现的民意的控制作用，有利于公众对意见表达和民主过程做出进一步反思与批判。然而我们也要意识到，批判理论范式的批评与其说针对的是沉默螺旋这个具体的理论，还不如说针对的是客观经验主义研究的整体。

所以，从上述两方面的标准来看，第四点批评在客观经验主义范式下无法成立，并且就批判理论范式的角度而言，也没有击中要害。

从社会环境看来，沉默螺旋理论的许多前提假设，与大众社会理论有着千丝万缕的联系，一个社会多元化、民主化过程越明显，出现沉默螺旋的机会就越低，比如美国的一些研究就不支持该理论。格林恩等人于1997年进行的元分析发现，他人的意见是否与自己一致和人们是否愿意公开表达意见之间存在显著的相关性，但是十分微弱。②

---

① See Christopher Simpson：“Elisabeth Noelle-Neumann's ‘Spiral of Silence’ and the Historical Context of Communication Theory”，in *Journal of Communication*，Summer 1996.

② See Carroll J. Glynn；Andrew F. Hayes；James Shnahan：“Perceived Support for One's Opinions and Willingness to Speak Out：A Meta-analysis of Survey Studies on the ‘Spiral of Silence’”，in *Public Opinion Quarterly*. Vol. 61，No. 3（1997）.

传播研究在中国

谢新洲：《“沉默的螺旋”假说在互联网环境下的实证研究》，载《现代传播》，2003（6）。

研究采用问卷调查的方法，验证了传统大众媒体强效果理论的“沉默的螺旋”假说在互联网环境下是否依然适用。

研究者认为，传播的社会控制机制并没有发生根本的变化，但互联网的出现和不断渗透对“沉默的螺旋”理论提出了挑战。用户对网上意见的认知，会发生比在现实社会中的认知更大的偏差，出现镜式知觉（looking-glass perception）等认知偏差。

据此，研究假设：如果在传统大众媒体环境下引发和支持“沉默的螺旋”的基本条件，在互联网环境下依然存在和成立，那么该假说在网络空间中就仍然基本适用。同时，鉴于网络传播不同于传统大众传播的特性，网络空间中“沉默的螺旋”的表现方式也会有所不同。

研究者于2002年11月至12月，对北京大学、清华大学、中国人民大学和北京师范大学的在校学生进行问卷调查，采取简单随机抽样的方法，发出问卷1 000份，获得701份有效问卷。问卷主要调查了学生的媒介使用习惯以及对互联网的使用情况和态度，特别是对上述群体的电子公告牌（BBS）使用状况和行为方式进行了调查。调查数据主要采用描述统计方法进行分析，结果发现：

（1）“人对社会孤立的恐惧”并不会因为互联网的出现而消失，而是网络传播“匿名性”的特点使人们感到孤立的条件出现了缺失。

（2）传播是否具有公开性并不由媒介类型决定，而是由传播对象决定，由于互联网传播活动的传者和受者都具有很大程度的匿名性，网络用户之间很难形成亲密的关系，所以网络上的传播应该被视为公开的意见表达。

（3）在一个比较稳定的网络社区里，多数人认为其他社区成员能将自己的网络身份（ID）和现实身份对应起来，现实的社会关系被带入网络空间，从而影响人们的网络行为。虽然BBS论坛中舆论压力不是指向现实中的具体个体，而是指向ID，但由于ID作为人的主体性的载体，个人对其有着强烈的身份认同，因此，指向ID的压力对现实中的个人也会有较大影响。

（4）在以现实的群体关系为基础形成的网络群体中感受到的压力，要比在BBS自身孕育的群体中感受到的压力大；在一个自己经常活动的网络群体中感受到的压力，要比在一个完全陌生的群体中感受到的压力大。应该说，网络从众心理的动因还会存在，但是，通常作用的程度与范围会减少。

当意识到他人知道自己的现实身份时，79.13%的被访者表示会修正自己将要发表的意见；而当人们发现自己站在多数意见的对立面时，即便他们清楚地明白他人并不知道自己的现实身份，但也有近40%的被访者表示会修正原有观点，更有7.17%的人表示会大幅度地修正甚至放弃原有观点。但是，在完全“匿名”的情况下，敢于完全坚持己见的人比在公开身份的情况下有了大幅度的增加(60%vs. 20%)。当ID遭受冷遇甚至攻击时，有13.14%的被访者表示在这种情况下会尝试更换新的ID。

研究最终认为：在网络空间，社会孤立的动机并没有消失；网络群体对个人意见的压力作用方式有所变化，强度相对减弱，但其影响依然不容忽视；从众心理的动因继续存在，从众现象依旧普遍。“沉默的螺旋”并没有从网际间消失。但同时，鉴于网络传播特有的属性和我国现阶段网络媒体受众的阶段性特点，其表现方式也出现了相应的变化。

讨论：

“作为意见气候的互联网对沉默螺旋的影响”和“作为意见表达场所的互联网对沉默螺旋的影响”有何不同？本研究主要讨论的是哪一种？你认为该研究在假设、数据分析和解释上是否严谨？为什么？

第三节　第三人效果

一、第三人效果的提出

我们可以观察到一个有趣的历史现象，从19世纪末开始，每出现一个新的大众媒介，总是会引起人们的忧虑。19世纪人们指责小说败坏了人类心灵。19世纪末人们认为大众报纸败坏了社会风气，甚至提出了“报纸主义”这样的概念来形容其影响。20世纪初这种指责又转移到电影身上，电影中不适当的内容导致青少年身心健康都受到影响，并且它也要为社会风气的恶化负责。接下来是广播和电视，其中尤以电视为甚，对于电视暴力与色情内容的指责一直没有间断。如果不是互联网出现，电视还将继续成为焦点，中国20世纪90年代中期以来对互联网和信息技术的崇拜与欢呼突然被2003年大众媒体对网络（游戏）成瘾与互联网交友、色情内容的危害的报道所代替，互联网成为解释青少年犯罪和学习成绩下降的新理由。

如果上述指责真的全部成立，那么随着媒体越来越多，影响越来越大，社会风气或犯罪率应该不断恶化，但是实际情况并不是这样，至少指责者非常清醒，“我”并没有受到媒体影响。如果是这样，那么我们是不是过于严重地估计了媒体内容对他人的影响呢？为什么媒体信息在“我”与“他们”身上会产生不同的效果呢？

民意研究专家菲利普·戴维森（W. Phillps Davison）首先在自己身边发现了这个现象。戴维森年轻时，一位历史学者曾经向他讲述了第二次世界大战太平洋战争中一件令人费解的事。一支由白人军官率领的黑人部队将要和日军作战。日军在知道该部队驻扎地后，用飞机向他们撒传单。传单上的主要内容是：这是一场和白人的战争，日本人和有色人种没有冲突，不要为白人效力。出人意料的是，第二天这支美国部队还未等开战，就主动撤离该地区。原因是白人军官担心黑人士兵会受到传单的蛊惑，失去斗志，不得已采取了避战的策略。

在一个讨论联邦德国媒体对政策的影响的课堂上，戴维森问在座的记者，他们是否认为联邦德国报纸的社论对读者产生了重要影响。有人这样回答：这些社论对像你我这样的人没有什么影响，但是对普通读者却影响巨大。

戴维森认为，这样一种认为大众媒体对“我（们）”（语法上的第一人称）、“你（们）”（第二人称）不能产生影响，却对“他（们）”（第三人称）产生影响的判断，也可以被看做是大众媒体的一种影响，他将其称为“第三人效果”（third-person effect）。这里所说的“第三人”，可以有两种不同的定义方式：一是和我（们）、你（们）相对的第三人称的他（们）；二是站在信息发出者的角度，即作为信息传递过程的旁观者的第三者。比如日军的传单是针对黑人士兵，而不是白人军官，但是后来人们推测，日军可能一开始就是“项庄舞剑，意在沛公”，白人军官（第三者）才是他们心理战的真正目标。[①]

1983年菲利普·戴维森将上述现象命名为“第三人效果”。该理论自提出之日起，就面临着许多问题。这样一个复杂而又微妙的效果是否存在？它与之前的理论有何不同？它受到哪些因素的影响？它会对社会产生什么后果？

和许多新颖的理论一样，第三人效果在刚提出时也遭到质疑，论文差点没能发表。它是一个从社会心理角度提出的微观效果，并不能说明大众传播对整个社

---

① See W. Phillips Davison:“The Third-Person Effect in Communication”. *The Public Opinion Quarterly*. Vol. 47, No. 1 (1983).

会的影响。① 但是人们在电视暴力和色情内容、电视剧、政治选举、负面新闻、诽谤信息、对辛普森的审判报道、否定纳粹大屠杀的广告、赌博广告、计算机2000年问题、网络色情等大量信息的传播中都发现了第三人效果，这说明它具有普遍性。

二、第三人效果产生的原因和影响因素

珀洛夫（Richard M. Perloff）认为，第三人效果包含两个部分：感知部分和行为部分。感知部分提出，人们认为传播内容对于他人的影响大于对自己的影响。行为部分提出，这种媒体对他人影响较大的估计将导致他们采取某些行动。②

目前认为，导致第三人效果的主要原因是低估他人、高估自己的倾向。它与我们前面提到的多数无知很相似，都是对他人产生了错误感知，不同之处在于第三人感知对他人做出过低估计。该现象的原因很复杂，学界并没有统一的认识。珀洛夫将学者们对这一现象的解释总结为以下6种③：

（1）高估自己、低估他人是一种普遍的人性，它使我们自己更具有优越感。他人比自己更轻信大众媒体使人们感觉比较好。

（2）人们希望自己能够控制身边的一切事物，虽然这些事物可能不可预知。人们认为自己不会受媒介的影响，可以控制和使用媒体，更坦然地生活在一个媒体占主导地位的世界中。

（3）人们实际上认为自己受到了媒体的影响，但是为了让自己感觉更独立，自我评价更高，更能够控制一切，人们把自己的感觉投射到他人身上。

（4）认知心理学中的归因理论认为，人们倾向于把自己的失误归结于外界环境，而把别人的失误归结于他们自身。因此人们认为自己能够识别信息中的意图，而他人无法做到这一点。

（5）人们的媒体基模认为大众媒体具有强大的效果，这是一种天真的魔弹论心理，正如前面提到的一直以来人们对媒体的指责一样，这种心理一直存在。

---

① See W. Philip Davison："The Third-Person Effect Revisited". *International Journal of Public Opinion Research*, Summer 1996.

② See Richard M. Perloff.: "The Third-Person Effect". In Jennings Bryant and Dolf Zillmann (Ed.). *Media Effects: Advances in Theory and Research*, 2nd edition. Mahwah, NJ: Lawrence Erlbaum Associates, 2002.

③ 参见上书。

（6）人们之所以不承认媒体对自己产生了影响，是因为他们无法认识自己的思考过程，或者无法对之前的行为做出准确的回忆。因此在对比自己和他人受到的影响时出现偏差。

以上原因都对这一心理机制提出了合理的解释，但我们还需要进一步深入研究才可以确定究竟哪一种或哪几种解释更合理，总的来说，造成第三人效果的主要心理原因是为了提升自我，使自我感觉更良好。除了这个关键因素外，还有其他几个因素也会影响第三人效果出现的强弱程度。

首先，对讯息的评价会影响第三人效果。如果人们认为某讯息对自己不利，或者认为受某讯息影响显得自己十分不明智时，他们会不承认讯息对自己的影响，但是却认为它将对其他人产生影响，比如电视暴力、色情内容等讯息。但是当受到某个讯息的影响能使个人看上去更出色的话，人们也会乐于承认讯息对自己的影响。比如当防治艾滋病和禁烟的广告拍得非常好时，人们会承认自己也受到极大影响，这时第三人效果不明显。

对讯息的评价会影响人们判断媒介对自己的影响，社会距离则会影响人们判断媒体对他人的影响。第三人效果中的“他人”除了泛指其他人外，也可以指某个特殊的社会群体。研究发现，在人们心目中，“他们”与“我们”的社会距离越远，差异越大，媒体影响的差距也就越大。这与前面提到的基模理论和多数无知中的发现一致。

个人的自我形象感知也会影响第三人效果。研究发现，如果个人认为自己比他人受到更多教育，在某个问题上知识更为丰富，则第三人效果会更容易出现。

个人的群体归属也会影响第三人效果。如果个人对某个群体认同度较高，且认为大众媒体对该群体怀有偏见时，容易出现第三人效果。

一些研究者在跨文化研究中还发现，在集体主义文化中，第三人效果虽然也存在，但比个体主义文化中的第三人效果要弱。这是因为集体主义文化更强调个人与他人之间的联系，会让人认为自己与他人之间的差异不大，不容易出现第三人效果。①

三、第三人效果的表现及讨论

研究者对第三人效果中行为部分的研究较少，主要集中在第三人感知部分。

---

① See Byoungkwan Lee and Ron Tamborini：“Third-Person Effect and Internet Pornography：The Influence of Collectivism and Internet Self-efficacy”，in *Journal of Communication*，June 2005.

毕竟认知与行为间的联系要间接得多。而且正如戴维森提到的那样，这个效果比较微观而且作用机制更微妙，常常不会造成明显的后果。

研究者发现，在涉及一些公认的"有害"的内容（比如色情、暴力、烟酒广告、赌博广告、极端言论等）时，第三人效果常常导致人们支持对其进行限制。但是另一方面，人们虽然也反感某些负面新闻和娱乐新闻，存在第三人认知，但是支持限制这些内容的人却不多。一个校园媒体曾经登出一则广告，提出"屠杀犹太人的描述言过其实"，那些认为信息无法说服自己的人，抵制刊登该广告，反之，觉得信息很具有说服力的，支持刊登。所以是否支持对信息进行审查和限制，还与人们对表达自由的认识有关。① 很可能人们越是认为某信息对他人影响巨大，反而促使其理性地考虑言论自由问题，做出谨慎的决定。

第三人效果导致的信息审查和限制，会对表达自由产生消极影响，尤其是对社会精英和把关人来说更要提防第三人效果。在缺乏深入的调查和科学的分析之前，不要贸然对信息进行审查和限制。一些新闻记者在报道和评论互联网对于青少年的危害时，也常常基于个案而不是严谨科学的调查（当然，很多所谓研究机构也愿意"大胆"地得出一些简单结论迎合媒体），草率地得出武断的因果联系——充满反讽的是，媒体工作者是互联网的重度使用者。本书作者在学生论文的指导中，常常遇到大量关于电视暴力、娱乐节目、电子游戏和互联网不良后果的题目，但是有趣的是，写作者常常也是这些内容的积极消费者。当然，这里并不是否认上述内容的危害，只是提醒读者在判断媒体效果时要警惕第三人效果的影响，因为有时媒体工作者和研究人员对于媒体效果的判断会影响到公共政策，也会令其他公众造成错误的印象和压力。

此外，第三人效果还经常影响媒体工作者、广告公关从业人员、政府官员、执法者对于传播效果的判断和决策。与媒体相关的从业人员经常夸大新闻报道、广告和宣传的影响，突出自己的工作成效。当然，这种夸大很可能使人们错误地认为信息传播、危机管理是可以解决一切问题的万灵药。政府官员、执法者也常常对于自己的演讲、信息发布的实际效果产生过于乐观的判断。

因此，虽然第三人效果是一个微观理论，但由于涉及人们对他人意见和行为的判断，所以也会对议程设置、沉默的螺旋、多数无知等过程产生影响，进而影响到民意和政治过程。

第三人效果理论中值得注意的一点是，它建立在普通受众对传播效果的判断

---

① See Vincent Price, David Tewksbury, Li-Ning Huang: "Third-Person Effects on Publication of a Holocaust-Denial Advertisement", in *Journal of Communication*, Spring 1998.

上。麦奎尔曾把大众传播理论分成四种：常识理论、现场（操作）理论、规范理论和社会科学理论。① 其中常识理论是普通人对大众传播的认识，现场理论是媒介工作者的认识，规范理论讨论的是大众传播应该怎样，社会科学理论是运用社会科学研究方法进行的讨论。人们经常关注后三种理论，尤其是第四种，但是普通人对媒体的认识在实证研究中一直被作为“天真的”理论加以忽略。而第三人效果提示我们，除了客观地测量外在的反应之外，受众对于媒体的认识也值得我们关注。在这里我们可以看到客观经验主义在研究的过程中，与诠释经验主义得出了相似的看法。

第三人效果还是一个比较“新”的效果理论，而且比较复杂，对于它的质疑也不少，主要集中在两个问题上：第一，它产生的原因和机制究竟是什么；第二，第三人效果是否是由测量方法的不当导致的。

关于第三人效果产生原因的解释，上文介绍了其中之一，除了提升自我外，还有研究者认为不现实的乐观也可以解释第三人效果。另一些研究者发现，人们在判断大众媒体对他人的影响时，并不是简单地低估他人，有可能是以自己作为衡量标准，因为反求诸己是最容易的一种参照标准。如果人们认为讯息对自己的影响较大，就会认为它对别人的影响也很大，并且还会夸大这种影响。② 因此对于第三人效果产生的真正原因，学者们还有进一步研究的必要。

由于第三人效果比较微妙和复杂，在调查时既要询问被调查对象对自己的估计也要询问他们对别人的估计，有一些研究者提出，这可能造成心理暗示，导致被调查者得出我们希望看到的结论。虽然有一些研究证明第三人效果不是由调查引起的，但是仍然存在不少疑问，还需要通过更多深入的研究方能严谨地证明。

总　结

本章所讨论的大众传播理论，来自于社会心理学领域的研究。准确地说，随着社会心理学领域的“认知转向”，20 世纪 60 年代以来关于大众传播的社会心理研究不再像早期说服研究那样集中于态度，而转向社会认知心理学。社会认知

---

① See Denis McQuail：*McQuail's Mass Communication Theory*，4th ed.，Thousand Oaks：Sage Publications，2000.

② See Vincent Price，David Tewksbury，Li-Ning Huang：“Third-Person Effects on Publication of a Holocaust-Denial Advertisement”，in *Journal of Communication*，Spring 1998.

关注的是普通个体如何看待这个世界、我们的社会环境、我们所在的群体、其他人，当然也包括我们自己。我们不仅从外面向里看，而且从里面向外看，关注普通人如何思考和反省自己的认知过程。从这些研究成果中，我们确实可以看到，在长期的社会生活中，我们发展了高超的认识技能和敏感的社会适应能力，但与此同时，我们也因此付出了相应的代价。这再一次说明，我们既不是天使，也不是魔鬼，我们只是人。

首先，为了应付复杂的环境，提高信息处理的效率，我们发展了各种类型的基模，包括个人基模、自我基模、角色基模、事件基模和与内容无关的基模，这些相对固定的认知结构在我们的认知过程中会影响我们对新信息的编码和对旧信息的记忆，并且帮助我们推断缺失的信息。在判断失误的成本很高，必须做出准确判断的时候，我们会更加仔细地研究各种信息、深思熟虑。相反，当判断失误的成本降低，时间紧迫，我们的自尊面临威胁、为了向他人简明说明某事，或者以游戏的心态而不是研究的心态参与时，我们容易使用基模。

除了大众媒体影响受众的基模外，受众还会在日积月累的媒介接触中，形成一些有助于他们迅速对媒介信息做出判断的媒介基模，同时，基模也会对大众传播的效果产生一定影响。

我们生活在社会中，希望与其他人融为一体，结果导致我们害怕被孤立。这种特殊的社会心理使我们在涉及某些道德冲突的议题时，小心谨慎，不愿意被周围人嘲笑和鄙视。但是我们又不是专业的民意研究者，我们在判断意见趋势时常常借助于自己的准统计感官，它的灵敏度和准确度毕竟有限，于是大众媒体经常成为我们的主要参照。这个对意见气候的认知是一个独特的社会心理过程；根据意见趋势形成的“多数意见”大声表达和“少数意见”保持沉默的扩散也是一个社会心理过程。因此，民意的社会控制过程中存在着微妙的社会心理过程。

和第三人效果相比，上述社会心理过程就显得比较简单了。第三人效果所描述的普通人，首先他们自己也是一个社会心理“专家”，他们反思着大众传播对他人的影响和对自己的影响，在上述判断的基础上，再决定自己的行为。第三人效果中的认知过程和行为过程无不与个人对他人的感知与判断相关。每个人都是“理论家”，反思着自己的行为，这种反思也影响着大众传播的效果。

在多数无知的研究中，人们发现，被调查者在知道了这种心理机制以后，出现多数无知的可能性明显降低。对于本章讨论的其他几种社会心理过程来说，了解它们也是消除其消极影响的一个重要措施，这也是媒体素养教育的重要内容之一。

关键概念

社会认知
基模
原型
典型
个人基模
自我基模
角色基模
事件基模
与内容无关的基模
沉默的螺旋
乐队花车效应
准统计感官
多数的无知
意见气候
双重意见气候
中坚分子（先锋派）
第三人效果

深入阅读

- Susan T. Fiske, Shelley E. Taylor: *Social Cognition*, 2nd ed., New York: McGraw-Hill, 1991.
- ［美］泰勒、佩普劳、希尔斯：《社会心理学》，10版，北京大学出版社，2004。
- ［德］伊丽莎白·诺尔-纽曼：《民意——沉默螺旋的发现之旅》，3版，台北，远流出版事业股份有限公司，1994。
- Richard M. Perloff: "The Third-Person Effect". In Jennings Bryant and Dolf Zillmann (Ed.). *Media Effects: Advances in Theory and Research*, 2nd edition, Mahwah, NJ: Lawrence Erlbaum Associates, 2002.

思考与讨论

1. 什么是基模？它具体有什么表现？
2. 基模的种类有哪些？请举例说明。
3. 基模会对人的信息处理过程产生什么影响？
4. 请举例说明个人会在什么情况下使用基模？
5. 大众传播会对基模产生什么影响？

6. 什么是媒介基模？它会对大众媒体的信息接收产生什么影响？
7. 如何评价基模的影响？
8. 什么是沉默的螺旋？它是如何被发现的？
9. 你认为孤立恐惧动机是否存在？请举例说明。
10. 多数无知与沉默的螺旋有什么异同？
11. 意见气候和多数人的意见是否相同？为什么？
12. 沉默螺旋的民意观与启蒙时代的民意观有何异同？
13. 为什么说民意是“我们的社会皮肤”？
14. 沉默的螺旋是否意味着媒体具有强大的影响？
15. 你认为沉默的螺旋理论是否是法西斯的民意理论？
16. 你认为文化是否会影响沉默的螺旋？请举例说明。
17. 什么是第三人效果？它包括哪两个部分？
18. 第三人效果产生的原因和影响因素是什么？
19. 请结合具体的案例，分析第三人效果的表现和原因。
20. 请阅读上面推荐的社会心理学书籍，看看还有哪些理论可以应用于大众传播。

大众传播的影响：信息环境取向

第七章

C H A P T E R 7

本章知识结构及要点

☆ 议程设置

→ 议程设置的提出与证明

→ 铺垫效果

→ 议程设置的第二层

→ 框架效果

→ 议程设置的全过程

→ 议程设置的语境

→ 议程融合

☆ 培养分析

→ 电视暴力研究的历史

→ 培养分析的提出

→ 培养分析理论的特征

→ 文化指标研究

→ 主流化与社会控制

→ 培养分析与叙事研究

请你想象有这么一个地洞，一条长长的通道通向地面，和洞穴等宽的光线可以照进洞底。一些人从小就住在这个洞里，但他们的脖子和腿脚都捆绑着，不能走动，也不能扭过头来，只能向前看着洞穴的后壁。让我们再想象他们背后远处较高的地方有一些东西在燃烧，发出火花。火花和这些被囚禁的人之间筑有一道矮墙，沿着矮墙还有一条路，就好像演木偶戏的时候，演员在自己和观众之间设有一道屏障，演员们把木偶举到这道屏障上面去表演。……有一些人高举着各种东西从矮墙后面走过，这些东西是用木头、石头或其他材料制成的假人和假兽……这样的囚徒从各方面都会认为实在无非就是这些人造物的阴影。[①]

以上这段著名的“洞穴寓言”是柏拉图在《对话录·国家篇》（《理想国》）第7卷中讲述的故事。它常常被借用来比喻现代大众媒体的影响——大众媒体最重要的影响不是对个人或群体的微观影响，而是通过制造信息环境，影响我们关于世界的想象。就像人不会去注意呼吸的空气，鱼不会在意周围的水一样，由大众媒体营造的信息环境对我们的影响如此深远，以至于常常被我们忽略——这种习焉不察本身也可算作大众媒体的影响之一。本章讨论的议程设置和培养分析，就是从这个视角探讨大众传播的影响。

第一节　议程设置

一、议程设置的提出

议程设置理论提出的并不是一个新鲜的观点。在此之前，有不少学者讨论过现实世界和我们关于现实世界的想象之间的差异问题。随着现代大众媒体的兴起，研究者们逐渐把幻象的制造者锁定在了无处不在的报纸、广播和电视身上。

1922年，李普曼在《民意》的开篇就提出这样的问题：是什么在外部世界和我们脑中关于世界的图像间设置了障碍？他提出，报纸营造了一个虚假的“拟态环境”，而公众却把它当做现实本身，形成关于世界的错误的想象（见第二章）。

1948年，拉扎斯菲尔德和默顿提出，大众媒体具有地位赋予功能（见第五章），大众媒体的报道可以使社会问题、个人、团体以及社会运动引起人们的关注，这种显著性会让它们具有一定的地位和合法性。这一功能中已经蕴含了议程设置的萌芽。

朗夫妇按照李普曼的思路进行了一个实证研究。他们研究了从朝鲜战场归来

---

① 《柏拉图全集》，第2卷，510～511页。

的麦克阿瑟到达芝加哥时电视转播的效果。一组由 31 人组成的实地参与组均匀分布在当天重要活动的现场，“真实”地体验“外部世界”，然后研究者通过访谈和问卷汇总他们的观感。另外研究者还对电视转播进行了内容分析。结果发现，现场观众的普遍感觉是失望，觉得仪式并不盛大，参加者稀少且缺乏热情。但是电视转播给人的感觉却刚好相反。小景别镜头一直追随麦克阿瑟，镜头里到处是欢呼的人群，冷场的部分被省略，解说词也不断强调这是一次盛大的仪式。这个研究证明，眼见并不一定为实，媒介所呈现的事件与真实事件之间存在差距。而且这一研究结论似乎也间接地证明了麦克卢汉所说的“媒介即讯息”[①]（见第十二章）。

1963 年，美国学者科恩在谈到大众传播的影响时非常形象地说：“新闻媒体远不止是一个信息和意见的提供者。很多时候，它可能并不能成功地告诉人们怎么想，但是在成功地告诉它的读者想什么方面，它却极为出色。因而，对于不同的人来说，这个世界是不同的，这不仅因为他们的兴趣有所不同，而且因为记者、编辑和出版人通过他们所阅读的报纸，在他们的头脑中画出了不同的图像。”这段话提到的新闻媒体不能告诉人们“怎么想”（what to think），但却能够告诉人们“想什么”（what to think about），这后来成为议程设置最简明的表述。[②]

议程设置所提到的思想并不新颖，为什么它能成为传播研究的里程碑呢？它最值得回味之处就在于把一个抽象的哲学观念，转换成为一个可以用简单的方式加以验证的操作性命题。李普曼所说的拟态环境和头脑中关于世界的图像，被转化成为媒体对不同问题的报道数量的排序，以及受众对国家当前面临的最重要的问题的排序这两个定序变量。前者可以通过大众媒体的内容分析获得，后者可以通过民意测验获得（盖洛普民意调查从 1935 年就开始调查“你认为现在国家面临的最重要的问题是什么”）。只要运用统计方法计算这两个定序变量的相关度就可以证明李普曼的命题。

上述程序正是 1968 年麦克斯维尔·E·麦库姆斯和唐纳德·L·肖在北卡罗来纳州教堂山（Chapel Hill）所做的第一个议程设置研究的主要步骤。他们发现，当地的媒体议程和公众议程之间的相关性指数竟然高达 0.97。[③] 1972 年，这

---

① See Kurt Lang and Gladys Engel Lang："The Unique Perspective of Television and Its Effect：A Pilot Study"，in Wilbur Schram edited *Mass Communications*，2nd edition，University of Illinois Press，1960.

② See B. C. Cohen：*The Press and Foreign Policy*. Princeton，NJ：Princeton University Press. 1963.

③ 因为这次调查使用了“过滤性问题”，只调查了总统竞选过程中还没有做出投票决定的选民，他们更容易受媒体影响，所以媒体议程和公众议程之间的相关度比普通情况下要高出很多。

个研究的报告以《大众媒体的议程设置功能》为题刊登在《舆论季刊》上，“议程设置”这一形象而简明的比喻引起了研究者们的关注。它提出，大众传播媒体报道量越大的问题（issue），越容易被公众认为是当前最重要的问题。① 议程是指在某一时间点，按照重要性等级（hierarchy of importance）进行传播的一系列问题。这里所说的问题是指较为宏观的社会问题，比如经济问题、环境问题、外交问题等，并不是某个具体的话题（topic）。议程中的某个问题的相对重要程度，可以被称为问题的显著性（salience）。议程设置过程描述了某个问题由媒体议程向公众议程传递的过程（见图 7—1）。

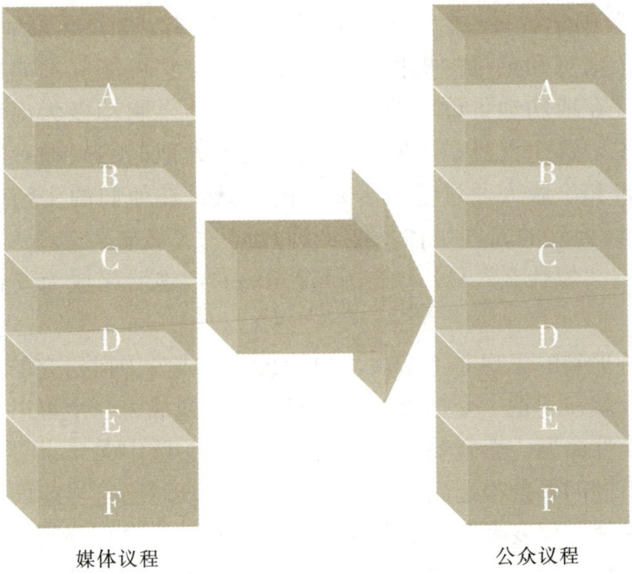

图 7—1　经典议程设置（议程设置第一层）过程的示意图

媒体对公众的影响被转换成问题排序（ranking of issues）的传递过程，这一思路形成了一个理论框架，议程设置第二层的研究进一步证明了该理论框架的活力。对于大众传播的影响研究而言，议程设置理论带来了许多新的思路。

首先，该效果理论一改关注态度和行为的研究传统，转而将注意力放在了大

① See Maxwell E. McCombs & Donald L. Shaw: “The Agenda-setting Function of Mass Media”, in *Public Opinion Quarterly*, 36 (2), 1972.

众媒体对受众认知的影响上。它研究的是人们“想什么”而不是“怎么想”。

其次，该理论关注的是整个信息环境对公众的影响，而不是某条信息的微观影响。

再次，议程设置研究提出，大众传播对于公众的环境认知具有强大的影响，这对20世纪40年代以来占据主导地位的有限效果理论是一个重要的修正。因为影响态度的因素过于复杂，所以信息传播在其中起不到决定性作用，但是“退一步海阔天空”，研究态度之前的认知却可以看到大众传播的重要作用。

最后，议程设置理论形象地说明了大众媒体、公众意见和政治过程之间的关系。在现实政治过程中，人们总是希望自己的议题是当前最重要的、最需要优先考虑的议题。议程设置过程（agenda-setting process）是事件的推动者们为了获得媒介工作者、公众和政治精英而不断进行的竞争。①

二、议程设置的进一步证明

虽然议程设置理论用简洁的方法证明了一个古老的观念，但是从研究数据和结论的关系来看，1968年的教堂山研究还是带有简单化的倾向。

首先，相关性不等于因果性。媒体议程与公众议程之间的高度相关并不能说明是媒体议程影响了公众议程，也可能是媒体议程反映了公众议程，也可能是二者同时受到第三个变量的影响。

其次，李普曼的理论讨论了现实、拟态环境和公众认知之间的关系，但是1968年的研究只讨论了后两者的关系，社会现实很可能成为刚才提到的第三个变量——如果媒体全面地反映了现实，公众准确地感知到现实，那么这也可能导致媒体议程和公众议程之间高度相关。

虽然麦库姆斯和肖在论文中对上述问题做出了理论上的解释（从一般规律上看，应该是新闻报道在先，公众认知在后），但是作为一个客观经验主义范式的理论，毕竟缺乏实证研究的数据。我们需要展开两个时间点或更长时段的研究，并且加入现实世界的变量，以证明确实是媒体议程设置了公众议程而不是其他可能。接下来的两个关键的研究解决了上述问题。

1972年，在新一轮总统竞选宣传中，麦库姆斯和肖等人在美国北卡罗来纳

---

① See J. W. Dearing & E. M. Rogers：*Communication Concept 6*：*Agenda-setting*. Thousand Oaks，CA：Sage，1992，pp. 1－2.

州夏洛特市（Charlotte）进行了一系列研究，其中一项对两个时间点的纵贯研究证明了媒体议程与公众议程之间的因果关系。按照第三章提到的因果关系的定义，很重要的一点是确定两个变量的出现时间，一般来说，出现在前的是因，出现在后的是果。按照这个思路，研究者选定了 1972 年 6 月和 10 月两个时间点，分别测量这两个时间点的媒体议程（《夏洛特观察者报》）和公众议程［固定小组（panel）调查］。接下来，研究者进行了前后交叉相关比较（cross-lagged correlation comparison），将 6 月的报纸议程和 10 月选民议程的相关性，与 6 月的选民议程和 10 月报纸议程的相关性进行比较。如果 6 月的报纸议程与 10 月选民议程的相关性大于 6 月选民议程与 10 月报纸议程之间的相关性，那么就可以证明是 6 月的报纸议程影响了 10 月的选民议程。如果相反，则说明是 6 月的选民议程影响了 10 月的报纸议程。计算的数据如图 7—2 所示。可以看出，先出现的 6 月的报纸议程与后出现的 10 月选民议程之间的相关性更大，这就证明：不是公众设置了媒体议程，而是媒体议程设置了公众议程。

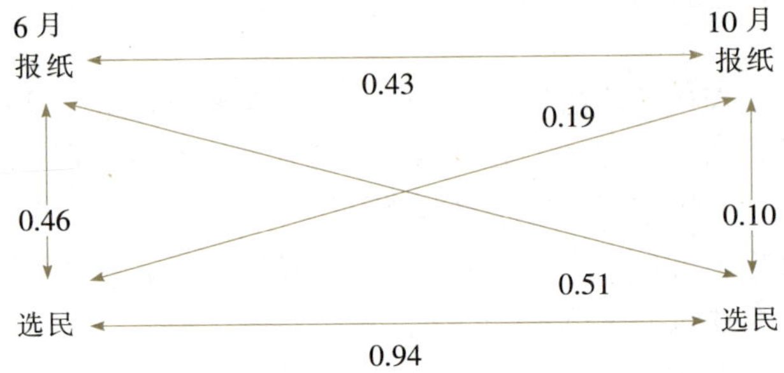

图 7—2　1972 年 6 月和 10 月夏洛特选民议程和《夏洛特观察者报》议程间的前后交叉相关对比

资料来源：Donald L. Shaw & Maxwell E. McCombs (Eds.)：*The Emergence of American Political Issues*：*The Agenda-setting Function of the Press*，St. Paul，MN：West. 1977，p. 91.

上述研究中的纵贯研究设计，看上去解决了先有鸡还是先有蛋的问题。但是其中 6 月与 10 月选民议程间的相关度（＋0.94）远高于同期报纸议程间的相关度（＋0.43），也就是说选民议程几乎没有变化，变化的主要是报纸议程。在这种情况下认为报纸影响了选民，似乎还存在争议。这个问题还需要更具有说服力的证据。

1973 年冯克豪瑟发表了对 20 世纪 60 年代 10 年间三个美国主要的新闻周刊（《时代周刊》、《新闻周刊》和《美国新闻》）的越战议程与公众对越战关注程度的研究。更难能可贵的是，他还以美国在越南的派兵人数作为现实世界指标(real-world indicator)，研究了媒体议程、公众议程与现实世界的关系。研究结果如图 7—3 所示。1966 年，新闻媒体关于越战的报道达到顶峰，实际上美国派往越南的人数在 1968 年才达到顶峰，而此时这些新闻周刊对越战的报道数量已经大幅下降，这说明媒体议程并没有如实地反映越南战争的惨烈程度。但是 1966 年公众对越战的重视程度却随着媒体报道的增多而上升。这说明媒体设置了公众议程，现实并不是影响公众注意力的必要条件。此外，从图 7—3 中我们也可以看出，现实对于公众也不是毫无影响，我们不是柏拉图洞穴寓言中的那群囚徒，对现实缺乏判断。因为越南战争毕竟影响着现实，这才会导致媒体对越战的报道影响公众的认知。在多元化的社会中，媒体并不能无中生有地制造出一个完全不存在的幻象来。因此抽象地讨论媒体议程对公众议程的设置没有太大意义，它忽略了更重要的社会环境。

冯克豪瑟的研究有两点贡献：第一，它考察了一个真实而长期（10 年）的议程变化过程，用经验性证据说明了议程设置过程的存在；第二，它加入了现实世界指标，全面地讨论了李普曼提到的现实、大众媒体和公众三方的关系，给予我们一个关于议程设置的立体图像。

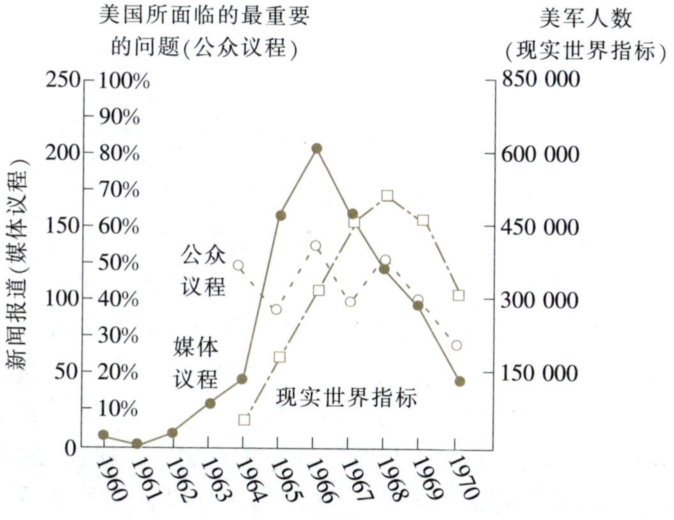

图 7—3　20 世纪 60 年代关于越南战争的媒体议程、公众议程和现实世界指标

资料来源：J. W. Dearing & E. M. Rogers：*Communication Concept 6*：*Agenda-setting*. Thousand Oaks，CA：Sage，1992，p. 41.

三、铺垫效果

进入 20 世纪 80 年代之后，除了大量对传统议程设置假设的复制与证明外，议程设置还在向纵深方向发展，其中最具代表性的是艾英戈与金德（Shanto Iyengar and Donald R. Kinder）1987 年出版的《至关重要的新闻：电视与美国民意》。[①]

除了引入实验研究方法进一步证明了电视的议程设置效果外（这种做法提高了该理论的内在效度），该研究还提出了电视新闻的铺垫作用（priming）。[②] 铺垫效果来自于认知心理学，费斯克和泰勒（Fiske，Susan T. & Talyor，Shelley E.）认为："铺垫现象描述了以前的语境对新信息的诠释所造成的影响。"[③] 关于这一现象存在不同的解释，比如希金斯和金（Higgins & King）的激活模型认为，如果最近或者持续受到某种信息刺激，这一信息或概念的潜在活力就会非常强大，将对新的信息产生影响。如果某个人最近接收到某个信息或者经常接触某个信息，那么这个信息就成为最方便获得的信息，在遇到新的信息刺激时，这些旧信息会努力让新到来的信息与其建立联系。这种作用机制就像我们使用智能的电脑输入法一样，经常使用的字词会被放得越来越靠前，当然我们选用时也会更加方便。

艾英戈等人把电视新闻的铺垫效果定义为："通过唤起对某些问题的注意，并忽略另外一些问题，影响观众对政府、总统、政治和公职候选人进行评价的标准"。

艾英戈和金德从西蒙的决策理论角度来分析铺垫作用。这一理论认为，人们不会对所有的事情保持专注，注意力具有高度的选择性。其次，人们在判断时，一般不会经过全面的分析，而是更喜欢试探式（heuristic）分析——比如直觉和常识。试探式分析的一种形式就是依据最容易得到（accessible）的信息做出判断。大众传媒恰好是现代社会中公众最容易获得的信息资源。因此，如果某个观众最近经常看到外交方面的报道，这个信息在记忆中就会处于活跃状态，成为最容易获得的信息。如果这时恰好要他投票选总统，这一新刺激就会激活他对于相关新闻的记忆，他就容易把总统与信息联系起来（尽管这种联系可能是无意识

---

① 参见［美］仙托·艾英戈、唐纳德·R·金德：《至关重要的新闻：电视与美国民意》。

② Priming 在心理学中也译作"启动"。

③ Susan T. Fiske，Shelley E.：*Social Cognition*，New York：McGraw-Hill，1991，p. 257.

的）。上述过程造成在对总统做总体评价时，总统在外交方面的表现就成为一个非常重要的标准，而其他方面就可能被忽略。

铺垫作用所涉及的，已不止是观众对新闻议程重要性的认知，而是涉及观众对政治候选人的价值评价标准。也就是说，电视新闻不仅可以成功地告诉人们“想什么”，而且可以成功地告诉人们“怎么想”。

艾英戈等人在实验室里发现了铺垫作用以后，有不少来自现实的研究结果支持了这一结论。艾英戈和西蒙发现，公众对里根与老布什两位总统的评价标准存在差异，评价里根时（1988 年调查数据）更多看他在经济方面的表现，而评价老布什时（1990 年和 1991 年调查数据）则主要看他在对外政策上的表现，这个评价标准的变化与当时美国外交方面的新闻报道（海湾战争）增多有关。① 在克林顿的性丑闻事件爆发初期，一个对俄勒冈州居民的调查发现，经常看报纸的读者更多地用公共事务而不是性丑闻来描述克林顿，他们对克林顿的评价也更正面，相反，那些认为性丑闻事件非常显著的居民则对克林顿的评价更负面。②

关于铺垫作用与传统议程设置理论的关系，目前存在不同的看法。有人认为它们的心理机制相同，甚至有研究认为议程设置只是铺垫效果的一种表现。但韦弗等人认为，铺垫效果与议程设置是两个不同的过程。议程设置关注问题排序从媒体到公众的传递（想什么），而铺垫效果更关注的是议程设置的后果（consequence），个人意见的形成过程（如何想）。③

四、议程设置的第二层或属性议程设置

议程设置研究的另一个发展是提出了议程设置的第二层（second level of agenda-setting）的新思路。在 1968 年的教堂山议程设置研究中，媒体向公众传递的议程是对象（object），是一个宏观问题（issue）。但是对于一个具体问题而言，它又具有多个属性（attributes）或特征（characteristics）。例如对于一个事

---

① See S. Iyengar & A. Simon: “News Coverage of the Gulf Crisis and Public Opinion: A Study of Agenda-setting, Priming, and Framing”. in *Communication Research*, 20 (1993), pp. 365 - 383.

② See W. Wanta & K. Chang: “Priming and the Second Level of Agenda-setting: Merging Two Theoretical Approaches”. 转引自 D. Weaver, M. McCombs & D. Shaw, Agenda-setting Research: Issues, Attributes and Influences, in Kaid, L. (ed.), *Handbook of Political Communication Research*, Mahwah, NJ, Lawrence Erlbaum Association, 2004, pp. 257 - 282.

③ See D. Weaver, M. McCombs & D. Shaw: “Agenda-setting Research: Issues, Attributes, and Influences”. In Kaid, L. L. (ed.), *Handbook of Political Communication Research*, pp. 257 - 282. Mahwah, N. J. Lawrence Erlbaum Association, 2004.

件来说，它包含着许多更小的事件或细节，而且对于同一细节，可以从不同角度来表现，这就使其具有许多不同的特征。对于一个人来说也是如此，外表、能力、性格、道德等都是其属性。

在某一则新闻中，不同的属性一起又构成了重要性的排列等级，比如一则新闻中写进哪些内容省略哪些内容、强调哪些细节弱化哪些细节、支持或是反对某种做法等。这些属性依附在对象议程上，共同传递到公众那里，从而影响公众对某一事件特征的认知。议程设置的第一层传递的是对象的显著性（salience of objects），第二层传递的是属性的显著性（salience of attributes），因此，麦库姆斯也将议程设置的第二层称为"属性议程的设置"①。

对 1994 年我国台湾省台北市市长竞选的研究发现，报纸的报道影响了选民对三个候选人形象的认知。该研究将候选人的属性分为 3 个维度 12 个子项：（1）人格维度，包括 4 个政治属性——能力、经验、领导才能和政治风格，以及 6 个非政治属性——正直善良、有个性、外表、智慧、教育与家庭、演讲能力；（2）政党忠诚维度；（3）政策及立场维度。研究发现，台北市三大报纸（《联合报》、《中国时报》、《自由时报》）重点强调的属性也是选民认为最重要的属性。该研究还发现，在形象的实体维度（政治能力、经验、领导能力和政治风格）方面，属性议程的设置最成功，但是选民对候选人形象的感情评价，则更多地受到选民特征（如年龄、党派、教育和民族）的影响，而不是媒体的影响。也就是说议程设置的第二层主要表现在属性重要性的传递上，而不是表现在对属性的感情评价上。②

对 1996 年西班牙的选举研究发现，大众媒体影响着公众头脑中三位候选人的形象（image）。在此研究中，政治候选人的形象被分为两个维度：（1）实体（substantive）维度，包括候选人的意识形态/立场、履历的细节、是否合格（perceived qualification）、正直廉洁以及人格；（2）感情（affective）维度，它分为正面的、负面的和中立的。研究者将上述两个维度组合在一起，放入列联表，制作成一个 5×3 的矩阵（见表 7—1）。这样，每个媒体的候选人属性议程就可以转化成一个矩阵，同样，选民对某个候选人的属性议程也可以制作成一个矩阵。

---

① See Maxwell E. McCombs: *Setting the Agenda: The Mass Media and Public Opinion*, Cambridge: Polity, 2004.

② See Pu-tsung King: "The Press, Candidate Images, and Voter Perceptions", In McCombs M., Shaw, D. L. & Weaver, D. (Eds.) *Communication and Democracy: Exploring the Intellectual Frontiers in Agenda-setting Theory*. Mathwah, NJ: Lawrence Erlbaum Associates, 1997.

表 7—1 1996 年西班牙选举研究中政治人物形象属性议程的矩阵

	感情维度		
实体维度	正面	中立	负面
意识形态/立场			
履历的细节			
是否合格			
正直廉洁			
人格			

通过计算发现，选民矩阵与两家当地报纸矩阵间 6 个相关性指数的中位数为 +0.7，与两家全国性报纸属性议程矩阵的 6 个相关性指数的中位数为 +0.81，与两家全国电视台属性议程矩阵相关性指数的中位数为 +0.52。[①]

属性议程不仅可以影响受众对议程某一特征的重视程度，还会反过来影响对象议程的显著程度。也就是说议程设置的第二层会影响议程设置的第一层。一项研究发现，美国得克萨斯州公众 1992—1994 年对犯罪问题的关注度超过了以前所有民意测验中对犯罪问题的关注度。但是统计数字表明，同时期实际犯罪率却一直在下降。和前面冯克豪瑟的研究结果相同，这种对犯罪的关注不是由现实情况引起的，而是由大众媒体引起的。研究者分析了这一时期民意调查数据与得克萨斯州报纸对犯罪问题的报道情况，发现在这两年半的时间里，二者的总体相关度为 +0.7。接下来研究者又对报纸的犯罪新闻的属性做了细分，发现有两类犯罪报道与民意测验数据的相关度超过了总体相关度，它们分别是犯罪对普通人的威胁的报道（+0.78），以及关于得克萨斯州本地犯罪的报道（+0.73）。也就是说，当新闻在报道犯罪问题时，突出它对普通人的影响以及本地的犯罪报道，会比那些涉及名人的犯罪报道和遥远地方的犯罪报道更容易引起人们对犯罪问题本身的关注。在德国和日本的研究中也发现，除了报道频率和数量会引起人们对某一问题的关注外，关于某一问题的报道风格（tone）也会影响人们对该问题的关注。麦库姆斯将这一效果称为“引人注目的论据”（compelling arguments）[②]，这一现象我们在中国新闻网站的新闻点击排行中也能观察到，在同一类问题中，从性、冲突、丑闻角度来报道（第二层）要比从其他角度来报道更容易引起人们对

① See McCombs, M., Lopez-Escobar, E., & Llamas, J. P.: “Setting the Agenda of Attributes in the 1996 Spanish General Election”, in *Journal of Communication*, 50 (2), 2000, pp. 77 - 92.

② See Maxwell E. McCombs: *Setting the Agenda: The Mass Media and Public Opinion*, Cambridge: Polity, 2004, p. 93.

该问题的注意（第一层）。

总结起来，我们可以把议程设置中不同议程间的关系用图 7—4 来表示。传统的议程设置研究的是由媒体对象议程向公众对象议程的传递，议程设置的第二层研究的是由媒体属性议程向公众属性议程的传递，在这两层之间，媒体的属性议程还会影响公众的对象议程。

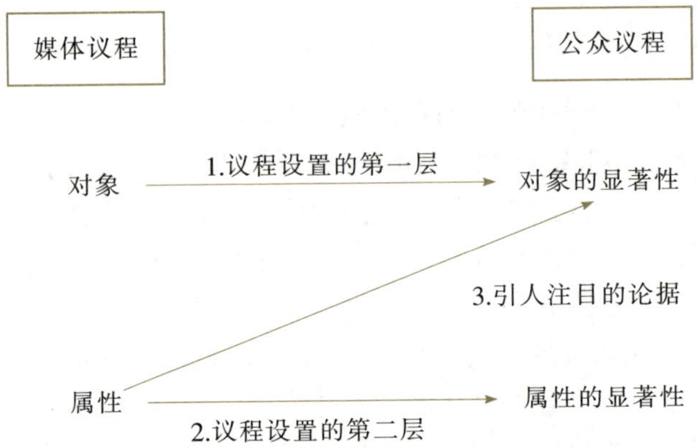

图 7—4　议程设置中的三条影响路径

资料来源：Maxwell E. McCombs：*Setting the Agenda*：*The Mass Media and Public Opinion*，Cambridge：Polity，2004，p. 93.

五、框架效果与议程设置的第二层

从属性议程设置的研究中可以看出，媒体对某一个议程的框架构造，影响了受众对该议程的想象。这一过程正好和新闻的框架效果（framing）研究殊途同归。

在新闻传播中，框架（framing）概念可以作两种理解：一是媒体工作者通过选择、突出、排除、提供细节（elaboration）等方式报道某个问题，它强调的是新闻生产过程；二是新闻生产过程产生的结果。前者是新闻学和控制研究关注的课题，在大众传播效果研究中，我们主要使用第二种解释。

前面提到过，议程设置强调的是对象或属性显著性的传递，因此从议程设置的第二层角度对框架可以做出下列定义：

设置框架就是从有待感知的现实中选择某些方面，使其在传播的文本中更加显著，它的具体做法是促进对一个问题的特殊界定方式、因果解释、道德评价以及（或者）提出该问题的解释方案。①

具体来说，甘耐姆（Ghanem）把媒体的框架分为四个维度：（1）新闻涉及的话题（内容的取舍）；（2）外在表现（编辑中的篇幅和位置）；（3）认知上的属性（被包含进框架的细节）；（4）感情属性（全篇的基调）。②

因此可以认为属性的取舍、强调、排列也是框架的一种，但是框架本身所包含的内容要比属性的设置更加丰富。框架除了表现在具体细节之外，还是一种格式塔（整体的感觉），比如甘耐姆所说的感情属性、风格、语气等。1＋1 很可能会大于 2，把一些属性加在一起，还可能产生某些“化学反应”，超过属性简单相加产生的效果。

所以议程设置的第二层与框架并不能画上等号，框架效果所涉及的影响要大于属性议程设置的影响。此外，框架研究包含的内容也涉及新闻生产、分配和消费以及结果的全过程。尽管如此，从属性议程设置的角度研究框架效果，可以使我们进一步深刻理解框架的作用机制，特别是在信息传播的效果方面。

艾英戈等人对框架与归因之间关系的研究，就是一个不局限于属性议程的例子。

艾英戈认为，“框架”是对判断和问题的陈述或表现的微妙改变。而“框架效果”（framing effect）则是指这些改变对决策的影响。他把电视新闻的叙述方式分为两种框架，一是故事框架（episodic），指用具体的故事来表现公共事件、个人经历。另一种是抽象的主题框架（thematic），它把公共事件放到更一般或更抽象的语境中来理解，指向一般性的结果或条件。③

和议程设置第二层研究不同的是，艾英戈并没有单纯研究这种框架中属性显著性的传递，而是走得更远，关注这两种框架导致的公众对问题责任归因的变化。与铺垫效果研究的前提一样，这个理论也认为普通人对问题的归因是不连贯的，常常依问题而定。人为了追求判断过程的简单化，一般依赖容易想到的事情来归因，很少全面考量所有因素。因此媒体对事件的叙述框架将影响公众对事件责任的归因。一般来说，故事框架容易导致受众将问题的原因归结为被报道的具

---

① R. M. Entman：“Framing：Toward a Clarification of a Fractured Paradigm”. *Journal of Communication*. 43（4），1993，pp. 51－58.

② See S. Ghanem：“Filling in the Tapestry：The Second Level of Agenda Setting”. In McCombs M.，Shaw，D. L. & Weaver，D.（Eds.）*Communication and Democracy：Exploring the Intellectual Frontiers in Agenda-setting Theory*. Mathwah，NJ：Lawrence Erlbaum Associates，1997.

③ See Shanto Iyengar：*Is Anyone Responsible?* The University of Chicago Press，1991.

体个人，而主题式框架则导致他们将问题的责任归结于国家领导人或社会。

六、议程设置理论的拼图

议程设置是一个假说还是一个理论？学者们还存在争论。但是随着 30 多年研究成果的积累，议程设置的拼图也变得越来越清晰。

我们可以从两个角度来观察这个拼图。首先，从媒体设置公众议程的全过程来看，我们可以把刚才讨论过的议程设置的第一层、第二层、铺垫效果、框架效果加在一起。对象议程的显著性可以通过铺垫效果与框架效果影响公众意见的强度和方向，属性议程也可以影响意见的方向，从而对行为产生作用（见图 7—5）。

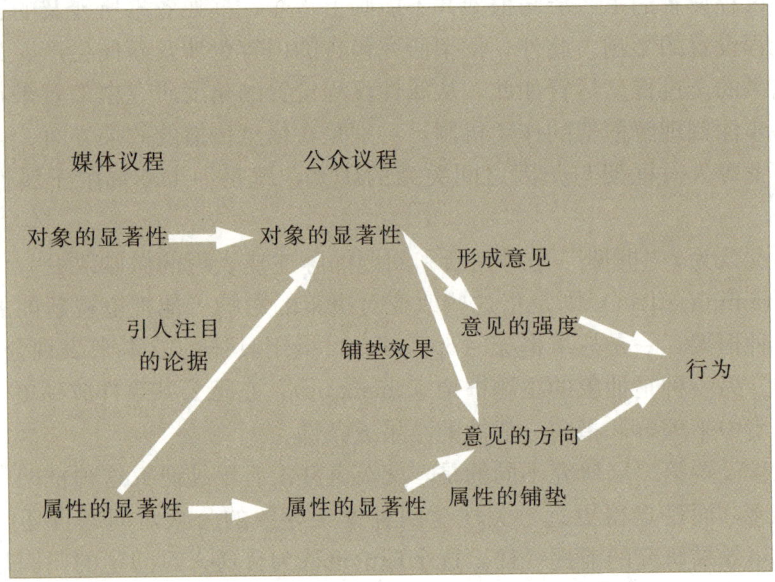

图 7—5 媒体议程设置的过程与后果

资料来源：Maxwell E. McCombs：*Setting the Agenda*：*The Mass Media and Public Opinion*，Cambridge：Polity，2004. p. 121.

其次，我们还可以从更宏观的社会环境入手，把议程设置与新闻的生产、传递、消费与影响联合起来考虑。迪林和罗杰斯认为，1968 年提出的经典议程设置理论只讨论了媒体议程与公众议程之间的关系，没有考虑媒体议程的来源。此外，该理论也没有讨论政策议程与媒体议程、公众议程之间的关系。最后，不同议程与社会环境之间的关系也没有得到阐述。因此，他们把经典议程设置过程看做是一个更大的拼图中的一块，提出了一个包括媒体议程、公众议程、政治议程三个部分以及周边环境的更宏观的议程设置理论的模型（见图 7—6）。①

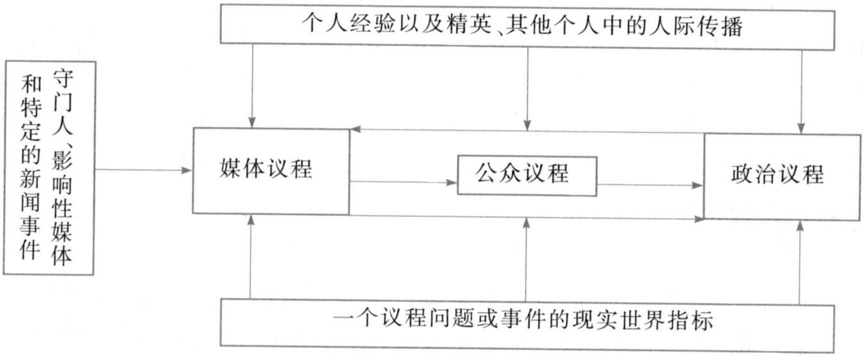

图 7—6 议程设置理论中不同议程之间的关系

在这个议程设置的模型里，我们最熟悉的，也是讨论得最多的过程是媒体议程对公众议程的设置，但是人们自然要问，媒体议程是从哪里来的？这也构成了议程设置研究 20 世纪 80 年代中期之后的一个热点，麦库姆斯甚至称其为议程设置的一个“转向”。

在传统的传播领域划分中，这部分内容属于控制研究。从议程设置的角度来看，朗夫妇将其称为“议程建构”（agenda building）。他们以美国的“水门”事件为例，提出议程建构是一个具有交互性的多重过程，大众媒体仅是政治系统中的一个推动力量而已。他们提出，1968 年的议程设置第一层研究没有考虑整个政治系统，一个问题是否能够影响公众，不仅取决于其显著性，更重要的是看其与直接经验之间的关系，不能抽象地谈媒体的议程设置。一个阈限较高的议程（即不容易直接经验的问题）是否能够引起人们关注和讨论，还取决于媒体报道的框架、是否与次级象征符号联系在一起而具有一定意义、发言人能否进一步跟进以引起人们的关注。②

对媒体议程的研究发现，具有影响力的媒体或新闻来源常常设置其他媒体的

---

① See J. W. Dearing & E. M. Rogers：*Communication Concept 6：Agenda-setting*. Thousand Oaks, CA：Sage，1992，p. 5.

② See Gladys Engel Lang and Kurt Lang：“Watergate：An Exploration of the Agenda-Building Process”，in *Mass Communication Review Yearbook*. Vol. 2. Sage Publications.

议程，这一过程又被称为媒体间议程设置（intermedia agenda setting）。比如美国的研究发现《纽约时报》会影响其他媒体的议程。上述信息源之所以重要，原因之一是记者的圈子太小，无法直接接触受众。目前在中国，之所以网络上的一点风吹草动都会成为大众媒体关注的对象，其中一个重要原因是记者的信息源有限，在面临比较大的写稿压力时，只好用网络上的信息敷衍了事。初步的研究发现，中国的党报能够在重大政治事件上（比如 2003 年上半年的两会）设置都市报的议程，但在社会新闻民间话题（2003 年上半年的“SARS”[①]、“小灵通放号”和“张国荣自杀身亡”）上则影响有限。同样，都市报在社会新闻和民间话题上对于党报的议程设置作用也十分有限。[②] 当然，媒体间议程设置如果造成新闻报道的同质化，那么很可能会造成意见市场的单一。

影响媒体议程的另一个因素是信息源，主要是政治人物和公关机构。据美国的研究，总统的国情咨文会极大地影响媒体议程。另一个常见的新闻来源是组织和个人主动向媒体提供的制作好的信息（主要是公关机构发布的）。西格尔发现，1949—1969 年美国的《纽约时报》和《华盛顿邮报》头版的报道，有一半是来自于公关稿、新闻发布会和其他制作好的信息。[③] 但是也有一些研究表明，新闻界的专业主义也会对政治人物的议程设置具有防御性，比如共和党的候选人只能在媒体上设置共和党关心的问题，而民主党只能设置民主党关心的问题，媒体在使用信息源上具有选择性。对于不同的问题，媒体也会根据新闻价值和此前报道的情况加以平衡。[④]

在媒体议程的研究中还发现，对于某些重大问题的报道常常来自于偶然的诱发事件。我们容易对“卧室里的大象”视而不见，只有这些问题成为一个具有新闻价值的新闻事件时，它才会得到媒体的重视。就像斯大林所说的，一个人的死亡是一个悲剧，而一百万个人的死亡只是一个数字。能否成为一个吸引大多数人关注的“故事”，常常是一个问题是否受到关注的关键因素之一。比如非洲的难民问题一直存在，但是一直到 20 世纪 80 年代，媒体对它的报道和关注并不多，

---

① 该研究调查时（2003 年 3 月），SARS 的官方报道还仅限于广州地区，北京地区的新闻报道——包括影响较大的《焦点访谈》——一直否认北京地区有该疾病传播，并且提示公众危害不大。

② 参见符丽：《从党报和都市报看报纸媒介间议程的相互设置》，中国人民大学 2003 年本科学位论文（指导教师刘海龙）。

③ See L. V. Sigal：*Reporters and Officials*：*The Organization and Politics of Newsmaking*. Lexington，MA：D. C. Heath. 1973.

④ See D. Weaver，M. McCombs & D. Shaw：“Agenda-setting Research：Issues，Attributes，and Influences”. In L. L. Kaid（ed.），*Handbook of Political Communication Research*. Mahwah，NJ：Lawrence Erlbaum Association. 2004.

直到《纽约时报》的一个记者偶然看到了英国广播公司（BBC）拍摄的一个纪录片，才意识到该问题的重要性，于是他在《纽约时报》上撰写报道，引发了 20 世纪 80 年代援助非洲的热潮。美国新闻界对艾滋病问题的大规模报道和人们的广泛关注也与体育明星感染该病有很大关系。如果没有孙志刚事件，1984 年以来一直使用的收容遣送条例也不会得到媒体的广泛关注和深入讨论，并且最后被废止。

媒体的报道框架（frame）也会影响一个问题是否爬上议程榜的顶端。这个问题其实就是前面讨论过的议程设置的第二层对第一层的影响。罗杰斯和迪林研究了美国艾滋病的报道后发现，由于媒体在不同时期报道的框架不同，该疾病引起的社会关注程度也有明显不同。在第一阶段（初始时期），媒体主要是简单地改写医疗期刊的资料，受真实情况影响较大；在第二阶段（科学时期），科学研究和发现的议程占主导地位，媒体议程开始影响民意调查的结果；第三阶段（人性时期），媒体议程与民意相互影响，媒体主动进行民意测验，以佐证自己的报道内容；第四阶段（政治时期），媒体议程与民意测验一起影响政策议程，不仅报道增多，而且影响增大。① 在一项对 2005 年底发生的“马来西亚警方在执行公务中强迫中国籍女子裸蹲事件”报道框架的分析中，研究者发现，北京地区的都市报对该事件的报道采用了民族主义的框架（歧视华人），而马来西亚的中文媒体则采用了执法不公正的框架（质疑警方行使拘留权和蹲站方式的正当性），这导致该事件在两国引起了不同的关注程度。②

关于媒体议程设置部分的研究与控制研究重合，数量较多，其他的研究结论，我们将在本书第十一章详细讨论。

对公众议程设置的研究除了前面介绍的内容外，一些研究者从受众角度出发，提出以下因素会对议程设置过程产生影响：（1）信源的可信性。信源可信度越高，议程设置效果越好。（2）个人媒体的接触量。个人媒体接触量越多，越容易受议程设置的影响。（3）人际传播。个人之间对某一议题的讨论常常能够强化大众媒体对该议题的设置效果；（4）个人经验。一般来说，在个人具有直接经验的问题上，媒体不太容易设置议程，而在个人不具有直接经验的问题上，媒体容易成功地设置议程，有些学者把前一类问题称为非显著性议程（unobtrusive agenda），将后一类议题称为显著性议程（obtrusive agenda）。（5）定向需求

---

① See Maxwell E. McCombs: *Setting the Agenda: The Mass Media and Public Opinion*, Cambridge: Polity, 2004. p. 60.

② 参见蔡青瀚：《从框架理论看北京都市报对中国女子在马来西亚受辱事件的报道》，中国人民大学 2006 年本科学位论文（指导教师刘海龙）。

(need for orientation)。这个概念由韦弗在夏洛特研究中提出，当一个问题与个人利益攸关，并且不确定性程度很高时，个人就会产生很强的定向需求，造成其媒体接触量增加，有助于议程设置生效。关于定向需求我们在下面的议程融合研究中还会谈到。

关于公众议程，另一个有趣的话题是议程间的零和博弈。造成这一现象的根本原因是媒体议程、公众议程都是有限的。媒体的显著性资源是稀缺的，版面、时段的有限性使不同议程之间的竞争表现出一种“你死我活”的零和局面。在公众议程上，祝建华也发现了这种规律。人能够关注和思考的议程也是有限的，一般是5～7个，如果有一个议程进入人们的视野，就会有其他议程被“挤出去”，它们之间也呈现出此消彼涨的局面。①

在媒体议程对政策议程的影响方面，情况要复杂得多，经常是二者相互影响、相互协作使某一问题变成显著性议程，甚至政治人物对媒体议程的影响更大。但是在一些无法再次出现和不确定性较高的问题上，媒体常常影响政策。在中国特殊的政治结构中，虽然媒体议程受到政策议程的影响更大，但在某些具体问题上，媒体议程也会影响政治议程。1949年后中国的媒体在政治系统中除了执行宣传任务外，还承担着下情上达和代表中央权力机构监督政府工作的任务(即“舆论监督”职能)。在20世纪90年代中期兴起的“舆论监督”热中，媒体议程影响政策议程的事例比比皆是。当然，在不少时候，这也可以看做是政府不同部门之间的相互协作。

七、议程设置的语境与有效性

在中国的研究中，曾经发现大众媒体不能明显地设置公众（微观或问题）议程②，而且现实中也屡屡出现“舆论引导”失效的情况，这是不是意味着议程设置在中国存在特殊表现呢?

这要涉及大众传播理论适用性的讨论。议程设置是一个产生于美国的理论，它

---

① See J. Zhu. Issue Competition and Attention Distraction in Agenda-setting: A Zero-sum Perspective, in *Journalism Quarterly*, 69 (4), 1992.

② 参见李本乾、张国良：《受众议程、媒介议程与真正现实关系的实证研究》，载《现代传播》，2002 (4)。当然，这个研究之所以没有发现明显的议程设置效果，也可能与研究设计有一定关系。因为该研究调查的媒体议程基本限于党报（《人民日报》、《解放日报》等），只有少量市民报纸，这与目前公众的报纸消费习惯有较大出入，根据中国目前的媒体接触情况来看，电视的影响可能更明显。另外，在议程问题的分类体系上，该研究的划分是按报道领域（如工业、农业、旅游等）而不是一般地按具体的问题（issue）来划分，分类过泛也可能造成调查结果与媒体报道的问题间有一定距离。

的成功复制多是在实行西方民主制的国家。在这些国家，一般媒体独立于政府，以企业化形式经营，这就促使媒体必须关注消费者的兴趣与利益。媒体工作者会根据消费者的偏好，按照议程的发展趋势，把属于部分公众的议程放大，并引起全社会关注。媒体的这种环境监测功能的正常执行，必然会促进议程在公众中的扩散，因此，很少出现公众都关注一个显著事件但媒体却无动于衷的情况。所以议程设置看上去是媒体在发生影响，但是结合整个政治环境来看，它只是起到了一个守望和中介的功能。甚至我们可以把议程设置看做是一个创新的扩散过程，媒体在新议程的扩散过程中起到推动作用。前面提到的朗夫妇的议程建构理论也提出了类似的看法。因此，西方民主制度的设计中就已经暗含了大众媒体的议程设置功能。

在我国，有些地方的法治建设还不够完善，干预媒体报道的情况时有发生，比如在2003年的SARS时期和2006年哈尔滨的黑龙江污染事件中，媒体环境监测的功能都受到影响，公众关注的事件没有得到及时报道，导致流言和恐慌。与其说是“议程设置”失效，还不如说是议程设置和一相情愿的“舆论引导”并不是一个概念。

另外一个经常引起讨论的问题是：在网络环境下议程设置还存在吗？一些网上的争论、揭丑和“网络名人”经常见诸大众媒体，似乎给人一种印象：公众议程正在影响大众媒体议程，传统的议程设置理论不再适用于网络。

这种看法可能在一些问题上成立，但是在目前的条件下，做出这样的结论可能尚早。首先，这里对公众议程存在误解。议程设置理论中所说的公众议程是通过民意调查得出的普通公众的议程，目前中国的上网人数虽多，但还没有到达大多数人都以网络作为主要信息来源的程度。其次，网络上经常被拿来做例子的事件，也只是部分网络用户关注的话题，比如像“芙蓉姐姐”，最早只是北京几所大学的学生关注，“韩白之争”也是文学圈内的争论，如果没有大众媒体的报道，很难成为公众普遍关注的对象。

因此，与其把大众媒体对网络议题的报道看做是公众议程影响媒体议程，还不如把这一过程看做是其他信息源对大众媒体议程的设置。前面提到过中国记者的特殊状态：任务较重、竞争激烈、普遍年轻化。这一群体缺乏信息来源和新闻线索，网络成为他们获取信息最简便、快捷的渠道。因此网络上的风吹草动容易被记者关注，最终影响其他公众。在一个民主的国家中，媒体议程一般来自于部分公众的议程，网络只是部分群体议程的表达渠道，它并没有改变整个制度结构，所以目前我们还不能说，在网络条件下会出现公众议程影响媒体议程的情况。

但是网络确实对大众媒体的议程设置造成了冲击，它的表现不是设置方向发生逆转，而是大众媒体设置普遍性议程的能力下降，而这正是议程融合要讨论的问题。

八、议程融合假说

随着互联网、有线电视、数字电视、手机等更为个人化的媒体的普及，传统大众媒体设置议程的能力开始下降，单一而普遍的公众议程正在减少，或者说影响议程设置过程的中介因素正在增多，变得更加复杂。其实人际传播与群体传播一直执行着大众传播效果的过滤与中介作用，新媒体给这一过程提供了更多的便利，同时也给这类交流创造了新的机会（比如互联网上的虚拟社群）。因此，仅从传播者的角度孤立地研究议程设置是不够的，还需要从受众的角度，并结合整个社会环境来考察议程设置的中介因素。

麦库姆斯和肖等人于 1999 年提出的议程融合（agenda melding）理论，就代表着这样一种思路。[①] 议程融合理论认为，在现代社会中，个人必须通过加入某个社会群体来降低认知不协调，获得安全感和确定性。为了融入自己想要加入的群体，个人必须接触与该群体相关的媒体，使自己的议程与这一群体的议程一致。

具体来说，议程融合可以分为以下几个过程：（1）决定群体归属。（2）是否具有该群体所需要的信息。每个群体都具有自己独特的议程，缺乏这些信息将无法被群体其他成员认同。（3）定向需求。如果缺乏该群体所需要的信息，就会产生定向需求，这将导致个人大量地接触各类媒体。（4）媒体接触。个人会根据自己的方便程度，决定使用大众媒体还是人际传播来满足自己的信息需求。（5）议程设置的第一层。（6）议程设置的第二层。

议程融合理论整合了许多既有的研究成果。它从媒体使用的角度研究议程设置，受众的需求是该理论关注的重点，这种思路源自于使用与满足理论（见第八章）。其中的受众需求理论，来自于马斯洛的心理需求理论。对加入群体动机的阐释来自于认知不协调（见第四章）。群体议程的学习过程中又显示出班杜拉社会学习理论的影响。议程的选择与接触动机同查菲的非均衡（disequilibration，人们主动寻找或回避那些能够改变自己的信息）理论有一定关系。与所在群体保持一致的动机与沉默螺旋理论不谋而合（见第六章）。大众媒体能够使群体多数人向主流意识靠近的观点借鉴了培养分析的理论（见本章第二节）。

---

① See Donald L. Shaw, Maxwell McCombs, David H. Weaver, Bradley J. Hamm: "Individuals, Groups, and Agenda Melding: A Theory of Social Dissonance", in *International Journal of Public Opinion Research*, 11 (1999), pp. 2 - 24.

议程融合理论一方面说明了传统大众媒体议程设置能力的下降，另一方面通过揭示使用动机，又在新媒体条件下“拯救”了议程设置理论。也就是说，只要受众愿意接受并寻求大众媒体的引导，大众媒体仍然会产生强大的议程设置效果，议程设置效果本身并没有消失。

议程融合理论中引人注目的一点是强调了大众传播媒体在受众细分化时代的社会整合功能。肖等人在调查中发现，社群中不同群体（男/女、青年/老年、白人/有色人种、受教育程度高/受教育程度低、富人/穷人）虽然在很多观点上存在差异，但是阅读报纸的人在许多问题上的看法要比不阅读报纸的人更加一致。[①] 这说明大众媒体在现代社会中起着“创造社群”的重要功能，这和我们在第一章里讨论的杜威和哈贝马斯的“传播是共享和互动”的观念类似。如果公众都转向个人化的信息渠道（比如互联网或细分的电视频道），社会就会缺乏凝聚力，人们会对社群共同面临的问题比较漠然，这对民主自治是一个潜在的威胁。

议程设置理论在近40年的发展过程中，经历了媒体技术与传播环境的深刻变革，但是“显著性传递”的研究框架被证明是具有生命力的。其实在我们的日常生活中，这一过程也无处不在。当你去饭店点菜时，服务员会向你推荐饭店的招牌菜，菜谱上会把重要的菜放在前面（议程设置的第一层），加上精美的图片（议程设置的第二层）。你在面试或向他人汇报工作时，会有意地调整议题的顺序和框架，希望对方把你认为重要的事情（比如报酬）作优先考虑。甚至我们在塑造自己外在形象时也会有意突出自己的优点隐藏自己的缺点，这也是一个议程设置过程。更不要说各类音乐排行榜、电影排行榜、图书销售排行榜更是直白地列出了传播者想要设置的议程。

第二节 培养理论[②]

一、电视暴力效果的研究

20世纪五六十年代之后，电视逐渐成为大众媒体中最具影响的媒体。培养理论的提出者格布纳认为，和其他媒体相比，电视具有如下特点：(1) 受众接触

① See D. E. Shaw & S. Martin: “The Function of Mass Media Agenda-setting”. *Journalism Quarterly*, Vol. 68 (4), 1992.

② 培养理论（Cultivation Theory）也译作“涵化理论”或“教养理论”。

电视的时间比其他媒介长；(2) 我们在接触其他媒介之前就开始接触电视；(3) 电视比其他媒介更容易获得；(4) 电视节目生产是集中化大规模生产，其内容旨在吸引所有人的注意，在长期的接触中，人们重复地使用许多具有内在一致性的形象和讯息。电视的这些特征吸引了包括培养分析研究者在内的众多学者的注意，其中尤其受到关注的是电视中暴力内容的影响，培养理论正是在这样的背景中产生的。但是随着研究的深入，培养分析逐渐转向电视对意识形态的主流化影响，所讨论的内容也远远超出了早期电视研究的议程，涉及电视生产、流通、消费的整个过程。

在介绍培养理论以前，我们先简单回顾一下对电视暴力效果的研究。20 世纪初，在电视产生之前，电影是最主要的视听娱乐媒体。早在那时，电影对儿童的影响就引起了社会的广泛关注。大众传播效果研究中的第一个大规模的实证研究——佩恩基金研究发现，大部分电影内容涉及犯罪、性与爱情，儿童对电影内容记忆深刻，其态度也会受到电影影响，甚至还对儿童的行为方式有示范作用。[①]

在电视普及初期，施拉姆等人运用使用与满足理论（见第八章）研究了儿童对电视的使用，揭示了社会阶层、智商、社会关系对电视效果的影响。其中尤其引人注目的是 1959 年对加拿大两个社区（一个有电视，一个没有电视）的对比研究（随着电视的普及，这样的研究机会越来越少），但是这个研究的结论也因为研究方法和数据处理方面的问题而受到人们质疑。

20 世纪 60 年代由于美国公众对电视暴力影响的关注，国家暴力起因与防治委员会（National Commission on Causes and Prevention of Violence）在调查中，对电视黄金时段节目中的暴力内容进行了分析，并且将其与现实世界进行对比。在这一研究项目中，格布纳的电视内容分析为培养分析奠定了良好的基础。

在电视暴力影响的研究中，规模最大也最具有争议的是研究 20 世纪 60 年代末至 70 年代电视与社会行为的“卫生局长报告”，其中人们经常提及班杜拉对电视暴力的社会学习研究。进入 20 世纪 90 年代后，越来越多的研究证明了暴力节目与观众攻击性态度和行为之间可能存在着很强的相关性，但是与此同时，现实中的暴力行为还会受到其他社会因素（比如社会环境、道德观念等）的影响。

在长期的研究中，学者们逐渐确立了一些解释电视暴力内容与受众攻击行为间关系的概念与理论，它们分别是净化、示范或社会学习、唤起、抑制解除、脱

---

① 参见［美］洛厄里、德弗勒：《大众传播效果研究的里程碑》，18～39 页。

敏、铺垫（启动）、培养。

净化（catharsis）　该理论最早见于亚里士多德在《诗学》中对悲剧的效果的讨论，他提出通过观看悲剧，观众会感到恐惧或怜悯，从而使人得到净化与升华。费许巴赫（Seymour Feshbach）在20世纪50年代提出了这个理论，认为暴力可以宣泄儿童的攻击性倾向，并且在20世纪70年代，他通过实验证明了他的观点。但是也有学者提出，之所以实验发现观看不含暴力的儿童组攻击性倾向比观看暴力内容的儿童组攻击性倾向更强，很可能源于他们对非暴力的电视节目内容有所不满，所以实验很可能证明的是不让人们看自己喜欢的电视节目会引起攻击性行为，而不是暴力节目降低了儿童的攻击倾向。此后的实证研究结果均没有支持净化理论。

示范（modeling）**或社会学习**（social learning）　示范理论最早见于布鲁默在佩恩基金研究中对儿童生活史自述的研究，他发现电影为儿童提供了模仿的对象。媒体报道也经常谴责电视对犯罪的表现所导致的盲目模仿现象（copycat phenomenon）——许多劫机、犯罪等活动模仿电视内容。据美国的调查，1/3犯重罪的男性承认其犯罪技巧来自电视。而社会认知心理学家班杜拉则提出了一个更为一般的社会学习理论，他认为屏幕上电视角色的暴力行为得到奖励还是惩罚，会鼓励或抵制儿童对该行为的学习和模仿。

唤起（arousal）　该理论提出，人在刚刚接触了暴力内容后，情绪会变得非常兴奋、激动，这种生理反应会强化观看之后激烈的感情反应。比如当观看者观看完暴力节目后如果恰好遇到挫折，这种生理唤起就会转化为愤怒的情绪并且会使其更加强化（与没有观看导致生理唤起的暴力节目相比），容易引起攻击性行为。当然，唤起并不总是引发攻击行为，它也会转化成另一些比较积极的感情。

抑制解除（disinhibition）　该假设认为，观看者在观看电视中的暴力画面，尤其是观看一定情况下合理的或被社会认可的暴力内容时，原来反对实施暴力的观念和价值观会淡化，其攻击性倾向会增强。

脱敏（desensitization）　观看者反复接触电视的暴力场面后，容易变得越来越迟钝，其紧张、焦虑和反感程度会减弱甚至消失，自动适应了电视的暴力场面。对暴力的容忍会使人们对现实世界中的暴力更加无动于衷，不会主动制止暴力。一些实验，特别是关于性暴力的实验支持了这一假说。影视制作者似乎也在主动地适应观众的这一心理机制。据统计，兰博在《最后一滴血》第一集里杀死62人，在第二集里杀死了111人。格布纳对电影《教父》系列的统计也发现了这一现象，《教父》三集中死亡的人数分别为12人、18人和53人。

铺垫或启动（priming） 这个概念我们在议程设置中曾经提到，它也能用来解释电视暴力的影响机制。该理论认为，看完暴力节目后，短期内相关意义会保持活跃，这些意义会激发人们与其他符号相关的观念和行为倾向。研究者认为电视暴力内容中含有一些"攻击性暗示"（aggressive cues），这些暗示会与观看者的愤怒或挫折感联系在一起，诱发他的攻击性行为。此外，媒体暴力还会使人们更容易联想到暴力，导致人们在现实中使用攻击性行为来解决问题。

以上所说的这些解释，均属于"效果研究"传统。一般通过实验，对比应变量在自变量变化（实施刺激）前后的差异，确定这两个变量之间的关系。这一思路虽然逻辑清晰，容易操作，但却没有考虑更大的社会环境，只关注大众媒体单一讯息短期的、微观的、外在的变化，忽略了长期的、宏观的、潜移默化的影响。格布纳等人所提出的培养分析及相关研究，就是对上述不足的批评和补充。

二、和电视一起长大

格布纳认为，随着电视的普及，它已经成为我们生活中最常见的大众媒体。几乎每家每户都有电视，甚至有的家庭还不止一台。回家后，我们会自然地打开电视，不一定专注地看，只是让它陪伴着我们做其他事。如果闲来无事，我们会在众多频道中随机挑选感兴趣的节目，打发时间。我们看的不是特定的"电视节目"，而是"电视"。这种观看行为如此普通，以至于我们根本不会留意电视对我们"做了什么"。电视已经成为我们生活中必不可少的一部分，美国 20 世纪五六十年代（中国可能是 20 世纪 80 年代）以后成长起来的一代甚至根本没有经历过没有电视的生活，电视就像空气和水，仿佛天然地就是生活的一部分——电视伴随着我们一起成长。

习焉不察，润物无声，这正是电视产生巨大影响的前提条件。我们接触电视的时间越长，就越容易把电视中所表现的世界当做是真实的世界，模糊了媒体的象征环境与真实环境之间的界限。培养分析（cultivation analysis）探讨了电视对受众现实感知过程的影响。"培养"是一个来自农业种植的暗喻，它把电视讯息看做一个整体，认为不同的节目类型中都有一些持久不变的内容模式，反复灌输给受众。日久天长，影响受众对现实的感知，甚至塑造其思维方式。

培养分析理论最早是格布纳和格罗斯在 1976 年提出的，他们同时提出了检验培养后果的方法。[1] 从操作上，培养分析是在控制其他变量的同时，用抽样调查的方法，对比看电视时间不同的人对于不同问题的看法。研究发现，在某个特定的人群中，看电视越多的人，对现实的感知就越容易与电视中最普遍的和反复出现的讯息保持一致。由于电视对现实做出不忠实的再现（见下文的讯息系统研究），长期培养将导致重度观众与轻度观众的现实感知产生差异。这种差异被称为培养差异（cultivation differential，缩写为 CD），即同一群人中不同受众层（一般分为重度、中度和轻度三层）对现实感知的差异。具体来说，调查中一般给被调查者两个选项，分别是“电视答案”与“现实答案”（比如问警察和警探在美国人口中的比例是接近 5%还是 1%）。如果某个群体中重度观众（heavy viewers）的选择倾向于“电视答案”，而轻度观众（light viewers）的选择倾向于“现实答案”，那就说明电视产生了培养后果。

美国人口中，警察和警探在人口中的实际比例是 1%，但是因为他们在电视里出现的频率远远高于现实生活，这导致 59%的重度观众认为上述群体在人口中所占比例是 5%，轻度观众中持同样看法的只有 50%。内容分析发现，在美国三大电视网黄金时间和日间电视剧的角色中，64.4%的角色每周会卷入暴力。结果 39%的轻度观众和 52%的重度观众认为自己在现实生活中卷入暴力的可能性接近 1/10，而实际上 1970 年美国联邦调查局（FBI）的数据和 1973 年警察局的数据显示，这种可能性还不到 1%。[2]

我们可以注意到，研究中发现的培养差异虽然显著，但一般都比较小。格布纳认为这是由两个原因造成的。第一，由于电视的普及程度非常高，完全不受电视影响的人几乎不存在，即使不看电视，也会受到其他电视观众人际传播的影响，因此轻度观众与重度观众的区别并不是不受电视培养影响者与受电视培养影响者的区别，而是受培养影响相对较少者与较多者的区别。如果电视的影响足够大，培养差异甚至会消失。第二，受众对现实的感知还受到其他变量的影响，电视的培养就像重力，虽然物体不一定都朝着重力的方向运动，但它始终会把物体向同一个目标拉近。格布纳认为，电视的培养就像“冰川效应”一样，在较短时间里，人们感觉不到温度微小的变化，但是长期的积累，就会产生沧海桑田的巨变。

到目前为止，培养分析已经远远超出了电视暴力的范畴，特别是 20 世纪 80

---

① See George Gerbner and Larry Gross: “Living with Television: The Violence Profile”, in *Journal of Communication*, 26 (2), 1976.

② 参见上书。

年代和90年代以后，培养分析已经转向更一般的“主流化”研究，涉及性别角色、老龄化、政治取向、家庭、环保、科学、健康、宗教信仰、少数民族、职业等。更确切地说，培养分析是关于社会文化的理论，它是下文将介绍的社会文化指标研究项目中的一部分。在展开文化指标的讨论之前，我们先总结一下培养分析的特征与贡献。

三、培养分析的特征

和前面介绍的关于大众传播影响的理论相比，培养分析是一个非常独特的理论。总结起来，它具有以下一些特征：

（1）培养分析理论主要关注商业体制下电视对观众的影响。之前的理论大多针对所有大众媒体，而格布纳等人认为，由于电视具有本章开篇提到的一些特点，它已经成为现代社会的文化“熔炉”，和其他媒体相比，对我们影响更大。跨国研究发现，如果一个国家的电视不具有美国这样的商业化和同质化的特征，培养的后果就不像美国这样明显。

（2）对于格布纳而言，电视的巨大影响主要来自于它是一个讲故事人。故事不仅告诉我们世界是什么，更重要的是告诉我们应该如何做。因此，培养分析把重点放在电视的虚构性内容而不仅限于对新闻的研究。从叙事角度来看，电视新闻和电视剧没有本质的区别，它们都是关于世界的故事。培养理论本质上是关于叙事（故事）的理论。

（3）美国的电视处于商业体制的支配下，不仅生产受到市场制约，而且高度垄断，这造成整个讯息系统呈现出固定的模式，比如超乎寻常的暴力、保守的性别角色和政治立场，对少数群体和老年人的“表现不足”等。不论受众观看什么频道或节目，甚至是更个人化的有线电视、DVD，受众都会受到同一个讯息系统的潜移默化的培养。因此，培养研究并不关注单条信息的影响，而是考察整个讯息系统中重复出现的、稳定的内容模式的宏观影响。

（4）对于大多数人来说，从我们一出生，电视就伴随着我们，想要摆脱电视的影响几乎不可能。培养分析主要关注的是电视造成的长期的、相对稳定的、一致的、广泛共享的后果，而不是效果研究所追求的变化。该理论认为，电视最大的效果不是使我们的态度和行为发生变化，而是使它们保持稳定。

（5）格布纳认为，传播就是通过讯息产生的互动，它有别于简单的传递与控制，因此用简单的因果关系或非此即彼的关系考察电视的影响并不合适。对于长期的、累积的影响而言，先有鸡还是先有蛋是一个具有误导性的问题。培养意味着系统的文化形象、实践、生活方式和信仰结构的潜移默化。因此，培养分析虽然不否定观众的主动选择能力，但该理论认为由于讯息系统长期积累的培养，要摆脱其影响是不可能的。作为一个宏观理论，培养分析并不把主要精力放在受众的使用过程和意义解释过程等微观问题上，而是把精力放在整个讯息系统长期的影响上。

（6）培养分析考察的是电视对受众现实感知的影响。就像议程设置一样，大规模生产的电视讯息的整体倾向和模式并不会必然告诉我们怎么想和怎么做，但是它会告诉我们大部分人在通常情况会共同想什么和做什么（what to think or do something about and in common）。培养分析并不认为电视具有不可抗拒的强大影响，但是却认为它在塑造我们关于现实的共同观念上具有累积的影响。

（7）深入地看，培养理论又是一个关于社会控制的理论，它描述了居于主导地位的群体（社会精英[①]）是如何通过商业体制——“没有宣传家的宣传”（见第四章）实现其整体利益的。在长期的培养中，电视观众不知不觉地将这些对社会精英有利的观念内化，与他们越来越一致。可以看出，培养分析并不是一个价值中立的理论，它具有批判理论的特征。

传播研究在中国

龙耘：《电视与暴力——中国媒介涵化效果的实证研究》，北京，中国广播电视出版社，2005。

该研究主要着眼于通过定量手段检验西方“涵化理论”（培养理论）研究者得出的成果在中国是否成立。研究者认为西方涵化研究已经超越“观念现实”、“媒介现实”、“社会现实”三者之间的关系问题，而是聚焦于媒介的“主流化效果”在社会控制中的作用。

研究者采用了开启西方涵化研究的“电视暴力研究”为研究内容，基本假设是：电视观众的收视时间越长，收视量越大，对暴力和社会治安的认识越接近于电视中的“媒介现实”而非“社会现实”。

---

① 西方社会学中的社会精英（Social elite）的意义与汉语中的略有不同，它是指少数控制着国家政治、经济乃至文化的特殊利益集团，既可以指个人，也可以指精英体制，他们通常巧妙地操纵大众来实现自己的利益，《权力精英》中专门对此有所描述。中文中的社会精英带有褒义，尤其是指具有高级文化的优秀人才，缺乏批判性。

研究者从两方面描述了中国电视节目在社会暴力问题上塑造"媒介现实"的现状。一是对2001年11月至12月中央和省级卫视黄金时段的电视剧进行抽样和分类描述，二是对这两个月内中央台、北京台、上海台及甘肃台黄金时段收视率最高的四部电视剧进行内容分析和文本分析。研究者得出了一系列数据，但由于相关研究资料的匮乏，这些数据没有可比较的对象，研究者只能凭常识推断，"媒介现实"中对于暴力的表现已经超过了"社会现实"中的实际情况。通过对四部电视剧的文本分析，研究者认为它们不同程度地契合了目前中国内地的主流意识形态。

在对基本假设进行验证的过程中，研究者以北京、上海、兰州三城市城区成年人为对象，通过随机抽样发放了共1 200份调查问卷。除了选用西方涵化研究者经常采用的"每千人中警察、保安从业人数"作为因变量外，研究者还选取了其他一些变量来衡量电视观众对于暴力和社会治安的认识，包括：暴力联想（由"暴力"一词联想产生的情境）、暴力指称（对"暴力"一词的理解）、"电视暴力"名词的知晓程度、对暴力行为认同程度、个人层面的犯罪恐惧程度、社会治安观感及对整个社会的认识等。同时，研究者以"平均每天收看电视的小时数"为自变量将受调查者分为"轻度"、"中度"、"重度"三个收视组。

通过描述"每千人中警察、保安从业人数"这一变量，研究者发现，电视观众的"观念现实"总体上更接近于"媒介现实"，通过"社会治安观感"、"对整个社会认识"等变量的描述，电视观众也表现出对社会治安一定程度的悲观。但对"个人层面犯罪恐惧感"的描述表明，电视观众对于自身的安全普遍持乐观态度。

对不同收视组各因变量变化的检验结果不支持该研究的基本假设。在"每千人中警察、保安从业人数"、"电视暴力名词的知晓程度"、"个人层面犯罪恐惧感"三个变量上，各收视组没有差异，在其他变量上各收视组虽然体现出一定的差异，但都没有统计显著性。研究者由此认为收视时长并不是影响涵化效果的决定性因素，并对涵化理论的成果在中国的适用性提出质疑。

研究的最后，研究者探讨了收视时长以外的一些反映观众差异的变量同"个人层面的犯罪恐惧程度"、"社会治安观感"及"对整个社会的认识"三个变量之间的关系。进而得出一些结论，比如，受教育程度越高，对自身的安全情况越乐观，但对社会治安情况越悲观。人们对于社会治安的观感明显与当地治安实际情况相符，等等。

在结语中研究者猜测，在目前中国内地的媒介环境下，在除暴力外的其他一些议题上，媒体的涵化功能可能会更加明显。研究者也表示，“涵化理论的更大意义也许在于其中蕴含的文化价值和批判性的内核。”

讨论：

你认为中国的培养差异为什么不明显，是测量方式的问题还是社会和文化因素的影响？结合第四章中的宣传研究部分，思考如何用培养分析中的“主流化”来研究宣传的效果。

四、文化指标

由上面的总结可以看出，培养理论是一个宏观的、批判的社会文化理论，因此仅仅考察信息的接受过程显然不够。为了阐明电视在整个文化体系中的中介作用，格布纳把培养研究纳入到一个雄心勃勃的研究计划——文化指标项目中。

所谓文化指标（cultural indicators），是和经济、社会指标相比较而言的。格布纳认为，除了衡量国家的经济和社会状况的各种指标（如 GDP）以外，我们还需要一个量化指标来衡量国家的文化状况。他于 1969 年提出（但是文化指标的研究在 20 世纪 60 年代就已经开始），由于电视是美国最普及的文化代理人和最显著的文化象征符号的传播者，所以将电视节目内容的衡量及其影响的评估作为文化指标的主要依据。①

早期的文化指标研究集中于暴力问题的描述和讨论，因为研究者认为，暴力是社会权力在电视中的重要表现，对于被统治者和少数群体来说，电视暴力是一种无形的控制和压迫。随着研究的深化，文化指标逐渐扩展到社会性别、少数群体、对老年人的刻板印象、健康、科学、家庭、教育、政治、宗教、环境及其他问题。

文化指标的研究涉及三个相互联系的研究项目：（1）体制过程分析（institutional process analysis）：影响大众媒体内容生产的程序、压力和限制条件是什么？（2）讯息系统分析（message system analysis），媒体讯息中占显著地位的、共同的形象、讯息、事实、价值和教训是什么？（3）培养分析（cultivation anal-

---

① See George Gerbner：“Toward ‘Cultural Indicators’：The Analysis of Mass Mediated Message Systems”，in *AV Communication Review*，17，1969.

ysis)，对这些讯息的注意和受众对社会现实的感知之间存在什么关系？

文化指标项目是一个整体，其中的任何一个问题，都涉及另两个问题。体制过程分析针对的是影响电视节目生产的所有条件。这里所说的体制除了指外在的政策以外，更主要的是指在商业竞争中形成的某些惯例和无形的力量。它不受制于任何个体，却控制着场域中的每个行动者。比如电视中充斥着暴力，经常引起公众的批评，但是却无法得到根本的控制。看上去似乎节目制作者有意在与公众作对，然而这背后并没有“阴谋”存在，这只是一个意料之外的后果。因为暴力是吸引注意力最简单的也是最有效的传统做法，和探讨人性和社会问题的影视节目相比，动作片不需要太高的理解能力（甚至幽默的内容也需要一定的文化语境才能理解），能够被跨文化的观众所理解，便于出口。出于市场方面的考虑，生产者不愿冒险去探索新的内容，或者即使有所尝试，也要加上暴力场面，加上双重保险。这就不难理解为什么各种类型的影视节目中都充斥着暴力，甚至连给儿童看的卡通片也不例外，比如大家熟悉的美国系列动画片《猫和老鼠》(*Tom and Jerry*)。

除了商业因素外，暴力内容普遍存在还源于叙事的传统。故事中一直充满着暴力，暴力是人类历史的重要组成部分。商业体制使这一元素得到不恰当地夸张，从印刷媒体时代这一惯例就逐渐确立。许多批评者对于电视时代以前的“黄金时代”的缅怀，只是虚幻的乡愁而已。

另一个造成电视媒体内容越来越同质化的原因是该行业的垄断在不断加剧。虽然随着技术的发展，多频道有线电视、DVD 甚至网络电视不断出现，受众的选择似乎在增加，但是由于节目背后生产体制没有根本的改变，受众仍然不能摆脱稳定的讯息系统的培养（值得注意的是，这一观点与麦克卢汉所说的“媒介即讯息”完全相反）。对媒体消费时间的研究发现，受众以电视媒体作为主要娱乐方式的消费体制并没有太大的变化。和其他新媒体相比，电视仍是一个廉价方便的娱乐工具。在休闲放松的过程中，主动接受并不一定比被动接受更受欢迎。格布纳认为，不论传播方式如何变化，只要讲故事和广告支持这两种体制没有变化，电视的培养就不会有本质的变化。①

尽管体制过程研究在文化指标研究中非常重要，但是和控制研究、批判理论相比，文化指标研究在这方面的研究并不具有独特性，许多理论主要来自上述两个研究

---

① See George Gerbner, Larry Gross, Michael Morgan, Nancy Signorielli, and James Shanahan: "Growing up with Television: Cultivation Process", in Jennings Bryant and Dolf Zillmann (Ed.). *Media Effects: Advances in Theory and Research*, 2nd edition. Mahwah, NJ: Lawrence Erlbaum Associates. 2002.

领域。相比之下，讯息系统分析和培养分析才是文化指标研究最引人注目的部分。

对电视的讯息系统分析始于我们前面提到的 1967 年国家暴力起因与预防委员会的研究项目，格布纳承担了黄金时间电视节目的内容分析工作，并且在随后的卫生局长报告中，延续了这一内容分析项目。随后他每年都会对一个典型周[①]三大电视网的电视节目进行内容分析，后来因为有线电视的兴起，讯息系统分析又加入对有线电视频道的分析。

格布纳等人认为，真正对受众产生影响的内容并不是某一个具体的电视新闻或娱乐节目，而是所有电视讯息在一段时期内重复的、稳定的、居主导地位的内容模式，他称其为讯息系统。从体制过程分析我们可以看出，不论电视的频道和节目类型如何多样化，它背后的垄断商业制作体制并没有发生变化，甚至更加集中。讯息系统的分析恰好可以揭示出这种媒体生产体制在传播内容中的具体表现。

早期的讯息系统分析主要集中于电视娱乐节目的暴力内容，其中最有名的是"暴力指标"（Violence Index，VI），它被用来描述某个文化的符号环境中象征性暴力的水平（见图 7—7）。[②] 其中 RP 和 RH 因为数值较小，为了体现它们对整个指标的贡献，它们都被乘以 2。

VI＝%P＋2RP＋2RH＋%C＋%K

%P＝具有暴力节目在所有节目中的百分比
(Percentage of Programs with Violence)

RP＝每个节目中暴力场面（完整的情节段落）的出现频率（Rate of Violent Acts per Program）

RH＝每小时节目中暴力场面（完整的情节段落）的出现频率（Rate of Violent Acts per Hour）

%C＝卷入暴力事件的人物的百分比
(Percentage of Characters involved in Violence)

%K＝卷入杀戮行为的人物的百分比
(Percentage of Characters involved in Killing)

图 7—7　暴力指标的计算公式

---

① 典型周是指从一年所有星期日中随机抽取一个星期日，再以此类推抽取星期一到星期六，组成一周。

② See George Gerbner Larry Gross，Marilyn Jackson-Beeck，Suzanne Jeffries-Fox，and Nancy Signorielli："Violence on the Screen Cultural Indicators：Violence Profile No. 9"，in *Journal of Communication*. 28 (3)，1978.

暴力指标是一个相对值，可以用它来衡量电视暴力数量的变化情况。美国历年的测量值平均为160，数值在115～185之间波动。研究发现，暴力指标的波动是随机的，没有任何规律。①

除了暴力以外，其后的研究加入了更多的内容，在20世纪90年代中期后，格布纳又提出了“多样性指标”（diversity index），用它来比较少数群体在电视中的代表数量及其他问题。讯息系统的研究为培养分析做了很好的铺垫，接下来就要研究这些反复出现的占主导地位的讯息模式是否会成为电视观众对现实的感知。

在文化指标研究的框架下再来理解培养分析，我们对它会有更深的认识。它讨论的是一个社会由精英（统治集团）主导的文化生产体制，通过大众媒体（主要是电视）令人眼花缭乱的故事中隐藏的同质化讯息，使受众潜移默化地接受统治者定义世界的过程。我们看的电视越多，就越容易认为电视里面描述的象征性环境就是现实环境本身，从而做出有利于统治集团的行为选择。通过对比重度观众和轻度观众对现实的感知，研究者们发现，重度观众对现实的看法与电视的内容最接近，这说明他们对现实的认知主要来自电视。因此，电视及其他大众媒体扮演了社会控制的角色。

五、批评与回应

培养分析理论被提出后，一直面临着来自各方的批评，这些批评客观上促进了培养分析的不断发展，共鸣假说以及培养分析的主流化研究转向，就是在这些论争中提出并完善的。

第一个批评来自于人文主义者。纽科姆（Horace Newcomb）提出，培养分析对暴力内容做了简单化的处理，对不同的观众来说，暴力的意义是不一样的，暴力对他们的影响也是不同的，但是培养分析却没有分析这些差异。② 格布纳和格罗斯认为，纽科姆提出的这个问题与培养分析所讨论的问题没有直接关系。培养分析是一个宏观理论，关注的是整个讯息系统对受众认知的长期影响，尽管对于某个内容受众可以做出不同的解读，但是实证研究证明，从长期来看，

---

① See James Shanahan and Michael Morgan: *Television and its Viewers: Cultivation Theory and Research*, New York: Cambridge University Press, 1999. p. 52.

② See Horace Newcomb: “Assessing the Violence Profile of Gerbner and Gross: A Humanistic Critique and Suggestion”, in *Communication Research*. 5 (1978).

看电视越多，对现实的看法就与电视越接近。这并不是人文主义与社会科学，或者是定量研究与定性研究的分歧，只不过是理论建构中微观理论与宏观理论的分歧。作为一个宏观理论，培养分析有自己的重点与特色，没有必要面面俱到，讨论意义的解读问题。这一争论让我们注意到培养分析的在理论建构上的定位问题，它是一个关于社会文化影响的宏观理论而不是一个关于内容解读的微观理论。

第二个批评来自于英国学者沃勃（J. M. Wober），他用同样的方法研究了英国电视的影响，研究结果却没有支持格布纳等人的结论。[①] 格布纳等人认为，这一现象可以从两个方面来解释。第一，英国与美国的电视体制不同，英国长期以来奉行的公共广播电视体制（至少在该研究进行时还是如此）受商业化的影响比较少，电视节目比较多样，和美国商业化的、同质化的电视节目存在明显差异。因为讯息系统模式不明显，对观众的影响也相对较小。第二，该研究调查的是被访者对“受害的恐惧程度”的感知而不是对“受害的可能性”的感知（前面提到的中国的培养分析研究也存在这个问题）。前者除了认知外，还涉及个人心理的其他方面。此外，为了避免对受访者造成暗示，培养分析在调查对现实的感知部分中，有意不出现“电视”两字，直到最后调查收视行为时才提及电视，而沃勃的调查（包括后来其他一些调查）没有注意这一点，在问题中始终提及电视，这可能导致受众联想到电视的内容，造成轻度观众的回答与“电视答案”接近。

这一讨论提醒我们，电视的培养是否有效，还受到国家的媒体管理体制与电视内容传统的影响。对苏联媒体的研究也没有发现电视的培养，再次证明了这一制约条件的存在。此外，培养分析的研究方法和问卷设计具有一些特殊性，培养分析要调查和对比的既不是受众对现实的态度，也不是受众对电视中象征性现实的感知，而是受众对其心目中的“现实”的感知。

第三个批评是对培养理论中因果性的质疑。杜布和麦克唐纳（Doob and Mcdonald）通过调查发现，人们对于现实犯罪行为的恐惧与所在社区的犯罪率具有较高的相关度（见表 7—2）。这个数据表明，不是电视影响了受众的环境认知，而是现实环境影响了受众的环境认知。[②] 但是格布纳等人认为，上述结论只证明

---

① See J. M. Wober:“Televised Violence and Paranoid Perception: The View from Great Britain”, in *The Public Opinion Quarterly*, Vol. 42, No. 3 (1978).

② See A. Doob and G. McDonald:“Television Viewing and Fear of Victimization: Is the Relationship Causal?” *Journal of Personality and Social Psychology*, 37 (2), 1979.

了实际犯罪率会影响培养的结果，并不能完全否定培养的存在。首先，在社会科学的因果解释中，经常存在着多因一果现象。培养分析的研究是在控制其他变量的基础上，测量观看电视对于培养差异的单独影响。杜布和麦克唐纳的调查结果并没有在控制实际犯罪率的基础上，考察同一组内（比如生活在高犯罪率城市的群体）重度观众与轻度观众之间的差异。其次，研究者并没有证明犯罪率可以完全解释不同程度电视观看者的恐惧差异。每组内，看电视与恐惧之间的相关性没有降低为零，因此，它只是说明第三个变量（人们的实际生活环境）对这种关系的中介作用。就像我们前面提到的"重力"比喻一样，物体运动方向与重力不一致并不能说明重力完全不存在，只是因为其他力影响了重力的效果。这一研究也说明，电视只能在社会宏观层面教我们知道"世界"是什么，并不会必然影响我们个人对现实的感知，因为有大量因素影响后者。此外，该研究是在加拿大多伦多进行的，并不能直接否定在美国研究中得出的结论。

表 7—2　　杜布和麦克唐纳在犯罪恐惧研究中的发现

	高犯罪率	低犯罪率
城市	0.24* （N=83）	−0.06（N=71）
郊区	0.16（N=69）	−0.09（N=77）

注：*代表 $p<0.05$。

这场讨论再次使研究者对培养分析有了更清晰的认识。它是在控制其他变量的基础上考察不同收视量群体间的差异，这和上一个争论一样，也涉及方法论问题。同时，这一结果也使研究者注意到其他变量会影响电视的培养，寻找这些第三者变量，并且测定其影响程度成为一个新问题。

在这一讨论中格布纳提出了共鸣（resonance）概念，即受众在电视节目中得到的印象一旦在现实中得到印证（很可能是偶然的或非随机抽样），就像"药量加倍"（double dose）一样，受众会对这一印象深信不疑，电视对受众的培养也会加倍。①

第四个批评来自于休斯（Hughes）和赫希（Hirsch）对暴力素描（Violence

---

① See George Gerbner, Larry Gross, Michael Morgan, and Nancy Signorieli: "The Mainstreaming of America: Violence Profile No. 11", in *Journal of Communication*. 30（3），1980. P. Hirsch: "The 'Scary World' of the Nonviewer and Other Anomalies: A Reanalysis of Gerbner et al.'s Finding on Cultivation Analysis", in *Communication Research*, 7, 1980.

Profiles)[①] 的二次分析。[②] 这一批评主要针对研究方法，特别是变量的控制问题。他们发现，在某些次级群体中，培养差异变小甚至消失。这些尖锐的批评使培养分析的研究者意识到早期研究在变量控制上的不足，更重要的是，它使研究者们发现，电视培养不仅使不同电视观看量的受众之间出现培养差异，而且还会导致属于不同群体的重度观众的立场和行为之间的差异减少或消失，这就是主流化(mainstreaming)。[③] 主流化是培养分析研究的转向和发展，它进一步揭示了电视使社会所有群体接受统治者意识形态的"重力作用"。20 世纪 80 年代以后，主流化成为培养分析的研究重点。

培养分析自提出之日起，就一直面临着批评与回应。根本原因来自该研究跨越了实证与批判两个范式。从形式上看，该研究采用了实证研究的方法证明自己的结论，但是从理论内核来看，它又是一个宏观的、批判的理论，其锋芒直指整个社会的权力结构与意识形态控制，实证调查的结果与宏观结论之间的逻辑链难免脱节。意识形态问题被实证和管理的研究视为不够"科学"，缺乏明确界定且无法做到价值中立，一般被排除在讨论之外。此外，培养分析在讨论电视的影响时，反对形式逻辑的线性因果关系，而代之以相互作用的因果关系，培养不是一个单向的一次性过程，这一思路更接近于批判的传统而不是实证的传统。

但是从批判的范式来看，培养分析又过分拘泥于实证数据研究，陷入定量客观主义的神话，无视观众意义的解读过程，既不能全面地阐释整个生产与消费过程，也不能深入地讨论霸权的接受过程，同样不能令人满意。

培养分析一方面说明不同研究范式间并不是水火不容，另一方面它的尴尬处境也向我们展示了超越不同研究范式造成的两难。格布纳认为，它既不是实证（或管理）的，也不是批判的，而是一种很难被归类的"批判的自由—多元主义"(critical liberal-pluralism)。[④] 这种独特的立场与格布纳本人的经历有一定联系。格布纳出生于匈牙利的布达佩斯，早年是一个小有名气的诗人，受欧洲人文主义思想启蒙。由于纳粹掌权，他于 1939 年移民美国，又系统地接受了美国的学院

---

① 暴力素描是格布纳等人对美国电视暴力及其影响的一项长期研究报告。

② See Michael Hughes："The Fruits of Cultivation Analysis：A Reexamination of Some Effects of Television Watching"，in *The Public Opinion Quarterly*，Vol. 44，No. 3. 1980.

③ See George Gerbner，Larry Gross，Michael Morgan，and Nancy Signorieli："The 'Mainstreaming' of America：Violence Profile No. 11"，in *Journal of Communication*，30 (3)，1980.

④ See James Shanahan and Michael Morgan：*Television and its Viewers*：*Cultivation Theory and Research*. New York：Cambridge University Press，1999，p. 82.

教育，从本科一直到博士。这种双重经历使得两种研究范式在他身上融为一体。

当然，对培养分析的最主要质疑来自于实证主义（客观经验主义）范式，主要针对的是培养分析的研究方法和实证研究的证据是否真的存在。比如共鸣效果说明，居住在犯罪率较高社区的重度观众（一般居住在这些社区的人社会经济地位较低）比居住在犯罪率较低社区的重度观众（社会经济地位较高）更容易受到电视培养的影响。但是在主流化理论中格布纳等人却提出，社会经济地位较高的重度观众比社会经济地位低的重度观众更容易受到电视培养的影响。这两个相互矛盾的结论导致该理论呈现出不能证伪的可疑特征。

除了前面提到的回应外，培养分析研究者最有力的回应是20世纪90年代末进行的元分析（meta-analysis）。所谓元分析，就是把分散的独立研究汇集在一起，使用特殊的统计方法，得出一个简明而全面的单一结论。它的优点在于能够突破单个研究的限制，更加突出科学研究的可重复性的特征。

摩根和沙拉翰在1997年进行了培养分析的元分析，分析了97个研究和样本中的5 799个独立发现。他们计算出这些研究的平均培养效果为0.10。1999年他们又加入了几个新的研究，发现平均培养效果是0.10（58个独立样本）。当使用权重，使大样本研究贡献更大时，效果降低至0.085。[①] 元分析的结果虽然微弱，但是呈正向关系。我们前面曾提到，格布纳认为现代社会不受电视培养的人几乎不存在，只是程度大小略有差别而已，因此培养的差异比较微小是一个正常现象。上述数据说明，虽然存在着研究方法上的问题和其他因素的干扰，培养的影响仍然存在。两位研究者认为：元分析比较有说服力地证明，电视的培养确实客观存在。

六、主流化与权力：作为社会控制的培养

在与其他学者的讨论中，格布纳等人提出了电视的主流化概念。主流化研究是培养分析研究的转向。第一，它从关注不同观看量的电视观众之间的培养差异，转而关注重度观众内部的趋同；第二，它从关注暴力问题，转而关注更为一般的意识形态、霸权和社会控制问题。

首先需要说明的是，这里所说的主流化并不意味着向人口中大多数人靠拢，而是向居于统治地位的社会精英所设定的意识形态靠拢，它是便于顺利统治而制

---

① See James Shanahan and Michael Morgan: *Television and its Viewers*: *Cultivation*, *Theory and Research*. New York: Cambridge University Press, 1999, p. 125。

造的“主流”。研究显示，电视的主流化过程并不是简单地把不同群体向他们的中间位置拉近，而是共同向着更保守的方向运动。在重度观众中，教育程度较高的自由主义者与教育程度较低的保守主义者之间的分歧，比轻度观众中相同群体之间的分歧要小。

在性别问题上，摩根使用纵贯数据，研究了儿童对性别角色的感知。他发现，女孩在早年看电视会导致其以后产生性别歧视。因为男孩本来就与主流比较接近，所以他们的变化较小，虽然女孩在“自然状态”下不是性别歧视者，但她们对性别问题的看法却向男孩靠近。①

在政治意识形态上，研究发现，看电视越多的人越容易认为自己是“中产阶级”，政治观点不偏不倚。但实际的政治观点测量发现，这部分自认为中庸的受众的实际政治观点普遍偏右。

在美国不同地区的人群中，也发现了相同的主流化影响。在重度观众中，南北方人之间对许多问题的固有差异要小于轻度观众。而且重度观众中的北方人的观点趋向于比较保守的南方人。②

这就像李普曼在《公众意见》中所提出的观点一样，大众媒体是在利用象征符号制造同意，实际上这就是社会控制。

格布纳认为，电视暴力是一种社会关系，它是权力的展示。48%的轻度观众和65%的重度观众在被问起大多数人是否可信时，回答“知人知面不知心”(you can't be too careful)。这一现象被称为“邪恶世界综合症”(mean world syndrome)，它意味着电视观众可能夸大遇害的感觉，忧郁、担心、缺乏安全感、焦虑和不信任。因此暴力不但是娱乐，而且导致人们更加恐惧和不信任。研究发现，这种不安全感会导致威权主义(authoritarianism)。1991年和1995年对西班牙儿童的研究发现，青少年中的重度观众更容易表现出威权主义的信仰，并支持威权主义的立法建议，比如他们赞成“政府应该做正确的事，即使多数人不同意”这样的看法。这说明电视暴力最终是为统治者服务的。③

电视对于边缘群体的表现，最终的结果也有利于统治者。研究发现，美国电视节目对于老年人、女性和少数民族的“象征性歼灭”，使得观众认为民权问题

---

① See Michael Morgan. Television and Adolescents' Sex-role Stereotypes: A Longitudinal Study. *Journal of Personality and Social Psychology*, 43, 1982.

② See James Shanahan and Michael Morgan. *Television and its Viewers: Cultivation Theory and Research*. New York: Cambridge University Press, 1999.

③ See Michael Morgan and James Shanahan: *Democracy Tango: Television, Adolescents, and Authoritarian Tensions in Argentina*. Cresskill, NJ: Hampton Press.

已经解决，不需要再做努力。格布纳发现，黑人在电视中呈现出矛盾的“双重形象”（bifurcated image）。[①] 在娱乐节目中，黑人要比实际中更加富裕，而在“真实”的节目中，黑人则多是犯罪分子、凶恶的杀手和毒品贩。这不仅强化了受众对黑人的刻板印象，使这些被排除在“我们”之外的“他们”（黑人、同性恋群体）更容易成为社会问题的替罪羊；同时双重形象中“好”的一面又容易给人以民权问题已经解决的幻觉。

对环境问题的表现也存在类似的问题。在电视节目，特别是广告中，环境被表现得优美干净，这会给人一种环境问题已经解决的错觉。同时，电视对科学的态度也是矛盾的：一方面科学是怪异和危险的，缺乏控制，科学家都是些怪人；另一方面科学又给未来带来希望，重要的问题必须留给专家来解决，具有“科学集权主义”的倾向。格布纳研究发现，与看科幻杂志和纪录片不同，看电视节目的儿童不喜欢科学，对科学持不信任和怀疑态度，他们不相信科学革新，赞成对科学探索做一定限制。这种把科学神秘化的倾向将更加有利于统治者的“愚民”（retardation）政策，便于社会控制。

因此，格布纳提出了著名的“电视的 3B”来描述主流化的控制过程。他写道，电视模糊了（blurring）由于文化、政治、社会、地区和阶层等产生的差异，使人们的态度混同于（blending）电视的主流，并且使主流屈服于（bending）电视的政治和经济任务及其服务的体制。[②]

为了改变电视体制的现状，格布纳于 20 世纪 90 年代中期，建立了多元性比例表征指标（proportional representation of diversity index，PROD），来测量不同的社会群体在电视中的出现比例。该指标发现，所有少数群体在美国的电视中均未得到充分的表现。当然，这个指标并不是简单的比例，因为电视毕竟不能和现实完全吻合，它只是衡量电视和电影业在创造自由方面所具有的局限性。1995 年 3 月格布纳还发起了“文化环境运动”（cultural enviroment movement，CEM），希望能够把有识之士联合在一起，改变现有文化环境中的各种问题（比如暴力、色情、种族等）。文化环境运动还提出了著名的《观众权利法案》（Viewers' Bill of Rights）[③]，号召公民起来改变现有的商业媒体体制中不负责任的内容。

---

① See James Shanahan and Michael Morgan: *Television and its Viewers: Cultivation Theory and Research*. New York: Cambridge University Press, 1999, p. 95.

② 参见上书，86 页。

③ 该法案的全文发布于 http://www.cemnet.org，2007。

七、叙事与传播

格布纳认为，电视通过主流化所实施的社会控制是使用讲故事的方式进行的，叙事是主流化的关键因素。费希尔的叙事范式提出，一切传播皆叙事，故事是人类理解周围世界，做出判断的重要途径之一。电视中的故事是对现实的“表征”，虽然人们认为电视剧中的情节是虚构的，但是他们却会认为故事中的社会“背景”、“教训”和“道德”是真的。故事就像一个藏有意识形态的特洛伊木马，我们对现实世界的“知识”，至少有相当部分来自于这种虚构的却是“真实”的象征符号中。

故事对文化产生了深远的影响。格布纳经常引用苏格兰爱国主义者安德鲁·弗莱切尔（Andrew Fletcher）的话：“如果一个人有权创造一切歌谣，就不必关心谁有权为国家立法。”故事决定着我们的价值观和世界观。以前我们听到的故事主要来自于家庭、学校和宗教机构，但是现在讲故事人的角色已经由电视充当。电视中的故事可以被看做是一个消除不同群体差异的“大熔炉”，使受众对于现实的感知与判断越来越和电视相一致。

格布纳提出，构成文化环境的故事具有三种功能：（1）揭示事情如何进展：你不需要相信故事的真实性，但会接受其教诲，比如我们会从电视剧里获得为人处世之道；（2）描述事情是什么：它直接提示我们社会现实是什么，比如新闻和电视剧中令我们觉得“真实”的背景（战争究竟是什么样的）；（3）告诉我们应该如何做：提示我们接受何种价值和选择，比如广告。格布纳认为，在商业化日益严重的今天，第三种故事已经超过了前两种。①

为什么我们会混淆真实世界与电视中故事的差异？如何解释这一违反常理的心理过程？

格布纳在测量中，把培养的过程分为第一层效果和第二层效果。第一层效果主要测量看电视是否会影响观众对现实社会的感知，主要是“事实”层面；第二层效果测量重度观众是否把这些事实推广到一般性问题上。比如在电视暴力问题上，第一层效果主要测量观众对现实世界犯罪率的认知，第二层效果主要测量受众是否认为自己更可能成为暴力的受害者，担心自己的人身安全，或不信任他人。但是这仅是一个测量上的分级，并不是一个描述心理过程的模式。目前存在几种对培养过程中叙事的作用机制的解释，其中最有说服力的是施勒姆

① See George Gerbner：“The Stories We Tell”，in *Peace Review*，Mar，1999.

(L. J. Shrum) 提出的记忆模型。[1]

施勒姆认为，人们在接收和记忆电视信息的时候，不会区分这个信息是虚构的还是真实的。换句话说，大脑在遇到新闻或电视剧时，处理方式是一样的，并不存在一个开关切换不同的方式处理这两类信息。在决策时，人们主要使用试探的（heuristic）方式搜索所有信息，使用最简便的方法调用被记忆的信息。重度观众大脑中电视表现的形象比较活跃，所以成为判断的依据。但是这仅限于人们下意识迅速做出判断的情况，研究发现，如果在调查中暗示“电视”，电视的培养效果就会消失，因为此时人们更依赖系统的、深思的方式处理信息。这也说明培养不是改变人们的态度，而是通过认知强化人们既有的态度，培养与有限效果论并不矛盾。

总之，从电视中学习和从日常生活中学习，并没有本质区别，电视就是现实世界。一个在澳大利亚进行的跨国研究证明了这一点。当澳大利亚的观众观看大量美国的暴力电视节目后，重度观众会认为澳大利亚本地的犯罪率也很高。[2]

叙事与培养分析之间的关系的研究才刚刚开始。故事如何反应，故事如何导致培养这些问题还有待我们进一步研究。

总　结

本章我们讨论了两个从环境认知角度研究大众传播影响的理论。它们虽然切入点不同，但得出了相似的观点。议程设置通过比较媒体议程与公众议程，发现了大众媒体的环境再造功能。培养分析则通过测量同一群体中重度观众与轻度观众对现实感知的差异，以及来自不同群体的重度观众对现实感知的相似性，揭示出电视叙事对观众环境认知的影响。

这两个理论不仅经过了时间考验，而且不断地向整个传播过程和心理过程扩展。它们都不再局限于讨论信息到受众的过程，而是涉及媒体的生产体制、信息的性质及其对整个社会文化和民主制度的影响。除了广度有所增加外，它们还在不断挖掘该影响的心理机制。议程设置理论除了讨论客体议程的设置外，还提出了属性议程的设置。培养分析则进一步揭示出人们处理问题时的特殊心理过程，

---

① See L. J. Shrum: “The Role of Source Confusion in Cultivation Effects may Depend on Processing Strategy: A Comment”, in *Human Communication Research*, 24 (2), 1997.

② See Suzanne Pingree and Robert Hawkins: “U. S. Programs on Australian Television: The Cultivation Effect”, in *Journal of Communication*, 31 (1), 1981.

强调了叙事在人类文化中的重要作用。

对以网络为代表的互动媒体的冲击，议程设置承认传统大众媒体的议程设置能力在降低，但另一方面，议程融合假说又提出个人具有加入某个社会群体的本能，在加入这个群体的过程中，他仍会受到媒体议程的影响。培养分析则认为，新媒体并没有改变以电视为中心的故事消费模式，新媒体播放的内容绝大多数只是传统影视内容的“重新打包”，没有改变其背后的商业体制，也没有改变讲故事的传播形式，因此培养及主流化并没有实质性改变。

本章的两个理论对大众传媒讯息传播的后果做出不同的评价。议程融合更看重媒体在社会整合方面的潜力及其对民主制度的促进；而培养理论则认为这种主流化过程其实是一个社会控制过程。分歧在于不同研究范式背后的政治观不同，议程设置持多元主义的政治立场，而培养分析则带有批判的视角。但是不论如何，这两者的出发点是相同的，即如何保证大众媒体在社群自治和民主化过程中发挥积极的作用，使我们摆脱柏拉图在洞穴寓言中所描述的那种洞中人的困境。

关键概念

议程
议程显著性
议程设置过程
铺垫作用
议程设置的第二层
属性的议程设置
框架
框架效果
议程建构
媒体间议程设置
显著性议程/非显著性议程
定向需求
议程融合
净化
示范
社会学习
生理唤起
抑制解除
脱敏
培养分析
培养差异
文化指标
讯息系统
暴力指标
多样性指标
共鸣
主流化
元分析
邪恶世界综合症
双重形象
文化环境运动

深入阅读

● Dearing，J. W. & Rogers，E. M：*Communication Concept 6：Agenda-setting*. Thousand Oaks，CA：Sage. 1992.

● Maxwell E. McCombs：*Setting the Agenda：The Mass Media and Public Opinion*，Cambridge：Polity，2004.

● ［美］仙托·艾英戈、唐纳德·R·金德：《至关重要的新闻：电视与美国民意》，北京，新华出版社，2005。

● ［美］洛厄里、德弗勒：《大众传播效果研究的里程碑》，北京，中国人民大学出版社，2004。

● James Shanahan and Michael Morgan. *Television and its Viewers：Cultivation Theory and Research*. New York：Cambridge University Press，1999.

● 龙耘：《电视与暴力——中国媒介涵化效果的实证研究》，北京，中国广播电视出版社，2005。

思考与讨论

1. 议程设置与柏拉图的洞穴寓言、李普曼关于“拟态环境”的论述有何异同？

2. 1968 年教堂山研究的数据与结论之间存在哪些漏洞？其后的研究是如何解决这些问题的？

3. 议程设置理论给大众传播效果研究带来了哪些新思路？

4. 请仿照冯克豪瑟的做法，对现实生活中的某个议程进行纵贯研究，看看能否得出与他相似的结论？如果不能，为什么？

5. 铺垫效果和经典的议程设置理论有何异同？

6. 议程设置的第二层与框架理论有何异同？

7. 请举例说明属性的议程设置在大众媒体上的表现。

8. 议程设置是舆论引导吗？为什么？

9. 以身边大众媒体报道的重大问题为例，说明议程的性质对议程设置的影响。

10. 为什么在中国议程设置有时会失效？

11. 在网络条件下，议程设置会失效吗？为什么？

12. 请查阅有关资料，简述电视暴力研究的主要结论。

13. 除了本章提到的描述电视暴力与攻击行为之间的概念外，是否还有其他思路来描述二者之间的关系？

14. 电视暴力研究的结论对电视的制作有什么启示？

15. 你认为是否有必要控制影视中的暴力？为什么？

16. 为什么研究中发现的培养差异比较微小？这是否说明电视的培养不明显？

17. 培养分析有哪些独特之处？

18. 什么是文化指标？文化指标研究包括哪些内容？

19. 你认为影视中的暴力场面能否得到控制？为什么？

20. 你如何看待"培养分析忽视了不同观众对暴力意义的解读"这一批评。

21. 以培养分析为例，你认为一个传播理论可以同时包含不同的研究范式吗？

22. 什么是主流化？它与早期培养分析提出的培养差异是否矛盾？为什么？

23. 为什么说电视的培养是一种社会控制？

24. 为什么电视中虚构的故事也能影响我们对真实环境的认知？

25. 请试着分析一则新闻叙事。除了本章提到的功能外，它还有哪些功能？

26. 为什么议程融合理论和培养分析理论对大众传播的功能做出了相反的评价？

第八章 大众传播的影响：受众使用与依赖取向

CHAPTER 8

本章知识结构及要点

☆ 关于受众的话语

→ 作为大众、人民、消费者、群体、公众以及受害者的受众

☆ 使用与满足理论

→ 什么是使用与满足理论

→ 使用与满足的前提假设

→ 关于受众主动性

→ 使用动机的心理根源

→ 使用动机的社会根源

→ 媒介依赖理论与效果研究

☆ 使用与满足理论的发展与应用

→ 互联网的使用与满足

→ 手机的使用与满足

→ 媒体的过度使用

→ 对使用与满足理论的批评

讨论大众传播影响的理论在建构过程中都会遇到一个令人头痛的问题——受众的选择性问题。一方面人们在某种相似的外部条件下，会做出有规律的选择。另一方面，

受众的接受过程又是一个黑箱，总会在意外的地方发挥主动性，改变预测的结果。这也令媒体生产者挖空心思却屡屡落空，感叹人心难测。本章我们将改变视角，站在受众的角度，讨论一下他们的信息使用行为对大众传播效果的中介作用。

第一节　关于受众的话语

汉语的“受众”（中国香港、台湾地区也译作“阅听人”）是一个随着传播研究的引入而进入中文的外来概念，它来自英语的“audience”。“受众”和“读者”、“听众”、“观众”等已有概念不同，可以泛指所有大众媒介的信息接受者。无论在汉语中还是英语中，该词都给人以被动的感觉。在信息消费者选择机会越来越多，主动性越来越大的今天，有人提出这个概念已经有过时之嫌。不过麦奎尔认为，不论在新媒体条件下，人们的参与程度与主动性如何，他们总是某一大众媒体讯息的到达者，因此这个与讯息相关的概念还是有存在价值的，虽然它不再强调被动性。①

受众是一个不断变动的概念，在不同的时代它代表着由信息联系起来的不同群体。在印刷技术产生以前，它意味着在某一特定时间和空间里聚集起来的一群观众，如罗马角斗场中的观众，仪式和戏剧的观众。

印刷媒介产生后，受众不必再聚集起来，接受信息的时间也可以自由支配。印刷媒介创造了真正的“大众”传播，来自同一信源的信息扩散不再局限于“在场”的群体，而是理论上的“所有人”。但是报纸和书籍仍然能将不同的人们联系在一起，在受众阅读的过程中，印刷媒体创造了想象中的阅读共同体。这种“想象的共同体”甚至演化成为民族。②

电影出现后，人们重新聚集在一起，“看电影”成为社会交往的机会——尤其对正在恋爱中的青年男女而言。但是电影和早期的戏剧不同，它是本雅明所说的“机械复制的艺术”，对于同一个电影院的观众来说是聚集观看，但对不同的电影院的观众而言，又是分散接受标准化的内容。广播、电视、录像机和 DVD 的出现，使电影制造的受众进一步分散，家庭乃至个人成为信息接收的单位，接收内容也不再具有单一的标准，受众开始有了一些选择。

---

① 参见［英］丹尼斯·麦奎尔：《受众研究》，180 页，北京，中国人民大学出版社，2006。

② 参见［英］本尼迪克特·安德森：《想象的共同体》，23～55 页，上海，上海人民出版社，2003。

随着电视频道的增加和互动媒体（互联网、手机）的多样化，受众一方面变得更加分散，另一方面受众的重新聚合又变得更加方便。受众的自由度在增大，同时传播者对受众的控制也更加容易。比如传统的报纸和电视台无法确切知道自己的受众是谁，看了哪些内容，但是网站和数字电视台却能够精确地搜集受众的消费信息。

除了受众的外延和消费方式不断变化外，人们谈论受众的角度也在发生变化。在不同的时间和场域，围绕着受众形成了许多话语。话语分析大家并不陌生，下面我们将对受众的话语略作讨论。

一、作为大众的受众

随着西方现代化、城市化和工业化的出现，早期的社会学家认为传统社会的结构已被打破，人们的结合方式发生质变。其中最著名的是滕尼斯（Ferdinand Toennies，1855—1936）对共同体与社会（Gemeinschaft and Gesellschaft）的划分，他认为共同体是建立在亲缘、习惯、面对面互动基础上的结合紧密的群体，而社会则是建立在外部约束、非人格化互动基础上的群体。[①]

随着城市化和工业化出现的大批无根的、原子化的、同质化的、易受暗示的乌合之众，被称为“大众”（mass）。大众并不仅仅是一个关于量的概念，而是一个关于质的概念，它强调了群体结构的松散与构成者素质的低下。大众文化（mass culture）则是庸俗的、缺乏深度的文化。作为大众的受众话语，是西方现代化初期文化精英们形成的一种普遍的判断，他们把许多转轨期的社会问题归结为大众传播媒介与大众之间的恶性循环。他们认为当时最主要的大众媒介——报纸导致了社会风气的恶化和各种不良现象，缺乏判断力的大众轻易地被报纸蛊惑。这时大众媒体的受众（大众）被看做是被动的整体。

到了20世纪中期以后，随着左派学者对第二次世界大战的反思和对资产阶级统治的批判，作为大众的受众话语又重新兴起。法兰克福学派、曼海姆、米尔斯（《权力精英》）、里斯曼（《孤独的人群》）等学者也把资本主义社会的绝大多数民众看做是随波逐流，容易受社会精英控制的大众。他们的主要话题不再是早期社会学家所关心的传统社会和现代社会的差异和社会转型，而是社会的意识形态控制与社会文化。

---

① 参见［德］斐迪南·滕尼斯：《共同体与社会——纯粹社会学的基本概念》。

二、作为人民的受众

如果说作为大众的受众是西方资本主义国家现代化初期各种社会条件的产物，那么作为人民（the people）的受众则是社会主义国家关于受众的经典话语。人民被作为社会的主人加以赞扬，他们具有道德上的优势。传播的内容要为人民服务。人民具有抽象性，人民是一个整体，只有一个意志，它不能等同于具体某个群体。因此，不能把为人民服务简单等同于收视率，除了重视经济效益外，还要重视社会效益。

人民的内部具有同质性和强烈的认同感，“我们”和“他们”被明确地区分开，要维护“我们”的纯洁性，不受“他们”的影响。作为人民的受众，在传播中也要承担一定的责任，在接受服务的同时，还要主动接受一定影响。人民应该成为社会主义的“新人”，这需要经过长期教育和改造，所以大众媒体又肩负着社会主义精神文明建设和教化的职责。作为人民的受众，既是服务对象，又是被教育对象。这种抽象的双重角色，与作为乌合之众的大众的角色，有着明显的区别。

三、作为消费者的受众

如果说作为大众的受众是从文化精英的角度看待受众、作为人民的受众是从政治管理者的角度来看受众，那么作为消费者（consumers）的受众则是从商业经营者的角度看待受众。该话语把受众看做是市场，每个消费者都有一定的需求，他们对某些内容会有一些偏好。大众媒体为了最大限度地吸引受众，赚取利益，必须把整个市场按照人口统计学指标进行细分，按照不同群体的特征生产具有不同特征的节目。因此受众的使用动机与需要就成为媒体生产者关注的中心。

当然，看上去大众媒体是在迎合受众，但是这种按人口统计学特征划定的“偏好群体”很可能对生产者的管理更加有利，它忽略了群体内受众的多样化和作为独立个人的更高层次的需求。比如一个十几岁的高中女生很可能被设定为追逐时尚、喜欢流行文化，喜欢畅想人生，如果不是这样，她就会被视为另类。作为消费者的受众也在不断按照生产者划定的群体进行自我“改造”，因为只有成为一个文化生产者关注的“标准的”、“主流的”消费者，人们才有可能获得大量“符合自己需求和身份”的文化消费品。

四、作为群体的受众

“作为群体的受众”是社会科学研究者针对早期文化精英们提出的“作为大众的受众”所提出的反驳。20 世纪三四十年代以拉扎斯菲尔德为首的社会学家们通过实证研究，发现受众并不像早期社会学家想象的那样相互隔绝、一盘散沙。他们是以各种形式的群体存在的，这些群体影响着大众传播的效果。这部分内容我们在前面的传播流研究中已经讨论过。

除了实证研究的传统外，诠释研究的传统也提出，社会是由许多文化社群（community，或译为“共同体”）构成的，不同的文化社群拥有各自的历史传统、身份认同、生活习惯、行为方式、表达方式。不同的文化社群会对相同的事件做出不同的诠释。大众传播的信息只是他们生产和加工的素材，而不是最终的意义。另一方面，传播媒介也成为营造和维系一定文化社群的重要方式，当然这个传播媒介不一定局限于传统意义上的大众传播。作为群体（people）的受众话语强调：受众拥有一定的资源，不会完全受大众传播左右。

五、作为公众的受众

这是随着现代民主制度的完善而产生的一种受众观，它强调受众之间身份平等，对大众传播的信息具有理性的分析和批判能力，能够积极地参与政治生活。但是早期的“作为公众（public）的受众”话语，比如卢梭所说的公众，更像是前面所说的“人民”，它具有统一性，是抽象的存在。而哈贝马斯在“公共领域”中所提出的公众则是具有交流理性、尊重他人不同意见、能够站在对方立场上相互理解的理性人，他们容忍不同意见，相信通过交流能够达成共识。

这种交流的乌托邦在现实中很难实现，但是它为现实的大众传播设立了一个理想。大众媒体不只为消费者提供娱乐与消遣，还要为公民提供一个理性交流的论坛，使他们能够自我管理。对于大众媒体而言，首当其冲的就是保证公众知晓的权利：理性的讨论建立在知情的基础上。其次是公众接近和使用媒体的权利，媒体不能成为少数人的工具，而应该成为社会公器。从操作上讲，虽然无法做到每个人都参与到大众媒体的讨论，但媒体至少要容纳和公平对待不同的观点。

除了媒体要尽到责任外，作为公民的受众也要积极地争取自己的权利，理性地参与到交流中，而不是仅仅作为一个旁观者。在交流中，作为公民的受众应该能够平等倾听他人的意见，尽量全面地而不是先入为主地理解他人的真正意图，坦诚地提出自己的看法，使双方的共享意义空间不断扩大。

六、作为受害者的受众

和前面几个话语相比，作为受害者（victims）的受众并没有核心的理念，影响也较小，但是它从大众传播产生以来就一直存在，这是一种对于大众传播的恐惧遗传（legacy of fear）。[①] 这种看法认为，大众传播的内容具有一定的腐蚀性，会使缺乏抵抗能力的受众的生理健康和心理健康受到影响。这种看法主要来自于普通大众，但也不乏政府官员和专业人员的支持。在印刷媒介时代，人们就提出一些小说的内容会造成不良的社会影响。从历史上看，每个国家都可以列出一个长长的禁毁书单。到 20 世纪，电影、漫画、电视、电子游戏和互联网都没有逃过大众的谴责。

中国从 2005 年开始大量报道网络对于青少年的不良影响，频频地提到网络导致青少年“上瘾”，把使用互联网与使用毒品相提并论。在面对一个新媒体时，人们缺乏了解，容易把其他社会条件综合导致的后果简单归结于媒体这个单一因素。新媒体这样一个“外来户”容易成为原住民们面临的“新”问题（所谓的“新”很可能只是被建构的）的“替罪羊”。其实媒体过度使用的问题远没有想象中的“毒品—依赖”模式这么简单，它是一个复杂的社会问题，我们会在下面专门讨论。

作为受害者的受众话语会产生深远的社会影响。过分夸大媒体的负面影响，会导致大众更希望政府加强管制，形成他们对威权的依赖，反过来限制表达自由。

从以上这些关于受众的话语可以看出，在不同的说话者那里，受众被建构成为不同的客体，有些客体不单纯是被动接受信息的“受众”，也可能是积极的媒体使用者或理性的公众。因为存在这些差异巨大的关于受众的话语，所以对受众的研究也就显得更加复杂，有一些话题我们在其他章节里已经涉及（比如“作为大众的受众”、“作为公众的受众”和“作为群体的受众”），本章我们将围绕着“作为群体的受众”话语，以客观经验主义范式的一个理论——使用与满足理论（uses and gratifications theory）为例，讨论受众选择与使用对媒体效果的中介作用。

---

① 参见［美］洛厄里、德弗勒：《大众传播效果研究的里程碑》，38 页。

第二节　使用与满足理论

一、使用与满足的提出

使用与满足研究与之前讨论过的效果研究之间最大的差异，在于它不是站在传播者的角度讨论大众传播的影响，而是站在受众的角度，从动机使用的方向探讨受众对媒体的使用。换句话说，使用与满足认为受众是主动的，应该研究受众对媒体做了什么，而不是仅仅研究媒体对受众做了什么。

按照卡茨等人的定义，使用与满足关注的主要问题是：由社会因素和心理因素产生了需求（needs），这种需求又导致了人们对大众传播或其他信源的期待（expectations），这种期待引起了不同类型的媒介接触（或者其他行为），其结果导致需求的满足和其他后果（可能多数是无意的），如图 8—1 所示。①

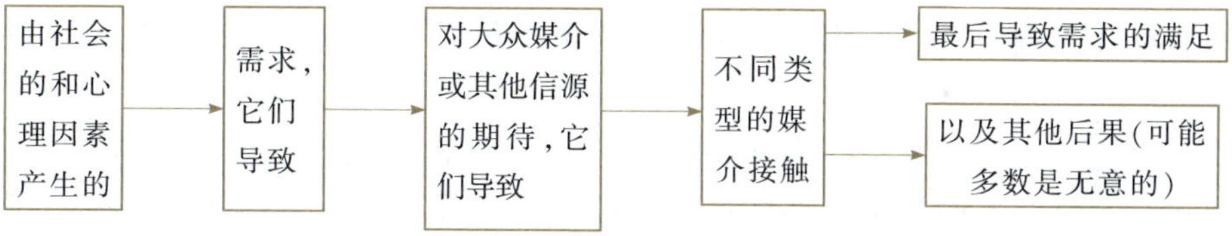

图 8—1　一种使用与满足研究模式的组成要素

受众的媒体使用及满足被看做是媒体产生效果之前的阶段。使用满足理论认为，受众只有愿意接受一定的媒体，媒体才能对其产生影响，所以和传统的效果研究的角度存在明显不同。

罗森格林仿照拉斯韦尔的 5W 模式，提出使用与满足关注的是：谁，使用什么媒体，在什么情况下，出于什么原因，取得了什么效果。② 简言之，使用与满足研究的是媒体使用的"如何"（How）和"为什么"（Why）。

---

① See Elihu Katz, Jay G. Blumler & Michael Gurevitch: "Utilization of Mass Communication by the Individual". In J. G. Blumler & E. Katz (Eds.), *The Use of Mass Communication: Current Perspectives on Gratifications Research*. Beverly Hills, CA: Sage, 1974.

② See Karl Erik Rosengren: "Use and Gratifications: A Paradigm Outlined". In J. G. Blumler & E. Katz (Eds.), *The Use of Mass Communication: Current Perspectives on Gratifications Research*. Beverly Hills, CA: Sage, 1974.

人们从媒体获得的满足一般来自三个方面：(1) 媒体内容。早期的使用与满足研究常常把媒体内容给人的满足与媒体接触给人的满足混同起来，研究发现，人们会因不同的需要而接触不同的媒体内容。(2) 媒体接触和使用过程。媒体接触本身（而不是特定的内容）也会给人带来快乐，在贝雷尔森的报纸使用满足研究中发现，有时读报本身也会给人带来满足感，与阅读内容无关。(3) 导致接触不同媒体的社会环境。有时我们仅仅因为接触一部流行的电视剧或某个娱乐节目而获得满足，有些需要本身来自于特定环境。一个新闻系的学生会逐渐养成从观看新闻时事中获得满足，否则人们就认为他不像一个新闻专业的学生。

使用与满足研究的雏形产生于20世纪40年代拉扎斯菲尔德主持的广播研究项目，这个带有商业气息的研究也暗示，使用与满足和我们刚才提到的作为消费者的受众之间存在密切联系。在一个新媒体或新内容刚刚出现时，了解受众的使用与满足是投资者进行市场调研的第一个环节：消费者是否需要这个媒体或内容，消费者在什么情况下、为什么和用什么方式消费它们，媒体或内容怎样才能最大限度地满足消费者的某种需要，还有哪些方式与这种满足方式竞争，消费者愿意为这样的满足付出多大代价……使用与满足研究产生的另一个背景是拉扎斯菲尔德等人的一个重要发现：受众对媒介内容的反应并不是直接的，而是选择性的，并且受到性格、社会属性、社会关系的影响。换句话说，受众并不像早期人们想象的那样被动。这一论断促使研究者转向研究受众的主动使用。

20世纪40年代至50年代的使用与满足研究只是简单地描述不同次级群体的内容选择，其目的是弄清楚大众传播为什么会吸引受众，研究方法主要是对受众的定性访谈，对受众表述的感觉进行使用动机归类。在拉扎斯菲尔德的影响下，赫佐格对广播竞猜节目《教授小测验》（*Professor Quiz*）对听众的吸引（appeal）进行了研究，发现听众收听这类节目有以下几个动机：(1) 竞争（competitive）；(2) 学习（educational）；(3) 自我评估（self-rating）；(4) 休闲娱乐（sporting）。[①]

在另一个对妇女收听日间广播连续剧（肥皂剧）的研究中，赫佐格发现了以下几个收听动机：(1) 感情释放（emotional-release），通过对比剧中人物的悲惨境遇，获得优越感；(2) 愿望想象（wishful-thinking），剧中人的幸福生活或他

① See Herta Herzog: "Professor Quiz: A Gratification Study". In P. F. Lazarfeld, *Radio and the Printed Page*. New York: Duell, Sloan & Pearce, 1940.

们所做的事也是自己想拥有的；(3) 寻找建议 (advice-seeking)，“假如你听了这些节目，如果恰好有一天它发生在你的生活中，你就知道如何去应付了”①。

贝雷尔森在 1945 年纽约送报工人罢工期间进行的“没有报纸时最想念报纸的哪一点”调查，列出了读者的以下满足：(1) 获得信息和解释公共事务。(2) 日常生活工具。报纸可以提供广播节目表、天气、交通、广告、电影上映、金融股票等方面的实用信息。(3) 休憩 (respite)。从日常的生活中逃避出来，获得心理放松和娱乐。(4) 社会威信。获得谈资，显得博学多识。(5) 社会接触。人情味新闻、小报中的个人建议专栏、八卦专栏可以让读者从单调的日常生活中解脱出来，并且与专栏作家建立起亲切的“准社会关系”。(6) 阅读本身带来的满足。阅读本身被我们的文化所重视，人们认为“阅读给人们带来知识”，阅读的内容不重要，重要的是阅读行为本身给人满足感和充实感。(7) 安全感。没有报纸，不知道世界上发生了什么，感觉完全迷失，报纸给人带来确定性和安全。(8) 看报是仪式和强迫性的习惯。读报是每天必须完成的行为，有人甚至翻出旧报纸、杂志或其他文章阅读，读报使人能够了解世界，有控制世界和参与世界的感觉。②

20 世纪 60 年代的使用与满足研究转向社会学和心理学变量的操作性调查，描述不同的媒体消费模式，学者们开始使用定量的方法，研究满足的规律。麦奎尔认为，20 世纪 60 年代后期社会科学领域出现了反实证主义的潮流，诠释范式和批判范式崭露头角，反科学的、人种志的、现象学思考方式被更多的学者接受。“人的发现”也启发了使用与满足理论。但是另一方面这一理论仍然采用了客观经验主义和功能主义范式，这与批判范式的核心理念背道而驰。③

20 世纪 70 年代，使用与满足重新引起学界关注，焦点问题包括：使用与满足的过程，受众的动机与受众的期望如何发生联系，社会环境对使用与满足的影响等。换句话说，这个时期由媒体的使用与满足研究转向理论建构。就使用与满足的类型研究而言，这一阶段也有所深化，学者们开始把使用类型与社会的需求和社会心理的需求联系在一起。最为著名的是麦奎尔、布鲁姆勒和布朗的研究，他们把受众看电视的动机归纳为以下 5 个方面：(1) 转移和消遣 (diversion)。

---

① Herta Herzog: “What Do We Really Know about Daytime Serial Listeners?” In P. F. Lazarsfeld & F. N. Stanton (Eds.), *Radio Research*, *1942—1943*. New York: Duell, Sloan & Pearce, 1944.

② See Bernard Berelson: “What ‘Missing the Newspaper’ Means”. In P. F. Lazarsfeld & F. N. Stanton (Eds.). *Communications Research*, *1948—1949*. New York: Harper & Brothers, 1949.

③ 参见 [英] 丹尼斯·麦奎尔：《后知之明的益处——对使用与满足理论研究的反思》，见 [英] 罗杰·迪金森等编：《受众研究读本》，北京，华夏出版社，2005。

逃避或感情释放。(2) 人际关系。电视可以代替社会交往，为个人提供陪伴，并且可以用于与他人交往。(3) 个人身份。将电视中的人物和事件作为参照，探索现实，强化既有价值观。(4) 环境守望。获得信息和新闻。①

20 世纪 80 年代以来，使用与满足的传统问题得到进一步深化，研究方法和理论框架越来越进步（比如许多研究使用了因子分析、结构方程），同时学者们开始将使用与满足和传统的效果研究结合在一起，讨论使用对效果的影响，其中包括本章后面部分将讨论的媒介依赖理论。

二、使用与满足理论的前提假设

使用与满足最突出的特点是从受众的角度研究传播过程。卡茨等人认为，这种视角转换是在两种动机和思路下展开的。一种认为短期的效果研究仅仅从传播者的角度看问题，角度过于单一，应该从受众的角度来研究使用与满足；另一种是为了深化效果研究，从受众的角度来看待效果，把受众的使用作为一个效果产生之前的中介变量加以研究。②

鲁宾（Alan M. Rubin）在卡茨等人理论的基础上，提出当前的使用与满足理论有 5 个前提假设③：

(1) 传播行为，包括媒体的选择和使用，是在一定的动机驱动下的有目的的行为。受众选择特定的媒体或内容是为了满足某种需要，这是一种功能性行为，会产生某种后果。

(2) 选择和使用传播媒体的主导权在使用者手中。受众具有不同程度的主动性，他们决定使用什么媒体和如何使用，而不是被媒体所使用。

(3) 社会和社会心理的因素引导、过滤或影响着传播行为。人毕竟生活在社会中，如果从更大的环境来看，个人的性格、社会分类、社会关系、人际交往、可使用的传播渠道都会影响受众的媒体使用行为。甚至人们的需求本身，对满足的期待也是由社会环境决定的，这些既有倾向影响着我们的媒体选择与使用。

---

① See D. McQuail, J. G. Blumler & J. R. Brown: "The Television Audience: A Revised Perspective". In McQuail (Eds.), *Sociology of Mass Communication*. Middlesex, England: Penguin, 1972.

② See Elihu Katz, Jay G. Blumler & Michael Gurevitch: "Utilization of Mass Communication by the Individual". In J. G. Blumler & E. Katz (Eds.), *The Use of Mass Communication: Current Perspectives on Gratifications Research*. Beverly Hills, CA: Sage, 1974.

③ See Alan M. Rubin: "The Uses-and-gratifications Perspective of Media Effects". In Jennings Bryant and Dolf Zillmann (Eds.). *Media Effects: Advances in Theory and Research*, 2nd edition. Mahwah, NJ: Lawrence Erlbaum Associates, 2002.

（4）媒体与其他形式的传播行为（或具有同样功能的其他选择）相互竞争。除了媒体以外，我们还能通过与他人之间的互动，甚至独自的个人活动来满足自己的某种需要。做出什么选择，取决于许多复杂的因素，比如个人的期待、社会环境、媒体的易得性等。

（5）一般情况下，受众在使用与满足过程中占据主动，他们比媒体更有影响力，但是也并不总是这样。我们的主动性决定着媒体的使用方式和后果，但是通过这一过程，媒体也会对个人产生影响，进而影响社会的政治、文化和经济结构，甚至我们还会对媒体形成依赖。使用与满足和媒体的效果并不截然对立，有时它也会促使产生某种效果。

从上述假设可以看出，使用与满足理论具有强烈的功能主义色彩。从个人的角度来看，媒体的使用是一种功能性行为，由于我们紧张、对环境不确定、遭遇不顺或者孤独而产生某种动机，而接触媒体则能满足这些需求，使个人得到放松、了解环境、逃避不愉快的经历、进行社会交往（现实的和替代性的），保持平衡。在这一过程中，因为媒体使用只是功能性的，它既可以替代某种现实的行为，也可以被满足同样需求的现实性行为所替代。比如在现实中我们缺乏社会交往，没有朋友，就可能沉溺于电视节目，上网聊天、玩电子游戏和其他互动行为，代替缺乏现实人际交往带来的空虚。同样，如果我们产生了娱乐的需求，既可以看电视，也可以去参加社交活动，找朋友打牌下棋，或者参加其他体育活动和旅游，也可以达到和媒体使用一样的效果。

鲁宾提出的这 5 个假设与卡茨等人 1974 年提出的假设相比，鲁宾的假设删除了方法前提（受众能够说明自己的动机与满足，自我报告可以提供准确的数据）和价值前提（从受众的角度去讨论使用与满足，不对其文化重要性作价值判断），加上了第 3 点和第 5 点两个假设，这两个假设都对使用与满足理论的核心前提——受众的主动性做出了修正。什么是主动性，受众是否具有主动性，这一直是使用与满足理论争论的焦点。

三、受众的主动性与使用动机

使用与满足理论的核心假设是受众具有主动性。但是什么是受众主动性（audience activity），学界存在着不同的见解。甚至这个概念本身就充满矛盾，既然是“受”众，按照传统的定义（如传播的 5W 定义），就已经被定义为被动的接受者。

韦斯特和特纳（Richard West and Lynn H. Turner）认为，使用与满足理论所说的主动性和主动能力不同。主动性（activity）更多的是指媒体消费者做了什么（比如，选择看网络新闻而不是阅读报纸新闻）。而主动能力（activeness）则是指受众在大众传播面前所具有的自由和独立性，明确知道自己的需求并把这种需求与一定的媒体消费行为联系在一起。①

拜欧卡（Frank A. Biocca）对讨论受众主动性的文献进行归纳，发现学界对受众主动性共有 5 种不同的表述②：

（1）选择性（selectivity）。受众可以在众多媒体内容间进行辨别和挑选，并有计划地使用。比如我们会按时收看某个节目或在多个节目中选择某个节目。但是不少受众，特别是重度受众的媒体使用可能缺乏明确的选择性。此外，选择性也会受到多种外在因素的影响，比如我们的社会期待、使用的费力程度。施拉姆曾提出一个选择或然率公式：

选择的可能性＝回报期待/费力程度

该公式表明，一个媒体是否被选择，取决于两个因素：使用回报的期待和费力程度。我们对使用它的回报期待越高，获得它的费力程度越低，它就越容易被选择。

（2）功利主义（Utilitarianism）。这是使用与满足的主要观点。使用的主动性就表现在使用特定的媒体满足自己的需要。

（3）目的性（intentionality）。受众的使用不是随意的，而是受到明确的目的指引。特别是对于有计划地收视、订阅的受众来说，这一点尤其明显。

（4）抵制影响（resistance to influence）。受众可能意识到信息中的说服性内容，回避或者积极地降低这种影响，即人们所说的“顽固的受众”。比如费斯克提出使用者可以对讯息的意义进行重构，生产新的资本来抵抗传播者的影响。③

（5）参与（involvement）。这是一种全神贯注的接收状态，受众参与度越高，越会积极地思考或反馈，把媒体内容与自己的实际相联系，甚至会与他人就传播内容进行讨论。相反，低参与度的受众则心不在焉，缺乏对传播内容的理解与记忆。

虽然对主动性的表述存在不同的侧重，但是学者们同意，积极性并不是一个

---

① 参见［美］理查德·韦斯特、林恩·H·特纳：《传播理论导引：分析与应用》，2 版，440 页。

② 参见［英］丹尼斯·麦奎尔：《受众分析》，77～79、180 页，北京，中国人民大学出版社，2006。

③ 参见［美］约翰·费斯克：《了解庶民文化》，台北，台湾远流出版事业股份有限公司，1993。

固定的概念。它不是一个固定的点，而是一段光谱，从主动到被动之间存在着多种中间状态。就是同一个人，在不同的时间和空间，主动性可能也会有差别，你可能在阅读报纸的时候参与度很高，但是在休息放松看电视娱乐节目时，主动性又很低。

鲁宾把媒体的使用分成两种类型：仪式性的（ritualized）和工具性的（instrumental）。仪式性的使用把媒体使用当成一种习惯性的消磨时间和娱乐放松的活动，它意味着长时间的媒体使用和对媒体的亲近感。而工具性的使用则是为了某种信息需求而搜索特定的媒体内容，它会导致人们接触大量新闻和信息性内容，并且认为这些内容是真实的。仪式性的使用比较被动，缺乏明确目标；工具性的使用则主动得多，具有明确目标，选择性接触，参与程度更高。[①]

帕姆格林（P. Palmgreen）从受众的媒体期待和评价角度，对使用动机类型进行了分类（见表8—1）。[②] 如果人们对媒体属性的评价是积极的，而且认为他所接触的媒体具有这个特征，他们就会主动地接近这个媒体。相反，如果他对媒体具有他所认为的负面特征，他们就会主动地回避接触。如果某个媒体不具备他所喜欢的积极特质，他就会有选择地使用其他媒体。如果某个媒体没有受众特别不喜欢的特征，同时身边又没有其他选择，他就会消极地使用，比如我们有时为了打发时间看的一些聊胜于无的电视节目。

这种分类说明，对媒体是否满足我们需要的期望影响着媒体的使用行为，同时也影响着我们使用媒体的主动性。这种分类还使我们注意到，除了积极的接近外，主动的回避也是一种受众的积极行为。

表8—1　　　　使用媒体的动机类型

		对媒体属性的评价	
		消极	积极
对媒体属性的信念	无	消极的接近	有选择地寻求媒体
	有	真正的回避	积极的接近

使用与满足的预期—价值理论（expectancy-value theory）也强调了受众期待对动机的影响（见图8—2）。该理论认为，受众的使用行为基于过去经验所产

① See Alan M. Rubin:“Ritualized and Instrumental Television Viewing”, in *Journal of Communication*, 34 (3), 1984.

② See P. Palmgreen:“Uses and Gratifications: A Theoretical Perspective” . In *Communication Yearbook*, 8, 1984, pp. 20 - 55.

生的预期，它不是一个客观的标准。该模型区分了追求的满足（gratifications sought，GS）和获得的满足（gratification obtained，GO）。前者是基于过去经验的预期，而后者则是受众实际使用媒体后所感知到的满足。如果获得的满足（GO）等于或高于追求的满足（GS），那么受众的满意度就会较高，媒体接触行为将会重复发生。相反，受众就会减少甚至放弃现有的使用方式。[①]

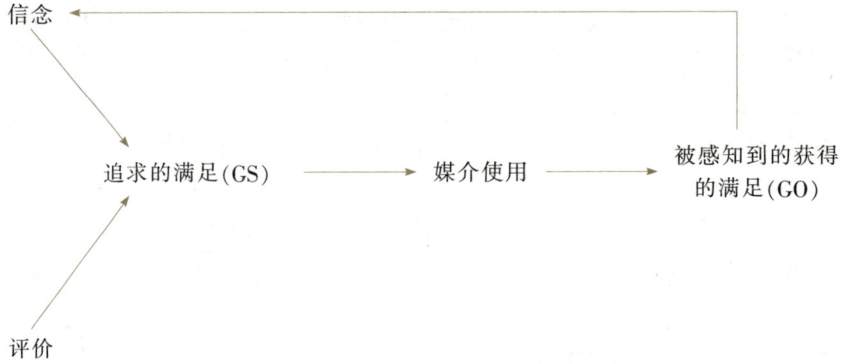

图 8—2　追求与获得媒介的满足的预期—价值模式

从“预期—价值”的角度讨论使用满足中的使用动机，过去模糊的理论变得清晰起来。但是仍然有两个问题有待进一步说明：一是媒体使用动机与个人社会的需求和社会心理的需求之间的关系；二是需求与满足产生的社会根源是什么。

四、使用动机的心理和社会根源

个人的需求产生于复杂的心理机制，虽然外界条件会制约个人的主动性和使用动机，但是从心理学的角度来看，媒体的使用者仍然具有相当的主动性。因为即使外部环境起到很大作用，也不能排除内在需求的存在。特别是外在环境决定论无法解释固定接收、重复接收或忠诚度的问题。麦圭尔认为，人的使用动机可以从个人心理需求找到依据。他将使用动机分成四个维度，分别是：认知—情

① See P. Palmgreen & J. D. Rayburn：“An Expectancy-value Approach to Media Gratification”，in K. E. Rosengren，P. Palmgreen，& L. Wenner（Eds.），*Media Gratification Research：Current Perspectives*. Beverly Hills，CA：Sage，1985.

感、主动—被动、保持—成长（preservation-growth）、内部—外部。这些维度进行组合，就可以将使用动机的心理来源和结果列成一个包含 16 个项的矩阵（见表 8—2）。[①]

表 8—2　　大众传播满足的心理动机范式

状态 \ 意向	稳定性 / 方向	主动		被动	
		内部的	外部的	内部的	外部的
认知的	保持	1. 认知协调	2. 归因	3. 归类	4. 客观化
	发展	5. 自主	6. 刺激	7. 达成目的	8. 功利主义
情感的	保持	9. 减少紧张	10. 表达	11. 自我维护	12. 强化
	发展	13. 进取	14. 联系	15. 身份认同	16. 示范

在这个动机矩阵中，每个格代表着一种特殊的动机，相应地，也有一种特殊的理论来解释这种动机，表中的文字就是不同的理论。

首先是认知的动机，在这里又分成两类，保持既有的认知和发展既有的认知。保持既有认知的动机又可以分为主动与被动两类，前者是积极地维护既有认知和态度，后者是消极地获得安全感和推断自己的动机。

认知状态的第二类动机是发展，人们需要通过接触大众媒体，发展自我，满足需要。积极的认知发展既表现在内在的独立自主，也表现在外在的寻求刺激和放松；消极的认知发展包括内在的被动地适应环境，也包括应付外在的挑战。

如果认知的动机处理定向需要，那么感情的动机主要涉及动机背后的动力、感觉特征。它分为保持既有感情和发展既有感情两个维度。在保持感情这部分中，积极的部分涉及内在的减少紧张和外在的表达；消极的部分则涉及内在的自我保护和外在的强化。

最后一部分动机分类是感情的发展。在积极的感情发展中，我们表现出积极的竞争和进取动机，而在外在的积极的感情发展中，我们则努力与他人和社会建立联系。在消极的感情发展中，我们产生内在追求身份认同，外在模仿榜样的动机。

① See William J. McGuire:"Psychological Motives and Communication Gratification", in J. G. Blumler & E. Katz (Eds.), *The Use of Mass Communication: Current Perspectives on Gratifications Research*. Beverly Hills, CA: Sage, 1974.

麦圭尔的动机矩阵比较复杂，不同的动机之间也有一些重复，然而它全面、清晰地概括了人们媒体使用需求的社会心理根源，提供了一种很有借鉴意义的思维模式。其中列举的一些动机已经在过去的使用与满足的研究中发现，其他概念是否成立，还需要经验研究不断验证。需要注意的是，在实际中，我们的使用需求和动机是复杂的，会同时产生多个认知或感情的动机，因此以上的总结仅仅是理论上的理想状态。这些动机也可以被看做是一些需求元素，它们的组合还会产生出新的动机。

麦圭尔的大众传播使用需求矩阵从社会心理的角度解释我们的使用动机，这说明个人的需求离不开与他人的互动。卡茨等人也提出，我们使用大众传播的需求与满足并不完全是由个人决定的，它有着复杂的社会根源，有 5 方面的需求都来自于社会情境①：

（1）社会情境产生紧张与冲突，导致人们产生降低压力的需求；

（2）社会情境导致人们意识到某个问题值得关注，产生环境监测和信息方面的需求；

（3）社会情境导致个人在现实环境中无法满足某种需求，需要使用媒体替代性地满足社会交往的需求；

（4）社会情境使某种价值得到重视，为了确认和强化这种价值，人们使用媒体；

（5）社会情境导致人们对某种熟悉的媒体内容产生期待，为了维持群体成员的资格，人们使用媒体。

除了这些社会因素外，学者们还研究了人生阶段、生活方式、人格、孤独感、社会隔绝程度、认知需求、忠诚度、媒体缺失、家庭收视环境等对使用动机的影响。

在探讨了需求和满足的社会心理来源和社会来源之后，我们可以更进一步理解上文提出的受众主动性问题。使用与满足理论的雏形时期，由于矫枉过正，过分强调了来自于受众个人的主动性。但是随着研究的深入，使用与满足逐渐与“庸俗的满足论”划清了界线。作为生活在社会中的个体，我们的许多需求来自于社会。大众传播也是社会环境的制造者之一，甚至许多“主动的需求”就是由媒体制造出来的。

---

① See Elihu Katz, Jay G. Blumler & Michael Gurevitch: “Utilization of Mass Communication by the Individual”, in J. G. Blumler & E. Katz (Eds.), *The Use of Mass Communication: Current Perspectives on Gratifications Research*. Beverly Hills, CA: Sage, 1974.

此外，大众媒体无处不在，它们的易得性使其替代了我们许多传统的满足方式。有些受众把看电视或玩网络游戏作为满足社会交往的替代品，因为前者更加方便；有的把观看纪录片作为学习或旅游的替代品。以至于批判学者们提出，许多所谓的需求，其实是媒体制造出来的。

受众主动性问题的实质又回到了人的行为是由结构决定还是由文化决定的老问题。一些学者绞尽脑汁提出新的理论框架调和这两者之间的冲突，比如吉登斯的结构化理论，布迪厄的场域理论。尽管这些理论的解释角度不同，但是它们都认为个体并不是完全没有自主性，我们也能创造性地利用资源创造新的规则（吉登斯），社会的结构必须由身体来得到实施，它还有一个惯习内化的过程（布迪厄）。因此，强调受众主动性的社会和心理根源，并不意味着完全否定受众的主动性。

还有另外一些学者索性跳出受众主动性的争论，从实用主义的角度，讨论媒体使用与媒体效果的关系，这是使用与满足理论发展的一个重要方向。

第三节 使用、依赖与效果

一、媒介依赖与效果

使用与满足研究可以分成两个主要的取向：第一，是为了纠正过去仅从传播者角度看问题的传统效果研究模式的偏见。第二，是为了从受众的角度来研究传播效果。后者与传统的效果研究同样研究传播的后果，不同之处在于它是站在受众的角度而不是传播者的角度讨论效果，而且更加强调受众的主动性。在众多使用—效果理论中，比较成熟的是媒介依赖理论。

媒介依赖理论分为宏观与微观两种。前者由波尔-洛基奇和德弗勒提出，主要从社会学的角度解释受众与媒介之间的依赖关系，后者由鲁宾和温德尔提出，主要从社会心理学的角度解释依赖的效果。①

媒介依赖理论认为，我们通过使用大众媒体获得特定满足或完成一定的目标，如果受众缺乏其他替代性方式（或资源）完成由媒体提供的满足或特定目标，就会对大众媒体形成依赖。依赖程度越大，大众媒体对个人产生的影响越

---

① 参见［美］德弗勒、洛基奇：《大众传播学理论》，5版，338～347页，See Alan M. Rubin："The Uses-and-gratifications Perspective of Media Effects". In Jennings Bryant and Dolf Zillmann（Eds.）. *Media Effects: Advances in Theory and Research*, 2nd edition. Mahwah, NJ: Lawrence Erlbaum Associates, 2002.

大；反之，如果对大众媒体的依赖较小，大众媒体对个人的影响也就越小。年龄、健康程度、行动能力、经济状况、社会交往和互动的能力、生活满意度都会影响个人的选择能力和替代性资源的数量，决定个人对大众传播的依赖。比如孤独的老人或儿童，行动能力有限，也没有太多金钱，很可能对电视产生依赖。他们观看的时间也较长，电视（包括电视广告）容易塑造他们对世界的认识和态度。收入较高的公司职员，可能社交活动较多，他们可以通过吃饭、聚会、旅游、体育活动、看电影、互动媒体（互联网、手机等）满足他们在信息和社会互动方面的需要。他们为了避开广告观看更精彩的节目，还可能购买 DVD 自由地收看电视剧或电影。他们的选择多，对电视的依赖较小，观看时间也有限（当然他们的闲暇时间也会少于老人或儿童），电视对他们的影响较小。

二、宏观的媒介依赖理论

宏观的媒介依赖理论把整个社会系统看做是有机的生态系统，这个生态系统中的组成部分之间存在着复杂的关系。这些关系可能是平衡的、合作的，也可能是冲突的、竞争的，可能是稳定的，也可能是变化的。依赖关系就是这些关系中的一种。社会不同子系统（在这里是受众个体和大众媒体）之间的依赖关系取决于两个因素：目标（goals）和资源（resources）。

现代社会的大众媒体拥有许多重要的不可替代的资源，波尔-洛基奇和德弗勒把这些资源分成三类：一是收集或创造信息的资源；二是处理信息的资源；三是发布信息的资源。现代社会的大众媒体无孔不入，一般公众也会主动向媒体提供新闻线索、反映问题。现代大众媒体收集的信息数量之多、领域之广，部分内容之深（比如调查性报道）是其他社会机构望尘莫及的。专业机构或政府部门也能获得某一方面的专业信息，但是只有大众媒体拥有丰富的资源，可以对各类信息进行加工，提供大量的背景和专家意见，同时以通俗易懂的方式呈现给受众。大众媒体覆盖面广，信息传递速度快，这也是其他社会系统（比如政党的组织传播）无法匹敌的。广告商之所以选择大众媒体作为广告的主要载体，看中的就是这个独特的资源。

个体要实现自己的目标，大多数时候不得不依赖大众媒体。个人的目标可以分成三类：理解、定向和游戏（understanding，orientation and play）。现代社会媒介控制着上述信息资源，所以个人目标的达成或多或少依赖于大众媒体（见表8—3）。

表 8—3 个人与媒体系统依赖关系示例

理解	定向	游戏
自我理解 如了解自身和个人的成长	**行动定向** 如决定购买什么、怎样穿衣打扮、怎样保持身材	**独自游戏** 如独自放松或自我游戏
社会理解 如了解和解释世界和社群	**交往定向** 如得到怎样处理新情况或困难情况的启示	**社会游戏** 如与亲友一起看电影或听音乐

然而生态系统中的依赖不是单向的而是双向的。大众媒体也要实现自己的目标，这些目标可以概括为两个：赢利和合法性。赢利的目标使大众媒体要依赖受众的使用，使用与满足研究最初就产生于媒体为吸引市场而进行的受众分析。合法性的目标使媒体依赖于政治系统，即国家的法律和政策（这一点在当前的中国尤其突出）。当然，现代民主社会中，政治系统的决策最终仍然取决于公众的意见。

前面提到过，不同的受众由于拥有不同的资源，他们对媒介的依赖程度也有所不同。社会越复杂，人们的选择机会也就越多。同 20 世纪 80 年代几张全国性报纸和几个电视台相比，今天我们可以在互联网上直接阅读世界各地大众媒体的信息，还可以绕过大众媒体，直接访问信息源的官方网站；我们能够看到几十个有线电视频道，通过卫星和互联网、手机接收电视节目，购买 DVD 来满足信息和娱乐的需要。个人也会根据自己的需要和兴趣建立起不同的媒体系统，决定使用什么样的媒体组合、接触什么信息。因此，个人与大众媒体之间存在着双向的依赖关系，但是如果受众缺乏资源，对大众媒体的依赖就会成为双方关系的主导。

三、微观的媒介依赖理论

如果说洛基奇和德弗勒提出的媒介依赖理论主要从社会系统的宏观层面研究使用与效果，那么鲁宾和温德尔提出的使用与依赖模式（the Uses and Dependency Model）则是从微观的社会心理角度探讨依赖产生的效果，这更符合传统效果理论的思路。这一模式把个人的需求和传播动机、信息搜寻策略、媒体使用和功能性替代、媒体依赖几个因素联系在一起。根据该模式，如果需求和动机产生了缺乏选择的信息搜寻策略，就会导致个人依赖于某个特定媒体。这种依赖可能引起个人态度或行为变化，并且改变使用者与社会的关系。

除了媒介依赖理论外，还有学者认为媒体使用动机本身就会导致不同的媒体效果。比如布鲁姆勒就提出了关于媒介使用与效果的三项假设：(1) 认知的动机会促进信息获取。(2) 娱乐或逃避动机会促使受众把媒介媒体中对社会的描述当做精确的描述。(3) 确定个人身份的动机会促进强化效果 (reinforcement effects)。这些假设在后来的研究中得到了不同程度的证明。①

第四节 使用与满足理论的发展与应用

一、互联网的使用与满足

当一个新的媒体和内容出现时，通常人们首先关注的是它有什么用途，人们在什么情况下会使用它，为什么会使用它。从创新的扩散角度来看，这也是对一项创新是否具有普及潜力的探讨，生产者会投入相当多的资金来展开此项调研。如果这项创新能够普及并且对人们的生活产生影响，随之而来的就是对此项创新的社会影响和效果的研究。因此，使用与满足研究往往是新媒体研究中最先使用的理论框架。研究发现，使用与满足也可以解释互动媒体（互联网、手机）的使用。

斯塔福德等人认为，互联网给人的满足来自于三个维度，依重要性程度而言分别是：(1) 媒体使用过程中的体验带来的满足。(2) 媒体内容带来的满足。(3) 社会性的满足。

使用过程是指与内容无关的媒介接触行为，比如互联网提供大量资源、搜索引擎方便快捷、网上冲浪等，这些满足并不来自特定内容，而是来自使用体验本身。媒体内容带来的满足主要是指互联网信息可以满足人们获得教育、信息、知识、学习、研究等方面的需求。社会性的满足主要是指互联网可以用来聊天、与朋友保持联系、增进友谊、与他人互动、了解他人。研究还发现，对于刚使用互联网的用户来说，社会性使用比环境监测更重要。②

斯塔福德和冈尼尔对美国在线（AOL）18 岁以上重度使用者的一项抽样调查结果进行了因子分析，发现这些重度使用者从互联网上获得的满足依次为搜

---

① See Alan M. Rubin: "The Uses-and-gratifications Perspective of Media Effects", in Jennings Bryant and Dolf Zillmann (Eds.). *Media Effects: Advances in Theory and Research*, 2nd edition. Mahwah, NJ: Lawrence Erlbaum Associates. 2002.

② See T. F. Stafford, M. R. Stafford & L. L. Schkade: "Determing Uses and Gratifications for the Internet", in *Decision Sciences*, 35 (2), 2004.

索、信息、沟通（与他人保持联系）、社会交往（包括聊天、互动、新闻组和娱乐）。该研究发现，互联网最大的用途是功能性的。[①]

帕帕恰里斯和鲁宾发现，人们使用互联网的动机中最重要的是寻找信息。他们还发现，喜欢社交的人主要是为了收集信息而使用互联网，而面对面互动缺乏安全感的人使用互联网，主要是为了满足社会交往的需要。[②]

在一项有关网络社区使用的跨国调查中，研究者发现人们使用网络社区主要是满足以下几个方面：社会陪伴、经济收益、自我提高、娱乐、逃避、出名和审美、获得尊重。该研究还发现不同文化背景的使用者对网络社区的参与程度有所不同，和来自高语境文化的使用者相比，来自低语境文化的使用者参与度较高，原因可能是低语境的现实环境没有给予使用者足够的社会支持。[③] 对于电子邮件和网络游戏而言，高、低语境文化的使用者的参与度差别不大，但在网络交友（在线约会）和即时通讯方面，高语境国家参与度更高，这可能与他们好面子有关。而来自低语境文化的使用者则更喜欢寻找消费品信息、购物、下载音乐和视频、寻找金融信息、使用聊天室。和来自高语境文化的使用者相比，低语境使用者把寻找信息放在购物前面，同时因为聊天室比电子邮件和即时讯息更匿名，所以它们受到低语境人的喜爱。[④]

互联网在中国的普及速度非常惊人，据中国互联网信息中心（CNNIC）2007 年 1 月的中国互联网发展状况调查结果显示，中国网民平均每周上网 16.9 小时。[⑤] 由于该调查并未专门设置使用与满足的问题，所以暂时缺乏这方面的权威数据。不过在一项对中国青少年的互联网使用调查中发现，青少年使用网络的目的和需求依次为：获得新闻、满足个人爱好、提高学习效率、研究有兴趣的问题、结交朋友。该研究在互联网用户与非互联网用户的对比中发现：（1）互联网用户与非用户相比，在功能性需求方面没有差异，而社会性需求则较高。（2）互联网用户与非用户的学习成绩、是否担任班级干部、做作业时间均无差异。（3）互联网用户比非用户体育锻炼时间长。（4）互联网用户与非用户相比，没有减少人

---

① See Thomas F. Stafford and Dennis Gonier: "What Americans Like about Being Outline", in *Communications of the ACM*. 47 (11), 2004.

② See Zizi Papacharissi and Alan Rubin: "Predictors of Internet Use", in *Journal of Broadcasting & Electronic Media*, 44, 2000.

③ 关于高语境和低语境的解释，参见第六章“沉默螺旋及其批评者”处注解。

④ See Patricia Grace-Farfaglia et al: "Multinational Web Uses and Gratifications: Measuring the Social Impact of Online Community Participation across National Boundaries", in *Electron Commerce Research*. 2006 (6).

⑤ 见 http://www.cnnic.net.cn/index/0E/00/11/index.htm，2007。

际交流。这些结果与一般人的感觉有一定差距。但是，由于该研究的数据分析比较简单，没有控制其他变量来解释这些“反常”结果，所以这些结论还需要进一步验证。该研究还发现，在各种媒体中，青少年在满足“娱乐或个人爱好”、“表达个人意见和观点”、“参与社会活动”以及“增进个人感情”等需要时，选择互联网的比例最高。这一结果说明青少年认为互联网与其他媒体相比，更能满足自己的社会性需求。[①]

二、手机的使用与满足

手机（移动电话）在近年来迅速普及，功能也在不断增加，除了传统的语音服务外，各类数据服务也在不断发展，除了文本短信（SMS）外，还出现了手机电子邮件、多媒体短信（MMS）、移动互联网门户服务（新闻、娱乐信息、内容下载、游戏和搜索定位）、流媒体（视频和音频）等。未来随着带宽和速度的增加，手机还将在我们的生活中起到越来越重要的作用。

在中国香港特别行政区开展的一项调查中，研究者们把手机带来的满足归纳为以下7类：（1）时尚和地位。看上去很有型、时尚，象征一定地位，不会被认为老土，使用手机很有趣。（2）感情和社交。感觉和家人更近，改善自己和家人关系，工作时能够照顾小孩，让别人知道你关心他们，你的孩子能够始终找到你。（3）放松。闲聊，打发无聊时光。（4）移动性。不用排队打公用电话，不用换硬币、不用找固定电话、堵车时可以告诉对方。（5）立即使用。别人随时随地能找到你，家里的老人和病人能随时找到你。（6）工具性。做生意、谈生意。（7）确认。在紧急状况时感到安全，可以及时改变约会时间和地点。

和此前关于电话的研究一样，手机的使用也分为工具性的和社会性的两种。该研究发现，手机的工具性使用高于社会性使用（这可能与手机刚面世以及通话费用较高有关）。手机的使用动机会影响使用行为，比如商务人员和销售人员使用手机较多，更多的是工具性地使用手机，而老人和学历较低的人，使用手机的主要动机是社会原因。[②]

在手机的发展中（比如3G），数据服务是最引人注目的部分。一项有关手机数据服务的特征的研究，把手机数据服务特征分成三个维度：（1）功能性特征

---

① 参见卜卫、郭良：《青少年互联网使用状况及影响》，载《中国经贸导刊》，2001（19）。

② See Louis leung & Ran Wei.（2000）More than just Talk on the Move：Uses and Gratifications of the Cellular Phone. *Journalism and Mass Communication Quarterly*，Summer 2000，77，2.

（速度、服务兼容、导航、同步等）；（2）审美特征；（3）表达特征（是否传递丰富微妙的信息，是否能够跨越不同系统）。结合刚才提到的过程满足、内容满足和社会满足三种满足维度，以及功利的和快乐的维度，我们可以将数据服务的使用满足用表 8—4 表示。[①]

表 8—4 手机数据服务的主要特征和满足

服务和描述	主要特征	主要满足
短信（SMS） 简短；只有文字；一对一，一对多	表达的	社会的 内容的 功利的和快乐的
多媒体短信（MMS） 文字和多媒体讯息；一对一，一对多	表达的 审美的 工具性的	社会的 内容的 快乐的
手机电子邮件 文字和多媒体讯息；一对一，一对多	表达的 工具性的	内容的 社会的 功利的和快乐的
娱乐信息（infotainment） 信息和娱乐内容；个性化的"消费"	工具性的 审美的	内容的 快乐的
新闻 信息、个性化的"消费"	工具性的	内容的 快乐的
内容下载 个性化的"消费"	审美的 工具性的	内容的 快乐的
搜索和发现 地图、定位、路线信息；个性化的"消费"	工具性的	内容的 功利的

在内容满足上，行动中的信息获得、新闻和娱乐信息主要满足的是快乐的需求而不是功利性的需求，下载则纯粹满足快乐需求，功利性的满足主要来自搜索。短信主要满足的不是功利的需求，而是保持社会联系。

在使用手机数据服务的过程中，发现新技术，掌握新技术，或者将某个技术变得个性化，都可能带来满足，这种满足是学习过程带来的快乐而不是学习的内

① See Lars A. Knutsen and Kalle Lyytinen. Properties and Gratifications of Mobile Data Services: An Explorative Investigation. *Systemes Information Management*. 11 (2), 2006.

容带来的快乐，比如手机拍照、录像、传送分享、多媒体信息本身都带来快乐。但是手机数据服务过程并不总是带来愉快的体验，遇到技术障碍时，手机的数据服务也会给用户带来困难和麻烦。

手机的数据服务还可以满足社会性需求，它可以表达思想，发展社会关系，建构社会身份。短信常用于保持和发展与朋友、家人、同辈的关系。彩信则主要是为了获得快乐体验。社会性满足常常与内容满足相连。有些非同步性的内容传送（如传照片）会因为同步性的社会接触而得到促进（比如发了照片后立刻通话），有时在向他人展示图片后看到他人的反应也会给人以满足。研究发现，门户服务（新闻、娱乐信息、内容下载、搜索）与社会满足无关。

三、媒体过度使用的问题

我们可以观察到大众媒介发展过程中的一个有趣现象，一个新媒介刚出现时，公众意见往往将其描述为一个充满希望的新发明，能够给人类生产和生活带来新的变革，促进个人素质提高和社会交流。20 世纪 90 年代初，互联网被描述为一个让中国立即与世界连通的信息高速公路。尼葛洛庞帝的《数字化生存》翻译成中文，引起轰动，成为中国数字化的启蒙教材。大众媒体把互联网描述为一个没有国界、具有海量信息、平等互动、方便快捷、充满共享互助精神（跨国医疗救助事件成为媒体津津乐道的题材）的伊甸园。上网成为一种时尚，媒介接触过程本身给个人带来“一切皆有可能”的新奇感受。

然而进入 21 世纪以后，特别是 2005 年以来，中国的大众媒体上掀起了一股讨伐互联网的潮流。各种青少年因网络犯罪、上瘾的媒体报道经常成为网络存在不良影响的证据，政府对网络的监管措施也更加严格。但是严格地说，迄今为止并没有任何有说服力的科学证据说明互联网是这些不良后果的肇事者，它更像是社会问题的替罪羊。

目前对所谓“网络成瘾”（internet addiction disorder，IAD）的研究主要来自心理学界，它又把“网络成瘾”称为病理性互联网使用（pathological internet use，PIU）、网络成瘾障碍、强迫性网络使用（compulsive internet use）等。但是对于什么是网络成瘾，并没有一个普遍认可的界定。

杨（Kimberly S. Young）把网络成瘾分成五类：（1）网络色情成瘾（Cyber-sexual Addiction），指对成人聊天室和网上色情作品上瘾。（2）网络关系成瘾（Cyber-relationship Addiction），指过度地卷入网络人际关系中。（3）网络强迫行为（Net Compulsions），指强迫性的网上赌博、网上购物或网上交易活动。（4）信息超载（Information Overload），指强迫性的网上冲浪或资料搜索。（5）计算机成瘾（Computer Addiction），指强迫性玩计算机游戏或编制计算机程序。①

但是，目前的临床心理学研究和上网行为的病理研究并没有考虑社会因素。从前面互联网使用动机的研究中，我们可以看到，如果在现实中缺乏社会的满足，就会转向网络或其他媒体。因此互联网使用与其说是"上瘾"的原因，还不如说是一个中介变量，因为上网行为离不开社会环境。很多使用者之所以沉溺于网上聊天或网络游戏，主要原因是为了满足现实生活中的社会交往缺失而产生的需求。

我们很少担忧看书成瘾、看报成瘾、看戏成瘾，但是却在电影产生后就不断地对电影、漫画、电视、互联网等的"上瘾"现象担忧，这里面既有着印刷文化对视觉文化、电子媒介文化的偏见，同时也有家长和教育部门为了逃避责任和降低认知不协调等方面的原因。尤其是媒体大量报道少数非随机的奇闻轶事，容易以偏概全地让公众产生错误的印象。有不少报道发现犯罪青少年因为上网或玩电子游戏而越轨，就得出互联网会导致青少年犯罪。② 这种混淆因果的逻辑就像人因为要吃饭而导致犯罪，从而推导出吃饭会导致人犯罪一样荒谬。

刚才提到的对青少年使用互联网的调查发现，互联网的使用并没有造成青少年学习成绩、体育锻炼、人际交往时间的明显变化。③ 只要为青少年提供一个健康的生活学习环境，网络并不会造成不良影响。在互联网出现之前，媒体的指责主要集中在"电视上瘾症"上，其背后的原因与互联网基本相同。正如麦奎尔所说："一些实证研究业已表明，就成年人而言，重度收看电视和使用其他媒介与某些社会边缘性指标是相关联的，尤其是疾病、老年、失业和贫困。尽管存在这些现象，但我们仍然有理由拒绝使用'成瘾'一词，因为它让人联想到对毒品的依赖。"芬恩（Finn）也指出："现有的数据并不支持任何有关重度收看电视是一种疾病或者是……医学问题的观点。"④

---

① See Kimberly S. Young："Internet Addiction：Symptoms，Evaluation，and Treatment"，in Vande-Creek，L. & Jackson，T.（Eds.）*Innovations in Clinical Practice*：*A Source Book*. Sarasota，FL：Pergaman Press，1999.

② 参见新华网评论：《网络危害调查：互联网有杂草难免但不能有毒草》，http：//news. sina. com. cn/c/2006－05－09/11319810158. shtml。

③ 参见卜卫、郭良：《青少年互联网使用状况及影响》，载《中国经贸导刊》，2001（19）。

④ ［英］丹尼斯·麦奎尔：《受众分析》，127 页。

传播研究在中国

卜卫：《研究案例：谁需要“电子朋友”》，见《大众媒介对儿童的影响》，北京，新华出版社，2002。

本研究要回答的问题是：(1) 青少年一旦使用电子游戏就学坏吗？为什么有些青少年接触游戏机但没有受到不良影响？(2) 几乎所有媒介报道的坏影响都是作为个例出现的，那么，青少年总体情况如何？(3) 青少年为什么喜欢玩电子游戏？什么样的青少年更喜欢接触电子游戏？

该研究采用了问卷调查的方式，于1992年进行了全国城市儿童抽样调查。研究提出了两个基本假设：(1) 青少年交往、逃避现实的需要越强烈，接触电子游戏的机会越多；(2) 青少年在现实生活中越不成功（该研究使用社会关系和学校道德表现作为不成功的测量指标），交往和逃避现实的需要就越强烈。

在测量中，社会关系指标由家庭关系和班级地位构成，研究者各采用一系列李克特量表进行测量。道德量表根据中国中小学生德育教育纲要及有关研究文献，设计了包含35个变量的李克特量表，包括良好的生活习惯、积极的学习态度和行为、积极的体育锻炼、积极的知识和艺术追求、正直、独立性、关心集体和他人等内容。

研究发现，青少年的性别、年龄和所在地区与其接触电子游戏显著相关。具体而言，男孩比女孩更积极地接触电子游戏。在8～10岁、11～12岁、13～16岁三个年龄组中，年龄越大，电子游戏的接触度越低。发达地区的青少年接触的电子游戏多于次发达地区。

研究还发现，电子游戏机的接触与录像带、电视、录音带和书籍的接触有关，最后一种媒介令研究者意外。进一步研究发现，电视媒介内容中，儿童戏剧类、成人戏剧类偏好与电子游戏接触频度无关，显著相关的是刺激戏剧类和纪实类；书籍中，纪实类、知识类、儿童戏剧类与电子游戏接触频度无关，而刺激戏剧类与电子游戏接触频度显著相关。值得注意的是，电视纪实类偏好与电子游戏接触频度呈现显著的负相关。

在检验基本假设时，研究者列出了15种媒介需要和9种大众媒体，请被测试者选择他们出于哪种心理需要时，会放弃其他媒介，选择电子游戏。研究发现，使用电子游戏的高频度组使用电子游戏主要是为了满足四种需要：娱乐、交往、逃避和消磨时间。假设一得到证实。

关于第二个假设，研究者发现，青少年在班级地位量表上得分越高，自认为在班里是受欢迎的人，是重要的人，以及被老师认为是好学生的青少年，很少接触电子游戏，反之则较多。

第二个假设中的第二部分研究发现，道德量表越低，选择使用电子游戏满足自己伙伴需要、摆脱孤独需要、忘记烦恼需要的人数越多。但对于刺激兴奋的需要，不同道德组选择电子游戏的人数没有显著差异。因此，第二个假设也得到证实。

研究者在总结中提出，由于本研究使用的是1992年采集的数据，因此目前电子游戏的普及率更高，可能会有新的特点（虽然没有新的研究数据说明这一点）。研究发现了一个新结论：大量接触电子游戏的青少年也大量接触书籍，但是他们偏好书籍内容中的刺激性娱乐，书籍内容与电子游戏内容几乎相同。在青少年是因为接触电子游戏而不成功，还是因为不成功而依赖电子游戏的问题上，研究者倾向于后者。但是研究者也提出，这两者是相互影响，恶性循环，要得出确切的结论，还需要大量的研究才能确定。

讨论：

上述研究对于儿童互联网使用的研究有何启示？研究者如何通过完善研究设计，更好地解决本文作者在总结中提出的问题？

四、对使用与满足理论的批评与讨论

使用与满足起初只是一个模糊的研究领域，探讨受众为什么会被特定的内容或媒体（广播竞猜节目、肥皂剧、报纸等）吸引，但是当这种取向成为正式的使用与满足理论后，尤其是刚提出该理论时，理论建构方面尚不完善，受到了不少批评，这些批评促使使用与满足理论日趋成熟。

第一个批评是该理论缺乏明晰的概念和理论框架。比如使用、满足、动机、需求等缺乏明确的界定。而且该理论也被认为是一种同义反复，测量出受众的满足，然后再回过头来预测需求，或者是由需求去预测满足，缺乏对两个因素的独立说明，使得它像“适者生存”一样，成为一个不可证伪的判断。但是我们也可以看到，随着研究的深入，学者从不同的维度界定了满足（内容、使用过程、社会），麦奎尔的媒体需求矩阵也对需求产生的社会根源和社会心理根源进行了探讨，期待—价值模式对整个使用满足过程进行了清晰的描述。总之，早期对使用与满足理论的批评，现在看上去似乎并没有当初那么犀利了。

第二个批评是使用与满足理论中受众的主动性问题。什么是受众的主动性？受众究竟有没有主动性？该理论是否过分强调了受众的权力？本章前面部分对这个问题进行了比较深入地探讨。随着研究的深入，使用与满足理论不再孤立地看待受众的主动性，也将社会环境纳入讨论。修正后的使用与满足理论认为，虽然受众的使用动机受到各种社会因素的影响，但是受众不是被社会结构简单决定的，在把需求与使用联系起来的过程中，他们仍具有一定的选择能力。

第三个批评针对的是使用与满足理论的研究方法。早期的使用与满足研究认为，受众能够明确地意识到并区分自己的需求和满足状态，因此学者主要使用受众的自我报告（self-report）的方法对各种动机进行分类和归纳。卡茨在 1974 年提出的使用与满足研究的前提假设中将此作为其中之一。这一研究前提受到了行为主义者的质疑，认为它过于主观，缺乏代表性和客观性。但随着研究方法的发展，我们可以发现，刚才提到的很多研究采用了抽样调查、实验、因子分析、结构方程的方法，更客观地测量和分析了受众的使用与满足，逐渐克服了早期的问题。

第四个批评是批判学者们提出的，他们认为使用与满足理论忽略了政治经济学和文化。比如埃利奥特（Elliot）认为，使用与满足理论把社会权力与机会分配的不平等排除在外，忽略了不同群体的利益冲突和媒体为了统治阶级利益进行的宣传。[①] 卡里和克雷林（Kreiling）则批评使用与满足理论过于强调传播功利性—结果模式，忽略了文化和象征性符号带来的直接满足。[②] 对这个批评的回应不像前三个批评那么容易，我们曾提到，20 世纪 60 年代末的学术潮流影响了使用与满足理论，当时出现的反科学的、提倡现象学的、民族志的方法注重从个体经验的角度来解读文化，使用与满足受此影响也站在受众的视角来研究传播过程。但是这只是形似而不是神似，使用与满足理论并没有彻底放弃客观经验主义（或者至少是经验主义）的立场。换句话说，它并不像批判或文化研究者所要求的那样革命，放弃科学主义、简单的功利主义，甚至功能主义框架，相反，它在实证主义的范式下展开研究。卡里等人认为使用与满足理论本来有希望为通俗文

---

① See Philip Elliot："Uses and Gratifications Research：A Critique and a Sociological Alternative". In J. G. Blumler & E. Katz（Eds.），*The Use of Mass Communication*：*Current Perspectives on Gratifications Research*. Beverly Hills，CA：Sage，1974.

② See James W. Carey and Albert L. Kreiling："Popular Culture and Uses and Gratifications：Notes toward an Accommodation". In J. G. Blumler & E. Katz（Eds.），*The Use of Mass Communication*：*Current Perspectives on Gratifications Research*. Beverly Hills，CA：Sage，1974.

化研究中各自只摸到“大象”一部分的文学批评家与社会学家之间架起一座桥梁，找到一条从文化体验入手的康庄大道，然而卡茨等人的使用与满足理论没有达到他们的期望。可惜的是，这两种范式之间的对话没有继续下去，如果说早期的使用与满足理论的受众深度访谈还存在民族志的倾向，那么现在它正在朝着更精确的量化分析的方向发展。文化研究学派的受众研究不得不另起炉灶，从意义与文化的角度展开受众的研究（见第十章）。两种研究范式隔岸相对，从不同角度探索受众的媒体使用。

总　结

本章讨论的使用与满足研究是受众研究领域中的一小部分，由于存在着不同的受众话语，受众研究像是透过不同的透镜看世界。我们从客观经验主义范式中选取了一个长盛不衰的理论——使用与满足理论——进行介绍。使用与满足理论从 20 世纪 40 年代早期提出以来，一直在不断发展。由早期简单地使用动机归纳，发展到完善的理论构架，再到与效果研究的合流，走过了一条反叛效果，再到回归效果的充满戏剧性的道路。

使用与满足从受众的媒介使用角度看待传播过程，它把使用看做是效果产生之前的阶段。在这个使用过程中，受众具有主动性。这个主动性并不是固定的，而是从极端被动到极端主动之间的一点。它既可能是仪式性的习惯，也可能是功能性的积极使用。

受众的主动性既受到社会和社会心理的影响，也受到社会环境的影响。使用与满足理论在发展过程中不断对主动性概念进行修正，尽可能地使它摆脱幼稚的理性人假设。

不同的社会环境决定着人们的心理需求，它也影响着人们对媒体的依赖。如果我们的目标单一、资源匮乏，必须借由大众媒体才能满足这种需求，那么我们就可能对大众媒体产生依赖，媒体对我们的影响也会较大。

使用与满足是我们了解新媒体的第一步，因此目前互动媒体的使用与满足研究尤其引人注目，研究发现，新媒体同样满足着工具性和社会性需要。人们对新媒体的讨论也容易重复得乐园—失乐园的老套路，一旦早期的新鲜感散去，对新媒体病理性过度使用的指责导致互联网或手机成为其他社会因素的替罪羊。

总之，使用与满足理论虽然存在着许多不足，但是它仍然是一个非常简单实用的理解传播过程的理论，随着我国媒体市场化的发展，受众的需求将越来越得到人们重视，在当今的中国它还大有用武之地。

关键概念

受众
大众
作为人民的受众
公众
知晓权
接近权
大众传播的恐惧遗传
使用与满足理论
主动性
主动能力
仪式性的使用
工具性的使用
使用与满足的预期—价值理论
媒介依赖
网络成瘾

深入阅读

● [英] 丹尼斯·麦奎尔：《受众分析》，北京，中国人民大学出版社，2006。

● [英] 罗杰·迪金森等编：《受众研究读本》，北京，华夏出版社，2005。

● [英] 奥利弗·博伊德-巴雷特、克里斯·纽博尔德编：《媒介研究的进路：经典文献读本》，北京，新华出版社，2004。

● 常昌富、李依倩编：《大众传播学——影响研究范式》，北京，中国社会科学出版社，2000。

思考与讨论

1. 除了本章所列举的关于受众的话语外，你还能举出其他关于受众的话语吗？

2. 中国近现代传播者的受众观是如何变化的？

3. 请搜集小说、报纸、电影出现时人们的指责和批评，看看它们和今天对电视和网络的指责有何异同。

4. 什么是使用与满足理论？它和效果理论有何异同？

5. 人们从媒体获得的满足来自于哪些方面？

6. 使用与满足理论的前提假设是什么？从这些前提中推断，它属于哪个研究范式？

7. 什么是受众的主动性？你认为受众在媒介使用中具有主动性吗？为什么？

8. 什么是使用与满足的预期—价值理论？它还有什么不足？

9. 几个同学分成一组，就某个媒体的使用动机进行讨论，看它们是否能够用麦圭尔使用动机矩阵中的理论加以说明？如果不能，是否能够提出新的理论加以说明？

10. 社会情境会产生什么使用动机？能否用你生活中的例子加以说明？

11. 请以媒介依赖理论解释危机事件中的传播现象。

12. 你自己的媒介使用规律是什么（比如每次上网都会固定上什么网站，会经常阅读哪些媒体等）？这种依赖是否会影响媒体效果？

13. 在班上或学校进行一个互联网、手机或博客的使用动机调查，并使用因子分析等方法总结一下这些新媒体的使用与满足。

14. 你认为存在网络成瘾吗？为什么？

15. 如何通过个人的或社会的措施避免网络带来的媒介依赖？

16. 如何评价使用与满足理论？

批判理论的兴起和传播政治经济学派

第九章

C H A P T E R 9

本章知识结构及要点

☆ 法兰克福学派和批判理论

→ 法兰克福学派的历史

→ 批判理论与传统理论

→ 文化工业(大众文化)批判

→ 公共领域与交往理性

☆ 传播政治经济学派

→ 传播政治经济学的特征

→ 传播政治经济学的不同版本

→ 传播政治经济学的三个核心任务

→ 传播政治经济学视角下的全球化

→ 关于"文化帝国主义"

本章及后面两章，我们将讨论传播研究的批判理论(critical theory)。批判理论有狭义和广义之分。狭义的批判理论，是指法兰克福学派，尤其是以霍克海默和阿多诺为代表的第一代学者对现代社会，特别是资本主义社会进行的横跨哲学、文学、社会学、心理分析、美学、历史等多学科的综合性研究。这些理论虽然属于不同领域，但是都具有反思现代社会的工具理性、批判社会体制的共同特征，所以霍克海默将其命名为批判理论，以示其与传统理论的区别。①

传播研究中广义的批判理论是指继承了早期法兰克福学派的核心精神，从不同的角度对现代资本主义社会传播过程中不平等的权力关系进行揭露的传播理论。与管理学派不同，这些理论的目标不是肯定现有社会体制，帮助掌权的机构更好地进行社会控制，而是通过理论实践，否定现有体制，解放大众。从理论来源上看，大部分批判理论与马克思主义（或西方马克思主义）有一定联系，这与管理学派崇尚实证主义形成鲜明对比。

广义的批判理论包括许多不同的派别，大体上说，批判学派包括法兰克福学派、政治经济学派、文化研究学派（伯明翰学派）等，除此以外，无法命名为派别，自成一家之言的，更是不计其数。由于批判学派不像管理学派那样存在着一个统一而严格的研究方法，在同一派别内，还会有不同的取向，因此，用"批判学派"这样一个大而化之的名称来指称众多理论，本身存在着不严谨之处。这个名称只是一个大致的区分，用来区别实证主义取向的管理学派（经验学派）。

本章我们将以最早的传播研究批判理论——法兰克福学派的理论作为起点，讨论批判理论的核心精神，介绍其中的政治经济学派。在第十章，我们将讨论另一个与政治经济学派齐名的批判学派——文化研究学派。在第十一章，我们还将介绍批判理论中与媒体生产有关的理论。

第一节　法兰克福学派和批判理论的兴起

一、法兰克福学派

说起法兰克福学派，就不得不谈到1923年成立于德国美因河畔法兰克福大学内的社会研究所。这个最初以马克思主义经济学、历史学为主要研究取向的学术机构在1930年马克斯·霍克海默（Max Horkheimer，1895—1973）担任所长后，风格一变。研究所的重点转向哲学和社会学，除了马克思主义以外，弗洛伊德的心理分析也得到人们重视。更重要的是，在卢卡奇和柯尔施的影响下，马克

① 参见［德］马克斯·霍克海默：《传统理论和批判理论》，见《霍克海默文集》，上海，上海远东出版社，1997。

思理论中关于哲学的部分得到重视，文化与意识形态的研究成为社会研究所的一个重要主题。1932 年创刊的《社会研究杂志》是该研究所在欧洲时期的主要学术阵地。

在霍克海默担任所长后，以社会研究所和《社会研究杂志》为中心，聚集了一批志同道合的研究者，他们成为后来被称为“法兰克福学派”的核心成员。这些学者中除了哲学家、社会学家霍克海默外，还有以哲学、音乐和美学研究闻名的阿多诺、以社会学和心理学研究著称的马尔库塞（Herbert Marcuse，1898—1979）、精神分析学家弗洛姆（Erich Fromm，1900—1980）、以大众文化研究为专业取向的洛文塔尔（Leo Lowenthal，1900—1993）、文学批评家和作家本雅明（Walter Benjamin，1892—1940），除了上述专门讨论过传播问题的学者外，还有一些以法学、政治学和社会学作为主要研究方向的学者。

1933 年希特勒掌权后，由于研究所的马克思主义倾向和大部分成员的犹太人身份，社会研究所的主要成员开始了长期的流亡之路，他们从日内瓦、巴黎最后辗转到美国。在转移过程中，本雅明在绝望中自杀。流亡美国的大部分成员在陌生的商业化环境中感到格格不入，这种边缘状态对他们的研究产生了特殊的影响。[①] 这个时期也正是法兰克福学派研究成果最丰富的时期，他们由反思德国法西斯为什么能掌权，转向批判整个资本主义制度甚至启蒙运动。他们在美国的文化工业中看到了极权主义和德国纳粹的影子，开创了大众文化批判的传统。

1949 年，应联邦德国政府之邀，霍克海默、阿多诺等人回到德国。1951 年社会研究所重新开张。其实直到研究所成员离开德国之前，一个特殊学派的观念还未形成。[②] 直到 20 世纪 50 年代回国后，用以表征“正统马克思主义与自由民主主义的批判者”形象的“法兰克福学派”这一名称才出现。[③] 留在美国的马尔库塞、弗洛姆和洛文塔尔也发展了学派早期的研究主题，成为在美国学术界影响巨大的学者。尤其是马尔库塞，在 20 世纪 60 年代的学生运动中，他的理论成为学生运动的重要思想来源，他本人被青年学生奉为与马克思、毛泽东齐名的 3M。[④] 对马尔库塞的关注，也导致学界更加重视法兰克福学派的其他研究成果，在 20 世纪 60 年代，法兰克福学派的影响达到鼎盛时期。

---

① 参见［美］马丁·杰伊：《法兰克福学派史》。

② 参见上书，3 页。

③ 参见欧力同、张伟：《法兰克福学派研究》，10 页，重庆，重庆出版社，1990。

④ 参见［美］莫里斯·迪克斯坦：《伊甸园之门》，上海，上海外语教育出版社，1985；参见朱平、朱晓罕：《一场改变了一切的虚假革命》，上海，上海人民出版社，2004。

进入 20 世纪 70 年代后，由于内部观点和兴趣的分歧，法兰克福学派作为一个观点一致的学术共同体逐渐“衰落”，但是许多法兰克福学派门下的成员却产生了更大的影响。像哈贝马斯，人们不再把他简单地看做是“法兰克福学派的第二代”成员，而更多地把他看做是一个独立的学者。尽管哈贝马斯继承了不少第一代法兰克福学派成员的核心精神，但是他的一些观点已经同霍克海默、阿多诺等人有了明显不同。

哈贝马斯认为，所谓“批判理论”或“法兰克福学派”实际上是一种虚构的同一性。除了在纽约的几年外，他们从未自称是一个紧密的理论学派。人们之所以如此称呼他们，是因为其巨大的历史效果造成的。①

法兰克福学派的观点新颖锐利，对学术界启发颇大。特别是他们对于现代的工具理性、实证主义和启蒙运动的批判颇具颠覆性。以离经叛道著称的法国哲学家福柯在成名后看到霍克海默等人的书时，发现自己说的话他们都曾以不同的方式说过，不由得感慨：如果自己年轻时就遇到法兰克福学派，除了评论他们的工作，就不会再有其他工作吸引他了。②

法兰克福学派也影响了传播研究，他们不仅批判了实证研究，而且把大众文化等传播现象同意识形态、社会控制联系在一起，开创了批判地研究传播现象的传统。虽然传播的批判学派并不一定都师承法兰克福学派，甚至有不少反对他们的观点，但是在反对科学主义、关注传播中的权力和不平等现象的核心精神上，传播批判学派与法兰克福学派是一脉相承的。

二、批判理论与现代性批判

要全面理解法兰克福学派对于文化工业的批判，就必须联系他们对现代性的批判，特别是对传统理论中的实证主义的批判和对启蒙运动的批判。

霍克海默于 1937 年发表于《社会研究杂志》的《传统理论和批判理论》可以看做是批判理论的宣言。其中他批判了以实证主义、实用主义为代表的传统理论，并在这个基础上提出了批判理论的特征。③

在霍克海默看来，传统理论具有以下特点：（1）把理论定义为可以用数学加以验证的经验命题的体系。（2）在给定的前提下进行研究，并不质疑这些经济的

① 参见曹卫东：《法兰克福学派的历史效果》，载《读书》，1997（11）。
② 参见［美］马丁·杰伊：《法兰克福学派史》，12 页。
③ 参见［德］马克斯·霍克海默：《传统理论和批判理论》，见《霍克海默文集》。

和政治的前提。(3)把学术研究看做是一种社会分工，它只是一种简单的认识活动，并不需要考虑理论对整个人类生活的影响。(4)对社会的科学研究可以做到价值中立，理论本身是客观的，忽略了理论与特定群体之间的复杂关系。

在这些前提下，传统理论成为对社会现实的支离破碎的抽象再现。研究者从个体出发，妄断社会，“只见树木，不见树林”，沉溺于“科学的”方法而沾沾自喜，实际上很可能无意中成为维护社会不平等秩序的工具。

有些研究者认为批判理论与传统理论的对立表现为定性研究与定量研究之间的对立，这是一个误读。批判理论并不是简单地反对定量的经验研究方法，阿多诺等人在美国期间从事的威权人格研究，就采用了大量的定量数据。[①] 而且他们回德国重新开办社会研究所后，很多学生对他们的经验研究方法感兴趣。虽然他们不是定量研究的倡导者，但是在第二次世界大战后的德国，他们扮演了一个定量研究方法传授者的角色。[②] 霍克海默和阿多诺非常注重经验，甚至反对建立乌托邦式的理想，所以他们以批判经验社会的“破坏”为主，很少涉及“建设”方面的问题。后来霍克海默与学生时代的哈贝马斯之间产生冲突，就是因为前者主张仅对经验世界进行批判，后者主张以先验的规范理论来指导现实。所以，批判理论与传统理论的对立，并不是在经验研究、定量研究问题上的分歧，那只是表面现象。

霍克海默所说的批判的研究，是一种社会实践，它是以社会为对象的人类活动。在展开对社会的批判之前，首先要反思传统理论的观点。批判理论认为，传统理论把有机的社会整体变成支离破碎的量化命题，替代了对社会的整体性认识。理论本身是蕴含价值的，因为命题依赖于社会话语的整个前提。实证研究将可研究的对象仅限于可以被量化的现象，大量不能被量化的整体问题（如价值观、社会的整体目标、公正和自由问题等）就被排除在外。不仅如此，把复杂的社会现象数学化，本身是对丰富经验的过度抽象，其定义方式是武断的、有价值前提的（比如，智商为什么是对几何和数字的敏感度而不是对自然和身体的敏感度）。结果是把个人视为整个现有体制的螺丝钉，只去关注操作的问题（how），而忽略了整体的价值问题（why）。换句话说，传统理论把既有的社会体制作为前提条件，这些被整体化的条件是不容批判的，传统理论肯定既有体制而不是否定既有体制。

批判理论不是为现实服务，而是揭露现实的秘密。用马尔库塞的话来说，它

① 参见［德］西奥多·阿多诺等：《权力主义人格》。
② 参见［美］马丁·杰伊：《法兰克福学派史》，286页。

是否定的而不是肯定的。[①] 它处于不断地与现存秩序作斗争的过程中，其目标是促进发展，引导社会走向公正。虽然批判是一种社会实践，但理论的效果不会立即显现，必须要依赖整个制度的改变。理论与实践之间不是直接联系，它们之间需要一定的中介，这个中介是受到解放与教育的人民能动的反思与实践。

当然，这些问题的讨论就更加复杂了，不是一本教材所能概括的。我们回过头来，总结一下批判理论的特点：(1) 理论研究必须是整体的，要联系整个社会实践。(2) 理论研究应该是历史的，要结合具体的历史环境做出判断。(3) 理论和价值不可分割，必须对研究者自己的立场保持批判性和反思性，不能盲目地以客观中立自居。(4) 理论的批判本身就是不妥协的社会实践，其目标是否定现有秩序，而不是肯定现有秩序，是解放人民而不是为现实管理者服务。

在对传统理论进行批判的同时，霍克海默还反思了传统理论背后的理性主义。他的目标是批判法西斯主义，但却没有止于表面现象，去讨论英美式的民主制度与极权制度之间的优劣，而是把矛头指向了民主制度与现代极权制度的共同基础，即现代性的源头——启蒙运动。

霍克海默在《启蒙辩证法》中对启蒙运动的过程与效果进行了研究。[②] 他把启蒙和神话进行了对比。最初的启蒙运动是为了祛除神话，用知识代替幻想。但是启蒙运动中过度强调了理性的作用，尤其是以实证主义为代表的一种用数字和现象的抽象来认识和管理世界的方式，从而导致主客体分离，人被异化为工具。启蒙破除了幻想的神话，但是又建立起新的对理性的盲目信仰。建立在纯粹的、中立的、价值中立的基础上的工具理性崇拜导致启蒙又重新退化为神话。

霍克海默并不完全反对启蒙，他反对的是大写启蒙（启蒙运动），并没有否定小写启蒙（启蒙精神）。后者代表着康德所说的“摆脱不成熟状态”，而前者则是一项企图以科学和理性作为社会唯一维度的社会工程。[③]

霍克海默认为，现代极权主义的兴起是启蒙运动所蕴含的单面性的必然产物。极权被“民主”的政权所挫败，并不会宣告“启蒙的辩证法”的结束，而是会产生更为微妙的物化和总体化的统治形式。他们观察到了号称民主的发达资本主义国家内所蕴含的危机（尤其是文化工业），从本质上看，它们只是极权统治的“借尸还魂”而已。

霍克海默在《启蒙辩证法》一书中，凸显了这样一个主题——理性知识与权

---

① 参见［美］马尔库塞：《单向度的人》，上海，上海译文出版社，2006。
② 参见［德］马克斯·霍克海默、西奥多·阿多诺：《启蒙辩证法》。
③ 参见萧俊明：《关于法兰克福学派批判理论的重新思考》，载《国外社会科学》，2001（1）。

力是纠缠在一起的。理性的知识背后，是压迫者的意识形态在暗中操纵，欺骗大众。我们可以这样认为，霍克海默等人对启蒙运动的批判，实际上是对现代性的批判。现代性（modernity）是一个复杂难解的概念①，按照英国社会学家齐格蒙·鲍曼的解释，现代性是指这样一种世界观：

世界在本质上是一个有序的总体，表现为一种可能性的非均衡性分布的模式，这就导致了对事件的解释，解释如果正确，便会成为预见（若能提供必需的资源）和控制事件的手段……控制的有效性依赖于对“自然”秩序的充分了解。在理论上，这种充分知识是可以获得的。无论在实验室中，还是在社会实践中，控制的有效性与知识的正确性密切相关（后者说明前者，前者进一步证实后者）。它们共同提供了一种评判标准，以区分现存实践的优劣。同时，这种分类在本质上是一种客观存在，也就是说，每一次都可以运用上述的评判标准，对这种分类予以公开的检验和证实。无法被客观检验的实践活动，是比较低劣的（例如，那些需要凭借着与特定地区和特定时代不可分离的习俗或流行观念，以使自身合法化的实践），因为这种实践使知识发生了歪曲，限制了控制的有效性。②

现代性相信知识与社会进步之间存在必然联系，并且相信知识是客观的、普遍的、至高无上的（即霍克海默所说的“启蒙运动的神话”），可以帮助我们更好地控制世界。鲍曼在《现代性与大屠杀》中，把霍克海默提出的结论进一步明确化——正是现代性本身，而不是表面的极权制度，导致了灭绝人性的法西斯暴政和打着不同旗号的暴政。③ 所以法兰克福学派的成员们提醒，在法西斯极权统治的同时，发达资本主义国家不要沾沾自喜，现代的文化工业中同样蕴含着灭绝人性的不和谐音。

三、文化工业批判

在了解了法兰克福学派对启蒙运动和现代性的批判之后，我们就可以理解他们为什么对文化工业要展开如此严厉的批判了。如果说是霍克海默开启了启蒙辩

① 比如马泰·卡林内斯库从文学的角度把现代性总结为现代主义、先锋派、颓废、媚俗主义、后现代主义五个维度，见［美］卡林内斯库：《现代性的五副面孔》，北京，商务印书馆，2002；又见汪民安等编：《现代性基本读本》，开封，河南大学出版社，2005。以研究现代性和后现代性著名的鲍曼近年来又提出了“流动的现代性”（相对于权力集中的传统僵硬的现代性而言）的概念。参见［英］齐格蒙·鲍曼：《流动的现代性》，上海，上海三联书店，2002。

② ［英］齐格蒙·鲍曼：《立法者与阐释者：论代性、后现代性与知识分子》，4～5页，上海，上海人民出版社，2000。

③ 参见［英］齐格蒙·鲍曼：《现代性与大屠杀》，南京，译林出版社，2002。

证法的研究，那么他的学术伙伴阿多诺则把这一主题延伸到了大众文化领域。他们在美国社会令人眼花缭乱的大众文化中，发现了与法西斯专制主义相似的特征。他们认为大众文化在精神方面也扮演着压迫和独裁的角色。

在《启蒙辩证法》的草稿里，阿多诺使用了“大众文化”（mass culture）来称呼他们的研究对象，但是后来阿多诺在定稿中将这种商业化的大众文化称为“文化工业”（culture industry），与真正产生于民众的文化相区别。[①] 阿多诺解释说，“工业”这个词不要太注重字面的理解。它是指事物本身的标准化，例如西方的电影院常客了如指掌的那些东西的标准化，是指扩散技术的理性化，而不是严格地指那种生产过程。和艺术品中的技术不同，文化工业的技术从一开始就是扩散的技术，机械复制的技术，所以总是外在于它的对象。[②]

在资本主义社会中，上层建筑沦为经济基础，文化创作越来越具有商品生产的特征。文化工业的最大特征就是为了消费而生产，为了实现生产效率的最大化，不同的文化类别，都具有统一性。

> 文化工业别有用心地自上而下整合它的消费者。它把分隔了数千年的高雅艺术与低俗艺术的领域强行聚合在一起，结果，双方都深受其害。高雅艺术的严肃性在它的效用被人投机利用时遭到了毁灭；低俗艺术的严肃性在文明的重压下消失殆尽——文明的重压加诸它富于造反精神的抵抗性，而这种抵抗性在社会控制尚未达到整体化的时期，一直都是它所固有的。因此，尽管文化工业无可否认地一直在投机利用它所诉诸的千百万的意识和无意识，但是，大众绝不是首要的，而是次要的：他们是算计的对象，是机器的附属物。顾客不是上帝，不是文化产品的主体，而是客体。[③]

阿多诺发展了西方马克思主义者卢卡奇的“商品拜物教”概念，他指出在现代资本主义社会，文化工业把一切艺术作品变成商品，用交换价值取代使用价值，同时也将人与人之间的关系商品化（物化）了。人们去听一场音乐会或购买一本书，并不是因为它们本身带来的愉悦，而是因为一票难求或者周围的人都在购买。消费者用商品来装饰自己，人与人之间的距离也越来越远。

文化工业离不开整个社会体制，它与晚期资本主义的经济与政治系统具有同一性，或者说晚期资本主义使文化工业成为整个现代化制度大厦的黏合剂。对音

---

① 据考证，《启蒙辩证法》中“文化工业”部分由阿多诺执笔。

② See Theodor W. Adorno：“Culture Industry Reconsidered”，in *The Culture Industry*：*Selected Essays on Mass Culture*. London：Routledge. 1991.

③ 同上书，85 页。

乐有着专业见解的阿多诺在流行音乐的节奏中，听到的是工厂大锤单调的敲击声；在老套的电影情节里，他看到的是流水线上重复的动作。资本主义通过文化工业，把工人的闲暇时间也纳入到与在工厂时一样的精神状态中，人们被动地接受着资本主义的逻辑，仿佛那是人唯一的、理所当然的生活方式。换句话说，文化工业加深了人的异化（alienation）——这个概念原来被马克思用来形容工人在整个生产消费体系中被自己的劳动产品所统治[①]，而法兰克福学派则认为这种状态已经扩展到精神文化的生产与消费领域。

从心理分析的角度看，文化工业激起了人们的欲望，不但没有使其升华，反而压抑了这种欲望。受众不断地从大众文化中获得新的许诺——广告中美好的生活、影视剧中轻易的成功，励志书中用十个诀窍就可以改变自我形象——但是在现实中，这些肥皂泡又无情地破灭。人们将失败归结于自己的能力或命运。这些幻象掩盖了真相，维护了整个资本主义体制的稳定。所以文化工业是启蒙带来的欺骗，是对大众的麻醉，导致其判断力丧失。[②] 这似乎也就间接地解释了为什么发达资本主义国家的工人运动没有像马克思所预言的那样风起云涌，而是满足于既得利益，烟消云散。

阿多诺在文化工业的典型产品——流行音乐——研究中，更直接地把它斥为标准化和伪个性化，它将导致听众的精神涣散和听觉退化。[③] 阿多诺观察到文化工业产品一方面为了追求利润，简单模仿；另一方面为了让受众购买新的产品，又必须推陈出新，标新立异。他认为，个性化只是一种表面现象，个性本身会变成一种模式，被纳入到商业逻辑中。标准化是让受众觉得消费的内容让人熟悉和安全，仿佛是为自己度身定做。而伪个性化则是让消费者忘掉自己已经消费过同类商品。阿多诺认为，流行音乐的这一特点可以推广到其他的文化商品。

阿多诺、霍克海默和马尔库塞对通俗文化的批判，让当时的学界耳目一新，他们把马克思主义对商品社会的分析移植到文化的研究中，结合心理分析，对远离政治的通俗文化背后的占统治地位的意识形态进行了大胆地揭露。他们从中看到了工具理性造成的大众精神空虚，并认为这种统治与法西斯威权主义的统治只是形式不同，其危害都是一样的。

这样一种极端的看法，当然引起了许多学者的批评。阿多诺来到美国后，曾

---

① 《马克思恩格斯全集》，中文2版，第3卷，268页，北京，人民出版社，2002。

② 参见［德］马克斯·霍克海默，西奥多·阿多诺：《启蒙辩证法》，156～161页。

③ See Theodor W. Adorno："On Popular Music". In *The Culture Industry*：*Selected Essays on Mass Culture*. London：Routledge. 1991.

得到老朋友拉扎斯菲尔德的帮助，参与了拉扎斯菲尔德主持的广播研究室的项目。拉扎斯菲尔德在奥地利时，也曾积极地支持和参与左派运动，他们在欧洲时也有过学术合作，应该说他们在政治立场上并无根本的冲突，但是他们的合作最后却不欢而散。① 这一具有象征性的事件可以看做是管理学派与批判学派研究范式冲突的预兆。

除了管理学派批评阿多诺等人的理论不够严谨外，在批判学派内部，对大众文化的评价也有分歧。有的学者认为，阿多诺等人的大众文化理论，过于简单地强调了生产方式对文化商品内容的决定作用。文化产品不同于物质产品，标准的生产方式和管理方式并不一定会产生出标准化的产品。② 尽管阿多诺等人没有明确地表明生产标准化会决定文化产品的标准化，但是至少他们对生产过程中的复杂性没有充分重视。

其次，阿多诺等人忽略了文化产品本身和受众解读过程中蕴含的解放性。对这一问题最有说服力的反证来自于文化研究学派的研究（见第十章）。就连法兰克福学派外围的学者，像本雅明、洛文塔尔都对此有不同的见解，其中最典型的是本雅明。③ 本雅明认为，传统的艺术品（比如油画）是不可复制的，这种独一无二性使原作本身具有了一种神秘的“灵光”（aura，也译作“光晕”），人们在这些艺术杰作面前，只能顶礼膜拜，聚精会神地欣赏。而机械复制艺术品（比如油画的照片或印刷品）由于可以无限制地复制，没有了这种灵光与独一无二的特性，只具有展示的价值，受众在接受时是心神涣散的。这种展示为了吸引受众，追求震惊效果（shock effect）。此外它的广泛扩散，可以最大限度地吸引受众的参与，这是传统艺术品所不具有的特征。④ 本雅明的不少观点受到他的好友德国戏剧家布莱希特的影响。其实在今天看来，本雅明的理论更具有麦克卢汉式的技术影响论色彩（见第十二章），他的理论说明技术的变化改变了艺术品与受众的关系。

本雅明是以客观中立地态度来看待这一技术转型的，他并没有对这两种艺术品和欣赏方式做出价值判断，但是这个理论蕴含着和阿多诺等人完全不同的、

---

① 参见［美］莫里森：《寻找方法：焦点小组和大众传播的研究》；又见［美］马丁·杰伊：《法兰克福学派史》。

② 参见［美］伯尔纳·吉安德隆：《阿多诺遭遇凯迪拉克》，见陆扬、王毅编：《大众文化研究》，上海，上海三联书店，2001。

③ 对于本雅明是否属于法兰克福学派的正式成员，学界存在争议，但是可以肯定的是，他至少可以算作比较积极的外围成员。

④ 参见［德］瓦尔特·本雅明：《机械复制时代的艺术作品》，北京，中国城市出版社，2002。

肯定大众文化解放和颠覆作用的可能性。[①] 阿多诺、霍克海默等人敏感地觉察到了这一苗头，对本雅明进行了批评，这场讨论最后以本雅明让步告终。[②] 要对这场讨论的是与非做出一个简单的结论是很困难的，阿多诺关注的是批判理论的辩证法的否定性，而本雅明更看重的是艺术的接受心理，二者的角度很难重合。但是不可否认的是，本雅明将视野从文化工业的生产延伸到了受众的接受一端，对阿多诺过于简单的“欺骗说”提出了挑战。

今天再来审视第一代法兰克福学派成员对大众文化的研究，可以看到它在很多方面存在不足。其中最明显的是过于简单和偏激。他们对经济因素的影响、文化产品的内容、受众的解读都缺乏具体的经验研究，许多地方显得过于笼统和主观。

法兰克福学派把马克思主义的研究重点从经济基础转向了上层建筑，特别是文化领域；他们把经典马克思主义的社会阶级划分，替代为统治集团和大众的对立。大众被他们描述成统一的、被动的整体。这一方面与大部分成员流亡美国时期的边缘身份有关；另一方面也与他们文化精英的身份有关。作为一个特殊的马克思主义者群体，他们既反对当时的社会民主党，又对苏联的斯大林主义失望，这种两难导致了他们放弃行动，退守书斋，转向大众文化批判。[③] 但也正因为如此，“书斋中的革命”有时显得比较学究气。

从另一个角度来看，他们这种特殊的身份，使其理论具有锐利的锋芒，开创了知识分子干预现实的新途径，同时也为学术界提供了全新的话语资源。其后的传播批判学派，不论是否同意法兰克福学派的观点，至少会把这些理论作为重要的参照系。他们的具体理论可能过时，但这些理论的开创作用，不妥协的批判精神，我们不能简单地否定。

四、公共领域与交往理性

由于缺乏像霍克海默这样精神上和组织上的核心人物，第二代、第三代法兰克福学派的学者不像第一代学者那样以一个学术共同体的姿态出现在学术舞台上。但是这并不意味着法兰克福学派走向衰落，于尔根·哈贝马斯就是第二代法兰克福学派成员中以个人身份出现，并且是蜚声国际的大师级学者。

---

① 参见赵勇：《整合与颠覆：大众文化的辩证法》，138～139页，北京，北京大学出版社，2005。

② 参见［美］马丁·杰伊：《法兰克福学派史》，228～243页。

③ 参见［英］戴维·麦克莱伦：《马克思以后的马克思主义》，3版，284页。

哈贝马斯与传播研究有着不解之缘，他的教授资格论文[①]《公共领域及其结构转型》探讨的就是公众意见的产生与变迁。但是由于观点的分歧，这篇论文并没有得到社会研究所所长霍克海默的认同，甚至没有让他在社会研究所进行答辩。后来他改在马堡大学哲学系方才通过答辩，并于1961年修改后出版。[②]《公共领域的结构转型》是哈贝马斯的一项早期研究，虽然他后来的兴趣早已不在这个问题上，但是在公共领域的讨论中，蕴含了后来他讨论的交往理性的萌芽，是了解其思想脉络的重要文献。直到1989年苏联和东欧发生剧变，人们面临这些地区媒体功能重建时，这个话题才再次引起人们关注，该书此时被翻译成英文，立即成为英美学术界的热门话题，同时"公共领域"概念也被引入传播研究领域。

"公共领域"（public sphere）这个概念，并不是哈贝马斯的原创，但是他创造性地发展了这个概念，并且结合历史，描述了他心目中曾经短暂存在过的这个理想时期和它的消亡过程。什么是公共领域？1998年哈贝马斯在答复一位中国研究者时这样解释"公共领域"：

> 资产阶级公共领域是一种特殊的历史形态，它尽管与其在意大利文艺复兴时期城市中的前身具有某些相似之处，但它最先是在17世纪、18世纪的英格兰和法国出现的，随后与现代民族国家一起传遍19世纪的欧洲和美国。其最突出的特征，是在阅读日报或周刊、月刊评论的私人当中，形成一个松散但开放和弹性的交往网络。通过私人社团和常常是学术协会、阅读小组（Lesegesellschaften）、共济会、宗教社团这种机构的核心，他们自发聚集在一起。剧院、博物馆、音乐厅，以及咖啡馆、茶室、沙龙等对娱乐和对话提供了一种公共空间。这些早期的公共领域逐渐沿着社会的维度延伸，并且在话题方面也越来越无所不包：聚焦点由艺术和文学转到了政治。[③]

资产阶级公共领域的形成并不是一个普遍的过程，它产生于封建社会末期，宫廷权力衰弱，市场文化逐渐兴起的西欧。在这样一种开放的私人小群体中，人们在身份平等的基础上，理性地交流彼此的观点。在它们的影响下，形成了"公众意见"（public opinion）和带有自治性的，独立于行政国家和市场的"市民社会"（civil society）。公共领域的前提是自由参与。在这里，身份平等取代了等级

---

① 当时德国学者取得博士学位需要通过一篇论文的答辩，如果要申请教职，还要另外提交一篇全新的教授资格论文并通过答辩。

② 参见曹卫东：《从"公私分明"到"大公无私"》，载《读书》，1998（6）。

③ ［德］于尔根·哈贝马斯：《关于公共领域问题的答问》，载《社会学研究》，1999（3）。

森严的封建礼仪，人们由文学批判，扩展到政治批判。作家和艺术家不再只为宫廷的恩主们创作，新兴的市民社会带来了市场需求，他们可以从市场中获得安身立命的基本条件。在这个时期，刚刚建立起来的自由市场还没有严重的垄断和大规模的市场营销活动，对公共领域的出现和维持起着积极的作用。①

公共领域具有一定的开放性，一些出版物和报纸把市民阶层的私人成员联系在一起，逐渐造就了“公众”（the pubic）这样一个理性的群体。他们在考虑问题的时候，不仅仅局限于自己的私利，同时还本着理性的、“大公无私”的立场参与公共问题的讨论。

如果我们不局限于公共领域的特定历史形态，把它看做是一个“理想类型”的话，只要是能够贯彻自由、开放、平等、理性精神的，独立于国家和市场，由公民参与的论坛，都可以被称为公共领域。它既可以是面对面的聚会，也可以是在此基础上代替直接交流的各种媒体。

但是随着资本主义的发展，尤其是19世纪末以后，公共领域出现了转型和衰落。一方面，随着经济的垄断和经济危机的出现，国家被要求干预私人领域，承担更多过去所不具有的功能（如福利制度）。社会的国家化和国家的社会化，导致了公共领域的基础——国家和社会——彻底分离消失。哈贝马斯把这种国家权力无处不在的过程称为“再封建化”。另一方面，从生产组织到家庭等传统的私人领域，变得越来越公共化。大企业与整个社会的利益息息相关，福利制度也把过去由家庭承担的责任转移到社会和国家。上述两种趋势，使国家与社会融合在一起，存在于它们间隙之中的公共领域失去了立足之地。简而言之，市场的垄断和国家职能扩大两个因素，导致了公共领域的转型。

从现象上看，公共领域的转型表现为过去批判的公众变成了文化的消费者。家庭失去了既充当私人领域，又为公共领域培养合格参与者的角色，市场的渗透和文化消费品充斥家庭，使公众变成了被动的消费者而不是积极的批判者。哈贝马斯的这一论断不由得令我们想起第一代法兰克福学派的观点。

公共领域转型的第二个表现是私人的新闻写作被广告宣传所取代。报刊的商业化使传播的内容越来越以市场为导向，而不是以平等理性的交流为导向。为了节省开支，新闻依赖于固定的信息来源，给各类伪事件（见第十一章）以可乘之机，新闻报道成为实现宣传效果的工具。大众传媒所传播的“文化”，成为一种整合文化，它整合了新闻报道、具有商业价值的趣味内容甚至广告宣传。②

---

① 参见［德］于尔根·哈贝马斯：《公共领域的结构转型》，上海，学林出版社，1999。

② 参见上书，200页。

在国家和市场的夹击下，过去生机勃勃的公共领域逐渐衰落，自由、平等、理性的交流论坛空间越来越小，逐渐让位于各种政治力量、经济力量所搭建的舞台，公共领域的真正参与者却成为台下的看客，公众意见被各种力量玩弄于股掌之上，公众只有在规定的地方背书（endorse）的权利。

哈贝马斯对公共领域兴衰的描述，给了我们一个曾经沧海的美好回忆，但是也招来了不少批评，他在该书 1990 年版的序言中对这些批评做出回应。其中与传播研究相关的是他对“批判的公众向文化的消费者”转变过程的修正。哈贝马斯承认，他在写作此书时主要参考的是拉扎斯菲尔德等人关于小群体对受众影响的研究结果（见第五章），这些研究强调群体的影响，低估了受众的主动性。哈贝马斯认为，霍尔等文化研究学派（见第十章）对讯息接受的分析有助于弥补自己过于简单的描述。

一些学者认为哈贝马斯对公共领域的描述有将其理想化、浪漫化的倾向，他主要关注资产阶级的公共领域，忽视了 17 世纪至 19 世纪欧洲不属于资产阶级的社交活动，比如工人运动中的公共领域。此外，哈贝马斯所说的公共领域并不是完全向所有人开放，教育背景、财富和性别限制了很多人的加入，其中尤其明显的是哈贝马斯所描述的公共领域的参加者基本为男性，妇女一般被排除在外。[①]还有一些历史学家提出，哈贝马斯对历史的描述存在不准确的地方，他先有了一个概念，然后再去剪裁史实。

当然，有些讨论已经偏离了本教材的中心话题。但是不论如何，哈贝马斯的公共领域概念，为我们提供了一个关于大众媒体应该在民主社会中扮演什么角色的理想模型。乌托邦的价值就在于它是一个超越现实的理想，让我们有一个努力的目标。尽管有学者仍然怀疑这种“不同个体在同一地点，平等的、面对面的谈话”模型是否适用于大众媒体，但不可否认的是，哈贝马斯的规范分析，克服了早期法兰克福学派注重批判否定，轻视规范建设的不足。

需要重申的是，公共领域研究只是哈贝马斯早年的一个兴趣，后来他转向了更为一般的问题的研究——如何为人类的社会交往活动找到一个支点。我们在第一章讨论传播的话语时，曾经提到过很多怀疑论的观点，哈贝马斯坚决反对这些观点，他担忧的是：如果人们无法理性交流、达成共识的话，我们的民主与法治就失去了基础。哈贝马斯 20 世纪 80 年代对交往行为的研究，就是在为人类的社会活动寻找合理性。

---

① 参见［英］约翰·B·汤普森：《公共领域理论》，见［英］巴雷特、纽博尔德编：《媒介研究的进路》，北京，新华出版社，2004。

首先，他回避了真理符合论（真理是话语所陈述的内容与实在事物相符），从实用主义和语用学的角度，提出了真理的共识论：所谓真实，仅仅是人际语言交往的一种“有效性”要求，所谓真理，不过是这一要求的实现。真理应该定义为：“话语主体通过语言交往而达成的共识。”①

哈贝马斯区分了以实现个体计划和理性为目的的策略行为和以相互理解、达成共识为目的的交往行为。他认为，只要交往双方具有合作精神、具备交往的基本前提（理性、不欺骗、对所交流的内容具有确实的知识）、站在对方的角度真诚地倾听和理解对方的言行并相互协调，是可以在交往理性的引导下获得共识的。②

哈贝马斯还把这样一种交往理性的应用范围推广到更大的社群间，提倡民主法治、后民族结构、宽容他者，还积极地推动欧洲一体化。③ 笼统地讲，之后的这些理论发展都是建立在他对人类传播行为的哲学研究的基础上的。

第二节 传播的政治经济学派

第一代法兰克福学派的学者把现代资本主义社会的文化工业看做是至上而下的意识形态控制，并对其进行了大胆地揭露与批判。但是和经典的马克思主义相比，法兰克福学派的研究重点已经不再是经济基础，而转向了上层建筑。从他们所使用的“文化工业”概念可以看出，他们认为在资本主义高度发展的阶段，上层建筑也沦为经济基础，因此，可以将经典马克思主义的原理应用于大众文化的研究。

但是从学术背景来看，第一代法兰克福学派的主要成员除了波洛克（Friedrich Pollock，1894—1970）等一两个成员拥有经济专业背景外，大部分成员主要以人文学科（如哲学、文学、美学、精神分析）为主，特别是对大众文化进行过专门研究的阿多诺、马尔库塞、洛文塔尔都是从哲学和文学批评的角度切入，并没有特别关注整个文化工业的生产、流通、分配和消费过程中经济学层面的问题，对文化工业在政治经济方面的矛盾性缺乏敏感，当然，他们也没有对文化工业在受众端的意义解读进行深入地描绘。这两个未竟的工作，分别由传播的

① ［德］德特勒夫·霍尔斯特：《哈贝马斯传》，77页，上海，东方出版中心，2000。

② 参见［德］于尔根·哈贝马斯：《后形而上学思想》；［德］于尔根·哈贝马斯：《交往行为理论》。

③ 参见［德］于尔根·哈贝马斯的《在事实与规范之间——关于法律和民主法治国的商谈理论》、《后民族结构》、《包容他者》等书。

政治经济学派和文化研究学派承担下来。本章我们先讨论传播的政治经济学派，第十章讨论文化研究学派。

一、什么是传播政治经济学

传播的政治经济学派并不是一个紧密的团体，而是一个对现代社会的现象存在着大致相同观点和有着相似研究方法的松散的学术共同体。在传播政治经济学这个名称下面，存在着不同的取向和理论。传播政治经济学难以简单概括，主要原因是它只是一种考察和思考传播现象的视角，而不是一套有着确定命题和结论的理论。在传播政治经济学下，还分为不同的流派，有自由主义的政治经济学，也有批判的政治经济学。前者包括自由经济理论、现代化理论等，这种取向把文化产品看做是普通商品，主张文化商品的自由流动。后者则反对把文化简单还原为商品，注重分析文化商品背后的意识形态和权力关系。我们本章重点介绍第二种，批判的传播政治经济学。

和专门研究传播的学者不同，传播的政治经济学者们把大众传播看做是“一种交换的社会过程，其产品或是社会关系的标志，或是它的具体表现”①。经验学派把传播作为一种讯息传递过程，并且以传播为中心展开研究。传播的政治经济学受到法兰克福学派的影响，首先把传播看做是一种产业，它和社会的其他产业组织具有许多相似的地方，因此可以像分析其他经济现象一样，用政治经济的方法对大众传播产业的生产和再生产过程进行研究。

和管理学派的效果研究不同，“传播”在“传播政治经济学”中并不占据中心位置。相反，传播系统被视为整个社会经济、政治和文化基本过程中不可分割的一部分。这种去媒介中心化（decenter the media）的取向导致研究者在面对大众传播现象时，首先考虑的并不是传播内容的效果，而是各种社会关系对传播生产、分配、销售、消费、再生产全过程的影响，以及这些影响对社会的反作用，尤其是考虑其中权力不平等现象的后果。

文森特·莫斯可（Vincent Mosco）认为，现代经济学在创始时，就带有政治经济学的大部分特征，但是随着实证主义的兴起，古典经济学中一些包含道德判断的部分，思考经济活动与社会其他系统之间关系的部分逐渐被主流经济学排除在外。在今天，我们也可以看到这样一种趋势，即越来越多的学者意识到孤立

---

① ［加］文森特·莫斯可：《传播政治经济学》，72页。

地研究已经不能解释复杂的社会现象，像制度经济学、公共选择理论等又重新开始恢复古典经济学的宏观视野。①

英国学者戈尔丁和默多克认为，政治经济学与现代主流经济学相比，具有以下几个特点②：

(1) 它是整体的。政治经济学在解释经济现象时，并不局限于某个局部，而是研究它与政治生活、社会生活、文化生活间的相互关系。这种取向坚持认为要理解一个局部问题，必须从整个社会结构着眼。从研究方法上来，这种立场与实证主义存在分歧。虽然政治经济学研究也使用数据，但是该理论认为在一个较大的社群内，把各种变量考虑在内或者严格地控制实验几乎不可能，尤其是研究还涉及道德判断。

(2) 它是历史的。传播政治经济学主要基于晚期资本主义或者高度发达的现代性背景展开研究。当今大多数传播政治经济学的研究都是在数字化、兼并、解除管制和全球化这些语境下进行。

(3) 它重点研究资本主义企业和公共干预之间的平衡。传播的政治经济学一方面关注垄断对传播的影响，另一方面也关注国家的干预。市场和国家各有所长，但任意一方压倒另一方，都可能造成少数人的统治。这个特点主要针对发达资本主义国家而言，对于中国来说，情况要复杂得多，除了企业和公共干预之间的平衡，还涉及特权与市场之间的平衡、公共权力和公民自由之间的平衡等问题。

(4) 它超越了技术上的效率问题，专注于公正、公平和公共利益等基本道德问题。与实证主义的（计量）经济学不同，政治经济学没有放弃价值和道德判断，既对现实中的诸种权力和关系保持批判的态度，同时也坚信通过努力，可以建立起一个开放的、多样的、可接近的公共空间。从这点来看，传播政治经济学虽然与法兰克福学派、文化研究学派等人文色彩较浓的批判学派视角不同，但是最终的指向是非常一致的。传播政治经济学和批判学派的距离要远远近于当代主流经济学。莫斯可认为正统经济学的政治立场在知识谱系的中间和中间偏右，政治经济学则是中间偏左，前者主张自由市场可以解决大部分问题，后者则认为市场会向掌握资源的大企业和国家倾斜，形成新的不平等。

---

① 参见［加］文森特·莫斯可：《传播政治经济学》，52～68页。

② 参见［英］彼得·戈尔丁、格雷厄姆·莫多克：《文化、传播和政治经济学》，见［英］库兰、［美］古尔维奇编：《大众媒介与社会》。

二、传播政治经济学的产生及发展

传播政治经济学有多个理论源头，既受到亚当·斯密等英国古典经济学者以社会整体为研究对象的感召，也受到马克思主义批判经济不平等、阶级压迫的鼓舞，在与其他学派的交流中，传播政治经济学内部也产生了分化。从发展趋势上看，我们可以大致区分出两种类型：第一种是坚持政治经济学传统，主要关注垄断、公共政策、商品化、全球化等经济学问题；第二种是试图把文化研究也包括进来，从物质生产的角度来解释经济因素对整个大众传播系统，乃至文化系统的影响。

作为一个明确主张的传播政治经济学产生于20世纪40年代。第二次世界大战以后，世界局势出现了三个明显的变化。

（1）以电视为主的电子媒介迅速普及，与此同时，报业、电子媒介和电信逐渐向产业化方向发展，垄断的加剧带来了许多新的问题。

（2）在世界范围内，资本主义制度和社会主义制度长期对抗，国家和军方对传播行业的政策潜在地限制了传播的自由。国家角色在20世纪30年代经济危机和第二次世界大战后不断扩张，对传播产业的影响越来越大。

（3）全球化带来了不同的两种趋势，一是发达资本主义国家的大企业对世界的影响不断增大，他们影响着国家的决策，通过经济和文化渗透，将自己的势力扩张到战后新独立的第三世界国家；另一个相反的趋势则是第三世界国家的不结盟运动和建立国际传播新秩序运动逐渐高涨，它们把传播与国家发展联系起来，反对媒介帝国主义。

这些社会变动，影响了北美、欧洲、第三世界国家的传播体制和结构，也催生了上述地区的不同版本的传播政治经济学。

北美的传播政治经济学创始人达拉斯·斯迈兹（Dallas W. Smythe，1907—1992）和赫伯特·席勒（Herbert I. Schiller，1919—2000）都拥有经济学背景，他们从参与政府的传播政策制定和实施中发现了其中存在的不平等现象。斯迈兹曾在美国劳工部、联邦通讯委员会（FCC）任职，他是联邦通讯委员会的首任经济学家，1948年加入了由施拉姆创立的伊利诺伊大学传播研究所，该研究所的博士班成员乔治·格布纳（见第七章）、访问学者赫伯特·席勒都受到过他的影响。

席勒参加过第二次世界大战及战后美国驻德托管政府工作。这些实践经验使他们的研究不像一般传播学者那样，从概念到概念进行理论推理，或者用调查或实验等实证方法进行研究。他们的研究中既存在大量的调查数据和有时甚至显得琐碎的经验材料，同时又存在对现实的整体式的批判。

斯迈兹、席勒及其学生因为左翼立场，在冷战时期备受排挤，但是他们不仅顽强地生存了下来，而且其学术影响越来越大，形成了一个批判北美传播体制的学术圈。他们比较关注受众商品、政府（包括军队）对传播工业的干预和控制、媒体垄断对民主的影响、垄断资本通过生产结构造成的思想管理、美国自由经济的全球扩张对国际传播秩序和发展中国家的影响等。新一代学者中的代表人物是文森特·莫斯可、罗伯特·W·麦克切斯尼（Robert W. McChesney）等。

欧洲的政治经济学主要集中在英国和法国。英国的代表人物是莱斯特大学的彼得·戈尔丁和格雷厄姆·莫多克，他们从马克思主义政治经济学的角度来研究传播问题。由于英国文化研究的影响较大，所以他们也将文化研究对于文本意义和受众解释的研究纳入到政治经济的研究中。他们赞同第一代文化研究的学者雷蒙德·威廉斯所说的“我们不关注产品的组成部分，却必须关注实践的所有条件”的论断，以经济条件作为基础，同时阐明这些条件对现实表征（representation，见第十章）的影响。在文化研究的影响下，他们不像北美的学者那样认为媒体掌握在垄断资产阶级手中就会自觉地反映其意识形态，而是主张以非工具性的、非决定性的方式来看待经济对意识形态的影响。但是他们对文化研究后来的发展表示不满，尤其是对以费斯克为代表的学者歌颂符号民主、认为受众在文本解释中完全掌握主动权的论点予以严厉批判，认为费斯克等学者的观点与保守的新自由主义者殊途同归。他们认为，即使文化研究学派中比较传统的立场（比如，霍尔等专注于研究统治阶级如何通过霸权维持其统治），也只关注了消费中的意义解释部分，忽略了文化生产的整个过程：“他们也很少或几乎没有说出这种工业是如何运作的、其经济组织又是如何影响生产和流通的。也没有研究人们的消费选择与他们在更宽泛的经济结构中的位置的结构性关系。”[①]

法国的阿芒·马特拉（Armand Matterlart，出生于比利时）也是欧洲知名的政治经济学家，他主要关注全球化背景下的传播问题。[②]

第三世界国家在第二次世界大战后面临着国家发展的紧迫任务，发展主义或

---

① ［英］彼得·戈尔丁、格雷厄姆·莫多克：《文化、传播和政治经济学》，见［英］库兰、［美］古尔维奇编：《大众媒介与社会》，66页。

② 参见［法］阿芒·马特拉：《世界传播与文化霸权：思想和战略的历史》，北京，中央编译出版社，2001。

现代化理论在早期受到推崇。但是随着全球化和美国全球霸权的建立，第三世界国家开始把帝国主义意识形态与美国等发达国家的全球文化工业联系在一起，将其形容为文化帝国主义或媒介帝国主义。第三世界国家以联合国为论坛，掀起了建立国际传播新秩序运动和不结盟运动等来反对美国的全球霸权和新殖民。但是随着冷战的结束，美国一极独大的局面导致这种声音越来越小，自由主义市场模式和跨国公司趁着全球化的潮流，以前所未有的速度向外扩张。冷战结束后发展中国家政治意识形态衰落，取而代之的是民族主义，这使政治经济学的探讨又增加了一个复杂因素，必须将文化的维度整合进来。此外，信息技术的发展，使国际地区间的不平等出现了新的形式——数字鸿沟。数字鸿沟既是数字技术的产物，也是原有地区差距的延续。关于发展中国家的政治经济学问题，我们将在下一部分再作讨论。

信息技术的发展、资本主义国家内部垄断加剧、全球化等现象的出现，为传播政治经济学提供了许多值得研究的新课题。形形色色打着新自由主义经济旗号的现象背后隐藏着少数人的统治，这正是传播政治经济学要批判的对象。

三、文化产品的生产

按照文化工业的流程，我们可以将其分为生产、内容产品（文本）和消费三个环节（见图 9—1）。政治经济学核心任务也可以分为：（1）文化产品生产的政治经济学研究；（2）文本的政治经济学研究；（3）文化消费的政治经济学研究。文化研究也研究文本和消费，相比之下，政治经济学更强调文本和消费中经济因素的影响，同时，政治经济学把重点放在生产方面。

图 9—1　文化产品生产和消费的过程

关于文化商品生产的研究，既可以从政治经济学入手，也可以从社会学入手。前者偏重宏观经济方面的解释，而后者则偏重微观个人因素的解释。社会学部分的研究我们在第十一章还要重点介绍，本章主要集中在政治经济学方面。这部分主要关注的是控制文化生产和分配的权力的分布是如何限制或解放公共领域的。

一提到文化产品生产，很容易想到马克思的名言："一个阶级是社会上占统治地位的物质力量，同时也是社会上占统治地位的精神力量。支配着物质生产资料的阶级，同时也支配着精神生产的资料，因此，那些没有精神生产资料的人的思想，一般地是隶属于这个阶级的。"① 虽然政治经济学把文化产品也当做普通产品研究，但是我们在第一章讨论过，毕竟信息与物质不同，经济真的能简单地决定文化产品中的意识形态吗？这也是学者们争论不休之处。因为资本主义的文化生产并不是简单地贯彻所有者意图，还要照顾市场的需求，此外像新闻专业主义之类的意识形态也会影响所有者的意图。法国学者阿尔图塞提出上层建筑相对独立于经济基础，它只是最终决定于经济基础，但在具体表现上却不一定。认为传播政治经济学就是主张简单的经济决定论，只要找出占统治地位的媒体产业所有阶级，就可以断定社会将普遍接受他们的意识形态，这是对传播政治经济学的误解。

传播政治经济学在这个问题上反对简单的二分法和经济决定论。法兰克福学派曾提出，大众文化已经被纳入到整个社会的产业化体系中，传统的上层建筑和经济基础的二分法已经面临挑战。在经济基础与意识形态问题上，政治经济学首先坚持唯物主义和现实主义的认识论，反对将一切现象归结为文化或走向相对主义和虚无主义，但另一方面它又主张灵活地看待经济基础的影响。传播政治经济学所说的"决定"概念不是马克思所说的最后时刻的决定概念，即任何事情最终都和经济力量直接相关，而是霍尔所说的发生在最初时刻的决定概念。也就是说，经济因素限制了文本及其解读的可能性，但是它并不意味着文本最终的效果取决于经济因素。

具体来说，文化工业生产研究关注的问题有：传播机构不同所有制形式对控制传播活动产生的不同后果，国家管理和传播机构间的关系。

生产研究中另一个热点问题是商品化（commodification），即传播政治经济分析的商品究竟是什么？有些文化商品和其他物质商品一样，需要付费才能使用，比如CD、付费数字电视节目等。但是还有一些商品我们不需要付费或支付的费用远远低于生产成本，比如广播、无线电视、报纸（一般大众报纸的生产成本要高于其售价，有的报纸甚至免费），那么在这些经济交换中，真正的商品是什么呢？

达拉斯·斯迈兹提出了一个新颖的解释，他认为大众传播最终的产品是受众

---

① 《马克思恩格斯选集》，2版，第1卷，98页。

的劳动，或者说是受众的闲暇时间。以电视为例，在看电视的过程中，电视台生产节目，吸引我们把闲暇时间投入观看活动（劳动），然后电视台把这些时间出售给广告商。看上去我们在轻松悠闲地看节目，实际上是在替电视台打工。他认为，受众是用于广告商品销售的不耐用的生产原料，受众的劳动创造了对广告商品的需求。最关键的是在这些劳动中，受众不但没有获得报酬，反而促使他们消费新商品，而且最终这些购买大众媒体的费用还会归于商品成本，由消费者支付。

不仅如此，斯迈兹认为受众的闲暇时间被剥削并不仅限于媒体消费，我们从小就在学习各种品牌的知识，学习如何在超市一大排相同的产品中做出选择。其实我们一直在为广告商劳动，在消费媒体过程中观看广告并从各类信息（新闻、电视剧等）中学习商品知识，只不过是再生产自己的劳动力，温习和强化既有知识而已。为了缩短选择时间，我们使用广告，但是最终却导致了更多的非理性消费。

为了节约时间，我们还使用各种成品服务，使用各类新工具，看上去是获得了闲暇时间，实际上事与愿违。有不少减少的劳动时间被投入到大城市的生活中，拥堵的交通、各种新式工具的学习、维护和更新（比如电脑，有了机器，要买软件，软件升级后，又发现机器性能不强，还得更新机器，更不要说维修所花的时间和金钱）。另外，现有制度也在向每周剩余时间施加压力，我们要参加各种背后有商业目的的活动，特别是了解这些信息需要投入的时间，消费大众媒介，通过各种商业信息寻找合适的商品……也就是说减少的劳动时间已经被垄断资本主义双倍地转化了——既用来学习商品知识，又促进了新的购买活动。[①] 还有的学者将收视率看做是文化产业的商品，此外，也有些学者研究媒体工作者的劳动是如何被商品化的。[②]

斯迈兹的解释虽然独辟蹊径，令人耳目一新，但是也存在一定的不足。第一是该解释忽略了新技术带来的变化，比如受众可以通过遥控品、DVD、TiVo（一种自动录像机，可以跳过广告）等摆脱劳动。当然，这只是摆脱了广告，按斯迈兹所说，节目内容中也包含着与广告相似的信息（比如赞助商的产品会出现在电影中）。第二是该理论只解释了商品的形式，忽略了文化商品内容背后的意识形态控制与斗争，仿佛电视节目仅仅是为了支持广告而存在，此外，该理论还

① 参见［加］达拉斯、斯迈兹：《论受众商品及其劳动》，见［英］巴雷特、纽博尔德编：《媒介研究的进路》，北京，新华出版社，2004。

② 参见［加］文森特·莫斯可：《传播政治经济学》，146～147、152～156页。

忽略了媒介政治经济学的其他问题。[①]

四、文化产品的文本与消费

文本的政治经济学研究与文化研究中的表征研究有许多相似之处，两者都关注文本中各种象征符号之间的差异和社会权力的关系，例如话语是否围绕官方话语来组织，是否给反向话语提供了空间，不同的话语是否均衡，是否剥夺了受众的选择等。[②]

文化研究的注意力主要集中在文本反映了何种意识形态以及表征是如何在文本中形成差异的（见第十章）。政治经济学关注的则是媒介生产是否通过促进某种文化形式或压抑某种文化形式，对公共话语产生了结构性影响。正如我们在前面提到的，传播政治经济学并不简单地主张经济基础会决定意识形态，但是它认为经济基础通过限制公众的视野，间接地影响了受众的解读。

政治经济学对文化消费的研究与文化研究中的受众研究也有不少相似之处，它们都反对法兰克福学派认为受众在讯息解读中完全处于被动状态的观点，主张深入地研究受众与文本之间复杂的互动关系。但是二者的差异也十分明显，文化研究注重研究受众的文本解释与主导意识形态之间的意义协商过程，认为受众的社会背景会影响意义的解释；而政治经济学则认为除了考虑受众的社会（文化）背景外，还应该考虑受众在整个经济体系中的位置，尤其是物质条件对其接近媒介和使用媒介的影响。他们认为，消费者无法毫无限制地接近所有文化产品。受众的障碍来自两方面：一是物质的，二是文化的。以我们在第五章提到过的数字鸿沟为例，数字化技术的使用需要硬件投入，低收入水平的消费者在硬件占有上处于劣势，而且数字化技术的接入需要不断支付较高的费用（如电话费、宽带上网费等）。此外，数字化技术的使用能力和技巧也影响着不同受众在信息技术中的收益，有的受众可以通过互联网获得更多的个人机会，甚至建立新的商业盈利模式；而有的受众可能主要把它当做一个娱乐或消遣的玩具，投入大量的闲暇时间，失去了许多提高自我的机会。总之，数字化技术有加剧社会两极分化的可能性。

---

① 参见［英］尼古拉斯·加纳姆：《论大众传播政治经济学》，见［英］巴雷特、纽博尔德编：《媒介研究的进路》，北京，新华出版社，2004。

② 参见［英］彼得·戈尔丁、格雷厄姆·莫多克：《文化、传播和政治经济学》，见［英］库兰、［美］古尔维奇编：《大众媒介与社会》，北京，华夏出版社，2006。

五、从传播的政治经济学看“大片”现象

我们刚才从理论上解释了传播政治经济学的三个核心任务，可能听起来比较抽象，下面以近年来中国电影市场的“大片现象”为例，说明传播政治经济学是如何围绕这三个任务分析问题的。

2005年到2006年，中国电影市场上出现了几部票房上亿元的武侠大片，引起了公众的争论，焦点就集中在政治经济学问题上。从生产上看，这些大片背后不仅有巨额的投资，而且有国家政策的支持。当大片上演时，各种宣传片和信息充斥着所有媒体，其首映式常常在中央电视台直播，制造了一个“大片节日”。院线也为大片开绿灯，排出最好的时段，增加放映的时间和场次。而一些小制作的影片由于缺乏宣传资金，所以得不到媒体的报道，上映的时段较差，场次较少。这些因素加在一起，客观上造成了受众缺乏更多的选择。比如2006年中国的上百部国产电影中，四部古装大片就占票房收入的1/3。

在文本内容上，这些大片几乎是清一色的武侠片，因为这种形式不需要受众拥有太多的知识准备，不需要文化背景也能理解，同时这种类型片也为海外市场所熟悉。但是客观上，这些影片营造了一个异常的文化氛围，仿佛中国的古典文化就是缺乏现实性的刀光剑影、宫廷阴谋。此外，在这些影片背后，还渗透着极端的轻视个人，反对平等、民主的封建王权思想。尽管这些创作者在选择上是自由的，但是我们也要看到，正是背后的市场考虑使这些影片不约而同地选择了相似的题材，限制了观众对其他题材和内容的接收。

在文本的消费上，电影院昂贵的电影票价把低收入的消费者拒之门外。一些设备较好的影院票价并不逊于世界发达地区，就以中国香港特别行政区为例，中国内地的书价一般是香港的1/3～1/2，甚至更低，其他文化产品（如报纸、DVD）的价格也远低于后者，但是在电影票价上，内地同等级别的影院票价甚至高于香港。价格的门槛意味着中国商业电影的主要服务对象是中上层群体，而占人口大多数的下层群体则被市场排除在外，通过观看大片，等级身份被再定义。被剥夺了成为“大片消费者”身份的消费者，有的会转向更廉价的盗版市场，这既可以看做是消费者试图重建被市场剥夺的身份，也可以看做是另一种形式的微观抵抗。受众对这些大片的意义解读，则是一个更为复杂的问题，我们留待第十章讨论，但是政治经济学认为，这一过程与接受者在生产体系中的位置，比如说

是否拥有闲暇时间①、观看的空间和理解能力都有着密切的关系。

当然，上述案例分析并不意味着中国的传播政治经济分析仅限于这三个角度。目前传播政治经济学的许多问题是针对晚期资本主义提出的，我国正处在转型期，其中既有发达资本主义国家面临的问题，也有现代化的问题，显然不是这三个维度能够覆盖的。关于中国目前传播体制转轨及其影响的研究，是一个颇受关注的题目，传播政治经济学在这个领域大有作为。

传播研究在中国

赵月枝：《中国与全球资本：文化视野中的考量》，见传媒学术网，http：//www. wyzxsx. com/Artide/Class17/200612/12515. html，2006－12－05。

该研究运用内容分析、文本分析等研究方法，试图以中国内地传媒文化产业的发展状况为切入点，反映中国内地在与全球资本相融合的过程中，国内阶级构成和意识形态等方面表现出的趋势和遭遇的挑战。

研究者首先引进“非正式的美帝国”这一概念，强调当今全球资本主义秩序的建构并非依赖一个“正式的美帝国”，而是通过把其他国家构建成“非正式的美帝国”内的重要成员国，动摇其统一而独立的中产阶级来实现，研究者认为，中国内地正日益成为“非正式的美帝国”的一部分。

在这一基本判断下，研究者简要检视了中国内地传媒业及其话语体系自改革开放以来的一些变迁，变迁的轨迹表明，中国传媒业正在政府的强力控制下迅速与国际资本融合，在“国有”的范围内以市场为导向快速发展。在意识形态层面，研究者认为这种变迁没有表现为“美国文化”的直接统治，而是表现为世界资本主义文化体系对本土文化空间的全面渗透和重新整合。通过对中国媒体在“入世”和“美国入侵伊拉克”两个问题的报道进行内容分析，研究者提出中国媒介正在“内化”跨国资本的话语，资本主义的文化霸权正在确立。

此后研究者以电影业和期刊业为例，分析了传媒产业的变迁对中国内地阶级关系建构的影响。在对电影业的分析中，研究者主要以例证的方式展示出，随着资本的流动，中国电影正同好莱坞趋于一体化，跨国的文化生产正在源源不断地满足城市中产阶级享受“全球文化”的欲望。在对期刊业的分析中，研究者对《时尚旅游》2002年11月刊进行了话语分析，认为海外资本通过介

① 斯迈兹认为，自由和闲暇时间思想本身就是资本主义上层建筑的陈旧思想，它来自上层阶级享受的官方文化，可以参见［美］凡勃伦：《有闲阶级论》，北京，商务印书馆，2004。

入消费生活类期刊倡导消费主义，在意识形态的层面为城市中产阶级提供了特殊的“文化资本”，强化了他们与国内其他阶层的疏离和对全球化的认同。

至此，研究者认为中国的传媒业在与国际资本融合的过程中，有仅仅为部分“跨国阶级”服务的趋势，进而将中国建构成为“非正式美帝国”的一个部分。然而，这种趋势正在遭遇挑战，研究者通过对中国内地更广阔层面的描述，认为中国现阶段阶级的建构是复杂的，跨国资本、政治、经济、文化精英和城市中产阶级构成的霸权集团虽然已经在中国文化领域超越其他阶层占据强势地位，但一方面，执政党不能放弃传统的反资反帝的话语体系，同时以民族主义作为统治合法性的基础之一。另一方面，在市场化和全球化中失去利益的“草根”大众同样为了诉诸社会公正和民族主义而进行抗争，两种力量的合流，加上部分左派知识分子的推波助澜，使精英阶级的话语受到质疑。

最后研究者总结道，随着中国在全球化过程中产生的种种矛盾加深，在满足社会各阶层文化传播上的需求方面，中国传媒业面临的挑战将日益严重。如前所述，下层民众对公平正义和民族主义的追求反而迎合并强化了威权统治所倡导的意识形态，对于这一点研究者在行文中表现出了一定程度的惊讶和忧心忡忡。

讨论：

你认为该研究所讨论的问题能否用政治经济学的三个核心问题加以概括？这里面所说的“非正式的美帝国”与下面讨论的“文化帝国主义”有何异同？以中国为语境的政治经济学和以北美和欧洲为语境的政治经济学有何异同？

六、传播政治经济学视角下的全球化

中国自改革开放以来，不断融入到全球化的浪潮中，也成为世界文化产业的生产地和市场。在全球化的过程中，国家主权与信息自由、传统文化和全球流行文化、民族身份和全球公民身份之间不断出现冲突。全球化问题一直是传播政治经济学的重要课题，这里既涉及生产分工和消费的不平等，也涉及文化霸权与冲突，是政治经济学大展身手的领域。

全球化不是一个抽象概念，我们每个人都能切身地感受到身边全球化的存在。我们使用的数码相机可能产自日本，我们在迪士尼乐园买回来的史莱克玩具上可能写着“Made in China”，我们在网络上能看到最新的美国电视剧，也能在美国的电影中看到中国功夫。全球化就是随着社会和经济联系延伸到世界各地，世界上不同的人群、地区和国家间不断增长的相互依赖性。[①] 全球化不仅出现在经济领域，还扩展到政治、社会、文化等领域。英国社会学家吉登斯把全球化分成四个相互联系的维度：世界资本主义经济、民族国家体系、国际劳动分工和世界军事秩序（见图 9—2）。[②]

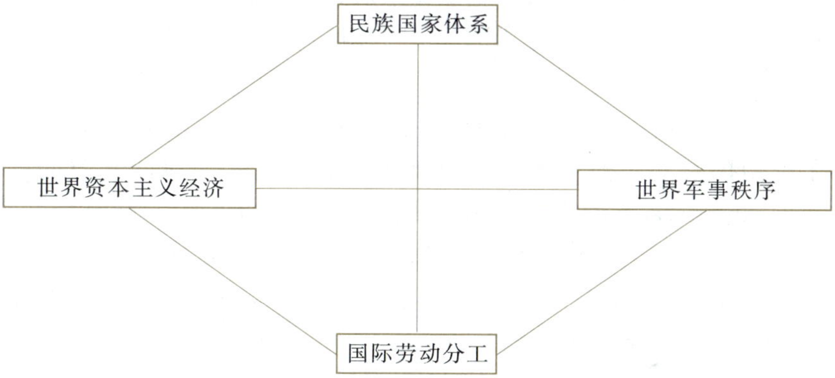

图 9—2　全球化的维度

全球化是一个复杂的过程，相互矛盾的两个方面经常并存。比如全球化一方面表现为超越民族国家的界限，共同解决全球的问题，但另一方面，通过与其他国家的交往，民族国家又从维护主权的能力中获得更多的权力。联合国就是这种矛盾过程的典型表现，一方面国家之间放弃部分传统的权利，通过协商来决定全球性事务，但另一方面联合国又是维护国家主权和统一，维护国家利益的场所。通过代理国家的主权，国家获得了传统社会所不具有的更多的对内统治权力。

全球化引发的第二对矛盾统一体是全球化过程中民族主义的兴起。全球化带来了民族国家认同感的衰落，人们为了填补这种身份衰落带来的空白，增强了对本地传统文化的认同。比如中国在全球化的过程中，民族主义意识增强，对本地文化的认同与保护也更加自觉，近年来的传统文化热、方言影视剧的热播，都可

① 参见［英］安东尼·吉登斯：《社会学》，4 版，883～884 页。
② 参见［英］安东尼·吉登斯：《现代性的后果》，62 页，南京，译林出版社，2000。

以看到这种与全球化相反的趋势。

全球化一方面带来全球性的新身份和民族主义，另一方面也促进了新个人主义的兴起。信息和人口的流动，使我们拥有更多的机会改变自己。今天我们能更容易地通过互联网获得最新的信息，更自由地到世界各国旅游、求学、贸易，追求自己的理想，按照自己的性格和爱好选择自己的生活方式，我们对自我的反思和规划更加自觉。

全球化的前提条件是信息技术的发展。通过同时接触来自世界各地的信息，不同地区的人们被联系在了一起。信息技术对时间和空间的社会意义产生了巨大影响。马克思很早就意识到了技术的冲击，他把资本主义的发展趋势概括为"用时间消灭空间"，意思是通过运输和传播方式的改进，两地间货物运输的时间变得更短，有利于资本主义在空间上的进一步扩张。[①] 戴维·哈维（David Harvey）也表达了类似的意思，他提出，新的技术形态促进了"时间和空间的压缩"（time-space compression），我们就像居住在麦克卢汉所说的"地球村"一样，能够随时与地球上的任何一端进行实时的信息交流，对于那些观看世界杯或奥运会比赛的观众来说，可能更有体会。[②] 而卡斯特（Manuel Castells）则使用"流动的空间"（space of flows）和"无时间性的时间"（timeless time）来描述以信息技术为基础的网络社会对时空观念的冲击。资本流动、信息流动、技术流动、组织性互动的流动、影像声音等象征符号的流动通过实践和物质组织在一起。[③] 技术的发展，产生了深远的文化后果，全球范围内的文化流通加剧，形成了全球性的通俗文化潮流。

上述描述只展示了全球化浪漫的一面，传播政治经济研究者认为，全球化的过程并不均衡，随着世界各国被卷入资本主义生产体系和政治、军事体系，不平等被加剧了。这种不平等不仅包括传统的南北差异，而且也包括在发达国家内部和发展中国家内部出现的新的不平等。通过国际劳动分工，劳动密集型企业被转移到劳动力低廉的发展中国家，发达国家的体力劳动者面临失业的危险。部分国家的农民和工人面临着他国廉价产品的冲击。全球化还导致了发展中国家内部阶层的碎片化，在一个贫穷的国家，也会有少数生活方式不逊于发达国家的上层和中上层群体，但是还有一个更为落后的底层大众。时空的变化不仅是简单的被消灭、被压缩或者流动化，更重要的是时空的结构发生了变化，空间被发达

① 参见陈力丹：《精神交往论》，108页，北京，开明出版社，1993。
② 参见［美］戴维·哈维：《后现代的状况》，北京，商务印书馆，2003。
③ 参见［美］曼纽尔·卡斯特：《网络社会的崛起》，505页，北京，社会科学文献出版社，2003。

资本主义国家、跨国企业、新自由主义经济体系，以有利于它们的方式重新加以组织。

麦克尔·哈特和安东尼奥·奈格里（Michael Hardt and Antonio Negri）则认为，伴随着全球化市场和生产的全球流水线的形成，出现了一种新的全球化的秩序、一种新的规则的逻辑和结构，一种新的主权形式逐渐出现，他们称之为“帝国”。与以前存在过的罗马帝国或列宁所说的“帝国主义”不同，这种新的主权形式没有疆域，没有中心，由一系列国家的和超国家的机体构成，这些机体在统治的单一逻辑下整合，这种新的主权形式就是帝国。帝国是一个描述世界的概念，它的基本特征是没有边境，它的规则是没有限定，没有哪个民族国家会成为帝国的中心，包括美国在内。这种体制统治了所有空间，整个“文明的”世界。帝国成功地终止历史的发展，它的规则无处不在，使全球处于历史之外的永久而普遍的和平之中。它的统治方式像福柯所说的生物政治，权力被内化为对生活的管理和指导，成为一种生活方式。虽然帝国起源于欧洲和美国，但是它的力量不限于任何地区，欧美的规则统治着全球。两位作者也指出，帝国并不意味着压迫和统治，帝国和全球化也为自由的力量提供了新的可能性。①

也有部分学者对“全球化理论”本身表示质疑。比如罗森伯格认为，全球化的理论（a theory of globalization）和全球化理论（globalization theory）是有区别的：前者可以从一切导致时空现象的事物中建构；而后者一定是在这些现象自身中得出它的解释机制，即需要对社会理论本身的时空进行重构。罗森伯格认为全球化理论把古典社会学理论中已经问题化、非神秘化的空间问题重新加以崇拜和神秘化，没有看到空间本身也是文化的和被建构的。另外，现在的全球化理论以“威斯特伐利亚体系”为界，简单地把之前的社会看做是一个老死不相往来的割据世界，而把其后夸张成走向单一全球空间的过程。其实早在这个体系确立以前，人类社会就已经相互联系，不用“全球化理论”，使用其他维度，也可以描述和解释人类的现状。但是在全球化理论家那里，倒果为因，原本作为被解释项的全球化，作为某种历史进程发展的结果，却逐渐被转换为解释项了。②

这些反对全球化理论的学者认为，全球化是一个模糊的概念，人们往往将其神秘化了。全球化过程虽然改变了经济、社会和文化诸方面，但是旧的模式依然

---

① 参见［美］麦克尔·哈特、［意］安东尼奥·奈格里：《帝国——全球化的政治秩序》，南京，江苏人民出版社，2003。

② 参见［美］贾斯廷·罗森伯格：《质疑全球化理论》，南京，江苏人民出版社，2002。

存在。在传播学领域，科林·斯帕克斯（Colin Sparks）是一个反对全球化理论的代表，他将所谓“强势”的全球化理论总结为以下5个观点：

（1）全球化是一个全新的逻辑。

（2）早期以原材料和制造产品为主进行交易为特征的全球化已经被以符号交换和媒介产品的国际流通为主替代。

（3）全球化时代的一个重要特征是没有谁能够控制或者支配这个世界。

（4）在全球化时代，无论是从经济还是从文化生活的角度，都不太容易孤立地谈论一个国家或者一个民族。

（5）全球化时代的另一个标志是“西方”社会系统的权力在经济、政治，或文化方面的被消解。

斯帕克斯认为上述观点都难以成立。全球化并不是一个全新的过程，文化流通的背后仍然脱离不了经济和政治因素的推动。从表面上看，全球化过程是以象征符号的流动为主，但实际上“旧经济”在规模上仍然占据主导地位，而且在许多情况下，物质产品要比文化产品更容易适应不同的文化，波音的飞机要比一张英文的报纸更容易被普通中国人接受。全球的中心不仅没有消失，事实证明世界的重心正越来越向着高收入国家尤其是美国倾斜，全球几大巨型媒体公司都集中在发达国家。尽管资本主义媒体公司的文化产品吸收了其他地区的文化元素，但是这只是为了达到商业目的的一种营销策略，其中的价值观仍然是发达国家的。在全球化的过程中，国家仍然扮演着重要的角色，不论是媒体还是其他非政府组织，都没能最终超越民族国家的主权约束，在全球化时代，国家的职能不但没有消失，还有增加的趋势。①

虽然斯帕克斯所说的“强势”的全球化理论很可能是一个被他极端化的“稻草人”，但是他的结论仍然提醒我们，从政治经济的角度来看，传播和文化全球化的风筝飞得再高，它的线还是牢牢地抓在了政治和经济手中。

七、关于“文化帝国主义”

全球化的批判者们还注意到，在全球化过程中，发达国家与发展中国家间存在信息流动不平衡现象。这一观点经常以言辞激烈的“文化帝国主义”（cultural imperialism）的话语出现。文化帝国主义常常和“文化主权”联系在一起，后者

① ［英］科林·斯帕克斯：《质疑全球化》，载《新闻与传播评论·2003年卷》，武汉，武汉出版社，2004。

是"政治主权"概念的衍生物。鲍尔（Power）曾写道："像政治主权一样，文化主权牵涉抵抗外来影响，发展及保护本国文化的权利和能力。"①

"文化帝国主义"概念可以追溯到赫伯特·席勒在《大众传播与美利坚帝国》和《传播和文化统治》中提到的现象，他描述了美国的媒介产品对其他资本主义国家和发展中国家的"入侵"。这不仅会导致发展中国家的传播产业遭到沉重打击，而且文化的同质化还会导致其传统文化的消失。② 乔姆斯基认为，这些经济入侵不仅产生了物质层面的影响，而且还伴随着意识形态的输出。为了打开其他国家的大门，美国等发达资本主义国家对内对外高举自由主义大旗，提倡政府不要介入，自由竞争。而这种"新自由主义"意识形态（见第四章）实际上维护了少数跨国企业的利益，加剧了全球的不平等。③

奥沙利文（Tim O'Sullivan）认为，文化帝国主义既属于更普遍的帝国主义进程的组成部分，又属于这个进程的产物，通过这个进程，某些经济上的主控国家系统地发展与扩张了对其他国家的经济控制、政治控制与文化控制。④ 需要注意的是，文化帝国主义所讨论的重点并不是旧时的宣传（见第四章），而是跨国大公司所生产的电影、电视节目、音像制品、新闻及广告等产品，所以也有人称其为"媒介帝国主义"(media imperialism)。

对文化帝国主义的批评虽然侧重点不尽相同，但是总结起来主要有以下三点：(1) 使大部分（主要是发展中国家，也包括像法国这样的发达国家）国家的文化产业依附于少数发达国家。(2) 破坏了被支配国家的形象。(3) 扭曲了被支配国家的历史、文化和价值观。(4) 对被支配国家的传统道德或政治体制产生了破坏作用。

在承认"文化帝国主义"概念的学者中，大致分为两种观点。一种观点认为文化帝国主义是某个国家或群体具有明确目标的阴谋。具体来说，发达国家及跨国企业利用政治、经济方面的优势，强行推广其文化，不仅剥削其他国家，而且缺乏深度的通俗文化本身也是欺骗其他地区的消费者、取消本土文化，巩固帝国主义政治、经济侵略的隐蔽手段。在文化产品中，隐性捆绑着无条件肯定市场经

---

① 转引自［美］罗伯特·福特纳：《国际传播：全球都市的历史、冲突及控制》，44 页，北京，华夏出版社，2000。

② 参见［美］赫伯特·席勒：《大众传播与美利坚帝国》，上海，上海世纪出版集团，2006；See Herbert I. Schiller. *Communication and Cultural Domination*, New York: M. E. Sharpe, Inc. / White Plains. 1976。

③ 参见［美］诺姆·乔姆斯基：《新自由主义和全球秩序》。

④ 参见［美］约翰·费斯克等编：《关键概念——传播与文化研究辞典》，2 版，67 页，北京，新华出版社，2004。

济、西方民主制度和新自由主义的意识形态和价值观。其他国家由于经济实力不强，难以生产和发行包装精良的文化产品，丧失了文化独特性，沦为超级大国的文化乃至政治附庸。

第二种观点则将文化帝国主义看做是客观上不可避免的趋势，并没有哪个主体在背后有目的地操纵它。有不少人将文化帝国主义等同于“美国化”，霍格特从社会学的角度提出，美国化源于资本主义的生产方式和生活方式，美国只不过是这一生存状态的显著代表而已。[①] 还有的学者认为美国文化之所以具有“侵略性”，是因为美国人口与文化构成非常复杂，美国市场是全球市场的一个缩影，如果文化产品能满足美国人的消费需要，它同样也在全球市场具有竞争力。[②] 汤林森甚至认为，文化的全球化和同质化是现代性（modernity）的宿命，美国只是先行一步而已。所以，与其说美国是一个侵略者，不如说它是现代性的第一个牺牲者。[③]

“文化帝国主义”问题之所以充满争议，很重要的原因是这个概念本身缺乏明确的内涵。约翰·汤林森（John Tomlison）认为，根本不存在一个固定的文化帝国主义的概念，有的只是关于它的不同话语。他区分了“文化帝国主义”的四种话语：作为媒介帝国主义的话语、作为民族国家的话语、作为批判全球资本主义的话语和作为现代性批判的话语。

不同的话语由于说话者不同，谈论的对象和立场存在很大差异。发展中国家是“文化帝国主义”民族国家话语的主要提出者。在这一话语中，包含着一系列未经证明的前提假设，比如文化的内核是相对静止的（否则就不存在“传统”文化了）、文化的变迁导致民族传统文化的消失、不同文化间的特殊性要大于普遍性等。其中有些前提假设本身缺乏反思性，如果从简单地民族主义的角度去批判“文化帝国主义”，很可能过度强调了文化的静止性和独特性，不利于文化的发展和超越民族结构建立新的关系。以中国文化为例，它一直处于生机勃勃的发展中，在古代吸收了周边少数民族文化、印度佛教文化，在近代吸收了西方文化（包括马克思主义），从我们的服饰到生活方式，一直在发展。如何能够既保留民族文化，克服其局限，同时又吸收现代的自由民主观念（日本可以被视为是一个

---

① 参见［英］多米尼克·斯特里纳蒂：《通俗文化理论导论》，北京，商务印书馆，2001。

② See Scott Robert Olson, *Hollywood Planet*: *Global Media and the Competitive Advantage of Narrative Transparency*, Lawrence Erlbaum Associate, Inc, 1999.

③ 参见［英］约翰·汤林森：《文化帝国主义》，上海，上海人民出版社，1999。

比较成功的例子)，这是民族主义话语需要进一步思考的问题。[①] 另一方面，所谓的“现代性”是否只有一种形式也值得我们探讨。因为目前关于现代性的界定，均以西方发展轨迹为标准，像中国这样的发展中国家并非没有可能另辟蹊径，以其他方式融入全球化浪潮。[②] 如果汤林森的“现代性的宿命”并不成立，全球化或现代化也许不会导致中国成为西方的附庸。

文化帝国主义是一个具有批判价值的概念，但是由于它模糊不清，使得它真正要反对的对象暧昧不明，无形中丧失了力度。文化帝国主义概念的不足之处有以下几方面：

(1)“西方的”影响究竟是文化（或大众媒介）造成的，还是更深层的结构因素造成的？把历史的、政治体制的和经济的原因都归结为文化，是否踏入“文化中心主义”的陷阱？

(2)“西方的”文化与“现代化（性)”是否可以截然分开，如何防止简单地把“西方的”当做“侵略的”或“帝国主义的”，如何在保持文化独特性的同时，促进世界公民文化身份的共享和交流？

(3) 信息主权观念是否合理？主权（sovereignty）概念虽然充满争议，但人们的共识是它来自于民众的授予和社会公约[③]，民众会把保护领土、安全的管理权授予国家，但他们是否会把自由接受信息与传播信息的权力无条件地交给国家呢？信息主权在法理上并非毫无争议。

(4)“西方的”或“美国的”文化是否仍处于无可置疑的优势地位？第三世界国家（如墨西哥、巴西、韩国）文化产品的兴起促成了新的区域化文化的兴起，这些文化产品的出口是对文化帝国主义的反抗，还是另一种形式的“文化帝国主义”？如果是后者，“文化帝国主义”的内涵是否面临自相矛盾？[④]

(5) 文化帝国主义概念究竟反对的是“经济侵略”还是“文化侵略”？如果是前者，本土化文化产业的发展似乎可以解决这个问题。但是如果是后者，模仿跨国大公司的生产方式与内容模式而成功的本土文化产业是成功还是失败？我们究竟反对的是美国的文化产品，还是美国的价值观（或跨国公司的消费价值观)？

---

① 这方面的论述可以参见以色列学者耶尔·塔米尔著的《自由主义的民族主义》，上海，上海世纪出版集团，2005。

② 比如艾森斯塔特在多元文明的基础上，提出了多元的现代性概念，以代替西方中心的单一的现代性概念。参见［以］S. N. 艾森斯塔特：《反思现代性》，北京，三联书店，2006。

③ 参见［美］约翰·霍夫曼：《主权》，长春，吉林人民出版社，2005。

④ 参见［英］库兰、［美］古尔维奇编：《大众媒介与社会》，北京，华夏出版社，2006。

类似的困境还可以体现在对盗版的态度上，撇开法律问题不谈（甚至有人认为现有版权制度本身就是一种文化帝国主义的体现），如果把文化帝国主义看成是经济问题，对外国文化的盗版显然有利于抵制文化帝国主义。但是如果把文化帝国主义看成是文化问题，盗版则推动了文化帝国主义的侵略。

（6）为了抗击文化帝国主义，一些国家大力塑造自己的“本土文化”，把城市文化或单一国家文化强加给本国民众。如果说反对文化帝国主义者追求的是文化多元性，那么上述做法则是在工具（目的）理性的引导下走向了自相矛盾。

（7）最后也是最重要的一点，文化帝国主义概念只注意到了信息的发出者和信息内容本身，却忽视了受众对信息的解读，它所主张的是一种类似魔弹论的效果论。但是实际情况要复杂得多，比如利贝斯和卡茨发现，本地文化会影响不同的文化群体对美国流行电视剧的解码，甚至不同文化背景的受众（比如日本和俄罗斯）还会抵制该节目。①

文化帝国主义的话语将争取民族独立、追求文化多样化的力量联系在了一起，但是由于它的模糊性，无形中削弱了这个话语共同体的力量。我们应该在保持该话语批判性的前提下，继续寻找更明确的、具有操作性的话语来指导我们的行动。

不论如何描述文化帝国主义，如果承认文化多元意味着更多的自由选择，那么单一的文化就意味着控制和霸权。真正的问题不是要不要接受外来文化的问题，而是这种外来文化在什么样的经济体制中生产，是否保持了开放性、多样性和可接近性。

总　结

你可能已经感觉到，本章所讨论的话题和前几章相比，明显难了不少。我们已经由管理学派转向了批判学派。首先我们讨论了什么是批判学派，尤其是法兰克福学派在批判学派的产生过程中所起的重要作用。作为最早从批判的角度研究传播现象的学术共同体，法兰克福学派在批判启蒙运动和现代性时，以大众文化为例，批判了工具理性对现代文化的影响。需要注意的是，法兰克福学派的理论诞生于特殊的历史环境中，德国纳粹的暴行和美国的流亡生涯使他们在分析现代

① 参见［英］泰玛·利贝斯、埃利胡·卡茨：《意义的输出》，北京，华夏出版社，2003。

资本主义的大众文化时，具备了一种独特的视角。他们在令人眼花缭乱的大众文化之中，也听出了威权主义的不和谐音。

和第一代法兰克福学派的消极悲观不同，第二代法兰克福学派成员哈贝马斯为我们描述了一个以交往理性为基础的乌托邦。他提出的“公共领域”概念克服了第一代学者只破坏不建设的不足，为媒介规范理论提供了重要的基础。

第一代法兰克福学派成员弱化了经典马克思主义的阶级分析和经济基础分析，把重点放在文化上。而传播的政治经济学则重新把经济基础对文化的影响作为主题。他们主张考察文化产品的生产、文本、消费过程，用分析物质产品的方法来分析文化产品中的不平等关系。

政治经济学在不同的社会语境下，关注不同的议题，形成了北美、欧洲和第三世界三个研究传统。尽管存在差异，但传播政治经济学共同的核心问题主要有三个：（1）文化产品生产的政治经济学研究；（2）文本的政治经济学研究；（3）文化消费的政治经济学研究。

对于中国而言，传播政治经济学的研究才刚刚开始，我们面临的问题也与发达资本主义国家有所不同。本章我们选择了全球化问题和文化帝国主义两个热门话题进行讨论。当然，这两个话题只是我国传播政治经济学研究的一小部分，更重要的是在经济和政治体制改革的过程中，大众传播能否在促进自由和保护弱势群体、适应全球化和保护传统文化的张力中寻找到适当的位置。

关键概念

批判学派
法兰克福学派
批判理论
传统理论
启蒙的辩证法
现代性
文化工业
商品拜物教
异化
标准化
伪个性化
机械复制的艺术
公共领域
公共领域的“再封建化”
传播的政治经济学
去媒介中心化
受众商品论
全球化
文化帝国主义

深入阅读

●［美］马丁·杰伊：《法兰克福学派史》，广州，广东人民出版社，1996。

●［德］马克斯·霍克海默：《传统理论和批判理论》，见《霍克海默文集》，上海，上海远东出版社，1997。

●［德］马克斯·霍克海默，西奥多·阿多诺：《启蒙辩证法》，上海，上海人民出版社，2003。

●赵勇：《整合与颠覆：大众文化的辩证法》，北京，北京大学出版社，2005。

●［德］哈贝马斯：《公共领域的结构转型》，上海，学林出版社，1999。

●［加］文森特·莫斯可：《传播政治经济学》，北京，华夏出版社，2000。

●［英］彼得·戈尔丁、格雷厄姆·莫多克：《文化、传播和政治经济学》，见［英］库兰、［美］古尔维奇编《大众媒介与社会》，北京，华夏出版社，2006。

●［美］赫伯特·席勒：《大众传播与美利坚帝国》，上海，上海世纪出版集团，2006。

思考与讨论

1. 批判理论与传统理论有何不同？能否结合第三章谈到的研究范式分析它们之间的分歧？

2. 你是否同意法兰克福学派对大众文化的批判？为什么？

3. 请结合第八章的理论，分析法兰克福学派的受众观。

4. 什么是公共领域？你认为互联网上的BBS能称为公共领域吗？

5. 传播政治经济学的观点与法兰克福学派的观点有何异同？

6. 传播政治经济学与西方主流经济学有何不同？

7. 选择一个媒体或节目，用传播政治经济学的三个核心问题，对它进行分析。

8. 你认为“全球化理论”是否必要？为什么？

9. 什么是文化帝国主义？你认为外来文化会对本土文化产生不良影响吗？为什么？

第十章

文化研究：表征与霸权

CHAPTER 10

本章知识结构及要点

☆ 文化研究的历史
- → 早期的文化主义及社会学转向
- → 阿尔都塞的影响及结构主义转向
- → 葛兰西转向
- → 女性主义及种族理论的影响
- → 法国社会理论及后现代主义的影响
- → 文化研究的输出
- → 文化研究的特征
- → 文化研究在中国

☆ 表征理论
- → 表征与文化
- → 符号学理论与表征
- → 编码与解码
- → 话语与权力

☆ 通俗文化研究
- → 文化研究中的媒体研究
- → 通俗文化、大众文化与民间文化
- → 关于通俗文化的6种理论
- → 费斯克的通俗文化理论

文化研究是当今最“时髦”的学术领域之一。学者们像变戏法一样地研究热门电视剧、周星驰电影、金庸小说、酒吧、时尚、体育、芭比娃娃、麦当娜、流行音乐，过去被视为难登学术大雅之堂的这些流行文化现象被学术界严肃地当做政治问题，带入课堂中讨论。有人将文化研究称为炼金术，日常生活中司空见惯的一个名词，一种生活方式也能衍生出长篇大论来。这些表面现象让文化研究笼罩上神秘的色彩，也使其成为一个极易被误读的研究领域。

几乎所有的文化研究者都认为，文化研究不是一个体制化的领域，以至于文化研究的旗手斯图亚特·霍尔一直拒绝给文化研究下一个简单明了的描述性的定义。为了适应不断发展的现实，该领域不断地转换研究对象和方法，这给初学者了解文化研究带来困难。本章我们从文化研究的产生发展历史语境入手，重点介绍文化研究的核心精神，以便于大家结合中国的当代文化，灵活运用。为了转换思维方式，我们的表述也会作一些调整。适应理论化的表达方式，也是了解文化研究的一部分。

第一节　文化研究：流动语境中的接合知识

一、文化的重新定义和社会学转向

要理解文化研究的内在精神，我们必须结合它产生的语境。首先，我们要区分大写的文化研究（Cultural Studies）和普通的“对文化的研究”（study of culture）。前者是一个特殊概念，它特指由英国当代文化研究中心的研究者发展起来的研究传统，尤其关注文本和受众研究，有着特定的前提假设。而后者则是指把文化作为研究对象所进行的一般性研究，比如对某个民间文化的研究、对某个地区文化的研究、对官场文化的研究等。①

正如标题所显示的，文化研究是接合知识（conjunctural knowledge）。接合知识是意大利共产主义者安东尼奥·葛兰西（Antonio Gramsci，1891—1937）提出的概念，他是一位对文化研究产生了深远影响的学者型政治家。接合知识和为了纯学术研究而得出的知识不同，它的目的并不是单纯地求知，而是适应当前的政治或历史环境，针对文化表征（对现实世界的再现）的结构进行批判。我们后面会谈到，批判的原因在于这种表征的结构促进了权力的运行，制造着不平等

① 参见王毅：《文化研究向何处去》，载《河北学刊》，2004（3）。

和压迫。换言之，文化研究就像一个变色龙，它根据社会条件的变化，提出自己的主张。它的目标是积极地干预现实，反对权力的压迫，帮助我们追求自由，而不是为了提出一个放之四海皆准的理论。因此，文化研究总是特殊的、具体的、随机应变的，而不是抽象的。

现在我们可以理解霍尔不给文化研究下简单的描述性定义的原因了，因为它就像变形虫，没有一个确定的形状。要确切地说出它的形状，是一件无意义的事情。关键是我们阐明它变形适应环境的原理和机能。从这个意义上讲，考察文化研究产生的语境和它的应对，是理解文化研究最好的途径。

文化研究产生于第二次世界大战后的英国。1964 年，英国伯明翰大学英语系成立了当代文化研究中心（the Center for Contemporary Culture Studies, CCCS)，招收研究生，这是文化研究正式得到教育体制认可的一个标志性事件，人们也习惯将文化研究学派称为伯明翰学派。作为一个事件，当代文化研究中心的成立固然非常重要，但是在此之前，20 世纪 50 年代英国一批左派知识分子对文化的重新定义，对文化研究的影响更大。

第二次世界大战后，英国结束了所有社会活动围绕战争运行的总体战状态，转向战后复兴，出现了一个高速发展和巨变的时期。战后的解决方案包括复兴资本主义、建立福利国家和冷战等。在此过程中产生了新的经济和政治权力，出现了新的关系。英国应该向何处去，这是当时英国知识分子们非常关注的问题。

1956 年匈牙利“十月事件”使左派知识分子们重新思考马克思主义。他们在谴责苏联干预的同时，也对斯大林把社会、政治、道德和艺术问题简单地还原为经济和阶级结构的观点进行了批判。正如霍尔在回忆这段思想经历时提到的，新左派把马克思主义看做是一个问题、麻烦和危险，而不是终极的解决方案。他们继而对马克思主义本身进行了深入地反思，除了庸俗的经济决定论以外，还对其中隐含的欧洲中心主义进行了批判。比如马克思认为资本主义是在封建社会内部的转型中孕育出来的，但霍尔从自己的经验出发批判了这一观点的隐含前提，他来自牙买加，那里的资本主义就是在欧洲的征服和殖民过程中建立起来的。[①]当然，他们并没有完全放弃马克思主义，而是在新的问题面前，在马克思提到但并

---

① 公平地说，霍尔的这个观点稍显武断，马克思考虑到了殖民地问题的特殊性。他专门论述过印度殖民地受外来影响会发展起西方资本主义并被纳入世界市场体系的问题（见《不列颠在印度统治的未来结果》，载《马克思恩格斯选集》，2 版，第 1 卷，767～773 页）。但是马克思在讨论中也提到，英国殖民者在破坏印度旧制度的同时，也在亚洲为建设西方式的社会奠定基础，暗示了欧洲以外的历史只能按照欧洲走过的道路发展。

未深入研究的对象——语言、象征符号、文化、意识形态、霸权方面，继续探索。[①]

20世纪50年代至60年代初，理查德·霍格特（Richard Hoggart，1918— ）的《识字的用途》（1958），雷蒙德·威廉斯（Raymond Williams，1921—1988）的《文化与社会》（1958）、《漫长的革命》（1961）、E. P. 汤普森（Edward P. Thompson）的《英国工人阶级的形成》（1963）等著作的出版，标志着一种新的文化观的形成，也为文化研究的出现奠定了重要的基础。

霍格特和威廉斯都来自文学批评领域，当时英国最具影响的文学批评理论家是利维斯（Frank Raymond Leavis，1895—1978），他们二人均受到利维斯的影响，但是也正是对利维斯的"反叛"，为文化研究开辟了新路。利维斯坚持认为文化对于人类社会起着至关重要的作用，英国当时的社会问题主要缘自文化的堕落。他将当时出现的广告、通俗小说等斥为"大众文化"（mass culture），强调文化应该保持"选择性"，用优秀古典文化"伟大传统"中包含的道德和价值观念来教化民众，影响社会。利维斯建构了一个17世纪工业革命以前未受污染的"美好的过去"，希望借它们来拯救"糟糕的当下"。

后来就任当代文化研究中心第一任主任的理查德·霍格特，其著作《识字的用途》受过利维斯的影响。霍格特通过回忆自己的生活经历，描述了两种完全不同的生活。在他的青年时期，20世纪30年代的工人阶级文化自然淳朴，通过各种通俗文学、小酒馆、工人俱乐部，形成了一个有着共同感受的有机的工人阶级文化。而在第二次世界大战后，随着美国商业通俗文化的入侵，这一美好的状态成为过去。一方面，霍格特延续了利维斯从文化内容（质量）上主观地判断文化优劣的思维方式，另一方面，他所说的优秀文化的范畴不再局限于利维斯的代表着"伟大传统"的古典精英文化，而是扩展到工人阶级的生活方式。霍格特开始由居高临下的精英视角转变为从民众内部观察他们的文化。这和他的出身有一定关系，霍格特和下文将要提到的威廉斯皆来自工人阶级，并且长期在面向工人的非义务教育学校中任教，这一身份使他们的立场与利维斯有所不同。[②] 霍格特对文化的定义也比利维斯宽泛得多，通俗文化也被作为文本加以分析，并且这种个人自传式的研究结合了社会学、政治学和文学批评等多种研究方法，不仅开创了文化

---

① See Stuart Hall: "Cultural Studies and its Theoretical Legacies", In David Morley and Kuan-Hsing Chen (eds.): *Stuart Hall: Critical Dialogues in Cultural Studies*, London: Routledge, 1996.

② See Simon During: "Introduction", in *The Cultural Studies Reader*, London: Routledge. 1999.

研究中非常重要的民族志传统，也奠定了文化研究跨学科的研究方法。[①]

雷蒙德·威廉斯明确地批判了利维斯对于“美好过去”的幻想，不再用内容的优劣来评价文化，而是从社会学的角度把文化看成是某个时期多层次的“鲜活”的整体。[②] 威廉斯把文化的界定分为三种形式：一种是“理想的”文化定义，即文化是人类完善的一种状态或过程，这是利维斯式的定义，甚至可以追溯到马修·阿诺德（Matthew Arnold，1822—1888）的定义。[③] 第二种是“文献式”文化定义，根据这个定义，文化是知性和想象作品的整体，这些作品以不同的方式详细地记录了人类的思想和经验。第三种是文化的“社会”定义，根据这个定义，文化是对一种特殊生活方式的描述，这种描述不仅表现艺术和学问中的某些价值和意义，而且也表现制度和日常行为中的某些意义和价值。这三种定义方式分别对应着不同的文化分析，这些分析对于我们再现人类某一时期“鲜活”的文化都必不可少。从这个定义的梳理中我们可以看出，威廉斯对文化的定义已经不再局限于“理想”和“文献”，而是包括生活方式在内的颇具社会学和人类学意义的文化。[④] 并且威廉斯这种重视生活经验的视角也导致他反对把文化变迁简单归结为经济基础的庸俗唯物主义和经济决定论，而是提倡一种激进的相互作用论：即在所有的实践内的相互作用，拒绝接受简单的决定论。[⑤]

英国史学家 E. P. 汤普森的《英国工人阶级的形成》一书中，也采取了这种社会学式的文化定义，同时他认为文化在工人阶级形成的过程中扮演了重要角色。他主张阶级不是一个事物而是一种关系，阶级成员身份源于社会角色的位置，这种关系不是直接由经济决定的，阶级意识是由文化形成的。人们所在的生产关系虽然可以影响工人的阶级经验，但是工人对整个阶级的认同感和想象则受到作家、革命者、工会组织者和宪章思想家的影响。此外，他认为工人阶级的文化并不具有威廉斯所说的整体性，文化总是处在冲突之中，是复数的文化（cultures）而不是统一的大写的文化（Culture）。文化是社会存在与社会意识之间的

---

① 参见罗钢、刘象愚：《文化研究读本·前言》，见罗钢、刘象愚编：《文化研究读本》，北京，中国社会科学出版社，2000；又见［英］理查德·霍加特：《“人民的真实世界”：来自通俗艺术的例证——〈派格报〉》，见罗钢、刘象愚编：《文化研究读本》，北京，中国社会科学出版社，2000。

② 参见［英］雷蒙德·威廉斯：《文化与社会》，北京，北京大学出版社，1991。

③ 参见［英］马修·阿诺德：《文化与无政府状态》，北京，三联书店，2002。

④ 参见［英］雷蒙德·威廉斯：《文化分析》，见罗钢、刘象愚编：《文化研究读本》，北京，中国社会科学出版社，2000。

⑤ 参见［英］斯图亚特·霍尔：《文化研究：两种范式》，见罗钢、刘象愚编：《文化研究读本》，北京，中国社会科学出版社，2000。

协商和对话。①

霍格特、威廉斯、汤普森这三位文化研究奠基者的研究，塑造了早期文化研究的鲜明特色，霍尔称其为“文化主义”范式。早期的文化研究有以下特点：

（1）文化研究的“社会学转向”使研究强调“鲜活的文化”，中心早期的青年亚文化研究就显示了这种旨趣。

（2）文化研究与当时美国盛行的实证主义社会学研究、英国传统的文学研究之间的差异，使其获得了新的身份。一方面，美国社会学中追求中立、科学，提倡功能主义，回避意识形态问题让早期文化研究学者们大为不满，他们认为这一立场缺乏社会研究的“整体性”概念和“文化”的观念。另一方面，他们又反对英国传统文学研究中的精英意识和狭隘的研究范围，他们主张把文化看成一种实践，把整个社会生活方式纳入到对文化的考察中。霍格特在1964年当代文化研究中心成立的就职演讲《英语学院和当代社会》中提到，“文化研究优先关注的是被忽视的，来自通俗文化和大众媒体的内容，这些内容才说明了当代文化的重点和方向”②。

（3）文化研究关注文化实践与其他实践（如经济、政治和意识形态）的社会关系，发展起文化的唯物主义定义。与此同时，早期的研究者又坚决反对决定论，认为各种实践之间处于一种相互妥协、对话的状态。

（4）在研究方法上，早期的文化研究不再局限于文本分析，当然也没有采用实证主义的“科学的”研究方法，而是采用了跨学科的方式进行研究，尤其提倡主观地理解，通过民族志式的考察，整体式地再现“鲜活的”文化全貌。这种重视经验，反科学主义、反学科体制式的研究方式成为后来文化研究的鲜明特色。

二、结构主义的影响

进入20世纪70年代之后，随着英国电影研究中对结构主义的强调，文化研究领域也受到了一定的影响。按霍尔的说法：文化研究中“文化主义”的线索，随着“结构主义”知识背景的出现被打断了。③

结构主义是在索绪尔语言学研究的基础上，逐渐形成的一种运动和理论。结

① 参见［英］E. P. 汤普森：《工人阶级的形成》，南京，译林出版社，2001。

② Stuart Hall："Cultural Studies and the Centre：some problematics and problems"，in *Culture，Media，Language：Working Papers in Culture Studies，1972—1979*. London：Hutchinson. 1980.

③ 参见［英］斯图亚特·霍尔：《文化研究：两种范式》，见罗钢、刘象愚编：《文化研究读本》，北京，中国社会科学出版社，2000。

构主义内部的派别也非常复杂，而对 20 世纪 70 年代英国电影研究冲击最大的是法国人类学家列维-斯特劳斯（Claude Lévi-Strauss，1908— ）和法国心理分析学家雅克·拉康（Jacques Lacan，1901—1981）。他们都主张人类社会中存在着普遍性的结构，这些结构会决定人的行为和事件，它们是高度抽象的，并且超越历史和文化。在结构主义的解释框架下，人的能动性被从文化过程中排除出去。这股学术潮流也影响到文化研究。但是由于文化研究注重经验，因而它始终对极端的结构主义保持着一种谨慎的态度。① 真正对于文化研究产生重要影响的，是另一位结构主义马克思主义者，法国学者阿尔都塞（Louis Althusser，1918—1990）。

和文化研究的早期“文化主义”者不同，阿尔都塞不是从经验出发，而是整体、抽象地对不同社会形式的实践展开讨论。他对马克思主义最著名的修正是对经济基础与上层建筑之间的决定关系做了调整，提出了不同部分之间不能简化为决定关系，它们是相对自主的。

他对马克思提出的意识形态观念也进行了修正。意识形态（ideology）概念的发展是一个复杂的过程，我们可以把它看成是一个追求客观中立地研究意识的过程。这个概念的创造者是法国学者特拉西（Antoine Destutt de Tracy）。他提出要建立一种新的观念学（ideology），摆脱宗教和其他偏见，对思想的起源进行理性地研究，它将成为其他科学的基础。这个概念是在法国大革命时期提出的。但是在拿破仑称帝的过程中，这些自由派和共和派的学者被他讥讽为提倡“模糊不清的形而上学”的意识形态理论家，该词逐渐具有了贬义色彩。马克思在《德意志意识形态》中发展了这个概念，在建立唯物主义历史观的过程中，批判了那种颠倒的社会意识和虚幻的想象，他认为意识形态掩盖了不平等的权力关系。②

在马克思自己看来，意识形态的贬义主要包括两个方面：首先，意识形态与唯心主义联系在一起，而唯心主义作为一种哲学观是和唯物主义相对立的：任何正确的世界观在某种意义上都必定是一种唯物主义观点；第二，意识形态与社会中的资源和权力的不公平分配联系在一起：如果社会的和经济的安排受到怀疑，那么作为其一部分的意识形态也会如此。③

马克思和特拉西都试图通过确立科学的意识去揭露虚假的意识，但是这陷入

---

① See Stuart Hall：“Recent Developments in Theories of Language and Ideology：a critical note”. In *Culture，Media，Language：Working Papers in Culture Studies，1972—1979*. London：Hutchinson. 1980.

② 参见《马克思恩格斯选集》，2 版，第 1 卷，62～135 页。

③ ［英］大卫·麦克里兰：《意识形态》，2 版，13 页，长春，吉林人民出版社，2005。

了另一个难题，如何区分科学与意识形态（即所谓的“曼海姆悖论”），科学为什么不是另一种意识形态？阿尔都塞没有从正确、错误（科学式）的角度来定义意识形态，而是把意识形态定义为“个人对于他所存在的实在环境的想象性关系的再现”①。

意识形态的再定义对于文化研究非常重要。阿尔都塞提出，重要的不是意识形态是否正确，重要的是每个人必须要在一定的意识形态的框架下，才能对自己的生活经验和周围的物质条件进行解释。意识形态对于每个人来说必不可少，它是无所不在且永恒的，“意识形态没有历史”。

其次，阿尔都塞重申了意识形态的内容是由物质来定位的，国家机器通过构造和质询（召唤），把具体的人构造为主体。这里所说的质询（interpellation）就像是我们日常打招呼，通过这种应答，个人承认自己的主体身份，被嵌入到关于现实的想象之中。意识形态不是观念系统，而是实践。虽然不能简单地把意识形态还原为阶级，但是意识形态与阶级结构是存在一定关系的。在一个社会中，会存在一个“占统治地位的意识形态”，它通过国家机器来贯彻。这些看法促使文化研究学者们除了关注语言符号和再现系统中的意识形态外，还对生产体制和物质结构予以关注。

对于文化研究而言，阿尔都塞的很多理论与早期文化主义在某些方面十分接近。比如反对经济决定论，注重整体式的研究等。同时阿尔都塞的理论又为文化研究注入了新的资源。文化不仅是一种生活经验的再现，而且是一种意识形态，涉及对个人和群体的无形控制。意识形态为个人提供了一个解释世界的框架，它在社会中执行着必不可少的功能。意识形态影响着个体的经验，并为这种经验提供一定的前提条件。此外阿尔都塞关于意识形态与国家机器间的关系，文化实践对于主体性的建构等也对文化研究产生了深远影响。

阿尔都塞的理论使文化研究从早期纯粹的对文化经验的研究，转向了对政治权力的运作与文化再现关系的考察。这可能也与霍尔继任当代文化研究中心所长有一定关系。与第一任所长霍格特更加关注文学不同，霍尔对于社会的强调使文化研究更加关注对社会不平等的批判。

当然，阿尔都塞的结构主义中也有一些让文化研究感到不满意的地方。首先是这个理论体系高度抽象，它并没有具体的历史语境，同时也缺乏经验层面的考察。这和文化研究奠基者们所确立的重视经验考察的精神有些格格不入。

---

① 参见［法］路易·阿尔都塞：《意识形态和意识形态国家机器》。

其次，意识形态理论中个人的能动性几乎没有体现。当时英国电影研究者在研究中经常仅仅考察电影文本，就断定其影响，仿佛文本只要设置某种主导的意识偏向，个人就会被动地接受这种结构，这使得该理论具有浓厚的决定论色彩。分析文本的主导编码并没有错，问题在于强调解码者会无条件地接受这种编码的内容和规则。霍尔在编码/解码理论中，专门将这两个过程进行了区分。

再次，这种理论没有充分地阐明意识形态之间的“斗争”，在一个社会中，不会只存在一种统一的意识形态，多个不同的意识形态之间如何对话和协商？这个问题在该理论体系中并没有给出令人满意的解释。

最后，阿尔都塞的理论并没有给女性主义留出空间，他注重讨论国家和公共层面的意识形态，而没有考虑两性之间的意识形态，因而带有父权主义色彩。

三、葛兰西转向

正是对结构主义理论的这些不满，导致文化研究转向葛兰西。霍尔认为，文化研究对葛兰西的“发现”，不是因为葛兰西解决了当前所面临的理论问题，而是因为他至少提到了这些问题。很快，葛兰西取代了阿尔都塞等在文化研究中的地位。安东尼·葛兰西（Antonio Gramsci，1891—1937）是意大利的共产主义者，他短暂的一生中有十年在法西斯的监狱中度过，在狱中他尽其所能，对文化与政治进行了深入地思考与批判。他最有名的著作是《狱中札记》，其中关于知识分子角色的讨论、“国族—通俗”（national-popular）文化的讨论、意识形态作用下的“常识”、意识形态对大众的组织和动员的讨论，都对文化研究产生了重要的影响。当然，其中对文化研究影响最大的，还是他的霸权理论。

所谓霸权（hegemony），确切地说是文化领导权，是指一定阶级联盟为了自己的利益对整个市民社会的统治。葛兰西把社会分成两个部分，国家和市民社会。对于国家的统治，可以通过暴力或强制，但对于市民社会的控制，则不能单纯依靠外在的武力，必须诉诸文化。这种文化的领导权是建立在公民的“常识”和同意的基础之上的。因此，领导力量并不是一味地动粗用强，还会通过一定程度的让步和妥协，寻求咬合点，与被统治者达成一致。因此这种意识形态的统治过程并不像阿尔都塞所说的那么简单，它是对特定斗争舞台的暂时控制。

葛兰西的理论除了放弃了阿尔都塞决定论式的意识形态理论以外，更吸引文化研究学派的是，他的思想并不是抽象的，而是与历史的具体经验相“接合”。

他的大量论述不是抽象的理论推导，而是对意大利现实政治、文化经验的思考与批判。我们前面提到文化研究把自己定位为接合知识，正是葛兰西这种精神的体现。

葛兰西对有机知识分子角色的讨论也让文化研究学者们为之神往。葛兰西认为，有机的知识分子与传统的仅仅专注于学术研究和发展知识的知识分子不同，他们还要与所在的阶级息息相通，一方面挑战那些以最精致的最隐蔽的方式表现出来的意识形态，另一方面还要参与通俗教育的任务，帮助所在的阶级获得解放。因此，文化研究也必须同时在这两个战线上展开自己的工作。

葛兰西对文化研究的核心精神产生了重大的影响。文化研究的精神领袖霍尔承认，自己虽然阅读了很多更为复杂高级的理论，但葛兰西的论述对他而言，仍然最贴切地描述了他的思考和实践。①

在葛兰西霸权理论的影响下，20 世纪 70 年代的文化研究关注无权者如何通过自己对文化产品的解读和使用，对权力进行抵抗，并建立起自己的身份认同。当代文化研究中心成员集体撰写（合作研究也是中心的一种尝试，试图打破过去学者单打独斗的传统②）的《仪式的抵抗：战后英国青年亚文化》（1976），研究了 20 世纪 60 年代末到 70 年代初英国工人阶级青年“反文化”现象。他们发现青年们剃光头、开飞车，以及嬉皮士风格、沉溺于强刺激的黑人音乐等举动，既体现了对主流文化的一种象征性反抗，同时也是对工人阶级文化内部矛盾和紧张的一种反应。通过剃光头这种行为，新一代工人阶级青年试图以野性的形象重塑工人阶级社群传统，用它们来弥补后者事实上的衰落。③

而威利斯（Paul Willis）的《学习劳动》（1977）则通过对 12 个工人阶级家庭出身的男孩的研究，发现这些青年并不是被动地接受教育体制的控制，而是积极地制造“反学校文化”。他们拒绝接受“听老师话，他会教你知识，然后找个好工作”的合理化解释。经过三年的民族志研究，威利斯发现他们这么做有着自己的理由：(1)“好工作”（指低工资的白领，或与技术含量较低的工人相对的学徒工）意味着脱离原有社群与生活习惯，而他们不愿脱离自己熟悉的环境。(2) 这些“好工作”如果是中短期的话，并不一定收入高，它们也不需要学校教

---

① See Stuart Hall: “Cultural Studies and its Theoretical Legacies”. In David Morley and Kuan-Hsing Chen (eds.): *Stuart Hall: Critical Dialogues in Cultural Studies*. London: Routledge. 1996.

② See Stuart Hall: Preface to *Culture, Media, Language: Working Papers in Culture Studies, 1972–1979*. London: Hutchinson. 1980.

③ 参见罗钢、刘象愚：《文化研究读本·前言》，见罗钢、刘象愚编：《文化研究读本》，北京，中国社会科学出版社，2000。

的知识。(3) 现有经济系统终究还是需要剥削一些劳动力做下等工作，他们即使不学习，也可以从事这些必不可少的体力劳动。①

戴维·莫利（David Morley）的《〈全国新闻〉受众》②（1980）则通过开放式的群体访谈，发现不同群体对同一电视节目内容会做出顺应的、抵抗的和妥协的三种不同的解读。但是这并不意味着传播内容的意义完全由使用者决定，节目中所包含的“占统治地位的结构”仍然会产生影响。有些观众虽然看出电视中的“占统治地位的结构”，但还是接受其符码。因此，知道意识形态如何运作，不做“文化傀儡”，并不意味着不接受其价值。③

四、意外的中断

正当研究者们认为他们将沿着阿尔都塞和葛兰西所启发的研究思路继续向前发展的时候，两个随着民权运动突然出现的理论——女性主义理论和种族理论意外地“打断”了这一进程。霍尔曾经用一种风趣的笔调，回忆了这一过程。20世纪70年代女性主义运动声势浩大，以至于文化研究的学者们也在考虑是不是要引进和开展一个与女性主义相关的研究。文化研究想把女性主义研究纳入其中，但是女性主义者对这样温和的项目不感兴趣，却反而对文化研究本身进行了攻击，比如安吉利·麦克卢比批评威利斯等人在亚文化研究中流露出明显的父权主义，在他们的研究中没有妇女的位置，甚至很少提到被研究的工人阶级青少年与家庭、母亲、姐妹和女友的关系。④ 而且从当时文化研究的主要理论资源来看，阿尔都塞和葛兰西均没有涉及女性，也带有比较明显的男性中心主义。

霍尔把女性主义的这一猝不及防的批判比作“夜盗”，他在人们不知不觉中跳窗而入，把所有理论打翻在地。这个比喻一点也不夸张，因为女性主义提出的质疑，使文化研究者们遭遇到福柯所说的知识与权力问题——理论本身带有父权的特征，这使得研究者们开始重新反思之前的知识与权力的关系。

霍尔把女性主义对文化研究的影响归结为5个方面：

(1) 女性主义开启了作为政治的个人的观念，个人在日常生活中，也时时涉及

---

① See Simon During：“Introduction”. In Simon During (ed.)，in *The Cultural Studies Reader*. New York，NY：Routledge. 1999.

② 《全国新闻》是一个流行的电视节目，这里既指节目，又是实指，有一语双关之意。

③ 参见［英］戴维·莫利：《电视、观众与文化研究》，台北，远流出版事业股份有限公司，1995。为方便读者阅读，本书在深度阅读中推荐新华出版社出版的《电视、受众与文化研究》。

④ 参见罗钢、刘象愚：《文化研究读本·前言》，见罗钢、刘象愚编：《文化研究读本》，26页。

政治的选择问题，我们在不经意间会站在对女性（或其他弱势群体）的压迫的位置上。如果把这一启示推广开来，其实在性别政治以外，个人日常选择也与权力密切相关。这样一种研究的思路，在文化研究中掀起了一场理论和实践上的革命。

（2）女性主义极大地扩展了权力的概念，权力不再仅限于公共领域的政治权力，而是扩展到了过去不被称为“权力”的地方。之前文化研究把关注焦点放在国家、阶级有关的权力上，女性主义从性权力入手，区分了社会性别（gender）和生理性别（sex），后者是自然的，而前者则是通过象征符号建构起来的。比如女性和男性的差异经常被极端化，用情感/理智、柔弱/强壮、被保护/保护、家庭/事业、阴/阳、内/外等日常的和正式的话语加以强化和表达，并且这种差异的两个极端并不平等，后者显然地位更高。通过这种强制性的差异的确定，男性在把女性“他者化”的基础上，定义了自己，获得了对女性的统治权力，女性则被固定在了被统治者的位置。女性主义的批评使文化研究者对这样一些过去被忽略的无形权力有了更多的认识。

（3）女性主义将性别和性作为理解权力的中心问题，使文化研究者可以从另一个陌生的视角反思之前的研究。文化研究的核心精神之一是提倡用主流以外的视角来看待社会，以获得新的选择的可能。女性主义的观察视角，无疑给文化研究提供了另外一个全新的分析角度，包括对文化研究理论本身的重新审视。

（4）女性主义开启了许多过去被文化研究视为危险之地而弃之不谈的问题，比如主体性问题。在前面讨论阿尔都塞和拉康的理论时我们已经提到，比较极端的结构主义认为结构普遍存在，它决定着人的选择。比如在阿尔都塞的意识形态理论中，个体是通过被质询而被建构成为主体的。这里的质询就像呼唤与应答，比如老师会教训学生，作为一个少先队员（或作为一个中国人，或作为一个小学生），你应该如何做。那么下次别人在提到少先队员应该怎样时，你就会有一种被呼唤的感觉，就像别人叫你的名字你必须应答一样，你会意识到，“这是在说我了，我应该按照这个要求来做”。阿尔都塞认为，意识形态也是通过这样一种机制来运行的。这样，意识形态通过潜意识建构了个人的主体。在这里，个人的能动性几乎被完全否定。文化研究对这一极端立场一直保持着谨慎的态度，并没有在主体性问题上投入过多的精力。但是女性主义又把这个过去被回避的问题重新提了出来。

（5）女性主义再次开启了文化研究中社会理论和潜意识理论之间已经关闭的领域——心理分析。在法兰克福学派的早期批判理论那里，心理分析和社会理论之间一直存在着密切的关系。结构主义中对当时英国电影研究产生重要影响的阿尔都塞和拉康也借助了心理分析，像前文提到阿尔都塞所说的主体质询过程，其实就是把意识形态与潜意识联系在了一起。但是由于文化研究从早期就确立了重视经验的传统，对精神分析一直敬而远之。女性主义的介入再次把心理分析和主体的建构问题提了出来。

种族问题的影响也和女性主义一样，一开始并没有成为文化研究理论关注的重点，但是一旦提出，也使整个文化理论的成果面临着新的审视标准。这与当时全球化导致的外来移民的增加和种族矛盾加剧的社会背景有关。对于文化研究者来说，种族问题也是一个对文化研究产生了重大影响的问题，接受这个视角也使文化研究者经过了长期痛苦的转型。①

霍尔在一篇讨论牙买加人身份的文章中提出，关于民族文化身份的看法有两个：一个认为民族身份源于共享的文化、共同的历史与传统；另一个看法把民族身份看成是对过去的一种历史的重构和想象。前者是连续的、本质主义的，而后者则是断裂的、差异的、不断变化的。只有从后一种角度，我们才能更深刻地理解全球化过程中的族裔身份。借助安德森（《想象的共同体》）、萨伊德（《东方主义》）和德里达（“延异”）的理论，霍尔认为，通过非洲的、欧洲的、美洲的三种话语，才能折射出牙买加身份的复杂建构过程。正如弗朗兹·法农（Frantz Fanon，1925—1961）所说：“我们因此绝不能满足于为了殖民主义虚伪和有害的企图而寻找连贯的因素，并因此才深入探讨一个民族的过去……民族文化不是民间文化，也不是自以为能够发现一个民族的真正本性的抽象的民粹主义。民族文化是一个民族在思想领域为描写、证实和高扬其行动而付出的全部努力，民族就是通过这种行动创造自身和维持自身生存的。”②

总之，女性和种族这两个问题使得表征的差异问题、身份问题、知识与权力的问题逐渐成为文化研究的重点，而早期所强调的阶级取向、青年亚文化、阿尔都塞的结构主义都退到了背景之中。

研究重点的转移也带动了理论框架的发展。前面提到的《仪式的抵抗：战后英国青年亚文化》、《〈全国新闻〉受众》、《学习劳动》，高估了亚文化生活方式对霸权的抵抗，没有看到其困难之处，单纯地讨论“反抗斗争”和抵抗“统治”并不能使文化研究继续下去。法国的布迪厄、福柯等学者的理论为文化研究提供了新的理论资源。

---

① See Stuart Hall："Cultural Studies and its Theoretical Legacies". In David Morley and Kuan-Hsing Chen（eds.）：*Stuart Hall：Critical Dialogues in Cultural Studies*. London：Routledge. 1996.

② ［英］斯图亚特·霍尔：《文化身份与族裔散居》，见罗钢、刘象愚编：《文化研究读本》，223页。

五、知识与权力

布迪厄与福柯均从不同的角度强调了学术知识与权力之间的复杂关系，他们都指出，学术话语本身也是一种社会实践，因此不存在一个高居于所有话语之上，判断对错的普遍标准（即“元话语”）。

布迪厄把社会的不同部分看成一个个相对自治和独立的场域。在一定的场域中，存在着特殊的规则，这些规则通过行动者的实践形成并维持。场域中的行动者根据自己的资本和位置，进行利益的争夺，甚至重新制定规则。当然，这种“利益”并不一定表现为经济和权力，它是那些被该场域中的成员认为具有争夺价值的共同的“幻象”（关于场域理论，见第十一章）。

除了相对独立的一面，场域也会受到权力场的影响。布迪厄用场域理论分析了法国的学校体制和学术场，他的《学术人》、《国家精英》、《继承人》等著作讨论了知识的生产和教育体制并不像我们想象中的那么独立和神圣，它们有时充当着社会既得利益者通过文化进一步稳定自己统治地位的工具，同时它们也受到权力的干预。在对电视和新闻场的研究中，布迪厄还批判了大众媒体对学术场的干预和影响。

布迪厄一系列既有定量调查又有理论深度的研究，让人们重新严肃地反思“学术人”的行为和知识话语。福柯则通过话语分析，揭示出人类的求知过程和知识生产过程并不是一个连续的、自然的过程，其中存在着断裂。当一种知识型取代另一种知识型时，我们的整个学术研究话语就会出现根本性的转变。福柯所说的知识型很像前面第三章中库恩所说的“范式”，不同的是福柯是从话语的角度来界定知识型的。知识型是某个时期社会所有知识背后的思想基础结构，是一种必然的、无意识的、匿名的思想形式。我们前面提到了库恩范式理论中的相对性，福柯的知识型不仅比库恩的范式涉及范围更大（不仅限于自然科学），而且级别更高，其相对性也更明显。在福柯看来，一个知识型取代另一个知识型，并没有任何进步可言。①

福柯的另一个对文化研究影响较大的成果是对权力的重新定义。之前人们对于权力的定义一般采用马克斯·韦伯的经典定义：权力就是强制他人做违背其意志的事。这是从权力导致被影响者的外在行为的实际与意愿相违背的角度来定义

---

① 参见［法］米歇尔·福柯：《词与物——人文知识考古学》，上海，上海三联书店，2001。

权力的。在传统的权力定义中，我们可以发现一条由统治者控制的从上至下的权力链条。福柯则把权力定义为一个网络，找不到一个明确的统治者和中心，每个人都是权力的代理者，既可能是压迫者，也可能是被压迫者。而且这种权力不仅是压制性的，还是生产性的，它积极地产生新的话语，形成知识。比如我们前面谈到男性对女性的压迫，通过把一些并不存在的特征变成一种人人接受的自然的常识，这种权力积极地生产出各种小说、电影、日常俗语（比如“妇孺皆知”），甚至包括学术研究（比如从生理学上证明女性不如男性）。在这一权力网络中，没有人是权力的拥有者，但人人都是权力的执行者，包括女性本身。权力也在积极地生产着知识，学术研究并不能保持一个完全客观的位置。

权力不仅存在于上级法院的审查中，而且深深地、巧妙地渗透在整个社会网络中。知识分子本身是权力制度的一部分，那种关于知识分子是“意识”和言论的代理人的观念也是这种制度的一部分。知识分子不再为了道出大众“沉默的真理”而“向前站或靠边站”了；而更多的是同那种把他们既当做控制对象又当做工具的权力形式作斗争，即反对“知识”、“真理”、“意识”、“话语”的秩序。①

这些关于知识—权力的理论的一个突出特征是弱化了经济对权力的影响，将社会理解得更为分散化，找不到一个权力的中心为所有问题负责。权力的目的不在于压迫，而在于建构主体。但是另一方面，正因为权力缺乏中心，所以才无处不在。对于这样一种权力，抵抗也变得越来越困难。像威利斯所说的下层青少年对宏观权力（阶级压迫）的简单反抗，对这种无中心的权力而言，显得无能为力。因此，和早期的文化研究相比，20 世纪 80 年代以后，文化研究越来越重视对话语中微观权力的研究，传统的宏观权力开始退居到次要位置，种族、性别等问题成为中心。

文化研究重点的转移也和当时英国的社会背景存在一定关系。从 20 世纪 70 年代末起，保守的新右派逐渐兴起，在英国主要表现为撒切尔主义，在美国则表现为里根主义。这种保守的国家政策有两个主要的特征：一是强调市场可以解决一切问题，国家应该最小限度地干预公民的生活，自由竞争可以完成社会调节；二是认为英国内部的差异（特别是阶级、种族和性别方面的差异）是对国家团结统一的威胁，试图用传统和现代的流行文化，完成国族文化对于“英国性”（Englishness）的定义。随着战后第三世界的兴起，动摇了英国传统的经济基础，

① ［法］福柯、德勒兹：《知识分子与权力》，见杜小真编：《福柯集》，206 页，上海，上海远东出版社，2003。

通过这样一些政策，英国政府试图掩盖在全球化中造成的问题并推卸责任。

其实这两个特征内部自相矛盾，市场和自由竞争会导致多元和差异，贫富分化，受到国外的冲击，这一结果与通过制造“他者”获得内部统一却背道而驰。但是正是这一内在逻辑不一致的做法得到了广泛的社会赞同，不仅吸引了传统的保守主义选民，还吸引了大批“熟练工人”，成为一个葛兰西所说的制造赞同的“霸权”。

全球化是导致文化研究发生理论转向的另一个重要的环境变量。20 世纪 70 年代以来随着经济全球化的加剧，文化产品的生产、分配和消费也被卷入到全球化的过程中。卫星电视、电影和互联网制造了新的全球受众，传统的文化身份面临着冲击。文化工业出现了进一步的集中和垄断，跨国文化公司的产品向全球渗透。全球化还带来了本地的差异增大、工厂向第三世界转移、贫富分化、生态等问题。当然，全球化也带来了多样性、独立和自治。这一复杂的现象无法再用简单的中心—边缘或单向控制的理论来解释，特别是前面提到过的民族身份、文化认同的问题，无法再简单地用阶级或经济因素来说明，必须引入更为精细的理论和策略进行探讨。

面对新右派政策和全球化，文化研究也对自己的研究对象与理论做出了调整，再次表现出前面所说的“接合性知识”的特征，针对权力所生产的隐蔽的知识进行了更为细致地解剖。文化研究也更加注意自己的立场和权力之间的关系，放弃了传统马克思主义的阶级取向，采用了一种将自我边缘化的策略，不是站在中立的角度做出客观的观察，而是肯定差异，促进不同群体间的对话。

进入 20 世纪 80 年代，以约翰·费斯克、洪美恩为代表的一些文化研究激进派借鉴法国学者罗兰·巴尔特和德塞图的理论，更强调符号的多义性，进一步发扬了霍尔和莫利开创的受众解码研究，把受众的使用看成是意义生产中的关键。费斯克把文化产品的生产和消费分成两个不同的部分：金融经济和文化经济。前者由掌握经济资本的生产者决定，后者则由消费者决定。消费者通过多元的解读和使用生产出“文化资本”，摆脱了生产者的控制。①这些观点过分强调受众的主动性，遭到了文化研究中传统学者的批评，这些观点也被称为“文化民粹主义”或“文化研究中的新修正主义”，我们在通俗文化和受众研究部分还会进一步讨论。

随着文化研究主动成为“他者”的声音，关注弱势的或非主流人群，它也主

---

① 参见［美］约翰·费斯克：《了解庶民文化》，27～29 页。

动将自我放逐到学术界的“边缘”，吸收了更极端的人类学理论，探讨主流以外的可能性，以此来抵抗新右派和全球化造成的“无中心的权力”。在这一过程中，文化研究立足于英国现实，不断地吸收新的文化资源，对现实的不平等和霸权进行批判，同时也对自己的知识进行审慎的反思。

六、文化研究的输出

随着英国文化研究影响的扩大，文化研究本身的扩散成为一个新的文化现象。比如美国的文学批评界反应积极，文化研究迅速在美国登陆并进入学术话语，进而成为正式的专业或学科，被纳入到教育体制中，这和文化研究在英国的边缘状态形成了鲜明的对照。霍尔对美国的文化研究热表示了谨慎和担忧，因为以反体制化的接合知识作为主要特征的文化研究一旦被主流权力收编，是否还能算是“真正的”文化研究，就成为问题了。① 霍尔的这种看法经常被误解，他并不是强调文化研究只属于英国，而是强调文化研究的特质是在批判英国现实的背景中形成的，它不能冒着被简单化、固定化的危险而被收编为主流学科体制的一部分。

美国的文化研究，除了受到英国伯明翰学派的影响外，还有另外一种以本土资源为基础的声音。詹姆斯·卡里在20世纪60年代就提出，要将传播看做文化，发展美国的文化研究。他所说的“文化研究”，是在实证主义和行为主义占主导的美国学术界的语境中提出的。卡里认为，除了像实证主义者和行为主义者那样把传播看做是传递，用“科学”化的方式测量它的效果并且用于行政管理外，人们还应该看到传播可以形成共同价值、习惯、社群的一面。他提倡用马克斯·韦伯的“理解”、“参与”的方法来研究传播，而不是像实证主义那样“旁观”、“客观”地研究传播。与伯明翰学派不同，他所说的文化研究的资源不是来自于马克思主义和法国的哲学家，而是来自于杜威、米德、吉尔兹、伊尼斯、麦克卢汉等北美本土的理论资源。他更赞同霍格特、威廉斯等早期的“文化主义”者的观点，反对把文化研究文学化（美国本土对英国文化研究反应最热烈的是文学批评界），他认为应该把文化看做是关系而不是简单的文本。同时，他也反对福柯将传播与文化泛泛地理解成权力，认为除了关注文化中的意识形态外，更应该关注文化形成社群、创造共同价值、实现民主自治的一面，即作为

---

① See Stuart Hall：“Cultural Studies and its Theoretical Legacies”. In David Morley and Kuan-Hsing Chen（eds.）：*Stuart Hall*：*Critical Dialogues in Cultural Studies*. London：Routledge，1996.

仪式的文化。①

卡里对"文化研究"的理解为我们提供了一个伯明翰学派以外的新视角，同时，我们也要看到，这一理解与美国独特的语境有密切关系。美国是一个多民族国家，具有悠久的自治传统。当一群来自不同文化的人走到一起时，首要任务是相互沟通和理解，形成社群，有效地自我管理。所以这种文化研究中马克思主义式的批判色彩淡了一些，而具有了较浓的人类学和社会学色彩。

七、学术场中的文化研究

继霍格特之后，斯图亚特·霍尔于 1968 年至 1979 年出任当代文化研究中心主任。霍尔本人对文化研究产生了重要影响，在他主持期间，当代文化研究中心由早期文学转向社会结构和意识形态，甚至有人提出，霍尔本人就可以和文化研究画上等号。1979 年，理查德·约翰生任第三任主任。20 世纪 90 年代以后，乔治·拉朗在官方的压力下将当代文化研究中心与社会学系合并，成立了文化研究与社会学系。至此，文化研究从研究生课程扩大到本科教学的领域。

2002 年 6 月，英国伯明翰大学校方以该校文化研究与社会学系无法达到评估标准为由，关闭了该系。按照伯明翰大学从 2001 年开始实行的 5 星制评估体系，文化与社会学系的得分是 3A，未达到合格标准。尽管伯明翰当代文化研究中心的关闭只是一个偶然事件，但它仍然引起人们的联想。从字面上看，它可能意味着伯明翰学派的消失。当然，这并不意味着文化研究走到尽头，相反，文化研究已经被学术界接受并且在许多国家方兴未艾。但另一方面，由于文化研究乃至整个人文科学无法获得像工商管理、工科院系一样的经济效益，因而它在英国面临着重大的危机是一个客观现实。当代文化研究中心被关闭这一颇具反讽意味的事件，正折射出文化研究所批判的对象对于批判性话语的压制，而这种压制并不是来自特定的群体，而是缘自追求经济效益和经济资本导致的学术场自治性的破坏。

其实文化研究从诞生之日起就面临着生存问题，霍格特在《文化研究四十年——理查·霍加特访谈录》的访谈中专门回忆了当代文化研究中心成立不久时

① See James W. Carey："Reflections on the Project of (American) Cultural Studies". In Marorie Ferguson and Peter Golding (eds.) *Cultural Studies in Question*. Thousand Oaks, Calif.: Sage, 1997.

学界的质疑和差点被关闭的危机。① 这也从另一个侧面显示出学术场并不是一个完全自治的场域，同时也说明文化研究应该对“知识/权力”和研究者的位置更加警惕。

伯明翰大学文化研究与社会学系的关闭，也折射出文化研究反体制化立场存在内在的悖论。如果放弃体制化，很可能会削弱文化研究的影响。当今文化研究之所以发展很快，很大程度上得益于它被现有的学术体制接受，进入大学、学术研究机构，出版物能够在出版市场生存，所以体制化本身是为了在学术场中争夺资本和发言权。但是另一方面，体制化对文化研究又是一个潜在的威胁，它可能导致文化研究失去锐气、活力和独特性，被现有体制同化，成为僵化的教条。因此，保持体制化和非体制化之间必要的张力，是文化研究作为一种接合知识必须面对的宿命。

八、文化研究的特征

以上用较大篇幅回顾了文化研究的历史，但是正如我们在第二章介绍传播研究的历史时提到过的那样，任何历史都是对已发生事件的一种诠释，它不可避免地带有诠释者的偏见和简化。作为中国的传播研究者，我们更关注的是文化研究为什么会在英国产生，为什么会选择过去为学界不屑的通俗文化作为对象，为什么其研究对象和方法不断发生变化，其动力是什么，其核心精神是什么……

在回答上述问题的时候，我们会不自觉地对历史发展采取一种线性的叙述方式。但是我们要记住的是，研究对象、方法和理论的变迁并不是一个有着明确界限的替代，而呈现犬牙交错或平行发展的状态。新理论的引入并不意味着传统理论的消失，它可能表现为一种吸收与发展，曾对文化研究产生过重大影响的阿尔都塞的结构主义理论就是一例。阿尔都塞理论中决定论的因素和抽象的普遍主义被抛弃，而对意识形态的重新定义和实践的强调则被吸收进文化研究中，再经过葛兰西的霸权概念和福柯的知识—权力理论的过滤，不断被完善与丰富。

在对文化研究历史的诠释中，我们已经有意地将文化研究的某些特征放大，接下来，我们再将这些特征做一简单归纳。

第一，强调文化对社会的重要性。文化研究强调在现代社会中，我们对现实的想象，以及共享的意义决定着我们的实践。这样一种看法并不否认物质世界的

① 参见［英］马克·吉普森、约翰·哈特雷：《文化研究四十年——理查·霍加特访谈录》，载《现代传播》，2002（5）。

客观性，但是认为这种客观性仅仅是一个事物最基本层面的特征。就像自然状态的矿泉水和瓶装矿泉水，同样是矿泉水，它们的客观存在并不受到人的意志的影响，但另一方面，它们二者对人而言具有不同的价值和用途，而这则是由文化决定的。许多差异看上去是自然的，实际则是由文化引起。比如女性角色和职业的刻板印象，并不单纯取决于生理条件，而是对女性角色的文化建构。

另一方面，文化研究所说的文化和传统的文化定义有所不同。前面提到过雷蒙德·威廉斯对文化做出的著名的三种界定："理想的"文化定义、"文献式"文化定义和"社会的"文化定义。尤其是第三种定义，将文化扩展为生活方式，它不仅包括前两者，还包括"生产组织、家庭结构、表现或制约社会关系的制度的结构、社会成员借以交流的独特形式等等"①。因此，文化研究除了继续从新的角度研究经典的文化作品，还把注意力放到了对普通人的生活影响更大的通俗文化与大众媒体上，形成了文化研究相当独特的研究题目。当然，这一独特的研究领域也容易让人误解，以为研究通俗文化就是文化研究。这种看法忽略了文化研究与社会实践之间的密切关系。

第二，重视文本分析及受众分析。文化研究认为，物质只是提供了条件，人们赋予这些物质条件的意义最终决定了人们对世界的想象，影响人的行为。但是占统治地位的集团不仅操纵了这个意义赋予过程，而且有意地将这种人为的意义赋予过程自然化，形成对他们有利的文化霸权，因此研究者应该重视分析文本背后的意识形态和受众的意义解码。

第三，文化研究是拒绝学科化的接合知识。文化研究并不是单纯的学术实践，而是社会实践，其主要目的不是为了生产知识，而是执行解放功能，因此其研究议程并不单纯出于理论研究的兴趣，而是由理论之外的社会环境设置。从这一点来说，文化研究继承了马克思所说的"哲学家们只是用不同的方式解释世界，问题在于改变世界"② 的精神。为了这一目的，文化研究没有在故纸堆里寻章摘句，而是对当前的文化现实做出批判。

文化研究为了保持活力和开放性，没有把自己限定在一个固定的框架内，针对现实的变化，不断地发展出"接合知识"，对普通人的日常生活中的权力与不平等做出批判。文化研究本身也有被收编和成为权力制造工具的可能性，所以文化研究者们也对自己的位置和立场保持警惕性地反思，主动地把自己边缘化，提

---

① ［英］雷蒙德·威廉斯：《文化分析》，见罗钢、刘象愚编：《文化研究读本》，北京，中国社会科学出版社，2000。

② 参见《马克思恩格斯选集》，2版，第1卷，57页。

倡多元主义，在“他者”的声音中，寻找反抗主流常识的可能性。

文化研究拒绝将自身学科化、体制化，甚至拒绝给出一个普遍的关于文化研究的定义，这并不是说文化研究放弃了认识论问题，而是说它把这样的问题历史化和政治化了。① 就在文化研究的内部，也存在着多种政治立场与派别，斯图亚特·霍尔提出：“文化研究具有多种话语，其中存在许多不同的理论。它是一个复合的整体，每一部分具有不同的历史……我坚持这种看法！”②

文化研究把自己定位于接合知识，强调经验而非抽象的理论，强调历史语境而非普遍的结构。这构成了文化研究的突出特色。

第四，提倡跨学科研究。正因为文化研究的开放性，所以该研究提倡打破原有学科的束缚，采用跨学科的方法来解释现实。当代的文化现象纷繁复杂，同时文化研究把文化扩展到生活方式的整体，单一的分析方法已无法完成这一任务，因此跨学科的研究成为文化研究必然的解决途径。在文化研究里，可以见到语言学、符号学、人类学、社会学、哲学、精神分析和文学批评等多种学科的分析，以及马克思主义、结构主义、后结构主义、后现代主义、女性主义、后殖民主义等多种理论。跨学科的开放性，成为文化研究不断向前发展的动力。

第五，反科学主义的人文主义取向。这里所说的“科学主义”是指那种认为可以把自然科学的方法直接移植于社会研究中，用简单的排他的是非对错来获得答案的思维方式。文化研究来自人文学科中的文学研究，虽然随着理论的发展，已经不再局限于纯文学而转向社会领域，但是这并不意味着文化研究接受了实证主义，它仍然保持了传统的人文主义取向。文化研究并不宣称自己可以得出唯一的真理，而是对“真理”本身保持怀疑。文化研究把自己的解释看做众多诠释中的一种，它并不认为通过批判能够找到终极真理，而是认为“真理”始终存在于不同理论的竞争中。因此在文化研究中，很少看到“科学”的方法，所有的结论都是开放的，你可以拒绝接受，提出自己的看法。重要的在于你在思考和讨论过程中摆脱了固定单一的思维框架，发现所谓“常识”的局限，以及其中的权力与不平等。

文化研究中的人文主义取向还表现在知识分子的角色定位上。文化研究发展了葛兰西的“有机知识分子”的概念，一方面要求研究者对社会现象做出学理上

---

① 参见［英］劳伦斯·格罗斯伯格：《文化研究的流通》，见罗钢、刘象愚编：《文化研究读本》，北京，中国社会科学出版社，2000。

② Stuart Hall：“Cultural Studies and its Theoretical Legacies”. In David Morley and Kuan-Hsing Chen (eds.) *Stuart Hall*: *Critical Dialogues in Cultural Studies*. London: Routledge, 1996.

的分析与批判，挑战现有意识形态，另一方面还要把这种知识传播到不具有这类知识的人群中，进行大众教育。这两种角色要求经常处于冲突之中，为了剖析现代社会中微妙的意识形态，需要更为精致的理论，但是这又会妨碍大众的接受。我们可以看到，目前的文化研究更多地还停留在学院的研究中，要真正让大众接受，还有很长的路要走。文化研究的特征决定了它无法拿出一个最终的简单的答案，无法用“常识”来说明结论，因此其结论总是历史的、具体的，甚至是晦涩的。在知识分子的两种任务之间，存在着无法解决的张力。

同时，揭露权力运作的不平等，并不意味着可以解决它们。研究者必须在这种理论和实践之间的紧张关系中进行艰难的探索，这注定了文化研究会始终处于“在路上”的状态。但是这并不是文化研究的弱点，霍尔认为保持研究中必要张力对文化研究而言是必不可少的，否则文化研究就失去了活力和作为接合知识的价值。

九、文化研究在中国

前面区分了特定概念“文化研究”和一般的“文化的研究”，在中国常见的是“文化的研究”，特别是20世纪80年代以来的“文化热”，各种所谓的“××文化研究”一时间如雨后春笋般冒了出来，其质量也良莠不齐，大多很难被称为规范的学术研究。

随着改革开放的发展和港台通俗文化通过各种渠道流入内地，通俗文化逐渐引起人们的关注，但20世纪90年代中期以前的通俗文化研究多以欧洲19世纪的古典美学理论和法兰克福学派的理论作为主要分析工具，持批判态度，将通俗文化与商品化、低俗化、浅薄化、伪个性化等特征联系在一起。这一时期的分析角度也多是美学、文学的角度而非社会学、人类学的角度，对源理论的产生语境缺乏深入分析，存在生搬硬套的问题。

新闻传播研究领域对文化研究的介绍和引进比较早，比如郭庆光在《大众传播学研究的一支新军——欧洲批判学派评介》[①] 和张隆栋主编的《传播学总论》中均提及了文化研究，但是系统的引介和研究却不多。

20世纪90年代中期，由于文化热降温，先锋文学和美术新潮衰落，80年代以来匆忙趸来的美学和哲学理论资源耗尽，文学和美学研究领域开始积极地引介

① 参见郭庆光：《大众传播学研究的一支新军——欧洲批判学派评介》，见《新闻学论集》，第11辑，北京，中国人民大学出版社，1987。

文化研究。1994 年 9 月《读书》杂志发表了介绍文化研究的访谈。[①]

1999 年，李陀主编的“当代大众文化批评丛书”由江苏人民出版社出版。其中由戴锦华撰写的《隐形书写——90 年代中国文化研究》和包亚明等合著的《上海酒吧——空间、消费与想象》，是中国大众文化研究较早的学术专著。

2000 年 6 月，内地第一本以书代刊的专门性文化研究类学术刊物《文化研究》第 1 辑由天津社会科学院出版社出版。9 月，由罗钢、刘象愚主编的《文化研究读本》问世，这是第一本系统、全面译介西方文化研究的中译本。同年，上海三联书店则出版了由陆扬、王毅合著的《大众文化与传媒》，简明扼要地对大众文化与传媒作了概观式的介绍。与此同时，2000 年左右有大量文化研究方面的译作问世，包括李陀主编的“大众文化研究译丛”（中央编译出版社）、周宪和许钧主编的“文化和传播译丛”（商务印书馆）、张一兵主编的“当代学术棱镜译丛”（南京大学出版社）等。

国内文化研究在短期内如此迅速地引入并且火暴，这个现象值得文化研究关注，文学批评界和传播研究领域不加批判地接受文化研究，这本身就违背了文化研究作为“接合知识”的核心精神。国内“文化研究热”的背后有多种因素在起作用，它和中国内地学术场域的结构和资本转换有着一定联系。伴随着通俗文化成长起来的年轻一代对通俗文化有着天生的好感，文化研究恰好给了他们一个将熟悉的事物陌生化的游戏机会。传统人文科学在严肃文学失去市场之后，迅速意识到，颇具可读性和市场价值的所谓“文化研究”可以维持文学和美学界研究者的文化资本和话语权，遂大力提倡。另外在全球化背景之下，“与国际学术接轨”的追求也促进了文化研究热在中国的扩散。

但是正像霍尔对美国文化研究的担忧一样，文化研究热本身可能意味着文化研究根本精神的丧失。作为接合知识的文化研究，首先要针对特定语境进行创造性地批判，与此同时，研究者要从知识/权力的角度，对西方文化研究的既有理论和语境进行反思。

霍尔所说的文化研究的张力，在今天的中国以完全不同于晚期资本主义（后现代主义）国家的形式存在。文化研究是对隐蔽权力的揭露，而中国的外在压迫性权力仍未被消除，单纯照搬文化研究的既有思路，有可能因过于“超前”而抓不住重点。由于处于世界体系的边缘地带，中国的特殊性使文化研究理论必须经过创造性转化，才能应用于现实。这些特殊性表现在：全球化、现代性、社会转

① 参见李欧梵、汪晖：《什么是文化研究》，载《读书》，1994（7）；参见李欧梵、汪晖：《文化研究与地区研究》，载《读书》，1994（8）。

型与中国的传统文化和传统生活方式之间的冲突，民主、自由等普世价值与公平、正义、民族主义的冲突，20 世纪后半期形成的集体主义、民族主义、国家至上传统与自由主义、市场经济、法制社会之间的张力，地方本土文化与国族文化的冲突，现代性中的身份转换和认同问题，城市中农村移民和外来人口的身份认同问题，还有社会分层、性别、民族等问题。当然，这并不是说文化研究过于“超前”而不适用于中国，本书也不赞同线性的理论发展观，重点是如何立足这些语境发展起具有现实意义的鲜活的接合知识。

传播研究在中国

马杰伟：《打造现代身体：酒吧工厂的劳动与消费》，见《酒吧工厂：南中国城市文化研究》，南京，江苏人民出版社，2006。

该研究采取了民族志的研究方法，几位研究者在广东东莞的一家玩具工厂和酒吧与被研究对象一起工作，通过参与观察与深度访谈，研究中国现代性飞跃时的巨大变迁是如何彻底改造微观生命政治及其轨道的。

在关于工厂的研究中，研究者问了一套和工厂有关的问题：这些工厂是怎样吸引民工的？具体化为：工厂的跨国资本是如何改变民工的日常生活的？工厂里的工人是如何拆解既有生活技术要求又重赋技能以使自己适应城市现代生活方式的？他们是如何渴望和学习成为现代城市居民的？

研究者首先发现，这些来自北方的民工，首先被规训的是他们的身体。他们必须遵从换班、吃饭和睡觉的时空纪律，学习一整套在城市中的生存技能。他们的作息时间比在农村时更严格，散漫的劳动力被计划性的流水线工作所同化。

研究发现，新来的农民工透过工作和消费文化，逐渐地改造自己的身体。他们去咖啡屋，在公共场合散步、在琳琅满目的大卖场里闲逛、在商场里观赏商品。他们住在标准化的宿舍里，传统的地缘差异消失，床边各种装饰品和明星海报传递着流行讯息。研究者和一群工人坐超市的免费购物班车去有空调的超市，发现工人们在其中获得了来自城市的研究者想象不到的、极大的乐趣。超市代表着一个全新的现代世界。在那里任何人都可以看、闻和触摸所有商品，具有民主的特征。糖果五颜六色的包装不单是人造塑料，更意味着受欢迎的现代性。在这里，农民工们学习和吸收着城市的气息和生活方式。

工厂的生活使农村的年轻人从传统的束缚中挣脱出来。受访的大多数人很高兴能脱离父母的控制在外过自由生活。受访的女工告诉研究者，在家里，女孩 16～20 岁就结婚了。25 岁、26 岁的未婚女性被认为太老了，也不能过正常且受人尊重的独身生活。但是，很多女工离开家乡后可以尝试更有弹性的亲密关系形式——交男朋友。当然，工人们并没有从传统的力量中完全解脱出来，许多员工来自相同的地区，工厂内又形成了新的同乡网络。

和去传统化相对应的，是通过消费建立起新的个性。在城市，民工们突然发现自己的身体很丑，工人可以用很多好产品来控制、打造自己的身体。打造身体的能力提供给工人新的自主权，不管那是多么虚幻和短暂。他们用新掌握的消费技能，挑选不同品牌的商品，让自己看上去更像城里人。比如阿美说："在家里我从不穿牛仔裤。我们穿宽松的裤子，很舒服。但在这里，每个人都穿牛仔裤。我不好意思再穿宽松的裤子。"虽然牛仔裤又硬又热，难洗又难干，但是这是城市的衣着代码。"穿牛仔裤让人看起来高了、瘦了、腿长了。"

研究者认为，中国式的现代性是压缩的、杂交的，因此用西方马克思主义和自由主义的角度来解释民工们的故事太抽象、太简单甚至是错误的。用生产和消费、资本剥削和经济发展之类的二分法无法多层次地呈现民工的生活世界。民工的身体一方面受到规训以提升生产力和市场。然而这些规训在另一方面也开启了以前在农村环境中不可能实现的新的生活方式和选择。当然，"劳动—消费文化"对民工来说，仍有一种意识形态倾向。同一阶层的横向社会流动很容易，向上的社会流动就受到限制。

讨论：

从上述研究的方法和理论，可以看出文化研究的哪些特征？这个选题与英国的文化研究有何异同？

第二节 表征与差异

在介绍文化研究的历史与特征的过程中，我们提到文化研究的主要着眼点是文本和受众研究。这两个领域理论丰富，我们挑选了文本研究中的表征理论和受众研究中的通俗文化理论作为个案加以介绍，帮助大家了解文化研究的分析思路。

一、什么是表征

表征（representation），又称"再现"，从字面来看，就是用另一种方式对某事物的替代和象征，通过替代，引起我们对该事物的想象。我们对现实的大多数经验，都要借助于表征与意义的结合方能获得。我们对世界想象的绝大多数内容来自于他人的复述，甚至于我们的直接经验，也要借助表征才能获得意义。希罗多德在《历史》中曾讲了这样一个故事：

在大流士当国王的时候，他把在他治下的希腊人召来，问他们要给他们多少钱才能使他们吃他们父亲的尸体。他们回答说，不管给多少钱他们也不会做出这样的事情。于是他又把称为卡拉提亚人并且吃自己的双亲的那些印度人召来，问他们要给他们多少钱他们才能够答应火葬他们的父亲。这时他要希腊人也在场，并且叫通译把印度人所说的话翻译给希腊人听。这些印度人高声叫了起来，他们表示他们不愿提起这个可怕的行径。①

对于不同的民族而言，吃人肉会激起完全不同的反应，这看似本能，实际却取决于“吃人肉”意味着什么，某群人共同赋予它以何种意义。从这点上讲，人是一种生活在文化中的动物。虽然外部世界的物质客观存在，但是它们在与人类社会发生关系时，必须通过共享的文化的过滤。这些事物身上的意义并不是事物固有的，而是人所赋予的。正如法国人类学家列维-斯特劳斯所说，当原始人将女性分成可以性交的女性和不可以性交的女性时，文化就产生了。

那么，我们为什么要赋予一个事物某种意义？赋予意义的过程是如何完成的？某个群体是如何达成意义共识的？什么力量影响着意义赋予过程？对于这个意义赋予过程的研究就是表征研究的主要内容。

表征是用象征符号对事物的替代和再现，这和语言的运作方式完全相同。因此霍尔认为：“表征是通过语言生产意义。”② 这里所说的语言，不仅包括书写文字，还包括声音、图像、客体等所有象征性形式。

表征过程和语言表达过程的相似性主要体现在它们都存在着替代和翻译行为。表征过程存在着两个系统，第一个系统把各种事物（具体的和抽象的）与我们的概念系统间建立联系。比如我们在卫生间外，会看到两个门上画着不同的符号，这两种不同的抽象的线条和色块与我们已经熟悉的概念（烟斗和高跟鞋）之间存在相似性，与此同时，也把上述概念与其他概念（如礼帽、雨伞、玻璃杯等）区别开来。如果我们文化中的烟斗不具有这样的形态（比如只见过旱烟袋或土耳其烟斗的人）或文化中没有高跟鞋的人，这个表征对我们而言就没有意义，

① ［古希腊］希罗多德：《历史》，211页，北京，商务印书馆，1997。

② ［英］斯图亚特·霍尔编：《表征——文化表象与意指实践》，16页，北京，商务印书馆，2003。

只是一些无法识别的线条。

这里要提到一个著名的语言学假设——萨丕尔—沃尔夫假设（Sapir-Whorf Hypothesis）。该假设认为，我们所使用的语言，决定着我们对世界的想象。换句话说，我们的语言限制和规定了我们对身外世界的把握。例如阿拉伯人语言中关于骆驼的词汇很丰富，有具体的词来形容不同模样的骆驼，他们对于这个动物的敏感度就很高，看到的细节更多；而我们只有一两个抽象的词来指示骆驼，在我们眼中骆驼没有本质区别，或者即使发现了，也无法赋予其任何意义（我们不清楚哪些差异会影响骆驼的价值）。萨丕尔—沃尔夫假设说明了语言观念系统的重要影响。

通过表征的第一个系统，我们对某物拥有一个概念，知道了其“意义”，但是这个意义是私人的，还必须依赖第二个系统才能变成社会的。第二个系统是把第一个系统的概念图与某个群体所共享的符号之间建立联系。我必须把自己头脑中私人的概念，翻译成其他人认可的意义。我们根据我们所在群体的共享的经验，烟斗象征男性，高跟鞋象征女性。如果某个人的文化中只有女性抽烟，只有男性穿高跟鞋，结果就会完全相反。这说明客体的意义并不是本身客观存在的，而是一个群体共享的文化赋予的。此外，当我们把烟斗和高跟鞋和卫生间联系在一起时，在我们认同的符号中，这两个符号分别表示“只限男性进入”和“只限女性进入”，而不是其他意思（比如“这是一个抽烟的地方”或“这是一个卖高跟鞋的地方”）。在象征过程中，同一符号会在他人头脑里唤起和我们相似的私人体验或概念。上述表征的运作过程，涉及私人感知系统和共享语言系统之间的转换。如果把刚才的烟斗和高跟鞋换成“男”和“女”，这个过程和使用语言的过程非常相似。

二、差异与神话

事实上，表征理论和符号学理论确实是从语言学发展而来的。这里不得不提到瑞士语言学家索绪尔（Ferdinand de Saussure，1857—1913）的重要贡献。索绪尔认为，语言指号（sign）由两个部分构成：一个是形式（一个字的笔画、读音、各种写法、图像等），另一个是与这个形式相连的观念或概念。前者被称为“能指”（signifier），后者被称为“所指”（significant）。能指和所指之间联系的过程，称为意指（signification）。比如“牛”这个词，我们把这个字形及读音的结合体称为能指，而通过上述中介形式所指称的那样一种头上长角、以草为食、哞哞叫的动物的观念称为“所指”。需要注意的是，所指并不是一个客体，而是该客体的心理再现。有一些符号的所指并不一定是具体可见的实体，它可能是不存在的概念（如鬼怪、外星人、哈利·波特），或者抽象的概念（抽象的“牛”并不存在，我们面对的是某头具体的奶牛、水牛和斗牛）。

索绪尔认为，能指和所指之间相联系的意指过程是任意的。不同的语言可以用不同的方式称呼刚才提到的那种我们称之为“牛”的动物。这就像给婴儿起名，这个过程没有“科学的”规则可言，关键在于通过这种意指过程，把某个群体大脑中关于世界的心理基模分门别类地区别开来。因此，在某种语言内部，差异是意义产生的基础。比如，在我们的文化里，单独的“牛”没有意义，它只有在与表示其他动物的符号（如“羊”、“兔”等）的区别中，才使接受者知道它具体指向何种概念，从而获得“意义”。因此为了产生意义，各种能指必须被结合到一个“区别系统”中。

我们所说的意指过程的“任意性”，并不是为所欲为，只是意味着能指和所指间的关系不是自然的、必然的。索绪尔这种能指和所指之间不具有必然性的看法，为我们的社会分析开辟了一条新的道路。索绪尔发现，人类的大部分概念是以二元对立的形式出现的，高/低、善/恶、长/短、男/女、自然/文化等，我们通过这些差异，形成对世界的图像。如果把这种语言理论推广到更为一般的表征系统，我们就可以对很多“自然”的常识进行分析，并探讨背后的权力运作。我们会发现，这些意指过程并不具有必然性，通过将某种正面（或负面）的特征与某组二元对立概念中的一个联系在一起，或强调二元对立概念中的一个忽视另一个（缺席），将某种并非自然存在的差异自然化。比如为什么“龙”会成为中华民族的象征，而西方则认为“龙”是一种邪恶的动物？为什么说起“中华民族”一定要和“团结”、“智慧”、“勤劳”、“勇敢”、“善良”等概念联系在一起？为什么春节联欢晚会把“春节”和“家”、“国”联系在一起？为什么女性会和柔弱、感性、自然、迷信、大众文化联系在一起，而男性会和强壮、理性、文化、科学、高雅文化联系在一起？为什么读书是被提倡的，而看电视、玩电子游戏是不被提倡的……

法国符号学家和文学批评家罗兰·巴尔特在索绪尔理论的基础上，将语言学理论应用于社会中。对于表征研究而言，最关键的是“神话分析”。巴尔特认为索绪尔所说的符号的意指过程，只是第一个层次，对于社会意义而言，还有一个神话的层面，或者叫内涵的层面。比如他曾分析过法国一本名为《巴黎竞赛》周刊的封面，上面画着一个黑人士兵在向法国国旗敬礼。线条、色块、形状这些能指，指向它们的所指：三色旗是法国国旗，根据军服看出这是个士兵，他的肤色是黑的，他的姿势是敬礼。这个过程被称为直接意指过程。但是我们所“看”到的，显然不只停留在这个层次。如果把第一个直接意指层次的所指——“一个黑人士兵向法国国旗敬礼”作为能指的话，我们还可以分析出新的所指，即含蓄的意指——“法国是一个伟大的帝国，她的所有子民，没有任何肤色歧视，都忠实地在她的旗帜下服务，对于那些所谓的殖民主义的诽谤者，没有什么比这个黑人服务于他的所谓压迫者时所显示的热情更好地回答了”。巴尔特把第二个层次的所指称为“内涵”或“神话”（myth，见图 10—1）。①

能指	所指	
	能指	所指

图 10—1　神话的意指过程

通过这一分析过程，巴尔特揭示出表征运作过程中，“神话”与特定符号被强制性地联系在一起。神话的特征是并不明确说出第二层所指，但是暗暗指向它，而且通过大量其他文本，反复暗示相似的意义［这一过程又称为互文(intertext)］。通过这些过程，强制性的意指被自然化为理所当然的常识。这种常识成为我们理解世界的框架，成为意识形态的一部分。

可能有人会产生这样的疑问：如何能保证上述分析正确呢？或者说，是否只有这个唯一的解释呢？简单来说，神话分析——更宽泛地说是符号分析——并不是实证研究，它的解释不具有唯一性，永远向其他的解释开放。它的主要目的在于揭示我们所忽视的其他可能性，让我们发现事物的另一面。这里没有标准答案，只要有充分理由，你完全可以根据自己的理解进行取舍。

索绪尔提出的能指与所指之间的任意性和巴尔特所说的神话的意指过程，都持意义相对主义的立场，即他们都认为符号或表征的意义并不是自然的和固有的，而是建构的。这种意义建构主义立场，为分析表征中蕴含的权力与不平等关系打开了大门。

三、编码与解码

罗兰·巴尔特早期提出的神话学带有一定结构主义的色彩，我们会提出这样

① 参见［法］罗兰·巴尔特：《神话——大众文化诠释》，173 页，上海，上海人民出版社，1999。

的疑问：文本中的神话是否一定会被受众接受呢？霍尔根据葛兰西的霸权理论，提出了编码/解码理论（见图 10—2），对巴尔特的理论进行了修正。这里所说的“编码”（encoding）是指信息传播者将所传递的讯息、意图和观点，转化为具有特定规则的代码。“解码”（decoding）则是信息接受者，将上述代码按特定规则进行解读。该理论认为主导意义并不是通过直接的意指传递的，而是通过隐含的、自然化的编码来实现的。这部分与巴尔特的神话理论很相似。但是霍尔认为，隐含主导意识形态的符码（code）并不是透明的，它不会被受众简单地接受。受众要借助解码，才能获得意义。因此，仅仅像巴尔特那样进行文本分析是不够的，还必须对受众的解读（解码）过程进行研究。

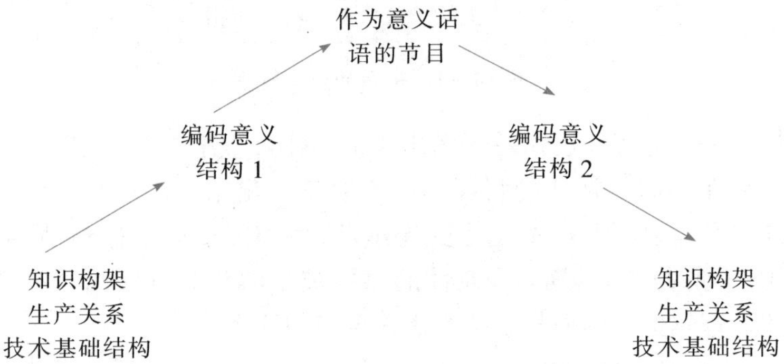

图 10—2　编码与解码理论

和前面所介绍的效果不同，意义的解码是在效果（使用）之前的一个中间过程，它涉及话语与语言。受众的解读不仅是对符号的简单解码，还会将符号放入符号间的创造性关系中，放到整体的社会环境中进行理解。如果受众不了解法国当时的民族矛盾、第二次世界大战后法国在原殖民地面临的统治危机和冲突，就不会从“黑人士兵向法国国旗敬礼”的杂志封面中解读出巴尔特所说的内涵。

受众的知识结构、社会地位、解码语境与传播者的关系的不同，会导致他们对传播内容做出不同的解码。由于传受双方编码和解码的规则不同，传受过程中会出现符码的差异。一般来说可能存在三种不同的解码方式：统治—霸权立场（dominant-hegemonic position）、协商立场（negotiated position）、对立立场（oppositional position）。第一种解读方式中，受众在编码者设定的框架内进行解读，认同主导的意识形态。第二种解读方式混合着相容的因素和对抗的因素，既保留一定的主导意识形态，同时又根据自己所在群体的位置做出一定的同意，受众与占统治地位的意识形态之间处于矛盾和协商状态。第三种解读方式是受众在识破编码的意义之后，采取与占统治地位的编码完全相反的策略，根据自己的经验解读出新的意义。①

编码/解码理论认为受众存在着一定的主动性和选择性，主导的意识形态并不是简单直接地被受众接受的。但另一方面，该理论又认为经验学派提出的“选择性认知”夸大了受众的选择自由，任何文化都有一定的封闭性，主导的文化秩序会限制受众的解码自由。即使是对抗式解读，也会在先解读出主导意义的基础上进行反抗。具有讽刺意味的是，反向的解读并不意味着对主导符码的否定。比如黑人民权运动曾反抗过去对黑人肤色的否定，提出“黑的就是美的”，这种激进的策略，实际上仍然肯定了黑/白、美/丑的二元秩序，从简单的否定黑人，走向夸张地简单肯定黑人的极端。这样一种极端美化黑人的做法，更容易导致对现实中黑人的不满。用简单的对抗方式来看待问题，其实并没有从根本上否定原来的话语秩序，就像革命不能从根本上解决社会矛盾一样。

在编码/解码理论看来，主导的意识形态希望把某种能指和所指之间的联想强行固定下来，而受控者则希望这一关系保持流动性。因此，意义的编码与解码过程就是语言中的意识形态争夺和斗争。编码和解码理论说明，意识形态的影响并不是一个简单的直线的过程，而是一个复杂的妥协和对抗过程，这和葛兰西所说的霸权的建立过程非常相似，它不是一个单向的控制，而是统治者与被统治者之间复杂的斗争与妥协后建立的“普遍赞同”。因为文化研究反对文本决定论，重视受众解读过程，也有不少学者将“文化研究”等同于“受众研究”。当然，要全面理解编码和解码的过程，还必须把内容的生产过程也考虑进来，这一议题我们在第十一章再作详细讨论。

四、话语与权力

霍尔的编码/解码理论中提到了“主导意识形态”的运作方式，但是却没有明确地说明这种主导的意识形态来自何处，具有何种特征。前面提到过，葛兰西突破了传统的马克思主义把主导权力与特定阶级联系在一起的思路，他认为居于统治地位的是阶级联盟。法国哲学家福柯则比葛兰西走得更远，他为主导意识形

① 参见［英］斯图亚特·霍尔：《编码，解码》，见罗钢、刘象愚编：《文化研究读本》。

态的来源提供了新的解释。

福柯在他早期进行的知识考古研究中，提出“话语决定着我们所谈论的对象”的观点。福柯通过考察人文科学、疯癫、临床医学等知识的形成，发现在不同的历史时期，人们谈论同一对象的方式、规则、实践存在着明显的“断裂”。知识并不像我们过去认为的那样是一个逐渐进化的过程，而是涉及整个“知识型”的转换。寻找这些话语的断裂之处，就是为了“动摇人们接受这种心安理得的状态”，指出“它们不是自然而就，而始终是某种建构的结果”[①]。

福柯用话语表示“一组陈述，这组陈述为谈论或表征有关某一历史时刻的特有话题提供一种语言或方法。……话语涉及的是通过语言对知识的生产。但是……由于所有社会实践中都包含有意义，而意义塑造和影响我们的所作所为——我们的操行，所以所有的实践都有一个话语的方面”[②]。也就是说话语决定着我们在面对一个对象时，讨论什么话题才有意义，以及我们如何讨论这个对象。用福柯的话来概括，即“在话语之外，事物没有任何意义”。

到了晚期，福柯越来越自觉地把比较抽象的话语与权力结合在一起。不过正如我们前面提到，他对权力概念进行了改造。和知识考古中的知识型研究一样，福柯的兴趣不在于追溯对象的起源，而在于描述对象的特征。福柯所说的权力没有中心，没有固定的路线，它以网络的形式存在，通过知识渗透在各个方面。这种权力不仅压制我们，而且积极地生产知识（即他早期所说的话语及其具体的陈述），建构驯服的主体。[③] 正因为这种权力没有中心且无处不在，对它的反抗只有通过突破这些话语的限制，追求另类的生活，进行微观政治的反抗。文化研究也可被视为是这种反抗实践的一种形式，通过对表征中神话的分析与揭露，促进多元文化，寻找思想解放的可能性。

表征理论借鉴了多种不同学派的理论，有些比较复杂，但是其核心在于通过发现意指的建构过程，为戳破“自己为自己加冕”的神话找到突破口。我们提到的这些理论都存在着自己的弱点，索绪尔的理论轻视社会建构与历史，巴尔特的神话理论忽略受众解读，编码/解码理论没有涉及生产，福柯的理论忽略物质与经济，拒绝任何“真理”，但是他们均为表征的分析提供了丰富的思路和理论资源。需要再次强调的是，表征的分析不是科学的研究，而是一种阐释实践。这一过程的目的不是发现真理（因为“真理”本身也是被建构的），而是为解放自我

---

① ［法］米歇尔·福柯：《知识考古学》，30页，北京，三联书店，1998。

② ［英］斯图亚特·霍尔编：《表征——文化表象与意指实践》，44页。

③ 参见［法］米歇尔·福柯：《规训与惩罚》。

和他人提供前提。

第三节 通俗文化研究

一、通俗文化的概念

在探讨具体的理论之前，需要区分通俗文化（popular culture）、大众文化和民间文化（folk culture）这几个容易混淆的概念。因为文化研究是舶来品，在翻译和诠释的过程中，特别是在用词中，不可避免地会受到中文原有概念基模的影响。

就中文概念的使用来说，还有几个问题需要说明。第一，popular culture 除了被翻译为“通俗文化”之外，还可以译为“流行文化”。英文中这两个意思都有。但是我们也要看到，通俗和流行都是相对的，通俗与高雅的界限并不泾渭分明，它们随时在发生变化。过去的通俗文化，很可能就是今天的高雅文化。法国社会学家布迪厄认为，所谓高雅与通俗，并没有客观的区分标准，它们只是用来区隔社会阶层的象征符号而已。① 随着社会的分层，流行也具有层次性，某一阶层的流行文化可能对另一阶层来说就是非流行文化。

第二，“大众文化”是 20 世纪 30 年代的“文化论争”中，文化精英们轻蔑地指称中下层民众文化时使用的概念，由于它具有明显的居高临下的贬义色彩，当代学术研究中已经很少使用。② 中文里的“大众（的）文化”是五四运动之后逐渐出现，并在 20 世纪 40 年代延安整风运动中确立的一个带有正面积极意义的政治术语，特指贴近大众的“先进”文化。它是与知识精英摆脱传统封建思想，转而提倡“向下看”的左翼潮流分不开的。中文语境中的“大众文化”与现代的具有商业性流行性的“通俗文化”的所指存在着较大差异。如果我们无视这种差异，却要把二者生拉硬扯在一起，不仅会在使用中造成混乱，也容易破坏话语原有的独立性与复杂性。

第三，在汉语里，传统意义上的“通俗文化”还与另一个词——“民间文化”有着亲缘关系。所谓民间文化，主要是指平民大众在生产和生活中自发形成

① See Pierre Bourdieu: *Distinction: A Social Critique of the Judgment of Taste*, translated by Richard Nice, London: Routledge & Kegan Paul. 1984.

② 大众（mass）这个概念从起源上看，就具有贬义色彩，特指下层的、无文化的、无根的、缺乏约束、盲目的、容易被感染的群氓。见第九章关于受众的话语的部分。

的文化，比如各种传统仪式、活动、民间工艺等，在传统的中文世界中，也可以将它们视为与庙堂之上阳春白雪的高雅文化相对的“通俗文化”。但是现代的“通俗文化”在全球化的语境中，被赋予了很多新的意义，使它同传统的意义之间拉开了距离。在这里使用的“通俗文化”已经不再是民间自发的文化形式，而是商业化、全球化中出现的文化形态。

关于通俗文化，学术界提出过许多不同的理论，约翰·斯道雷把它们归纳为6类。① 我们在此基础上增加一种，可以总结为以下7类理论：

(1) 最为一般的看法：认为通俗文化只是一种广泛受人欢迎，或者众人喜好的文化。

(2) 如果说通俗文化是我们决定什么是高雅文化之后所留下的那些文化，那么通俗文化就是一种“剩余文化”，泛指达不到高雅文化标准的文化作品和文化实践。这种看法来自于19世纪末和20世纪初的文化精英。

(3) 通俗文化是一种“大众文化”，即通俗文化是毫无希望的商业文化。这一看法来自于文化保守主义者。

(4) 通俗文化是“文化工业”，是统治阶级（主要是资产阶级）对工人阶级和大众的所进行的巧妙的思想控制。这一看法主要来自于法兰克福学派。

(5) 通俗文化是一种来自于“人民”的文化。这一看法来自于社会主义理论家，它与我国的“大众（的）文化”和“工农兵文化”很接近，带有较强的政治色彩。

(6) 第六种理解来自于葛兰西的理论，特别是霸权理论。持这种观点的人认为通俗文化是社会统治群体的反抗势力与社会统治集团的“兼并”势力之间斗争的场所。

(7) 后现代理论的通俗文化观，主要是法国哲学家鲍德里亚的观点，认为通俗文化制造了一个超真实的拟像世界，模糊了“真实”与符号之间的界线。

文化研究关于通俗文化的看法接近其中的第6种，尤其是其中比较极端的约翰·费斯克和洪美恩（Ien Ang）等学者把通俗文化看做是受众反抗话语权力压迫的场所。这一派学者更加重视受众在意义解读过程中的主动性，弱化了意识形态的控制。因为前面对文化研究中霍尔等人的理论介绍得较多，下面我们主要介绍这一派比较极端的学者的理论，他们代表了文化研究中强调受众研究的传统。

---

① 参见［英］约翰·斯道雷：《文化理论与通俗文化导论》，2版，8～20页，南京，南京大学出版社，2001。

二、从大众文化到通俗文化

在定义研究对象上，以费斯克为代表的文化研究学派摒弃了第一代法兰克福学派所使用的“文化工业”或文化精英一直沿用的“大众文化”的提法，而代之以“通俗文化”，虽然只有一词之差，却意味着研究视角发生了根本性的变化。

“大众文化”的提法由来已久，它来自于近代社会学者关于“大众社会”的理论。

作为社会组成方式的“大众社会”概念出现在150年前，孔德、斯宾塞、涂尔干、滕尼斯、托克维尔、加塞特等社会学者们都对大众社会进行过论述，甚至在哲学家尼采，作家艾略特、乔治·奥威尔等人的笔下也都出现过大众社会的影子。① 他们认为，随着资本主义工业化、城市化和现代化，人们的社会关系、物质文化、社会规范，以及个人的思维方式也发生了根本性的变化。个体之间产生了心理隔绝，差异性增大，传统的社会控制手段逐渐失去效力，取而代之的是非人格化的社会，合同、法律等正式的控制手段。社会成为原子化的、同质的、散沙一样的群体，即所谓的“大众社会”。

在法国大革命为代表的各国资产阶级革命中，社会精英们第一次深切地认识到“大众”的力量，对于这群捉摸不定的乌合之众，他们既感到民主社会带来的希望，同时也对多数暴政充满着恐惧。这一点在托克维尔、勒庞和加塞特的著作中都有体现。②

随着义务教育的推广，大众文化水平的逐步提高，他们也对精神产品提出了需求。大众报纸、大众期刊、大众电影、通俗音乐等应运而生。商业力量的介入，使大众表面上成为社会文化产品的主导，因此精英主义者把许多社会问题归结为大众文化的入侵。

虽然法兰克福学派在政治立场上有所改变，不再把大众文化视为大众对精英的威胁，而将大众文化看成是资产阶级对工人阶级意识形态控制的方式之一，但是总的来说，他们仍然对大众文化本身充满着居高临下的轻视（法兰克福学派内部也不是铁板一块，比如本雅明歌颂了机械复制产生的大众文化所带来的民主前景）。

---

① 参见［英］阿兰·斯威伍德：《大众文化的神话》，北京，三联书店，2003。

② 参见［法］托克维尔：《旧制度与大革命》，北京，商务印书馆，1992；参见［法］托克维尔：《论美国的民主》北京，商务印书馆，1988；参见［法］古斯塔夫·勒庞：《乌合之众：大众心理研究》，北京，中央编译出版社，2000；参见［西］奥尔特加·加塞特：《大众的反叛》。

因此，不论政治立场如何，“大众文化”这一称呼充满着精英意味，同时对于这深不可测的“乌合之众”，采取了一种不加分析的批判态度。

文化研究认为上述学者对研究对象的判断过于简单化，甚至“大众文化”这一概念本身就是主观想象的产物。“没有所谓大众文化，只有大众文化的警世悲观理论，顶多昭示了权力集团的产业或意识形态的谕令，但却一点也没能说明人们如何去拒绝或将其转为通俗文化的文化过程。”① 在文化研究学者眼里，通俗文化不再是一个混沌的整体。知识以一种新的方式重新介入其中。

首先，文化研究学派对通俗文化的历史进行了重新诠释。无论是早期的社会学者、法兰克福学派，还是早期的文化研究学者如霍格特，都认为大众文化是一个历史范畴，它的出现对于过去“民间文化或精英文化的黄金时代”是一个灾难。而文化研究学者们却对是否存在过这么一个“文化的黄金时代”持怀疑态度。他们认为，所谓的民间文化或者是纯粹的“人民的文化”只是学者们乌托邦理想的一个投射。

其次，文化研究认为大众文化理论中被动的消费者也是精英们的想象。通俗文化的消费者并不是被动无助的，而是具有相当大的主动性。他们并不是不加判断地将文化产品全部接受下来，文化产品的文本只是提供了一种可供受众任意选择消费的文化资源。

由“大众文化”向“通俗文化”的转变，不只是称谓上的变化，而是意味着研究者由简单的敌对否定状态，转向中立的甚至同情的态度；由俯视转向平视；由“从外面看”，转向“从里面看”。

三、从大众到人民

费斯克认为，通俗文化的主体是“人民”（people）而非大众。“所谓大众就是疏离者的集合，是意识不正确的单向度的人……通俗文化是人民，而非文化工业所创。”②

和保守主义者、法兰克福学派等“大众文化”理论者把受众看成被动的文化傀儡不同，在费斯克的眼里，受众是一群狡黠的“游击队员”。人民与大众最大的区别在于大众是盲目的、容易被控制，而人民则是分散的、不断变化的、暂时的群体的结合。因此要对后者进行简单的控制是不可能的。

① ［美］约翰·费斯克：《了解庶民文化》，203页。

② 同上书，24页。

费斯克受到法国学者德塞都的影响，提出受众在日常的文化消费中，享有的自由远远多于我们的想象。由于现代社会的控制方式越来越制度化，权力的运作越来越抽象，在增加控制能力的同时，也产生了各种零碎的、非连续的场域，给消费者提供了钻空子的机会。他们挑选商业文化所提供给他们的文化资源，在自己复杂的身份中选取最有利的一个，各取所需，或闪躲、或创造，弹指之间把权力集团费尽心机的控制化为乌有。“正如霍尔所说，定义通俗的方法之一，便是定义对权力集团的对抗。”①

消费者的自由体现在以下几个方面：

首先，他们可以自由地选择场域。“为了展现自己的权力，强势者建构了许多地域（place），诸如城市、购物中心、学校、工厂等（这只是几个属于物质的例子）。而弱势者则在这些场所开创自己的空间（space）。并且，他们总因为需要而在这些场所不停地占领、迁移、占领。”② 比如没钱的年轻女子可以在商店里随便地试衣，穷学生可以在书店里免费看书或在音像店里免费试听最新唱片，顽皮的儿童可以在商场里试吃食品等，他们利用制度的空隙，创造属于自己的空间。

其次，使用者的解读往往是有选择的，间歇专注的（spasmodic），这使得权力集团结构性地建构意识形态的企图落空。受众总是从中挑选能与自己日常生活有关联的部分，其解码方式可能与传播者的编码方式风马牛不相及。

再次，受众可以在自己拥有的多种主体身份之间游移。费斯克认为，传统的研究是建立在主体性的古典理论之上，结果造成一种相对的统一、单一的主体，或意识形态中的主体。而新的理论则强调非统一的，矛盾的主体。即通俗文化的消费者在文化消费过程中的立场并非始终如一，具有一种“游牧的主体性”，游移于多种主体立场之间。费斯克通过自己观看麦当娜演唱的经验，认为“我可以一边是个父权主体（在她煽情的胴胸上，我满足着偷窥的乐趣），同时一边又是个后父权（或反父权）的主体（在她挑战我偷窥狂和她给予我的‘权利’中，我寻获我的愉悦）”③。

最后，使用者通过“闪躲”与“创造”，摆脱意识形态的控制。前者意味着像巴赫金所说的狂欢节仪式一样，暂时摆脱社会和规范对身体的控制，追求快感；后者则可以在与权力集团的对抗中，创造性地利用文化资源，产生意义。

---

① ［美］约翰·费斯克：《了解庶民文化》，31 页。
② 同上书，35 页。
③ 同上书，207 页。

由“大众”向“人民”的转变，意味着研究者的视角发生了根本性的变化，从把受众看做是被动的集群，转向把受众看做是主动的个体；从居高临下的不加区别，变成耐心地进入并解读。

四、从使用—满足研究到受众研究

使用—满足理论标志着传播学研究的一次重大转变，从过去以传者为中心的研究模式，转向以受众为“中心”的研究模式。表面上看起来和使用—满足与文化研究的视角不谋而合，但是文化研究学者们显然不愿意止步于使用—满足研究。莫利结合自己在20世纪六七十年代进行的电视观众研究，认为经验主义的使用—满足研究存在两个致命的问题：

第一，使用—满足研究高估了信息的开放性，使用的多义性并不等于多元性，由于社会意识形态的作用，在大多数情况下，受众的解读仍然局限于传播者的意义框架之内。观众之所以去观看某个电视节目，是因为他能看懂其中的意义，这也就意味着他必然会以传播者编码的方式去解码，从而获得一个社会意义。因此，使用—满足研究没有涉及意识形态等核心的问题。

第二，使用—满足研究欠缺社会认知的背景。它把个人抽象地置于传播线性模式之中，缺乏在社会语境中进行具体的认识分析。①

因此，文化研究学者们提出，不能简单地研究“使用”。在“使用”之前，受众还有一个意义解读的过程。意义解读是受众结合自己的位置与语境，对文本做出的诠释。应把受众放到社会语境中分析，既不能像刺激—反应理论那样孤立简单地去理解受众的使用，也不能像“大众文化理论”的支持者那样仅从文本解读就推断出传播的影响。

五、从文本解读到语境分析

早期的通俗文化研究者（如利维斯、巴尔特等），多来自文学批评领域，使用的主要是文本解读法，揭露传播内容背后隐藏的意识形态。但是，正如前面所论述的，由于受众的接受活动是一个压迫与反抗的战术斗争，单纯以传播者和传播内容作为研究对象在某种程度上并不说明最终的意义是如何产生的。正如霍尔在编码和

① 参见［英］戴维·莫利：《电视、观众与文化研究》，85～90页。

解码理论中提出的，受众能够以妥协式或反抗式的解读方式来反抗传播者的意图。[①] 所以，更重要的是说明意义生产过程中的交互式的斗争，要分析这一过程，必须把它放到具体的语境或社会脉络中研究。莫利在《〈全国新闻〉受众》中，就提出了著名的“客厅政治”理论，由于文化活动越来越私人化（比如家庭影院的出现），所有的文化冲突均集中于家庭日常生活的客厅中，如果不深入这些场域，我们所看到的意义生产过程必定是不完整的。[②]

费斯克把通俗文化看成是互为文本（intertext）地流通于初级文本（原初的文化商品——麦当娜本人或是一条牛仔裤）、次级文本（与初级文本直接相关者如广告、杂志文章、评论）和第三级文本（存在于日常生活的持续过程中如会话、穿牛仔裤或居住在公寓中的方式、逛街观赏橱窗，或在高中舞会上采取麦当娜的肢体运动）之间。“所有麦当娜的文本——初级、次级或第三级——都是不充分的及不完整的。”[③]

此外，与经典作品不同，通俗文本之所以具有平易性和简单性——这也是文化精英对通俗文化不屑一顾的原因——是因为它要满足大众的创造。“拒绝文本的深度和细微的差别，等于把生产这些事的责任移交给了读者……通俗文化中，文本是不完整的，不充足的，除非它们进入了人民的日常生活。它们是被不怀敬意地使用的资源，而非被赞赏与崇敬的对象。”[④]

因此，费斯克认为：“分析通俗文本需要双重焦点：一是注重文本的深层结构，二是看看人们如何和体系周旋，如何阅读文本，以及如何从通俗文体中汲取源头活水。”[⑤] 即使是分析文本，“批判者所关心的也是文本许可做什么，或被驱使去做什么，而非文本是什么”[⑥]。也就是说，文本只提供了一个最初的框架，最终的意义仍要由消费者生产。

六、从金融经济到文化经济

传播政治经济学研究认为，文化生产的经济基础决定着文化中蕴含的意识形态，并且影响着受众对世界的解释框架。随着资本主义文化产品生产的日益垄

---

① ［英］斯图亚特·霍尔：《编码，解码》，见罗钢、刘象愚编：《文化研究读本》。
② 参见［英］戴维·莫利：《电视、观众与文化研究》。
③ ［美］约翰·费斯克：《了解庶民文化》，143 页。
④ 同上书，140 页。
⑤ 同上书，121～122 页。
⑥ 同上书，149 页。

断，文化的多样性正在消失，这导致受众最终受制于资产阶级的虚假意识。

但是费斯克认为，政治经济学派只看到了通俗文化产品流通的一个部分。他把通俗文化的生产和流通分成两个相互联系但又相对独立的部分——金融经济和文化经济。在金融经济中，生产者利用自己所有的人力和物力资源，生产出具体的产品。具体来说，可以表现为两种形式：一是直接生产出物质商品，并出售给消费者（如CD、电影、书籍等）；二是利用生产出来的文化商品，吸引受众的注意力，再把受众的注意力出售给广告商（如免费电视、大众报纸杂志等）。在这一过程中，金融资本可以部分决定生产的内容与结构。

但是在文化经济的生产中，交换和流通的就不再是财富，而是意义、快感和社会身份。在这一过程中，受众成为主体，他们利用前一过程所生产出的文化产品，自主地进行创造性的使用。罗兰·巴尔特认为，文本的意义不是由作者决定的，而是作者和读者共同创作的，读者参与到文本意义的生产过程中。所以“可写文本”与传统“可读文本”不同，它的意义永远是向受众开放的。

除了意义以外，快感也是统治者难以控制的文化经济的产品。身体是自然而非文化的产物，它为我们提供了一个抵御意识形态的有限的自由空间，因此，属于身体的快感不仅不是低级的生理反应，反而是对抗意识形态的最后堡垒。我们会对统治者的一本正经但荒诞滑稽的仪式发出本能的嘲笑与讥讽，会对无端受到压迫的人抱以同情的眼泪。

在文化经济中，民众在意义和快感的生产中创造出大众文化资本。大众文化资本保证受众可以通过多样的解读，对抗统治者将文本意义单一化、自然化、稳定化的企图，利用“符号权力”对“社会权力”做出有效的抵抗。

七、从“肯定文化”到“微观政治的进步文化”

学者们在报纸、广播、电视等传播媒介刚出现时，对通俗文化抱有一种幻想，认为通过这些媒介中通俗易懂的信息，可以促进社会教育和社会发展。但随着时间的推移，通俗文化并没有向这些学者所希望的那样发展。就在这些学者悲叹的同时，法兰克福学派对大众文化展开了更加猛烈的攻击。

以法兰克福学派为代表的早期大众文化研究者们认为，文化工业（大众文化）是资产阶级对工人阶级闲暇时间的统治。它一方面充当劳动力再生产的工具，另一方面，也是资产阶级意识形态的制造者。马尔库塞干脆把这种文化命名为“肯定文化”，即“是资产阶级时代按其自身的历程发展到一定阶段的文化。

在这个阶段，它把作为独立价值的心理和精神世界这个优于文明的东西，与文明分离开来。这种文化的根本特征在于认可普遍义务、永恒美好和必须无条件肯定的更有价值的世界：这个世界与日常生存而斗争的实际世界有本质的不同。然而，无须实际状态的任何改变，只要通过每个个体的‘内心’就可以实现”①。

出于对法西斯主义的反思和对资本主义文化工业的厌恶，大部分早期的批判学者们对大众文化持完全否定的态度。然而到了文化研究学派这里，由于研究角度和策略的不同，通俗文化的积极作用被重新打捞出来。

与前人的简单肯定或简单否定不同，文化研究学者采取了一种更为开放的态度。首先费斯克否定了早期进步主义者对通俗文化进步性的过高估计。这些进步主义者认为，只要改变媒介和传播的内容，就可以改变通俗文化，继而改变大众和社会秩序。费斯克批评道，事实上他们采取的是一种与大众社会观相似的简单化思路，在一般情况下，通俗文化并不具备这样的作用。

其次，像法兰克福学派这样的左派认为大众可以随便被文本所左右，他们也犯了同样的错误，都低估了人民的主动性与创造性。

费斯克认为，因为大众利用通俗文化进行游击式的反抗，使通俗文化具有了积极的进步作用，但他对这种进步作用的评价是审慎的。他提出，只有在微观政治上，通俗文化才具有政治性和进步性。也就是说，与经典马克思主义的革命进步性不同，通俗文化的进步性并不必然导致宏观政治中主体的行动，或者发展为暴力的反抗，相反，它只是在微观政治中，在意义解读的过程中进行着反抗与斗争。它或许会形成最终的行动，但还需要其他条件，或许根本就不会形成任何社会成员的统一行动，仅仅是一种游戏。

因此，费斯克最后的结论是：通俗文化不是一种激进的文化，而是一种微观政治的进步文化。

八、从阿尔都塞到葛兰西

费斯克等人对大众文化政治评价的转变源自深层理论取向转变。前面在回顾文化研究发展历史时曾提到，在早期的文化研究学派那里，意识形态与经济基础的关系虽然有所松动，比如阿尔都塞更强调上层建筑自主性与反作用于经济基础的方面，然而阿尔都塞仍然承认，经济基础“最终”决定着上层建筑，更为重要

① ［美］马丁·杰伊：《法兰克福学派史》，207页；又见［美］马尔库塞：《单向度的人》，上海，上海译文出版社，2006。

的是，阿尔都塞仍然继承了马克思的观点——在经济上占统治地位的阶级在意识形态上也占有统治地位，认为大众的主体性（subjectivity）完全是由统治阶级的意识形态所建构的。阿尔都塞的主体性理论被认为带有浓厚的决定论色彩。这种学说也被部分早期的文化研究学派所借用，形成了霍尔所说的文化研究中的“结构主义范式”。

以霍尔等为首的学者则更多地从葛兰西的“霸权”理论那里找到了自己的立场，这一转变即我们前面提到的“葛兰西转向”。“霸权概念被葛兰西用来指一种正在进行中的条件，在这种条件下，某个居支配地位的阶级（与其他各阶级或阶级的一部分结成了同盟）不仅统治着一个社会，而且还利用精神方面的领导地位引导着这个社会。”但是，“霸权是通过占支配地位的各个集团和阶级与居附属地位的各个集团和阶级进行‘谈判’，并向他们做出让步，才得以维持的（而且必须要不断地进行维持：这是一个持续的、不间断的过程）”①。

新葛兰西主义认为，统治阶级意识形态无法顺利地贯彻到社会各个层面，无条件的压迫并不存在，而是经常表现为斗争与妥协，在某些时候，被统治阶级也会向统治阶级做出让步，最后达成双方的妥协。因此，通俗文化也是按照这种机制运转，这就是其进步性所在。

费斯克在研究中，利用了霍尔提出的“咬合理论”（theory of articulation）分析霸权的建立过程。所谓咬合（articulate），在字面上有两层意思：一是说出或表达，即把单个章节连成一个具有意义的词语；二是形成一个弹性的联系，使文本和读者的社会情境之间被机动地联系在一起，令读者建立起认同感。霍尔正是利用了这个词的双关，来表述通俗文化是如何将统治者的意识形态和受众的常识缝合在一起，从而实现统治者的霸权的。② 不难发现，咬合理论深受葛兰西霸权理论的影响。但是费斯克与霍尔的立场有很大差异，他更强调受众在意义生产中的积极作用，而对统治阶级联盟的霸权的实现则有意回避，这也是他遭到其他文化研究学者诟病的关键之处。

九、符号民主还是文化民粹主义

由以上通俗文化研究的变化，可以看出一个趋势：传统的批判理论正在向人

---

① ［英］约翰·斯道雷：《文化理论与通俗文化导论》，2 版，169～170 页，南京，南京大学出版社，2001。

② 参见［美］约翰·费斯克：《了解庶民文化》，167 页；又见［美］约翰·费斯克等：《关键概念——传播与文化研究辞典》，2 版，16 页。

类学的民族志靠拢，学者们不再是不分青红皂白地对通俗文化做出完全否定的结论，而是具体深入到通俗文化中，体会它的运作方式、活动脉络，更为重要的是理解通俗文化对我们的影响。

当然，文化研究学派的通俗文化研究，尤其是其中费斯克的通俗文化研究也存在许多问题：

（1）缺乏批判的民粹主义和新修正主义取向。与文化研究学派的其他学者相比，费斯克属于极端强调受众主动性的一派。他对于大众文化很少进行否定的批判。正因为如此，麦克盖根（Jim McGuigan）把他划入了“文化民粹主义者”之列，并认为他“不加批判地对大众的通俗文化消费加以庆贺”[①]。“对通俗文化不恰当的赞誉是看不到权力关系，看不到主流与从属之间的辩证性。”[②] 费斯克过高地估计了所谓“人民”的进步性，对于通俗文化带来的快感不加区别地加以歌颂，对霍尔等左派学者们重视意识形态控制的取向进行了修正。因此，詹姆士·卡伦也将费斯克等人强调受众主动性的立场称为“文化研究中的新修正主义”，他认为这种立场看似激进，实则保守。欢庆通俗文化解读中的“符号民主”，同“使用满足”中的“多元民主”立场和研究方法并没有实质的区别。[③] 这样一种立场，把解放的希望放在受众身上，主张保持现状、无为而治，放弃了对现实符号环境的干预，背离了文化研究一直倡导的“有机知识分子”精神。

（2）意义生产过程的考察不完整。费斯克虽然提到了要对通俗文本流动的社会语境进行全面地分析，可是他对于社会语境的分析却十分有限。他将“文化经济”（在观众之间的符号交换）与“金融经济”（电视工业的定位）分割开来，并且认为完全没有必要解释“金融经济”商业运作关系中的“文化经济”的定义。[④] 我们在第九章关于传播政治经济学的讨论中也提到，文化商品的生产，至少在最初阶段决定了意义的生产，为其设定了框架。但缺少了经济与符号的全面分析，使得费斯克的电视研究成为一种主观唯心主义。[⑤]

（3）理论与方法有一定脱节。尽管费斯克一再提到，在通俗文化的分析上，为了全面分析流通语境，民族志的方法是非常有用的，而且“我们也可以采用大

---

① ［英］吉姆·麦克盖根：《文化民粹主义》，55 页，南京，南京大学出版社，2001。

② 同上书，83 页。

③ 参见［英］詹姆斯·卡伦：《媒体和文化研究中的新修正主义》，见《媒体与权力》，史安斌、董关鹏译，北京，清华大学出版社，2006。

④ 参见［美］约翰·费斯克：《了解庶民文化》，27 页。

⑤ 参见［英］吉姆·麦克盖根：《文化民粹主义》，81 页。

规模的系统性的，或者结构性的方式来做”[1]。但在实际操作上，费斯克自己的分析大多也只是从自身出发的文本分析。在他的理论中，人民本身也没有加以社会学上的区分，仅仅是以一些性别、阶级、种族这样的文化研究偏爱的标准进行了大致的分类，远没有达到他所说的人种学研究的目标。

费斯克的通俗文化理论是一个颇具争议的成果，它也为中国的通俗文化研究带来了许多启示，有助于我们摆脱从传统美学角度对通俗文化做简单的、“客观的”评价，从单纯的文本研究和空洞的社会批判的“宏大叙事”，转向深入地分析目前中国的通俗文化语境与微观的文化消费行为等。正如霍尔所论，文化研究所得出的理论绝不是一个普世的理论，只有和具体的文化与实践相结合，才能成为活的文化研究。

总　结

本章所讨论的文化研究是一个比较复杂，难以简单概括的研究领域。因此我们采取了历史诠释的方法，通过经验描述而不是抽象的理论概括，让你直接感受文化研究是什么，为什么要进行文化研究，如何进行文化研究。尽管这种做法比简单给出一个定义更复杂，但是希望它有助于你更深刻地理解文化研究的精髓。

文化研究是一个容易被误解的研究领域（或许把它概括为一种研究方法和视角更为准确），它虽然关注通俗文化，提倡民族志的研究方法，但这并不意味着文化研究是一个轻松愉快的学术游戏，文化研究的目的是通过对特殊的、历史化的研究对象进行批判，达到一种解放的作用。因此，文化研究是一种严肃的理论实践形式。

通过对文化研究发展历史的回顾，对其社会学转向、结构主义转向、葛兰西转向、法国理论转向的描述，我们可以明显地看到其作为“接合知识”的特征与责任。在中国的特殊语境里做文化研究，这一点尤其重要，否则就会成为脱离实际的概念游戏。

在第二个部分，我们以表征理论为例，扼要地介绍了目前文化研究中与语言理论相关的部分，这和整个人文社会科学研究领域的语言学转向的大背景息息相关。这些被文化研究吸收整理过的语言理论，可以推广到我们周围生活中所有的表征现象，我们可以从另一个角度，观察和探索我们认为理所当然的“常识”是

① ［美］约翰・费斯克：《了解庶民文化》，153页。

如何通过表征和符号建立起来的。这种思考会让我们活得更清醒——但也可能让我们活得更痛苦，如果你缺乏勇气的话。

第三个部分我们以费斯克的通俗文化理论为例，让大家对比一下文化研究与其他研究视角的不同，同时也让我们对自己身边的通俗文化有新的思考。但是正如我们一再说明的，文化研究并没有唯一答案，费斯克的理论也只是文化研究中的一种比较极端的声音，它强调通俗文化的抵抗作用，忽视了它所包含的霸权和控制，这一点是我们在学习时需要注意的。同时，文化研究也存在着过于强调意义解释，忽视经济生产的倾向，因此有必要将传播政治经济学的理论结合起来使用。

文化研究不是单纯的理论研究，而是把生活本身看成是政治选择。文化研究不追求终极答案，也不认为存在终极答案，通过不断地追问，使我们的日常生活拥有更多自由。如果本章的学习能够让你拥有新的选择，那批判理论就起到了解放的作用。当然，要真正作用于现实，还要依靠每个人独立地判断与实践。

关键概念

接合知识
结构主义
意识形态
霸权
有机知识分子
社会性别
生理性别
（意识形态）质询
知识型
文化
表征
萨丕尔—沃尔夫假设
指号
能指
所指
神话（罗兰·巴尔特）
编码
解码
统治—霸权立场
协商立场
对立立场
通俗文化
大众文化
民间文化
金融经济
文化经济
肯定文化
微观政治
咬合理论
文化民粹主义
符号民主

深入阅读

● 罗钢、刘象愚编：《文化研究读本》，北京，中国社会科学出版社，2000。

●［英］戴维·莫利：《电视、受众与文化研究》，北京，新华出版社，2005。

●［英］戴维·莫利、夏洛特·布伦斯顿：《〈全国新闻〉：电视与受众研究》，北京，中国人民大学出版社，2022。

●［美］约翰·费斯克：《理解大众文化》，北京，中央编译出版社，2001。

●［英］斯图亚特·霍尔编：《表征——文化表象与意指实践》，北京，商务印书馆，2003。

● 陆扬、王毅：《文化研究导论》，上海，复旦大学出版社，2006。

●［英］保罗·杜盖伊、斯图亚特·霍尔、琳达·简斯、休·麦凯、基思·尼格斯：《做文化研究——索尼随机听的故事》，北京，商务印书馆，2003。

● 马杰伟：《酒吧工厂：南中国城市文化研究》，南京，江苏人民出版社，2006。

思考与讨论

1. 为什么霍尔等文化研究学者不愿意给文化研究下一个明确的定义？

2. 请举例说明“文化研究”与“对文化的研究”有何不同？

3. 文化研究的早期奠基人对文化研究产生了什么影响？

4. 请查阅相关资料，讨论一下什么是意识形态？我们能否摆脱意识形态的影响，为什么？

5. 葛兰西对文化研究产生了什么影响？

6. 女性主义对文化研究产生了什么影响？

7. 请你结合具体的事例，讨论一下知识与权力之间的关系。

8. 文化研究的特点是什么？

9. 请你查阅相关资料，讨论一下中国文化研究的主要成果及结论。

10. 表征理论是否是唯心主义理论？为什么？

11. 请你以一个具体的文化表征（如春节联欢晚会、MP3）为例，讨论一下它的意义是如何建构的。

12. 请举例说明不同受众的解码方式。

13. 如何评价费斯克的通俗文化理论？

14. 请你根据本章的介绍，选择一个文化研究的题目，写一份研究计划。

第十一章

媒体生产与媒介场

CHAPTER 11

本章知识结构及要点

☆ 什么是媒体生产研究

☆ 媒体生产研究的层次

→ 个人：把关人、职业角色

→ 媒体内部：组织目标、权力结构、潜规则、惯例

→ 媒体外部：其他组织、伪事件、国家传播管理制度

→ 文化：正常与异常的划分

☆ 媒介场范式

→ 勒温的场理论

→ 布迪厄的场域理论

→ 媒介场

→ 媒介场与中国的媒介研究

对传媒生产过程缺乏了解的受众一般会对大众媒体有一种神秘感，常常会把“报纸上登的”或“电视上报道的”当做确凿的证据，可是人们常常忽略了媒体的工作者也是一群普通人，他们对世界的认识与解释也会受到各种条件的制约。比如中央电视台虽然是国家电视台，但报道的北京地区的新闻会远远多于地方，北京地区微小的天气变化也可能引来详细的现场报道；《新闻联播》里国内新闻与国际新闻在新闻价值上判断迥异，前者以正面报道为

主，强调“整体真实”，而后者则多是灾难、战争等负面报道；大学生在新闻中多是以越轨的形象出现[①]，尤其是女大学生、女研究生、女博士生；在一项对2004年《北京晚报》涉及女性新闻的内容分析中，发现对女性的报道量不到新闻总量的十分之一；而且涉及女性的新闻中，明星私生活、丑闻、趣闻、犯罪、体育赛事占女性新闻总量的68%，被报道女性中艺人、运动员占报道对象的52.5%，违法者和弱者（受害人、被救助者、保姆、失业者）占报道对象总量的18%……[②]

以上几个比较表面化的例子，说明大众媒体在再现现实时，对不同象征符号的处理方式并不完全相同。为什么会出现这样的现象？是新闻从业人员有意贬低某些群体或歪曲地再现现实还是有其他因素的影响？为什么有些记者借新闻工作敛财而有些记者却敢于对抗不正之风？为什么有的媒体有“影响”却不赚钱？为什么美国的媒体会“妖魔化”中国，中国的媒体会误读他国？为什么中国与其他国家的媒体对新闻的选择和处理标准不一致……

要回答这些问题，需要对媒体的生产过程有所了解。本章我们先从静态的角度介绍影响媒体生产的各种力量，接下来介绍一种动态的研究范式——媒介场域理论。

第一节　媒体组织与媒体生产

一、什么是媒体生产研究

本章使用了“媒体生产”一词，意味着我们不再把媒体内容的制作看成一个神秘的过程，而是把它视为一个普通的商品生产过程。这就意味着我们要把专业主义话语的一些前提暂时悬置，不涉及新闻学里所提倡的“应然”、“规范理论”中的价值判断或意识形态话语，甚至在适当的时候，我们把它们作为客体进行分析。

首先我们区分一下本章要讨论的“媒体生产研究”与本书前面讨论的“媒体效果研究”。如果我们把传播过程简化成图11—1，从大众传媒到内容产品，

---

① 参见卞冬磊、张稀颖：《转型期大众传媒报道与大学形象塑造关系研究——以2004年1月1日以来的相关报道为研究对象》，载《新闻与传播研究》，2005（2）。

② 参见汪洋：《从〈北京晚报〉对女性的报道看大众媒介对女性的偏见》，中国人民大学本科学位论文（指导教师刘海龙），2005年。

属于媒体生产过程，媒体内容对受众的影响，属于媒体效果。在拉斯韦尔的传播5W模式里，这里所说的“媒体生产研究”也被称做“控制研究”。当然，这个图过于简单，实际的传播过程绝不是这样一个简单的单向线性传播过程，受众还会反过来作用于传媒和内容，社会环境也同时影响传媒、内容和受众三个部分。

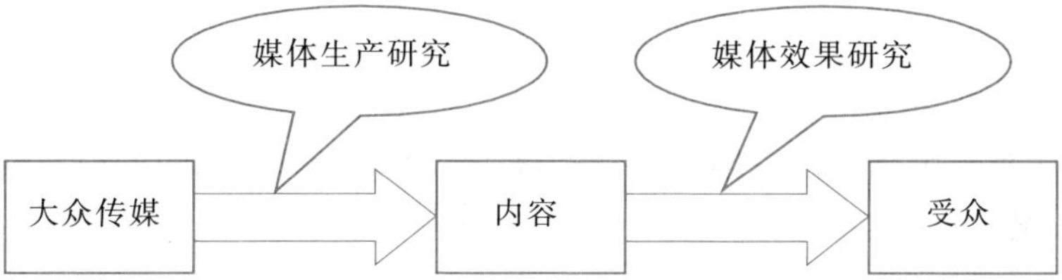

图 11—1 “媒体生产研究”与“媒体效果研究”的区别

在管理学派或经验学派的传统里，媒体生产研究远不如效果研究兴盛。造成这种状况有三个原因：

第一是学术研究的政治预设影响了研究者的取向。来自媒体的研究者受到新闻专业主义的影响，认为新闻报道者只要坚持中立客观，就可以全面地反映现实，所以这个领域不值得研究；还有一部分持多元民主论的研究者认为，媒体内容是多种力量妥协的结果，是意见自由市场的产物，媒体的生产过程是一个民主而多元的过程。不同媒体的立场不同、反映角度不同，即使是某个媒体有政治倾向，也会被整个媒介系统所平衡。这两种政治前提都认为媒体的生产不是问题，没有研究价值。

第二是实证主义（客观经验主义）研究范式的影响。实证主义主张理论的得出要经过假设检验过程，必须通过定量的方式加以证明。内容对受众的影响比较容易用定量的方法测定，但是内容生产者的研究却很难用简单的方法测定。

第三是研究运作模式的影响。经验研究一般需要大笔研究经费，这些资金一般由政府、公司及与这些机构有关的基金会提供。大部分的媒体生产研究结果会戳穿某些神话或者发现生产过程中存在的问题，反过来批评整个生产体制和掌握着权力的精英阶层。公司和政府不愿意花钱买批评，对此类研究自然不感兴趣。相比之下，效果研究符合出资者的需求，对其管理工作具有更多的“建设性”。

20世纪60年代以来西方的学生运动和后现代主义，使传播批判学派渐成气候，他们对现状的批评和对主流价值的质疑为媒体生产研究带来了活力。在这一大背景下，传播研究中对生产领域的关注也逐渐增多，比如赫伯特·席勒（Herbert I. Shiller）的《大众传播与美利坚帝国》（*Mass Communication and American Empire*，1969）、盖伊·塔奇曼（Gaye Tuchman）的《制作新闻》（*Making News*：*A Study in the Construction of Reality*，1978），赫伯特·甘斯（Herbert J. Gans）的《决定什么是新闻》（*Deciding What's News*：*A Study of CBS Evening News*，*NBC Nightly News*，*and Time*，1979）、马克·费希曼（Mark Fishman）的《生产新闻》（*Manufacturing the News*，1980）都是这个时期出现的名著。

几十年来，媒体生产研究积累了大量成果，也形成了不同的研究路径。美国学者迈克尔·舒德森将媒体生产研究的角度分为三点：

（1）政治经济学观点。这种分析角度把新闻加工的结果和国家结构、经济结构以及新闻机构的经济基础联系起来。

（2）社会学的观点。把媒体看成一个多层次的组织，研究其中个人价值、职业角色、惯例、意识形态是如何建构的。

（3）文化的观点。把媒体的生产放到整个文化中考察，媒体在表征现实中为什么会产生差异，这些差异与整个符号系统、文化系统和权力系统之间存在着什么关系。①

第一种和第三种视角我们在第九章传播的政治经济学派和第十章文化研究中专门做过介绍，本章的前半部分，我们将重点讨论第二种社会学的观点，也可以称之为媒介社会学（media sociology），然后在这三种观点以外，我们提出一个整合的理论范式——媒介场范式。

二、媒体内容的倾向性问题

媒体生产的最终产品是文本，但是它却常常成为研究的逻辑起点。人们最容易提出的问题是：为什么媒体的内容会具有倾向性呢？

麦奎尔在谈到新闻报道中的倾向（bias）时提出了一个分类标准，他将这些倾向按透明度和意图两个维度分成 4 类，分别是党性（partisanship）、无意的倾向、宣传和意识形态（见表 11—1）。②

---

① 参见［美］迈克尔·舒德森：《新闻生产的社会学》，见［英］库兰、［美］古尔维奇编：《大众媒介与社会》，北京，华夏出版社，2006。

② See Denis McQuail：*Media Performance*. London：Sage. 1992，pp. 193 - 194.

表 11—1　新闻倾向性的类型

	有意的	无意的
公开	党性	无意的倾向
隐藏	宣传	意识形态

在这个分类中，有意的倾向性比较容易识别，我们在第 4 章进行过讨论，但是问题在于如何确定媒体的生产者具有无意的倾向性，以什么样的参照系为标准来判断倾向性。从哲学的层面来看，“媒体为何具有倾向性”这个问题本身是非常模糊的，并不存在一个被所有人接受的客观的、中立的叙述立场。

这个暧昧的问题并非没有价值，它将我们引向另一个更有意义的问题：究竟有哪些力量左右着媒体的内容生产？换句话说，我们在本章开头所提到的那些例子，是哪些因素共同作用的结果？在一个媒体系统中，要分离出某个因素的影响十分困难，因为它总是和其他力量处于相互作用中。为了方便思考，美国学者休梅克和里斯（Pamela J. Shoemaker and Stephen D. Reese）将影响媒体内容的各个因素从微观到宏观排列成一个多层次的洋葱形模型。① 这里将该模型稍做修改，从里至外分为个人、组织内部、组织外部、文化四个层次进行讨论（见图 11—2）。

需要强调的是，层次的划分只是为了叙述的方便，这些层次在实际中并不完全互斥，在这些层次之间存在不少灰色地带。比如公关公司等组织外因素要产生影响，就必须要遵循组织内的惯例或考虑到记者个人的职业取向，努力把某个活动按照新闻的要素“包装”成一个有重大新闻价值的事件才能达到目的。

此外，媒体的生产包括新闻和娱乐两部分内容，由于娱乐领域涉及的内容较为复杂，我们在此将重点放在新闻的生产上。关于娱乐领域生产的概况，可以参见第七章以及第十章的相关内容。

三、个人对媒体生产的影响：把关人

个人是媒体生产研究的起点，也是最容易误解的一个层次。一种看法认为个人对内容的生产起到决定性的影响；另一种看法认为个人在内容的生产中无关紧要。这两个极端在早期的研究中经常出现。

---

① See Pamela J. Shoemaker and Stephen D. Reese: *Mediating the Message: Theories of Influences on Mass Media Content*. White Plains, N Y: Longman, 1996, p. 64.

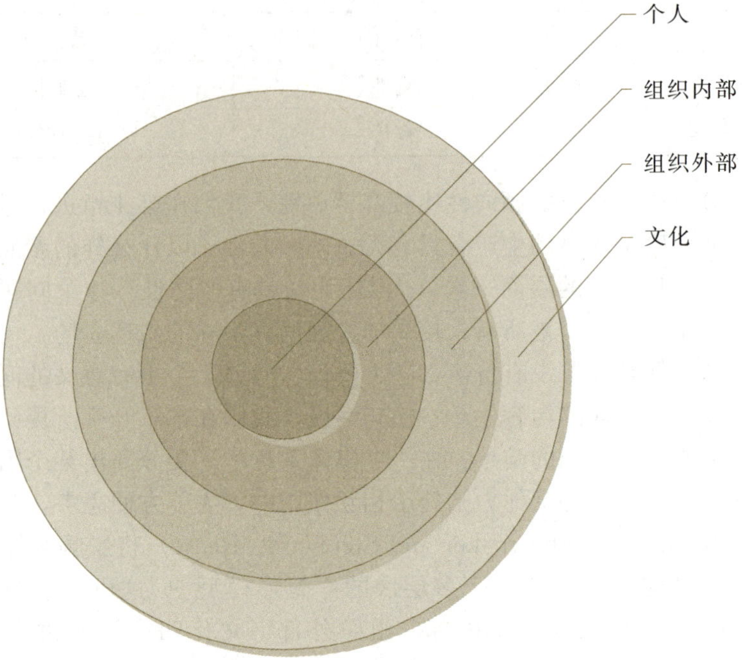

图 11—2　媒体生产研究的层次

在早期的媒体生产个人层面的研究中，提及率最高的可能是“把关人”(gate keeper) 的研究。“把关”(gatekeeing) 是心理学家库尔特·勒温 (Kurt Lewin，又译“卢因”) 1943 年在“渠道理论” (channel theory) 中提出的概念。他以人们的食物习惯为例，讨论了家庭妇女在获得食物的渠道中所受到的各种力的作用。在渠道的不同关口 (gates)，把关人会对面临的多种选择进行控制。

后来，人们把狭义的把关定义为在讯息传播的过程中，各个环节对所经过讯息的筛选与过滤。广义的把关概念泛指讯息的整个编码过程，它不仅包括讯息的选择，还包括对讯息的内容、表现、重复次数、发布时间、刊载媒体、流向等方面的操纵与控制，而且把关不仅限于大众媒体，也存在于人际传播、群体传播和组织传播等各种传播形态中。①

勒温总结说，人们的食物选择行为受三个因素的影响：(1) 渠道；(2) 把关人对渠道各环节的控制；(3) 把关人关于食物的意识形态。在文章的结尾，他提

① See Pamela Shoemaker: *Gatekeeing*. Thousand Oaks, California: Sage Publications, 1991, p. 1.

到，渠道理论不仅适用于食物渠道，也适用于新闻传播等渠道。[1]

由于勒温1947年即去世，没能来得及将渠道理论应用于新闻传播研究，但是他提出了"把关"的概念，并且提出要从客观环境与主观心理、文化相结合的角度（即"场论"）研究把关，为把关研究提供了思路。

1949年，怀特（David Manning White）用个案研究的方法，对勒温所说的"把关"行为进行了证明。他选择了美国一个中小城市的报纸的通讯社新闻版编辑（wire editor）作为研究对象。这名40多岁、有25年新闻从业经验的男性编辑，是新闻生产过程中最后一关的把关人，他负责挑选和编辑各个通讯社的稿件，怀特将他称为"盖茨先生"（Mr. Gates）。怀特感兴趣的是什么原因导致盖茨先生决定使用还是舍弃某一篇稿件。怀特请求盖茨先生每天把看过的稿件都保留下来，并且在下班后根据回忆，把当时取舍每条新闻的原因写下来。

通过对盖茨先生一星期工作的研究，怀特发现，盖茨先生的选择十分主观，各类新闻的比例非常不平衡。比如他喜欢政治新闻，有意淡化暴力犯罪类新闻，喜欢比较"保守"、传统的新闻写作风格等。换言之，他是在按照自己心目中的"新闻"定义挑选稿件。[2]

怀特的研究似乎证明把关人在新闻选择上掌握着生杀予夺的大权，但是麦库姆斯和肖对怀特的研究数据进行了重新分析，发现了一个有趣的现象：虽然盖茨先生的选择大都基于主观偏好，但是他收到的通讯社稿件中各类新闻的比例和最后采用的新闻中各类新闻的比例之间相关性颇高，达到0.64。这说明"无形"的环境在影响着盖茨先生的选择。[3]

1991年布列斯克（Glen L. Bleske）重复了怀特的研究，不过这一次调查的是一位女性编辑——盖茨女士（Ms. Gates）。盖茨女士所用的传播技术比盖茨先生进步，实现了计算机化。但是研究结果却惊人地相似，她也依据自己的主观偏好挑选新闻，放弃某个稿件时使用得最多的理由还是"版面空间有限"，但是她选择的各类新闻所占的比例与通讯社供稿中不同新闻类别的比例的相关指数竟高达0.86。和盖茨先生一样，她也不承认通讯社各类新闻的分布会对她产生影响。

---

① See Kurt Lewin: "Psychological Ecology", in *Field Theory in Social Science: Selected Theoretical Papers*. New York: Harper & Row, 1951.

② See David Manning White: " 'The Gate Keeper': A Case Study in the Selection of News", in *Journalism Quarterly*, Fall, 1950.

③ See Maxwell E. McCombs and Donald L. Shaw: "Structuring the 'Unseen Environment'", in *Journal of Communication*, Winter, 1976.

此研究还有一个意外发现，盖茨女士的女性身份基本没有影响她的选稿标准。①

最后一个结果值得注意，一般的常识认为，只要媒体吸收大量的女性群体或其他弱势群体的工作人员，媒体对这些群体的报道就可能简单地得到改观。但是在美国进行的其他研究也证明，新闻从业者的个人人口统计学背景对新闻价值和内容的影响很小，远不及组织的惯例或其他规定。② 海斯认为，物以类聚，人以群分，主动选择从事某个职业的人会具有相似的人格，新闻工作的"人格类型"中的相似性很可能会超过其他背景因素的影响。③

这两个把关人研究说明，把关人的个人性格和价值观对新闻的选择有一定的影响，但是它并不是最终的决定因素，在某些时候，把关人个人的影响会远远小于其他力量的影响。

四、个人对媒体生产的影响：职业角色

除了个人的价值观、生活背景外，新闻从业者的职业角色认知也会影响媒体的内容。新闻从业者对自己职业角色的定义可以视为一种意识形态（关于意识形态的概念，见第十章），它既帮助新闻从业者获得行动的意义，同时也影响着他们对世界的解释。在讨论这个问题之前，还有一个颇有争议的问题：新闻工作究竟是不是一个职业（专业）？传统的专业主义认为新闻工作具有专业性，应该独立地进行新闻工作，不必受其他外在因素的影响。但是与医务工作、法律工作等职业相比，新闻工作虽然要求全职工作、有正式的组织、有明确的职业目标、服务于社会，但是却缺乏明确的职业标准，不一定必须学习专业知识方能从事，成员也不具有高度的自治性，会受到各种因素的制约。④ 因此，新闻工作具有专业的特征，但是算不上一个严格的专业。

1963 年科恩通过对各国驻美国华盛顿记者的研究，提出新闻工作中存在两种职业角色的自我认知——中立报道者（neutral reporter）和参与者。⑤ 这种划

---

① See Glen L. Bleske："Ms. Gates Takes Over：An Updated Version of a 1949 Case Study"，in *Newspaper Research Journal*，Vol. 12（1991）.

② See David H. Weaver and G. Cleveland Wilhoit：*The American Journalist：A Portrait of U. S. News People and Their Work*，2nd ed.，Bloomington：Indiana University Press，1991.

③ See Stephen Hess：*The Washington Reports*. Wanshington，DC：Brookings Institution，1981.

④ See Pamela J. Shoemaker and Stephen D. Reese：*Mediating the Message：Theories of Influences on Mass Media Content*. White Plains，NY：Longman，1996，pp. 92－93.

⑤ See Bernard C. Cohen：*The Press and Foreign Policy*. Princeton，NJ：Princeton University Press，1963，p. 191.

分虽然有些极端，但是如果将它们视作马克斯·韦伯所说的理想型的话，这对概念恰好形象地描述了新闻工作中的两个辩证的力量。

中立者的职业角色形成于20世纪初，它伴随着客观性的出现而被确立。第一次世界大战宣传和商业的介入、权力的介入使新闻业面临着信任危机。这一职业角色正是在这种背景下产生。① 它主张客观地报道新闻，将事实与观点分开，使用科学的、实证的方法，尽可能中立地反映“现实”。如果事实不明或无法做出裁决，就要将不同的看法并列报道，保持平衡。

这种职业角色的意识形态来源于古典自由主义。此观念认为，新闻从业者只要保证向意见的自由市场提供不偏不倚的材料，公众就会根据自己的理性做出判断，在优胜劣汰机制的作用下，得出正确结论。每个新闻从业者纵然有偏向，但只要不同的媒体享有从不同的角度报道的自由，公众必然会从中得出一个最接近真相的结果。可以看出，这种观念与自由市场经济在内在精神上具有一致性。

中立的角色一般倾向于社会稳定。这种角色承认既有的社会制度已经大体完善，新闻从业者只是一个单纯的信息传递渠道，其功能在于维持整个社会系统正常地运行。

中立的角色反映的是公众对话语权拥有者的警惕，他们把新闻从业人员的角色仅仅限制在提供未经加工过的信息素材上，最大限度地限制他们的权力。从新闻从业者的角度来说，这也是一种最安全、最具操作性的报道方式，只有这样，才能获得公众的信任。

参与者的角色有时也被称做鼓吹者（advocate），它兴起于资产阶级革命时期，成熟于美国19世纪的进步主义运动中。这种角色常常出现在社会动荡或变革时期。这种职业角色不希望记者仅仅坐壁上观，客观记录，而是要求他们积极地参与到社会的政治运动中，干预社会政治，推动社会向理想的目标前进。参与者的表现形式要比中立者复杂得多，有时他们站在公众一边，成为其代表，展开调查，讨论重大政策，甚至批评或反对政府或社会组织；有时他们又站在政府或社会组织一边，成为某个政策的拥护者和宣传者；有时他们甚至独立于公众和政府，扮演启蒙者的角色，倡导精英主义的观念。

参与者的角色是一种给予记者极大满足感的职业理想，带有比较浓厚的精英主义色彩，希望通过大众媒体，影响公众和社会。与中立者不同，参与者往往倾

① 参见［美］迈克尔·舒德森：《探索新闻：美国报业社会史》，135～145页。

向于社会变革或改革，他们对现实不满，心中有着一个理想的目标或乌托邦。

参与者有的时候代表大众向权力请愿甚至对抗，有的时候又代表政府或精英对大众进行教育和启蒙。与中立者的角色不同，参与者对于自己权力的合法性问题并不十分在意，他们似乎超越了公众的监督。

这两种角色把新闻工作中两种不同的精神用极端的方式区分出来，但是在实际工作中，它们并不截然对立，比如参与者也要坚持最低限度的客观性，而中立者也并非完全没有要实现的理想与意图。根据调查，美国大部分记者的自我角色定位于两者之间，但会偏向于其中之一。①

韦弗和维霍伊特（Weaver and Wilhoit）在上述二分法的基础上，对新闻从业者的职业角色做了更加细致的划分。他们列出了 4 个职业角色——传播者、解释者、对立者和动员者（disseminator，interpreter，adversary，populist mobilizer）。传播者的角色将新闻工作主要定义为以最快的速度将信息散布到最广大的受众处；解释者则主要调查官方声明、分析复杂问题、讨论国家政策；对立者则与官方与商业机构保持对立状态；动员者是 20 世纪 90 年代新加入的一个角色，与公民新闻运动②的产生有一定关系，它希望媒体把自己也看做是公民的一分子，不做旁观者，动员公众，将媒体作为论坛，积极地参与公共事务讨论和解决。③

新闻从业者的职业角色是一个随着历史发展不断变化的意识形态，它为新闻从业者的工作提供了一套合理性的话语，它们与特定的历史背景是分不开的。中国自近代引入现代新闻事业以来，一直以救亡图强为己任，或者推动改革，或者启发民智，或者宣传鼓动，或者推动民主自由的实现。不论是站在政府一边还是站在政府的对立面，参与者的角色认知始终占据主导地位。随着媒体的商业化，中立者的角色逐渐出现，它对于参与者的主题先行式报道，是一个有益的平衡，至少有助于媒体更加向专业化方向发展。同时，我们也要反思中立者角色存在的问题，积极地寻找其他的可能性。

---

① See John W. C. Johnstone，Edward J. Slawski，and William W. Bowman：*The News People*：*A Sociological Portrait of American Journalists and Their Work*. Urbana：University of Illinois Press，1976.

② 20 世纪 90 年代美国新闻界兴起的复兴媒体（主要是报纸）公共论坛作用的一场运动，目的在于改变媒体旁观式的报道方法，吸引受众参与到媒体讨论之中，解决社会问题。这一运动也引起了很大的争议，至 20 世纪末高潮逐渐过去。*The Idea of Public Journalism*. edited by Theodore L. Glasser. New York：Guilford Press，1999.

③ See David H. Weaver G. Cleveland Wilhoit：*The American Journalist in the 1990s*：*U. S. News People at the End of an Era*. Mahwah，N. J.：Lawrence Erlbaum Associates，1996.

五、媒体组织内部的影响：组织目标和权力结构

媒体组织对媒体生产的影响，主要表现在组织的目标、分工、权力结构、无形政策、惯例等方面。用一个不恰当的比喻，媒体的生产可以视作一个流水线车间，每天需要固定地生产出一定产品，为了提高工作效率，保证按时完成任务，新闻从业人员不能率性而为，必须按照生产目标，建立一定的规章制度。这些规章制度虽然保证了生产的顺利进行，但是追求效率和模式化，反过来又会导致灵活性丧失，变得体制化和官僚化。

新闻媒体的组织目标可以分成两个：政治的、经济的。政治目标主要有两个：一是促进民主的实现，实现公众的自我管理；二是获得自身的合法性。这个目标是不能单纯由媒体追求经济利益最大化来实现的。[①]虽然媒体的政治目标最终是为公众服务，但是在实践操作中，有时它与不同群体所表达的多样化目标也不尽相同，媒体在报道时要在众多公众利益之间进行平衡，促进彼此的交流和理解。在我国，媒体保证自身合法性的目标（即执行政治宣传任务）曾经扮演着重要角色，但是随着改革开放的深入，媒体作为公众自我管理的目标越来越重要。

经济目标是通过生产吸引受众的媒体产品，通过发行、广告或其他经营活动实现经济效益。但是要实现政治目标和经济目标，就必须要考虑公众的目标。这里的公众并不是一个整体，它具有多种利益主体。公众的目标有的是个人的诉求，有的是组织的诉求（见图 11—3）。

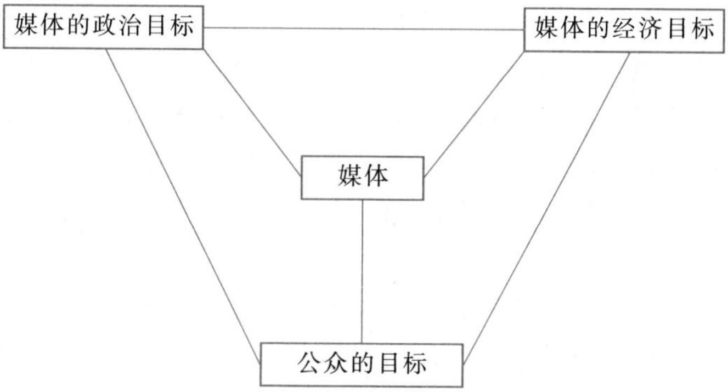

图 11—3　新闻媒体的组织目标

① 参见［美］罗伯特·W·麦克切斯尼：《富媒体　穷民主：不确定时代的传播政治》，北京，新华出版社，2004。

上述三个目标并不是相互独立的，它们之间相互影响。如果一个媒体无法满足公众的目标，获得政治合法性，其经济目标就无法实现；如果没有实现经济目标，媒体也就无法满足其他两个目标。理想的媒体应该在这三个目标之间取得平衡，既能够表达公众的声音，促进公众的理解，同时又能实现经济目标。但是在现实中，这三个目标常常出现冲突，有时为了某一个目标会暂时牺牲其他目标，比如有时为了公众利益，媒体会放弃一些眼前的经济利益。但是从长远来看，这三个相互联系的目标必然不可偏废。

在媒体组织的目标问题上，中国与西方面临着不同的问题。中国的媒体组织的目标过去一直被定为单一的政治目标，主要负责上情下达与下情上达，追求的是社会效益而不是经济效益。改革开放后，媒体逐渐走向市场，经济效益成为媒体追求的另一个重要目标。"事业性质、企业经营"同时并存的双轨制，带来了不少问题。统一的管理容易影响媒体报道的独立性，使很多社会问题无法得到及时的反映和解决；两种目标也造成管理中缺乏一以贯之的标准，给腐败提供了可乘之机，也妨碍了媒体的经营与发展。上述问题也会影响公众的目标得以实现，从长远来看，也影响了媒体自身的经济目标的实现。

如果说中国面临的主要问题是政治问题，那么以美国为代表的西方国家面临的则主要是经济问题。随着媒体兼并和竞争的加剧，媒体组织越来越强调经营目标，出现了 MBA 管理新闻部门的现象，这对新闻专业主义和报道的独立性造成很大影响。一些严肃的新闻节目，由于制作成本较高，不具有娱乐性，就要做出牺牲，为公众服务和为市场服务出现了冲突。

在我国的新闻媒体组织中，实现这三个目标也对应着不同的分工。其中党委主要负责管理政治目标，广告和经营部门主要负责经济目标，而编辑和记者主要负责协调公众的目标。因此在媒体内容生产者（编辑和记者）那里，同时面临着来自三方面的压力：政治的、经营的和受众的，它们会通过各种方式影响媒体的生产（见图 11—4）。

如果再进一步划分，在编辑和记者两种分工之间，也存在一定的差异。编辑会直接面对党委和广告经营部门，他们既要照顾政治目标，同时也要考虑到市场的需求，所以编辑的立场会在党委和受众之间找到一个平衡点。而记者离党委和广告经营部门稍远（只是相对而言，也有的媒体把拉广告的任务直接下放给记者），直接面对的是信源和部分受众，所以容易站在信源的角度思考问题。

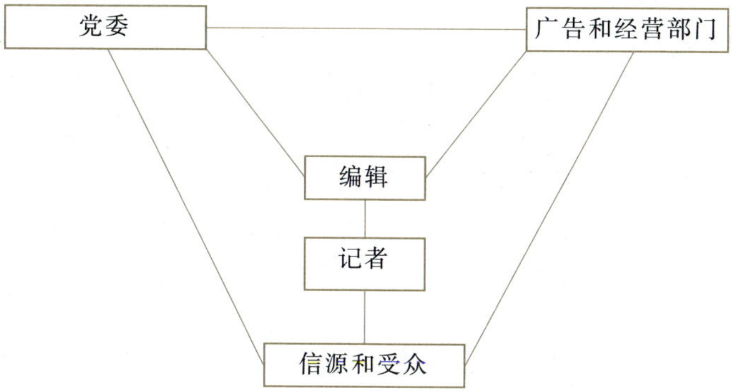

图 11—4　实现媒体组织目标的分工

六、媒体组织内部的影响：潜规则

除了可见的组织目标与组织分工外，组织内权力的影响还会通过各种无形的政策加以贯彻。前面提到的把关研究虽然是从关注个人在信息选择中的作用开始，但是后来的研究逐渐发现，“无形”的环境的影响似乎更大，那么这个“无形”的环境究竟是什么？它如何影响媒体生产者呢？布里德从社会控制的角度对美国新闻编辑部中这种不成文的政策（“潜规则”）进行了研究，他发现这些政策的贯彻是一个复杂的“社会化”（socialization）过程。通过管理者的斥责、枪毙稿件、内部会议、出版物、老记者的示范甚至员工中流传的小道消息，新闻从业者逐渐地接受每个媒体内部不成文的但是又具有约束力的政策。

布里德通过自己的新闻工作经验和对 120 名新闻从业者的深度访谈，发现员工们之所以服从这些政策，出于以下 6 个共同的原因：（1）体制的权威和制裁：虽然美国的媒体很少直接解雇员工，但是员工还是害怕违规造成的各种有形的和无形的惩罚；（2）对报社雇佣的感激和对上级的尊重；（3）渴望升迁；（4）行业及群体组织的大原则很难对编辑部的内部事物产生影响；（5）新闻工作本身给记者带来的快乐与满足：新闻从业者之间温暖亲密的关系，能够第一时间知道内幕、能够接近权力中心、能够和要人成为朋友等特权让新闻工作给人金钱以外的满足感；（6）紧急情况下新闻本身成为首要的价值：竞争和压力使客观性等一般行业规则从属于报社政策。

但是在政策的具体执行过程中，员工并不是完全处于被动服从的地位，在某些情况下，他们也会根据特定的环境做出违反规则的举动，特别是经验丰富的老记者也会利用媒体规则的缺陷，贯彻专业主义的报道要求。布里德总结了5种允许违规的情况：(1) 在规则比较模糊或尚未确立的情况下；(2) 当主管者不了解情况的条件下，员工可以利用自己掌握的额外信息来规避管理；(3) 如果第二种条件失效，还可以暗中将部分信息透露给竞争对手，从而给本媒体的管理者施加压力；(4) 与例行报道和被派出的报道相比，记者对自己发现的新闻享有较大的自主权，容易不受管理者左右；(5) 和新记者相比，"明星"记者拥有更多违反政策的特权。

布里德的研究说明，媒体内部政策——或者隐形的"编辑方针"——通过复杂的互动过程，确实起到了某种控制的作用。对于员工来说，他们接受政策的过程也是一个不断内化或适应组织的过程，在遇到一般新闻原则与具体政策相冲突时，新闻从业者一般有三种适应的方式：(1) 继续工作，但是会尽可能地减少政策的影响（"换成别人可能会全盘接受这些废话"）；(2) 试图通过反道德或反智主义的方式压制这种冲突（"没什么大不了，只是打工而已；拿你的钱，什么也别想"）；(3) 通过各种方式进行补偿和平衡（在其他报道中找机会发布、通过其他媒体公之于众、参与其他行动、行业协会）。[1]

七、媒体组织内部的影响：惯例

布里德的研究打破了新闻专业主义的一些神话，把新闻从业者看做普通的员工，从社会控制和社会化的角度，让我们看到了组织中潜规则的重要影响。在上述社会化的过程中，行业内的惯例（routines）也逐渐内化为新闻从业人员的实践意识。

英国社会学家安东尼·吉登斯将人的意识分为话语意识、实践意识和潜意识三种。话语意识是能够用语言表达出来的意识（比如我可以将自己喝水的原因表达为口渴）。话语意识的极端对立面是潜意识，它是无法用语言表达而且无法进入思考范围的意识（虽然我记得梦中喝水，但是这个意识中却蕴含着做梦者自己无法意识到的动机）。在这两个极端之间，在日常生活的社会化过程中，人们在潜移默化中形成了许多惯例，它在日常中反复进行。我们天天会做，习惯成自

---

① See Warren Breed: "Social Control in the Newsroom: A Functional Analysis", in *Social Forces*, Vol. 33 (1955).

然，但是未必去反思或用语言来表达，这就被称做实践意识。[①]

新闻活动中有大量的惯例存在，比如倒金字塔结构、客观报道、观点平衡、故事化、戏剧化等。惯例帮助记者迅速地将未知事件归类，用统一的格式将其重构，完成流水线上的任务。所以惯例是长期形成的，为了提高媒体工作者的生产效率，并且为大部分媒体工作者所接受的一套潜移默化的行动手册。一个新记者会惊叹老记者游刃有余地采访编辑，相互之间用外行听不懂的术语交流。但是日久天长，就会发现他们只是在重复做着一些熟能生巧的工作而已。比如采访一个有争议的事件，记者听到了一方面的意见，他们会按照惯例，本能地寻找对立面进行采访，以保证平衡与客观；如果这个事件太抽象，他们会立刻寻找鲜活的由头，或者冲突刺激的场面，这都是追求新闻报道的故事化和戏剧化的惯例；如果遇到争议事件，他们会首先询问政府有关部门或公关部门，获得权威回答，这是为了追求信息源的权威性和避免争议。

媒体中的惯例来自于三个方面：受众（消费者）、媒介组织（生产者）、消息来源（供应者）。[②]像新闻价值、客观报道、注重故事化、形象化等惯例就是为了照顾受众的接受习惯而形成的惯例。当然，这种惯例的形成也不是仅仅为了取悦受众，有时它们只是媒体工作者想象的受众的需要。同时，它们也为媒体生产提供了方便。像新闻价值就为新闻从业者判断新闻的重要程度提供了一个可资参考的依据，未必是受众的判断。

媒体组织内部为了提高效率，也形成了许多惯例。比如报纸划分成不同的版面，电视划分成不同的栏目，各自负责一定的领域，具有统一的表现形式，批量生产，提高效率。媒体记者也形成了一定的“线口”（beat），定期有规律地从权威部门那里获得现成的消息。媒体还建立了自己的消息网络和策划机构，定期地批量获取信息。中国的媒体在重大节假日的报道上形成了固定的格式，甚至具体到篇幅和字体字号；重大事件报道要参照《人民日报》和新华社（俗称“对表”）。媒体之间也会形成相互对照的惯例，如果竞争对手报道了某条新闻，就要及时跟进，从而造成新闻的雷同和所谓的“炒作”或“扎堆新闻”（pack journalism）。

对消息源的依赖也会形成惯例。因为突发事件并不总能填满版面和时间，所以记者需要大量的常规报道来补充。这些常规信息源一般来自于政府机构、公关

---

① 参见［英］安东尼·吉登斯：《社会的构成》，42～44页。

② See Pamela J. Shoemaker and Stephen D. Reese: *Mediating the Message: Theories of Influences on Mass Media Content*. White Plains, NY: Longman, 1996, pp. 108-110.

公司、企业、专家学者。这些信息源容易接近，可以长期提供信息，并且具有一定的权威性，久而久之，就形成了一套固定的程序，限制了媒体的视野。比如我们经常可以在媒体上看到一些熟悉的专家，媒体只要遇到他们所在领域的新闻，就会采访他们，他们就成为该领域的代言人。当然，专家“仪式性”的发言有时也是媒体组织内部惯例的产物，经常是记者已经有了看法，但是为了看上去具有客观性和权威性，把专家当做傀儡使用。

媒体组织内部形成的这些惯例，虽然使新闻的生产变得更加可控，但是也产生了很多负面影响。社会现实是复杂的，倘若把各类事件按照统一的惯例加工，很可能会削足适履，以偏概全。例如因为划分成不同的部门、版面或栏目，对某些无法简单划分为某个领域的复杂事件就不容易相互配合，做出全面的报道；片面地追求故事化和戏剧化，有时会使严肃的事件变成一场闹剧；对信息源的依赖，会限制媒体的报道视野，被利益集团利用。

要克服上述负面影响，作为媒体从业人员，应该对这些习焉不察的惯例保持警惕，特别是对行业内的一些神话，进行批判性的思考。这样，才能在利益多元化的复杂环境中，担负起服务公众的责任。

八、媒体组织外部的影响：其他组织

媒体组织以外的因素，主要是指媒体所在的社会环境与制度环境，它包括四个方面的因素：其他组织、经济环境、国家传播管理制度和技术。经济环境和技术我们已经分别在第九章和第十二章中做过介绍，这里主要讨论其他组织的影响和国家传播管理制度的影响。

媒体的生存离不开其他组织。按照对媒体生产的影响，这些组织可以分成两类：一类是与媒体组织的经营有密切关系的组织；另一类是为媒体提供信息的组织。前者包括广告客户、股东、所有者，它们影响着媒体经济目标的实现。随着媒体的兼并和集团化加剧，媒体在经济上的独立性也随之下降。一方面被收购的媒体会受到所有者党派倾向的影响；另一方面注重经济效益也使得媒体组织在新闻上的投入下降，新闻质量受到影响。

另一类组织虽然不直接与媒体经营发生关系，但是作为整个社会的一部分，它们试图通过各种方式影响媒体对它们的报道。前面讨论媒体组织惯例时提到，媒体依赖于一些组织向它们定期提供信息，因此政府、企业和其他组织利用媒体的惯例与逻辑，设计一些符合新闻价值的事件，吸引媒体报道，影响媒体的内容。

美国学者赫伯特·甘斯对1967年哥伦比亚广播公司（CBS）、美国全国广播公司（NBC）、《新闻周刊》和《时代周刊》的研究中发现，电视新闻中有71%，杂志中有76%的被报道者是已经为人所知的名人。[①] 列奥·西格尔（Leon Sigal）在对《华盛顿邮报》和《纽约时报》的内容分析中发现，在所有消息来源中，官方来源占75%，60%的新闻来自常规的、被消息源控制的渠道（官方记录、新闻发布会和现成的新闻稿）。[②]

九、伪事件和媒介事件

早在1961年，美国学者布尔斯廷（Boorstin）就提出了一个概念——“伪事件”（pseudoevent）来指称为了得到媒体报道而人为制造的新闻事件。布尔斯廷认为伪事件具有以下特征：

（1）不是自发产生的，而是事先计划、安排和主动引发的。一般来说，火车事故或地震不是伪事件，而专访、新闻发布会是伪事件。

（2）它的主要目的（但不绝对如此）是为了被立即报道或复制。因此它被安排得便于媒体报道。伪事件成功的主要标准是有多少媒体报道它。

（3）伪事件与现实之间的关系是暧昧多义的。正因为如此，它既可以吸引媒体和公众（具有新闻价值），同时又能被用来实现组织的利益。

（4）伪事件通常是一个自我实现的预言。当声称某个商品销量第一的时候，这一声称本身可能会促进销售，使其真的成为畅销产品。[③]

按照这个标准，现代媒体中有相当一部分事件都可以归为这一类。公关活动、新闻发布会、专访、接受赞助的活动、精心安排的“突发新闻事件”（比如电影上演时“恰好”发生的“丑闻”）。“伪事件”本身不是虚假的，它是真实发生的事件，但是它是利用媒体生产的惯例（依赖现成消息、以新闻价值判断事件重要程度、比照其他媒体进行报道等）制造出来的事件，因此媒体在选择的过程中处于两难境地。一方面，它符合传统的新闻价值，另一方面由于伪事件的“多义性”，对它的报道又会被幕后操纵者利用。媒体明知是圈套，又不得不往里钻。

---

① See Herbert Gans：*Deciding What's News*. New York：Random Hourse. 1979.

② See Leon V. Sigal：*Reporters and Officials*. Lexington，MA：D. C. Heath. 1973.

③ Daniel J. Boorstin：*The Image*. From *News*：*A Reader*，Ed.，by Howard Tumber. NY：Oxford University，1999，pp. 16－20.

甚至有时媒体也会和其他组织合作制造“伪事件”（比如公司赞助的媒体报道活动、媒体自身的公关活动等、对媒体报道的报道①，甚至包括某些“新闻策划”等），完成报道任务——毕竟它为媒体提供了所需要的讯息。“伪事件”的暧昧性也表现在对受众的影响上，受众为了求知，会接触信息，但是在接受的过程中，又会在无形中受到诱导，防不胜防，比如中国媒体上的“软文”（通过新闻形式出现的广告或公关稿）就是一个典型的例子。

布尔斯廷所谓的“伪”是相对于真正的“自发性”而言的，但是他也提出，在一个民主的社会里，存在着多样化的观点市场，各种伪事件也会相互竞争，最终会达成平衡。

布尔斯廷对伪事件的定义是建立在实在论和符合论哲学（即认为存在一个客观的、最准确、最符合现实的认识和表述）的基础上的，然而我们在第一章提到过，与其说传播是一个对现实的客观再现，还不如说是一个共同参与的仪式。伪事件与假新闻不同，伪事件是现实的，它本身并不虚假（比如新闻发布会、奥运会开幕式），只不过出自人为计划。由于社会现实的复杂性，要把此类事件完全从媒体的报道中剔除出去不仅不具有可操作性，而且也忽略了新闻报道对公民自我管理和社群文化建构的功能（比如公民的集会游行和奥运会的开幕式）。因此，与其辨别表面化的、剪不断理还乱的“真”与“伪”、“自发”与“策划”，不如分析媒体表征背后的差异与权力。从这个角度来看，新闻工作者除了追求表面的准确性之外，还要关注新闻事件背后的政治与博弈，这对媒介工作者提出了更高的要求。

此外，从整个传播过程来看，仅仅强调传播者的责任是不够的，要消除“伪事件”的不良影响，接受者媒介素养的提高也必不可少。尽管如此，布尔斯廷针对伪事件的另一个批评切中肯綮：他认为伪事件将现实变成了戏剧性的事件，长此以往，不仅占用稀缺的媒体资源和受众的注意力，使更重要的问题得不到讨论，而且会败坏了受众的胃口，使他们更喜欢刺激的、有趣的报道，忽略了平淡甚至枯燥的对严肃问题的讨论。

为了避免布尔斯廷对伪事件的简单否定，戴扬和卡茨提出“媒介事件”（media events）的概念（也有学者将“媒介事件”等同于“伪事件”②，但这个概念和戴扬、卡茨的定义已经有了很大差别）。他们把那些在电视上进行现场直播的国家级历史事件，称为媒介事件。这些事件包括划时代的政治和体育竞赛（奥

① 比如对媒体某个报道或节目引起的社会反响的报道，像“神五”飞船发射成功后，某报出号外沿街叫卖本身成为该报的头版新闻。

② 比如 Herbert Gans：*Deciding What's News*. New York：Random Hourse. 1979。

运会)；表现出超凡魅力的政治使命（教皇约翰·保罗二世出访波兰）；以及大人物们所经历的通过仪式（rite de passage[①]，如查尔斯与戴安娜的婚礼）。他们将其概括为“竞赛”、“征服”、“加冕”三种模式。[②]

以这三种模式为代表的媒介事件具有以下8个特点：(1) 电视直播；(2) 中断了日常生活和日常的电视节目；(3) 事件预先策划，按脚本进行；(4) 观众规模巨大——整个世界都在观看；(5) 具有非看不可的强制性；(6) 直播解说中充满着虔诚与敬畏；(7) 事件的功能是促进社会整合；(8) 典型的功能是提供安慰与调和。[③]

戴扬和卡茨认为，这种大型事件的电视直播，可以看做是全民参加的仪式，与其说它是在描绘现实，不如说是在唤起传受双方的核心价值与集体记忆。这一仪式过程不单纯是传播者的意识操纵，它的最终意义也是接受者与传播者共同协商的结果。媒介事件不仅庆祝一致性，也欢呼多元性，受众也会对这一事件引起不同的意见展开讨论，某些事件（比如“水门事件”听证会）还促进了平等和法制的实现。戴扬和卡茨对重大历史事件的现场直播，持更加辩证的观点。他们一方面看到媒介事件对民主制度的威胁，另一方面也肯定了它的积极作用。

近年来，卡茨等人发现，随着受众更加玩世不恭、难以接受某种信仰以及分众化，“灾难”、“恐怖袭击”和“战争”逐渐取代了传统的仪式型媒介事件，成为电视媒介事件的主导。虽然这些新的媒介事件仍然依赖于电视机构的合作，但是其特点不再是肯定现有机构和制度而是反对现有机构和制度。[④]

十、媒体组织外部的影响：国家传播管理制度

国家的传播管理制度是影响媒体生产的重要力量。1956年，美国学者弗雷德里克·赛伯特、西奥多·彼德森、威尔伯·施拉姆联合撰写了一本《报刊的四种理论》（确切地说应该是《传媒的四种理论》），系统地讨论了四种不同的传播

---

① 人类学中的术语，指使用仪式完成一种社会地位向另一种社会地位的过渡，成人礼、婚礼、毕业典礼、就职典礼都是通过仪式。

② 参见［美］丹尼尔·戴扬、伊莱休·卡茨：《媒介事件》，1页，北京，北京广播学院出版社，2000。

③ See Elihu Katz and Tamar Liebes: “‘No More Peace!’: How Disaster, Terror and War Have Upstaged Media Events.” In *International Journal of Communication*, 1 (2007): 157－166.

④ 参见上书。

管理制度及其背后的政治哲学理念。[①]这四种理论分别是：威权主义、自由至上主义、社会责任论和苏联共产主义理论（authoritarian，libertarian，social responsibility and Soviet Communist theories of the press）。[②]

这四种理论产生于冷战时期，不可避免地带有意识形态之争的色彩。严格说来，这四种理论其实只是一种——自由主义的理论，如果说有第二种理论（威权主义理论）的话（苏联的共产主义理论被视为是威权主义理论的变体[③]），也是为了对比自由主义的主张而被提出的。[④]虽然该研究旨在对世界范围内新闻自由的状况进行总结，但是作者主要是从美国新闻自由的实际情况出发进行讨论，重点是对自由主义的历史和现状进行反思，提出解决方案。

按照该书的划分，自由主义理论的演变可以分成两个阶段，第一是古典的自由至上主义，第二是加入一些社群主义的较为中庸的自由主义，即社会责任论。自由至上主义主要来源于英国的自由主义传统，它认为个体优先于集体，主张最大限度的消极的自由。[⑤]

在主张媒体自由的理由方面，约翰·基恩认为存在四种不同的哲学观点[⑥]：（1）神学的观点。上帝赋予每个人以理性。（2）自然权利说。表达自由是人的天赋权利。（3）功利主义的观点。政府对言论的控制和审查侵犯了被统治者追求最大限度幸福的原则。（4）追求真理说。主张人是理性的动物，只要保证各种言论在意见的自由市场上自由流通，真理自然会脱颖而出。由于谁也不能先验地掌握真理，所以我们必须允许各种意见——哪怕是谬误——自由地传播。不能压制"谬误"自由传播的原因如下：第一，今天之谬误，很可能就是明天的真理。第二，谬误中也蕴含着正确的成分，可以帮助我们接近真理。第三，谬误使真理在批判它的过程中保持活力，不至于成为僵死的教条。[⑦]

在个人与国家的关系上，古典的自由至上主义强调个人自由和幸福高于国家利益，坚决反对政府干预，美国宪法第一修正案可以看做是这种理论的实践。然

---

① 参见［美］威尔伯·施拉姆等：《报刊的四种理论》，1～7页，中国人民大学新闻系译，北京，新华出版社，1980。

② 关于这四个译名及其内涵的讨论，参见展江：《关于本书的语境和关键词》，见《一个自由而负责的新闻界》，北京，中国人民大学出版社，2004。

③ 参见［美］威尔伯·施拉姆等：《报刊的四种理论》，30、173页。

④ See Denis McQuail：*McQuail's Mass Communication Theory*，4th ed.，Thousand Oaks：Sage Publications，2000，p. 153.

⑤ 所谓消极的自由，即"免于……的自由"，主张排除权力对个人的限制，和积极的自由相对。

⑥ 参见［英］约翰·基恩：《媒体与民主》，10～20页，北京，社会科学文献出版社，2003。

⑦ 参见［英］约翰·密尔：《论自由》，16～53页，北京，商务印书馆，1959。

而随着市场竞争的加剧，媒体的兼并和集中，这种完全自由竞争的理想状态被打破。美国新闻自由委员会（哈钦斯委员会）于 1947 年发表的《一个自由而负责的新闻界》对古典的自由至上主义进行了批评和修正。①

古典自由至上主义的最大问题是对人性和意见的自我修正过于乐观，在实施过程中出现了各种问题。比如人虽然拥有理性，但并不一定会随时使用理性，追求快乐的本性可能使其放弃使用理性；保证人们的表达自由不受侵犯，并不意味着人们的意见一定被他人所知；我们虽然向往真理，但是由于缺乏统一的判断标准，通过辩论却不一定能得到一个双方接受的真理；反对政府干预媒体表达，却导致媒体为了经济利益，为所欲为地刊登有损公众利益的内容；实现大众媒体的表达自由，却不一定保证能实现公民的表达自由……

为了促进媒体在享受表达自由权利的同时，承担起必要的社会责任，新闻自由委员会提出：（1）媒体应该承担对社会的义务。（2）媒体应该真实、准确、客观地向公众提供与他们有密切关系的内容，不仅要提供简单的事实碎片，而且要对其意义做出说明。（3）媒体应该成为公众交流的论坛，刊登各种不同的声音。（4）媒体要有职业精神，遵守职业道德。（5）媒体应该保持独立与自由。（6）在某些情况下，政府为了公众的利益，应该对媒体进行干预，促进自由的实现。②

社会责任论对战后资本主义国家的新闻管理体制产生了重要影响，其中不少原则已经成为专业主义传统的组成部分。但是在实际操作中，这些原则也和他们所批判的自由主义理论一样，具有模糊性。消极自由具有明确的界限和标准，比较容易得到保证；积极自由虽然给我们提供了美好的前景，实施起来却有走向威权主义的危险。③

由于受到意识形态的影响和以美国为中心的局限，传媒的四种理论简化了新闻管理体制的丰富性，实际上许多国家采取了其他一些管理方式，像欧洲的公共媒体制度并没有采取简单的自由主义和威权主义，开辟了一条独特的管理制度——尽管这一制度今天也面临着危机。发展中国家则根据自己的实际情况，提出了“发展主义理论”，主张不能抽象地实现媒体的自由，而要在促进国家发展的基础上谈媒体自由，媒体的首要责任是促进国家发展，社会责任优先于媒体的

---

① 参见［美］新闻自由委员会：《一个自由而负责的新闻界》，北京，中国人民大学出版社，2004。

② See Denis McQuail：*McQuail's Mass Communication Theory*，4th ed.，Thousand Oaks：Sage Publications，2000，p. 150.

③ 参见［英］以赛亚·柏林：《两种自由的概念》，见《自由四论》，南京，译林出版社，2003。

自由权利；为了国家利益，有些情况下要牺牲媒体的自由。

在传播管理体制的分类上，除了四种理论的分类外，英国学者雷蒙德·威廉斯还提出过另一种意识形态色彩不太强烈的划分方式，他将传播体制分成四类：独裁的、家长式的、商业的、民主的。[①]

独裁的体制中，传播被看做是少数派统治社会整个机器的一部分，传播的首要任务，是传达统治集团的指令、观念和态度，其他的指令、观念和态度被排斥在外。在这种体制下，媒体直接受制于统治集团，审查制度并不直接操纵，而是通过政治行为和行政体制操纵行动。

家长式的体制是有良知的独裁体制，它并不声称拥有绝对的权力，而以承担保护和引导的责任自居。在这种体制中，审查制度被广泛运用。虽然它不再强硬地要求媒体传达其命令，但是它却通过媒体传达价值、习惯和品位，为其作为统治的少数力量作辩解。虽然这种体制可以做出一定妥协，甚至有时作为消除危险的安全阀会容忍异议，但在维护中心价值时绝不妥协。

商业体制主张在法律范围内，任何人都有传播、销售和购买媒体产品的自由，不应该像前两种体制那样受到政府的限制。但是它依赖于市场，资本和垄断又会形成新的不平等和控制。只要你有钱说，只要你能说得有利可图，你就什么都可以说。

最后一种民主体制是威廉斯理想中的体制，一种古典民主意义上的乌托邦，它是完全意义上的民主体制：任何人都有权提供他们选择的东西，任何人都有权接受他们选择的东西。媒体是公共的服务机构，公众通过协商和多数决定原则来确定传播资源的分配，制作者并不依赖于国家或市场，而是由公共基金来获得资金。

上述四种体制的划分给我们提供了一个新的媒体管理体制，它们之间并不相互排斥，很可能同时会共存于一个社会中。但是也要看到，这四种体制是根据英国的历史环境提出的，比如其中的家长体制明显有英国 BBC 公司管理体制的影子。

不论各个国家的媒体管理制度如何，一般来说，都会采取法律、资源分配、政府干预等方式影响媒体生产。虽然表现形式不同，但是我们可以经常看到政府与媒体之间在管理问题上产生的冲突。自 20 世纪 80 年代以来，北美和欧洲出现的解除管制（deregulation）和商业化潮流直接影响了这些地区的媒体内容，传

---

① 参见［英］威廉斯：《传播学》，见张国良编：《20 世纪传播学经典文本——新世纪传播学研究丛书》，上海，复旦大学出版社，2005。

播内容格调的滑坡引起了学者们的担忧。

在我国，政府的影响更加明显。我国的政策规定，我国的报刊和其他媒体的出版必须经过审批，从产权上看均为全民所有制单位，其资产均为国有资产。[①]这使得国家的管理在我国的媒体生产中尤其具有重要影响。当然，这并不意味着我国的媒体就是简单的统一指挥，随着经营方式的多样化，我国的媒体管理形成了一种特殊的混合体制，这个问题我们在媒介场域理论中还将讨论。

十一、影响媒体组织生产的因素：文化

和前面讨论的层面相比，文化是一个更加难以把握的层次。有人戏言：文化是一个筐，什么东西都能往里装。因此在分析文化层面的时候，首先要警惕将文化神秘化，将其简单归结为某个地域或民族的习惯、具有特殊性的东西，而忽略了其普遍性。严格来说，文化渗透至前面分析的各个层面，无论是在个人价值观、职业角色认知、惯例、媒体权力运行还是媒体外部的各种因素中，都包含着文化。在第十章，提出了这样一个观点，文化中蕴含着复杂的权力关系。符号处理中看似不经意的差异，很可能就牵涉意识形态。除了在第十章中涉及的问题外，这里主要讨论媒体对正常/异常界定中的权力问题。

新闻媒体是定义正常与异常的重要渠道。“狗咬人不是新闻，人咬狗才是新闻。”新闻报道偏好追逐异常事件和人物，但是这只是表面现象。报道奇闻逸事本身恰好是最正常的事件。通过将这些被报道事件定义为异常，媒体重申了主流价值观，因为这些“异常事件”提醒我们，我们的生活有多么正常。媒体报道的大量事件，是能够被我们的主流价值观所接受的事件和人物，他们的所谓“异常”只是把我们所接受的价值观推到了极致。通过这一定义过程，“异常”事件被重新整合进了既有的文化中。

丹尼尔·哈林在研究越南战争期间的媒体报道时，提出了一个新闻媒体保持意识形态界限的模型，涉及新闻媒体对异常的界定问题。哈林把新闻媒体中的报道分成三个领域：一致同意的领域、合理争议的领域和异常的领域（见图 11—5）。[②]

---

① 参见国务院机关事务管理局、新闻出版总署、财政部：《关于中国经营报、精品购物指南报社产权界定的函》，见新闻出版总署教育培训中心编：《报纸出版工作法律法规选编》，422 页，北京，中国大百科全书出版社，2003。

② See Daniel Hallin：*The Uncensored War*：*The Media and Vietnam*. Berkeley：University of California Press，1986.

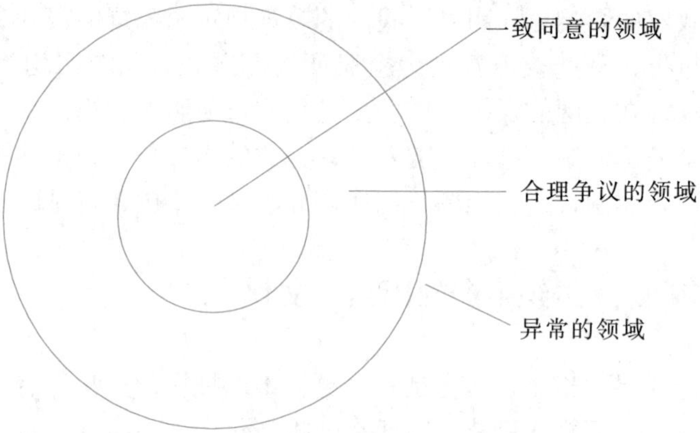

图 11—5　一致同意的领域、合理争议的领域和异常的领域

对于一致同意的领域（sphere of consensus），新闻记者在报道的时候确定性很高，能够大胆地进行支持或反对。当然，这样的报道也显得比较简单，像一些正面宣传报道或一些重申国家政策的批评性报道，由于报道的内容与主流价值观保持一致，记者很容易找到自己的观点和角度，也没有什么风险。

而合理争议的领域（sphere of legitimate controversy）则是与现有主流价值存在冲突或者按现有价值观无法判断的事件。在这种问题上，存在不确定性。记者必须小心谨慎，避免做出具有倾向性的结论。一般来说记者会使用客观中立的态度，提供正反两方的观点。但是这些争议是在意识形态允许的范围内的，它以不会威胁现有的体制为前提。

而对于主流以外的异常领域（sphere of deviance），媒体就放弃了中立的立场，可以任意揭露、谴责甚至忽视。那些被放逐于主流之外的事件或个人，很可能得不到客观的表现，被形容为怪异、无知、落后、缺乏道德感。媒体对一些犯罪嫌疑人的报道，就采用了这样一种方式。这种划分也可以解释为什么美国媒体对本国国内的报道客观公正，对发展中国家（被定义为异常）的报道则包含更多的价值判断。

媒体的上述划分，客观上导致一些具有重要价值的信息被排除到受众的视野以外，一些弱势媒体和他们面临的问题得不到反映。像一些媒体所报道的民工“跳楼秀”就是这样的例子，民工讨薪问题被排除到可报道的事件以外，走投无路的农民工只得以异常的方式表达自己的意见才能得到媒体重视。但是这样的事件一旦报道，又被定义为异常事件，容易使受众认为这些民工是在作秀，为了博得廉价的同情，加深了对他们的刻板印象。

在对一个事件的划分中，媒体将既有的对世界的认知模式，强加到事件上，我们必须对报道中的“有色眼镜”保持警惕，它的背后很可能是某种无形的权力在左右。

第二节 媒介场域理论与中国的媒体生产研究

以上介绍的媒体生产分析模型以切片的方式显示出影响媒体生产的不同层面的影响，但是也存在一些不足。首先它是一个静态的模型，无法描述动态的媒体生产行为，尤其是对于转型期的中国，规则与体制在不断变化，影响媒体生产的力量很难简单地用几个层次加以概括。其次，这个模型是以功能主义为基础，对于冲突与社会变迁缺乏适应性，对于个人能动性（agency）的关注也不够。下面介绍的媒介场域理论，是尝试从关系的角度，动态地解释中国当前媒体生产的新范式。

一、场域理论与社会科学

“场”（field）是一个来自物理学的概念，指物体周围传递重力或电磁力的空间。它最早由物理学家牛顿提出，用以解释重力的作用原理，其后英国物理学家法拉第用场的概念来解释电磁力。

场域理论被引入社会科学，始于格式塔心理学，该学派创造了“心理场”等概念，其中尤以库尔特·勒温的场论最为著名。在勒温的研究中，他赋予场论以元理论的地位。他认为最好把场域理论“理解成一种研究方法：一种分析因果关系和建立科学结构的方法”①。

勒温提出，场即生活空间（life space），也就是“个人”加上（心理的和非心理的）“环境”。或者可以表述为，在特定时间，决定个体行为和心理活动的所有事实，是一个个体的主观因素、客观环境及被主观化了的客观环境构成的一个不可分割的整体系统。上述看法可以用公式表示：

$$B=f(PE)=f(LS)$$

B 表示行为，P 表示行为主体，E 表示环境，LS 表示生活空间。

---

① Kurt Lewin: *Field Theory in Social Science: Selected Theoretical Papers*, NY: Harper & Row. 1951, p. 201.

勒温将场域理论成功地引入了社会科学界，但是由于其研究对象主要是心理学问题，所以在普遍性方面仍有不足（比如他主张用精确的数学来描述场域）。在把场域理论彻底普遍化并确立为元理论的过程中，法国社会学家布迪厄做出了巨大的贡献。

布迪厄通过长期的人类学和社会学研究，逐渐远离当时盛行于知识界的结构主义，雄心勃勃地发展起一套旨在打通结构/能动（客观主义/主观主义）、宏观/微观这两个二元对立的一元理论体系。

在对社会的研究中，很久以来就存在着两种取向。一种是从涂尔干的《自杀论》发展起来的社会物理学研究，将社会看做是客观的结构，这一结构决定着其中个体的行为方式。换言之，社会运行是一些客观规律产生作用的过程，行动者不起最终的决定性作用，是一些被结构操纵的文化傀儡（culture dope）。只要通过统计学或人类学观察，从外部就可以发现这些客观的规律。

另一种取向则恰好相反，强调行动者的能动性，像萨特的存在主义和加芬克尔的常人方法学就是典型的代表，这一取向也被称做社会现象学的研究。文化研究中的受众研究，主要采用的就是这样一种范式。信息解读者被看做是一群狡猾的游击队员，可以在主流意义的枪林弹雨里躲闪，选择最有利于自己的策略进行微观政治抵抗。

两相对照，前者从大处着眼，但失之粗疏，后者细致入微，可又常常以偏概全，一叶障目。除了结构和能动的分歧之外，这两种取向又在重视宏观还是重视微观方面发生争执。

布迪厄经过长期的人类学经验研究和对结构主义的反思，在惯习（habitus）、资本（capital）等概念的基础上，提出了场域（field）理论。在现实的世界里，一个社会总是会分化成许多的空间，比如生活、艺术、科学、宗教、经济、政治、学术、教育等空间，它们具有相对不可通约的法则、规律和权威形式，相应地，就需要用场域的方法来进行分析。“从分析的角度来看，一个场域可以被定义为在各种位置之间存在的客观关系的一个网络（network）或一个构型（configuration）。”[①] 简言之，用场域的概念进行思考就是从关系的角度进行思考。

在一个场域中，个体占据不同的位置，这种位置由他们掌握的资本决定，同时不同的位置也影响着对资本的支配。布迪厄所说的资本不仅包括马克思提到的经济资本，还包括社会资本和文化资本。和经济资本相比，后两种资本通过家庭出身与教育等因素积累形成，具有一定的隐蔽性，但三者间在一定条件下可以相

---

① ［法］布迪厄、［美］华康德：《实践与反思——反思社会学导引》，133～134 页，北京，中央编译出版社，1998。

互转化。处在场域中的个体或单位在不同的位置上，争夺资本和位置。

场域有三个显著的特征：首先，场域中诸种客观力量构成了一个像磁场一样的体系，具有某种特定的引力关系，这种引力被强加在所有进入该场域的客体和行动者身上，是一个被结构化了的空间。其次，场域也是一个冲突和竞争的空间，争夺的对象不仅包括资本的垄断权，还包括场域规则的制定权。布迪厄曾小心地把场域比作一种游戏。①我们在场域中的活动与参与游戏一样，会遵循一定的规则，即游戏者之间具有一定的合作关系。我们手中掌握着不同的“主牌”，也就是我们掌握着不同的资本。资本的价值，取决于某种游戏的存在。一种资本总是在既定的场域中灵验有效，它既是斗争的武器，又是争夺的关键。游戏者的力量关系对比取决于游戏者在其中的位置，根据不同的位置及资本，行动者采取不同的策略。第三，场域中的法则是历史的，它是不断生成和变化的结果，其动力就来源于行动者的争夺。

惯习，是关于场域中行动者的理论。前面提到，关于个人的描述，一直以来存在着结构与能动的二元对立，但布迪厄在“身体”上找到了二者的平衡点。经过潜移默化的教育和场域内的实践，行动者会形成一种类似下意识的惯习，在一定条件下，它会被激发出来。就像一个球场上的运动员，他身体的行为并不完全来自于理性的策略和计划，有许多来自感觉而不是深思熟虑，但是从观众看来，这些行为又恰好是在某种情况下行动者最合乎理性的行为。因此，行动者的行为方式既具有理性的一面（讲求策略），又具有非理性的一面（被结构决定的无意识），用布迪厄常用的矛盾修饰的（oxymoronic）表达，即“无意识的策略”。简言之，“惯习就是一种社会化了的主观性”。

经过布迪厄的发展，场域理论成为一个具有相当普世性的元理论和研究范式。布迪厄极具魄力地打破了学科界限，用场域分析了消费品位、法庭、政治、体育、电视、大学、学术界、摄影等对象，显示了场域理论强大的解释力。

二、媒介场

1996 年，布迪厄出现在法国的巴黎一台，做了《关于电视》和《记者场与电视》两个电视讲座，用他的话来说，就是利用电视来为电视解魅。同年，讲座内容被印成一本名为《关于电视》的小册子出版，批评犀利，直指新闻界，引起了强烈的社会反响。在这本书中，他提出了电视场、新闻场等概念，随后，他又

---

① 尽管场域在某些方面与游戏有所不同，比如它并没有成文的规则，也没有一个高高在上的裁判者。

与其他的研究者一起，将上述概念进行整合，提出了“媒介场”（media field）的概念。这里的“媒介”指规模生产的大众传播媒介，尤以其中的新闻为主要研究对象。电视场和新闻场都是媒介场的一部分，因此对于这两个场域的讨论均可视作媒介场的研究。

就像在分析其他场域前的做法一样，对媒介场的分析也面临着将研究对象客观化的任务。布迪厄认为，在分析一个对象之前，需要与对象保持一定距离。这是他一贯提倡的反思性的表现。简言之，就是如何为研究者寻找一个合法的立场。因为研究者也处在各种场域中，比如学术场同时也会受到媒介场的影响（比如布迪厄也提到过学术“快思手”与电视界合谋互搭梯子的做法），所以在研究中，需要时刻反观自己，避免格尔兹所说的“曼海姆悖论”①。通俗地讲，就是不要做一面只照别人不照自己的镜子，避免只我例外的自负。

之所以要将研究对象客观化，还因为各个场域都具有一定的神秘性，需要去魅。布迪厄在研究艺术与品位（taste）前，首先对康德所说的艺术超功利性、感性的品位与反思的品位的划分进行了批判，他反对那种认为“艺术超越现实生活”，将艺术生产与欣赏神秘化的神话，而是不加成见地将欣赏品位与世俗的、唯物的根源与他律性联系在一起。②在媒介场内，也存在着诸如客观性、第四权力、舆论监督、市场民主、传播/宣传对立等神话，在研究前，首先也需要将其客观化。

在对法国电视场的研究中，布迪厄将重点放在了电视场（媒介场）符号暴力的形成机制上。所谓符号暴力（symbolic violence），是在物质暴力合法性受到普遍质疑后产生的一种隐蔽权力。布迪厄认为权力或者资本都可以变成象征符号，产生某种特殊的支配性影响，这就是符号权力或符号暴力。符号暴力是一种参加者意识不到的共谋。比如电视中的社会新闻将公众的注意力吸引到一些反常的事件或名人那里，同时占用公众的时间，将公众行使民主权利所应该知道的严肃信息排斥出人们的视野。此外，电视讨论中存在一系列隐藏的审查机制，像采访对象的选择、时间的分配、讨论者的确定甚至事先程序的策划等都使自由交流变得困难。为了在很短的时间内表达不同观点，必须使参与者的表达简单、极端、娱乐化，从而导致播出的意见多为陈词滥调。

不仅如此，由于媒介特殊的中介（mediating）角色，电视还把他律引入到

---

① 参见［美］克里福德·格尔兹：《作为文化体系的意识形态》，见《文化的解释》，上海，上海人民出版社，1999。

② See Pierre Bourdieu: *Distinction: A Social Critique of the Judgment of Taste*, translated by Richard Nice, London: Routledge & Kegan Paul. 1984.

其他的自治领域。借助电视的力量，一些学术“快思手”得到了无法从同行那里获得的认可。同时电视以扩大观众为由，降低了进入某些场域（司法、学术场）的入场资格，干预了这些场域的自治。

当然，电视场（媒介场）的这些问题并不能归结于媒介本身，布迪厄认为，根本原因在于法国媒介场的自律程度在不断降低。每个场域只具有半自主性，但是新闻场的特殊之处在于，它比其他的场域更容易受外部力量的干预，甚至比政治场更容易受市场、受众的控制。

由于这个研究主要在电视上发表，为了浅显易懂，布迪厄没有像分析艺术场、学术场、大学的文化再生产、文化消费那样从场域的生成角度进行详细的历史描述，也缺乏对微观行动者与宏观结构之间精细地联结。在此之后，一些学者对媒介场域理论进行了更全面的讨论，有的还对法国的媒介场构型进行了描述。罗德尼·本森认为，在理论上，媒介场概念至少在以下几个方面对传统的传播研究贡献良多：

> 首先，聚焦于中观层面的“场域”为传统上割裂的宏观的新闻媒介“社会”模式（诸如政治经济、霸权、文化和技术理论）和微观的“组织”研究路径架设了理论与实证合而为一的桥梁。其次，相对于不是集中于新闻机构就是集中于受众（但很少同时集中于这两者）的那些研究，他们的场域理论侧重于两者间的联系。此外，它挑战“被动”—“主动”受众这种二分法，坚持生产和接受周期的预设的和谐。再次，场域理论突显变化的过程，包括媒介场域自身是如何变化的，以及一个重组（reconfigured）的媒介场域是如何影响其他主要的社会部门的。最后，与英—美式的严格区分研究与政治间关联（engagement）的趋势相反，布迪厄、尚帕涅（Champagne）等人建议并实施一个将政治和知识分子行动混合在一起的项目，以此为他们所认定的社会顽疾疗伤。①

三、中国媒介场研究的策略

尽管用场域理论来分析中国的媒介具有一定优势，但是由于产生的语境不同，布迪厄等提出的媒介场域理论对中国的经验未必完全适用，仍然需要对其进行批判与修正，其中最主要的有三方面：一是确定中国媒介场中的关键资本，二是对媒介场的构型（configuration）予以重视，三是对媒介场的相对主义倾向进行批判。

---

① ［美］罗德尼·本森：《比较语境中的场域理论：媒介研究的新范式》，载《新闻与传播研究》，2003（1）。

首先，布迪厄的媒介场域理论同样产生于西方语境，相应地，也更强调分析符号暴力的形成机制与影响。因此，媒介场的构型主要围绕经济资本与文化资本展开。经济资本概念直接来自马克思，这对于中国也是适用的。文化资本是仿照马克思的经济资本提出的新概念，它包含三种形式：具体的状态、客观的状态和体制的状态。[①]将资本概念引入场域的分析，尝试用经济学的方法还原社会现象，并不是接受经济学中“理性人”的假设（布迪厄认为这种假设是幼稚的），而是要祛除符号暴力的神秘性。前面已经提到，在中国当前的语境下，符号暴力固然值得我们重视，但是宏观权力也不可忽视，因此，除了诉诸符号的文化资本外，有必要引入政治资本来描述国家权力对媒介合法性的认定，这里所说的政治资本，与日常语言中所称的概念类似，泛指为获得国家政治权力或国家权力承认而进行的投入。显然，中国的媒体要在政治资本与经济资本的占有之间取得动态平衡。

其次，布迪厄及其他研究者在构造法国媒介场时，并没有对媒介场的进入者进行仔细的划分。受到舒德森的影响。[②] 布迪厄曾经区分过高级报纸与大众化报纸，但总的来说，法国学者把本国媒介场看做是一个同质化较高的场域，没有对媒介场内部多做讨论，而将重点放在了媒介场与权力场、经济场的关系研究上。但在中国现阶段，媒介场进入者的身份具有相当大的异质性：既有传统的党报和中央级电视台，又有市场取向较高的都市报、地方广播电视系统，民营资本和外国资本介入的媒体，行政依赖性很强的行业媒体，甚至还有潜藏于地下但是实际影响不可忽视的盗版市场。传播技术的进步（具有较高自由度的网络媒介的加入），使得媒介场的构型更加复杂。因此，对于中国的媒介场研究来说，不仅媒介场与其他场域的关系值得我们注意，对媒介场内部的研究也应予以重视。

最后，中国的媒体改革正处在一个非常关键的时期，其方向会影响到政治民主化的进程。与哈贝马斯相反，在布迪厄的场域研究中，具有一定的相对主义色彩，权力被还原为经济资本，对权力的合法性则不作区分。我们需要克服场域理论的相对主义倾向，以保证学术研究对实践产生积极的影响。

四、中国媒介场研究的方向

中国媒介场研究的特殊性不仅表现在理论取向上，还表现在研究方向和领域

---

① 参见［法］布迪厄：《文化资本与社会资本》，见包亚明编：《文化资本与社会炼金术》，上海，上海人民出版社，1996。

② 参见［美］迈克尔·舒德森：《探索新闻：美国报业社会史》。

上。布迪厄认为，分析一个场域，要涉及三个必不可少并内在关联的环节：首先，必须分析与权力场域相对的场域位置。其次，必须勾画出行动者或机构所占据的位置之间的客观关系结构。最后，要分析行动者的惯习，亦即千差万别的性情倾向系统。根据中国当代媒介场的实际，我们可以从以下四个方向展开媒介场的研究。

首先，在媒介场生成史的考察中，确定媒介场与其他场域之间的关系。中国当代媒介场的形成过程，也是媒介场自身不断调整与权力场及其他场域关系的过程。如果简单地将媒介工作者的角色划分为中立者和参与者，那么，不管是作为党的喉舌还是人民的喉舌，中国当代媒介场一直与权力场保持着相当密切的关系。当然，在这一过程中，媒介场也一直在追求自治，与权力场的冲突有时还会激化（如20世纪50年代，20世纪80年代末）。因此，要对媒介场构型和规则做出准确的描述，需要对媒介场的形成过程做全面的历史考察，特别是对一些话语（如宣传、舆论监督）和规则（如党报不能批评同级党委）做历史个案研究。

其次，针对中国的特殊情况，对媒介场内各种媒介及工作者的占位与关系进行研究。在这一过程中，经营体制的差异应该成为划分入场者的重要依据。媒介场的新进入者为了争夺资源，让游戏规则对自己有利，会采用把自己与原有成员加以“区分”的策略，提出不同的价值追求和资本取向，成为变革的推动者。不同体制的媒介所占有的政治资本与经济资本均有差异，与权力场、经济场的相对位置也会有所不同，在某些情况下，两种资本可以进行转换。经济资本增长迅速的媒介为了追求政治合法性，被迫用经济资本换取政治资本；而另一方面，政治资本积累又会造成一定程度上的垄断，获得额外的经济资本；还有的媒体经营亏损，但由于掌握较多政治资本，从而在政治场中通过转换实现赢利；另一些媒体通过主动边缘化放弃部分政治资本，冒险换取经济资本。于是在中国会出现经济亏损政治加分，政治亏损经济加分这样特殊的以输为赢的现象。

再次，研究媒介场内行动者的惯习与策略。惯习的形成中，非常重要的是家庭出身与教育，这就将大学场纳入到媒介场的研究中。此外，还应该关注新来的媒介工作者如何进入场域，以及资深的媒介工作者如何调整原有惯习适应媒介场变化。在这个问题上，50年前布里德对新闻编辑室里的社会控制研究在现在看来尤其具有启发性。[①]除了惯习外，场域内行动者追求的“幻象”也值得深入研

---

① 这一研究的另一个重要之处在于提示我们，新进入场域者既有可能是变革者，也有可能是接受原有规则的保守者。见 Warren Breed:“Social Control in the Newsroom: A Functional Analysis”, in *Social Forces*, Vol. 33 (1955)。

究。①布迪厄使用的“幻象”（illusio）这个词来自拉丁语的 ludus，即“游戏”。卷入游戏的游戏者彼此竞争，有时甚至残酷无情，但只有在他们都对游戏及其胜负关键深信不疑，达成共识时，这一切才可能发生。游戏者都同意游戏值得参加；这种同意的基础并非一份“契约”，而是他们参加游戏本身。不同的场域中存在不同的幻象，不同的场域之间的共识不可通约，在另一个场域的人看来，场内人所深信不疑并且全力争夺的目标有可能就是一种虚幻的存在。媒介场中的幻象让媒介场在某些情况下，至少表面上看来超越了权力与资本的游戏规则。正是这些幻象，吸引了无数的行动者投入到媒介场中。对于中国近现代的革命者来说，媒介的争夺之所以显得如此重要，就是因为他们坚信通过媒体的宣传，可以改变历史，许多报人甚至因办报而失去生命。而对于大多数新闻从业者来说，媒介是一个客观公正的记录者，他们相信自己正在书写“明天的历史（素材或底稿）”或维护社会正义，这种责任感迫使他们仔细求证，冒着危险揭露社会阴暗面。而对于另外一些人而言，艺术是他们终极的追求，这种幻象使其参与者有时不顾政治与经济的约束进行试验性的探索。当然，这些幻象与惯习并非只是消极地被场域所决定，它们还会主动改变场域法则。

最后，除了研究媒介场的生产外，还应对媒介场中消费者的习惯和策略进行考察。布迪厄在其著名的《区隔》（*Distinction*）中，对消费者的习惯和策略有着非常精彩的研究。应该说，消费者对意义解读也是中国媒介场中非常微妙的地方。经过长期的磨合，中国的消费者对媒介信息具有较高的鉴别能力与敏感，许多微言大义就通过生产者与消费者之间的默契进行传递。比如“负面报道正面做”就是在政治权力与消费者意义需求之间达成的一个妥协，它既传递了信息，同时又完成了宣传任务。这种相互的默契如何形成，消费者如何在信息的多重解读中准确获得生产者的编码，这一系列问题必须源于对消费者习惯和策略的了解。

总　结

本章我们继续了第九章谈到的问题——媒体的生产。不同的是，我们不是从政治经济学的角度讨论媒体生产的经济问题与政策问题，而是以生产者和媒体作为考察对象，从媒介社会学的角度探索了媒体生产过程。

首先我们以媒体工作人员作为起点，由近及远地讨论了影响媒体生产的不同因素，对媒体生产过程做了一个静态的切片考察。通过对个人把关过程的研究，

---

① 比如陆晔、潘忠党：《成名的想象：中国社会转型过程中新闻从业者的专业主义话语建构》，载《新闻学研究》，2002（71）。

我们发现这个过程看上去是以个人的价值观为主导，但实际上并不是完全自由，个人背景对媒体内容的影响十分有限。媒体工作者个人的职业角色定位也会影响媒体的生产，但要注意的是，职业角色作为意识形态，本身是一定历史环境的产物。在布迪厄看来，职业角色定位是典型的"幻象"，它是参与者认为值得为之奋斗甚至献身的目标。一方面我们要肯定其积极作用，另一方面也要深入研究其中的权力关系。

在组织内部的因素中，我们重点讨论了媒体的目标、组织政策的内化过程和媒体中约定俗成的惯例的形成及影响。这些研究揭示出媒体的生产过程，尤其是新闻的生产过程，充满陷阱，不仅媒体的目标和无形的政策制约着新闻从业人员，为了提高生产效率而形成的惯例也会限制新闻从业人员反映和解释世界的视野。

作为一个存在于社会生态环境中的组织，大众媒体还会受到其他组织、经济环境、国家制度和技术的影响，其中我们重点讨论了"伪事件"（媒介事件）对目前新闻报道的影响，以及国家媒体管理制度的影响。其中伪事件在我们当前十分常见，不论是媒体工作者还是公众，都应该对其负面影响有所认识。

在最后一部分，我们尝试性地介绍一个媒体生产研究范式——媒介场范式。这个理论来自法国社会学家布迪厄。该范式把大众媒体看成是一个相对独立的领域，从关系的角度解释媒体及个人的行为。它既不认为媒体被结构性因素决定，同时也不认为媒体中的行动者完全自由，而是从惯习、资本、幻象等角度，把场域看成是一个既拥有一定规则，又充满变动因素的空间。媒介场范式对于解释中国目前的媒体组织及个人活动具有一定的优势，但是也要经过使用中不断修正才能提高其解释力度。因此这个范式在中国的适用性还有待观察。

本章从社会学的角度，讨论了影响媒体生产的宏观和微观因素。我们从社会科学的角度，尽量客观地描述了媒介的生产过程。解释性研究不同于规范研究，后者更关注的是媒体应该如何。但是描述和解释现状并不是目的，更不意味着我们认为现状具有合理性，或者我们只能袖手旁观。打破专业主义的神话是一步，我们丢掉的只是"皇帝的新装"，正视和解决问题才能带来真正的进步。

关键概念

媒体生产研究	独裁体制
媒体效果研究	家长式体制
倾向性	商业的体制

把关
职业意识形态
中立者
参与者
(媒体生产) 惯例
伪事件
媒介事件
自由至上主义理论
社会责任论
民主的体制
(新闻报道中) 一致同意的领域
(新闻报道中) 合理争议的领域
(新闻报道中) 异常的领域
媒介场
惯习
文化资本
符号暴力
场域的幻象

深入阅读

● [美] 迈克尔·舒德森：《新闻生产的社会学》，见 [英] 詹姆斯·库兰、米切尔·古尔维奇编：《大众媒介与社会》，北京，华夏出版社，2006。

● [美] 迈克尔·舒德森：《新闻社会学》(第二版)，北京，中国人民大学出版社，2020。

● Pamela J. Shoemaker and Stephen D. Reese: *Mediating the Message*: *Theories of Influences on Mass Media Content*. White Plains, NY: Longman, 1996.

● [美] 班尼特：《新闻：政治的幻象》，北京，当代中国出版社，2005。

● [美] 兰斯·班尼特：《新闻：幻象的政治》(第 9 版)，北京，中国人民大学出版社，2018。

● [加] 罗伯特·哈克特、赵月枝：《维系民主：西方政治与新闻客观性》，北京，清华大学出版社，2005。

● [美] 威尔伯·施拉姆等：《报刊的四种理论》，北京，新华出版社，1980。

● [美] 弗雷德里克·S·西伯特、西奥多·彼得森、威尔伯·施拉姆：《传媒的四种理论》，北京，中国人民大学出版社，2008。

● [美] 丹尼尔·戴扬、伊莱休·卡茨：《媒介事件》，北京，北京广播学院出版社，2000。

● [法] 皮埃尔·布迪厄：《关于电视》，沈阳，辽宁教育出版社，2000。

● [美] 罗德尼·本森：《比较语境中的场域理论：媒介研究的新范式》，载《新闻与传播研究》，2003 (1)。

思考与讨论

1. 什么是媒体生产研究？它与媒体效果研究有何不同？

2. 请举例说明媒体生产研究有哪些研究路径？你认为各种研究路径有何优劣？

3. 你是如何理解新闻的倾向性的？除了书上介绍的分类外，还有没有其他的方式？

4. 你认为把关人能够决定媒体的内容吗？为什么？

5. 设计一个研究把关人的特点及作用的研究计划。说明你想在这个研究中讨论哪个问题。

6. 你认为新闻工作是一个职业吗？为什么？

7. 新闻工作的职业角色可以分成哪几类？除了书上介绍的分类方法，你还能提出新的划分标准吗？

8. 我国的新闻工作职业角色可以分成哪几类？各自的特点是什么？

9. 请举例说明媒体组织的目标之间是如何相互影响的？

10. 你认为布里德的研究结论在今天仍然成立吗？为什么？

11. 请根据自己的实习经验或者采访学校媒体的工作人员，了解一下他们的工作惯例有哪些？这些惯例会如何影响媒体的内容？

12. 大众媒体采用常规的信息渠道是否意味着媒体受到其他社会组织的控制？为什么？

13. 什么是伪事件？作为新闻工作者应如何应对伪事件？

14. 请以一个具体的媒介事件为例，分析它的意义是如何建构的？

15. 什么是新闻的自由主义理论？你认为它对我们今天的新闻管理方式有何启示？

16. 为什么美国新闻自由委员会要提出社会责任理论？

17. 你认为威廉斯的分类是否可以适用于中国目前的媒体管理制度？如果可以，请举例说明。如果不能，请提出你的理由。

18. 从媒体上寻找事例，说明哪些事件被归为一致同意的领域、合理争议的领域和异常的领域？并说明其可能产生何种影响。

19. 什么是媒介场？它具有什么特点？

20. 你认为是否可以用媒介场范式分析中国的媒体生产？为什么？

第十二章

多伦多学派及媒介研究

CHAPTER 12

本章知识结构及要点

- ☆ “媒介”的四种概念
- ☆ 作为技术的媒介
  - → 媒介形态变化原则
  - → 媒介发展的四个关键因素
  - → 媒介演化模型
- ☆ 麦克卢汉的媒介理论
  - → 麦克卢汉的修辞
  - → 麦克卢汉的认识论
  - → 媒介变化与社会变迁
  - → 伊尼斯的媒介偏向论与麦克卢汉的感觉平衡论
  - → 衡量媒介和文化的新尺度:冷与热
  - → 媒介定律
- ☆ 媒介与文化
  - → 大众文化
  - → 商品的符号化
  - → 媒介政治
  - → 注意力经济
  - → 全球化
- ☆ 麦克卢汉之后的媒介研究
  - → 媒介生态学
  - → 梅洛维茨的媒介理论
  - → 媒体等同

2004年年末，中国上映了一部名为《手机》的电影，成为当年的热门话题。该电影讲述了传播媒介的发展对文化，尤其是对人际关系影响。这部电影可以称为远距离交流媒介发展简史。严守一（葛优饰演）的奶奶直到手机时代，仍然坚持让人捎口信给远在北京的孙子，口头传播对应的是忠贞和对传统的坚持。严守一小时候和嫂子与在外务工的哥哥联系，使用的是摇把式电话和高音喇叭，有线电话传播对应的是淳朴而真挚的感情。而手机时代则使人与人之间的距离近得令人喘不过气，但是随之而来的谎言与欺骗，又让心与心之间的距离变得疏远。

尽管这部贺岁喜剧可能无意于探讨媒介对社会的影响，但是我们还是从中可以隐约看到麦克卢汉理论的影子。随着互联网、手机以及大量传播新技术的涌现，媒介受到人们越来越大的关注。是媒介改变了社会还是社会改变了媒介？是媒介内容改变了社会还是媒介技术改变了社会？人能够控制自己发明出来的技术吗？媒介的进化真的伴随着社会的发展吗？这些正是本章所要讨论的话题。

第一节　作为技术的媒介

一、什么是media

大众传播研究，又被称为“媒介研究”[①]。然而“媒介”这个概念充满歧义，它既指涉技术，也指涉组织，甚至指涉传播内容与文化。广义上的“媒介研究”主要围绕着媒介内容的生产与消费，讨论媒介与社会的关系。而本章所要探讨的，则是由伊尼斯莫基，麦克卢汉开创的传统，他们试图脱离传播内容，探讨媒介形态本身对社会的冲击。由于他二人都曾任教于加拿大的多伦多大学，所以也被称为传播研究的多伦多学派。当然，这一传统的影响范围并不局限于加拿大，它还影响到了美国的媒介生态学和法国哲学家鲍德里亚的理论。

在探讨这些话题之前，我们先从一个最基本的问题开始：什么是媒介或媒体？

现代汉语的“媒介”或“媒体”的概念，来自于西方，这两个词对应的英文都是media（单数medium[②]）。“媒介”或“媒体”两个概念并无本质差别，但是

---

① 如［英］巴雷特、纽博尔德编的《媒介研究的进路》就以“媒介研究”指代整个传播研究。

② 但此词单数的用法已经少见，近年来有单复数同形的趋势。见 Allan M. Siegal and William G. Connolly：*The New York Times Manual of Style and Usage*. New York：Times Books，1999，pp. 201－212。

在日常使用中，我们谈起“媒介”，一般侧重于信息中介的技术层面，比较抽象，比如媒介的变迁、媒介技术等；而在指称媒体时，一般侧重于信息中介中传送的信息，比较具体，甚至有时直接指称某个具体的媒介组织，比如“当地媒体认为”、“某某新闻媒体”等。

如果不考虑上述日常使用中的细微区别，在传播研究中，“媒介（媒体）”概念有 4 种差异较大的用法：

（1）指某种技术形式及讯息的运载方式，如电报、电视机、互联网等。它指的是由各种电子零件拼装在一起并用某种方式联成一个网络的硬件设施。

（2）指媒介中传送的讯息。我们在修辞中常常用媒介来指代其中所传递的讯息，这可以看做是一种借代性修辞或简便的表述，比如“电视的影响”指的是电视节目内容的影响，而不是指显示屏、显像管等电子元件的影响。

（3）指讯息在某种载体上呈现出的特殊格式。同样的讯息在不同的媒介中会呈现不同的格式，就像水在不同的容器中会呈现出不同的形状一样。麦克卢汉所说的“媒介即讯息”中的“媒介”，指的就是这种呈现格式（既不是内容，也不单纯是媒介硬件）才是“真正”的讯息，影响社会。

（4）指从事信息传播的专业组织，如“大众媒体要正确引导舆论”、“美国的媒体认为”，这里的媒体指的是生产媒体内容的人群。

媒介概念的第 4 种我们在第十一章已经讨论过了，第 2 种概念在本书“媒介的效果及影响”部分也做了详细地阐述。在本节，我们将讨论第 1 种概念，在下一节，将重点讨论第 3 种略显“怪异”的用法。

二、媒介形态变化的关键因素

媒介技术处在不断地进化中，我们所使用的媒介形态经历了非语言媒介、口语媒介、文字媒介、印刷媒介、电子媒介，以及目前以网络、手机为代表的互动媒介等阶段。媒介形态变化的规律是什么？为什么媒介会出现形态的变化，它受到哪些因素的影响？这些形态变化对人类社会产生了什么影响？在这一节里，我们将对这些问题进行初步的探讨。

媒介技术作为创新，它的扩散与普及也遵循我们第五章所说的“创新的扩散”原理。例如一个被广泛采用的媒介，也要具有相对优势、兼容性、易操作性、可试验性、可观察性等特点。

美国学者罗杰·菲德勒认为，媒介形态变化（mediamorphosis），即人类传播方式的转变，通常是由社会的需要、竞争和政治压力，以及社会和技术革新间复杂的相互作用促成的。他提出，媒介形态变化会遵循以下六个原则：（1）共同演化与共同生存的原则，新媒介的产生并不一定意味着旧媒介的消失。（2）形态变化原则，新媒介总是从旧媒介的形态变化中逐渐产生，新的技术必须要连接过去。（3）增殖原则，新媒介会在原有媒介形态特点的基础上有所改进。（4）生存法则，新媒介要么适应与进化，要么死亡。（5）机遇和需要法则，社会、政治、经济因素有时会产生决定性的影响。（6）延时使用，一项技术的产生到最后普及一般会有 30 年的间隔。①

关于大众媒介发展的原因，英国传播学者麦奎尔提出，有四个因素起到关键作用。②

第一是技术。任何媒介形态的变化前提条件是技术的进步。虽然人类早就梦想着要进行远距离信息传递，虚构出千里眼、顺风耳来表达这种希望，后来又发明了烽火、信鸽、旗语等远距信息传递系统，但是直到电磁波的发现，人们才能真正快速地进行无线通信。每一次传播技术的革新，都会带来传播媒介的巨大发展。

第二是社会的政治、经济和文化情况。技术革新带来的媒介进步，容易给人一种错觉，认为媒介发展中技术起到决定性作用。但是任何技术发明的普及均在现实的社会中进行，它会与现有的政治、经济和文化情况产生复杂的联系。新技术的发明经常是军事和政治力量在背后推动和引导的结果。先进的媒介技术常常率先在与政治相关的领域中使用，尤其是战争中。无线电报的发明最初就是 19 世纪末西方列强的军备竞赛，随着铁甲战舰的吨位越来越大，惯性的增加，军舰之间通讯的距离变得越来越远，过去一直使用的旗语便很难看清，因此，远距离无线通讯的发明提到了议事日程上。无线电报的发明人之一波波夫就服务于俄国海军。同时，各国的无线电频率也由国家控制，其中军队的使用一直处于优先地位。③ 互联网的雏形阿帕网缘于冷战的核威胁；手机的雏形最早也是在战争中投入使用的。此外，新技术的普及又会涉及旧技术设备和人员的更新，传统媒体结构的重组，诸多经济因素会作用于其中。同样，政治、文化习惯等也会对媒介的更新起到推动或阻碍作用。

第三是人类的某种活动、功能或需要。持功能主义观点的人类学家认为，任

---

① 参见［美］罗杰·菲德勒：《媒介形态变化：认识新媒介》，24～25 页，北京，华夏出版社，2000。

② 参见［美］麦奎尔：《大众传播理论》（上），18 页，台北，风云论坛出版社有限公司，1996。

③ 参见［美］赫伯特·席勒：《大众传播与美利坚帝国》，40～45 页。

何社会都有一些重复的活动，以满足稳定的要求。尽管其表现方式有所不同，但对社会的作用和目的都是一样的。以此类推，现代的许多传播形态在很早以前就存在过，满足人类的社会需要。比如口耳相传的新闻传递和现代广播电视的传播方式就很相似，二者都通过口语执行着信息沟通的功能，只不过使用的技术不同。同样，部落时期人们的仪式和现代的卡拉 OK，甚至网络游戏都具有内在的相似之处，人们在其中体验的都是一种参与某种共同活动的经验。

第四是人，尤其是形成集团、阶级或势力的人。在历史的发展中，也会存在许多偶然因素。一些重大技术进步会因为某些天才的发明者而少走弯路；掌握了某些重要资源的人群会出于自身利益，对某种媒体的扩散起到推动或阻碍的作用。电报的研究者罗纳尔兹早在 1816 年就发明了一个可传递 8 英里的电报系统，在他将此技术推荐给英国海军的一位司令时被拒绝，因为当时人们认为旗语更有用；有线电视早在 20 世纪 50 年代就在美国出现，但因受到电视网的反对与限制，一直没有得到充分发展，直到 80 年代政策调整后才迎来了黄金时代。

三、媒介演化的模型

在讨论媒介进化规律时，通常存在两种极端的看法：一种观点认为，媒介的发展主要是由技术进步推动的，科学家们和发明家们是媒介形态变化的主要原因；另一种观点认为，技术的产生受到多种社会条件的影响，一种新媒介技术的扩散也要受到一个社会政治、经济、文化等多种复杂因素的作用，所以在媒介的进化中，社会因素居于主导地位，技术进步则受到前者的支配。这两种观点之争也被称为技术决定论与文化决定论的争论。当然，实际上很少有人会采取这么极端的看法，大多数人会采取中间立场，但会偏向某一极。

一些学者试图建立起更抽象的模型来解释媒介的进化规律，解决技术决定论与文化决定论之间的矛盾。英国学者布莱恩·温斯顿（Brian Winston）提出了媒介创新及扩散模型（见图 12—1）。[1]

在这个模型中，有两条横线，分别代表科学与技术发展的时间轴，从过去向未来延伸。在这个时间轴上，我们截取一个片断，代表着某一媒介的产生与扩散过程。下面以电报为例来说明这一模型。

基础科学的发展是媒介技术进步的源泉。例如电报发明之前，人类对电的原

---

① See Brian Winston：*Media Technology and Society*：*A History from Telegraph to the Internet*，Routledge，1998，p. 14.

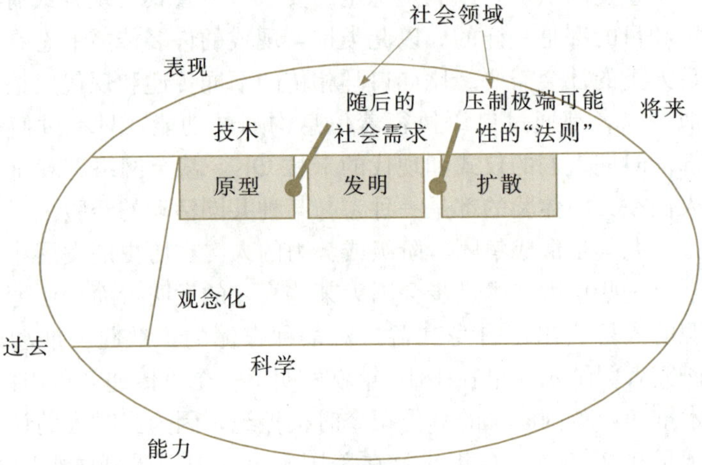

图 12—1　媒介演化的模型

理进行了漫长地探索。古希腊时期的文献，就记载了摩擦产生静电的实验。18世纪用来储存电的莱顿罐也是电学发展史上非常经典的一个发明。用一个罐子装上一半水，塞好，一根导线从罐塞的中心穿入就可以储存电荷。美国的开国元勋富兰克林曾用此设备证明闪电和实验室里产生的电是相同的——当然，富兰克林为什么当时没有遭到电击现在仍然是一个谜。这些不断的探索及电磁铁的发明，是电报产生的科学基础。

然而科学基础理论的发明者常常很难意识到这些理论多种多样的具体应用，这其中还需要有一些专门从事科学基础理论与现实应用相结合的人才，像美国的发明家爱迪生就是一个将科学原理观念化、技术化的典型。这是一个非常重要的跳跃，只有通过它，科学的潜在“能力”才能转化为现实的“表现”。摩尔斯以及其他在电报发明中做出巨大贡献的发明家们使电学研究具体化为造福民众的创新发明。其实早在 1799 年德国人就提出了电报的观念，比摩尔斯早 30 年；法国人 1854 年就提出电话的观念，比贝尔早 20 年；电视的观念提出于 1877 年。这些观念的提出为后人的发明指明了方向。

当然，摩尔斯及此前其他人发明的电报只是一个原型，或者说是一个不成熟的设备，要作为商品投入市场，还有诸多要改进的地方。随后的社会需求会决定这一新技术的雏形是被进一步完善还是被抛弃。这也可以解释为什么会在同一个时期，有许多相似的发明同时涌现（当然，其中很多除了为专业研究人员所知外，很少进入大众的视野）。这说明，发明家们共同面临的社会需求促使他们利用当时的科学技术，来满足这一需求。

一项媒介技术在投入市场后，按照理想状况，应该因为解决了人们面临的难题而迅速普及，然而现实中多数新媒介的普及并非一帆风顺，还会受到很多社会因素的影响，这使得新技术的扩散经常表现为一个随时间变化逐渐加速的 S 曲线，而不是一条笔直向上的直线。在电报发明之后，美国国会因不愿投资进行建设，拒绝购买电报专利，摩尔斯被迫自己推销这项技术。这一偶然的结果也产生了深远的影响，导致了美国电信产业从发展之初就与欧洲不同，走上了商业化而非公有的道路，这直接影响了后来广播、电视的运营体制。电报在许多国家的推广面临着专利权的诉讼、同时国家对于铺设线路高昂投入的犹豫、运营管理方式的探索以及人们对新技术的本能排斥，都使电报早期的采用谨慎而缓慢。

简言之，媒介的进化是一个技术与社会相互作用的复杂过程，在不同的阶段和不同的情况下，技术与社会的影响力有所不同，并不能一概而论是技术占主导还是社会占主导。

第二节 麦克卢汉的修辞和认识论

对于作为技术的媒介，人们多是从市场营销的角度来研究它。提出的问题一般是：什么是好的媒介技术？媒介技术发明和进步的动力是什么？什么因素会影响技术的扩散？如何为它的普及准备好条件？而管理学派的实证研究则把媒介的影响等同于媒介内容影响，发展起了效果研究的传统。直到伊尼斯和麦克卢汉，才把目光真正投向媒介本身对文化的影响。这一影响很难用实证的方法证明，因为它涉及较长的时段，而且无法重复和证伪。因此由伊尼斯奠基，麦克卢汉发扬光大的多伦多学派，以长时段的历史和文化诠释作为论据，形成了自己独特的风格。

在多伦多学派最早的两位旗手中，麦克卢汉的影响最大。他不仅发扬了伊尼斯媒介理论中的核心精神，而且更加彻底而明确地将媒介本身的影响置于他研究的中心。因此本章将麦克卢汉的理论作为重点内容加以讨论。麦克卢汉声名鹊起，一方面来自于他偏激的观点；另一方面也和他语出惊人却晦涩难懂的独特修辞风格有关，我们就从这里进入这位学者充满争议的理论。

一、麦克卢汉的修辞

马歇尔·麦克卢汉（Marshall McLuhan，1911—1980）是 20 世纪 60 年代成

名的怪才。他1911年出生于加拿大，早年求学于加拿大曼尼托马大学，1934年到1936年就读于英国剑桥大学。剑桥大学里查兹和燕卜荪的新批评、利维斯的将文学批评方法应用于社会都对他产生了深远的影响。毕业后，1936年到1940年期间，麦克卢汉在美国任教，1940年回到加拿大，教授英语和文学，1946年后在多伦多大学任教，除了在纽约市的福德汉姆大学讲学一年外，其余生都在多伦多的生活和教学中度过。1951年，他出版了第一本书《机器新娘》，对当代社会的新民俗——广告进行了批判。多伦多大学教授伊尼斯关于传播媒介的论述让麦克卢汉找到了新的研究方向，他把1962出版的《谷登堡群英》作为伊尼斯观点的注脚。而1964出版的《理解媒介》则把伊尼斯观点中的思想萌芽重新诠释，使其成长为参天大树。这本书让麦克卢汉，同时也让"媒介"（media）这个过去只在生物和通讯领域使用的专业词汇和当时的新媒介——电视一起，成为20世纪60年代的流行。其后，他又与他人合著了《媒介定律》（1988）等书，进一步阐述《理解媒介》中的观点。①

马歇尔·麦克卢汉的著作给人最大的印象是思路跳跃，晦涩难懂。施拉姆在谈到这个问题时这样评论：

> 他的论述方式使得他的观点难以捉摸，这一事实就令人更加难理解他何以能有永恒的重要性，尤其是他何以竟能名噪一时。毫无疑问是因为他不信任印刷媒介那种直线的、逻辑的表述方式的缘故（他认为这种表述方式应该对过去五个世纪中的许多不良趋势负责），麦克卢汉有意采用一种不连贯的方式写作，有人把这种方式比作向四面八方散射的罗马式蜡烛一般。他很少把他的观点充分发挥出来，而且看不起通过经验研究取得的证据，因为他认为经验研究偏向于印刷媒介，无力应付全新的电子媒介。②

正因为麦克卢汉的这种不合常理的论证和修辞方式，导致他的结论受到了大多数学院派学者们的排斥。再加上他的表述经常缺乏必要的严谨和清晰，有时甚至为了吸引人们注意，故意玩些文字游戏，这种游戏性格更是与学院派格格不入。比如他的名言"媒介即讯息"（The medium is the message.），本身就令人费解，他还不断地变换形式，又提出"媒介即按摩"（massage）、"媒介即大众时代"（mass age）、"媒介即混乱时代"（mess age）的论断。伍迪·艾伦的影片《安妮·霍尔》（*Annie Hall*）也通过普通人不懂装懂以谈论麦克卢汉的理论为时

① 参见［加］菲利普·马尔尚：《麦克卢汉：媒介与信使》，北京，中国人民大学出版社，2003。

② ［美］施拉姆、波特：《传播学概论》，136～137页。

髦这一点制造喜剧效果，并且邀请麦克卢汉客串扮演他本人。麦克卢汉能够紧跟20世纪60年代电子媒介的潮流，旁征博引，令人耳目一新地讨论各种通俗文化现象，他更像是一位大众媒体学术明星（或电子时代的预言家、祭司）而不像一位传统意义上的学者。这一切，加深了当时学术界对他的成见。

要对麦克卢汉的理论做出比较全面的评价，我们需要首先对他的修辞、研究范式乃至认识论进行批判性地分析。这样，才能破除不同研究范式之间的偏见，在一个范式内部进行有效地讨论，避免“弃水泼婴”。

修辞和认识论联系在一起，它与作者所定义的“知识”以及“如何才能确证知识”有关，修辞不仅使真理更有效，修辞本身就创造真理。① 麦克卢汉的修辞方式，用他自己的话来说，是“界面的”、“并置的”、“象征的”和“马赛克式的”。简单来说，就是摒弃实证主义的和讲求逻辑分析的表述方式，采用文学的联想的表述，把在常识上缺乏直接联系的事物联系在一起，从中归纳出被人忽视的模式和规律。

二、界面性的象征修辞

我们在第三章讨论过理论与证据的关系。从理论与经验关系的角度看，大致存在三种方式来为理论提供证据，它们分别是归纳、演绎和类比（见图3—1）。从推论的保真性来看，演绎最为严密，归纳次之，类比最不可靠。麦克卢汉恰好把后两种，特别是类比作为其发现知识的主要方法，他这样做的理由是什么呢？

第一，这是一种探索发现新规律的方法，麦克卢汉曾说“我不说明，只探索”。探索的目标是发现新观点，类似于文学创作，它需要突发奇想的灵感，类比（隐喻）正是诗人常用的表达工具。麦克卢汉并不轻视和否认逻辑论证，他只是认为自己不适合这项工作，最好由其他人来做。他把自己的研究比喻为盲人手中的探路手杖，凭借回声来探索周围的环境。手杖必须灵活地来回敲打，如果把手杖固定在周围的某个物体上，就探路而言，手杖就没用了。而把手杖和周围事物固定在一起，正是逻辑的作用，但是它不适合探索。② 有趣的是麦克卢汉对类比有效性的论证仍然采用了类比的逻辑。

---

① 参见［美］罗伯特·斯各特：《论修辞的认知性：十年以后》；参见［美］理查德·什尔维茨：《修辞的“认知性”：对“新修辞”运动认知论的淡化》；参见［美］肯尼斯·伯克等：《当代西方修辞学：演讲与话语批评》。

② 参见［加］麦克卢汉：《麦克卢汉精粹》，545页，南京，南京大学出版社，2000。

第二，讲究逻辑的表述方式，是印刷时代的产物，而神话的、普遍联系的、整体式的思维和表述方式，是电气时代的要求。

如果要更详细地回答刚才的问题，就要追溯到给予了麦克卢汉灵感的伊尼斯那里。哈罗德·伊尼斯（Harold A. Innis，1894—1952）出生于加拿大安大略省南部乡村，1916 年在多伦多麦克马斯特大学获学士学位，在经过一段军旅生涯后，1918 年又在麦克马斯特大学获硕士学位。之后在芝加哥大学学习，并于 1920 年获博士学位。在芝加哥大学期间，制度经济学的开创人之一索尔斯坦·凡勃伦对新古典主义经济学的批评对他影响颇深。1920 年在多伦多大学任教初期，他采用凡勃伦的思路，研究加拿大的经济史和经济增长，特别是鱼、皮毛等大宗销售品和殖民地贸易的演化。早期的伊尼斯严格地按照学院派的规范进行经济方面的研究，但是到了晚期（20 世纪 40 年代），伊尼斯从大宗商品的运输研究中，自然地转向了传播媒介对社会的影响（第一章讨论过，communication 在早期含有运输与传播两个意思）。他以传播媒介为轴心，以时间和空间为基本维度，考察了媒介与社会发展的关系。①

伊尼斯在生命的最后十年里，逐渐确立了一种独特的考察方式。麦克卢汉将其称为“洞察”式研究，和其他人及伊尼斯自己早期的“观点”式的研究相对。具体来说，就是不再囿于经验性细节的论证，而将看似不相关的事物并置在一起。比如伊尼斯把口语和书面语、时间和空间、权力结构等事物放在一起考虑，并将通过它们之间的关系来解释历史的进程。麦克卢汉对这种方法非常欣赏，将其称为“马赛克结构”，即把一些玻璃碎片组合在一起，形成一幅更大更完整的镶嵌画。有时，麦克卢汉又把这种并置联系的方法称为“界面”（interface）的方法，这和文学中的“象征主义”有异曲同工之妙。希腊语中的“象征”一词正是“并列在一起”的意思。②

麦克卢汉把学者发现的知识分成两种：一是分类知识，二是模式知识。前者是对已有的思想和对象进行再加工，而后者则是以更宏观的视角，探索发现新的隐藏的规律。显然，晚期的伊尼斯属于后者。伊尼斯的这一思维方式并不是他的独创，从其中也能看到凡勃伦的影响。凡勃伦一直对新古典主义经济学那种认为经济学法则放之四海皆准的观念持批评态度。他指责新古典主义思想家仅仅是在

① 参见［美］丹尼尔·杰·切特罗姆：《传播媒介与美国人的思想——从莫尔斯到麦克卢汉》，160～167页，北京，中国广播电视出版社，1991。

② 参见［加］麦克卢汉：《麦克卢汉序言》，见［加］哈罗德·伊尼斯：《传播的偏向》，1 页，北京，中国人民大学出版社，2003。

建立经济概念的"分类学"，从来不对隐藏在现行的财产分配后面的道德和政治意义提出疑问①，伊尼斯显然从这种观念中汲取了营养。

麦克卢汉认为，这种方法把历史当做实验室，当做研究形态的生命和性质的一整套受控的条件，考察占主导地位的媒介的变化会对权力机构的形态产生什么影响。麦克卢汉的考察不是为了复活历史，而是为了验证他所发现的模式。因此他不是小心谨慎地对历史细节进行考据，而是纵横捭阖，按他的要求，梳理出与他所说的模式相关的历史脉络。这种研究取向虽然打着历史研究的旗号，实际上却是在建构社会理论。麦克卢汉把这种方法称为"后视镜"的研究方法，由于"身在此山中"，所以对现实的考察容易让我们迷失，我们只有向后看，才能更清楚地看到未来的发展趋势。②

伊尼斯把苏美尔文明、埃及文明、古希腊—罗马文明、中国文明、中世纪、启蒙时代等的兴替与当时占主导地位的传播技术形态联系在一起，这一观点与人们惯常的从政治、经济、文化角度来解释历史的发展相比，显得十分独特，这不能不归之于他独特的"洞察"式研究方法。③

三、电子媒介与认识论

麦克卢汉之所以采用伊尼斯开创的这种"界面式"的象征修辞方法，还有一个独特的原因。他认为，逻辑的或者"科学的"研究方法，是印刷媒介时代的思维方式。换句话说，传统学院派的修辞方式本身就是印刷媒介的效果之一。用这种带有局限性的修辞来讨论媒介的影响是不合适的，它必然带有印刷媒介感觉方式所固有的偏见。而电子媒介和以文字为基础的逻辑思维截然不同，在让人重新回复了感觉平衡的同时，也开创了整体的、普遍联系的、形象的思维方式。在麦克卢汉看来，这是一种更为全面和高级的思维和修辞方式。

显然，这种修辞和研究方法和北美社会科学中占主导地位的实证主义和行为主义相左，它更接近于人文学科的诠释主义范式。麦克卢汉认为：

伊尼斯解决了两个大问题，这是人头统计员和统计研究员永远解决不了的问题：(1) 一旦认准了一种文化的主要技术成就，就知道该文化的模式必然是什

---

① 参见［美］参见丹尼尔·杰·切特罗姆：《传播媒介与美国人的思想——从莫尔斯到麦克卢汉》，161页，160～167页，北京，中国广播电视出版社，1991。

② 参见［加］麦克卢汉：《麦克卢汉序言》，见［加］哈罗德·伊尼斯，《传播的偏向》，1页。

③ 参见［加］哈罗德·伊尼斯：《传播与帝国》，北京，中国人民大学出版社，2003。

么，包括物质的和社会的模式；(2) 他准确地知道，该文化的成员对自己日常生活中的什么东西不了解。所谓“创造导致的报复”（the nemesis of creativity）①，正是对自己最重要的发明视而不见。②

对于第一个问题，实证主义无法解决，因为它难以重复和证伪。至于第二个问题，则是麦克卢汉为应付实证主义者的攻击预先埋下的伏兵。

前面提到过，修辞与认识论息息相关，采用何种表述方式，往往和表达者对“什么是有效的知识”、“知识何以成为可能”等问题的回答联系在一起。实证主义者之所以要采用经验数据来验证观点，是与一系列认识论假设分不开的（关于这个问题的讨论，可以参见第三章）。针对实证主义者认为伊尼斯和麦克卢汉的理论“不科学”、“不严谨”的质疑，麦克卢汉从认识论角度给出了一个回答：人们怀疑媒介对社会的重大影响本身，正是媒介的影响之一，即媒介导致的麻木令人们“明可察秋毫而不见舆薪”，看不见媒介对社会的冲击。

麦克卢汉是这样为知识的合法性寻找根据的。首先，他提出了一个前提，即“媒介是人体的延伸”。这是一个麦克卢汉式的比喻。在麦克卢汉眼中，媒介就是人与社会和自然环境接触的中介（media），任何工具（汽车、时钟、服装）、象征符号（数字、语言、广告）、交往形式（货币、游戏）都可以称为媒介。工具、符号和交往形式扩展了我们的能力和活动范围，使我们的身体得到了“延伸”。比如起重机延伸了人的手臂，汽车、电梯延伸了人的腿脚，眼镜、望远镜、手机、电视延伸了人的眼睛。

接下来麦克卢汉又提出了一个出人意料的论点——“延伸意味着截除”。使用替代性的工具，我们身体那部分的原有功能就会退化。有了汽车、电梯，我们的脚力会越来越弱，有了眼镜、望远镜、手机，我们就不必再像游牧部落那样靠眼睛观察远方的事物，说话的声音也越来越轻。不同器官的延伸会带来人整体感觉器官的不平衡，只能借助麻木和堵塞感知通道，才能承受这种强度。电子媒介是人的中枢神经的延伸（人整体的延伸），中枢神经的截除则意味着全身的麻木。

麦克卢汉引用了一个希腊神话说明中枢神经（整个身体）延伸带来的后果。希腊神话中的纳西色斯（Narcissus）是英俊男子，引来无数女神的追求，尤以埃科（Echo）女神为最。但是纳西色斯不为女色所动，埃科女神憔悴而死，最后只留下她的回声（echo）经久不绝。复仇女神为了惩罚纳西色斯，使他只爱自己的

---

① 原译文为“创造性的麻木”，采用了意译，这里仍改为字面意思。
② 参见［加］哈罗德·伊尼斯：《传播的偏向》，5 页。

影子，于是他终日独坐于池塘边，深情注视自己的影子。终有一天，情不自禁，投向自己的倒影，溺水而死，化为亭亭水仙（水仙花的名称 narcissus 即由此而来，弗洛伊德的自恋情结，也以他的名字命名）。麦克卢汉解释说，水中倒影是人体的延伸，它造成了纳西色斯的麻木与疯狂。这种潜意识的知觉和麻木，使我们不知不觉成为技术的伺服系统，即人反而成为这种延伸的工具。所以，电子媒介越发使我们意识不到“媒介即讯息”。上述修辞与论证方式，使用了隐喻和暗示，把表面缺乏联系的事物并置在一起，并不符合严格的逻辑论证，求诸于读者的理解与感悟，是典型的“界面式”的论证方式。

我们下一节还会谈到他的另一个观点，媒介决定着我们感觉世界的方式和思维方式。处在印刷媒介时代，人们只能按照印刷文字的线性的方式观察一切，反而不能发觉媒介本身才是真正影响我们的因素——“我们自身变成了我们观察的东西”①。

除了截除造成的麻木外，还有另外一个原因也导致我们无法认识媒介的影响，那就是“一个媒介成为另一个媒介的内容”。比如文字的内容是口语，广播的内容是文字，电视的内容是文字或电影。这就导致我们很难把内容和媒介本身严格地区分开。在某一个媒介成为别的媒介内容之前，由于“只缘身在此山中”，我们受内容吸引，很难注意到媒介本身的影响。麦克卢汉把乔伊斯的一句话做了改动：“媒介的内容就像是夜盗引开看门狗的鲜嫩的肉片，使我们注意不到媒介的影响。”

在麦克卢汉看来，“太阳下面无新事”，我们传播的内容，其实只是在重复着千百年前人们已经说过的东西，而真正不同的，正是我们所使用的媒介。代表着我们独特身份的，不是内容而是媒介。媒介的影响之所以非常强烈，恰恰是另一种媒介变成了它的内容，这种双重影响自然让人深受其“害”而不自知了。

四、反环境：作者的合法性问题

麦克卢汉在论证了实证主义者们何以无法接受他理论的原因之后，还要接着证明另一个问题：为什么他本人不会受到上述影响，能够发现“媒介即讯息”这一被隐蔽的规律呢？

有两个原因，一个是主观的，一个是客观的。从主观方面来看，艺术家与普

① ［加］马歇尔·麦克卢汉：《理解媒介》，47 页，北京，商务印书馆，2000。

通大众不同，他不会随波逐流，能够在社会大环境中制造自己的“反环境”，能够敏锐地觉察到一般人无法感受到的微妙的环境变化。所以在麦克卢汉书中的论据，常常不是社会学家严谨的数据，而是诗人和艺术家的诗歌和故事。麦克卢汉认为他们所制造的“反环境”，能够为我们提供真正的超越环境局限的真知灼见。麦克卢汉自己的理论（麦克卢汉是文学研究出身，他的气质更像艺术家而不是学者），也可以被视为是一种反环境，它让我们能够意识到媒介的影响。

客观的原因是电子媒介时代的来临。当两种媒介更替的时候，正是我们从日常的恍惚和麻木中获得自由解放的时候。社会占主导地位的传播方式由一个媒介突然转变成另一个媒介，会令我们在不适应中感觉到旧媒介的影响。电力时代层出不穷的新媒介一方面让我们更加麻木，但另一方面也会强迫我们关注它带来的变化。就像互联网和手机引起的公众关注一样，20 世纪 60 年代电视的出现也引发了许多社会问题，包括之前的章节讨论过的儿童暴力问题、卫星电视的跨国传播问题、拟态环境的环境化问题。这给了我们认识电视媒介影响的契机。

麦克卢汉曾用语言做过一个类比。英语塑造了使用者的感知和思想感情习惯（比如英语中写地址是先小后大，而中文则是先大后小），母语是英语的人是浑然不觉的。当他们突然转入法语时，英语的隐含的特征才比较容易察觉。[①]

通过上述复杂的论证，麦克卢汉巧妙地回应了实证主义者的质疑。麦克卢汉的修辞看似汪洋恣肆，缺乏连贯性，但是他在认识论的讨论上，是非常严谨的。当然，上述叙事可以看做是本书作者的一种诠释，它呈现给大家的是一个逻辑严密的麦克卢汉，这也许是过去被人们忽略的麦克卢汉的另一面。实际上，在整个论证过程中，麦克卢汉并没有这么严谨，他常常前后矛盾，比如他提到一个媒介是另一个媒介的内容，有时认为它会让人认识不到媒介的影响，有时又认为它会导致人们认识到媒介的影响。

但是，最令人遗憾的是，尽管麦克卢汉努力使自己立于不败之地，但是他还是留下了一个致命的弱点：上述整个论证过程是一个循环论证。这个推理链的许多前提（比如说“媒介是人体的延伸”）本身也来自于“洞察”而不是科学的验证，它们自己也是有待证明的命题的一部分。这就像要提着自己的头发把自己凌空提起一样，是自相矛盾的。

实际上，如果想要寻找一个更牢固的认识论基础，麦克卢汉本不必用“科学的”、“逻辑的”方法去证明自己的合法性。从研究范式上看，麦克卢汉的理论不

---

① 参见［加］麦克卢汉：《麦克卢汉精粹》，338 页。

是科学的理论，而是带有深厚人文色彩的历史诠释。麦克卢汉把伊尼斯归入芝加哥学派，该派的核心精神继承了德国社会学家马克斯·韦伯的"理解"传统，反对将社会研究变成"科学"的调查。换言之，这种研究不是要得出"科学的"结论，而是要提供给人们对社会、历史、生活全新的理解，寻找新的可能性，更好地协调人与社会、人与自然的关系。正如麦克卢汉在讨论他最重要的著作《理解媒介》这本书的写作目的时所说的，它的意义在于"弄懂媒介所产生的冲突，增加人的独立与自由，并削弱这些冲突"①。

因此，我们应该从传播研究范式的角度来重新审视麦克卢汉理论的合理性，既不要从客观经验主义的角度强人所难，加诸一些如"不科学"等无谓的指责，同时在诠释范式的内部，对它展开有效地批判。

对于麦克卢汉理论修辞和认识论问题的梳理，可以帮助我们转换思路，更好地解读他的理论。正如一位研究者所说的，麦克卢汉提出的"怪异"命题最好当做文学比喻来理解，从中获得新的启发，不必把它当成严谨科学理论一样去逐个论证，这样才能从中得到更多收获。②

第三节　作为讯息格式的媒介：麦克卢汉的媒介理论

一、媒介—感觉—社会：对社会变迁的一种诠释

麦克卢汉最著名的一个论断是"媒介即讯息"。从表面上看，这是一个主语与谓语缺乏同一性的命题，但是作为一个隐喻，它真正想表达的意思是任何一种媒介——即人的延伸——都会创造出一种全新的环境，对"整体的心理"和"社会的复合体"产生影响。③ 媒介的影响在于引入了一种新的尺度，不同的内容呈现格式改变了人们感知世界的方式和理解环境的框架，最终影响了人们的交往方式，"媒介是社会交往的讯息"④。

麦克卢汉极力反对"媒介是中性的，无所谓好坏，内容决定着媒介影响"的常识。他认为，不是人在使用媒介，而是媒介在使用人。在麦克卢汉笔下，媒介

---

① 参见［加］麦克卢汉：《理解媒介》，85页。
② 参见上书，7页。
③ 参见上书，21、25、33页。
④ 同上书，34、36页。

不是一个单纯的工具，它具有某种自治性，当我们使用某一种媒介时，不由自主地形成了对它的依赖，按照该媒介所规定的框架和感觉方式来感知世界，一个时代的主导性媒介塑造了这个时代大多数人的行为方式，进而影响着社会的所有方面。

在麦克卢汉媒介的理论里，中心概念是“感觉”。不同媒介延伸了人的不同部分，也延伸了不同的感觉器官。比如文字是眼睛的延伸，收音机是耳朵的延伸。如果把口语时代作为参照的话，因为口语媒介没有借助任何外在的媒介，所以没有感觉器官得到延伸，我们的多种感官处于平衡状态。麦克卢汉认为这是一个最理想的状态。麦克卢汉认为听觉是最理想的和最平衡的感知世界的方式，它是全方位的（这一点可以对比视觉，它只能感觉有限的范围）、整体的，触觉也具有同样的特征。如果因为使用某种媒介而使人的某种感觉器官延伸，那么人类就会处于感觉不平衡状态，人类文明就会向危险的方向发展，只有整个人身都得到延伸（如电子媒介），社会才会进入一个理想状态。麦克卢汉的这种看法，也被称为感觉平衡论。

口语媒介产生了部落化的社会形态。人们主要依赖听觉、嗅觉、味觉来感知世界。口语的传播范围很小，人们结成面对面的亲密社群，共同参与生产和仪式。离开了群体，个人无法生存。人们使用神话故事来记录历史、传达价值观。这些神话渗透着“原始的思维”，它以非线性的联想、交感为主而不是以线性逻辑分析为主。

这一由口语塑造的时代，被麦克卢汉称为“部落化时代”。它是美好的过去，得乐园的时代，是麦克卢汉的老师利维斯所说的“有机的时代”。

拼音文字的出现破坏了感觉平衡。字母表延伸了人的视觉，同时使听觉和视觉分离。过去电子媒介不发达时，人们凭书本学英语，看得懂但不会说，被称为“哑巴英语”，这正说明了文字的视听分离的特征。

拼音文字的另一个特征是抽象。文字的读音与所指事物缺乏必然联系，文字按照一定的顺序将音节连接在一起。这培养了人类重视秩序的线性思维方式，而这正是分析的思维方式的基本前提。它要求人们抛弃天马行空般的神话式联想，按照一定的规则和顺序来反映这个世界。人类从此脱离了部落化时代的非线性的思维方式。可以说正是拼音文字，导致了西方逻辑分析思维和理性的出现，最终产生了现代的西方工业文明。麦克卢汉认为，钟表是西方拼音文字导致的线性思维方式的最高结晶，大大小小的齿轮按照精确的计算，以一定的顺序排列在一起，按照线性的程序，精确运动——这正是拼音文字的表征。

这里要注意的是，麦克卢汉所讨论的媒介和社会史，带有西方中心主义色彩。他所说的文字特指拼音文字，其社会形态的考察也是基于欧洲和北美的历史。麦克卢汉也提到，象形文字因为保留了图画的特征，缺乏线性的结构，具有部落化时代整体式的感知特征。尽管麦克卢汉没有继续讨论文字与中西思维、文化的关系，但却为我们提供了一个有趣的观察视角。

字母表不仅导致了理性，还导致了西方从集体主义向个人主义的转变。有了书籍后，人们不必通过口语获得所有的知识。演讲、讨论、问答逐渐被静默的阅读所代替。人类可以独立地获得经验与智慧，不必和他人一起亲身体验世界也能获得知识。

印刷媒介的出现使文字所造成的影响进一步加深。大规模生产的文本制造了知识的权威，建立起中心与边缘的差异，这一点明显地体现在字典和教科书上。凭借记忆的口语媒介和手抄媒介传播范围有限，准确性也不高，很难在较大的地理范围内形成一个中心，而大量复制的标准化的印刷媒介则克服了上述缺陷。

印刷媒介还催生了现代的民族。学者们普遍认为，民族是一个政治概念而不是一个生物学概念。正因为印刷媒介的出现，才有可能将地缘上缺乏直接联系的人群结合在某个政治或文化周围，产生共同的文化与价值观，形成本尼迪克特·安德森所说的“想象的共同体”。

由字母表和印刷媒介所塑造的理性的、碎片的（与部落的“整体联系”相对）、个人的、中心的、民族的文化，被麦克卢汉称为“脱部落化时代”——这是一个失乐园式的黑暗时代，它肇始了现代社会的种种弊端。

电子媒介的出现，让人类重新回到黄金时代。最明显的是人们又回到了依赖交谈的口语时代，电话、留声机、广播、电视、照片、CD/DVD、互联网、手机等媒介又使人类重新恢复了口语交流的传统。在电子媒介陪伴下成长起来的一代，他们感知世界的方式发生了变化，他们作用于世界的方式也相应地改变。我们可以看到，文字正在走向衰落，而图像、声音正在积极地兴起。19 世纪的公众可以津津有味地听政治候选人滔滔不绝地演讲 7 个小时①，而现在手拿遥控器的电视观众选择节目的时间平均只有几秒钟。

麦克卢汉认为，电子媒介时代感觉器官的延伸不再是单个器官的延伸，而是整体的延伸、神经中枢的延伸（这一不严谨的比喻遭到了很多人的批评），也可

① ［美］尼尔·波斯曼：《娱乐至死》，57～58 页。

以称为声觉空间的延伸。人类在电子媒介时代重新恢复了感觉的平衡，恢复了部落化时代的特征，人类重新走向整体化。但是电子媒介并不只是简单地恢复了部落化时代的特征，而是在新的基础上发展了部落文化。至少，人类不再是聚集成许多独立的老死不相往来的小群落，而是把部落扩大到整个地球，麦克卢汉给它起了一个带有诗意的名字——“地球村”（global village）。麦克卢汉在一个没有卫星电视、互联网，只有电报、电话和短波广播的时代，就预言了我们今天的全球化，这不能不让人为之惊讶。

电子媒介使印刷时代距离越来越远的人又重新走到一起，地球村使整个人类联成一个整体。尤其是电子媒介光速的传播速度，令空间已经不再成为障碍，原因和结果已经很难区分。很可能通过电子媒介，远方的人比你身边的人更了解你。媒介事件、战争的电视直播已经分不清媒体的报道是事件的结果还是事件的起因。麦克卢汉认为电子媒介时代，过去的许多差异正在消失，他使用了“内爆”（implosion）来描述这一过程。所谓内爆，是和外爆（explosion），即常见的爆炸相对的。一般的爆炸是空气膨胀受到阻碍而导致，比如吹气球或火药爆炸。而内爆则是向内坍塌引起，比如某些恒星在能量燃烧将尽时，分子间的引力会远大于向外爆炸的力，导致恒星在刹那间迅速缩小成一个极小的质点，这种引力甚至会大到把光也吸引进去，即我们通常所说的“黑洞”。麦克卢汉用这个新奇的比喻来说明所有差异汇聚成一个质点而成为一体。法国后现代哲学家鲍德里亚不仅继续发挥了麦克卢汉所说的符号与实体差异的消失，而且让“内爆”这个概念更加流行。

麦克卢汉把电子媒介看成是人类的复乐园，将其称为“重新部落化时代”——也有人把他这种过度乐观的思想称为“电子乌托邦”。

通过对媒介发展史和社会发展史的诠释，麦克卢汉说明媒介在人类历史的发展中起着关键作用。他以感觉为中介，建立起以媒介为中心的历史发展轨迹：主导媒介影响了人类感觉和理解世界的方式，这种方式反过来塑造了社会的形态与结构。他把媒介的发展分为口语—拼音文字、印刷媒介—电子媒介三个阶段，分别对应着部落化时代—脱部落化时代—重新部落化时代（见图 12—2）。这种三段发展式的历史宏大叙事，不由得让人联想起得乐园—失乐园—复乐园这样的宗教主题和黑格尔笔下绝对精神的发展模式。从中我们可以看到西方基督教文化所留下的集体记忆的影响。

时代	部落化时代	脱部落化时代	重新部落化时代
技术	面对面口语传播 讲故事、讨论 象形文字 偏时间的媒介	字母表 演讲 活字印刷 机械化 电影 偏空间的媒介	电话 卡通漫画 电视 广播
冷/热	冷	热　　更热	冷
社会特征	参与的 整合的 部落化的 去中心的 神话式的	个人的 碎片的 民族的 中心的 专家式的	参与的 整合的 部落化的 去中心的 神话式的 “地球村”

图 12—2　麦克卢汉对媒介与社会发展阶段的划分

二、媒介偏向论与感觉平衡论

麦克卢汉这种历史诠释的思路来自伊尼斯。伊尼斯最早把媒介的形态与历史发展联系在一起。在《帝国与传播》、《传播的偏向》中，伊尼斯根据偏向性（bias），把媒介分成两种——偏时间的媒介和偏空间的媒介。偏时间的媒介指的是石刻文字、泥板文字之类能够保存较长时间的媒介；而偏空间的媒介则指的是像埃及莎草纸和中国纸这样轻便容易携带、扩散范围较大的媒介。偏时间的媒介适合知识在时间上的纵向传播。以该媒介为主的文化重视传统，权力纵向集中，但是不够灵活，统治的地域较小。偏空间的媒介则适合知识在空间中横向传播，这种媒介使得一个文化更重视空间的扩展，权力比较分散，但是也容易离心。伊尼斯认为古代帝国的盛衰可以从这两种媒介是否平衡来加以解释。①

伊尼斯主要是从时间和空间的角度来论证媒介的影响的。麦克卢汉借鉴了伊

① 参见［加］哈罗德·伊尼斯：《传播的偏向》，北京，中国人民大学出版社，2003；［加］哈罗德·伊尼斯：《帝国与传播》，北京，中国人民大学出版社，2003。

尼斯的通过长时段的社会变迁证明自己观点的方法，但是放弃了以时间和空间为中介，而代之以感觉。用马克·波斯特的话来说，麦克卢汉所讨论的人是英国哲学家洛克笔下的感觉的人——这种对人性的描述显得过于简单。

无论是以时空作为中心概念还是感觉作为中心概念，伊尼斯和麦克卢汉都把它们当做纯粹客观的现象加以分析，忽略了时间、空间、感觉本身都是社会建构的产物，不同文化的时空概念是存在差异的。如果不加批判地把它们作为基础展开研究，又进入到客观经验主义的传统思维方式中去，所以多伦多学派早期学者的研究范式既具有诠释经验主义的特征，又未完全摆脱客观经验主义的影响。

伊尼斯通过突出历史中与他的理论有关的史实来证明他的结论，而历史研究在麦克卢汉那里则只是一个形式。他的历史叙事是高度抽象的、去语境的，比如对部落化、脱部落化和重部落化的描述。这些阶段在现实中是否存在，麦克卢汉并没有给出具体的令人信服的证明。

在麦克卢汉的媒介研究中，还有一个隐含的主题，那就是对西方现代性的批判。他把现代性归结为拼音文字和印刷媒介的影响，对于书写媒介所导致理性和"科学主义"持否定态度。麦克卢汉尤其称赞像电话这样的媒介所带来的分权与平等，反对理性化带来的中心—边缘的秩序。他认为电子媒介带来了一个"处处皆中心，无处是边缘"的理想世界。①麦克卢汉的这种反科学主义、反对差异的态度与后现代主义有着某种契合之处，鲍德里亚从他的理论中获得了不少启发。

麦克卢汉和伊尼斯批评了西方文化重视书写媒介，轻视口语媒介的传统。两人都认为口语是更为理想、更为人性化的媒介，它不像印刷媒介片面强调某一种感觉，而是给人整体的感受。

当然，麦克卢汉对于现代性和理性的批判是简单的、乡愁式的指责。他和利维斯一样，建构了一个"美好的逝去的黄金时代"，他们把印刷媒介所造成的脱部落化时代只是看成一个过渡，一个暂时的倒退，最终人类还是会走向光明。但是他忽略了电子媒介同样是理性的产物，媒介的进化并不必然带来人的解放，还有其他诸多条件同时影响着历史进程。实际上，麦克卢汉在他的讨论中也零星谈到了电子媒介的危险，因为中枢神经的延伸，人更容易成为媒介和工具的附属品和伺服系统。但是他只看到了电子媒介会使人忽略"媒介即讯息"，却没有进一步讨论它对民主制度和个人自由的影响，相反，他还设想将电子技术用于对人类

① ［美］保罗·莱文森：《数字麦克卢汉》，117～135页，北京，社会科学文献出版社，2001。

进行整体的操纵和管理，这不能不说是麦克卢汉的败笔。[①]

三、媒介决定论：软和硬

提到麦克卢汉的理论，人们经常使用一个概念——“技术（媒介）决定论”。技术决定论并不是麦克卢汉的发明，在此之前历史学家就提出过许多更为极端的论断，比如有人提出马镫的发明造就了中世纪的封建主义制度。许多批评者认为，麦克卢汉过高地估计了媒介的社会影响，是一种偏激的技术决定论。但是人们越来越认为，这一简单的判决也有偏颇之处。首先，“媒介决定论”本身是一个很模糊的概念。保罗·莱文森将媒介决定论分成硬的和软的两种。硬媒介决定论指信息系统对社会具有必然的、不可抗拒的影响。软媒介决定论指的是媒介提供事件产生的可能性，事件的状态和影响是诸多因素的结果，而不仅仅是信息技术的结果。[②]

硬媒介决定论具有牛顿主义科学观的特征，这正是麦克卢汉所要反对的。麦克卢汉所主张的是一种普遍联系的、系统的媒介作用模式。“激进的媒介学家的观点看上去可能是硬决定论，事实上却在支持软决定论，他们往往因此而受到嘲笑。”[③]由于麦克卢汉的修辞常常为了有意制造戏剧效果而显得比较极端（比如“如果电视早点产生的话，就不会有希特勒”），但是把这些论断放到他的整个理论体系中看，他只是在矫枉过正地强调媒介在社会发展中的关键作用，并没有排斥其他因素的影响。就像人们了解重力影响着物体，并不意味着他们否认其他的力也会作用于物体，当然更不意味着这个物体只能垂直向下运动。

软媒介决定论的支持者不乏其人，其实大部分传播学者在某种程度上都是软媒介决定论者，否则他们就不会选择把媒介与传播放作为研究的重点。事实也证明，媒介技术确实正在改变着这个世界。

提出“网络社会”概念的卡斯特（Manuel Castells）的看法更为激进，他认为：“技术决定论的困境可能在于问错了问题。因为技术就是社会，而且若无技术工具，社会也无法被了解或再现。”[④] 这一观点和波斯特曼所说的“媒介即认

---

① 参见［加］马歇尔·麦克卢汉：《1969年花花公子访谈录》，见《麦克卢汉精粹》，南京，南京大学出版社，2000。

② 参见［美］保罗·莱文森：《软边缘：信息革命的历史与未来》，3页，北京，清华大学出版社，2002。

③ 同上书，4页。

④ ［美］曼纽尔·卡斯特：《网络社会的崛起》，6页，北京，社会科学文献出版社，2003。

识论”、“媒介即隐喻”不谋而合，他认为媒体的真正影响在于营造了一个人们无法摆脱的社会环境，我们必须借助它们才能赋予世界以意义。[①]打一个不恰当的比喻，如果把眼睛看做是媒介，那么苍蝇看到的世界一定和我们看到的世界完全不同，尽管我们面对同样的客体。

四、衡量媒介和文化的新尺度：冷与热

冷媒介/热媒介理论可能是麦克卢汉最容易被人误解的理论之一，也是人们批评他概念界定晦涩不清的主要论据之一。为什么麦克卢汉要用这么一种奇怪的方式来形容媒介呢？这种划分是否只是文字游戏？它对我们今天的媒介研究有何启示？

我们曾提到，麦克卢汉的媒介理论中，感觉是中心概念，冷和热的划分也是从媒介使用者的感觉上来划分的。对于使用者而言，参与度较低的媒介就是热媒介，参与度较高的就是冷媒介。冷与热的划分并不绝对，是相当主观的感觉。对于不同的人来说，同一媒介的冷热感觉可能是不同的。[②] 因此一个媒介是冷媒介还是热媒介，必须结合具体的使用者和环境才能做出判断。

一般来说，热媒介的讯息清晰程度较高，不需要接受者投入较多的想象力，比如照片；而冷媒介的讯息清晰程度较低，需要接受者参与其中，运用自己的想象填补缺失的讯息，比如漫画。此外，从受众的参与程度来看，热媒介具有排他性，冷媒介具有包容性。[③] 热媒介只延伸一种感觉器官，并使讯息的清晰程度较高。

上面的定义比较抽象，接下来我们举出一些媒介，大家先不看后面的答案，独立判断一下它们究竟是冷媒介还是热媒介：

（1）报纸；（2）电话；（3）电影；（4）广播；（5）电视。

麦克卢汉给出的答案分别是：（1）热；（2）冷；（3）热；（4）热；（5）冷。很多答案可能会出乎大家意料，报纸不是需要读者投入较多的理解吗，电视为什么和电影不一样呢？很多人因此指责麦克卢汉的定义界定不清。指责者之所以判断错误，其中很重要的一个原因是没有全面理解麦克卢汉的意图，将信息清晰程度作为唯一的判断标准。其实从受众感觉上来看，最基本的是参与度，清晰度只是由参与度引申出来的标准。所谓清晰与模糊，是相对而言的，并没有绝对

① 参见［美］尼尔·波斯曼：《娱乐至死》，3～36页。

② 参见［加］麦克卢汉：《理解媒介》，63页，北京，商务印书馆，2000。

③ 同上书，52页。

标准。

报纸虽然需要动用人的想象力，但是它不像电视剧那样吸引人。对严肃的新闻必须理性地、超然地阅读。麦克卢汉曾经举过一个例子，习惯于看电视的儿童在看书时总是越凑越近，他们拼命地想和看电视一样参与，但是却不知道书籍这一热媒介需要人超脱冷静地阅读。此外，在那个印刷过程还依赖铅与火的年代，报纸的印制过程本身就是滚烫的。但是正如我们上面说的，报纸是热媒介也不能一概而论，爆炸新闻和“坏消息”就是冷的（更吸引人），而严肃的新闻和广告则是热的。所以麦克卢汉提出了一个有趣的解释：报纸的主要目的是登广告，新闻是用来填补广告的空隙的。广告是热的，所以需要冷的“坏消息”来平衡其温度。这也就解释了为什么正面宣传过多的报纸读者不感兴趣。

电话是一个需要人参与的媒介。没有人的参与，通话就无法进行，因此它是一个标准的冷媒介。

电影清晰程度较高，我们看到的是标准化的拷贝，受众无法与电影内容互动，它是典型的热媒介。我们还可以注意到，因为电影是热媒介，参与度低，所以必须用漆黑的环境强制观众观看。

广播是一个热媒介，因为它只延伸了我们一种感觉器官，很清晰，但是听众的参与度低。广播参与度低的一个重要证据是：收音机是伴随媒介，我们可以一边走路或一边开车一边听收音机，但是无法一边走路一边看电视或一边开车一边看电视。所以广播是热媒介，而电视是冷媒介。

电视看上去与电影相似，但给观看者的感觉却截然不同。麦克卢汉解释说，电影呈现给我们的是一幅幅完整的画面，但是显像管电视的图像是电子枪逐行（或隔行）扫描出来的，画面中充满空隙，需要观众的参与去填补。当然，这个解释过于牵强，我们可以换一种方式来理解电视的参与性：它是在家庭的环境中观看，环境不像电影院放映时那样漆黑，有许多因素会干扰观看者的注意力，因此电视必须吸引人的参与才能维持其收视率。和广播对比，我们就可以看到电视所要求的参与度相当高。直到 21 世纪初，中国的电视工作者才意识到电视是冷媒介，不能像电影那样呆板地我播你看（比如晚会），大批受众参与的娱乐与选秀节目的出现，证明了麦克卢汉的预见——虽然他那个时代电视屏幕很小，清晰度很低，也没有手机短信和热线电话。另一个证明电视是冷媒介的证据是电视的信息常常模糊不清，像重大新闻的现场直播就是一个例子。越是情况不明，观众越希望看电视，而现场直播的信息传播者常处于无知状态，镜头也常常是不清晰的、粗糙的，还会出现技术错误。但越是这样，观众越喜欢收看。因此麦克卢汉说，和转播电影相比，电视更适合报道电影的拍摄过程和花絮。

麦克卢汉所说的冷与热从参与的角度，提出了媒介与受众的关系问题，对于媒介工作者来说，是颇有启发的。冷与热不仅可以用于分析媒介，还可以应用于其他社会现象。比如文化也有冷热之分，会导致同样的媒介产生不同的影响。麦克卢汉举例说，像收音机这种热媒介，用于美英这样的热文化里，只是娱乐功能，而在冷文化中，则不会当做娱乐工具。①

冷和热的区分还可以应用于人。比如 1960 年尼克松与肯尼迪进行了首次电视直播的总统选举辩论，广播也同时按照惯例对此次总统候选人交锋进行直播。据民意调查的数据显示，看电视的人中多数人认为肯尼迪在辩论中占据优势，而听收音机的人中多数人认为尼克松略胜一筹。这一矛盾现象很难解释。麦克卢汉的证明虽然有些牵强，却意外地能够自圆其说。他认为尼克松比较热，一方面因为他咄咄逼人，语速快，抢着回答问题，另一方面在电视转播中可以看到尼克松额头出汗（他经常在紧张的时候满头大汗）。而肯尼迪则显得很酷（cool），不仅风流倜傥，而且镇定从容。对于电视这样一个冷媒介来说，冷性的肯尼迪能最大限度地发挥其优势，而广播作为热媒介，则给热性的尼克松锦上添花。

麦克卢汉还考虑在未来建立一个测量全球舆情的温度系统，及时地监控不同地区的人民的情绪，如果某地大众情绪过热，就用冷媒介来平复其兴奋的神经；如果某地大众过于冷淡缺乏活力，则用热媒介来让他们活跃起来。②

在麦克卢汉那里，冷与热是一对测量媒介和文化的分析工具，可以用它们来衡量媒介的特征是否与社会环境相适应。他的分析也再次提醒我们，要从受众实际的感觉出发，结合具体环境，研究媒介的影响。

五、媒介定律

麦克卢汉的媒介理论，大多在 1964 年出版的《理解媒介》中提出，此后的书籍多是对这些原理的发挥，很少再提出全新的理论，一个例外是他与儿子埃里克·麦克卢汉于 1988 年合著的《媒介定律》。

在这本麦克卢汉逝世后才出版的书中，以少见的清晰的表述提出了媒介的四项定律，它们分别是：（1）提升、（2）过时、（3）复活、（4）逆转。这四项定律

---

① ［加］麦克卢汉：《理解媒介》，62 页。

② 参见［加］马歇尔·麦克卢汉：《1969 年花花公子访谈录》，见《麦克卢汉精粹》。

讨论了新媒介的特征以及它对整个媒介系统的影响。

提升（enhancement）意味着媒介使我们的身体得到延伸，使人类的活动能力与认识能力得到提高。互联网和手机提高了人们远距离交往的能力，在今天如果出门忘带手机，会让人觉得丧失了某些基本能力，哪怕没有要紧的事情也会让我们觉得若有所失，新的媒介技术已经成为我们身体延伸出来的一部分。

过时（obsolescence）意味着新媒介的出现，会使某些旧媒介和人类的行为方式被淘汰。有了电话、手机和电子邮件之后，传统的手写书信和电报正在逐渐退出历史舞台。印刷媒介使手抄书籍消失，VCD 的出现使录像机被淘汰，DVD 淘汰了 VCD，数字电视的出现使模拟电视信号逐渐消失……

但是“三十年河东，三十年河西”，复活（retrieval）意味着过时的东西又会以新的形式出现，就像时尚潮流一样，旧的元素还会再循环。印刷媒介的出现，使口语媒介过时，但是电子媒介的出现，又使口语媒介重新复活。互联网使书写文字重新成为重要的信息载体。电报和手写书信虽然逐渐消失，但是人和人之间用文字沟通的形式却以手机短信和电子邮件的形式重新复活。文字有不可替代的魅力，可以表达口语无法表达的许多意义。互联网上的网友，其实是手写书信时代笔友的复活。但是我们也要看到，复活不是简单的再生，而是在新的条件下以“提升”的方式复活。

逆转（reversal）意味着物极必反，当新的形式被推向潜能的极限后，原有的特征会发生逆转。手写文字时代信息传递成本较高，效率较低，人们希望获得更多的信息，但是随着传播技术的飞速发展，人们要考虑的不仅仅是获得信息，而是如何处理信息。当某个电视节目形态红得发紫时，也正是它走向衰退之时。互联网的开放性，最终又会逆转成新的封闭——自我与实际生活的封闭，相似者结成群体后，这些兴趣小组彼此间可能相互隔绝。同样，我们使用机器都是为了方便，但是过多的机器又使我们的生活越来越复杂，危机越来越多。电脑就是一个很好的例子，电脑突然崩溃让我们花更多的时间去侍候它，当它突然出现故障，数据丢失时，每个人都会暗自后悔还不如手写保险。麦克卢汉发现，“每一种省力的设备都是一种乔装打扮的更新更重的工作形态”[①]，这与传播政治经济学者斯迈兹的观点不谋而合（见第九章）。

和此前媒介与历史发展的三段论相似，媒介四定律也是一个循环的模型，不同的是，它更关注媒介自身的发展规律。该理论为新技术的开发与应用者提供了

---

① ［加］麦克卢汉：《麦克卢汉精粹》，580 页。

一个颇有启发性的分析框架。

第四节　麦克卢汉论媒介与文化

除了讨论媒介对社会的影响外，麦克卢汉还有一些过去不太为人关注的见解。随着时间的流逝，它们的价值逐渐显现出来。下面讨论几个目前学术界比较感兴趣的话题：大众文化、商品的符号化、媒介政治、注意力经济和全球化。

一、大众文化

早期的麦克卢汉受到利维斯的影响，对大众文化（这是麦克卢汉那个时代的用词，内涵等于我们现在谈的“通俗文化”）持否定态度。在他的第一本著作《机器新娘》中，麦克卢汉对以广告为代表的大众文化中的意识形态进行了严厉地批判。在写作这本书之前，他对大众文化带有比较明显的道德判断，把工业革命看成是一种原罪。但是随着他转向媒介研究，他对大众文化的态度也发生了变化。

首先他把“公众”看成是印刷媒介的产物，而把“大众”看成是电子媒介时代的产物。他意识到，对大众文化的鄙视，是印刷媒介传统下成长起来的人的刻板印象，是印刷媒介和电子媒介之间冲突的表现形式。一旦采取这种相对主义的立场，麦克卢汉对电子媒介的肯定自然地移植到了大众文化的身上。“公众是一种附加的结构，大众结构要丰富得多。它能够完成整合和创造的活动能力，不知要比公众高出多少。”①

麦克卢汉意识到，在电子媒介推动下产生的大众文化，本身成为对抗印刷媒介影响的“反环境”。他以英国披头士乐队引发的争议为例，证明不少人对摇滚乐的指责正是两种媒介相交替造成的社会环境变化的必然产物。麦克卢汉把大众文化现象当成实验室，检验他的媒介理论。

二、商品符号化

麦克卢汉在研究广告时发现，信息时代的生产中，商品本身越来越具有信息的性质。成本中相当部分用于广告预算。② 商品的好坏不仅取决于质量，并且越

---

① ［加］麦克卢汉：《麦克卢汉精粹》，351 页。
② 参见［加］麦克卢汉：《理解媒介》，69 页。

来越取决于他在消费者头脑中所营造的形象。

以旅行为例，旅行的过程与其说是在欣赏新的环境，不如说是在寻找已经在媒介里获得的想象，用实物来验证自己想象中的符号。于是“世界本身成为一个博物馆，馆中的藏品是在别的媒介里曾经见过的”①。

这些吉光片羽的论述，提出了电子媒介时代的一个重要特征——我们的世界被符号化了，我们所接触的不再是世界本身，仅仅是一些象征符号。我们借助这些符号来建构起对世界的想象，建构起自己与世界的关系。比如一双耐克的球鞋，在我们眼中，它并不只是一双鞋，那个商标让我们联想到乔丹、美国、潮流——当然，它的价格也会比一般的国产球鞋贵很多，尽管它们很可能就出自于同一家工厂。我们所消费的不仅仅是物质的商品，更重要的是它所象征的世界——一个建构的品牌故事。麦克卢汉提出：“技术最明显的封闭作用，是创造需求。”

前面数次提到法国哲学家鲍德里亚，他进一步发挥了麦克卢汉的这一思想。他提出，这个世界变成了一个拟像的世界，真与假已经很难区分。有时“假”的拟像甚至会比“真”的还要真。比如我们看到的体育比赛中的慢镜头，它并不是人眼在现场所看到的场面，而是一个对现实的拟仿，但是我们会认为它比真实的过程更加真实。还比如高级的音响系统，会通过数字技术，让我们听到通透逼真的声音，那些琴弦声、爆炸声可能比我们在现场听到的声音还要真切。这种拟像已经变得比真实还要逼真的现象，他将其称为“超真实”（hyper-real）。电影《黑客帝国》（*Matrix*）就是按照这种哲学理念创作的。人们以为自己生活在花花世界，其实只不过是身上插着无数导管生活在营养液里，但是这个想象中的“母体”真实得让人流连忘返，甚至不愿面对痛苦的现实。

三、媒介政治

电子媒介的出现，不仅使商品日益符号化，连政治也无法避免。政治变成了“表征”（再现）的政治，起决定作用的不再是如何做，而是如何说。在重新部落化的过程中，政治领导人也逐渐“酋长化”，选民看中的不再是他的能力，而是他的个人魅力等非理性因素。麦克卢汉观察到电子媒介导致的某种文化返祖现象和神明崇拜现象。“后现代的想象力是大众传媒的产物，但是作为一种感知的手段，把它描绘成基督纪元前的东西则更准确。”② 传媒成为原始仪式，政治也演

① 参见［加］麦克卢汉：《理解媒介》，9页。
② 同上书，13页。

变成仪式和角斗。领导人像酋长一样，依靠大众参与的电话和反馈来统治国家，用电视镜头来管理国家。①

在重新部落化的过程中，印刷媒介制造的中心逐渐瓦解，电话和电视使权力更加分散。矛盾的是，麦克卢汉一边在为去中心化欢呼，同时又提出未来媒介的发展会令大众更容易被控制。麦克卢汉预言，在人的中枢神经被延伸之后，随着技术的发展，下一个被延伸的将是人的意识。“这是一个黄金时代的形象，一个将自然完全变形或转换成人为技术的世界。”② 在技术的世界中，我们可以给人的各种感觉编制程序，模拟出不同的组合，使之接近人的意识。由于把整个生活和世界转换成信息，全球和人类大家庭都要被转换成统一的意识。

这个预言已经不是冷静的分析，而是接近于狂想。它所描述的正是刚才提到的《黑客帝国》的情景：管理者通过电脑技术，制造出虚拟真实，对人类进行控制。我们前面提到的用冷热媒介来对全球的人类进行管理也是其中的一个措施。意外的是，麦克卢汉认为由于这种技术具有整体性，它对人类的进步是有益的。他提出，如果要利用技术的延伸，我们必须像崇拜上帝一样伺候它们，很快世界就会成为计算机的伺服机制。③ ——难怪人们将这种大胆的想法称为“电子乌托邦”。

麦克卢汉在电视刚刚出现时，就敏锐地觉察到了它对政治的影响，尽管今天看来，这些理论已经不足为奇，但是在当时的背景下，麦克卢汉见微知著的预言仍然令人惊叹。另一方面，由于脱离制度和社会环境来谈媒介，麦克卢汉完全取消了人的主动性，人只能成为媒介的伺服系统，被动地接受媒介的控制。他既忽略了我们前面所提到的社会环境对技术的制约，也忽略了人类在技术面前的主动性。在小说《1984》、《美丽新世界》中我们可以看到，新技术并不像麦克卢汉所歌颂的那样给人类带来福音，它既然为人所用，就有可能存在政治上的危险。脱离人的主动性，脱离社会制度来谈媒介技术，人们很可能得出偏执的结论。

四、注意力经济

在讨论报纸的时候，麦克卢汉提出，读报是一种有偿劳动。他把这种观点推广到所有把广告和节目杂糅在一起的媒介。人们以为购买的是报纸、电视、广播等硬件，实际上他们真正购买的是信息商品，这些实物产品只不过是信息运动的

① 参见［加］麦克卢汉：《麦克卢汉精粹》，374页。
② ［加］麦克卢汉：《理解媒介》，97页。
③ 参见［加］麦克卢汉：《麦克卢汉精粹》，397页。

偶然形态而已。广告商通过购买媒介实物产品，就像用钱租了一间住宅，真正的目的是吸引读者、听众和收视者到这个房间举行集会。也就是说，他们购买的只是受众的时间和注意力。我们在接受免费信息的同时，其实正在为媒介支付广告费用，在为媒介打工。[①] 技术创造了虚假的“需求”，看上去我们在自由选择，实际上我们是把自己的中枢神经租用给媒介公司。[②]

麦克卢汉所说的这个观点，就是我们现在所说的“注意力经济”。媒介通过向受众提供免费的信息，交换了受众的注意力，然后再将受众的注意力，出售给广告商。在这个过程中，媒介进行了两次售卖。从经营的角度来看，媒介真正生产的并不是信息，而是受众的注意力。

麦克卢汉还不是最早清晰地对这一现象做出总结的人，李普曼在《民意》一书中已经对此有过明确的说明（见第二章）。其实，争论谁最早提出这个理论并没有太大意义，因为早在 19 世纪 30 年代，随着大众报纸的出现，报纸的经营者们已经用实际行动贯彻了这一理论，他们才是注意力经济的最早发现者。

五、全球化

全球化是麦克卢汉理论中的另一个隐含的主题——尽管他并不是从经济、政治或文化的角度来谈论这个问题（见第九章）。麦克卢汉所说的全球化是从电子媒介导致的人类整体化推导出来的：电子媒介导致的“内爆”使差异消失，国界消失，整个地球被联结成为一个整体的“地球村”。当然麦克卢汉的“电子乌托邦”理论推导出的全球化过于理想，地球村的村民并不平等。

从文化的角度来看，全球化意味着我们面对一件事情时，不再从本地的语境出发思考，而是从与自己缺乏直接联系的更大的语境出发进行审视。我们的行为选择，不仅会受到本地条件的制约，还会受到遥远地方的各种因素的制约。我们行为的结果也会波及到其他连我们也不知道的地区。机械时代的慢速运动，使得这一过程还无法被观察到，但是今天由于电子媒介的高度发达，行动及其反应经常同时发生。我们的行为与全人类行为相关。[③] 这一点在金融市场上表现得非常突出，一旦金融风暴到来，就会引起连锁反应，在这一过程中，由于信息传播速度太快，因果之间常常很难区分，甚至会颠倒过来。

---

① 参见［加］麦克卢汉：《理解媒介》，259 页。

② 参见上书，105 页。

③ 参见上书，21 页。

麦克卢汉不仅观察到了全球化这一大潮流，而且还关注到了电子媒介造成的口语传统与落后地区读写文化的冲突[①]，以及电视出现后方言的复兴。[②] 他的这些见解对我们思考全球化与本地文化的冲突，全球化所激发的逆向的全球本地化（glocalization）问题提供了启发。

第五节 麦克卢汉之后的媒介研究

一、媒介生态学

麦克卢汉在20世纪60年代一夜成名，伴随着电视的普及，他向好奇的人们描述了一个全新的世界，成为电子媒介时代的预言家。但是随着人们对电视媒介的新鲜感逐渐消失，除了少数专业研究者关注外，麦克卢汉的著作被束之高阁。网络时代的到来，使媒介的影响又重新成为人们关注的焦点，麦克卢汉的理论被"重新发现"，并在网络环境下重新被诠释。人们惊讶地发现，这些理论不但没有过时，有些甚至仍有启发。新一轮的"麦克卢汉热"又重新出现。

麦克卢汉曾自负地说，"我只探索，不解释"。事实上，在麦克卢汉之后，确实有一些学者一直在试图打捞麦克卢汉理论中那些因被误解而抛弃的部分，他们试图用新的方法和视角，用学术界可以接受的方式，证明麦克卢汉的理论。尼尔·波斯曼（《童年的消逝》、《娱乐至死》）讨论了电视对生活方式的影响，约书亚·梅洛维茨（《消失的地域：电子媒介对社会行为的影响》）探讨了电视营造的全新情境对人行为方式的影响，马克·波斯特（《信息方式》、《第二媒介时代》）的主题是新媒介与传播语境的关系，大卫·阿什德（《传播生态学：控制的文化范式》）的主题是传播生态与媒介逻辑，鲍德里亚（《消费社会》、《仿像与模拟》）进一步发展了商品符号化的理论，保罗·莱文森把麦克卢汉的理论应用于数字时代（《数字麦克卢汉》、《手机》），曼纽尔·卡斯特则继麦克卢汉提出的电子媒介时代后提出了"网络社会"的新阶段（《网络社会的崛起》等"信息时代三部曲"）……

在这些理论发展中，最重要的是媒介生态学（media ecology）的提出。1968，波斯曼首次正式提出媒介生态的概念，并将其定义为把"媒介作为环境的

---

① 参见［加］麦克卢汉：《理解媒介》，83页。
② 参见上书，382页。

研究”(Media ecology is the study of media as environments)。麦克卢汉在他的理论中提出，人通过使用媒介，逐渐被媒介影响，某些与媒介相一致的感觉器官得到扩展，从而造成文化偏向于某种感觉而忽略其他感觉。媒介作为一种环境结构，制约着我们的感觉、思维和表达方式。波斯曼提出的媒介生态，就像我们前面讨论的意识形态，是我们理解和想象世界的框架。因此，波斯曼提出“媒介即隐喻”、“媒介即认识论”①。我们思考、感知、谈论和表现身边的世界时，不是站在传播媒介之外，而是处在传播媒介的符号结构中。

波斯曼还在麦克卢汉的“媒介的内容是另一种媒介”的基础上提出，我们所面临的环境往往不只有一种媒介的代码和语法。不同媒介之间还存在相互影响，它们共同构成了我们的媒介环境。因此媒介共存对我们产生的影响，以及它们如何互动产生新的合成环境，也是媒介生态学关注的问题。②

媒介生态学，弱化了麦克卢汉理论中的决定论色彩，从认识论的角度，提出了媒介格式对符号编码、解码的影响。媒介环境就像墨镜，它并不决定人们看到什么，但是会影响人们看到的世界的色调。和麦克卢汉不同，波斯曼在对媒介影响的讨论中，带有明显的批判色彩和道德评价，他更关注媒介技术是否促进个人发展和社会民主，他对电子媒介的评价带有悲观主义的色彩。他的理论中有梭罗追求自然、恢复传统生活的乡愁，也有现代西方存在主义哲学对技术理性的反思。当然，正如我们在之前关于技术决定论的讨论中提到的，媒介可能是这些不良后果的一个重要影响因素，但它不是唯一的或决定性的因素。

二、梅洛维茨：电子媒介—情境—行为

从理论建构来看，梅洛维茨(Joshua Meyrowitz)是将麦克卢汉的理论与主流社会学整合得最好的学者之一。③ 梅洛维茨的写作风格与麦克卢汉截然不同，分析严谨而逻辑周密。这也从另一个侧面说明了麦克卢汉理论还具有勃勃生机。

在研究对象上，梅洛维茨比较专一，他的研究焦点是电视对个人行为的影响。看上去这似乎是一个经验学派的效果命题，但是他却没有讨论内容的影响，而是从麦克卢汉的媒介理论出发，得出了颇具启发性的结论。

---

① 参见[美]尼尔·波斯曼：《娱乐至死》，3～36页。

② 参见单波、王冰：《西方媒介生态理论的发展及其理论价值与问题》，载《新闻与传播研究》，2006(3)。

③ 参见[美]约书亚·梅洛维茨：《消失的地域：电子媒介对社会行为的影响》，北京，清华大学出版社，2002。

为了研究微观的人际互动行为，梅洛维茨还使用了另一个理论资源——戈夫曼的拟剧理论。戈夫曼的研究兴趣不在宏观的社会结构上，而在微观的人际互动上。他在米德象征性互动论的基础上，提出了拟剧理论。简单来说，就是“人生如戏”，每个人的日常行为，都是在扮演一定的角色。每种角色的成功扮演，需要一定的舞台布景和配角，他将其称为“情境”（situation）。社会被分成无数相对独立的情境，情境影响着人的行为，在不同的情境中，人们会扮演不同的角色。

如果情境比较单一，我们会很容易地辨认并且做出适应该情境的行为。但是一旦情境之间的隔离带消失，多个情境混合在一起，行为选择就会变得困难。情境是客观环境和主观感知的混合体，如果做一个类比，我们可以把情境理解成不同的空间。下面这幅杜瓦诺（Robert Doisneau）拍的照片（见图12—3）可以形象地说明情境与空间的关系。在这幅照片中，存在两种完全不同的情境。右边是明亮的街道，在公共场所的情境中，人们的行为方式中规中矩，一些人可能受到音乐的吸引，驻足观看艳舞的广告，但是他们的“看”只是一种故作正经的好奇，甚至有些人只敢投上“不经意的”一瞥。但是只要上前几步，穿过一条小道，进入到画面的左边，人们的行为立刻发生了变化。刚才在街上处于众目睽睽之下的路人隐没到黑暗中，艳舞女郎在明亮的聚光灯下成为被“看”的客体。艳舞女郎在舞台上，做出她想象中男性希望看到的动作，扮演性感女郎的角色。台下的男性则处于匿名的隐身状态，他们不必在意周围人的眼光，可以大胆地观看，甚至起哄吹口哨。

内和外两种不同的情境，几步之差，导致了人们完全不同的行为方式。关键就在演员背后的这堵墙——它把空间分隔成了不同的情境。如果这堵墙突然之间没有了，内外两种情境混合在一起，人们的行为又会发生什么变化呢？每个人有自己的答案，但是可以确定的是，照片上每个人的行为一定会发生变化。

梅洛维茨提出，电视正是通过混合了过去泾渭分明的不同情境，导致人们的行为出现了变化，从而影响了社会的发展。

如果麦克卢汉的媒介理论是以“感觉”作为中心，那么梅洛维茨的媒介理论则以“情境”作为中心。情境是通过空间的分隔而实现的，形象地说，就是通过“围墙”来完成空间分隔的。电子媒介，尤其是电视的出现，使得这些围墙不再存在。

麦克卢汉在晚期也预言到了电子媒介的这种影响。他认为从电报发明开始，文化之墙就开始倒塌了。在麦克卢汉的论述中，“围墙”是经常出现的意象：电

图 12—3 罗伯特·杜瓦诺：《扭屁股的温达》

话是没有围墙的口语，唱机是没有围墙的音乐厅，照片是没有围墙的博物馆，影视是没有围墙的教室。电子媒介时代的教室已经远远超出了课堂，它已经和社会融为一体。①

正如麦克卢汉所说，电话的出现是情境混合的重要一步，我们通过电话和手机，可以穿越任何的高墙，联络到你想找的人——只要你知道这个人的电话号码。同时，电话也可以迅速地将人召唤进一个新的情境。你和朋友正在轻松地闲聊，突然手机铃响起，他一接通电话，立即变得严肃起来，说话方式显示他和另一个人之间的空间障碍突然消失，他参与到一个虚拟的情境中。

戈夫曼把人的行为分成前台行为和后台行为。前台行为是我们展示给一般人看的，后台行为只有少数和我们最亲近的人才能看到。前台和后台，通过幕布隔开。电视的出现，使得这层幕布越来越透明。从前，领导人和明星可以保持自己在公众场合的完美形象，但是现在他们的私生活频频被曝光。如果没有后台行

① 参见［加］麦克卢汉：《麦克卢汉精粹》，453 页。

为，公众人物就不会得到人们的支持与信任，前台、后台之间的界限变得模糊。于是处于前台与后台之间的中间领域逐渐兴起，名人甚至把中间领域变成另一种意义上的前台。政治领袖和明星允许（甚至邀请）电视走进他们的私生活，他们有意表现出自己普通人的一面，把过去被视为后台行为的部分内容展现给观众。但是这些中间领域又不同于纯粹的后台行为，它是经过重新包装的“伪后台行为”。

电子媒介打破了物理空间和社会情境的传统关系，创造了新的情境。这个新的情境既不是前台的，也不是后台的，它混合了两种以上的传统情境，我们的行为不得不适应这种混合情境。

梅洛维茨通过个案研究，进一步证明：电视媒介通过混合传统的情境，导致了行为的变化和社会的变化。他发现，美国的女性主义运动和黑人民权运动都出现在 20 世纪五六十年代，这个时代正是电视机的普及期。在电视出现前，大部分女性是家庭妇女，她们并不知道男性的公共生活具体是什么样的，她们的活动范围主要集中在家庭等私生活领域，交往的范围也局限于和自己身份相似的妇女。电视的出现，打破了男性与女性的分隔，女性也可以看到男性的节目，了解到男性的生活方式，她们突然意识到自己处于不平等地位。黑人的认识过程也类似。

第二个案例是男性气质和女性气质的融合。印刷媒介具有细分化的特征，男性阅读男性的报纸和杂志，女性的阅读范围则与男性不同。印刷媒介专门为不同性别的群体提供不同的信息。但是电视出现后，男性和女性观看相同的节目，这两种气质出现混合。男性也戴耳环、用护肤品、性格越来越温柔，女性也可以剪短发、穿牛仔裤、吸烟、做“色”女郎，这些在电视出现之前是完全不能被社会接受的。随着两性气质的融合，一种全新的中性气质正在出现，我们可以在动漫和选秀节目中看到这一趋势。中性气质正是梅洛维茨所说的中间混合领域的产物。

电视的出现还导致了权威感的消失。权威感来自于距离，所谓“仆人眼中无伟人”，电子媒介令受众对领导人的生活了如指掌，权威的神秘感荡然无存。电视产生之前，大部分美国的总统都能够留下较好的名声，但是电视普及后，几乎每个总统都丑闻缠身。很可能不是总统变得越来越坏，而是媒介技术使得他们的弱点越来越难隐藏。

电视媒介对儿童的影响，也是传播研究者和教育学家的热门话题。梅洛维茨认为，电视使童年消失。历史研究者发现，童年（childhood）并不是一直就有的概念，在欧洲中世纪以前，童年并不被认为是一个特殊的时期，儿童与成人没有什么本质的区别，他们只是形体较小的大人而已。儿童很小就工作，他们接触的信息和成年人也没有什么分别。但是从 16 世纪开始，童年的概念逐渐出现，人们把识字受教育与否看成是童年和成年的分界线。启蒙时期，以卢梭为代表的学者开始赞美童年，把它作为一个和成年相对的未受污染的纯真阶段。心理学的研究也证明儿童与成人在心理上存在着很大的差异。于是童年被作为一个独立的时期从人生中隔离出来。儿童要接受特殊的照顾和特殊的教育，阅读“儿童读物”，他们接受的信息把他们与成人社会分隔开来。我们可以从《格林童话》的变迁中形象地看到这一过程。早期的《格林童话》充满暴力、性和畸恋。白马王子抬走白雪公主的尸体是因为他有恋尸癖。为了报复王后，白雪公主残酷地让她穿上烧红的铁鞋。睡美人被王子轻薄生下了孩子，她们因饥饿吮吸了睡美人的拇指唤醒了母亲……[①]但是随着童年的“发现”，这些情节被改写或删除，通过印刷媒介的分隔，人们成功地制造出“儿童时代”。

电视的出现，使成人苦心营造出的情境烟消云散。梅洛维茨认为没有所谓的儿童电视节目，儿童不会只满足于看卡通片，他们和成人看到的是同样的节目，他们通过电视，发现了成人的后台行为。于是儿童变得越来越成熟，童年逐渐消失。尼尔·波斯曼还发现，电视不仅造成童年的消失，同时也令成年和童年的界限模糊不清，今天的成人在各个方面也越来越像任性天真的儿童。[②]

梅洛维茨借助麦克卢汉和戈夫曼的理论，有说服力地将媒介、空间、情境、行为几个概念联系在一起，得出了媒介对个人行为和社会具有重大影响的结论。但是他也一再强调，社会的变迁是多因一果，承认媒介的重大影响并不意味着这种影响是决定性的或必然的。但是如何将媒介的影响、内容的影响、社会政治经济的影响区分开，媒介究竟是原因还是中间变量，在他的理论中并没有得到理想的解释。

三、媒体等同

除了用历史诠释的方法继续验证麦克卢汉提出的媒介影响外，巴伦·李维斯和克利夫·纳斯（Bryon Reeves and Clifford Nass）通过实验的方法，还证明个人会像对待真实的人和真实的空间一样对待电脑、电视和新媒体。他们把这一理

---

① 参见［美］理查德·扎克斯：《西方文明的另类历史》，3～31 页，海口，海南出版社，2002。
② 参见［美］尼尔·波斯曼：《童年的消失》，桂林，广西师范大学出版社，2004。

论称为“媒体等同”（media equation）。

研究者们让一群学前儿童参加一个实验，被测试者看到的电视画面是桌子上有一袋爆米花，有几粒还从袋中掉出来。实验者向儿童们提出的问题是：如果把电视机倒过来，爆米花会怎样呢？许多孩子都说剩余的爆米花将会从袋子里洒出来。[①]

这个结果可能会让人哑然失笑，但是犯这种错误的不仅是儿童，也包括成年人——否则我们就不会被恐怖电影吓出一身冷汗了，作为成年人，难道我们不知道那是假的吗？

媒体等同理论提出，人们虽然理性地把媒体当成工具，但是他们下意识地、自然而然地会对媒体做出社会性的反应。或者也可以表述为：个人与电脑、电视和新媒体的互动，本质上是社会性的和自然的。

李维斯和纳斯用了20年时间，做了大量实验，发现我们会对功能相同，但是“有礼貌”的程序打分更高；当实验者看到一幅看起来离我们很近的人物影像时，他们对画中人的评价会更积极，记忆也更深刻；人们会用人格的标准来评价计算机的个性；人们会像评价他人一样用好与坏来评价计算机；计算机中男性发音的表扬比女性发音的表扬更容易被人接受，但人们认为女性发音的计算机更了解爱情和人际关系；人们对大的图像更兴奋，更有印象；和图像的清晰度相比，人们更重视声音的清晰度；人们更注意运动的物体……尽管我们知道计算机、电视只是一台没有生命的机器，但是我们却会像对待真人或真实的事物一样对他们做出反应。实验者通过巧妙的实验设计，证明了大量类似的结论。

当然，媒体等同是有条件的，只有当人们受到媒体中虚拟现实的欺骗，或者理性思维疲倦，做出下意识反应的时候，才会自然地对计算机、电视和新媒体做出社会性的反应。在一般情况下，这种反应被我们的理性压制了。

人为什么会做出如此“幼稚”的反应呢？两位研究者从进化论的角度解释了这一现象。他们认为，和人类几十万年漫长的进化过程相比，显示影像的电子媒介出现的时间距今还不到100年。人们的大脑还没有适应新的科技，我们与人交往的时间远远超过与这些电子媒介打交道的时间。在漫长的丛林时代，那些体积较大，运动的物体才会对我们构成威胁，和视觉相比，听觉感知的范围更大。这些长期适应自然界和社会留下的“集体无意识”并不会因为人类短暂的新媒体使用而消失，相反，人类有时还会不恰当地把这种反应误用到新媒体上。媒体等同

---

① 参见［美］巴伦·李维斯、克利夫·纳斯：《媒体等同：人们该如何像对待真人实景一样对待电脑、电视和新媒体》，3页，上海，复旦大学出版社，2001。

的研究发现，我们对媒介的反应是无意识的，并不需要思考。当我们对电子媒体做出自然反应时，并不会认为它们是假的。比如我们看到恐怖片时，第一感是恐惧，然后才会理性地提醒自己，这全是假的。

媒体等同从另一个侧面，证明了媒介对人的影响不仅限于内容，媒介本身也会对我们的感觉产生影响，每个人在潜意识里，会把媒体与真实的社会混为一谈。媒体等同为媒体设计、媒体评价、媒体研究方法提出了有益的建议。

总　结

本章讨论的中心话题是媒介。首先，媒介这个词在不同的语境中具有不同的意义。我们可以总结出以下四种：（1）作为技术的媒介。（2）作为内容的媒介。（3）作为信息格式的媒介。（4）作为组织的媒介。本章我们讨论的主要是作为技术的媒介和作为信息格式的媒介。

关于媒介技术的变迁过程，你可以在论述媒介史的书里找到。作为大众传播理论，我们更关注的是在媒介技术的发展和社会应用中，究竟是什么因素在起作用？罗杰·菲德勒的媒介形态变化原则、麦奎尔的大众媒介发展的四个关键因素，以及布莱恩·温斯顿的模型进化模型，从不同的侧面讨论了这个问题。我们从中得出的一个总的结论是，媒介的发展是技术、社会、个人多个因素共同作用的结果，简单的技术决定论和文化决定论都不可取。

在讨论作为信息格式的媒介时，我们主要介绍了多伦多学派的理论。他们认为媒介改变了信息的格式，进而影响了人们感知世界的方式，并最终影响了社会的发展。他们一般通过诠释长时段的历史和文化，证明自己的结论，这种方法与注重内容短期外在影响的管理学派存在明显的差异。

麦克卢汉的理论晦涩难懂，为了深入了解他的理论，我们首先介绍了他的修辞与认识论。只有熟悉了麦克卢汉的界面性的修辞和研究方法，才能正确地评价他的理论。本章力求证明，虽然麦克卢汉的理论看上去随意松散，其实他对于认识论自有一套严密的逻辑。当然，由于研究范式不同，他的诠释方法很难被客观经验主义接受。

在介绍麦克卢汉的媒介理论时，我们主要围绕着媒介—感觉—社会这样一个论证链条，讨论了媒介的变化如何引起了人感觉的变化，又如何影响了整个社会的发展。麦克卢汉把社会的发展分成了部落化时代、脱部落化时代、重新部落化时代，它们分别是由口语媒介、文字和印刷媒介、电子媒介造就的。麦克卢汉的这种研究思路，可以追溯到伊尼斯，不过后者的核心概念不是“感觉”，而是“时空”。伊尼斯认为媒介改变了时空特征，从而改变了社会。

麦克卢汉的理论经常被斥为技术决定论或媒介决定论，但是技术决定论本身是一个模糊的概念，用这样一种简单的方式来评价麦克卢汉的理论并不公平。

麦克卢汉另一组容易引起误会的概念是冷媒介/热媒介，人们经常以此批评麦克卢汉的概念不清，误会的根源是没有深刻地理解这一划分的根本目的，如果从受众的媒介参与的角度来看这对概念，它对我们今天思考媒介和文化仍有启发。

除了上述媒介理论外，本章还介绍了媒介定律，麦克卢汉对媒介与文化的一些评论，涉及大众文化、商品的符号化、媒介政治、注意力经济和全球化等话题。

麦克卢汉之后，仍有不少人重新举起他的大旗前进，本章主要介绍了梅洛维茨的理论，他把麦克卢汉的理论和戈夫曼的理论融合在了一起。梅洛维茨讨论媒介影响的核心概念是“情境”。他认为电子媒介打破了原有的空间分隔，使不同的情境混合在一起，改变人们的行为，从而对社会产生影响。梅洛维茨通过对历史案例的考察，严谨地证明了自己的观点。

本章的最后介绍了一个有趣的理论——媒体等同。该理论认为人们会下意识地把电视、电脑等新媒体当成真实的个人和真实的情境。尽管这个结论看上去很无稽，但是李维斯和纳斯通过周密的实验，雄辩地证明：尽管我们已经处在了互联网时代，可是我们大脑的潜意识里，仍然保持着丛林生活的记忆。

关键概念

多伦多学派	感觉平衡论
媒介研究	地球村
媒介（媒体）	内爆
媒介形态变化原则	偏时间的媒介
技术决定论	偏空间的媒介
文化决定论	媒介决定论
界面的方法	热媒介
后视镜的研究方法	冷媒介
“媒介：人体的延伸”	媒介定律

反环境
媒介即讯息
部落化时代
脱部落化时代
重新部落化时代
超真实
电子乌托邦
情境
媒体等同

深入阅读

●［美］罗杰·费德勒:《媒介形态变化：认识新媒介》，北京，华夏出版社，2000。

●［加］马歇尔·麦克卢汉:《理解媒介》，北京，商务印书馆，2000。

●［加］马歇尔·麦克卢汉:《麦克卢汉精粹》，南京，南京人民出版社，2000。

●［美］保罗·莱文森:《数字麦克卢汉》，北京，社会科学文献出版社，2001。

●［加］哈罗德·伊尼斯:《传播的偏向》，北京，中国人民大学出版社，2003。

●［美］约书亚·梅洛维茨:《消失的地域：电子媒介对社会行为的影响》，北京，清华大学出版社，2002。

●［美］巴伦·李维斯、克利夫·纳斯:《媒体等同：人们该如何像对待真人实景一样对待电脑、电视和新媒体》，上海，复旦大学出版社，2001。

思考与讨论

1. 请举例说明“媒介”一词在不同语境下的含义。

2. 多伦多学派的媒介研究与管理学派的效果研究有什么不同之处？

3. 请以一个媒介为例，讨论一下哪些因素在它的发明扩散中起到过关键作用？

4. 你认为麦克卢汉所倡导的“界面”的研究方法是否有说服力？为什么？

5. 为什么麦克卢汉认为自己能够发现其他人无法理解的媒介理论？你认为他的论证是否充分？为什么？

6. “媒介即讯息”这句话说明了什么？

7. 麦克卢汉是如何论证媒介对历史发展的影响的？

8. 如何理解“感觉”在麦克卢汉理论中的地位？

9. 麦克卢汉所说的“地球村”与今天我们说的“全球化”有何异同？

10. 伊尼斯所说的“时空”与麦克卢汉所说的“感觉”有何差异？

11. 你认为麦克卢汉是个技术决定论者吗？为什么？

12. 什么是冷媒介和热媒介？你认为互联网、手机、ipod、游戏机属于哪一类？

13. 以一种媒介为例，说明麦克卢汉的媒介四定律。

14. 什么是商品的符号化？你认为这种论述是否有走向唯心主义的危险？

15. 请简述梅洛维茨的媒介理论。

16. 你认为能用空间来理解情境吗？为什么？

17. 什么是媒体等同？

18. 请查阅参考书，看看研究者们是如何证明媒体等同的？你认为他们的实验结果能推导出媒体等同的结论吗？为什么？

后记

POST SCRIPT

本书的出版，首先要感谢我的导师郭庆光教授。10年前我在他的课堂上第一次听说了传播学。我当年的兴奋表情，今天在我的学生的脸上还能看到。郭老师几年前就督促过我完成此书，在写作过程中给了我不少实用的建议。同时我还要感谢他在学术观点上对后辈的宽容。

本书得以顺利面世，还要感谢新闻学院常务副院长高钢教授，他的信任使这本书和本系列教材得以顺利立项出版。在他的推动下，本教材被列入学院985工程项目。如果没有这些支持和截稿期限，本书及同一系列的教材恐怕还处在蓝图阶段。

我的妻子晓东也为本书的写作出力不少。她认真地校对了全书，帮我订正了许多“低级错误”，如果没有她生活上善解人意的照顾和不厌其烦的督促，本书不会这么快乐而迅速地完成。我的父母也是本书写作的坚强后盾，他们在遥远的地方一直关心着这本书的写作进程，尽管二老不一定在乎里面写了些什么，但是他们的理解和鼓励一直是我前进的动力。

同时还要感谢中国人民大学出版社的司马兰编审、李学伟编辑对本书和本套教材的大力支持，没有他们的辛勤劳动，本书不会这么迅速而顺利地出版。

新闻学院2006级研究生董夙和郭燕同学完成了部分章节的“传播研究在中国”栏目的初稿，特此表示感谢！

由于本人研究和教学时间尚短，本书缺点一定不少，希望专家和各位读者不吝赐教。我的E-mail地址是 liuhailong@ruc. edu. cn。

刘海龙

2007年6月

图书在版编目（CIP）数据

大众传播理论：范式与流派/刘海龙著.
北京：中国人民大学出版社，2008
（21世纪传播学系列教材）
ISBN 978-7-300-08629-3

Ⅰ.大…
Ⅱ.刘…
Ⅲ.大众传播-理论研究-教材
Ⅳ.G206.3

中国版本图书馆CIP数据核字（2007）第158855号

21世纪传播学系列教材
大众传播理论：范式与流派
刘海龙 著

出版发行	中国人民大学出版社		
社　　址	北京中关村大街31号	**邮政编码**	100080
电　　话	010－62511242（总编室）		010－62511770（质管部）
	010－82501766（邮购部）		010－62514148（门市部）
	010－62515195（发行公司）		010－62515275（盗版举报）
网　　址	http://www.crup.com.cn		
经　　销	新华书店		
印　　刷	唐山玺诚印务有限公司		
规　　格	170 mm×228 mm　16开本	**版　　次**	2008年2月第1版
印　　张	29.75	**印　　次**	2025年3月第26次印刷
字　　数	525 000	**定　　价**	59.80元
